Mensch & Computer 2012 –

Workshopband

12. fachübergreifende Konferenz
für interaktive und kooperative Medien.

interaktiv informiert –
allgegenwärtig und allumfassend!?

herausgegeben von
Harald Reiterer
Oliver Deussen

Oldenbourg Verlag München

Prof. Dr. Harald Reiterer ist Professor für Mensch-Computer Interaktion an der Universität Konstanz. Seine Forschungsschwerpunkte liegen in den Bereichen Interaction Design, Usability Engineering und Information Visualization.

Prof. Dr. Oliver Deussen ist Professor für Computergrafik und Medieninformatik an der Universität Konstanz. Seine Forschungsgebiete sind Modellierung komplexer computergrafischer Objekte, Illustrative Computergrafik und Informationsvisualisierung.

Bibliografische Information der Deutschen Nationalbibliothek

Die Deutsche Nationalbibliothek verzeichnet diese Publikation in der Deutschen Nationalbibliografie; detaillierte bibliografische Daten sind im Internet über http://dnb.d-nb.de abrufbar.

© 2012 Oldenbourg Wissenschaftsverlag GmbH
Rosenheimer Straße 145, D-81671 München
Telefon: (089) 45051-0
www.oldenbourg-verlag.de

Lektorat: Johannes Breimeier
Herstellung: Dr. Rolf Jäger
Einbandgestaltung: hauser lacour
Gesamtherstellung: Books on Demand GmbH, Norderstedt

Dieses Papier ist alterungsbeständig nach DIN/ISO 9706.

ISBN   978-3-486-71990-1
eISBN 978-3-486-71991-8

Inhaltsverzeichnis

Workshop
AAL: Interaktiv. Sozial. Intergenerational?

Workshop
ABIS 2012: 19th International Workshop on Adaptivity and User Modeling

Workshop
Be-greifbare Interaktion

Workshop
Designdenken in Deutschland – Framing und Prototyping in der interdisziplinären Kooperation

Workshop
Mobile Anwendungen für Medizin und Gesundheit

Workshop
musik.bild.bewegung – 4. Workshop zu innovativen computerbasierten musikalischen Interfaces (ICMI 4)

Workshop
Allumfassend – wirklich für alle?
Wie sich Gender/Diversity-Aspekte in Forschungsfragen einbringen lassen

Workshop
Automotive HMI

Workshop
Kollaboratives Arbeiten an Interaktiven Displays –
Gestaltung, Bedienung und Anwendungsfelder

inter|aktion – Demosession

Vorwort

Die Tagung Mensch & Computer 2012 wird vom Fachbereich Mensch-Computer Interaktion der Gesellschaft für Informatik GI e.V. ausgerichtet und gemeinsam mit der Tagung Usability Professionals 2012 (UP12) der German Usability Professinonals' Association e.V. sowie dem Thementrack Entertainment Interfaces durchgeführt. Die Beiträge zur Tagung UP12 sind in einem eigenen Tagungsband erschienen. Die seit 2001 stattfindende Konferenz Mensch & Computer ist im Jahre 2012 an der Universität Konstanz zu Gast. Motto der diesjährigen Tagung ist *„interaktiv informiert - allgegenwärtig und allumfassend!?"*

Erfreulicherweise haben wir dieses Jahr eine hohe Anzahl von Einreichungen (über 200) in allen Beitragskategorien erhalten. Dazu gehören die traditionellen Lang- und Kurzbeiträge (veröffentlicht in einem eigenen Tagungsband), Tutorien, Kurzbeschreibungen zu Demonstrationen, Beiträge zu Workshops, zum Promovendenkolleg, der Usability Challenge und der Session Visionen. In diesem Tagungsband werden die folgenden Beitragsformen zusammengefasst:

Von den 17 eingereichten **Workshop-Themen** wurden 14 nach einer Beurteilung durch mindestens drei Gutachter angenommen. 9 Workshops konnten dann ausreichend Beiträge und interessierte Teilnehmer sammeln, um den Weg in diesen Tagungsband zu finden.

Es wurden 36 **Demobeiträge** eingereicht, von denen nach einem Begutachtungsprozess 20 ausgewählten worden sind. Die Kurzbeschreibungen der Demobeiträge finden Sie in diesem Tagungsband. In der Regel wurden mit den Demos auch kurze Videos eingereicht. Wir haben diese im digitalen Tagungsband und in der Digital Library unter *http://dl.mensch-und-computer.de/* zur Verfügung gestellt.

Wir freuen uns sehr, Ihnen einen derart umfassenden und thematisch abwechslungsreichen Workshopband vorlegen zu können. Wir danken allen Workshop-Organisatoren für ihre tatkräftige Unterstützung der gemeinsamen Fachtagung. Durch ihre vielfältigen Themen bieten sie den Teilnehmern unserer Tagung ein attraktives Zusatzprogramm zu den traditionellen Lang- und Kurzbeiträgen. Ganz besonderer Dank gilt dem heroischen Einsatz der Organisatoren der interaktiven Demos Raimund Dachselt und Roman Rädle. Sie haben es durch hohen persönlichen Einsatz geschafft, eine Vielzahl von sehr attraktiven Demos für diese Veranstaltung zu gewinnen. Damit haben sie sicher den unmittelbarsten Beitrag zur Verwirklichung unseres Mottos *„interaktiv informiert - allgegenwärtig und allumfassend*!?" geleistet!

Konstanz, im Juli 2012   Harald Reiterer & Oliver Deussen

Workshop:

AAL:
Interaktiv. Sozial. Intergenerational?

Steffen Budweg

Martin Burkhard

Michael Koch

Anna Kötteritzsch

Alexander Richter

Jürgen Ziegler

H. Reiterer & O. Deussen (Hrsg.): Workshopband Mensch & Computer 2012
München: Oldenbourg Verlag, 2012, S. 3-6

AAL: Interaktiv. Sozial. Intergenerational?

Steffen Budweg[1], Martin Burkhard[2], Michael Koch[2], Anna Kötteritzsch[1], Alexander Richter[2], Jürgen Ziegler[1]

Forschungsgruppe Interaktive Systeme und Interaktionsdesign, Universität Duisburg-Essen[1]
Forschungsgruppe Kooperationssysteme, Universität der Bundeswehr München[2]

Motivation

Seit 2007 fördert das transnationale „Ambient Assisted Living Joint Programme (AAL-JP)" innovative Konzepte, Produkte und Dienstleistungen zur Sicherung der Lebensqualität einer alternden Gesellschaft in Europa. Im Mittelpunkt stehen die Entwicklung, Bereitstellung und Evaluation von Informations- und Kommunikationstechnologien (IKT) und damit verbundenen Dienstleistungen zur Stärkung der Selbstbestimmung und Autonomie älterer Menschen. Vor diesem Hintergrund wurden eine Vielzahl an Forschungs- und Praxisprojekten etabliert, mit dem Ziel ältere Menschen in ihrem täglichen Leben zu unterstützen.

Aktuell verfügbare Technologien für den privaten Wohnbereich bis hin zur Arbeitsumgebung bieten älteren Nutzern nur bedingte Unterstützung ihrer individuellen Bedürfnisse. Ein Umstand, der die Einführung neuartiger Assistenzsysteme aufgrund negativer Erfahrung älterer Generationen im Umgang mit IKT erschwert. Konsequenterweise stellen Forscher die Nutzungskonzepte bestehender Lösungen in Frage und fordern die Berücksichtigung heterogener Anforderungen älterer Menschen und die Zugänglichkeit für eine stark divergierende Zielgruppe. Die Gestaltung von IKT für ältere Generationen stellt hingegen nicht nur einen großen Forschungsbedarf dar, gleichzeitig ergeben sich neue Marktpotenziale für Praxisvertreter, die einen sozialen und intergenerationalen Ansatz in ihre Vorhaben mit einbeziehen.

Mit der steigenden digitalen Vernetzung im Privatbereich und der praktischen Erfahrung mit dem Einsatz von Social Software im Unternehmenskontext ergeben sich neue Möglichkeiten für die Unterstützung älterer Menschen, von denen in Europa mehr als die Hälfte alleine lebt. Eine Vielzahl an Forschungsprojekten wird realisiert, mit dem Ziel die soziale Bindung und Interaktion älterer Menschen mit Freunden und Familie mit Hilfe des Social Webs zu stärken. Durch die Integration älterer Nutzer in ihre nähere Umgebung und die Überbrückung geographischer Distanzen mittels innovativer Benutzerschnittstellen soll älteren Menschen der Zugang zum Social Web erleichtert werden. Im Fokus der Untersuchungen stehen insbe-

sondere die Auswirkungen der digitalen sozialen Vernetzung auf das persönliche Wohlbefinden und die Vermeidung sozialer Isolation älterer Menschen.

Im Rahmen des Workshops „AAL: Interaktiv. Sozial. Intergenerational?" stellen Vertreter
aus Forschung und Praxis den aktuellen Stand ihrer Vorhaben vor und diskutieren gemeinsam über die Gestaltung wettbewerbsfähiger, einfach zu bedienender und generationsüber-
greifender Lösungen für ältere Menschen. Unserem Aufruf zur Einreichung von Beiträgen
zum Tagungsband sind Forscher und Praxispartner aus mehreren nationalen und europäischen AAL-Projekten gefolgt und es wurden insgesamt acht Beiträge zur Präsentation und
Veröffentlichung ausgewählt.

Michael Prilla untersuchte im Rahmen des Projektes *service4home* den Einsatz von
Pen&Paper-Technologien für die Bereitstellung von Dienstleistungen für Senioren. Im Beitrag werden Potenziale und Herausforderungen bei der praktischen Anwendung in der Zielgruppe vorgestellt und unter Berücksichtigung soziotechnischer Faktoren konkrete (Gestal-
tungs-)Anforderungen und Barrieren für ältere Menschen abgeleitet und diskutiert.

Kurt Majcen et al. etablieren im Projekt *Learn & Network* eine Lern- und Netzwerkplatt-
form, über die die Generation 60+ mittels eines dualen Ansatzes die selbstbestimme Nutzung
von neuen Medien wie dem Social Web erlernen kann. Der Beitrag vermittelt einen Einblick
in den Design- und Entstehungsprozess der Plattform und stellt erste Erkenntnisse bei der
Nutzung von *SeniorenImNetz.at* durch rund 240 Teilnehmer in zwei Internetkursen vor.
Abschließend werden die Notwendigkeit, Voraussetzungen und Grenzen einer nachhaltigen
Lern-Plattform zur Vernetzung von Kursteilnehmern nach einem Fortbildungskurs dargelegt.

Sandra Schering et al. betrachten den Einsatz von Social TV Applikationen zur Unterstützung von gemeinschaftlichem Fernsehen mittels dem Social Web und den Einfluss von sozialer Awareness auf das persönliche Wohlbefinden auf den Nutzer. In einer Vorstudie wurden, gemeinsam mit 124 Teilnehmern zwischen 15 und 69 Jahren, Anforderungen an die
Gestaltung von Social TV Lösungen erarbeitet und die Relevanz peripherer Wahrnehmung
herausgestellt.

Mario Drobics et al. berichten über das AAL-Projekt *FoSIBLE* und stellen in ihrem Beitrag
eine multi-modales Benutzerschnittstelle für die Unterstützung älterer Menschen bei der
Interaktion mit Social TV Communities vor. Dieser Ansatz bietet älteren Menschen die Möglichkeit für die Fernsteuerung unterschiedliche Benutzerschnittstellen, wie herkömmliche
Fernbedienungen, Tablets, integrierte Gesten-Erkennung sowie Smart Furniture einzusetzen.

Luis Roalter et al. vertreten das Projekt *GewoS*. Im Rahmen des Projekts wurde ein proto-
typischer Bewegungssessel angefertigt, der ältere Menschen zu mehr Bewegung anregen und
deren Wohlbefinden über biomedizinische Sensoren messen soll. Der Beitrag stellt die Einsatzmöglichkeiten des Sessels vor und präsentiert erste Ergebnisse aus den Interviews mit 29
Teilnehmern auf einer Seniorenmesse in Deuschland.

Ronny Reckin et al. vertreten das Projekt *SMILEY*. In ihrer Untersuchung wurde mittels
verschiedener Nutzungsszenarien die Einsatzfähigkeit von Standardanwendungen auf dem
iPad zwischen jüngeren Versuchsteilnehmern ermittelt und den Ergebnissen ältere Teilnehmer von über 60 Jahren gegenüber gestellt. Anhand der Ergebnisse wird der Bedarf für eine

Neugestaltung der Standardanwendungen unter Berücksichtigung der Anforderungen älterer Menschen abgeleitet.

Martin Burkhard et al. vertreten das Projekt *SI-Screen*. Vor dem Hintergrund den prototypischen Tablet-Computer *elisa* für Senioren zu realisieren, wurde für ältere Menschen in Deutschland und Spanien die Genauigkeit der Touch-Interaktion anhand des ISO-9241-9 Multi-directional Tapping Tests ermittelt. Im Rahmen der Evaluation führten die Teilnehmer den Test auf vier verschiedenen Android Tablets mit unterschiedlichen Display-Größen und Gehäusematerialien durch und gaben ihre Präferenzen hinsichtlich des bevorzugten Formfaktors und der Materialeigenschaften an.

Stefanie Müller et al. vertreten die Projekte *V2me*, *CCE* und *inDAgo*. Die Autoren sprechen in ihrem Beitrag die fehlende Integration verschiedener Lösungen für ältere Menschen an und schlagen eine gemeinsame konzeptionelle Gestaltungsbasis mittels Scenario-Based Design vor. Entlang eines Beispielszenarios wird die Möglichkeit aufgezeigt, die verschiedenen Ansätze der drei unabhängigen Forschungsprojekte in ein integriertes Gesamtkonzept münden zu lassen und dieses Vorgehen zur Diskussion gestellt.

Mit der vielfältigen Zusammensetzung der Beitragsthemen erwarten wir einen inspirierenden AAL-Workshop „Interaktiv. Sozial. Intergenerational?" mit spannenden Diskussionen über die Gestaltungsoptionen für Assistenzsysteme mit Zugang zu interaktiven und kooperativen Medien zur Unterstützung der Selbstbestimmtheit und Autonomie älterer Menschen.

Unser besonderer Dank gilt den beitragenden Autoren und dem Programmkomitee für die gute Unterstützung bei den Vorbereitungen und der Durchführung des Workshops.

Wir wünschen allen Teilnehmern einen interessanten Workshop.

Duisburg, Essen, München im September 2012.

Steffen Budweg
Martin Burkhard
Michael Koch
Anna Kötteritzsch
Alexander Richter
Jürgen Ziegler

Programmkommitee

Steffen Budweg
Universität Duisburg-Essen

Martin Burkhard
Universität der Bundeswehr München

Mario Drobics
AIT Austrian Institute of Technology GmbH

Dr. Michael John
Fraunhofer FIRST

Prof. Dr. Michael Koch
Universität der Bundeswehr München

Anna Kötteritzsch
Universität Duisburg-Essen

Fritjof M. Lemân
Universität der Bundeswehr München

Kurt Majcen
Institut DIGITAL, JOANNEUM RESE-ARCH, Graz

Claudia Müller
Universität Siegen

Prof. Wolfgang Prinz, Phd.
Fraunhofer FIT & RWTH Aachen

Dr. Asarnusch Rashid
FZI Forschungszentrum Informatik Karlsruhe

Dr. Alexander Richter
Universität der Bundeswehr München

Jun.-Prof. Dr. Gunnar Stevens
Universität Siegen

Mag. Dr. Alexander Stocker
Institut DIGITAL, JOANNEUM RESE-ARCH, Graz

Prof. Dr. Hartmut Wandke
Humboldt-Universität zu Berlin

Prof. Dr. Jürgen Ziegler
Universität Duisburg-Essen

Danksagung

Der Workshop findet im Zusammenhang mit den Forschungsprojekten FoSIBLE und SI-Screen statt, die mit Mitteln des Bundesministeriums für Bildung, und Forschung (Förderkennzeichen FoSIBLE: 16SV3991, SI-Screen: 16SV3982), sowie durch das Europäische AAL Joint Programme (FoSIBLE: AAL-2009-2-135, SI-Screen: AAL-2009-2-088) gefördert werden.

H. Reiterer & O. Deussen (Hrsg.): Workshopband Mensch & Computer 2012
München: Oldenbourg Verlag, 2012, S. 7-13

Ein AAL-Projekt aus sozio-technischer Sicht: Erkenntnisse und Anforderungen

Michael Prilla

Informations- und Technikmanagement, IAW, Ruhr-Universität Bochum

Zusammenfassung

Dieser Beitrag beschreibt Ergebnisse des Projekts service4home, in dem mit Pen&Paper-Technologie Dienstleistungen für Senioren bereitgestellt wurden. Er diskutiert diese Ergebnisse aus der Perspektive sozio-technischer Phänomene und beschreibt Anforderungen aus dieser Perspektive, die bisher im Bereich AAL zu wenig beachtet werden.

1 Einleitung

Dienstleistungen und Technologien des Ambient Assisted Livings (AAL) werden heute häufig diskutiert, wenn es um die Unterstützung von Senioren im Alltag geht. Daher sind verschiedene Erkenntnisse zur Technikakzeptanz bei Senioren (Chung et al. 2010), Barrieren bei der Umsetzung von AAL (Horneber et al. 2011) oder zur Gestaltung von AAL (Menschner et al. 2011) vorhanden. Neben diesen Erkenntnissen lassen sich weitere Aspekte finden, die in der Charakteristik von AAL als sozio-technisches System zu erklären sind – in sozio-technischen Systemen sind technische und soziale Komponenten eng miteinander verbunden und wirken wechselseitig aufeinander ein. Diese Wechselwirkung trifft auf alltagsunterstützende Technologie für Senioren zu, die deren Alltag verändert, aber auch an die Bedarfe von Nutzern angepasst wird. Vorhandene Arbeiten bspw. zur Mensch-Technik-Interkation für Senioren sind jedoch hinsichtlich dieser Perspektive nicht ausreichend (Prilla & Frerichs 2011). Dieser Beitrag erläutert dies anhand des Projekts „service4home"[1], in dem technisch unterstützte Dienstleistungen für Senioren erprobt wurden, und beschreibt Anforderungen aus der Sicht von AAL-Lösungen als sozio-technische Systeme.

---

[1] Das Projekt „service4home" wurde bis Juni 2012 vom BMBF unter dem Förderkennzeichen 01FC08008 gefördert. Weitere Informationen sind unter http://service4home.net erhältlich.

2   Pen&Paper-Technologie in Dienstleistungen für Senioren: Das Projekt service4home

Im Projekt service4home wurden Dienstleistungen für Senioren technisch unterstützt mittels einer Dienstleistungsagentur angeboten (Prilla et al. 2011). Zielgruppe waren Senioren ohne starke Beeinträchtigungen, die durch alltagsunterstützende Dienstleistung ihre Autonomie bewahren oder ausbauen wollen. Um ihnen die Bestellung und Konfiguration von Dienstleistungen von zu Hause zu ermöglichen und die Koordination der Dienstleistungen effektiv zu gestalten, wurde Pen&Paper-Technologie genutzt. Dies ist eine digitale Schreibtechnologie, die aus einem Stift mit einer Kamera und speziell, kaum sichtbar bedrucktem Papier besteht, und die elektronische Übermittlung handschriftlich ausgefüllter Formulare ermöglicht (vgl. Abbildung 1 und Prilla et al. 2011).

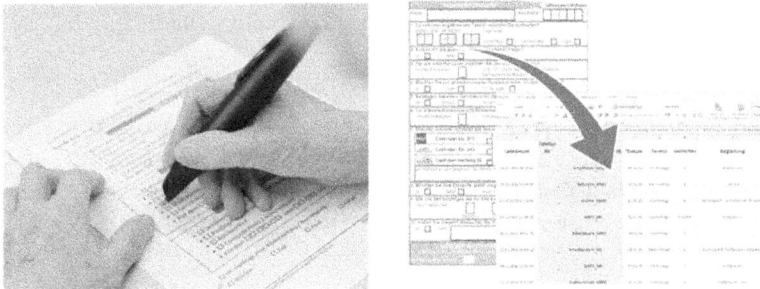

Abbildung 1: Überführung papierbasierter Formulare in digitale Daten durch Pen&Paper-Technologie (links).

Kundinnen der Agentur konnten mit fünf verschiedenen Formularen über 20 verschiedene Dienstleistungen konfigurieren und bestellen, sie wurden nach erfolgter und umgesetzter Bestellung durch Mitarbeiter der hierfür eingerichteten Dienstleistungsagentur telefonisch benachrichtigt. So entstand im Testquartier (Bochum-Grumme) ein sozio-technisches System aus Dienstleistungen und Technik mit Nutzern, lokalen Dienstleistern und unterstützenden Akteuren, die in die Entwicklung von Prozessen und Technik einbezogen wurden.

Die im weiteren Verlauf beschriebenen Ergebnisse entstammen einer Befragung potentieller Kunden im Vorfeld des Projekts (Schneiders et al. 2011) sowie Interviews und Beobachtungen bspw. der Techniknutzung bei Kunden und der Dokumentation von Feed Rückmeldungen der Kunden durch Mitarbeiterinnen der Agentur (Prilla & Frerichs 2011).

3   Ergebnisse

3.1   Potentialanalyse: Technikaffinität bei älteren Nutzern

Zu Beginn des Projekts wurden im ausgewählten Quartier 120 Haushalte (10% der Zielgruppe) zu ihren Bedarfen hinsichtlich Dienstleistungen, zu sozio-ökonomischen Faktoren wie ihrer Zahlungsfähigkeit und zu ihrer Haltung zu Technik befragt (Schneiders et al. 2011). Diese Befragung zeigt bei allgemeinen Angaben zur Technikakzeptanz (Abbildung 2 links) ein negatives Bild zur Technikaffinität der Zielgruppe: Die Befragten nutzen zwar Technik im Alltag, scheinen aber wenig kompetent und motiviert im Umgang mit ihr.

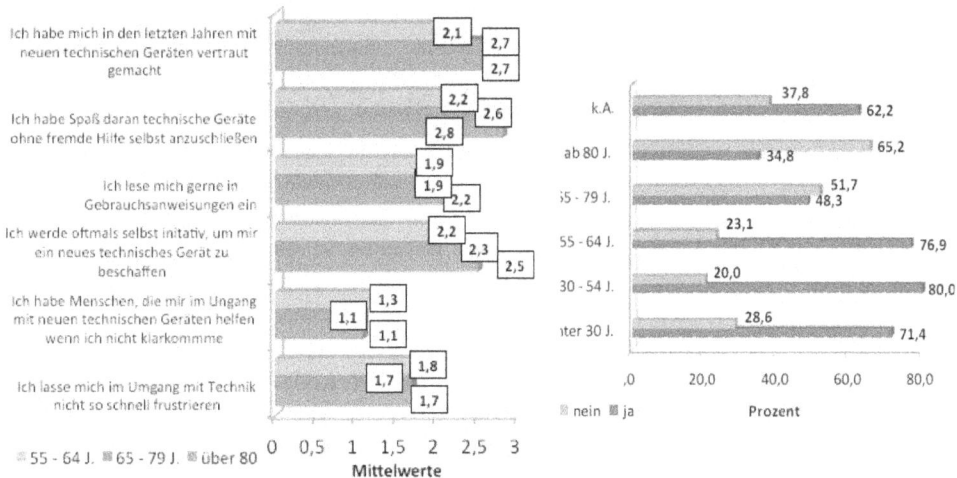

Abbildung 2: Links Ergebnisse der Befragung zur Technikaffinität (1=Stimmt, 2=teils/teils, 3=Stimmt nicht,). Rechts Antworten zur Akzeptanz der Stifttechnologie (Frage: "Können Sie sich vorstellen, Problemlösungen auf diese Weise (...) weiterzuleiten?", oberer Wert „ja", unterer Wert „nein").

Ein positiveres Ergebnis zeigte sich, als die Befragten die Nutzung von Pen&Paper-Technologie anhand eines praktischen Beispiels erproben konnten: Als sie dazu befragt wurden, ob sie sich die Nutzung der Technik für den Beispielfall vorstellen könnten, bejahte dies fast die Hälfte aller Befragten im Alter von 65 bis 79 Jahren sowie ein Drittel der Personen über 80 Jahre (vgl. Abbildung 2). Dies bestätigt die Eignung von Pen&Paper-Technologie für ältere Nutzer und zeigt, dass Antworten zu allgemeiner Technikaffinität nicht immer Rückschlüsse auf die Akzeptanz bestimmter Technologien zulassen.

3.2   Akzeptanz und Nutzung von Pen&Paper bei Senioren

Pen&Paper-Technologie wurde im Projekt intuitiv genutzt und meist nicht als ‚Technik' identifiziert – Nutzer interagierten mit einem Informationssystem, ohne dieses erlernen zu müssen (Stellmach et al. 2010). Dies förderte den Umgang mit der Technik, da Senioren bevorzugt mit bekannten Technologien interagieren (Lutze 2011): Sie konnten nach kurzer Einführung Dienstleistungen mit der Technik bestellen, weitere Unterstützung war nicht notwendig. Die Technik wurde häufig genutzt, die fünf aktivsten Kunden bestellten innerhalb von neun Monaten 77 Dienstleistungen. Sie wurde auch kooperativ genutzt: Zwei Kundinnen, die gerne gemeinsam einkauften, nutzen beim Ausfüllen ihres jeweiligen Formulars das Telefon, um sich bei dieser Aufgabe hinsichtlich Zeit und Ort abzustimmen.

Probleme der Akzeptanz traten bei den Mitarbeitern der Dienstleistungsagentur auf. Sie befürchteten, dass durch die Technik der Kontakt zu Senioren geringer werden könnte und waren skeptisch, ob Senioren die Technik nutzen könnten. Sie führten daher die Technik nur halbherzig ein, rieten zeitweise von ihr ab und ermöglichten Bestellung per Telefon. Dies führte vorübergehend auch zur Skepsis bei Kunden, die nur durch zusätzliche Gespräche und Rückmeldungen nach Bestellung überwunden werden konnte.

3.3 Nachfrage: Alltagsunterstützung durch AAL

Unter den 20 angebotenen Dienstleistungen im Projekt waren Begleitdienste, Besuche durch externe Dienstleister wie bspw. Fußpfleger, Bring- und Holdienste bspw. für Medikamente oder haushaltsnahe Tätigkeiten wie kleine Reparaturen. Die Nachfrage konzentrierte sich zu über 70 Prozent auf Dienstleistungen, in denen ein Begleiter bei sozialen Tätigkeiten unterstützte. So war die am häufigsten bestellte Dienstleistung ein begleiteter Einkauf, bei dem Kunden einen Fahrdienst vom und zum Supermarkt nutzten und bei dem ein Begleiter sie im Supermarkt sowie beim Tragen der Einkäufe unterstützte. Obwohl diese Beobachtung auch standortabhängig sein kann, zeigt sie doch deutlich Bedarfe nach Dienstleistungen wie die Unterstützung sozialer Teilhabe und den Wunsch nach Erhaltung eigener Aktivität auf.

3.4 Fallstudien: Nutzer von Pen&Paper-gestützter Dienstleistungen und ihre Nutzung

Um detaillierte Erkenntnisse zur Nutzung von Technik und Dienstleistungen zu gewinnen, wurden vier Kundinnen intensiv betrachtet. Hierzu dokumentierten die Mitarbeiterinnen der Agentur den Kontakt mit ihnen und es wurden Beobachtungen und Interviews durchgeführt. Es handelte sich um weibliche Kundinnen (die Agentur wurde überwiegend von Damen nachgefragt) im Alter von 72 bis 82 Jahren. Drei besaßen ein Handy (zwei nutzten es nach eigenen Angaben nicht), eine verfügte über Internet. Im Testzeitraum bestellten sie zwischen 7 und 23 Dienstleistungen. Ein Zusammenhang zwischen Technikaffinität, wie sie bspw. aus der Nutzung von Handys oder Internet abgeleitet werden könnte, wurde nicht gefunden.

Die Kundinnen verstanden bereits nach einer kurzen Einführung, dass ihre Daten nach ausfüllen eines Formulars übertragen wurden: *„jetzt passiert was (...) (die) Daten gehen dann rüber"* (Kundin 2). Bei Problemen, bspw. durch zwischenzeitliche Netzwerkprobleme, suchten sie die Schuld häufig bei sich und mussten auf Fehler in der Technik hingewiesen werden: *„Da bin ich aber froh. Ich dachte schon, ich hätte etwas kaputt gemacht!"* (Kundin 3). Gleichwohl war bei anderen auch Ärger und ein Vertrauensverlust als Ergebnis dieses Fehlers zu bemerken. Insgesamt nutzen die Kundinnen die Technik jedoch intuitiv und gerne: *„Schlimm ist Technik nicht, wenn sie funktioniert"* (Testperson 4).

4   Diskussion: Anforderungen an AAL

4.1   Unterstützung der Zielgruppe: Schwerpunkte

Die oben beschriebenen Ergebnisse zeigen einen Schwerpunkt auf Unterstützung bei sozial orientierten Tätigkeiten auf, die im Bereich AAL oft hinter technischer Unterstützung einzelner Fähigkeiten zurück stehen. Es lassen sich daraus drei Anforderungen an die Gestaltung und Umsetzung von AAL in der Praxis ableiten:

- **Fokus auf die Stärkung von Teilhabe:** Die überproportional starke Nachfrage nach Dienstleistungen, in denen ein Begleiter und potentiell weitere Seniorinnen teilnahmen (Abschnitt 3.3), zeigt, dass Technologien zur Unterstützung des täglichen Lebens dieser Gruppe insbesondere deren Teilhabe am öffentlichen Leben fördern müssen.

- **Aktivität fördern statt Tätigkeiten ersetzen:** Ein weiterer Grund für die Nachfrage nach Begleitdienstleistungen war nach Angaben der Kundinnen, dass sie es ihnen ermöglichten, aktiv zu bleiben. Häufig werden im Bereich AAL jedoch Dienstleistungen vorgeschlagen, die Aktivität abnehmen, bspw. bei der Bestellung von Essen. Für die Bewahrung von Autonomie sind diese jedoch kontraproduktiv.

- **Kooperation unter Nutzern fördern:** AAL wird meist in seiner Anwendung für eine Person diskutiert. Beispiele aus dem Projekt service4home wie das oben beschriebene regelmäßige Telefonat zwischen Seniorinnen (Abschnitt 3.4) zeigen jedoch, dass auch in der Ausrichtung von AAL als kooperationsermöglichendes Feld Potential liegt.

4.2   Akzeptanz und Barrieren für AAL

Zu Barrieren und Akzeptanz von AAL werden häufig Themen wie Geschäftsmodelle für AAL oder die bessere Abstimmung zwischen Technik und Dienstleistungen diskutiert (vgl. Prilla & Rascher 2012). Ergebnisse aus service4home zeigen zusätzlich sozio-technische Aspekte von Akzeptanz und Barrieren auf:

- **Technikaffinität vs. Akzeptanz konkreter Technologien:** Die Nutzerbefragung aus service4home (Abschnitt 3.1) zeigt, dass Technikakzeptanz bei Senioren im soziotechnischen Kontext entsteht. Allgemeine Technikaffinität sollte daher hinter Befragungen zu konkreten Anwendungen zurückstehen (vgl. Prilla & Frerichs 2011).

- **Mehrwert von Dienstleistungen vor Akzeptanz von Technik:** Die Akzeptanz des Systems aus Pen&Paper, Dienstleistungen und der Agentur (Abschnitt 3.2) zeigt, dass für Seniorinnen der Mehrwert der Dienstleistungen und die Funktion des Gesamtsystems entscheidend waren, Technik wurde nur als Vehikel gesehen. Sie sollte daher, wenn sie sinnvoll ausgewählt wird, bei AAL-Dienstleistungen nicht im Vordergrund stehen.

- **Ängste und Fähigkeiten des Umfelds:** In service4home waren Barrieren der Nutzung von Technik leicht zu umgehen waren, bei Mitarbeitern der Agentur zeigte sich jedoch Skepsis gegenüber der Technik. Dies zeigt auf, dass für den Transfer von AAL (aus dem Labor) in die Praxis das Umfeld aus (wenig technikbewussten) Verbänden, Trägern und anderen führ in die Techniknutzung einbezogen werden muss.

4.3   Gestaltungsanforderungen

Aus den oben beschriebenen Erkenntnissen lassen sich Anforderungen an die Gestaltung von AAL als sozio-technisches System ableiten:

- **Situativ geeigneter Medienmix:** Die Nutzung von Pen&Paper-Technologie in service4home ist ein Beispiel dafür, wie Technik, die nicht in aller Munde ist, eine wichtige Rolle spielen kann. Für die Gestaltung von AAL sollten daher neben aktuellen Techniken wie Mobiltelefonen auch immer alternative, an Nutzungssituationen und Zielgruppen angepasste Technologien betrachtet werden.

- **Gestaltung für die Praxis in der Praxis:** Zu oft werden AAL-Technologien und Dienstleistungen nicht in ihrer praktischen Anwendung entwickelt, bspw. wenn Technik mit Senioren im Labor getestet wird. Die Umsetzung einer Dienstleistungsagentur in service4home zeigt jedoch, dass erst durch Tests oder Umsetzung in der Praxis tragfähige Lösungen und Erkenntnisse gewonnen werden können.

- **Rollen zur Förderung von AAL in der Praxis:** Um die Skepsis gegenüber Technik abzubauen und ihre Durchdringung im Umfeld von AAL-Lösungen zu fördern, sollten bei Verbänden, Trägern usw. Experten für AAL ausgebildet werden. Solche AAL-Vermittler (Prilla & Rascher 2012) hätten in service4home Probleme der Akzeptanz bei Mitarbeiterinnen der Agentur ausräumen können (vgl. Abschnitt 3.2).

Literaturverzeichnis

Chung, J.E., Park, N., Wang, H., Fulk, J. & McLaughlin, M. (2010). Age differences in perceptions of online community participation among non-users: An extension of the Technology Acceptance Model. *Computers in Human Behavior, 26*(6), 1674 – 1684.

Horneber, M., Pensky, N. & Macco, K. (2011). Warum innovative AAL-Projekte häufig scheitern - Innovationsbarrieren erfolgreich überwinden. In: *Tagungsband zum 4. Deutschen AAL-Kongress.* Berlin: VDE Verlag.

Lutze, R. (2011). Assistenzsysteme für Zuhause - Wirtschaftlichkeit, Akzeptanzbarrieren und multivalenter Nutzen. In: *Tagungsband zum 4. Deutschen AAL-Kongress.* Berlin: VDE Verlag.

Menschner, P., Prinz, A., Koene, P., Köbler, F., Altmann, A., Krcmar, H. & Leimeister, J.M. (2011). Reaching into patients' homes - participatory designed AAL services. *Electronic Markets, 21*(1), 63–76.

Prilla, M. & Frerichs, A. (2011). Technik, Dienstleistungen und Senioren: (K)Ein Akzeptanzproblem? In: *Tagungsband zur Mensch und Computer 2011.* Chemnitz: Universitätsverlag Chemnitz, *S. 347-351.*

Prilla, M., Rascher, I. & Skrotzki, R. (Hrsg.) (2011). Digitale Stift-Technologie zur Vermittlung von Dienstleistungen: Auswahl und Anpassung geeigneter Dienstleistungsprozesse. In: *Tagungsband zum 4. Deutscher AAL-Kongress*. Berlin: VDE Verlag.

Prilla, M. & Rascher, I. (2012). AAL? Lieber nicht! - Eine praktische Betrachtung von Barrieren des Transfers von AAL-Lösungen in den Markt und ihrer Überwindung. In: *Tagungsband zum 5. Deutscher AAL-Kongress*. Berlin: VDE Verlag.

Schneiders, K., Ley, C. & Prilla, M. (2011). Die Verbindung von Technikakzeptanz, Dienstleistungsbedarf und strukturellen Voraussetzungen als Erfolgsfaktor einer durch Mikrosystemtechnik gestützten Dienstleistungsagentur. In Bieber, D. & Schwarz, K. (Hrsg.): *Mit AAL-Dienstleistungen altern. Nutzerbedarfsanalysen im Kontext des Ambient Assisted Living*. Saarbrücken: iso-Institut.

Stellmach, S., Brücher, T., Franke, R. & Dachselt, R. (2010). Digitale Stift- und Papierinteraktion in Virtuellen Umgebungen. In: *Proceedings Mensch und Computer 2010*. Oldenbourg Verlag, 7–16.

H. Reiterer & O. Deussen (Hrsg.): Workshopband Mensch & Computer 2012
München: Oldenbourg Verlag, 2012, S. 15-21

SeniorenImNetz.at: eine Lern- und Netzwerkplattform für die Generation 60+

Alexander Stocker[1], Kurt Majcen[1], Harald Mayer[1], Sandra Murg[1],
Anita Brünner[2], Cindy Wrann[2], Tatjana Prattes[3], Gertraud Hausegger-Grill[3],
Markus Stoisser[3], Hannes Robier[4]

Institut DIGITAL, JOANNEUM RESEARCH Forschungsgesellschaft mbH[1]
Institut für Erziehungswissenschaft und Bildungsforschung, Universität Klagenfurt[2]
Schulungszentrum Uranschek GmbH[3]
youspi Consulting GmbH[4]

Zusammenfassung

Das Projektziel von „Learn & Network" besteht darin, ältere Menschen über den dualen Ansatz Lernen und Netzwerken zur selbstbestimmten Nutzung Neuer und insbesondere Sozialer Medien heranzuführen. Zu diesem Zweck wurde eine speziell auf die Bedürfnisse der Zielgruppe zugeschnittene Web-2.0-Plattform entwickelt, welche in diesem Beitrag vorgestellt wird und auf „SeniorenImNetz.at" öffentlich zugängig ist. „SeniorenImNetz.at" wurde schon mit rund 240 Teilnehmenden in EDV-Kursen, Workshops und Internet-Cafés eingesetzt und soll dazu beitragen, dass sich ältere Menschen in Österreich aktiv und nachhaltig miteinander vernetzen.

1   Die Motivation zu einer neuen Plattform

Im von der Bildungseinrichtung Schulungszentrum Uranschek initiierten und koordinierten Forschungsprojekt „Learn & Network" wird ein Informationssystem erforscht und entwickelt, welches die Vermittlung notwendiger Kenntnisse und Fähigkeiten an ältere Menschen unterstützt (d.h. „Learn"), die für die selbstbestimmte Nutzung sozialer Netzwerkplattformen wichtig sind (d.h. „Network[ing]"). In diesem Projekt gilt das leitende Grundprinzip, dass die Generation 60+ Social Networking Plattformen wie Facebook zwar prinzipiell einsetzen könnte – und ein solcher Einsatz überaus wert- und sinnstiftend wäre. Doch leider fehlt es dieser Generation an der notwendigen Digital- bzw. Web Literacy, um mit solchen Plattformen dem Web-2.0-Gedanken entsprechend selbstorganisierend und selbstbestimmt zu explorieren. Daher kommt es nicht zu einer nachhaltigen Nutzung - und die Generation 60+ tritt dort nur als Randgruppe in Erscheinung, was den Digital Divide weiter vergrößert.

Plattformen wie Facebook und Twitter sind für die Generation 60+ auch als Bestandteil in klassischen Schulungen zum Thema Social Networking (respektive in EDV-Kursen für Senioren/innen) aus folgenden Gründen ungeeignet: Sie sind zu nutzungsoffen, d.h. sie lassen zu viele Möglichkeiten für Interaktion und Kommunikation zu und überfordern dadurch die Generation 60+. Implementierte Funktionalitäten ändern sich aufgrund von „Perpetual Beta" als Designprinzip von Web-2.0 in kurzen Abständen bzw. sind plötzlich an anderen Orten auffindbar und Mitglieder der älteren Generation finden sie dann nicht mehr. Aufgrund der Größe und Internationalität solcher Plattformen sind die Folgen von Aktionen in Facebook nur schwer absehbar und damit steuerbar, was dazu führen kann, dass ein Mitglied der Generation 60+ plötzlich von einem ihm unbekannten Mitglied kontaktiert wird. Vor allem eignen sie sich nicht, die Grundprinzipien des Social Networkings an die Generation 60+ zu kommunizieren, da ihre Wirkung dieser speziellen Zielgruppe nur sehr schwer erklärt werden kann. Nach dieser kurzen Einleitung und der daraus erklärbaren Motivation für die Entwicklung einer eigenen speziell auf die Besonderheiten der Generation 60+ zugeschnittenen Plattform werden in Abschnitt 2 Einblicke in den Design und Entwicklungsprozess der Plattform gegeben. Abschnitt 3 schildert Szenarien für den Einsatz der Plattform sowie für die Nutzung und zeigt Ansätze einer Evaluierung der Plattform und führt bisherige Ergebnisse an. Der Beitrag schließt in Abschnitt 4 mit einer kritischen Reflexion der Forschungsergebnisse sowie einem Ausblick auf weitere Arbeiten.

2   Design- und Entwicklung

2.1   Literaturstudie und Didaktik

Vor dem Start der Design- und Entwicklungsphase für die Plattform „SeniorenImNetz.at" wurde durch den Projektpartner Universität Klagenfurt eine umfangreiche Literaturstudie zu den Lernbesonderheiten älterer Menschen im Kontext von IKT durchgeführt (Brünner & Wrann 2011). Ausgewählte Ergebnisse wurden bereits 2011 im Workshop „Senioren.Medien.Übermorgen" auf der Konferenz „Mensch und Computer" veröffentlicht (Stocker et al. 2011). Lernbesonderheiten Älterer wurden unter Einbeziehung vorhandener Hemmschwellen umfassend beschrieben. Teilweise parallel und teilweise darauf aufbauend wurden Lernszenarien konzipiert (Basiswissen, Computerwissen für Fortgeschrittene, Internet und Soziale Plattformen). Für jedes dieser Lernszenarien wurden Lern- und Lehrziele definiert.

Aufbauend wurde eine alterssensible Didaktik entwickelt, um ältere Menschen durch die Kombination geeigneter Lernszenarien und der im Projekt entwickelten Web-2.0-basierten Plattform „SeniorenImNetz.at" erfolgreich an die Nutzung Sozialer Medien und an das IT-gestützte soziale Netzwerken heranzuführen. So soll die Generation 60+ soziales Netzwerken als nachhaltige und nutzenstiftende Praxis erfahren , um sie dann schrittweise an die spätere

Nutzung von komplexen und dynamischen multinationalen Plattformen wie Facebook, Twitter oder Google+ heranzuführen.

2.2 Designprozess und User-Interface

Aus Sicht der AAL-Experten besteht in der Berücksichtigung des Aspekts der Benutzbarkeit ein erster Erfolgsfaktor. Infolgedessen wurde bei der Entwicklung gemeinsam mit dem Projektpartner youspi speziell auf Usability geachtet, um eine höchstmögliche Akzeptanz bei älteren Menschen zu gewährleisten. Das erklärt letztendlich auch, warum das Ergebnis „SeniorenImNetz.at" anders aussieht als Plattformen, welche nicht speziell für diese Zielgruppe und gemeinsam mit dieser Zielgruppe entwickelt wurden.

Bei einer neuen Plattform gilt es neben der richtigen Oberfläche auch die richtige Sprache zu finden, um der Generation 60+ den Mehrwert aus der Plattformnutzung näher zu bringen. Zu diesem Zweck wurden in Anlehnung an einen Innovationsprozess von Brockhoff (Brockhoff 2003) verschiedene Tests mit Mock-Ups durchgeführt. Diese umfassten Gesamtkonzept AB-Analyse, Designvergleichstest, Befragungen zu den Schriftarten, Schriftgrößen und Inverted Card Sorting für das Wording von Bereichen und Navigationselementen.

Im Projekt wurden drei Fokusgruppen gebildet: Basiskurs, Forstgeschrittene und Internetkurs. Die durch Beobachtungen von Teilnehmenden in Kursen gebildeten Rückschlüsse wurden durch User-Interface Prototypen getestet. Beispielsweise wurde die Beobachtung „Navigation links wird klar erkannt – auch durch den Navigationsbaum des Windows-Explorer" durch eine Navigation auf der linken Seite im User-Interface abgebildet.

Aus den ersten Beobachtungen und Erfahrungen wurden drei Personas sowie eine NON-Persona gebildet. Aus den drei Personas kristallisierte sich schließlich die „Hauptpersona" für die Entwicklung der Plattform heraus. In Befragungen wurden die geeigneten Begrifflichkeiten der Hauptmenüpunkte sowie die passenden Icons dazu identifiziert. Zusätzlich wurde ein Designvergleich von bestehenden Plattformen wie beispielsweise 50plus-treff.at durchgeführt, um herauszufinden, was den Teilnehmenden dort besonders gut gefällt – und was nicht.

2.3 Entwicklung der Plattform

Technische Anforderungen (Basislösung, Wartbarkeit, Nachhaltigkeit der Lösung) wurden den Möglichkeiten bei JOANNEUM RESEARCH bereits in Projekten verwendeter und bestehender frei verfügbarer Software-Pakete (wie Wordpress inkl. Buddypress, Drupal, Elgg, Pligg), gegenübergestellt. Basierend auf dieser Gegenüberstellung sowie bestehenden Erfahrungen und einer Einschätzung der weiteren Entwicklung wurde Buddypress ausgewählt. Buddypress stellt eine auf soziale Interaktion ausgeweitete Plug-In Erweiterung der weltweit stark verbreiteten frei verfügbaren Web-2.0-Plattform WordPress dar.

Für die Plattform wurden zusätzliche Plug-Ins für Frontend-seitige Funktionen (Breadcrumb Navigation, Fragen & Antworten, Schriftgrößenanpassungen, Visualisierung von PDF-Dateien, Bildergalerie, Sitemap etc.) sowie Backend-seitige Funktionen (Email, Beitragskategorien, Quiz, Anmeldung, Google Analytics) und Komponenten für soziale Interaktion (Kontaktmanagement, Benachrichtigungen) integriert und nach speziellen Bedürfnissen erweitert.

Für die grafische Umsetzung der Plattform wurde entsprechend der Designvorgaben die Oberfläche angepasst. Für eine höhere Benutzbarkeit entsprechend der Ergebnisse aus den Mock-Up Tests wurden zusätzliche Features implementiert. Dazu zählen eine Online Hilfe für gewisse Bedienelemente, die einfache Größenverstellung der Schriften per Knopfdruck auf jeder Seite, horizontale und vertikale Hauptnavigation mit einheitlicher Farbkodierung sowie eine Breadcrumb-Navigation für eine bessere Orientierung auf der Gesamtoberfläche. Die einzelnen Funktionalitäten wurden in systematischen Tests des Entwicklungsteams evaluiert, bevor die Plattform in den EDV-Kursen von Uranschek eingesetzt werden konnte.

Die entwickelte Plattform wurde in einer WAMP-Server Konfiguration (d.h. Windows, Apache, MySQL, PHP) für Benutzer-Tests und Workshops bei Uranschek unter der Adresse www.SeniorenImNetz.at zur Verfügung gestellt. Diese URL ist öffentlich, doch gewisse Teilbereiche sind nur nach einer entsprechenden Authentifizierung zugänglich. Für das Monitoring der Benutzung wurden Google Analytics bzw. die nativen Möglichkeiten von Statistiken in WordPress eingerichtet.

3   Einsatz und Nutzung

Der Einsatz der Plattform umfasst eine Reihe von Szenarien, welche im Folgenden kurz beschrieben werden: In einem ersten Schritt wird die Plattform dazu genutzt, um das Thema Soziales Netzwerken in den Präsenzkursen für Internet-Anwender/innen der Generation 60+ zu unterstützen. In diesen Kursen steht den Teilnehmern ein anwesender Trainer zur Verfügung, der die Nutzung der Plattform und das Rahmenthema Netzwerken erklärt. In einem zweiten Schritt soll die Plattform dabei unterstützen, den Teilnehmenden zusätzliches Lernmaterial zu den Kursen anzubieten und diese abseits der Präsenzkurse miteinander zu vernetzen. Diese können sich dann gegenseitig über die Plattform austauschen und über Gelerntes reflektieren. In einem dritten Schritt können die Teilnehmenden Fragen zu Problemen rund um Computer und Internet stellen und erhalten dort Antwort durch die Community. Ein/e Trainer/in fungiert dabei als Community-Manager/in und ruft die Senioren/innen aktiv zum Mitmachen auf, bzw. gibt Antworten auf Fragen, wenn die Community stumm bleibt. In einem vierten Schritt können sich auch Senioren/innen, welche die Kurse nicht besucht haben, auf der Plattform registrieren und mit Gleichgesinnten austauschen. Dazu wurde die Plattform über unterschiedliche Medien, wie beispielsweise eine Presseaussendung, beworben.

„SeniorenImNetz.at" wurde bisher durch Uranschek als didaktisches Mittel in zwei Internet-Fortgeschrittenen Kursen für Senioren/innen eingesetzt. So haben rund 40 Personen einen Einblick in die Plattform und in das Thema Soziales Netzwerken erhalten. Über im Projekt abgehaltene Internet-Cafés mit rund 200 Teilnehmenden, welche auch dazu dienten, die im Projekt entwickelten Lernszenarien zu testen, wurde die Plattform eingesetzt, um den Teilnehmenden einen zusätzlichen Überblick über Lerninhalte und Lernunterlagen zu gewähren und dort eine aktive Diskussion zwischen den Teilnehmenden untereinander, sowie zwischen Teilnehmenden und Vortragenden anzustoßen.

Abbildung 1: Die Startseite von „SeniorenImNetz.at"

Auf „SeniorenImNetz.at" können sich Teilnehmer/innen von Kursen und Internet-Cafés aktiv über Dinge informieren, über die sie sonst nur lesen und zu diesen Fragen stellen, die im und auch nach dem Kurs persönlich durch andere Teilnehmer bzw. durch Trainer/innen beantwortet werden. Dabei hat sich überraschenderweise gezeigt, dass Senioren/innen viel lieber eine einfache Frage auf der Plattform stellen, als über eine Google-Suche nach der Antwort zu suchen. Denn sie fühlen sich über den persönlichen Kontakt mit bekannten Benutzenden der Plattform viel mehr angesprochen, als über den als unpersönlich wahrgenommenen Service von Google.

Weiters wurde beobachtet, dass die Hemmungen der Nutzung eher abgebaut werden, wenn der/die Antwortende mit einem Bild versehen wird und bekannt ist, sodass Gemeinsamkeiten hergestellt werden können. Dasselbe gilt wohl auch für den Wohnort als Teil des Profils, wie aus den Internet-Cafés bekannt wurde. Dann besteht durchaus auch die Bereitschaft, sich längerfristig mit anderen Personen auf der Plattform aber auch abseits der Onlinewelt zu treffen und zu diskutieren. Durch die Plattform kann das Internet für Senioren/innen viel persönlicher gestaltet werden. Zu Beginn waren viele Teilnehmende noch mit einem fiktiven Nick-Name vertreten, es zeigte sich allerdings vernünftig, mit dem echten Vornamen und dem Anfangsbuchstaben des Nachnamens aufzutreten – und diese Praxis wird auch durch die Senioren/innen aufgenommen.

In der restlichen Projektphase soll neben weiteren Features noch eines eingebaut werden, das dem in der Zielgruppe vorhandenen großen Wunsch, sich nicht nur online sondern auch offline zu treffen, Rechnung trägt, indem Community Offline-Events auf der Plattform regelmäßig ankündigt und unterstützt werden.

4   Zusammenfassung und Diskussion

Im Projekt fanden zu mehreren Zeitpunkten Evaluierungen von Teilkomponenten statt. Dazu gehören die Evaluierung der Lernziele und -szenarien, des Plattformdesigns und der Plattform selbst. Die Universität Klagenfurt evaluierte die konzipierten Lernziele und Lernszenarien bei Vor-Ort-Veranstaltungen (d.h. in den EDV-Kursen) von Uranschek. Der für Usability zuständige Partner youspi evaluierte in sechs verschiedenen Mock-Up Tests mit mehr als 60 Endbenutzern/innen das User-Interface der Plattform. Die Plattform wurde in Internet-Cafés für Senioren/innen mit Face-to-Face-Kontakt und in EDV-Kursen mit rund 240 Endbenutzern/innen bei Uranschek im März 2012 von youspi, JOANNEUM RESEARCH und der Universität Klagenfurt beobachtet. Erkenntnisse aus diesen Veranstaltungen (Bedienverhalten, Schwierigkeiten mit Design, Funktionen usw. sowie aufgetretene Fehler) wurden dokumentiert und fließen in die Weiterentwicklung der Plattform ein. Weiters ist angedacht, die Nutzenden der Plattform mittels der Technik der Befragung zu Nutzung und Mehrwert sowie über ihre Wirkung hinsichtlich der Stimulation von Social Networking auch abseits der Kurse zu involvieren. Dabei soll festgestellt werden, inwiefern eine Nutzung der Plattform nachhaltig ist und zur Bildung bzw. Pflege sozialer Netzwerke eingesetzt wird.

Der über ein kooperatives Forschungsprojekt gezielte Aufbau einer Web-2.0-Plattform für Senioren/innen stellt eine komplexe Herausforderung dar. Infolgedessen haben die bisher gemachten Erfahrungen gezeigt, dass es für durchschnittliche ältere Menschen sehr schwierig ist, selbstbestimmt und selbstorganisiert die nötigen Kompetenzen zu trainieren, um nachhaltig soziale Netzwerke zu nutzen. Es gelingt vielen Teilnehmern/innen nicht, das in den Kursen erworbene „Networking-Wissen" nachhaltig zu üben, wenn kein Trainer zur Hilfe steht. Der peer2peer Ansatz (d.h. in den Kursen Networking erlernen und danach selbständig mit anderen älteren Personen üben) konnte nicht die maximale Nachhaltigkeit bringen, denn es fehlt der ständige „Betreuer" und Tutor. Ein solcher ist für ältere Personen dringend notwendig, um sich die Nutzung einer Web-2.0-Plattform auch außerhalb einer formellen Lernsituation anzueignen und das Gelernte zu festigen.

Aufgrund der bisher gemachten Erfahrungen wurde beschlossen, das Community-Management zu intensivieren, um die Plattform lebendiger zu machen. Durch gezielte Vernetzung-Aufgaben an die Community muss es gelingen, die Nutzer zum wiederkehrenden Besuch der Plattform zu begeistern. Denn derzeit gibt es eine Handvoll Besucher, die sich täglich auf der Plattform anmelden, ohne dort jedoch eine sichtbare soziale Interaktion durchzuführen.

Weiters wird versucht, einen Mechanismus zu entwickeln, der ältere Menschen dazu veranlasst spannende Inhalte auf der Plattform zu erstellen und über diese Inhaltsgenerierung Lernaufgaben zu erfüllen. Mit dem bereits genehmigten Projekt „Learning4Generations" werden künftig Digital Natives als Lehrende und Tutoren eingesetzt, um ältere Menschen dazu zu bewegen, mehr Konversation und Inhaltserstellung zu betreiben. Dazu wird SeniorenImNetz.at auch um spezielle Funktionen für Digital Natives ergänzt, wie etwa ein Lern-Cockpit mit Aufgabenverwaltung und Monitoring des Lern-Fortschritts. Wenn es gelingt, Digital Natives nachhaltig als Kümmerer für die Plattform zu gewinnen, werden ältere Personen mit einer höheren Wahrscheinlichkeit die nötigen Kompetenzen erlernen und üben können. Damit wäre es möglich, einen Teil des Community-Managements an Digital Natives zu übertragen, was auch den Wunsch eines generationenübergreifendes Dialogs erfüllen würde.

Danksagung

Das Projekt „Learn & Network" (www.learn-and-network.at) wird vom Bundesministerium für Verkehr, Information und Technologie im Rahmen des Programms „benefit" der Österreichischen Forschungsförderungsgesellschaft – FFG gefördert.

Literaturverzeichnis

Brockhoff, K. (2003). *Customers' perspectives of involvement in new product development*. International Journal of Technology Management, 26 (5-6), 464-481.

Brünner, A. & Wrann, C. (2011). Learn and Network: (Erwachsenen-)pädagogische Erkenntnisse zum Lehren und Lernen mit älteren Erwachsenen im Rahmen von IKT: Lernstandards für altersgerechte Lernszenarien. In: *Literaturstudie an der Universität Klagenfurt*. Unveröffentlicht.

Stocker, A., Majcen, K., Mayer, H., Brünner, A., Wrann, C., Prattes, T., Hausegger-Grill, G., Stoisser, M. & Robier, H. (2011). Lernen und Netzwerken: Ein dualer Ansatz zur selbstbestimmten Nutzung Neuer Medien im Alter. In Eibl, M. & Ulrich, E. (Hrsg.): *Workshop-Proceedings der Tagung Mensch & Computer*. Chemnitz: Universitätsverlag Chemnitz, S. 323-330.

H. Reiterer & O. Deussen (Hrsg.): Workshopband Mensch & Computer 2012
München: Oldenbourg Verlag, 2012, S. 23-30

Exploring the Desire to Get in Touch through Social TV Applications

Sandra Schering, Steffen Budweg

Interactive Systems and Interaction Design, University of Duisburg-Essen

Abstract

Social TVs aim to offer people the possibility to stay in touch with family and friends, supporting intergenerational experiences of social presence and awareness. While multiple approaches exist to support the social experience of watching TV (virtually) together, many available systems have focused on classic features such as buddy lists for peripheral user visualization. In addition, research on Social TV has often treated 'watching television' as a generic situation instead of taking the various different genres into account. This paper presents a study that compares three peripheral visualizations of recipients at remote locations while watching TV depending on the genre. Our initial results show that peripheral awareness information can support the feeling of watching television (virtually) together. Furthermore, TV genre plays a central role and should be taken into account when developing Social TV applications for intergenerational exchange.

1 Introduction

Today, watching television is still a very popular activity, especially for people of higher ages. According to the figures of media control[1], the average viewing time per day of German citizens amounts to 242 minutes in 2012. People in the ages between 50–64 years are watching television 305 minutes, while elderly above 65 years use the television for even 336 hours on average. This suggests that television is an important medium and can be used as a basis for intergenerational exchange.

Watching television often has an inherent social aspect: people are sitting next to each other, talking and laughing together and have a sense of community. However, there also can be a different scenario when a person is alone at home and has no one watching together with him or her. For these people the social character of watching television can be lost. This risk is becoming increasingly important in future because of the growing number of elderly.

---

[1] http://www.media-control.de/dokumente/content/Sehdauer.pdf (Accessed 24.07.2012)

The growing domain of Social TV applications and services aim to address this problem. Social TV applications try to link the individual activity of watching television with the possibility to communicate with others. This is often realized through a voice or a text chat, as well as through different visualizations such as a "Buddy List" that shows the TV channels and programs that friends or family members are currently watching (Harboe et al. 2008). According to Metcalf et al., Social TV allows "remotely located friends and family to experience some of the benefits of sitting next to one another on the couch and watching a TV program together" (Metcalf et al. 2008, p. 2). Recent examples of Social TV applications include "ConnecTV" (Boertjes 2007), "AmigoTV" (Coppens et al. 2004), "Ambient Social TV" (Harboe et al. 2008) or "FoSIBLE" (Drobics et al. 2011). The FoSIBLE system has the goal to foster social interaction for a better life of the elderly through a TV-based community that offers various possibilities to interact with friends and family, counteracting isolation and loneliness in older age.

When addressing isolation and loneliness with (physically) distributed TV users, the concepts of social presence and awareness play an important role. In research literature, various approaches to both phenomena exist. In their very early work Short et al. define social presence as "the degree of salience of the other person in a mediated communication and the consequent salience of the interpersonal relationships" (Short et al. 1976, p. 65). IJsselsteijn et al. state that it is "the sensation of 'being together' in a mediated environment" (IJsselsteijn et al. 2000, p. 65) while Biocca et al. specify social presence as a "moment-by-moment awareness of the co-presence of another sentient being accompanied by a sense of engagement with the other" (Biocca et al. 2011, p. 2) and assume that different manifestations of presence come along with different behaviour and feelings.

The concept of awareness has a long-term tradition in the field of Computer-Supported Cooperative Work (CSCW) when addressing the analysis and support of physically distributed people working together, but is also relevant in the scope of Social TV, because people must be aware of others in order to get a feeling of watching TV together. According to Dourish & Belotti "awareness is an understanding of the activities of others, which provides a context for your own activity" (Dourish & Belotti 1992, p. 1). People must know "what others do, where they are, or what they say" (Markopoulos et al. 2009, p. v). This means, that awareness provides mutual information for the actors about each other (Gross & Koch 2007).

For Social TV systems, social presence and awareness therefore play an important role and need to be taken into account when designing new interaction services for intergenerational communication. While many studies have addressed the two concepts in regards to non-TV interaction or in work-related domains, only few studies exist in the context of the (common) leisure activity of watching TV (e.g. Huijen et al. 2004). In addition to many other interaction contexts such as (work-related) desktop-based communication (e.g. Instant Messaging) or Social media apps on Smart Phones, the TV situation addressed in Social TV studies commonly includes watching a specific programme and genre. However, many Social TV studies have only focused on "watching television" in general and excluded differences based on the TV genre (Dezfuli et al. 2011). Consequently, further research seems necessary regarding potential differences in the desire of watching a specific TV genre (virtually) together and the appropriate features and visualisations to support it. This would help Social

TV developers to build better systems that go beyond treating television as a generic situation and taking the current genre into consideration.

Based on the state of the art research and the concepts of social presence, awareness and implications of genre, we conducted a study aimed to explore these issues in greater detail and to inform the growing numbers of Social TV developers and projects. In the following chapters, we first provide an overview about related work and systems and show that peripheral visualization is an important design aspect for Social TV systems. We then present our study that explores the influence of three forms of peripheral visualizations on social presence and awareness while watching TV at remote locations. To fill the gap of genre-related Social TV studies, we also address potential influences of different genres on the desire to watch TV (virtually) together. Thereby, our study provides empirical insights for the design and evaluation of Social TV applications for intergenerational exchange.

2   Related Work

Research has often demonstrated how important social and family relationships are for a good quality of life (Victor et al. 2000, p. 407). According to Gill et al. the use of Social TVs as a communication device can improve the quality of life for elder people (Gill et al. 2003). Thus, supporting intergenerational use of Social TVs can maintain social contact and interaction between elderly people as well as within their families and friends.

In order to reach this goal, many earlier studies focused on the analysis of different communication tools within Social TV contexts. Geerts (2006) compared voice with text chat and concludes that audio communication is perceived as most intuitive because users would only have to listen, while for a text chat they have to pay attention to different actions. Baillie et al. (2007) analysed the differences between voice chat and a chat with graphical symbols with regard to social presence. While these studies have shown that communication tools seem to be important, only few studies (e.g. Huijen et al. 2004) provide insights into the peripheral visualization of the recipients although this could be a possibility to increase intergenerational connectedness and exchange.

In the context of Social TV systems, peripheral visualizations of recipients mostly play a role in form of a buddy list. Recent Social TV systems all provide a "buddy list" in some form (as commonly known from communication services like Instant Messaging clients) to display other watchers. In addition, the AmigoTV system integrates a visualization through avatars (Coppens et al. 2004). Huijen et al. add peripheral awareness information of the recipients while watching a football game on TV at remote locations in order to evaluate the effects on social presence. Altogether there were three experimental conditions: the visualization of the recipients through a video transmission, through the silhouette of the recipients and a control condition. As a result they found out that the feeling of social presence in the video condition was much higher than in the other conditions (Huijen et al. 2004). This supports our assumption that peripheral visualizations are important for Social TV applications. However, Huijen et al. did not analyse possible influences of the TV genre.

In this context, Dezfuli et al. (2011) showed that particular TV genres like news and films are often watched alone while quiz shows, sports and comedy are preferred in social situations. Geerts et al. (2008) compared different TV genres with regard to the communication behaviour while watching. They identified that the participants talked most during soaps, quiz shows and sports and less during films, documentaries and music programs.

The reported results support our approach to explore the influence of the TV genres on the desire to have a visualization of the other recipients and to get in touch with others through Social TV applications.

3   Study overview and method

In a pre-study the six different TV genres film, soap, comedy, documentation, sports and quiz show were analysed. The objective of this online study was to explore what TV genres would be preferably watched (virtually) together and with whom, as well as if people talk while watching, if they lean-back or observe the program and if the situations vary in which people want to watch the genres. The participants had to watch two of six randomly assigned extracts. Our survey included questions about the personal watching frequency of the subjects, with whom and in which situation they watch TV and how they act while watching. In addition, the different genre extracts had to be rated on the basis of 19 adjectives, including e.g. "funny", "exciting" or "sentimental". Every question is based on a five-point Likert-Scale (1 = strongly disagree, 5 = strongly agree).

In the main study, three different visualizations of remote recipients virtually watching TV together were evaluated: a buddy list, a video transmission and photos that are taken in specific intervals. The subjects took part in pairs and firstly had to watch the recorded TV program for 30 minutes in two separated rooms. Depending on the experimental condition, the respective co-watcher was represented either through a buddy list, a video or photos. After experiencing the remote TV situation, the participants were asked to answer a questionnaire for the measure of social presence and awareness. For this, parts of the "ABC-Questionnaire" (IJsselsteijn et al. 2009) and the "Networked Minds Questionnaire" (Biocca et al. 2011) were integrated into the survey. Then a semi-structured interview followed for the evaluations depending on the genre. Here both participants were asked simultaneously to evaluate the visualization, if they perceived it as mutually television watching and how they experienced it during the particular genres.

In the following chapter the empirical results of our pre-study and the interview data of the main study will be reported.

4   Empirical Results

124 subjects in the age of 15 to 69 years (Mean = 28) took part in our pre-study. The three genres chosen for the main study were film, soap and sports because they demonstrated sig-

nificant differences for 16 of the 19 adjectives. Furthermore, it turned out that the film genre as well as the soap genre are watched significantly more often alone than sports. The soap and sports genre are often watched together with friends, while films are watched mostly alone. Besides, the soap is watched more frequently for relaxation after work than the other two genres. With regard to the communication behaviour, we identified that people talk less during the film than during the other two genres. Additionally, communication seems to disturb the majority while watching a film. This goes along with our result that people concentrate most on the content while watching films and the least while watching sports. Another outcome was that people often lean back and relax while watching soaps. A comparison between younger and older viewers generally showed similar tendencies, but older people reported to watch the soap genre significantly rarer and films more often than younger persons.

In the main study in the Fraunhofer InHaus2 smart living room environment, 42 participants in the age of 19 to 60 years (Mean = 25) took part. Regarding the analysis of the three different forms of peripheral visualization, the main study provided the following results: The buddy list was described by 58% of the participants as helpful because it allows seeing what others are watching as well as it creates the opportunity to talk about the program afterwards (follow-up communication). However, all participants mentioned that communication tools in addition to buddy list visualization are necessary to support the feeling of watching together. The second form of visualization, the video transmission, was described by 78% of the participants as very interesting. Half of the participants concluded that they experienced a feeling of watching TV together because emotions were shared and a direct interaction was possible. The third visualization, the photo transmission, has been rated more negative for overall confidence in relation to buddy list and video because a direct feedback wasn't possible so that a targeted communication couldn't occur. Only 29% of the participants liked it. The results of the elder persons who participated in our study in the video and buddy list condition were again similar to the results of the younger participants.

In relation to the TV genre, we found that 93% of the subjects are of the opinion that a buddy list isn't useful during the film because the genre itself was too exciting. The similar result arises in the photo and video transmissions. Most of the participants blank out the visualization completely because they are concentrated on the TV program.

During sports events 71% of the participants estimated the buddy list as not practical because football fans would already know who is watching the game, while 64% of them experienced the photos as not useful because of the time shift between the photos. In contrast to this, 71% described the video transmission as good. Reasons for this are the possibility to interact directly, to share mutual emotions and the rise of a feeling of connection.

Regarding the soap genre, 79% of the subjects stated that the buddy list wouldn't be useful when no communication is possible: they had the wish to laugh together. Nevertheless, 21% liked to know who watches which soap regularly in order to talk about it together afterwards. In this context, the photo transmission was rated the best in overall confidence in relation to the other two genres sports and film. 64% experienced it as a good solution for watching the soap mutually. With 79% of the subjects the video transmission was liked the most during the soap. The main reasons for both two visualizations are similar: the possibility to laugh together and the general wish to watch it mutually is essential.

In the final chapter we provide an overview of results, examine implications for the development of Social TV applications and give an outlook on future work.

5   Conclusion

The results presented in the chapters before provide insights into user preferences and needs for an intergenerational use of Social TV systems. We identified that many of the previous studies had focused on the comparison of different communication tools but didn't address peripheral awareness information. Through our analysis of the three visualizations buddy list, photos and video in relation to the genres, we could identify that peripheral awareness information plays an important role for Social TVs and that assuming "watching television" as a generic situation can be problematic.

Consequently, developers of Social TV applications should consider genre as relevant and important for the development of Social TV systems in general but also for elderly. Soaps, for example, can be suited for Social TV apps enabling a joint experience. However, based on our initial results, not all genres seem to be suitable to a high extend for Social TV systems. In this context, our results support the findings of Dezfuli et al. (2011) that people want to watch films alone while for example sports transmissions are preferred in social situations. This indicates that also elder people don't have always the desire to watch television (virtually) with others.

Furthermore, peripheral awareness information can support the experience of watching TV (virtually) together. Based on our findings, an integration of different visualizations into the applications, especially a buddy list and a video transmission, should be taken into consideration. Nevertheless, Social TV support should integrate the option to be faded out, to also allow an "undisturbed" individual TV experience. This is associated with our result that people don't always prefer watching TV together with others. Often, users just want to lean back and consume TV for relaxation and entertainment. This implies that also the single, non-interactive TV experience is still relevant.

Although peripheral awareness information can be important for a feeling of mutual (virtual) television watching, communication shouldn't be disregarded. As the presented studies (e.g. Geerts 2006; Baillie et al. 2007) as well as our results have shown, people need interaction and communication possibilities in order to increase this feeling. As a conclusion, verbal or textual communication tools should be integrated with peripheral visualization.

Our results have contributed some deeper insights into the understanding of genre-related Social TV use as well as user requirements and needs for Social TV contexts and can be taken into account when developing such applications. As an outlook, we expect additional perspectives through the further analysis of social presence and awareness from our main study. These analyses will provide more hints how Social TV can get even more social.

Acknowledgments

Parts of the work presented here have been conducted within the FoSIBLE project which is funded by the European Ambient Assisted Living (AAL) Joint Program together with BMBF, ANR and FFG.

References

Baillie, L. & Fröhlich, P. (2007). Exploring Social TV. In: *Proceedings of 29th International Conference on Information Technology Interfaces ITI 2007*. Cavtat, Croatia: IEEE Conference Publications, pp. 215-220.

Biocca, F., Harms, C. & Gregg, J. (2011). *The Networked Minds Measure of Social Presence: Pilot Test of the Factor Structure and Concurrent Validity*. Available: http://www.soc.napier.ac.uk/~cs181/Modules/CM/ Biocca.pdf (Accessed 11.06.2012).

Boertjes, E. M. (2007). ConnecTV: Share the Experience. In: *Adjunct Proceedings of 5th European Conference on Interactive TV EuroITV 2007*. Amsterdam, The Netherlands: Springer, pp. 139-140.

Coppens, T., Trappeniers, L., & Godon, M. (2004). AmigoTV: towards a social TV experience. In: *Proceedings of 2nd European Interactive TV Conference EuroITV 2004*. Brighton, UK: Springer.

Dezfuli, N., Khalilbeigi, M., Mühlhäuser, M. & Geerts, D. (2011). A Study on Interpersonal Relationships for Social Interactive Television. In: *Proceedings of the 9th international conference on Interactive Television EuroITV 2011*. New York, NY, USA: ACM Press, pp. 21-24.

Dourish, P. & Bellotti, V. (1992). Awareness and Coordination in Shared Workspaces. In: *Proceedings of the ACM Conference on Computer-Supported Cooperative Work CSCW'92*. New York, NY, USA: ACM Press, pp. 107-114.

Drobics, M., Zima, M., Hrg, D., Bobeth, J. & Budweg, S. (2011). FoSIBLE: Design of an Integrated Environment for Social Interaction. *ERCIM News, 87*, 33-34.

Geerts, D. (2006). Comparing Voice Chat and Text Chat in a Communication Tool for Interactive Television. In: *Proceedings of the 4th Nordic Conference on Human-Computer Interaction NordiCHI 2006*, New York, NY, USA: ACM Press, pp. 461-464.

Geerts, D., Cesar, P. & Bulterman, D. (2008). The Implications of Program Genres for the Design of Social Television Systems. In: *Proceedings of the 1th International Conference on Designing Interactive User Experiences for TV and Video uxTV 2008*. New York, NY, USA: ACM Press, pp. 71-80.

Gill, J. M., Perera, S. A. (2003). Accessible universal design of interactive digital television. In: *Proceedings on the 1st European Conference on Interactive Television EuroITV 2003*, Brighton, UK, 83-89.

Gross, T., Koch, M. (2007). *Computer-Supported Cooperative Work*. München: Oldenbourg-Verlag.

Harboe, G., Metcalf, C., Bentley, F. Tullio, J., Massey, N. & Romano, G. (2008). Ambient Social TV: Drawing People into a Shared Experience. In: *Proceedings of the 26th Conference on Human Factors in Computing Systems CHI 2008*. New York, NY, USA: ACM Press, pp. 1-10.

Huijen, C., IJsselsteijn, W. A., Markopoulos, P. & de Ruyter, B. (2004). Social presence and group attraction: exploring the effects of awareness systems in the home. *Cognition, Technology & Work, 6*(1), 41-44.

IJsselsteijn, W. A., de Ridder, H., Freeman, J. & Avons, S. E. (2000). Presence: Concept, determinants and measurement. In: *Proceedings of the 5th Conference on Human Vision and Electronic Imaging SPIE, 3959*. San Jose, California, USA, pp. 520-529.

IJsselsteijn, W. A., van Baren, J., Markopoulos, P., Romero, N. & de Ruyter, B. (2009). Measuring Affective Beneftis and Costs of Mediated Awareness: Development and Validation of the ABC-Questionnaire. In Markopoulos, P. & Mackay, W. (Eds.): *Awareness systems – Advances in Theory, Methodology and Design*. London: Springer, pp. 473-488.

Markopoulos, P., de Ruyter, B. & Mackay, W. (2009). Awareness Systems – Advances in Theory, Methodology and Design. In Markopoulos, P. & Mackay, W. (Eds.): *Human-Computer Interaction Series*. London: Springer.

Metcalf, C., Harboe, G., Massey, N., Tullio, J., Huang, E. M. & Bentley, F. (2008). Examining Presence and Lightweight Messaging in a Social Television Experience. *ACM Transactions on Multimedia Computing, Communications and Applications, 4*(4), 1-16.

Short, J., Williams, E. & Christie, B. (1976). *The Social Psychology of Telecommunications*. London: John Wiley & Sons Ltd.

Victor, C., Scambler, S., Bond, J. & Bowling, A. (2000). Being alone in later life: loneliness, social isolation and living alone. *Reviews in Clinical Gerontology 2000, 10*(4), 407-417.

Contact

Sandra Schering, Steffen Budweg
Interactive Systems and Interaction Design
Dept. of Computer Science and Applied Cognitive Sciences
Faculty of Engineering
University of Duisburg-Essen – D-47057 Duisburg
Sandra.Schering|Steffen.Budweg@uni-due.de | http://www.interactivesystems.info

H. Reiterer & O. Deussen (Hrsg.): Workshopband Mensch & Computer 2012
München: Oldenbourg Verlag, 2012, S. 31-35

Design of a multi-modal user-interface for older adults

Mario Drobics, Martin Litzenberger, Angelika Dohr

Safety & Security Department, AIT Austrian Institute of Technology GmbH

Abstract

Within the AAL-Joint-Programme project FoSIBLE a Social TV community platform for older adults, augmented by game technologies and smart furniture has been developed. The platform aims at providing support for social interaction between peers, friends and families. We present first results from our approach of utilizing different multi-modal interaction techniques for an integrated Smart TV with Social Community solution.

1 Motivation

Our research aims at bridging spaces to foster social interactions and experiences for older people by acknowledging the diversity of life worlds, needs, preferences and interests. Smart-TVs offer a great platform for integrating new services, especially for older adults who use the TV set in a regular manner. The technology supports communication and interaction in the context of the television infrastructure, using entertainment console and media center technologies to provide different communication, broadcasting and entertainment services. Traditional remote controls are perfectly suitable for simple interactions like changing TV channels, but they have strong limitations when it comes to more complex interaction patterns necessary to interact with a Smart-TV solution (Mitzner et al. 2010). On the one hand, the remote control might not always be available when the TV is also used for gaming and social communication. On the other hand, traditional remotes are limited in their functionality and only offer a passive way to interact with the system, i.e. they always require the user to look at the TV screen. On the whole our aim is to use this medium to increase the well-being and the self-esteem of elder people by filling in their loss of companionship and entertainment.

2   State-of-the-Art

Currently, TV and PC manufacturers are starting to offer different solutions to these problems. One approach is to provide more advanced remote controls, eventually even integrating a full keyboard (Logitec). Other approaches use voice and gesture recognition to interact with the TV set (Samsung, Panasonic) or the PC (Microsoft). These approaches are influenced by recent approaches from the gaming industry.

In some AAL related projects, a combination or single use of TV sets and tablet-PC-based input devices has been presented (Seewald et al. 2010) (Mitzner et al. 2010) (Loureiro & Rodrigues 2011).

3   Approach

3.1 Overall Concept

Within the FoSIBLE project, a Social TV community platform for older adults has been developed (Kötteritzsch et al. 2011). To ensure high usability and acceptance among the heterogeneous user-group of older adults, a novel combination of input methods is used. The central element of the application is a Smart-TV system, which is used to display messages, images and videos. A dedicated application is running on the Smart TV and provides chat functionality, as well as games and message boards. To encourage the users in dealing with this application, different input methods are supported. Multi-modal input approaches for controlling Smart-TV systems offer the user the possibility, to choose the appropriate input method depending on his actual abilities and needs individually for a given task. Especially the user group of older adults has special needs (e.g. regarding readability of text), which can easier be addressed using a variety of interaction concepts.

Within FoSIBLE, gestures can be used for navigating through the menus in supplement to the traditional manufacturer-specific remote control. Additionally, a tablet-PC provides the possibility to perform more complex interactions and to view content directly on the screen. Either way the end-user has the choice between different input methods depending on his/her current daily routine. The system is completed by sensor information and smart furniture (chairs with pressure sensors or a table with a capacitive table board) to detect the presence and state of the user. In Figure 1 an overview on the different user-interfaces is given.

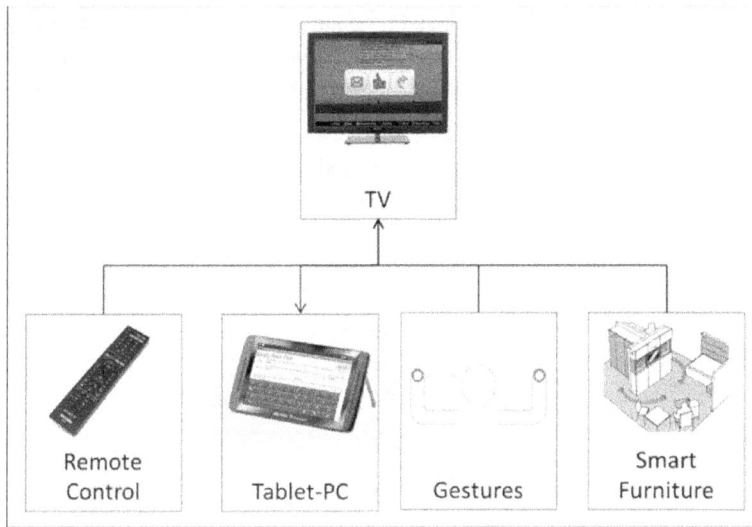

Figure 1: System Overview

3.2 Gesture Interface

The Smart-TV application offers the user the possibility to chat with other users while watching TV, recommend TV shows, post articles on a message board and start external games. While traditional remote controls are perfectly suitable for changing TV channels, they have strong limitations when it comes to more complex interactions. Entering text is especially difficult and frustrating for longer texts. Thus, two alternative user interaction methods have been developed. Firstly, gestures can be used to interact with the menu system of the TV. This is intended to support the user when the remote control is not in reach, for example when playing a video game. Secondly, a tablet has been integrated to allow the user not only to navigate through the menus and enter text more easily, but to provide an additional display, too. This is especially important for older adults, which might have a limited field of vision or other visual impairments.

Gesture recognition promises to provide a simple to use, intuitive interface - especially for the elderly - for interacting with electronic systems such as social media platforms. The appearance of Microsoft's "Kinect" 3D-sensing device leads to a boom in the development and demonstration of gesture control interfaces. However, the "Kinect" device itself allows just the three-dimensional scene recognition and an additional PC and software are necessary to perform the actual gesture recognition in real time. The embedded 3D sensor system developed in the Fosible project is able to distinguish dynamic hand gestures and has the potential to directly control devices like TV-sets or set-top-boxes, without the need for an additional computer. Typical control actions performed with the gestures involve menu control like browsing up/down/left/right through a menu. Further actions include "home" and "select" operations without the need to grab an additional device like a remote control.

To select the appropriate mode of interaction and a suitable set of gestures, an end-user evaluation has been carried out with a Kinect device, involving 24 persons. The results showed, that a pointer-based approach is more preferable and that a high degree of accuracy can be achieved (Bobeth et al. 2012).

The ethernet interface of the Smart TV could be used to directly control the menu with gestures. At the moment, the FoSIBLE project only operates menu functionalities with gesture recognition – game controls are not implemented yet.

3.3 Tablet Interface

For some interactions with the system it has turned out that gestures and traditional remote controls are not sufficient. This is especially relevant for selecting items from larger lists or entering text. Therefore it was decided to provide an additional input terminal, which can be used to navigate on the TV, but also to enter text (e.g. during chats or when writing a short article). As traditional input devices like keyboards and mice are quite cumbersome to use in a living-room environment, it was decided to use a tablet PC, which is easily integrate-able in the living room atmosphere. The tablet can additionally be used to display messages, in the case the TV is switched off.

To synchronize the tablet and the TV application, a remote data-broker is used. Thus, it is even possible to extend the concept to smartphones, which can be used remotely to read and write messages abroad. The tablet application can either be used as a stand-alone application or as a remote control for the TV application. In the latter case, the TV application sends a request to the data broker when user input is required or content shall be displayed. The data-broker forwards this request to the preferred device. This can either be the TV or the tablet which show the according element on the screen. After the user has provided the requested input, the input is sent back to the data-broker and shown on either on the TV or the tablet.

4 Outlook

The integrated FoSIBLE Social TV community system will be deployed in multiple home environments throughout France and Germany later this year, delivering more results from the real-life usage and more insights about the end-user acceptance and usability for novel multi-modal interaction techniques for Smart and Social TV systems.

Acknowledgements

The FoSIBLE project is funded by the European Ambient Assisted Living (AAL) Joint Programm (AAL-2009-2-135) together with BMBF (16SV3991), ANR, and FFG.

References

Bobeth, J., Schmehl, S., Kruijff, E., Deutsch, S. & Tscheligi, M. (2012). Evaluating Performance and Acceptance of Older Adults Using Freehand Gestures for TV Menu Control. In: *Proceedings of the 10th European conference on Interactive TV and video.* Berlin, Germany: ACM Press, pp. 35-44.

Falagan M., Luis Villalar J. & Teresa Arredondo M. (2009). An Application for Active Elderly Follow-Up Based on DVB-T Platforms. In: *UAHCI '09 Proceedings of the 5th International Conference on Universal Access in Human-Computer Interaction. Addressing Diversity. Part I: Held as Part of HCI International 2009, 5614.* San Diego, USA, pp. 230-235.

Kötteritzsch A., Budweg S., & Klauser M. (2011). Förderung sozialer Interaktion durch Activity Communities für Senioren. In: *Workshop-Proceedings der Tagung Mensch & Computer 2011.* Chemnitz, Germany: Universitätsverlag Chemnitz. pp. 283-290.

Loureiro B. & Rodrigues R. (2011). Multi-Touch as a Natural User Interface for Elders: A Survey. In: *Conference Provceedings of Information Systems and Technolofies 2011.* Chaves, Spain, pp. 573-578.

Mitzner T. L., Boron J. B., Fausset C. B. & al. (2010). Older adults talk technology: Technology usage and attitudes. *Computers in Human Behavior, 26*(6), 1710-1721.

Seewald B., John M., Senger J., & Belbachir A.N. (2010). SilverGame - Ein Projekt für soziale Integration und Multimedia Interaktion älterer Menschen. *e&i elektrotechnik und informationstechnik, 127*(7-8), 212-215.

Contact

Mario Drobics, Martin Litzenberger, Angelika Dohr
Safety & Security Department
AIT Austrian Institute of Technology GmbH
Donau-City Strasse 1, A - 1220 Wien
eMail: mario.drobics@ait.ac.at

H. Reiterer & O. Deussen (Hrsg.): Workshopband Mensch & Computer 2012
München: Oldenbourg Verlag, 2012, S. 37-43

The Healthcare and Motivation Seat – A Survey with the GewoS Chair

Luis Roalter[1], Thomas Linner[2], Andreas Möller[1], Stefan Diewald[1], Matthias Kranz[3]

Technische Universität München, Distributed Multimodal Information Processing Group, Munich, Germany[1]
Technische Universität München, Lehrstuhl für Baurealisierung und Baurobotik, Munich, Germany[2]
Luleå University of Technology, Department of Computer Science, Electrical and Space Engineering, Luleå, Sweden[3]

Abstract

The demographic change in the world's population raises new problems for healthcare, such as rising costs for caretaking on elderly people. Ambient Assisted Living (AAL) aims at assisting elderly people through technical equipment to manage their daily tasks in their own homes. One of the important approaches is to monitoring vital parameters without actually sending nursing staff to the person in need of care. Additionally, by including motivational factors (e.g. sports and fitness programs), the person's health state can be influenced. In this paper, we present a survey within a group of elderly people aged between 40 and 70 years, which is representative for the end-user group the GewoS Chair is designed for. Furthermore, we will discuss the elderly people's behavior when dealing with new technologies and systems improving further attempts on this target group.

1 Introduction

With an aging society, healthcare monitoring becomes an important part of daily and social life. Due to the increasing healthcare standards, costs for healthcare and caretaking on elderly people will raise. The goal of the approach of this AAL project is to design an attractive living environment for elderly people. This design is achieved by integrating both medical sensor equipment and a fitness and sports training program. The result of this unity is the so called fitness activating chair (*GewoS Chair*), which can be used as medical measurement device as well as a fitness and training device.

In this paper, we present a survey within this *GewoS Chair* (Erdt et al. 2012), which can be easily integrated into an existing living environment. The *GewoS Chair* provides a local platform for collecting health parameters (blood pressure, oxygen level, ECG) and to visualize health and training sequences on a remotely connected TV monitor. The system thereby integrates seamlessly into the living room. The survey investigated the potential adoption of the chair within the target group and identified usage motives as well as remaining problems.

This paper is structured as follows. In Section 2 we present the current state of the art, summarizing existing solutions. Our approach of keeping elderly people moving and healthy is described in Section 3. Section 4 describes the initial user studies and user experiences. Finally, we conclude by discussing the experiences and giving an outlook for future directions of research.

2   Background

Community and healthcare costs rise with the aging society and the associated need for homecare (Meerding et al. 2010). AAL pursues the goal to support autonomy and a constant level of fitness for elderly people living in their own homes. In order to reduce costs for human caretakers (Ulrich 2005), it has been investigated how technical equipment such as robotic environments can assist in recurring tasks and daily routines (Roalter et al. 2011) (Linner et al. 2011) and the necessity for actual caretakers can be reduced. However, the transformation of existing flats into environments augmented with assistive technologies, like it has been done e.g. in Japan (Linner et al. 2011), might entail acceptance problems in Europe that have not yet investigated in the field so far.

Therefore, other approaches combine automated health and fitness support and monitoring with conventional sports equipment (Schmidt et al. 2004) or integrated in everyday furniture (Kranz et al. 2007). Since there is a correlation between fitness training and personal well-being (Judge 2003), such approaches can support life quality with appropriate exercising for elderly without having to change the existing and familiar living environment. These healthcare and motivation factors can also be achieved when the fitness program is conducted in combination with a smartphone device (Kranz et al. 2012).

In previous work (Erdt et al. 2012), the *GewoS Chair* was proposed as a solution that combines autonomous health monitoring through integrated sensors and actuators (e.g. measuring blood pressure or oxygen level) with simple sports activities (e.g. paddling), that can easily be integrated in the own living room.

When people try to stay at home longer, systems at home must adapt to the needs of the users. This implies to create an easily modifiable infrastructure (movable pieces of furniture, reconfigurable electrical installation ...) which can be reorganized, without a serious intrusion in people's home and private life (Kranz et al. 2010). The use of biomedical products typically implies a disease or similar limitation in daily life, which does not add to the product's attractiveness, e.g. in a preventive scenario. In our understanding of the term *Healthcare Monitoring*, the monitoring function should not stand in focus, but be available in an unobtrusive, ambient way. Our approach with the *GewoS Chair* is to combine a lifestyle with embedded medical functionality as logging the blood pressure over a certain period of time. Thereby we integrate social life with continuously monitoring personal parameters.

3   Initial situation

Figure 1: The basic scenario as seen by the AAL project GewoS. People's healthiness should be increased by providing them a sport and fitness device, which is able to interfere in the case of an emergency. (Source: BMBF, GewoS AAL Project, www.gewos.org)

Elderly people (aged 50 years and up) often face the dilemma that they are inclined to pursue a healthy lifestyle, incorporating e.g. sports and outdoor activities, but their health conditions no longer permit them to follow those activities to the desired extent. Even if personal home training equipment could be a choice, health conditions often require monitoring of the vital signs either personally or by a caretaker.

The integration of assistive computing technology in the familiar environment can be seen as a general challenge in the field of ambient assisted living. Besides a strong orientation towards the user and his habits, the integration in the functional daily living plays a central role. The *GewoS Chair* integrates seamlessly into the living environment and the connect activities and processes taking place there. Typical activities in the living environment are:

- Social interaction, using the seat as relaxing device

- Reading newspapers, books or watching TV

- Communicating using telephone or video-conferencing

Besides relaxation, the *GewoS Chair* provides further functions in the environment be seamlessly integrating into the home automation (e.g. controlling and monitoring the currently running devices in the environment). It can be seen as a controlling device which concentrates activities to one place. This helps caregivers to focus healthcare activities to a certain place, including measurement of the user's vital parameters. Additionally, it is important to understand the living environment of a person as a system that consists of various sub-systems. The integration and acceptance of the *GewoS Chair* depends on size of the apartment, functional and spatial connections and the daily routine (e.g. some activities need free space). Each location and apartment is different, influencing the scenario and the events in the environment. The healthcare monitoring seat has to be integrated into the context of a classical living room. At the same time, the whole system needs to be inhabitable by several residents to encourage communication, for instance via gaming or social functions.

For the problem of user acceptance, fitness and sports can be a promotional factor. Clearly recognizable advantages could increase the motivation for integrating a medical measurement and fitness device in his living-environment. Regarding our approach, the main goal is to keep elderly people healthy, providing a highly acceptable platform for collecting fitness exercises and medical measurement results as shown in Figure 1. The *GewoS Chair* combines the product of a comfortable seat, a care monitoring platform and a fitness device, where the user can interact in health and fitness affairs.

4   Initial study

New technologies, especially when designated to be used by elderly people, needs to be evaluated within the target group. This acceptance of the first prototype of the healthcare monitoring seat was investigated in an explorative study conducted at the *"Deutscher Seniorentag 2012"* exhibition in Hamburg. Goals of the study were to evaluate needs of end users and gather reactions to the *GewoS Chair*. Furthermore, we wanted to gain information about people's current health situation and if sports and motivation for movement was an aspired target. The acceptance of health-measurements using the integrated sensor was not part of this survey. The overall acceptance of the *GewoS Chair* is subject of the study presented in this paper.

During the survey, the users where allowed to make use of the prototype and to test all the functions they were interested in. Currently not implemented functions where conducted by the survey's supervisor acting as Wizard of Oz, interacting with the user as the system would interact in the future. The supervisor also assisted in case of problems or questions of participants. After the practical test with the prototype, a questionnaire survey was conducted using a tablet computer. The participant was interviewed about the impression of using the prototype. The answer where given on a Likert scale ranging from 1 (totally agree) to 5 (totally disagree). In case of visual or physical impairments using the tablet device, the supervisor helped the participant. There were n=29 participants in this survey, 90% of the participants were female. This can probably be explained with the study taking place at the *Deutscher Seniorentag*. Also, we further assume that woman still care more about health then men, also in higher age. The age of the participants was between 40 and 70 years.

4.1   Integration of the chair in an apartment

Participants were quite interested in using such a healthcare monitoring and activity motivating chair (avg. 2.7, SD=1.2). Most of the participants also confirmed (avg. 1.8, SD=0.8) that movement is an important part of their daily life. Furthermore, participants would (avg. 2.0, SD=1.2) tend to use the chair for more than the designed use. They would like to use the device for social interaction as part of the living-relaxing environment, others would also like to share the chair among other family members participating in their daily exercising process (avg. 2.8, SD=1.2). Participants liked the interaction and visualization using their own home television as visualization component of the system (avg. 1.7, SD=0.5) and they agreed that they would use such a device for increasing their daily lifestyle (avg. 2.4, SD=0.8).

4.2   Usage of the device

Participants were moderately excited about the new technical equipment (avg. 2.2, SD=1.0). As expected for the target group of elderly's the usage of the new equipment can highly vary. Several participants found that the *GewoS Chair* with the connected interaction methods (tablet and television) was simple to use (avg. 3.2, SD=0.9). However, most of the participants (avg. 1.6, SD=0.9) estimate to be able to use the device personally without limitations. Even though they agreed to learn how to use the device (avg. 2.0, SD=0.8), a high amount of participants answered would prefer a personal introduction and assistance for start using the chair for themselves (avg. 1.8, SD=0.9). Participants were asked about their personal situation to find out if they would match to the preferred target group. As the *GewoS Chair* is intended to be used by elderly people who are not completely dependent on personal assistance, most of the participants agreed, that they do not need intensive assistance (avg. 3.9, SD=0.6). A similar result (avg. 3.4, SD=1.1) was obtained by asking them whether they disabled in movement at the moment or not.

Question	Avg.	Std. Dev.
I could use such a chair in my flat.	2.7	1.2
I am not disabled in movement.	3.4	1.1
I need daily ambulant assistance.	3.9	0.6
Agitation is part of my daily life.	1.8	0.8
It is fun to use new technical equipment.	2.2	1.0
I would regularly use the chair.	2.4	0.8
I think the interaction model is to complex.	3.2	0.9
I would be able to use the chair.	1.6	0.9
I would prefer a personal introduction for using the chair.	1.8	0.9
It is a requirement to rapidly learn the usage.	2.0	0.8
I like the interaction using the television.	1.7	0.5
I would like to share the chair with others.	2.8	1.2
I would like to use the chair during other daily routines.	2.0	1.2

Table 1: Survey results on participant's acceptance and usage of the GewoS Chair prototype. There were n=29 participants in this survey. Answers are given on a Likert scale from 1 (totally agree) to 5 (totally disagree).

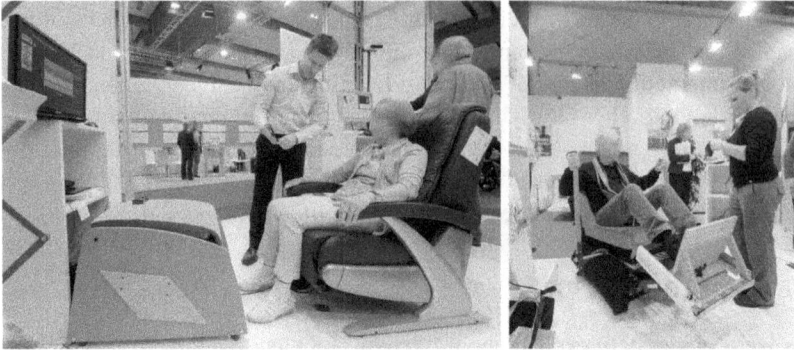

Figure 2: On the left, a participant is instructed to use the healthcare monitoring seat. The seat integrates biomedical sensors. On the right the participant is evaluating the agility possibilities of the chair (Source: BMBF, GewoS AAL Project, www.gewos.org)

5   Discussion

Survey participants were unexpectedly motivated using new technologies. From observations of the prototype trial, the usability of the healthcare monitoring seat seemed clear and easily understood by the participants. We believe the ease and intuitive usage of our first prototype considered most of the elderly's needs and problems. We also believe, that the tight integration of the healthcare technology with a visually appealing piece of furniture contributed significantly to this. A group of participants asked whether it would be possible to rent such a device when needed. Results indicate a change towards openness of the elderly people for new technologies and we think we are focusing on the right technology for this group of users. We believe this *GewoS Chair* could increase people's life quality, decreasing the workload of caretaking personnel. Certainly, the acceptance of the integrated medicine sensor still needs to be investigated in a future study, also long-term effects have to be proven.

6   Conclusion and Outlook

In this work, we have presented an initial survey with the *GewoS Chair* acquiring feedback from elderly people using new technology seamlessly integrated into the living environment. The *GewoS Chair* can increase elderly's people quality of life. In the initial study, we gathered an impression of the needs and abilities in the target group when dealing with new technologies. Another important question was the acceptance of healthcare monitoring equipment which would regularly measure people vital data. In general elderly people are not intimidated of the new technical equipment. We have seen, that the interaction of the *GewoS Chair* should not be limited on biomedical sensing or motivating the user with fitness and sport activities. As part of the relax-living-environment, the chair must come up with additional benefit as for example a social communication and event platform. The user of the chair can share his results on an online platform, starting a competition with other users. This results out of the acceptance in sharing the *GewoS Chair* with other members. In the future, we will further extend the system and evaluate it qualitatively with a larger group of users. Further studies will include a survey on the acceptance of medicine sensors integrated in the *GewoS Chair*.

Acknowledgements

This work has been funded from the BMBF funded AAL project *'GewoS – Gesund wohnen mit Stil'*. We would like to thank the BMBF, all participants and the member of the GewoS team, which conducted the actual interviews at the Deutscher Seniorentag 2012 in Hamburg.

References

Erdt, S., Linner, T., Herdener, L., Rieß, J., Roalter, L., Schultz, T., Struck & et al. (2012). Systematische Entwicklung eines komplexen multidimensionalen Assistenzsystems am Beispiel des GE-WOS-Bewegungssessels. In: *Tagungsband zum 5. Deutschen AAL Kongress.* Berlin, Germany: VDE Verlag.

Judge, J. O. (2003). Balance training to maintain mobility and prevent disability. *American Journal of preventive medicine, 25*(3), 150-156.

Kranz, M., Möller, A., Hammerla, N., Diewald, S., Plötz, T., Olivier, P. & Roalter, L. (2012). The Mobile Fitness Coach: Towards Individualized Skill Assessment Using Personalized Mobile Devices. *Journal for Pervasive and Mobile Computing.*

Kranz, M., Linner, T., Ellmann, B., Bittner, A. & Roalter, L. (2010). Robotic Service Cores for Ambient Assisted Living. In: *Proceedings of the 4. Intl. Conference on Pervasive Computing Technologies for Healthcare.* München, Germany, pp. 1-8.

Kranz, M., Spiessl, W. & Schmidt, A. (2007). Designing Ubiquitous Computing Systems for Sports Equipment. In: *Proceedings of the 5. IEEE Intl. Conference on Pervasive Computing and Communications.* White Plains, USA, pp. 79-86.

Linner, T., Kranz, M., Roalter, L. & Bock, T. (2011). Robotic and Ubiquitous Technologies for Welfare Habitat. *Journal of Habitat Engineering, 3*(1), 101-110.

Meerding, W., Bonneux, L. & Polder, J. (1998). Demographic and epidemiological determinants of healthcare costs in Netherlands: cost of illness study. *BMJ, 317*, 111-115.

Möller, A., Roalter, L., Diewald, S., Scherr, J., Kranz, M., Hammerla, N., Olivier, P. & Plötz, T. (2012). GymSkill: A Personal Trainer for Physical Exercises. In: *Proceedings of the IEEE Intl. Conf. on Pervasive Computing and Communications.* Lugano, Switzerland, pp. 213-220.

Roalter L., Linner, T., Kranz, M., Möller, A. & Bock, T. (2011). Robotics for Homecare: Auf dem Weg zur Entwicklung maßgeschneiderter Unterstützungssysteme. *uDay IX – Intelligent wohnen*, 70-77.

Schmidt, A., Holleis, P. & Kranz, M. (2004). Sensor-Virrig: A Balance Cushion as Controller. In: *Workshop Proccedings of 6. Intl. Conf. on Ubiquitous Computing.* Nottingham, England.

Ulrich, R. E. (2005). Demographic change in Germany and implications for the health system. *Journal of Public Health, 13*(1), 10-15.

H. Reiterer & O. Deussen (Hrsg.): Workshopband Mensch & Computer 2012
München: Oldenbourg Verlag, 2012, S. 45-51

Ist das iPad fit für Ältere?

Martin Brucks, Ronny Reckin

Ingenieurpsychologie und Kognitive Ergonomie, Institut für Psychologie, Humboldt-Universität zu Berlin

Zusammenfassung

Im Rahmen des AAL-Forschungsauftrags der Entwicklung generationengerechter Benutzungsschnittstellen wurde das iPad der Firma Apple an Gruppen jüngerer und älter Nutzer getestet. Anhand spezifischer anforderungsbezogener Aufgaben wurde geprüft, ob die Standardanwendungen des Gerätes bereits den Anforderungen älterer Menschen entsprechen. Die Ergebnisse zeigen, dass die Älteren nur etwas mehr als die Hälfte der Aufgaben erfolgreich bearbeiten konnten, die Jüngeren hingegen nahezu alle Aufgaben. Zudem bewerteten die Älteren die Aufgabenbearbeitung als anstrengender. Die Touch-Bedienung wurde von beiden Gruppen unterschiedslos als gut bewertet. Grundsätzlich sind Tablet-Computer mit Touch-Bedienung als Benutzungsschnittstelle im AAL-Kontext geeignet – die spezifischen Anforderungen älterer Menschen müssen bei der Entwicklung von Apps jedoch berücksichtigt werden.

1 Ausgangspunkt und Zielstellung

Im Rahmen des BMBF-geförderten AAL-Projekts SMILEY (Smart and Independent Living for the Elderly) wird eine generationengerechte Benutzungsschnittstelle entwickelt. Diese soll älteren Menschen eine Verlängerung des selbstbestimmten Lebens durch technische Unterstützung ermöglichen, welche a) direkt hilft, Alltagsprobleme zu bewältigen und b) indirekt hilft, indem sie die soziale Integration des (älteren) Menschen fördert (vgl. www.smiley-projekt.de)

Empirische Studien zeigen die gute Eignung gestenbasierter Interaktion mit Touchscreens für die Bedienung von Computern und mobilen Geräten auch für ältere Nutzer (Schneider & Vetter 2008; Stößel et al. 2009; Stößel et al. 2010; Holzinger 2003; Stone 2008). Die generationengerechte Benutzungsschnittstelle sollte deshalb auf einem Touch-Pad realisiert werden. Da das iPad der Firma Apple den Markt derzeit mit einem Anteil von ca. 60% dominiert (Pakalski 2012), wurde dieses als Entwicklungsplattform und zugleich als Referenzgerät gewählt. Die in der durchgeführten Evaluation erhobenen Daten haben in Bezug auf die derzeitige Nutzungsrealität eine entsprechende Repräsentativität. Neben der eigenen Applikationsentwicklung sowie der vorausgehenden empirischen Ermittlung des Unterstützungsbedarfs in einer differenzierten Anforderungsanalyse war eine Teilfrage des Projekts, inwiefern sich das iPad bereits mit seinen Standardanwendungen als „Senioren-Computer" eignet.

Die einfache Bedienbarkeit der Geräte ist zentraler Bestandteil der Vermarktungsstrategie der Hersteller. Die Firma Apple wirbt z.B. mit einer „benutzerfreundlichen, eleganten und intuitiven Oberfläche" (Apple Inc. 2012) für ihr iPad. Die Vielfalt der Apps bringt jedoch zugleich die Notwendigkeit der Beherrschung einer größeren Anzahl von Interaktionsprinzipien mit sich. Zudem ist für viele Problemstellungen auch die Verwendung mehrerer Apps und ein Wechsel zwischen ihnen erforderlich. Auch die Installation der Anwendungen selbst ist oft nicht unproblematisch. All dies könnte insbesondere für ältere Menschen nachteilig sein.

Um sich der zentralen Frage zu nähern, ob Ältere mit einem nicht speziell angepassten Gerät typische Aufgaben aus ihrer Lebenswelt erfolgreich bewältigen können, wurde zunächst eine differenzierte Anforderungsanalyse durchgeführt. Dazu wurden 90 ältere Menschen zu technischer Unterstützung in der alltäglichen Lebensführung befragt. Für insgesamt neun Anwendungsbereiche wurden Unterstützungsbedarfe ermittelt und hieraus in Workshops konkrete Anwendungsszenarien und Aufgaben formuliert (vgl. auch Abb. 2). In der durchgeführten Studie wurden die Anforderungsbereiche soziale Interaktion, Termine und Erinnerungen sowie ortsbezogene Informationssuche mit folgenden Fragestellungen untersucht:

- Können auch Ältere die gestellten Aufgaben mit dem iPad erfolgreich lösen?

- Inwiefern gibt es Unterschiede zwischen den Gruppen Jüngerer und Älterer?

- Wie wird die Bedienbarkeit des iPads durch die beiden Gruppen bewertet?

2   Empirisches Vorgehen

Die Testungen wurden als Einzeluntersuchungen in einem Labor mit simuliertem Wohnzimmer-Setting durchgeführt (siehe Abb. 1).

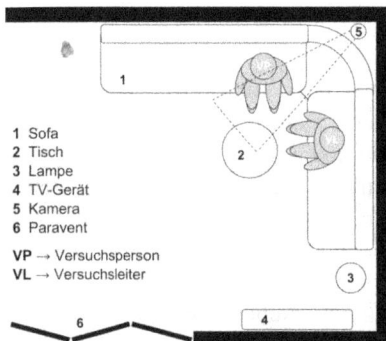

1 Sofa
2 Tisch
3 Lampe
4 TV-Gerät
5 Kamera
6 Paravent

VP → Versuchsperson
VL → Versuchsleiter

Abbildung 1: Versuchssetting und Durchführung

Abbildung 2 zeigt die Zuordnung der Aufgabenbereiche zu den verschiedenen für die Bearbeitung notwendigen Standardanwendungen sowie einige Aufgabenbeispiele. Verwendet wurde das iPad mit Softwareversion iOS 5 in der Grundkonfiguration („out of the box"), um eine Beschaffung ohne bedarfsgerechte Softwareinstallation zu simulieren. Das Beherrschen der grundlegenden Bedienung wurde durch eine aktive Einführung mit selbständiger Wiederholung der wichtigsten Funktionen und Interaktionstechniken sichergestellt.

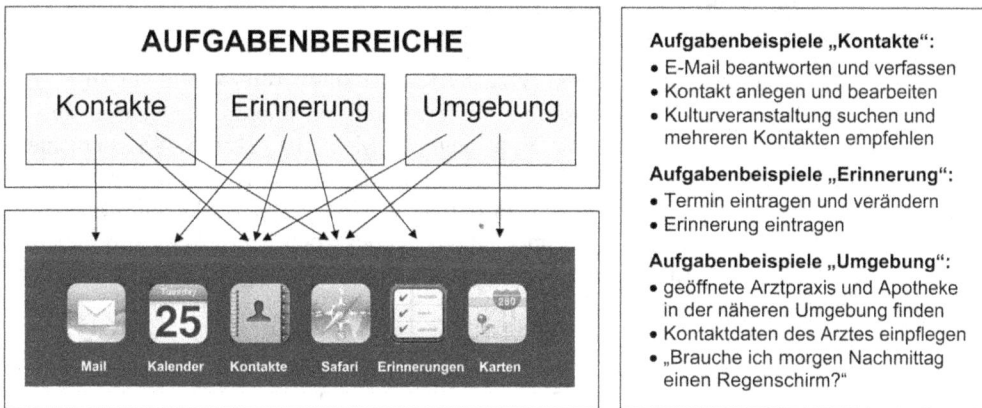

Abbildung 2: Aufgabenbereiche, Standardanwendungen und Aufgabenbeispiele

Die Zielgrößen Effektivität, wahrgenommene Anstrengung sowie die Bewertung der Bedienbarkeit wurden folgendermaßen operationalisiert:

- **Effektivität pro Versuchsperson:** Relativer Anteil der ohne inhaltliche Hilfestellung des Versuchsleiters gelösten Aufgaben.

- **Wahrgenommene Anstrengung:** Erfassung nach jeder einzelnen Aufgabenbearbeitung mit einer adaptierten Version der RSME (Rating Scale Mental Effort, Zijlstra 1993).

- **Bewertung der Bedienbarkeit:** Aus der deutschen Version des QUIS (Questionnaire for User Interaction Satisfaction, Harper 1993) wurden vierzehn Items aus den Bereichen Gesamteindruck, Bildschirm und Lernfortschritt ausgewählt und adaptiert (vgl. Tabelle 1 in der Ergebnisdarstellung).

- **Bewertung der Touch-Bedienung:** „Wie hat Ihnen die direkte Steuerung mit dem Finger auf dem Bildschirm gefallen?" – Einschätzung auf einer 10-stufigen Likert-Skala (1=überhaupt nicht gefallen; 10=sehr gut gefallen).

Die beiden untersuchten Gruppen setzten sich folgendermaßen zusammen:

- **Ältere Menschen, Alter >60 Jahre:** N=20; M=69.2 Jahre; SD=4.6 Jahre

- **Jüngere Menschen, Alter 18-35 Jahre:** N=23; M=23.8 Jahre; SD=3.5 Jahre

3   Ergebnisse

Bei der Effektivität der Aufgabenlösung unterscheiden sich die Gruppen Jüngere und Ältere signifikant ($F_{(1,40)}$=34.487, p=0.000) (Abb. 3a). Die älteren Versuchspersonen konnten im Durchschnitt nur gut die Hälfte der Aufgaben lösen (M=56.7%, SD=0.33%), die Jüngeren hingegen nahezu alle Aufgaben (M=97.7%, SD=0.06%). Dies zeigt zugleich, dass die Aufgaben prinzipiell vollständig lösbar sind.

Die Bearbeitung der Aufgaben wird von der Gruppe der Älteren signifikant anstrengender bewertet, als von der Gruppe der Jüngeren ($F_{(1,40)}$=7.57, p=0.009). Wie Abbildung 3b zeigt, beträgt die durchschnittliche RSME-Anstrengungsbewertung bei älteren Versuchspersonen (Vpn) M=60.38 (SD=36.87), bei jüngeren Vpn hingegen M=37.10 (SD=15.48). Betrachtet man die Gesamtheit aller Anstrengungsbewertungen und teilt diese in zwei Wertungskategorien auf, wobei „einigermaßen anstrengend" auf der verwendeten RSME-Skala die kritische Grenze darstellt, wird die Qualität des Gruppenunterschiedes noch deutlicher (Abb. 3c). In der Gruppe der Jüngeren wird gut jede zehnte Aufgabe als anstrengend bewertet, in der Gruppe der Älteren hingegen fast jede dritte.

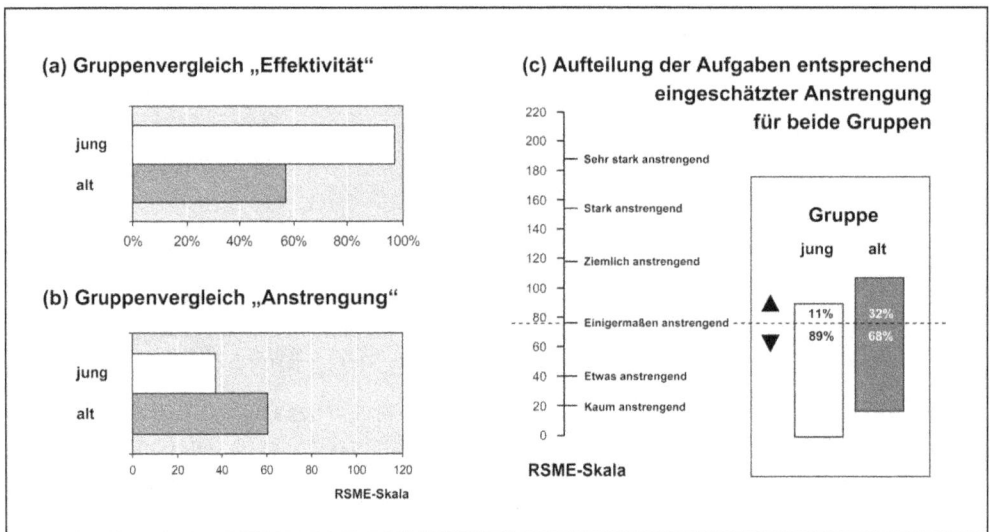

Abbildung 3: Effektivität und Anstrengungsbewertung

Tabelle 1 zeigt die Bewertung der Bedienbarkeit des iPads für die beiden Gruppen. Die allermeisten Bewertungen liegen bei beiden Gruppen im positiven Bereich. Die beiden interessantesten Ergebnisse liegen im Bereich der Wertung des Lernaufwands sowie der Gestaltung der Softwareoberfläche. Bei der Einschätzung des Lernaufwands gibt es den größten Unterschied zwischen den Gruppen. Ältere schätzen den Lernaufwand für die Bedienung nicht positiv und zugleich signifikant höher ein als Jüngere. Hingegen gibt es bei der Einschätzung der Gestaltung der Softwareoberfläche, wie z.B. Erkennbarkeit der Zeichen, Präzision verwendeter Begriffe sowie Logik der Informationsanordnung, keine Gruppenunterschiede.

Item	Polbezeichnungen der 9-stufigen Likertskala (1 bis 9)		Mittelwerte der Gruppen		Gruppen-unterschied
			jung	alt	Signifikanz
Gesamteindruck vom Tablett-Computer	unangenehm	angenehm	7,52	8,10	p=0,074 (*)
	frustrierend	zufriedenstellend	7,00	7,60	p=0,235
	schwierig	leicht	7,17	6,05	p=0,026 *
Erkennbarkeit der Zeichen	schwer erkennbar	erkennbar	7,30	6,30	p=0,105
Informationsmenge	nicht ausreichend	ausreichend	7,17	6,79	p=0,518
Informationsanordnung	unlogisch	logisch	7,26	7,50	p=0,520
Beschriftungen	inkonsistent	konsistent	7,36	7,21	p=0,721
Begriffe	unklar	präzise	7,22	7,10	p=0,790
Vorhersehbarkeit der Reaktion nach Drücken einer Schaltfläche	niemals	immer	7,30	6,30	p=0,043 *
Lernaufwand für Bedienung	hoch	niedrig	7,22	4,85	p=0,000 **
Erlernen der Grundfunktionen	schwierig	leicht	8,30	6,65	p=0,002 **
Zeitaufwand zum Erlernen der Grundfunktionen	lang	kurz	7,52	6,50	p=0,056 (*)
Ausprobieren von Eigen-schaften und Funktionen	risikoreich	sicher	7,27	6,95	p=0,588
Entdecken neuer Eigenschaften	schwierig	leicht	7,26	5,95	p=0,008 **

Tabelle 1: Bewertung der Bedienbarkeit des iPads

Das Konzept der Touch-Bedienung wurde von Jüngeren und Älteren positiv bewertet. Beim Rating auf einer 10er-Skala gab es zudem keinen signifikanten Gruppenunterschied: M_{jung}=8.22 sowie M_{alt}=7.95 ($F_{(1,41)}$=0.171, p=0.681).

4 Diskussion und Ausblick

Das zentrale Ergebnis dieser Untersuchung zeigt, dass Ältere mit einem iPad „out of the box" typische Aufgaben in ihrer Lebenswelt nicht – oder nicht vollständig – bewältigen können. Mögliche Erklärungsansätze betreffen die grundlegende Interaktionsform Touch-Bedienung, die iPad-Bedienung (iOS-Interaktionstechniken), die konzeptionelle Gestaltung der Apps sowie die grafische Gestaltung der App-Oberflächen. Auch die Eigenschaften der Versuchspersonen und die Untersuchungssituation können diskutiert werden.

Die gute Wertung der Touch-Bedienung durch junge und ältere Versuchspersonen zeigt, dass diese Interaktionsform grundsätzlich akzeptiert wird und für die Gestaltung generationenge-rechter Benutzungsschnittstellen geeignet ist. Auch die grafische Gestaltung des iPad wurde von beiden Gruppen eher positiv bewertet. Dies führt zur Vermutung, dass die Probleme der Älteren eher auf der konzeptionellen Ebene der Gestaltung liegen. Gestützt wird diese Annahme durch die von den Älteren vergleichsweise hoch empfundene Anstrengung bei der Aufgabenlösung. Diese deutet auf kognitive Belastung durch benötigte hohe Konzentration, Orientierungs- und Suchprozesse oder Erinnerungsleistungen hin – im Zusammenhang mit der niedrigen Lösungsquote evtl. auch auf Frustration. Zusätzlich beachtet werden muss in diesem Zusammenhang auch der relativ hoch eingeschätzte Lernaufwand für die Bedienung des Geräts. Dies spricht dafür, dass Grundsätze der Dialoggestaltung – Selbstbeschreibungsfähigkeit, Lernförderlichkeit und Fehlertoleranz (DIN EN ISO 9241-110) – in der konzeptionellen Gestaltung der Apps – und evtl. auch bei den zugrundeliegenden Interaktionsprinzipien – hinsichtlich der Bedürfnisse Älterer noch nicht ausreichend berücksichtigt wurden.

Eine wesentliche Anforderung für die Gestaltung im AAL-Kontext ist, dass die entwickelten Anwendungen für Ältere ohne spezifisches Vorwissen und mit möglichst geringem Schulungsaufwand nutzbar sein müssen. Auch der Bedarf an externer Hilfeleistung nach der Einführung sollte so stark wie möglich minimiert werden. Deshalb wurden in den durchgeführten Analysen Gruppendifferenzen bzgl. IKT-Kompetenz sowie Technikaffinität nicht im Sinne von Kovariaten behandelt. Vielmehr wurden diese Differenzen als repräsentativ für die untersuchten Gruppen betrachtet. Sie können insbesondere hinsichtlich der beobachteten Differenz des eingeschätzten Lernaufwandes als Erklärungsfaktor dienen. Darüber hinaus muss bei der Interpretation der Ergebnisse berücksichtigt werden, dass die Bewertungen der Versuchspersonen unter dem Einfluss der situational genossenen Einführungsschulung und des anwesenden und evtl. als Sicherheitsnetz und Unterstützer wahrgenommenen Versuchsleiters standen. Auch war in der Untersuchung der Anteil Älterer mit akademischem Hintergrund überrepräsentiert. Daher kann vermutet werden, dass sowohl Lösungshäufigkeit als auch Bewertung in der realen Nutzungssituation noch sehr viel schlechter ausfallen würden.

Zusammenfassend ist festzuhalten: Das iPad entspricht in seiner derzeitigen Konfiguration für die untersuchten Anforderungsbereiche „Kontakte", „Erinnerung" und „Umgebung" nicht den Anforderungen einer generationengerechten Benutzungsschnittstelle. Bei der konkreten Gestaltung der Anwendungen müssen die spezifischen Eigenschaften und Anforderungen älterer Nutzer auf konzeptioneller Ebene und beim Interaktionsdesign unbedingt berücksichtigt werden. Im Workshop soll das Vorgehen des SMILEY-Projekts bei der App-Entwicklung nach den Richtlinien des User-Centered Designs dargestellt werden. Die hieraus entstandenen Prototypen einer integrierten Anwendung mit reduzierten und einheitlichen Interaktionsprinzipien werden vorgestellt.

Literaturverzeichnis

Apple Inc. (2012). *Das neue iPad – Hier sind einige der fantastischen Features von iOS.* Verfügbar unter: http://www.apple.com/de/ipad/ios/ (Letzter Zugriff: 23.07.2012).

DIN EN ISO 9241-110 (2006). *Ergonomics of human-system interaction – Part 110: Dialogue principles.* Beuth, Berlin.

Harper, B. D. & Norman, K. L. (1993). Improving User Satisfaction: The Questionnaire for User Interaction Satisfaction Version 5.5. In: *Proceedings of the 1st Annual Mid-Atlantic Human Factors Conference,* S. 224-228.

Holzinger, A. (2003). Finger instead of mouse: Touch screens as a means of enhancing universal access. In Carbonell, N. & Stephanidis, C. (Hrsg.): *Universal access. Theoretical perspectives, practice, and experience, 2615.* Berlin: Springer, S. 387-397.

Pakalski, I. (2012). *Android verliert, Apples iPad legt zu.* Verfügbar unter: http://www.golem.de/news/tabletmarkt-android-verliert-apples-ipad-legt-zu-1206-92565.html (Letzter Zugriff: 15.06.2012).

Schneider, N. & Vetter, S. (2008). Altersdifferenzierte Adaption der Mensch-Rechner-Schnittstelle - Wie nicht nur Ältere besser arbeiten. In Schlick, C. (Hrsg.): *IAW SPECTRUM, 3* (1). Aachen: Institut für Arbeitswissenschaft (IAW) der RWTH Aachen, S. 1-3.

Sengpiel, M. & Dittberner, D. (2008). The computer literacy scale (CLS) for older adults - development and validation. In Herczeg, M. & Kindsmüller, M. C. (Hrsg.): *Mensch & Computer 2008: Viel Mehr Interaktion.* München: Oldenbourg Verlag, S. 7-16.

Stone, R. G. (2008). Mobile touch interfaces for the elderly. In Bradley, G. (Hrsg.): *Proceedings of ICT, Society and Human Beings 2008.* Amsterdam: International Association for Development of the Information Society (IADIS), S. 230-234.

Stößel, C., Wandke, H., & Blessing, L. (2009). An evaluation of finger-gesture interaction on mobile devices for elderly users. In Liechtenstein, A., Stößel, C., & Clemens, C. (Hrsg.): *Prospektive Gestaltung von Mensch-Technik-Interaktion. 8. Berliner Werkstatt Mensch-Maschine-Systeme.* Düsseldorf, Germany: VDI, S. 470-475.

Stößel, C., Wandke, H., & Blessing, L. (2010). Gestural interfaces for elderly users: Help or hindrance? In Kopp, S. & Wachsmuth, I. (Hrsg.): *Gesture in Embodied Communication and Human-Computer Interaction, 5934.* Berlin: Springer, S. 269-280.

Zijlstra, F.R.H. (1993). *Efficiency in work behavior. A design approach for modern tools.* PhD thesis, Delft University of Technology. Delft, The Netherlands: Delft University Press.

Kontaktinformationen

Martin Brucks
E-Mail: martin.brucks@staff.hu-berlin.de

Ronny Reckin
E-Mail: ronny.reckin@hu-berlin.de

H. Reiterer & O. Deussen (Hrsg.): Workshopband Mensch & Computer 2012
München: Oldenbourg Verlag, 2012, S. 53-59

Evaluating Touchscreen Interfaces of Tablet Computers for Elderly People

Martin Burkhard, Michael Koch

CSCM Cooperation Systems Center Munich, Bundeswehr University Munich

Abstract

The AAL project SI-Screen focuses on providing an innovative user interface for elderly people enhancing their access to awareness streams of Social Networking Services by using tablet computers. As part of our attempt to investigate the acceptance of the newly developed user interface, we assessed the display size and touch input accuracy of multi-touch tablet computers in a multi-directional tapping task as proposed by the ISO 9241-9 standard. In this paper we present our methodology for evaluating touchscreen interfaces with elderly people and discuss our initial findings obtained in Germany and Spain.

1 Introduction

The core innovation of the Ambient Assisted Living (AAL) project Social Interaction Screen (SI-Screen) is the creation of an easy-to-use solution for supporting social interaction of elderly people via Social Networking Services (SNS). The users should be supported in maintaining social bonds to family and friends as well as in taking part in local activities where they can meet peers of same age and similar interests (also see Burkhard 2012).

Based on our preliminary interviews in Germany and Spain, we found personal computers and their conventional user interfaces as major obstacles for elderly people to benefit from SNS (Burkhard et al. 2012). As a consequence, we decided to create the *elderly interaction and service assistant (elisa)* as a portable tablet computer equipped with a multi-touch screen. To overcome the obstacles, we are currently re-configuring the look and feel of existing tablet hardware, customizing the graphical user interface according to the needs of elderly people, and creating new ways to interact with and in different SNS via a new Social Software Integration Layer.

For designing the hardware we had to find which kind of tablet computer would fit best for our target group. To do so, we did an evaluation of tablet devices with elderly users.

In this paper, we present the methodology and initial results of our tablet evaluation in Germany and Spain. In Section 2, we introduce the applied ISO 9241 part 9 (2002) standard for testing non-keyboard input devices, and describe our evaluation method. Our initial results and observations are presented in Section 3. Finally, in Section 4, we conclude with a discussion of our findings.

2   Methodology

The guiding questions for the touchscreen evaluation were: (1) What are the acceptance factors of elderly people for multi-touch tablet computers? (2) On what tablet computer do elderly people achieve high touch accuracy? And (3) what is the minimum size of a touchable element to ensure high hit rates (> 75%) on the newly designed user interface?

While Question (1) was mainly covered by interviews, the challenge for answering questions (2) and (3) was to find an applicable approach to compare the touch accuracy on tablet computers differing in screen size, display resolution and physical dot density. Consequently, we reviewed similar studies evaluating touch interfaces in particular with regard to older adults (Greenwood et al. 2006; Holzinger 2002; Umemuro 2004). We came to the conclusion to follow the multi-direction tapping task (MDTT) proposed by the ISO 9241-9 standard (2002), and to apply Fitts' law equation $ID = \log_2\left(\dfrac{D}{W} + 1\right)$ to compare the results of different tablet computers.

2.1   ISO 9241-9: Evaluating Non-Keyboard Input Devices

The ISO 9241-9 *(2002)* standard proposes a range of performance tests to evaluate the *ergonomic requirements for non-keyboard input devices*. The focus of the standard lies on measuring the accuracy of computer mice, joysticks, trackballs, pens as well as touchscreens (Douglas et al. 1999; Soukoreff & MacKenzie 2004).

Figure 1 shows the configuration of the multi-directional tapping task (MDTT) as proposed by DIN EN ISO 9241-9 (2002). During the test, participants have to tap on circles in order of the predefined sequence (Figure 2). The position and size of every circle is calculated according to Fitts' logarithmic algorithm (Fitts 1954).

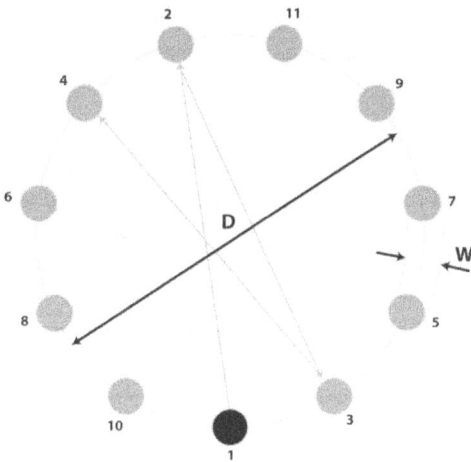

Figure 1: Multi-directional tapping task (ISO 9241-9 2002). Illustration adapted from Soukoreff & MacKenzie (2004).

Figure 2: Elderly person performing Multi-directional tapping task on Android tablet (Lux et al. 2012).

2.2 Participants

The MDTT has been evaluated with 30 elderly participants in Germany and Spain. 15 elderly people have been tested in Spain and 15 in Germany. As Table 1 shows, while the average age of 65.7 was quite similar in both countries, the gender distribution was differently unbalanced (Barberà et al. 2012). Additional characteristics, including previous experience of the participants with touch devices, are being analysed and will be presented in future publications. For the tests the elderly participants were instructed to focus on tapping accuracy.

		Gender		Age			
		Woman	Man	Minimum	Maximum	Average	SD*
Country	Spain	66.7% (10)	33.3% (5)	57	91	65.87	8.975
	Germany	86.7% (13)	13.3% (2)	58	76	65.53	5.527
Total		76.7% (23)	23.3% (7)	57	91	65.70	

Table 1: Distribution of participants by country, gender and age (n=30). *SD = Standard Deviation Source: (Barberà et al. 2012)

2.3 Tablet Computers

Table 2 presents the four tablet computers employed during evaluation, with focus on different form factors, materials, mobility and customizability. Every chosen tablet has a resistive touchscreen and varies in shape, display size, weight, grip zone for resting the fingers and either has a plastic or metal housing (also see Lux et al. 2011). In our test we concentrated on Android™ tablets as their hardware components are available as tablet manufacturing kit creating a fully customized *elisa* tablet. In contrast the Apple iPad™ is inappropriate for replacing the hardware housing and standard graphical user interface.

The tablets were tested in random order to avoid influence on tablet rankings by participants in the subsequent interviews (Section 3). Each tablet differs in display size, screen resolution and pixel density. Accordingly, based on the ISO movement distance D derived from the screen height and the ISO difficulty index ID, the comparable ISO element width W of every circular element (Figure 1) could be determined by Fitts' law.

		Samsung Galaxy Tab 7.0™	Samsung Galaxy Tab 10.1N™	Sony Tablet S™	Sony Tablet P™
Display size (in inch)		7,0"	10,1"	9,4"	2x 5,5"
Screen resolution (width x height in Pixel)		1024 x 600	1280 x 752	1280 x 752	1024 x 912
Pixel density (in DPI)		168.9	149.8	161.3	206.5
ISO D (in mm)		63,42	101,40	92,28	86,80
ISO W (in mm)	ISO ID = 2.5 / 3.0 3.5 / 4.0	13,53 / 9,02 6,01 / 4,21	21,70 / 14,41 9,83 / 6,61	19,84 / 13,07 8,82 / 6,14	18,62 / 12,33 8,38 / 5,67

Table 2: Comparison of the four Android tablet devices and the ISO values calculated by the test application. Source: (Lux et al. 2012) based upon product specifications.

2.4 Test Application and Measurement

The Android™ test application by Lux, Müller & Burkhard (2012) performs a total of twelve MDTTs for every participant per tablet. In order to identify the minimum element size for high hit rates (>75%) four difficulty indexes (ID) ranging from *very easy* (ID = 2.5) to *very hard* (ID = 4.0) are tested. Depending on the ISO ID and ISO D the diameter (ISO W) and the position of the 11 circles in test (Figure 1) are calculated (Table 2) by Fitts' equation. Each of the four IDs are randomly repeated three times to ensure the results are statistically valid.

Every MDTT task starts at the same start position (circle nr. 1 in Figure 1) and ends at the last element (circle nr. 11 in Figure 1). Consequently, eleven single taps have to be carried out. While a MDTT task is in progress, the test application records every single tap on the touch screen measuring the exact position of the finger, distance from the position to the active circle's centre and the movement time between each touch. Every time the test candidate taps outside of the active circle, the test candidate has to repeat the tap for the same element again. Consequently, the *error rate (ER)* for every MDTT is defined by the *amount of taps (N)* and the *number of circles* divided by the *number of circles*: $ER = \dfrac{N-11}{11}$.

3   Initial Results

Overall elderly participants had the lowest MDTT error rate of 37.6% (SD = 8.05) on the Galaxy Tab 10.1N[TM] (Table 3). In contrast, the majority of the participants had difficulties in performing the test on the Galaxy Tab 7.0[TM] resulting in a high error rate of 55.9% (SD = 35.99). Comparing the results of the two countries, elderly Germans performed better in terms of tap accuracy. However, this result is non-significant as factors like age (Bakaev 2008), gender and motor skills have not been respected.

		Error Rate of Multi-directional Tapping Task			
		Galaxy Tab 7.0	Galaxy Tab 10.1N	Tablet S	Tablet P
Country	Spain	61.8 % (SD = 44.11)	38.3 % (SD = 9.01)	47.5 % (SD = 21.18)	46.9 % (SD = 24.91)
	Germany	50.1 % (SD = 24.27)	36.8 % (SD = 7.17)	43.1 % (SD = 15.17)	41.6 % (SD = 14.45)
Total		55.9 % (SD = 35.99)	37.6 % (SD = 8.05)	45.3 % (SD = 18.81)	44.2 % (SD = 20.58)

Table 3: Recorded MDTT error rate of evaluators in Spain and Germany (n=30). SD = Standard Deviation
Source: (Barberà et al. 2012)

Table 4 lists the tablet rankings of the elderly participants based on their placements after all tests were completed. The results show that tablet computers with the largest screen size were placed first. While Spanish participants favour the Tablet S[TM], the German interviewees prefer the Galaxy Tab 10.1N[TM]. Overall, the Galaxy Tab 10.1N[TM] came in first with 82 points according to the applied 4-Point ranking (see Table 4).

		Tablet Computer Ranking			
		Galaxy Tab 7.0	Galaxy Tab 10.1N	Tablet S	Tablet P
Country	Spain	3rd place (32)	2nd place (38)	1st place (42)	2nd place (38)
	Germany	2nd place (37)	1st place (44)	4th place (34)	3rd place (35)
Total		Place 4 (69)	1st place (82)	2nd place (76)	3rd place (73)

Table 4: Consolidated tablet rankings based on placements by interviewees in Spain and Germany (n=30).
4-Point Ranking: 1st place = 4 points. 2nd place = 3 points. 3rd place = 2 points. 4th place = 1 point.
Source: (Barberà et al. 2012)

4   Discussion

In the interviews a majority of elderly participants in Germany and Spain reported overall acceptance of using touch and their preference for large screen sizes and light tablet weight. However, there is no common opinion on the favourite tablet computer. Eventually, the Galaxy Tab $10.1N^{TM}$ placed first according to the measured touch accuracy and by point ranking. Accordingly, a 10.1 inch touchscreen will be used for the elisa tablet computer. Moreover, based on the hit rates the touchable elements of the graphical user interface should have a minimum diameter of about 9 mm. To get a clearer picture, a future publication will combine the results presented in this paper with the technical affinity and finger movement time of each participant. Moreover, the conducted interviews after every tablet computer was tested will be consolidated and related to the tablet rankings.

From our initial findings, Fitts' law equation helps in comparing the measurement results of different tablet devices. However, factors of age (Bakaev 2008) and gender as well as dry finger skin and different age-related cognitive-motor skills should be considered. In particular, our observations indicated that elderly people with dry or wrinkled fingertips had a significant higher touch recognition error rate on some tablets (Lux et al. 2012). This could also be related with the layer types of the resistive touchscreen technology. We also discovered that elderly people mainly used their forefingers during test and rarely adopted their tap strategy to the predefined touch sequence.

Acknowledgements

We would like to gratefully acknowledge the support of the elderly participants in Germany and Spain. Moreover, we thankfully acknowledge the efforts of Tobias Haug, Patrick Lux, Britta Meyer, Tom Müller, Florian Ott and Benjamin Prost, (Bundeswehr Universiy Munich) for creating the questionnaire, the tablet test and for performing the preliminary pilot test. Further, we appreciatively acknowledge the work of our partners Gustavo Monleon Soriano (Servicios de Teleasistencia, S.A.), Ute Vidal (VIOS Medien GmbH), Stefanie Erdt and Elke Jorzyk (Innovationsmanufaktur GmbH) in conducting the tablet tests as well as Anna Bolzani, Stefanie Erdt, Javier Gámez Payá (Innovationsmanufaktur GmbH), Ricard Barberà and Nadia Campos (Instituto de Biomecánica de Valencia) in evaluating the test results.

This contribution is connected to the research project SI-Screen funded by the European AAL Joint Program (AAL-2009-2-088), the German Ministry of Education and Research, German VDI/VDE IT, Austrian Research Promotion Agency, Spanish Ministerio de Industria, Turismo y Comercio, Spanish Instituto de Salud Carlos III and Italian Ministero Istruzione Università Ricerca. The joint project is coordinated by the Innovationsmanufaktur GmbH and carried out by ten international partners. For more detailed information, see http://www.si-screen.eu.

References

Bakaev, M. (2008). Fitts' law for older adults: considering a factor of age. Proceedings of the VIII Brazilian Symposium on Human Factors in Computing Systems. Porto Alegre, Brazil: Sociedade Brasileira de Computação, pp. 260-263.

Barberà, R., Campos, N., Vidal, U. & Erdt, S. (2012). Deliverable 5.2 Validation Report V2. Internal SI-Screen Deliverable. Valencia, Spain: SI-Screen project.

Burkhard, M., Koch, M., Pasqualini, H., Kliewer, J., Erdt, S. & Ganz, S. (2012). Deliverable 4.1 Product & System Development Specifications V3. Internal SI-Screen Deliverable. Neubiberg, Germany: SI-Screen project.

Burkhard, M. (2012). SI-Screen: elderly interaction & service assistent. Available: http://www.soziotech.org/?p=2281 (Accessed 27.07.2012).

DIN EN ISO 9241-9 (2002). Ergonomics of human-system interaction – Part 9: Requirements for non-keyboard input devices. Beuth, Berlin, Germany.

Douglas, S. A., Kirkpatrick, A. A. E. & MacKenzie, I. S. (1999). Testing pointing device performance and user assessment with the ISO 9241, Part 9 standard. In Altom, M. W. & Williams, M. G. (Eds.): *Proceedings of the SIGCHI conference on Human factors in computing systems the CHI is the limit CHI 99, 15,* 215-222. New York, NY, USA: ACM Press. doi:10.1145/302979.303042

Fitts, P. M. (1954). The information capacity of the human motor system in controlling the amplitude of movement. *Journal of Experimental Psychology, 47*(6), 381–391.

Greenwood, M. C., Hakim, a J., Carson, E. & Doyle, D. V. (2006). Touch-screen computer systems in the rheumatology clinic offer a reliable and user-friendly means of collecting quality-of-life and outcome data from patients with rheumatoid arthritis. *Rheumatology, 45*(1), 66-71. Oxford, UK: University Press. doi:10.1093/rheumatology/kei100

Holzinger, A. (2002). User-Centered Interface Design for disabled and elderly people: First experiences with designing a patient communication system (PACOSY). In Miesenberger, K., Klaus, J., & Zagler, W. L. (Eds.): ICCHP '02 Proceedings of the 8th International Conference on Computers Helping People with Special Needs. London, UK: Springer, pp. 33-40.

Lux, P., Müller, T. & Ott, F. (2011). Moderne Android Tablet-Devices im Vergleich. Available: http://www.soziotech.org/?p=2329 (Accessed 27.07.2012).

Lux, P., Müller, T. & Burkhard, M. (2012). Android Tablets im Pilottest mit Senioren. Available: http://www.soziotech.org/?p=4765 (Accessed 27.07.2012).

Soukoreff, R. W. & MacKenzie, I. S. (2004). Towards a standard for pointing device evaluation, perspectives on 27 years of Fitts' law research in HCI. *International Journal of Human-Computer Studies, 61*(6), 751-789. doi:10.1016/j.ijhcs.2004.09.001

Umemuro, H. (2004). Lowering elderly Japanese users? resistance towards computers by using touchscreen technology. *Universal Access in the Information Society, 3*(3-4), 276-288. doi:10.1007/s10209-004-0098-6

Contact

Martin Burkhard, Michael Koch
Bundeswehr University Munich
CSCM Cooperation Systems Center Munich
Werner-Heißenberg-Weg 39, D-85577 Neubiberg, Germany
E-Mail: {martin.burkhard, michael.koch}@unibw.de
WWW http://www.kooperationssysteme.de

H. Reiterer & O. Deussen (Hrsg.): Workshopband Mensch & Computer 2012
München: Oldenbourg Verlag, 2012, S. 61-67

Synergieeffekte aus der Kombination verschiedener AAL Lösungen

Kerstin Klauß[1], Stefanie Müller[1], Andreas Braun[2], Tim Dutz[2],
Felix Kamieth[2], Peter Klein[1]

User Interface Design GmbH[1]
Fraunhofer Institut für Graphische Datenverarbeitung[2]

Zusammenfassung

AAL-Lösungen sollen den Mitgliedern einer immer älter werdenden Bevölkerung ein selbstbestimmtes
Leben von möglichst hoher Lebensqualität ermöglichen. Forschungsprojekte in diesem Bereich konzentrieren sich dabei oft auf die gezielte Lösung spezifischer Probleme älterer Nutzer. Der folgende
Beitrag beschreibt anhand der Ergebnisse von drei verschiedenen Forschungsprojekten, wie deren
Zusammenspiel das Leben einer (fiktiven) älteren Person sinnvoll unterstützen könnte. Hierdurch wird
aufgezeigt, dass unter alterstypischen Einschränkungen leidende Senioren allein mittels der Kombination geeigneter Technologien in die Lage versetzt werden können, ein unabhängiges und selbstbestimmtes Leben zu führen.

1 Einleitung

Der demographische Wandel stellt unsere Gesellschaft vor neue Herausforderungen. Eine
dieser Herausforderungen besteht darin, der Tendenz zur Isolation und Unselbstständigkeit
im Alter entgegenzuwirken, oftmals verursacht durch eine Vielzahl kleinerer Beschwerden,
die in der Summe zu einer ausgeprägten Unsicherheit der Betroffenen führen. In verschiedenen Forschungsvorhaben, wie z.B. dem AAL Joint Programme[1] oder der BMBF Hightech-
Strategie 2020[2], werden Möglichkeiten untersucht, wie Technologie ältere Menschen dabei
unterstützen kann, dass sie trotz des Auftretens alterstypischer Beschwerden weiterhin ein
selbstbestimmtes Leben in ihrem gewohnten Zuhause führen können.

---

[1] Ambient Assisted Living Joint Programme - Innovative ICT solutions for Ageing - http://www.aal-europe.eu.

[2] Hightech-Strategie 2020 für Deutschland - http://www.bmbf.de/de/14397.php.

In diesem Beitrag wird - basierend auf dem Ansatz des *Scenario Based Design* nach Rosson & Caroll (Rosson & Carroll 2003) - ein Szenario entworfen, das einen Tag im Leben einer fiktiven, aber stereotypen Person aus der Zielgruppe der älteren Menschen, einer sog. *Persona* (Pruitt & Adlin 2006), beschreibt. Anhand dieses Szenarios werden Lösungsansätze skizziert, die aufzeigen, inwiefern die Betroffenen mit Hilfe geeigneter Technologien bei der Bewältigung typischer Alltagsprobleme unterstützt werden können. In dem hier vorgestellten Szenario werden die Ergebnisse aus drei verschiedenen Forschungsprojekten aus dem AAL-Bereich kombiniert: V2me[3], CCE[4] und inDAgo[5]. Durch die unterschiedlichen Fokussierungen kann jedes dieser Projekte seinen Teil zu einer integrierten Gesamtlösung beitragen.

Das Projekt *Virtual Coach reaches out to me* (V2me) hat das Ziel, soziale Isolation im fortgeschrittenen Alter zu verhindern. Ein kombinierter Ansatz aus einfach bedienbaren Informations- und Kommunikationstechnologien (IKT) und Nutzergruppen-fokussierten sozialen Netzwerkdiensten soll helfen, soziale Kontakte aufzubauen und zu pflegen. Ein zentraler Aspekt ist die Verwendung von virtuellem Coaching, das dazu beitragen soll, die Akzeptanz und damit Nutzung derartiger Systeme zu verbessern. Der virtuelle Coach agiert als Mediator zwischen System und Nutzer und fördert die sozialen Kontakte, z.B. durch Kontaktpflege, Bildung von Interessengruppen, Unterstützung von Video- und Sprachkommunikation und den Austausch aufgezeichneter Geschichten und Fotos. Des Weiteren wird als ein zentrales Element des V2me Systems ein bereits für Gruppensitzungen evaluiertes Interventionsprogramm auf die Interaktion zwischen virtuellem Coach und älterem Nutzer angepasst, das die Fähigkeit verbessert, bestehende Kontakte zu pflegen sowie neue Kontakte zu knüpfen (Martina & Stevens 2006). Realisiert wird dieses System über einen Tablet-PC als zentrales Eingabegerät und einen PC mit größerem Bildschirm zur Anzeige des virtuellen Coachs.

Das AAL-Joint-Programme Forschungsprojekt *Connected Care for Elderly Persons Suffering from Dementia* (CCE) zielt darauf ab, Menschen mit Demenz im Anfangsstadium im Alltag zu unterstützen. Teil des Projektergebnisses ist der „MeMoTray" (siehe Abbildung 1). Dieses Gerät dient als Ablagefläche für wichtige Gegenstände und zur Darstellung eines Kalenders mit Erinnerungsfunktion, die zwei wichtigsten Punkte zum Management des All-

---

[3]   Virtual Coach reaches out to me (V2me) wird von der Europäischen Union (EU) und dem Bundesministerium für Bildung und Forschung (BMBF) unter der Fördernummer 16SV4000 gefördert und ist Teil des sog. Ambient Assisted Living Joint Programme (AAL JP) der Europäischen Union (Call 2: http://www.aal-europe.eu/call-2/). Ziel des Förderprogramms ist die soziale Integration älterer Menschen mit Hilfe technischer Lösungen. Weitere Informationen zum V2me-Projekt finden sich unter www.v2me.org.

[4]   Connected Care for Elderly Persons Suffering from Dementia (CCE) wird von der EU und dem BMBF unter der Fördernummer 16SV3817 gefördert und ist, wie auch das Projekt V2me, Teil des AAL JP (Call 1: http://www.aal-europe.eu/call-1/). Ziel des zugehörigen Förderprogramms ist hier allerdings die Analyse, auf welche Weise Informations- und Kommunikationstechnologie Betroffenen bei der Bewältigung chronischer Krankheiten helfen kann. Weitere Informationen zum CCE-Projekt finden sich unter www.cceproject.eu.

[5]   Regionale Alltags- und Freizeitmobilität für Senioren am Beispiel der Stadt Darmstadt (inDAgo) wird vom BMBF unter der Fördernummer 16SV5716 gefördert und ist Teil des Programms „Mobil bis ins hohe Alter - nahtlose Mobilitätsketten zur Beseitigung, Umgehung und Überwindung von Barrieren". Weitere Informationen zum inDAgo-Projekt finden sich unter www.indago-projekt.de.

tags von Demenzbetroffenen – ein Ergebnis aus Nutzerstudien im Rahmen des Projektes. Kombiniert mit zusätzlicher Activity Monitoring Sensorik und weiteren Anzeigegeräten im Wohnraum ist das System in der Lage, weitere Dienste anzubieten, z.B. Erinnerungssignale für Termine. Durch eine LED-Leuchtschiene kann das Gerät Aufmerksamkeit auf Termine oder im Tray vergessene Gegenstände lenken, welche über einen in der Ablagefläche verbauten RFID-Reader erkannt werden. Der MeMoTray wurde nach Universal-Design-Prinzipien (Herwig 2008) entwickelt, um auch über die Zielgruppe hinweg attraktiv zu sein.

Abbildung 1: MeMoTray: Ablagefläche für wichtige Alltagsgegenstände mit Display für Kalenderfunktion

In dem vom Bundesministerium für Bildung und Forschung geförderten Projekt *Regionale Alltags- und Freizeitmobilität für Senioren am Beispiel der Stadt Darmstadt* (inDAgo) wird ein Navigationssystem entwickelt, welches ältere Menschen im Bereich der Alltags- und Freizeitmobilität unterstützt und ihnen trotz alterstypischer Einschränkungen komfortable Reisen mit öffentlichen Verkehrsmitteln ermöglicht. Des Weiteren kann über das Gerät eine Hilfe-Funktion ausgelöst werden, bei der der Nutzer eine Vertrauensperson, ein Call-Center oder ein Mitglied eines zertifizierten Helfernetzwerkes kontaktieren und Hilfe anfordern kann. Elemente aus den Projekten V2me und CCE werden in das inDAgo-Projekt mit einfließen.

2   Integration von AAL-Lösungen durch Scenario-Based Design

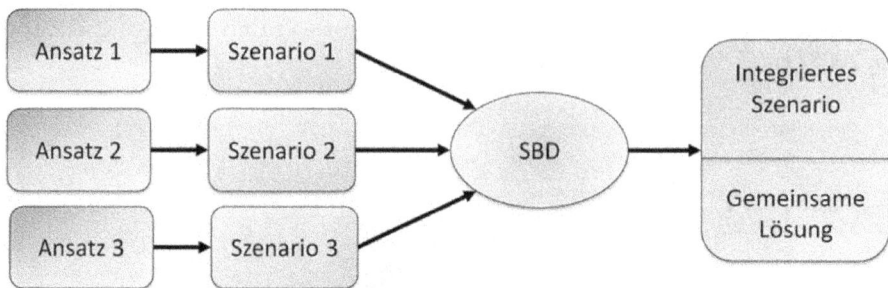

Abbildung 2: Konzeptionelle Lösungs-Integration über Scenario-Based Design

Ziel der Integration verschiedener Projekte durch Scenario-Based Design ist das Aufzeigen potentieller Synergien und das Finden gemeinsamer Ansätze zur zukünftigen Integration verschiedener Lösungen in ein gemeinsames Konzept. Dieser Vorgang wird in Abbildung 2 dargestellt. Die einzelnen Szenarien der Basisprojekte bilden die Grundlage eines gemeinsamen Szenarios und sind somit die Quelle für die Skizzierung einer möglichen Gesamtlösung. Eine fundierte Auswahl der Basisszenarien im Kontext des konsolidierten Gesamtszenarios ist elementar. Eine präzise Bestimmung von Kriterien zur Szenarienwahl ist jedoch schwierig und in der Regel abhängig vom jeweiligen Themenbereich und Fokus des Zielszenarios. Im Folgenden einige Beispiele für Fragestellungen mit Relevanz im Bereich AAL:

• Sind die Zielgruppen der Basisszenarien gleich?

• Sind technische Lösungen zueinander kompatibel, bzw. miteinander kombinierbar?

• Gibt es funktionale Überschneidungen? Welche Aufwände sind bei einer Adaption zu erwarten?

• Ist es möglich, dass Teile einzelner Szenarien andere Szenarien beeinträchtigen?

Derartige Fragen bilden die Grundlage eines individuellen Bewertungsschemas das angelegt werden kann, um Basisszenarien und verschiedene integrierte Szenarien zu kombinieren und auszuwerten.

Grundlage des prototypisch umgesetzten Integrationsprozesses sind der virtuelle Coach und die soziale Netzwerkfunktionalität von V2me, der MeMoTray und Erinnerungsfunktionen aus CCE, sowie die Verkehrsfindung und das Mobilitäts-Armband aus inDAgo. Diese Szenarien sind auf eine gemeinsame Zielgruppe adaptierbar, die technischen Lösungen überschneiden sich nicht und können mit vertretbarem Aufwand kombiniert werden. Ebenfalls besteht keine funktionale Überschneidung und die Teilszenarien unterliegen keiner gegenseitigen Beeinträchtigung.

3 Szenario-Beschreibung

Basierend auf diesem Konzept und unter Berücksichtigung der beschriebenen Beiträge der verschiedenen Projekte wird nun beispielhaft ein kombiniertes Szenario vorgestellt. Entsprechend dem SBD-Ansatz ist dieses Szenario bewusst informell formuliert, was es vereinfacht, verschiedene Interessengruppen einzubeziehen.

Die Hauptperson des Szenarios ist Rosemarie Herzig. Sie ist 85 Jahre alt und wohnt seit dem Tod ihres Mannes allein in ihrer Wohnung im hessischen Darmstadt. Mit finanzieller Unterstützung durch ihre Versicherung hat sie vor einiger Zeit, noch gemeinsam mit ihrem Mann, ihre Wohnung in mehreren Schritten für ein selbstständiges Leben bis ins hohe Alter optimieren lassen. Die gute Infrastruktur in der barrierefreien Wohnung, zu der auch eine schnelle Internetverbindung gehört, ermöglicht ihr nun die Nutzung moderner Technologien. Nachfolgend wird ein typischer Tag im Leben von Rosemarie Herzig beschrieben.

6:30 - Es ist Montagmorgen und der Virtuelle Coach, von Rosemarie „Hans" genannt, weckt Rosemarie zu ihrer gewohnten Aufstehzeit. Da Frau Herzig ein fester Tagesplan wichtig ist, gibt ihr der Coach einen Überblick über den aktuellen Tag in ihrem Kalender. Da sie für diesen Tag wenig geplant hat, bittet Sie ihren virtuellen Begleiter ihr einen Veranstaltungsvorschlag zu machen. Hans schlägt ihr den Besuch einer Kunst-Ausstellung oder ein klassisches Konzert vor. Rosemarie entscheidet sich für die Ausstellung, da sie mit Hilfe des virtuellen Coachs sieht, dass eine Freundin von ihr diese heute ebenfalls besuchen möchte.

7:30 - Nach dem Frühstück macht der virtuelle Coach die Seniorin auf eine Nachricht von ihrer Tochter aufmerksam. Da Frau Herzig das Lesen sehr schwer fällt, lässt sie sich die Nachricht vom ihrem virtuellen Begleiter vorlesen.

8:30 - Aufgrund Ihrer Hüftprobleme sollte Frau Herzig möglichst täglich einige Gymnastik-Übungen absolvieren. Früher fehlte ihr hierfür allerdings oft die nötige Motivation. Mit Hilfe des virtuellen Coachs hat sie aber eine Gruppe im Internet gefunden, die sich täglich für ein gemeinsames Training in einem virtuellen Raum verabredet. Dabei macht ein virtueller Trainer die Übungen vor und Rosemarie und die anderen Gruppenmitglieder machen sie jeweils bei sich zu Hause nach.

12:30 - Nach dem Mittagsessen erinnert der Coach Frau Herzig daran, ihre Medikamente zu nehmen. Danach legt sie sich für einen Mittagsschlaf auf ihre Couch.

15:00 - Hans hat bereits eine Verbindung zum Ausstellungsort mit den öffentlichen Verkehrsmitteln für Rosemarie herausgesucht und an ihr Mobilitäts-Armband geschickt. Frühzeitig erinnert der Coach Frau Herzig daran, sich auf den Weg zu machen. Dabei bezieht er die voraussichtliche Laufgeschwindigkeit von Frau Herzig sowie die aktuelle Verkehrslage in seine Berechnungen ein. Bevor sie die Wohnung verlässt, läuft Rosemarie am MeMoTray vorbei, in dessen integrierte Schale Frau Herzig immer Schlüssel, Brieftasche und Mobilitätsarmband legt. Trotzdem vergisst Frau Herzig, diese wichtigen Gegenstände mitzunehmen. Als sie die Tür öffnet, meldet sich der MeMoTray und erinnert sie daran. Das Armband zeigt ihr, wie sie am besten zur Straßenbahnhaltestelle kommt, ohne Treppen steigen zu müssen. Es informiert sie ebenfalls darüber, in welche Straßenbahn sie einsteigen muss.

16:00 - Am Ausstellungsort angekommen zeigt das Armband Frau Herzig an, dass ihre Freundin Martha, die auch das intelligente Mobilitätssystem nutzt, ebenfalls bereits angekommen. Bei starker Geräuschkulisse fällt es Rosemarie mittlerweile schwer zu telefonieren. Deshalb ist sie froh, dass sie sich von ihrem Armband direkt zu ihrer Freundin leiten lassen kann. Rosemarie und Martha schauen sich nun gemeinsam die Ausstellung an. In der Ausstellung treffen beide auf Otto, einen Bekannten von Martha. Rosemarie und Otto erkennen im Gespräch ein gemeinsames Interesse an Schach. Otto erzählt Rosemarie von dem Schachclub, in dem er Mitglied ist und lädt sie zur Teilnahme ein.

18:00 - Rosemarie ist müde und lässt sich von ihrem Armband nach Hause zurückführen. Dort angekommen legt sie Armband und Schlüssel wieder in den MeMoTray. Der virtuelle Coach informiert Rosemarie, dass Otto sie bereits zur Schachgruppe eingeladen hat. Mit Hilfe des virtuellen Begleiters nimmt Rosemarie die Einladung an und verabredet sich auf der Gruppenseite des Schachclubs für ein Spiel.

20:00 - Der Virtuelle Coach motiviert Rosemarie, eine kurze Geschichte zum heutigen Tag aufzunehmen. Rosemarie erzählt dem Coach ihre Eindrücke von der Ausstellung. Da sie eine enge Beziehung zu ihrer weit entfernt wohnenden Tochter hat, entscheidet sie sich, diese Geschichte mit ihr zu teilen. Der Virtuelle Coach schickt ihrer Tochter eine Benachrichtigung.

22:00 - Mit ihrer Lieblingsmusik schläft Rosemarie ein. Ihr virtueller Begleiter Hans schaltet sich nach einer Zeit von selbst aus, um sie am nächsten Morgen wieder zur gewohnten Uhrzeit zu wecken.

Das aufgezeigte Szenario kombiniert Ansätze aus drei verschiedenen AAL-Forschungsprojekten. Jedes Projekt hat einen anderen Fokus und leistet so seinen Beitrag zu einer möglichen Gesamtlösung.

4   Diskussion und Ausblick

Ein bestehendes Problem vieler Forschungsprojekte in den Themenbereichen AAL und Personal Health ist die mangelnde Integration entwickelter Lösungen in ein konsistentes Konzept. In diesem Beitrag wurde gezeigt, dass mittels des Ansatzes des Scenario Based Design die Synergieeffekte, die sich aus der Integration eigentlich unabhängiger AAL-Lösungen in ein Gesamtkonzept ergeben würden, erkannt werden können. Dies wurde am Beispiel dreier Forschungsprojekte beispielhaft skizziert. Solch holistische Ansätze können es in Zukunft ermöglichen, Entwicklungs- und Forschungsansätze zu koordinieren und redundante Entwicklungen zu vermeiden. Ein spezifischer Vorteil ist die explizite und ständige Koordination mit der Nutzergruppe um eine bestmögliche Unterstützung zu realisieren.

Es ist anzumerken, dass dieser Ansatz auf einem hohen Abstraktionsniveau basiert und eine konkretere Spezifikation und Detaillierung in weiteren Schritten nicht ersetzen kann. Zudem ist die integrierte Zahl von Projekten nicht ausreichend um ein vollständiges Szenario zu realisieren. Für die Zukunft ist geplant, das vorgestellte Szenario durch Elemente aus weiteren Forschungsprojekten schrittweise zu erweitern.

Eine projektübergreifende Evaluierung bietet sich als konsequenter nächster Schritt an. In der aktuellen Struktur von jeweils selbstständigen Forschungsprojekten ist dies jedoch schwer zu realisieren, da keinerlei Aktivitäten in dieser Form vorgesehen sind und finanziert werden. Durch das standardmäßige Einplanen integrativer und kooperativer Tätigkeiten von Forschungsprojekten mit vergleichbaren Zielen und Nutzergruppen könnten Szenarien wie das oben skizzierte zur Forschungspraxis gehören und zahlreiche Synergien ermöglichen.

Mögliche Unterschiede in den Anforderungen bereits nur leicht verschiedener Nutzergruppen können einerseits das Potential eines solchen Ansatzes einschränken, da sie möglicherweise die Auswahl geeigneter kombinierbarer Szenarien reduzieren bzw. eine Differenzierung nötig machen. Andererseits kann auf diese Weise jedoch auch das Anwendungsgebiet der jeweiligen Projekte potentiell auf weitere Nutzergruppen, die so ebenfalls von der AAL-Lösung profitieren können, erweitert werden.

Literaturverzeichnis

Herwig, O. (2008). Universal Design: Lösungen für einen barrierefreien Alltag. Basel: Birkhäuser.

Martina, C. M. S. & Stevens, N. L. (2006). Breaking the circles of loneliness? Psychological effects of a friendship enrichment program for older women. *Aging & Mental Health*, *10*(5), 467-475.

Pruitt, J. & Adlin, T. (2006). The Persona Lifecycle: Keeping People in Mind Throughout Product Design. Amsterdam, Boston: Elsevier.

Rosson, M. B. & Carroll, J. M. (2003). Scenario-based Design. In Jacko, J. A. & Sears A. (Hrsg.): *The Human-Computer Interaction Handbook*. Mahwah: L.E.A., S. 1032-1050.

Kontaktinformationen

Kerstin Klauß, Stefanie Müller , Peter Klein
User Interface Design GmbH
Martin-Luther-Straße 57-59, 71636 Ludwigsburg
Standort Mannheim
E-Mail: {kerstin.klauss, stefanie.mueller, peter.klein}@uid.com

Andreas Braun, Tim Dutz, Felix Kamieth
Fraunhofer Institut für Graphische Datenverarbeitung
Fraunhoferstr. 5, 64283 Darmstadt
E-Mail: {andreas.braun, tim.dutz, felix.kamieth}@igd.fraunhofer.de

Workshop:

ABIS 2012: 19th International Workshop on Adaptivity and User Modeling

Eelco Herder

Mirjam Augstein

Dominikus Heckmann

H. Reiterer & O. Deussen (Hrsg.): Workshopband Mensch & Computer 2012
München: Oldenbourg Verlag, 2012, S. 71-73

ABIS12 – Personalization and Recommendation on the Web and Beyond

Eelco Herder[1], Mirjam Augstein[2], Dominikus Heckmann[3]

L3S Research Center, Hannover [1]
University of Applied Sciences Upper Austria, Hagenberg, Austria [2]
DFKI GmbH, Saarbrücken, Germany [3]

Abstract

ABIS 2012 is an international workshop, organized by the SIG on Adaptivity and User Modeling[1] of the German Gesellschaft für Informatik. For the last 19 years ABIS has been a highly interactive forum for discussing the state of the art in personalization and user modeling. Latest developments in industry and research are presented in plenary sessions, forums and tutorials. Researchers, PhD students and Web professionals obtain and exchange novel ideas, expertise and feedback. ABIS 2012 is organized as part of Mensch & Computer 2012, the leading event in the area of human-computer interaction in German speaking countries.

1 Introduction

Personalization has become a core feature on the Web – and beyond: Google provides personalized search results. Amazon recommends books and other products. Facebook suggests friends and groups. Personalized features and recommendations include items that were appreciated by similar users or the user's friends and are typically based on a user's profile data, the user's current location or items that the user browsed, searched, tagged or bought earlier. Mash-ups and cross-application linking of user profiles promise to provide even more relevant suggestions and services.

Personalization is great. But personalization can go awfully wrong, too. Systems may draw wrong conclusions about your search actions and constantly annoy you with personalized

---

[1]   http://abis.l3s.de

menus that do not work or recommendations for books that you couldn't care less for. And do you really want your friends and colleagues to know what products you searched for yesterday?

2   Topics of Interest

The program committee received submissions within the broad area of adaptive systems and user modeling. Special emphasis of this year's workshop was on submissions in the following areas:

- *Obtaining user data:* logging tools, aggregation of data from social networks and other Web 2.0 services, ubiquitous user modeling, lifelong user modeling

- *Modeling user data:* collaborative filtering, cross-application issues, contextualization and disambiguation, use of ontologies and folksonomies

- *Personalization and recommendation:* applications in social networks, search, online stores, mobile computing, e-learning and mash-ups, personalization in the cloud

- *Evaluation and user studies*: laboratory studies, empirical studies and analysis of existing corpora of usage data

- *Emerging and important issues*: future applications (e.g., personalization in the mobile web), new paradigms in human-computer interaction, privacy awareness

- *Personalization and accessibility*: what role does personalization play in making the web accessible for people with disabilities?

3   Program Chairs

The workshop organizers are current board members of the SIG on Adaptivity and User Modeling (ABIS):

- Eelco Herder, current chair of ABIS, senior researcher at the L3S in Hannover, Germany.

- Mirjam Augstein, professor at the University of Applied Sciences Upper Austria in Hagenberg, Austria.

- Dominikus Heckmann, senior researcher at DFKI, Saarbrücken, Germany.

4   Program Committee

- Fabian Abel, TU Delft, Netherlands

- Mirjam Augstein, University of Applied Sciences Upper Austria, Austria

- Mathias Bauer, Mineway, Germany

- Mária Bieliková, Slovak University of Technology, Slovakia

- Betsy van Dijk, University of Twente, Netherlands

- Peter Dolog, Aalborg University, Denmark

- Sabine Graf, Athabasca University, Canada

- Dominikus Heckmann, DFKI Saarbrücken, Germany

- Nicola Henze, University of Hannover, Germany

- Michael Herczeg, Universität zu Lübeck, Germany

- Eelco Herder, L3S Research Center, Germany

- Rong Hu, EPFL, Switzerland

- Birgitta König-Ries, Universität Jena, Germany

- Tsvi Kuflik, University of Haifa, Israel

- Erwin Leonardi, HP Labs, Singapore

- Till Nagel, FH Potsdam, Germany

- Alexandros Paramythis, Johannes Kepler University Linz, Austria

- Wolfgang Reinhardt, Universität Paderborn, Germany

- Markus Specht, Open University of the Netherlands, Netherlands

- Stephan Weibelzahl, National College of Ireland, Ireland

H. Reiterer & O. Deussen (Hrsg.): Workshopband Mensch & Computer 2012
München: Oldenbourg Verlag, 2012, S. 75-82

Integrating semantic relatedness in a collaborative filtering system

Felice Ferrara, Carlo Tasso

Artificial Intelligence Laboratory, Department of Mathematics and Computer Science, University of Udine, Udine, Italy

Abstract

Collaborative Filtering (CF) recommender systems use opinions of people for filtering relevant information. The accuracy of these applications depends on the mechanism used to filter and combine the opinions (the feedback) provided by users. In this paper we propose a mechanism aimed at using semantic relations extracted from Wikipedia in order to adaptively filter and combine the feedback of people. The semantic relatedness among the concepts/pages of Wikipedia is used to identify the opinions which are more significant for predicting a rating for an item. We show that our approach improves the accuracy of the predictions and it also opens opportunities for providing explanations on the obtained recommendations.

1   Introduction

Collaborative Filtering (CF) recommender systems use opinions of people for filtering relevant information. These tools face the information overload problem by simulating the word-of-mouth mechanism adopted by people who ask suggestions to friends or experts when they need to take a decision. In the area of CF systems, user-based CF mechanisms predict the relevance of a resource (referred also as *target item*) for a *target user* (referred also as *active user*) by (i) automatically finding users (technically named *neighbors*) who can provide suggestions to a given information need and (ii) combining the feedback provided by the neighbors for generating the prediction (Koren & Bell, 2011). For this reason, the accuracy of a user-based CF recommender system depends on the capability of the system to identify the set of people who share knowledge, tastes and preferences with the active user and combining the feedback of the neighbors for generating useful predictions.

In order to identify the set of neighbors, a user-based recommender system compares the feedback provided by the active user with the feedback provided by the other users, following the idea that people who showed a similar behaviour in the past will probably agree also in the future. However, the social process executed by humans also uses other contextual information: according to the current information need, people ask suggestions to a specific set of people since they can provide more authoritative opinions.

In this work we propose a mechanism aimed at getting closer to this social mechanism. In particular, we follow the idea of predicting a rating by taking into account the characteristics of the target item: the opinions expressed for the resources more related to the target item are more relevant for identifying the neighbors and for computing the final prediction. We apply this idea to the movie domain and, more specifically, we use Wikipedia for inferring the relatedness among the movies. The semantic relatedness among the movies is used in order to weight the opinions of the users: the opinions/ratings provided for the movies more related to the target item are considered as more relevant. By integrating the semantic relatedness in the computation we also open some interesting perspectives for facing the task of supporting the user with explanations on the recommendations (Tintarev & Masthoff, 2011). The semantic features (such as the actors, the director or other meaningful characteristics) used to identify the most authoritative opinions can be presented to the active user for showing how the system works.

The paper has the following structure: Section 2 describes related work; the metrics introduced in this paper for computing the semantic relatedness among the concepts of Wikipedia are presented in Section 3; Section 4 focuses on the methods for integrating the semantic relatedness for weighting the opinions of neighbors and producing the predictions of the ratings; the evaluation of the proposed CF approach is illustrated in Section 5; a final discussion concludes the paper in Section 6.

2   Related Work

In this paper we propose to weight the opinions provided by the users in order to identify an authoritative set of neighbors and, consequently, to improve the accuracy of the predictions. The idea of selecting the neighbors in an adaptive way has been also proposed in the BIPO framework (Baltrunas & Ricci, 2008) where only the most *predictive items* for a given movie (i.e. the movies more correlated to the target item) are used to compute recommendations and the other movies are treated as noise. In order to identify the predictive items two kinds of approaches are used in (Baltrunas & Ricci, 2008):

- Statistical approach. The correlation between two items is computed by taking into account the feedback of the users by discovering latent relationships among the opinions of the users.

- A genre-based approach. The correlation among the movies is given by the number of shared genres.

We also followed the idea of adaptively filtering the feedback of the users in order to provide recommendations in social tagging (Ferrara & Tasso, 2011). In particular, we utilized tags for grouping resources associated to each topic of interest of the active user and then a specific set of resources was used to select the neighbors for a given topic. However we noticed that by using only a subset of the ratings provided by the active user we increase significantly the sparsity of the matrix containing the feedback of the users. For this reason, in this work, we do not discard the ratings in the computation of the recommendations but we weight more the opinions expressed for the other movies semantically related to the target item. In this way, the opinions expressed for the movies semantically related to the target item are considered as more relevant and no opinions are discarded.

Wikipedia has been used also in other work to compute the semantic relatedness among concepts. The textual contents uploaded by the users of Wikipedia for describing concepts have been used in (Gabrilovich & Markovitch, 2007) and (Strube & Ponzetto, 2006) for computing the semantic relatedness among them. The link structure of Wikipedia was utilized for computing the semantic relatedness in (Milne, 2007) by using two metrics (referred in this paper as COUT and GDIN). The COUT metric describes each concept as a weighted vector of Wikipedia pages: given a concept of Wikipedia, the pages linked by the concept describe it and the weight of each page is equal to $\log\left(\frac{|W|}{|T|}\right)$ where W is the set of pages in Wikipedia and T is the number of pages which have a link to the page. Given such representation of concepts, the COUT metric computes the semantic relatedness between two concepts as the cosine similarity between the two corresponding vectors. The GDIN metric, on the other hand, slightly modifies the Google Distance measure (Cilibrasi, 2007) in order to compute the semantic relatedness among concepts of Wikipedia. In this case the distance is computed as

$$GDIN(a,b) = 1 - \frac{\log(\max(|A|, |B|) - \log(|A \cap B|))}{\log(|W|) - \log\big(\min(|A|, |B|)\big)}$$

where A is the set of pages with a link to concept a, B is the set of pages with a link to concept b, and W is the set of pages available in Wikipedia.

In this work we will also provide some variations of the COUT and the GIN metrics which are described in Section 3.

3   Computing Semantic Relatedness in Wikipedia

In order to assign a weight to each opinion provided by the users we compute the semantic relatedness between the target item and the item evaluated by the specific opinion. In the BIPO framework the only semantic approach used for identifying the predictive items was based on the number of shared genres. However, by taking into account only the genre of the movies we do not consider other possible significant relations. For this reason, we follow the idea of inferring a semantic relatedness measure from Wikipedia. In fact, two movies may be related since they share one of more actors, the director, the subject, and/or various other aspects of their content information usually uploaded in Wikipedia.

We decided to use the variations of the COUT and the GIN metrics described in Section 2 for inferring the semantic relatedness among the movies present in of Wikipedia. However, we also implemented some variations of these metrics in order to find settings able to improve the accuracy of the recommendations. In particular, we called are going to describe two variations of the COUT and the GDIN metrics (described above) which will be referred as CIN and GDOUT. The CIN metric is a variation of the COUT measure. This metric still computes the semantic relatedness between two concepts as the cosine similarity among two weighted vectors of Wikipedia pages. However, in our case, the weighted set of pages used to represent a concept is constituted by the Wikipedia pages W which have a link to the concept. Moreover, the weight of a page in the vector is equal to $\log\left(\frac{|W|}{|T|}\right)$ where W is the set of pages in Wikipedia and T is the number of articles linked by the page. We also modified the GIN metric by defining the GOUT measure which takes into account the pages linked by the concept. In particular the GOUT is computed as

$$GDOUT(a,b) = 1 - \frac{\log(\max(|A|,|B|) - \log(|A \cap B|))}{\log(|W|) - \log\big(\min(|A|,|B|)\big)}$$

where A is the set of pages linked by the concept a, B is the set of pages linked by the concept b, and W is still the set of pages available in Wikipedia.

We integrated the semantic relatedness metrics described in this paper in the user-based CF recommender system described in the following section.

4   Predicting the ratings by weighting the opinions

In order to compute the rating for a target item j, a baseline mechanism can compute the similarity among two users by means of the Pearson Correlation

$$BasePC(u,v,j) = \frac{\sum_i (r_{ui} - \bar{r}_u)(r_{vi} - \bar{r}_v)}{\sqrt{\sum_i (r_{ui} - \bar{r}_u)^2 \sum_i (r_{vi} - \bar{r}_v)^2}}$$

where: r_{ui} and r_{vi} are the ratings provided respectively by the user u and v for the item i, $\bar{r}_u$ and $\bar{r}_v$ are the means of the ratings returned by the user u and v and the sum runs over all the items i that both the users u and v rated. By using this formula all the available ratings provided by the users are used in the computation regardless of the given target item j.

On the other hand, in the BIPO framework, the correlation among the target item j and the other movies is integrated as follows:

$$BipoPC(u,v,j) = \frac{\sum_i w_{ij}(r_{ui} - \bar{r}_u)(r_{vi} - \bar{r}_v)}{\sqrt{\sum_i w_{ij}(r_{ui} - \bar{r}_u)^2 \sum_i w_{ij}(r_{vi} - \bar{r}_v)^2}}$$

where w_{ij} is the weight in [0,1] used to compute the correlation between the item i and j. In this way the BIPO framework assigns higher relevance to the items more correlated to the target item, but the items which are not related to the target item are discarded from the computation. In our work the correlation between the item i and j is the semantic relatedness inferred from Wikipedia according to the metrics described above.

Moreover we propose a different approach for integrating the semantic distances, since we follow the idea that by discarding ratings we increase the sparsity of the matrix which contains the feedback of the users. More technically, we integrated the semantic relatedness as follows:

$$WikiPC(u,v,j) = \frac{\sum_i(\frac{1+w_{ij}}{2})(r_{ui} - \bar{r_u})(r_{vi} - \bar{r_v})}{\sqrt{\sum_i(\frac{1+w_{ij}}{2})(r_{ui} - \bar{r_u})^2 \sum_i(\frac{1+w_{ij}}{2})(r_{vi} - \bar{r_v})^2}}$$

In our approach, given a target item, we use the opinions expressed for all the items in the dataset since, also when the weight for the opinion is equal to zero, we still take into account the feedback. On the other hand, the ratings for the movies which are more related to the target item are considered as more relevant. This choice mainly depends on the fact that we compute the similarity among the items by using semantic features, so we are not able to model other characteristics such as:

- semantic relations not reported in Wikipedia. The users of Wikipedia could provide a not accurate description of the movie;
- latent relations which cannot be expressed in a semantic way.

From a conceptual point of view this means that we are taking into account all the feedback of the users, but the ratings assigned to the related items have a stronger impact. For example if we are going to predict the rating given by the user Bob for the animation movie 'Dumbo' than we will consider movie semantically related to it (such as other animation movies, other Disney movies, etc.) as more significant than others.

By using the metrics described above, we can compute the set N of the top n neighbors. Then, their weighted opinions can be used to predict the rating. In particular, the opinions of the neighbors are finally combined by predicting the rating r_{ui} of the user u for the item i as follows:

$$r_{ui} = \bar{r_u} + \frac{\sum_{v \in N} PC(u,v,i) \times (r_{vi} - \bar{r_v})}{\sum_{v \in N} |PC(u,v,i)|}$$

By substituting PC(u,v,j) with *BasePC*, *BipoPC* and *WikiPC* respectively, we obtain three different ways of generating predictions that we exploited in the experimental evaluation illustrated in Section 4.

5 Evaluation

In order to evaluate our approach we exploited an off-line analysis by using the MovieLens dataset (MovieLens Data Sets) which is composed by ratings provided by *943* users who rated *1682* movies (each user in the dataset rated at least *20* items).

We pre-processed the dataset for associating each movie in the dataset to the corresponding pages of Wikipedia. Since some movies are not described by a Wikipedia page we had to remove these movies (*68* items) and the corresponding opinions from the dataset. We used a 5-fold cross validation technique for evaluating the results returned when:

- the opinions are weighted according to the metrics described in Section 2 (the GDIN and COUT metrics) and the metrics that we proposed in Section 3 (the GDOUT and the CIN metrics);

- the opinions are not weighted, i.e. the *BasePC* is used;

- the opinions are weighted by taking into account only the genres as shown in [Baltrunas, 2008] (i.e. the semantic relatedness is equal to the number of genres shared between the two considered movies divided by the total number of genres).

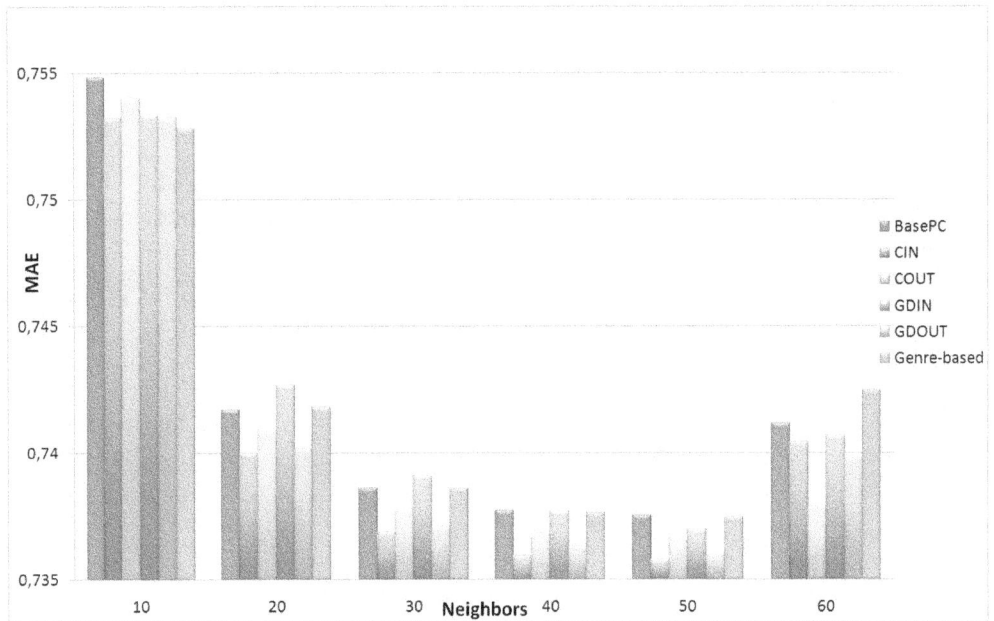

Figure 1: The accuracy of the weighting approaches

We evaluated the accuracy of the recommendations by computing the *Mean Absolute Value* (*MAE*)

$$MAE = \frac{\sum |r_{ui} - f_{ui}|}{M}$$

where r_{ui} is the rating predicted by the recommender system, f_{ui} is the rating provided by the user u for the item i and M is the number of predictions. This metric runs over the list of computed predictions and lower MAE values correspond to more accurate results. The results of the evaluation executed by integrating the metrics by means of the *WikiPC* are reported in   111. The figure shows that all the approaches which weight the ratings outperform the results of the *BasePC* approach (which does not weight the opinions). In particular, the CIN measure that we introduced in this work provides the best results (*MAE=0.735*) by using the feedback of *50* neighbors. Moreover, the genre-based approach returns the worst results when it is compared to the Wikipedia based metrics. This shows that by using only the genre we lose a lot of significant information about the items. We certified the statistic significance of the results by means of the Wilcoxon test ($p < 0.05$).

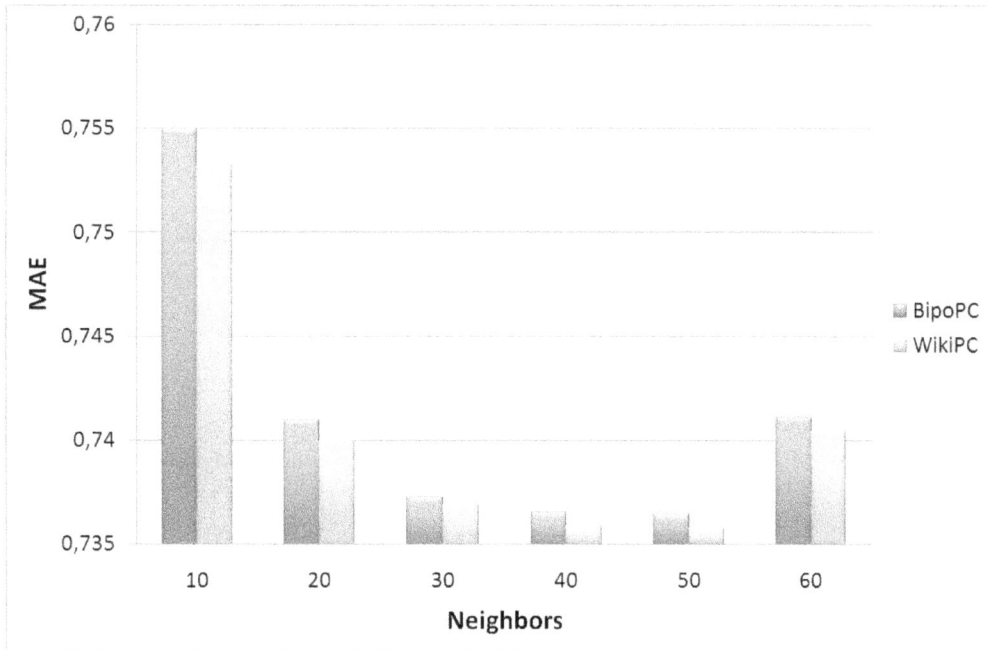

Figure 2: Comparing the BipoPC approach to the WikiPC approach

We also compared our approach for integrating the semantic relatedness with the *BipoPC* mechanism (by using the CIN measure to compute the correlation among the movies). According to the results shown in Figure 2 the *WikiPC* outperforms the *BipoPC*, but the difference between the approaches is quite limited. This is probably due to the increasing sparsity generated by the *BipoPC* approach when semantic information is used to identify the most predictive items.

6   Conclusions and Future Work

In this paper we proposed a new approach for integrating the information available in Wikipedia into a CF recommender system able to provide accurate recommendations. The improvements are actually not very meaningful but we also claim that the integration of semantic relatedness also opens interesting opportunities. The semantic relations used to adaptively identify the neighbourhood could be used to implement an explanation mechanism where the system shows the semantic features (such as the actors, the genre, or the director) used to compute the recommendations. The explanation could be proposed to the active user by a sentence like *'we recommend this movie since you liked: horror movies, Francis Ford Coppola'*. In turn the user could refine the recommendations be deleting or adding other meaningful semantic features. The semantic features could also be used for clustering into groups of semantically related movies. By clustering movies we could support the diversity in the recommendations by suggesting movies in clusters which have not been considered by the active user but are still interesting to users who shared a similar feedback. Future works will consider also the idea of extracting semantic relations from Linked Data cloud such as (Linked Movie Database).

Bibliography

Baltrunas, L., & Ricci, F. (2008). Locally Adaptive Neighborhood Selection for Collaborative Filtering Recommendations. In *Proceedings of UMAP 2008 Conference*. Hannover, Germany. 22-31.

Cilibrasi, R., & Vitányi, P. (2007). The Google Similarity Distance. *IEEE Transaction on Knowledge Data Engeneering 19*(3), 370-383.

Ferrara F., & Tasso, C. (2011). Extracting and Exploiting Topics of Interests from Social Tagging Systems. In *Proceedings of ICAIS 2011Conference*. Klagenfurt, Austria. 285-296.

Gabrilovich, E., & Markovitch, S. (2007). Computing Semantic Relatedness Using Wikipedia-based Explicit Semantic Analysis. In *proceedings of IJCAI 2007 Conference*. Hyderabad, India. 1606-1611.

Koren, Y., & Bell, R. (2011). Advances in Collaborative Filtering. In Ricci, F., & Shapira, R., & Kantor, P. (Eds.) *Recommender Systems Handbook*. Springer. 145-186.

Linked Movie Database. Available from http://www.linkedmdb.org/

Milne, D. (2007). Computing Semantic Relatedness using Wikipedia Link Structure. In *proceedings of the New Zealand Computer Science Research Student Conference*. Hamilton, New Zealand

MovieLens Data Sets. Available from http://www.grouplens.org/node/73/

Strube, M., & Ponzetto, S. (2006). WikiRelate! Computing Semantic Relatedness Using Wikipedia. In *Proceedings of the AAAI 2006 Conference*. Boston, Massachusetts, USA. 1419-1424.

Tintarev, N., & Masthoff, J. (2011). Designing and Evaluating Explanations for Recommender Systems. In Ricci, F., & Shapira, R., & Kantor, P. (Eds.) *Recommender Systems Handbook*. Springer. 479-510.

H. Reiterer & O. Deussen (Hrsg.): Workshopband Mensch & Computer 2012
München: Oldenbourg Verlag, 2012, S. 83-90

Mining Twitter for Cultural Patterns

Elena Ilina, Fabian Abel, Geert-Jan Houben

Web Information Systems, Delft University of Technology

Abstract

Adaptive applications rely on the knowledge of their users, their needs and differences. For instance, in the scope of the ImReal[1] project, a training process is adapted to users' origins using information on user cultural backgrounds. For inferring culture-specific information from available microblogging content, we monitor the usage of Twitter elements such as hashtags, web links and user mentions. We analyze how users from different cultural groups employ these elements when they tweet. This allows us to get insights on microblogging patterns for different cultural groups of Twitter users and an outlook into user preferences and traits towards sharing content with others, time preferences, and social networking attitudes. Potentially, such information can be used for adapting software applications in accord with user culture-specific behavioral traits.

1   Introduction

Adaptive applications such as e-learning environments benefit from knowledge of the cultural backgrounds of users. For instance, e-learning applications aiming to work with students from different cultural backgrounds benefit from a representation of culture-related aspects of the users. One of the case-studies of the ImReal project involves learning how to effectively communicate with people from other cultural backgrounds. In this case, culture-oriented user modeling could take place by considering cultural aspects of users and using them in adapting the application behavior accordingly to the user needs. The cultural-awareness is the research scope of the ImReal project investigating the impact of the augmentation of user experiences in the adaptation process. The user modeling realized in the U-Sem component is envisaged to provide needed culture-related information for the adaptive simulators.

As result of User Modeling (UM), user profiles representing user characteristics are created and used for adapting applications to user needs. When user-related information cannot be retrieved directly from the user, or is not available, adaptive applications might exploit user

---

[1]   http://www.imreal-project.eu/

data derived from external sources like social networks. Twitter can also provide information on a user's geographic locations and use of languages. However, can we ascertain culture-oriented behavioral patterns of user behavior on microblogs? This question motivated us to investigate mining cultural patterns of user behavior on Twitter. In this work, we analyze microblogging behavioral patterns. We adopt the well-known Lewis model (Lewis 2000) of cultural dimensions, which is used for describing differences in communication of people belonging to different cultural groups. We base our investigation on the assumption that personality traits as defined by Lewis are also reflected in the way how users blog on Twitter. This allows us to identify differences between user groups. Our main contributions include an analysis of user behavior on Twitter for user groups of different cultural origin and culture-oriented user modeling insights based on user behavior in microblogs.

2   Related Work

Previous research on personalization and adaptive systems exploit information published in social network platforms in order to collect information on user traits and interests. For instance, (Abel et al. 2011a) uses Twitter for creating content-based user profiles, which are further aligned with news articles in their news recommendation experiments. For improving recommendation quality, (Abel et al. 2011b) exploit information from several social networks, including Twitter and Facebook. A generic adaptive system based on Twitter data was proposed in (Hannon et al. 2011). Nevertheless, there are not many existing approaches for collecting culture-related user traits. The recent work by (Gao et al. 2012) compares user behavior on Twitter and Weibo, linking identified behavioral patterns with the culture model by Hofstede. Hofstede studies social interactions with the help of cultural dimensions, relating people from different origins to criteria such as power distance, individualism or collectivism, uncertainty avoidance (Hofstede 2007).

The Lewis model of Cultures explores cultural differences in communication, which is based on three cultural dimensions including multi-active, linear-active and reactive types (Lewis 2000). The multi-active dimension is associated with people from Brazil and Spain, who are generally warm and loquacious. The linear-active dimension relates with cultures developed in countries such as Germany and the USA, who are good planners and like to operate with factual information. Japan and Vietnam are related with the reactive dimension associated with politeness and good listening skills. People from other countries are described having a mix of the three dimensions described. This research by Lewis indicates that people belonging to the same or similar cultural dimensions are also similar in their interpersonal communication. Since the main goal of this work is to model cultural-oriented user behavior based on micro blogging activities, we consider the Lewis model due to its focus on communication activities.

3   Experimental Setup

We selected users from countries such as Germany and Brazil which are positioned in the apexes of the Lewis model of Cultures and representing linear-active and multi-active user groups. We also added users from USA and Spain as being close to the respective countries in the triangle of the Lewis model even though these countries are not located directly at the apexes of the triangle. This enabled to analyze the behavior of the aforementioned user groups. Japan is also not depicted in an apex of the Lewis model, however, since Japan is listed as one of the top countries[2] in terms of open accounts and the number of active users on Twitter, we selected Japan for representing a reactive user group. This is why we selected Twitter users from Germany and the USA for representing the linear-active group, users from Japan for representing the reactive group, and users from Brazil and Spain for representing the multi-active users group, as shown in Figure 1.

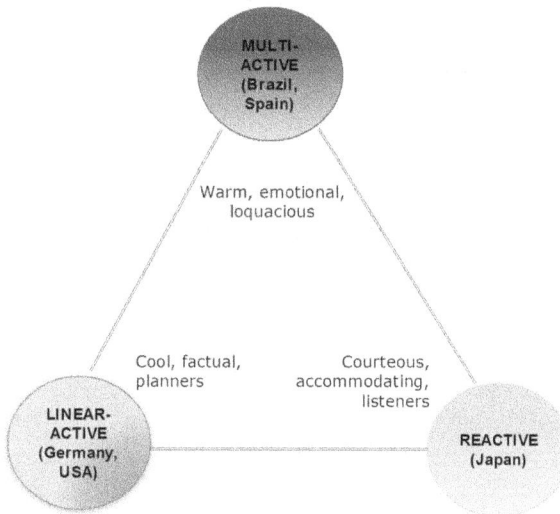

Figure 1: The Lewis Model of Cultures (Adapted)

Using the Twitter Public Streaming API[3], we selected a set of users tweeting from the respective geographic locations and having the locations indicated in their user profiles. When a user profile includes only a city name, we identify the country name using the Geonames API[4]. Next, we collected their tweets for a period of about two months. Afterwards, we

---

[2]   http://semiocast.com/publications/2012_01_31_Brazil_becomes_2nd_country_on_Twitter_superseds_Japan

[3]   https://dev.twitter.com/docs/streaming-apis

[4]   http://www.geonames.org/export/web-services.html

created user profiles by summarizing tweeting behavior based on the data extracted from the randomly selected 100 tweets per user. Our threshold of 100 tweets enabled us to aggregate user microblogging behavior for more than 1000 of users for each country, as shown in Table 1.

Country	Total Number Of Users	Users Posted 100 or More Tweets
Japan	4885	3479
Spain	4906	3448
Brazil	4910	3100
USA	1714	1325
Germany	2823	1770

Table 1: Dataset of Users (for whom we collected tweets from 2012-03-26 to 2012-06-01)

4   Features Analysis Results and Discussion

In order to mine cultural behavior patterns on Twitter, we analyzed usage of the following Twitter-specific features shown in Table 2: *Content-based* features including Uniform Resource Locators (URLs), hashtags and detected foreign languages[5], *Activity-based* features such as number of tweets from different geographic locations and the balance of tweeting during weekends versus weekdays, *Social Network-based* features such as user mentions, Twitter retweets, replies, number of friends and followers in the user network.

Feature	Description
URLs, Hashtags	Number of URLs and hashtags referred by a particular user in the content of the user tweets.
Languages	Number of languages automatically detected from the user tweets.
Locations	Number of tweeting locations for a user having a different location specified in the Twitter user profile.
Weekends	Number of tweets posted on weekends by the user.
Users	Number of user mentions detected in the user content
Friends, Followers	Number of friends and followers in the user's social network.
Retweets, Replies	Number of retweets and replies by the user.

Table 2: Twitter-specific User Features

Content-based Features. Table 3 shows statistics over content-based features. URLs are shared the most by user groups from the USA and Germany in average. URLs are shared least by the user group from Spain having about 31 URLs per 100 tweets published by a user in average. Users from Brazil and Japan use a similar number of URLs in average. The standard deviation in all user groups is however quite high, indicating that some of the users

---

[5]   We employ java library available at: http://code.google.com/p/language-detection/

share more URLs, while others share less URLs. Linear-active users from Germany also lead the hashtag usage. However, the group from Spain shares more hashtags than the group from the USA per user in average, while users from Brazil and Japan share less hashtags compared to the aforementioned groups. The group from Japan, as reactive-users, share the lowest number of hashtags compared to others. Statistics on foreign languages detected in the user content shows that users from Japan use the most foreign languages, which is about 3 foreign languages detected per user in average, compared to other user groups having at most one foreign language detected in the user content. The language detection for users from Japan would appear to require further investigation. It seems that the USA user group tweet mostly in English, which explains the lowest mean value for the number of languages detected.

	Japan	Germany	USA	Brazil	Spain
URLs Usage					
Maximum	235	200	107	116	190
Mean	32.0	37.5	42.5	32.1	30.7
St. deviation	26.0	27.4	26.1	29.7	24.9
Hashtag Usage					
Maximum	343	326	356	434	431
Mean	7.6	34.4	28.7	14.7	29.5
St. deviation	17.8	36.1	31.5	23.7	28.7
Number of Foreign Languages Detected					
Maximum	9	6	5	5	5
Mean	3.2	1.0	0.2	1.1	1.1
St. deviation	1.6	0.7	0.5	0.7	1.0

Table 3: Content-based Features Detected in 100 tweets per User in Average

Activity-based Features. Table 4 below shows that the linear-active users from Germany and the USA have the highest means of tweeting from different locations. The reactive group of users from Japan tweets the least from different geographic locations and tweet the most during weekends in average when compared to others. Users from the USA tweet the least on weekends in average.

Social Network-based Features. Table 5 below shows descriptive statistic over social network-based features including user retweets, replies, user mentions and the number of friends and followers in social networks of users. The statistics indicate that users from Spain retweet the most, while users from Japan retweet the least in average. Users from Germany reply the most in average and then followed by users from Spain, Japan, the USA and Brazil. The users from Japan mention other users the least in average. Users from Spain and the USA mention other users the most in average. Linear-active users from the USA and Germany have the largest number of friends and followers in average compared with other user groups. Brazilian users have the smallest number of friends, and Spanish users have a smaller number of followers in average.

	Japan	Germany	USA	Brazil	Spain
Tweeting from Different Locations					
Maximum	3	5	5	5	5
Mean	0.6	0.9	0.9	0.9	0.8
St. deviation	0.5	0.6	0.4	0.4	0.5
Tweeting on Weekends					
Maximum	76	74	62	73	88
Mean	28.6	25.3	23.5	24.3	24.0
St. deviation	9.7	9.7	8.9	9.8	9.7

Table 4: Activity-based Features Detected in 100 tweets per User in Average

	Japan	Germany	USA	Brazil	Spain
User Retweets					
Maximum	100	92	96	86	99
Mean	8.2	14.9	15.0	14.3	23.2
St. deviation	11.6	14.2	13.4	13.0	16.1
User Replies					
Maximum	100	99	100	94	98
Mean	27.2	28.6	26.2	22.0	27.5
St. deviation	21.1	20.2	18.4	17.5	17.2
Other User Mentions					
Maximum	368	445	304	360	371
Mean	46.5	65.8	75.1	57.9	83.9
St. deviation	28.1	35.0	38.6	33.9	35.5
Number of Friends					
Maximum	4513	4658	4603	5060	5227
Mean	337.5	356.2	400.5	282,1	335.4
St. deviation	491.3	438.9	446.3	338.9	378.0
Number of Followers					
Maximum	4911	4941	4880	4886	4816
Mean	318.3	398.9	501.6	335.8	296.4
St. deviation	499.2	589.3	749.6	518.2	495.5

Table 5: Social Network-based Features Detected in 100 tweets per User in Average

Overall, based on the descriptive statistics and comparing mean values of features for different cultural groups, we found behavioral differences between linear-active and reactive user groups, while multi-active users having similarities with linear-active and reactive groups are difficult to separate. Spanish refer the most to other users and they are quite similar in their behavior with the USA group, while Brazilians share fewer links, and, only mention more other users than Japanese. Reactive users share the least of hash tags and user mentions, and tweet the least from different geo-graphic locations. They tweet more on weekends compared with other user groups. Linear-active users have larger social networks and share more URLs in average compared with other user groups.

Furthermore, we investigate whether it is possible to distinguish between user groups based on the features analyzed. Based on the Multivariate Analysis of Variance, we draw scatter plots showing clusters of user groups. Two canonical variables help to distinguish between user groups. They are calculated from the means of the feature values. The first canonical $c1$ variable helps to differentiate the red cluster for people from Japan from the blue cluster for people from the USA. The second canonical variable $c2$ enables to distinguish between users from Spain (green cluster) and users from Brazil (black cluster). In Figure (b), clusters of user groups are plotted against the distance between clusters. The link between Germany and Spain shows that these clusters' have the smallest distance between their means, while the cluster of Japan has the greatest distance to other clusters. The link between the USA and Brazil clusters is shorter than the link between the USA and Japan clusters. This enables us to separate these user groups, however, user groups from Spain and Germany are difficult to separate. We explain it by possible cultural similarities between two user groups and how they behave on Twitter with the features analyzed.

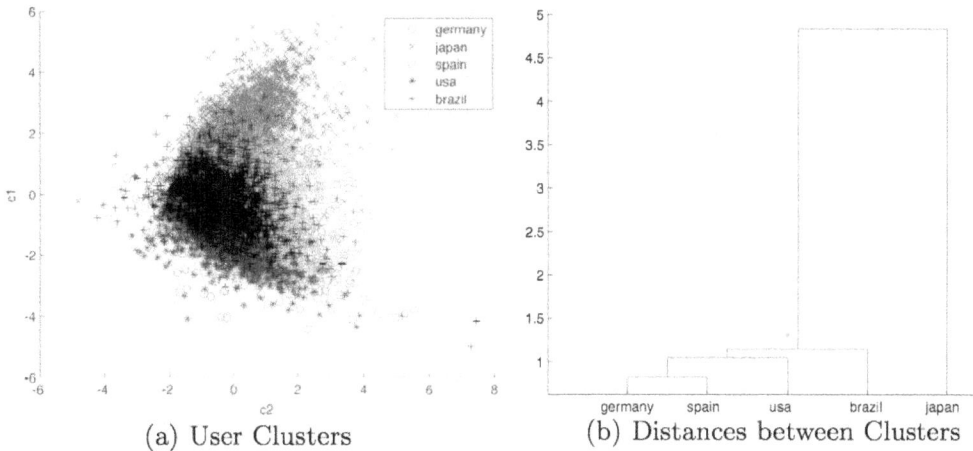

(a) User Clusters   (b) Distances between Clusters

Figure 2: Cultural Group Clusters

The feature set does not allow us to map our model to the Lewis' model explicitly. However, our findings revealed some interesting microblogging patterns. Linear-active users share the most of URLs, and reactive persons from Japan tweet the most on weekends while sharing the least of hashtags in average compared to others.

5   Conclusions and Further Research

We analyzed microblogging behavior on Twitter for user groups from Germany, USA, Spain, Brazil and Japan and created group profiles describing user behavior for different cultural backgrounds. We have found that Japanese users behave very differently. They tweet more on weekends, and share the least hashtags and user mentions when compared with other user groups. Users from the USA and Germany generally share more URLs and have more friends compared with others. Users from Spain and Brazil stay apart in a way that they have some similarities with the rest of groups. Potentially, the information about user behavior can be further exploited for designing adaptable applications fitting to user needs. In further work, we will perform in-depth analysis on a larger user dataset and add more Twitter-specific features to our model in order to find further insights on cultural differences. The next goal will be predicting cultural origins of users, which is paramount for adaptive e-learning applications requiring knowledge on user cultural backgrounds.

Acknowledgements

This work is partially sponsored by the ImREAL project (http://imreal-project.eu).

References

Abel, F., Gao, Q., Houben, G.J. & Tao, K. (2011a). Analyzing User Modeling on Twitter for Personalized News Recommendations. In *User Modeling, Adaptation and Personalization, UMAP 2011*. Girona, Spain: Springer LNCS 6787. 1-12.

Abel, F., Herder, E., Houben, G., Henze, N. & Krause, D. (2011b). Cross-system user modeling and personalization on the social web. *User Modeling and User-Adapted Interaction (UMUAI), Special Issue on Personalization in Social Web Systems 22*(3), 1–42.

Gao, Q., Abel, F., Houben, G.J. & Yu, Y. (2012). A Comparative Study of User's Microblogging Behavior on Sina Webo and Twitter. In *UMAP 2012, Proceedings of the 20th International Conference on User Modeling, Adaptation and Personalization*. Montreal, Canada: Springer LNCS.

Hannon, J., Knutov, E., De Bra, Pechenizkiy, P. M., Smyth, B. & McCarthy, K. (2001). Bridging Recommendation and Adaptation: Generic Adaptation Framework - Twittomender compliance study. *Proceedings of 2nd DAH'2011 Workshop on Dynamic and Adaptive Hypertext*.1-9.

Hofstede, G. (2007). A european in asia†. *Asian Journal of Social Psychology 10* (1). 16–21.

Lewis, R. (2000). *When cultures collide: Managing successfully across cultures*. London: Nicholas Brealey Publishing.

Contact Information

Elena Ilina
EEMCS, Web Information Systems
P.O. Box 5031, 2600 GA Delft
The Netherlands

H. Reiterer & O. Deussen (Hrsg.): Workshopband Mensch & Computer 2012
München: Oldenbourg Verlag, 2012, S. 91-94

Adaptive User Interfaces on Tablets to Support People with Disabilities

Werner Kurschl[1], Mirjam Augstein[2], Holger Stitz[3]

Software Engineering, University of Applied Sciences Upper Austria [1]
Communication and Knowledge Media, University of Applied Sciences Upper Austria [2]
Research & Development, University of Applied Sciences Upper Austria [3]

Abstract

With the advent of tablet computers, touch screens, gesture-based interaction and speech recognition, sophisticated applications with Natural User Interfaces (NUIs) become state of the art. NUIs have the potential to support people with disabilities, e.g., in their daily activities or in acquiring specific skills. Yet, one main challenge is that this user group has diverse abilities and handicaps so that an interaction design must be highly configurable to make NUIs beneficial. The introduction of adaptivity might be promising in order to overcome configuration complexity and effort. This paper presents an approach to adaptive user interfaces on tablets to support people with disabilities.

1 Introduction

The WHO estimates that about 10% of the human population have disabilities. According to the latest US Census data (~2007), 15% of the American population are classified as (physically, mentally or developmentally) disabled. Natural User Interfaces (NUIs) allow the use of existing skills for the interaction with applications. Such NUIs are getting increasing attention in recent years and are applied in many fields, e.g., mobile computing, healthcare or ambient assisted living (John et al., 2012). The recently started related research project *Assistive Technology Laboratory* has several goals: *i)* development of a software framework for NUI-based tablet apps, *ii)* integration of specific hardware (e.g., Microsoft Kinect, IntegraMouse, external switch buttons), *iii)* application and content development support, and *iv)* evaluation of concepts and apps according to users' limitations. The project examines the integration of existing knowledge about the use of assistive technologies and software and User Interfaces (UIs) design referring to tablet computers. Further, there are new control and interaction opportunities through multi-touch technology and the concept of NUIs.

In our approach, tablets play a crucial role due to the following advantages: tablets *i)* are relatively cheap compared to specific hardware for people with disabilities, *ii)* offer new input methods, and *iii)* are portable and easy to handle. The great opportunities offered by NUIs come with the drawback that people with disabilities must learn to interact with them. Our approach is guided by the hypothesis that specific tablet games could help these people to learn interaction patterns, so that they are later better able to use other tablet applications.

A main challenge faced by the development of NUI-based applications for people with (especially motor or cognitive) disabilities is the exceptionally high degree of required variability. This challenge can partly be overcome by offering a high level of configurability, but only at the cost of high effort for developers and users. To tailor the interaction with an application to the needs of a disabled user, the system must be continually updated about the user's skills, handicaps and progress – data predestined to be organized in a user model. The user model could then serve as a basis for adaptive behavior to reduce configuration efforts.

Our work covers the development of accessible tablet games. This paper provides an overview of different kinds of impairments, discusses related work, and presents our intended approach to adaptive UIs on tablets to better support people with disabilities.

2   Related Work

According to (Bierre, Hinn, Martin, McIntosh, & Snider, 2004), the limitation of a person can be divided into visual, hearing, motor and cognitive as follows:

Visual impairment includes (color) blindness and low vision. For this group a game should provide a voice interface and customizable fonts and color schemes. *Hearing impairment* includes (all degrees of) deafness. For this group a game has to provide speech and sounds as text/subtitles. *Motor impairment* includes disabilities like paralysis, neurological disorders or repetitive stress injury. Here, a game should give more time to react. According to (Yuan, Folmer, & Harris, 2010), an accessible game for this group should also support a variety of input devices, like switch inputs, brain wave controllers, head trackers, or eye or mouth controllers. *Cognitive impairment* includes memory loss or Attention Deficit (Hyperactive) Disorder. Games should be simple, provide instructions and give the user time to react.

(Wobbrock, Kane, Gajos, Harada, & Froehlich, 2011) propose the concept of ability-based design, where a system considers users' abilities, provides a fitting UI and allows users to interact according to their individual skills. (Gajos, Wobbrock, & Weld, 2008) describe tests with ability- and preference-based UIs for motor impaired users. An ability model based on the results of a performance test is the foundation of the ability-based approach, whereas the preference-based one is grounded on preference statements. As tests showed, "participants were both significantly faster *and* more accurate with the ability-based interfaces".

As discussed by (Miñón & Abascal, 2011), adaptive systems commonly use previously created UIs as a starting point for adaptation, which might not be the best solution for people with disabilities. The authors discuss an approach introducing an abstraction layer between the description of a UI and its concrete appearance, so that abstract interface elements can be transformed into different concrete ones, resulting in highly generic UIs.

3   Reflections on Adaptivity

As a first step in designing an adaptation unit for our framework, we try to answer the major questions of adaptation: *Why* is adaptation needed, *Where, When, How* can adaptation take place, *What* can be adapted and *To What* can it be adapted (Knutov, De Bra, & Pechenizkiy, 2009). People with disabilities are extremely diverse and differ in their learning approaches, skills and handicaps more than other people do. Also, health- or progress-wise setbacks have to be considered. Such conditions make it difficult to continuously offer the optimal NUI configuration without a lot of effort – an adaptive interface could take a main part of these endeavors. A user's current visual, auditory, motor and cognitive skills must be included in the user model, as these are the most distinctive characteristics impaired users exhibit. Skills can be further divided into *alterable* and *non-alterable* ones (e.g., vision is less likely to change over time than motor skills). Next, concrete manifestations of adaptive behavior for our application area have to be identified. Here, the following options seem most promising:

Adaptive selection of input and output modalities: Users might be visually or auditory impaired and not be able to perceive all forms of system feedback. Further, users might be dependent on additional input devices.

Adaptation of game speed and level of difficulty: Users might differ drastically regarding their reaction time and cognitive capabilities.

Adaptation of guidance: Some users might require additional accompanying hints regarding not only the game itself but also the interaction with the device, etc.

Adaptive presentation of UI components and dialogs: If not tailored to a user's needs, the UI might become impossible to interact with (e.g., a motor impaired person would probably not be able to perform a very precise tap on a small UI element).

Adaptive presentation of game elements and their behavior: A high amount of animation and a lot of details in a game might appear appealing to one user but be distracting for another.

In our case, an adaptation approach should be a holistic one, i.e., adaptivity would not be limited to specific system components but enhance interaction in all areas: *i)* at the level of interaction with the device (in our case tablets, potentially in combination with assistive input equipment), *ii)* at the level of the UI, and *iii)* at the level of the respective game.

4   Discussion

In this paper we presented an approach to introduce adaptivity to NUI-based games for people with disabilities. The target group is highly diverse, making it almost impossible to design games that fit all users' needs. A high level of configurability would be required to ensure that a game can be played by people with different kinds of impairments. Aiming at reducing the efforts to configure such applications, adaptivity seems to be a promising concept. Yet, some issues have to be considered. People with certain disabilities might react particularly sensitive to non-replicable changes in the UI or game behavior. Thus, adaptation causing such changes (e.g., a system's decision to offer the next level of difficulty of a game or to reduce the size of UI elements if a user improved tapping precision) could also result in a negative experience. An option to tackle the acceptance problem would be to generally offer a non-adaptive version of all games. Another consideration would be the introduction of the concept of a recognizable message (e.g., in form of a symbol) informing the user that something has changed in the system's behavior or appearance. A challenging change might be easier to accept if it is made obvious that it happened on purpose. Yet, this and other, similar concepts might again not be suitable for all users with different kinds of impairments. In order to prevent unpleasant situations, users have been so far and must further be integrated in the full development process, including the design of adaptive behavior.

Acknowledgments

This research was supported by a grant from the Austrian Research Promotion Agency (FFG) under the Research Studios Austria program. The partners of this project are LIFEtool, University of Linz (Institute Integrated Study) and University of Applied Sciences Upper Austria (Software Engineering). Any opinions, findings and conclusions in this paper are those of the authors and do not necessarily represent the views of the research sponsors.

References

Bierre, K., Hinn, M., Martin, T., McIntosh, M., & Snider, T. (2004). Accessibility in Games: Motivations and Approaches. *White Paper International Game Developers Association, 2007*.

Gajos, K. Z., Wobbrock, J. O., & Weld, D. S. (2008). Improving the Performance of Motor-Impaired Users with Automatically-Generated, Ability-Based Interfaces. *CHI '08 Proceedings of the Twenty-Sixth Annual SIGCHI Conference on Human Factors in Computing Systems.*1257-1266.

John, M., Klose, S., Kock, G., Jendreck, M., Feichtinger, R., Hennig, B., Reithinger, N., et al. (2012). Smart Senior's Interactive Trainer - Development of an Interactive System for a Home-Based Fall-Prevention Training for Elderly People elderly people. *Ambient Assisted Living*, 305-316.

Knutov, E., De Bra, P., & Pechenizkiy, M. (2009). AH 12 Years Later: a Comprehensive Survey of Adaptive Hypermedia Methods and Techniques. *New Review of Hypermedia and Multimedia, 15*(1), 5-38.

Miñón, R., & Abascal, J. (2011). Supportive Adaptive User Interfaces Inside and Outside the Home. *UMAP'11 Proceedings of the 19th International Conference on Advances in User Modeling.* Springer-Verlag Berlin, Heidelberg. 320-334.

Wobbrock, J. O., Kane, S. K., Gajos, K. Z., Harada, S., & Froehlich, J. (2011). Ability-Based Design: Concept, Principles and Examples. *ACM Transactions on Accessible Computing, 3*(3).

Yuan, B., Folmer, E., & Harris, F. C. (2010). Game Accessibility: A Survey. *Universal Access in the Information Society, 10*(1), 81-100

.

H. Reiterer & O. Deussen (Hrsg.): Workshopband Mensch & Computer 2012
München: Oldenbourg Verlag, 2012, S. 95-102

Recommender Systems: Between Acceptance and Refusal

Thomas Neumayr, Mirjam Augstein

Communication and Knowledge Media, University of Applied Sciences Upper Austria

Abstract

Recommender Systems (RSs) are a prominent solution to the problem of information overload on the web. It is impossible for users to process or even understand all information presented to them. Also, it becomes more and more difficult for an individual to identify appropriate concrete pieces of information or information sources. RSs aim at adapting the presented content and the order in which it is presented to users' individual needs, based on their preferences and past behavior. Yet, a system can only provide accurate recommendations if it has been authentically used before, i.e., been able to collect information about a user. As authentic usage depends on a user's acceptance, the success of RSs in general is strongly dependent on acceptance also. If recommendations seem inappropriate, the trust in the system will fade. This paper presents a study analyzing how and to what extent different factors like transparency or controllability influence acceptance in the context of web-based recommendation.

1 Introduction

During the past decades, the amount of information offered on the web has been steadily growing, and, as (Gantz & Reinsel, 2011) suggest, it is likely to keep growing even exponentially. Obviously it is impossible for a web user to process and understand all of this information, which leads to a manifold information dilemma. In order to work with the web efficiently, users would have to be able to identify not only the pieces of information that are potentially fitting their requirements, but also information sources that are likely to provide the required information. Personalized systems are a successful approach to overcome the information dilemma and, with the advent of the Web 2.0, gained considerable popularity. Yet, the concept of personalization it not only relevant in the scope of the Web 2.0 and user-generated content but also made its way into more "traditional" fields like e-commerce. In general, a personalized web-based system aims at adapting its appearance, behavior and content to a user's individual characteristics and needs (Knutov, De Bra, & Pechenizkiy, 2009), based on a user model that represents the user's interests, current knowledge, goals, etc. (Brusilovsky & Millán, 2007). A user model is not only fed with information the user provided explicitly, but also with information a system gained by observing user interaction

(Brusilovsky & Maybury, 2002). The actual selection of data stored in a user model depends on the respective application area, e.g., in an e-learning system, a user's preferred learning approaches or previous knowledge might be most relevant whereas in an e-commerce system, a user's interests, profession or hobbies are more important.

In this paper, we concentrate on Recommender Systems (RSs) as a specific form of personalized systems. For an RS, content selection and personalized presentation are the most important aspects of personalization. An RS preselects elements based on user preferences, past behavior, and information about the elements (Frankowski et al., 2007), and presents them to the user in the order it considers to most likely comply with the user's interests. Yet, RSs do not only entail advantages compared to static systems, they also face several challenges. An RS is strongly dependent on its users – it might perform perfectly well if it is used extensively and authentically but might fail elsewise. The failure of an RS can manifest itself in, e.g., imprecise conclusions about users' interests, leading to inappropriate recommendations. This again could reduce users' trust and cause reduced usage authenticity, thus completing a vicious circle. Other challenges like security and robustness issues (regarded from a technical viewpoint) are not dealt with in this paper. The paper discusses factors that influence the acceptance of RSs in Section 2. Sections 3 and 4 describe a study performed in order to analyze how people perceive a particular RS and how the different factors introduced before affect acceptance, and Section 5 discusses related work, summarizes our conclusions and provides an outlook to future work.

2   Acceptance in Recommender Systems

As introduced before, the success of an RS is crucially dependent on its acceptance, as it can just perform well if authentically used. Users on the other hand interact with a system authentically and extensively only if they *i)* recognize the advantages for themselves and *ii)*, have the feeling they can trust the system (Hine, 1998), (Lam, Frankowski, & Riedl, 2006).

2.1   General Facilitating and Inhibiting Factors

In order to derive measures to foster acceptance, facilitating and inhibiting factors have to be identified. (Paramythis, Weibelzahl, & Masthoff, 2010) describe a user-centered evaluation approach for adaptive systems and identify evaluation criteria that can be regarded factors influencing acceptance: *Transparency/comprehensibility, predictability, privacy, controllability/scrutability, breadth of experience/serendipity, unobtrusiveness, timeliness, aesthetics* and *appropriateness/necessity.* They suggest this compilation of criteria as a basis for heuristic evaluation. Yet, in the context of this paper we use it in a more general sense as a basis for identifying factors facilitating and inhibiting acceptance. (Jameson, 2009) names *diminished predictability and comprehensibility, diminished control* and *obtrusiveness* as decisive factors for usage. He defines *predictability* as "the extent to which a user can predict the effects of her actions", *comprehensibility* as "the extent to which she can understand system actions and/or has a clear picture of how the system works", and *obtrusiveness* as "the extent to which the system places demands on the user's attention which reduce the user's ability to concentrate on her primary tasks". Summing up, we deduce that *predictability* and *comprehensibility* are strongly related to *transparency* and identify a relation between *diminished control* and *controllability/scrutability*. The latter can potentially also lead to increased *precision*.

2.2 Definitions and Hypotheses

We define four chosen factors representing a common denominator in literature, especially reported by (Paramythis et al., 2010), (Jameson, 2009), (Pu, Chen, & Hu, 2012), (Cramer et al., 2008) and (Knijnenburg, Willemsen, Gantner, Soncu, & Newell, 2012): A system is *transparent* if a user has an understanding of its logic (Sinha & Swearingen, 2002), i.e., a user knows why an element has been suggested. A system is *unobtrusive* if its actions do not disturb the user unnecessarily and the user's approval of system actions is not sought too often (Paramythis et al., 2010). A system is *scrutable* if it "allows users to correct reasoning and system assumptions where needed" (Pu et al., 2012), and if a user can influence the system's behavior (Kay, Kummerfeld, & Lauder, 2003). *Precision* can be understood as the *perceived precision* of a user, i.e., "the percentage of items in a recommendation list that the user would rate as useful" (Schafer, Frankowski, Herlocker, & Sen, 2007).

Based on the synopsis of the findings of literature review and these definitions, we construct hypotheses to be used in the study described below. We suppose that *transparency* and *acceptance* are positively correlated, thus an increase in *transparency* leads to an increase in *acceptance [H1]*, *obscurity* and *scrutability* are negatively correlated, thus an increase in *obscurity* leads to a decrease in *scrutability [H2]*, *obtrusiveness* and *acceptance* are negatively correlated, thus an increase in *obtrusiveness* leads to a decrease in *acceptance [H3]*, and a system's *speculation* and *precision* are negatively correlated, thus an increase in *speculation* leads to a decrease in *precision [H4]*. *H1* is restricted to cases where users are in consent with the basic functionality of a system. Otherwise, an increase in transparency might reveal unsolicited details and thus decrease acceptance. Regarding *H4*, speculation can be understood as the opposite of scrutability. In addition to the hypotheses, our further derivations are based on two invariants: An increase in *speculation* leads to a decrease in *obtrusiveness [I1]*, and an increase in *transparency* leads to a decrease in *obscurity [I2]*.

3   Study

This section describes a study conducted to find out if and how different factors like transparency or obtrusiveness are related to acceptance.

3.1   Relevant Variables

Based on *I1* and *I2*, the four dimensions of transparency vs. obscurity and speculation vs. obtrusiveness can be reduced to two: transparency and obtrusiveness. Precision and scrutability, both found to lead to increased acceptance, are additionally considered. In our study, a system's transparency and obtrusiveness are varied while on the other hand acceptance (as measured by precision and scrutability) is observed. The relevant constructs and derived variables investigated in the study are shown in Table 1.

Construct	Items	Source
Transparency	*TR1*: I understand why especially this product is recommended to me. *TR2*: I have the feeling that the order of the recommended products has a specific meaning.	(Sinha & Swearingen, 2002) (Herlocker, Konstan, & Riedl, 2000)
Scrutability	*SC1*: I think/know that I can change the system goal-oriented/purposeful. *SC2*: I know which actions I have to perform in order to let the system know that it has made a failure so that I do not see the undesired product here in the future.	(Kay et al., 2003) (Pu et al., 2012)
Obtrusiveness	*OB1*: Are explanations of system's actions not disturbing unnecessarily and too often? *OB2*: Is the user's approval of system actions not sought too often, when it is not really needed?	(Paramythis et al., 2010)
Precision	*PR1*: Overall, I think that the recommended products are interesting to me and assembled well. *PR2*: The system provides me with products I am not interested in. [negative wording reversed]	(Schafer et al., 2007)

Table 1: Relevant constructs composed of items and their respective source of relevant literature.

3.2   Method and Study Setup

Several challenges are connected to the evaluation of RSs. As personalized systems need time until they can provide the user with valuable recommendations, it would be necessary to set up a longitudinal experiment, which can be costly. Thus, alternatives are often demanded, e.g., (Paramythis et al., 2010) examined (indirect) user tests or simulated users. Yet, these methods do not provide a solution to the problem of the delay until the evaluation can start. Also, timesaving options often lack reliability, e.g., indirect user test and simulated users run the risk of less authentic interaction. The simulated users method is not seen as capable of assessing qualitative aspects like the feeling of trust. Thus, we decided to use real user models for our study. Several factors suggested using an existing system as the only way to circumvent both the reliability drawbacks of indirect or simulated user tests and the cold-start problem (Schein, Popescul, Ungar, & Pennock, 2002). For two reasons, the commercial RS Amazon.com[1] was selected. Firstly, Amazon has a high number of users, thus it seemed likely to recruit many different types of probands. Secondly, several measures to facilitate an increased perception of transparency have already been deployed there.

An online survey, aiming at covering all constructs listed in Table 1, was conducted. Participants were asked to log in to Amazon, perform several operations there and switch back and forth between their Amazon account and the survey to tell their observations. They were asked the same set of questions for three different system states (comparable to scenarios) *S1*, *S2* and *S3*. These states could be reached over the same navigation paths and showed the same wireframes, like "here all probands can see a few articles that are recommended", while concrete content, e.g. the products, may and will have differed. *S1* contained a rather undetailed recommendation list, *S2* a more detailed list, and *S3* details for a specific recommendation. Measures to facilitate transparency (like explanations) were increased from *S1* to *S2* and from *S2* to *S3,* and (objectively) about the same level of obtrusiveness was deployed to all three states (by simulated system explanations for *S1* and *S2* and "real" ones for *S3*).

4   Results

The survey was active for ~20 days; it was completed by 224 (out of ~900) participants. N=207 (101 M, 106 F) participants remained after a few potentially corrupt datasets were removed. The survey was distributed to students and staff of the University of Applied Sciences Upper Austria and via related mailing lists and Facebook. Demographic and usage data were gathered in the form of gender, age, educational level, the date Amazon was joined as well as the frequency of buying, selling, rating and writing reviews.

The survey revealed the following general trends: The perceived level of transparency, as measured by *TR1* and *TR2* (see Table 1), remained relatively constant from *S1* through *S3*, the perceived level of scrutability rose between *S1* and *S3*, and a significant decrease in the perceived level of obtrusiveness could be observed between *S2* and *S3* (the decrease between *S1* and *S2* was not significant). Furthermore, as expected, the decrease in perceived obtrusiveness led to an increase in perceived precision.

A regression analysis highlighting multidirectional influences of the factors on each of the system states helped to interpret the results more in-depth (see Figure 1). Scrutability and precision were used as dependent variables whereas transparency and obtrusiveness served as independent variables. Independents with a T value ≥ 2 and sign. ≤ 0.05 were considered meaningful. According to these criteria, transparency had a positive impact on precision on *S1* and revealed that people who find the additional effort to handle an explanation more okay (related to obtrusiveness) also perceived the system as more scrutable. These findings

---

[1]   http://amazon.com, last access 27 June 2012

could generally be verified on *S2*. On *S3*, a positive impact of transparency on scrutability was revealed.

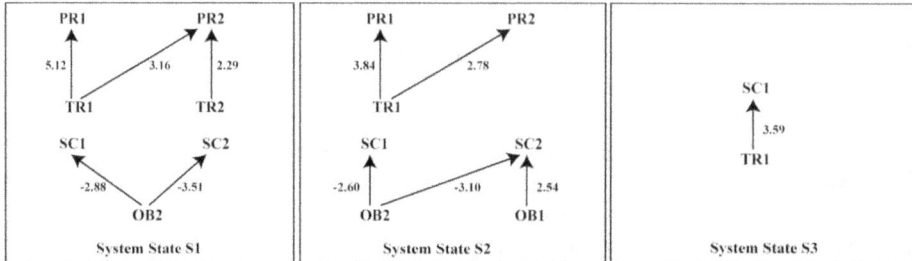

Figure 1: Relevant links between dependent and independent variables. T values are depicted. See Table 1 for abbreviations.

Consequently, analyses suggested that users who have a certain understanding of a system's logic (transparency) tend to perceive a system as more precise as opposed to users who don't. As there is common agreement on the positive correlation between perceived precision and acceptance (see, e.g., (Pu et al., 2012)), *H1* could be verified in this context. Further, the analyses showed that users with a good understanding of a system's logic find it easier to manipulate the system according to their needs, which can be regarded a verification of *H2*. Explanations provided by the system can facilitate both transparency and scrutability and have been seen as mostly welcome by the probands. It could even be the case that additional actions for handling explanations are not perceived as obtrusive/disturbing "enough" to out-weigh the advantages of increased scrutability. Therefore, *H3* could not be verified in its original form in this context but could be refined as follows: *An increase in obtrusiveness does not automatically lead to a decrease in acceptance. If other acceptance-enhancing factors are promoted through the increase in obtrusiveness, overall acceptance may well rise. H4* could not be verified in the context of this study. None of the regression analyses suggested a significant relation between obtrusiveness and precision.

5   Conclusions and Related Work

In this paper we discussed the issue of acceptance in RSs, identified facilitating and inhibit-ing factors like transparency or obtrusiveness, and presented the results of a related study. The hypotheses derived in Section 2.2 were tested by extensive regression analyses and basic hints for researchers interested in increasing the acceptance of RSs were provided. For in-stance, the importance of explanations in RSs has been verified insofar as they have been shown to lead to both increased transparency and scrutability, which, in turn lead to an in-crease in the overall acceptance of a system. Yet, increasing transparency and scrutability are only two of the possible motives behind offering explanations, the others being *trust*, *effec-tiveness*, *persuasiveness*, *efficiency*, and *satisfaction* (Tintarev & Masthoff, 2012). Further, (Tintarev & Masthoff, 2012) presented studies on the trade-off between *effectiveness* and *satisfaction*, showing that "Contrary to expectation, personalization was detrimental to effectiveness, though it may improve user satisfaction". Some findings like the heterogeneity of the effect of explanations and their comprehensive usefulness could generally be verified in our research. An approach similar to ours was described before by (Van Velsen, 2011), who reported a large-scale web survey aiming at understanding user acceptance of online content personalization. He measured different aspects of trust, perceived controllability and their impact on a user's decision to (not) use a technology and defined related hypotheses. Next, scenarios, comparable to the different system states discussed in this paper, were created. The results of Van Velsen's survey showed that perceived controllability has strong influence on the decision to use a technology. The established usability principle *user control* is clear common ground between these findings and those presented in this paper, as here, scrutability and transparency, which can potentially be facilitated by explanations, have also been identified as important.

The study discussed in this paper placed a strong focus on the individual. (Pu, Chen, & Hu, 2011) discussed a similar approach, letting probands use items that are of special interest to them as a basis for their survey, which seems to be a legitimate way to introduce a user-centered stance. Yet, our data also contains several group-specific variables like gender, age and patterns of use (see Section 4). It seems likely that users belonging to different "groups" react differently to acceptance-enhancing measures like explanations, etc. Thus, future analyses will concentrate on possible differences and similarities between the groups to derive further measures to tailor the appearance of RSs to users' needs and therefore contribute to increased acceptance.

Acknowledgement

Please note that this paper contains a condensed summary of the findings reported in the first author's master thesis (Neumayr, 2012).

References

Brusilovsky, P., & Maybury, M. T. (2002). From Adaptive Hypermedia to the Adaptive Web. *Commun. ACM, 45*(5), 30–33.

Brusilovsky, P., & Millán, E. (2007). User Models for Adaptive Hypermedia and Adaptive Educational Systems. In P. Brusilovsky, A. Kobsa, & W. Nejdl (Eds.), *The Adaptive Web*. Springer-Verlag Berlin Heidelberg. 3-53

Cramer, H., Evers, V., Ramlal, S., van Someren, M., Rutledge, L., Stash, N., Aroyo, L., et al. (2008). The Effects of Transparency on Trust in and Acceptance of a Content-based Art Recommender. *User Modeling and User-Adapted Interaction, 18*(5), 455–496.

Frankowski, D., Lam, S. K., Sen, S., Harper, F. M., Yilek, S., Cassano, M., & Riedl, J. (2007). Recommenders Everywhere: the WikiLens Community-maintained Recommender System. *Proceedings of the 2007 International Symposium on Wikis*, WikiSym '07. New York, NY, USA: ACM. 47-60.

Gantz, J., & Reinsel, D. (2011). Extracting Value from Chaos. *IDC Research Report IDC Research Report, Framingham, MA, June. Retrieved September, 19,* 2011.

Herlocker, J. L., Konstan, J. A., & Riedl, J. (2000). Explaining Collaborative Filtering Recommendations. *Proceedings of the 2000 ACM Conference on Computer Supported Cooperative Work*,
CSCW '00. New York, NY, USA: ACM. 241-250.

Hine, C. (1998). Privacy in the Marketplace. *The Information Society*, *14*(4), 253–262.

Jameson, A. (2009). Adaptive Interfaces and Agents. *Human-Computer Interaction: Design Issues,
Solutions, and Applications*, 105.

Kay, J., Kummerfeld, B., & Lauder, P. (2003). Managing Private User Models and Shared Personas.
UM03 Workshop on User Modeling for Ubiquitous Computing. 1–11.

Knijnenburg, B., Willemsen, M., Gantner, Z., Soncu, H., & Newell, C. (2012). Explaining the User
Experience of Recommender Systems. *User Modeling and User-Adapted Interaction*, *22*(4), 441–
504.

Knutov, E., De Bra, P., & Pechenizkiy, M. (2009). AH 12 Years Later: A Comprehensive Survey of
Adaptive Hypermedia Methods and Techniques. *New Review of Hypermedia and Multimedia*,
15(1), 5–38.

Lam, S., Frankowski, D., & Riedl, J. (2006). Do You Trust Your Recommendations? An Exploration
of Security and Privacy Issues in Recommender Systems. In G. Müller (Ed.), *Emerging Trends in
Information and Communication Security*, Lecture Notes in Computer Science (Vol. 3995). Springer Berlin / Heidelberg. 14-29.

Neumayr, T. (2012). *Recommender Systeme: Im Spannungsfeld zwischen Vertrauen und Ablehnung.*
Unpublished Master Thesis, Submitted 25 June 2012.

Paramythis, A., Weibelzahl, S., & Masthoff, J. (2010). Layered Evaluation of Interactive Adaptive
Systems: Framework and Formative Methods. *User Modeling and User-Adapted Interaction*,
20(5), 383–453.

Pu, P., Chen, L., & Hu, R. (2011). A user-centric evaluation framework for recommender systems.
Proceedings of the fifth ACM conference on Recommender systems, RecSys '11. New York, NY,
USA: ACM. 157-164.

Pu, P., Chen, L., & Hu, R. (2012). Evaluating Recommender Systems from the User's Perspective:
Survey of the State of the Art. *User Modeling and User-Adapted Interaction*, *22*(4), 317–355.

Schafer, J., Frankowski, D., Herlocker, J., & Sen, S. (2007). Collaborative Filtering Recommender
Systems. In P. Brusilovsky, A. Kobsa, & W. Nejdl (Eds.), *The Adaptive Web*, Lecture Notes in
Computer Science (Vol. 4321). Springer Berlin / Heidelberg. 291-324.

Schein, A. I., Popescul, A., Ungar, L. H., & Pennock, D. M. (2002). Methods and Metrics for Cold-
start Recommendations. *Proceedings of the 25th Annual International ACM SIGIR Conference on
Research and Development in Information Retrieval, SIGIR '02*. New York, NY, USA: ACM.
253-260

Sinha, R., & Swearingen, K. (2002). The Role of Transparency in Recommender Systems. *CHI '02
Extended Abstracts on Human Factors in Computing Systems, CHI EA '02*. New York, NY, USA:
ACM. 830-831.

Tintarev, N., & Masthoff, J. (2012). Evaluating the Effectiveness of Explanations for Recommender
Systems. *User Modeling and User-Adapted Interaction*, *22*(4), 399–439.

Van Velsen, L. S. (2011). *User-centered Design for Personalization*. University of Twente

H. Reiterer & O. Deussen (Hrsg.): Workshopband Mensch & Computer 2012
München: Oldenbourg Verlag, 2012, S. 103-106

MERCURY: User Centric Device and Service Processing

Kobkaew Opasjumruskit[1], Jesús Expósito[1], Birgitta König-Ries[1],
Andreas Nauerz[2], Martin Welsch[1,2]

Institute for Computer Science, Friedrich-Schiller-University Jena[1]
IBM Germany Research & Development GmbH[2]

Abstract

In this paper, we present MERCURY, a platform for simple, user-centric integration and management of heterogeneous devices and services via a web-based interface. In contrast to existing approaches, MERCURY is geared towards non-IT-savvy end users. It enables these end users to easily interconnect devices, which can act as sensors or actuators, to model rules that trigger actions. Sets of rules allow users to model entire, often reoccurring, scenarios. Also, these must be user-centric and context adaptive. It shall thus enable users to take full advantage of the potential for support in everyday life such integration offers. Technically, our solution is based on Portal technology. We describe a tangible scenario to portray the steps a user will need to take to achieve the desired functionality.

1 Introduction

In our everyday life, we make use of a vast amount of mobile and non-mobile network-connected devices. They do not only offer access to both physical and virtual sensors and actuators, but also connect us to ubiquitous services available on the Internet. The idea to take advantage of this to support users in everyday tasks is not cutting-edge, but is at the core of the proposed Internet of Things (Mattern, F. et al. 2010). However, current implementations, like Guinard, D. (2009), are still geared towards specific use-cases and/or require programming or technical proficiency. In contrast, MERCURY aims to enable ordinary users to exploit the advantages that integrated access to these devices provides. In the following section, we depict a sample scenario to clarify the purpose of MERCURY. Afterwards, we give a brief overview of the MERCURY system architecture before we describe the demo, which illustrates how to use MERCURY to achieve the scenario introduced earlier. Finally, we summarize the work we accomplished so far and the direction for further improvements.

2   Scenario

Our demonstration is based on the following rather simple scenario: Our example user Anna
has decided to train for a half-marathon and thus wants to go jogging regularly. If there is no
rain in the morning, Anna would like to be woken up earlier than usual, e.g., at 6 A.M., and
go jogging. Otherwise, she prefers to receive an alarm message at 7 A.M., and have her calendar updated automatically with an event to go jogging in the evening with her friend instead. Furthermore, Anna works and lives in Cologne during the weekdays and spends her
time in Magdeburg with her family on the weekend, she would like to maintain the same
plan for jogging in both places. In such a case, the event and her jogging buddy will be updated as well.

To realize this scenario, a number of sensors (e.g., a GPS location, rain sensors close to Anna's apartment in Cologne and her house in Magdeburg) and actuators (e.g., Anna's calendar) need to be appropriately combined.

With MERCURY, it will be possible for Anna to register sensors and actuators with the
system, to choose which of those to use for any particular scenario and to combine them to
achieve the desired behaviour.

3   Brief technical overview

To realize the scenario described above, MERCURY offers a service implemented on the
Portal server. This service allows users to access MERCURY from any location using any
suitable device. Moreover, the Portal technology provides the necessary user management
support. The usage of this service can be categorized into three main modules; the device
registration, the device management and the scenario management.

3.1   Device registration

In the device registration module, the service will discover all devices, i.e., sensors and actuators, visible from or connected to the current machine. Additionally, the user can manually
register web services by providing the URL. This process is required only once for each
device to make it known to the system.

3.2   Device management

Once the device or service has been registered, the user can view all devices available. These
devices are specific for each user, unless they explicitly allow sharing of the device. With
this module, we can modify a device's properties like description, update interval or sharing
settings (Gorman, B. et al. 2010). Furthermore, the user can configure constraints and rules
to manage the behaviour of the selected device. For instance, "change status to disabled,
when the user is less than 50 meters from home".

3.3 Scenario management and Wiring Process

The most interactive module for the user is the scenario management. The user can create events and set all conditions to meet her requirements here. Each scenario can be saved to be used, edited or shared later on.

On each scenario, the user can search for and add registered devices she needs for her event plan. Subsequently, she can define how these devices should be logically connected so that MERCURY can perform the required sequence of actions for this event on her demand: Users can specify what triggers the processing of an event and which outputs of which device serve as input to which other device. To ease scenario management, MERCURY will suggest suitable sensors based on its knowledge about the user, the context, and the scenario.

4 Description of Demo

In the demo, we will show how a user could realize the scenario described above: In a first step, it is shown how devices can be registered with MERCURY. In the example, this will be the user's Google calendar and an external service providing weather and current location information. We will show how parameters of these services and devices can be set, e.g. update rates or privacy settings. Finally, we show the selection of services and devices and the wiring process to achieve the desired functionality. Additionally, the user can alter the scenario using the current location to trigger the creation of event on calendar.

In the wiring process, shown in Figure 1, each box represents a device. The user can wire all the boxes, only if they are presented in the current scenario. To begin with, she slides down the wiring panel of the device which will perform the final action. The next step is to choose an input device from the possible pool, then select the trigger that will trigger the complete event, and finally select the action to perform. If the trigger or action needs additional parameters, MERCURY will display a form to request the missing output for this task.

5 Conclusion and Directions for future work

MERCURY proposes a service that eases the process of device and service integration via a user-friendly interface. As well as the high level of accessibility, the user can experience the adaptation of service according to one's context or environment. In our demo, we show a simple scenario which consists of the integration of one sensor and one actuator. Since the significant goal is to make the system available for arbitrary type and amount of sensors and actuators, we are in the process of setting up the middleware, based on the concept presented by Aberer, K. et al. (2006), which enhances the connectivity of our current service with general sensors and actuators. Also, the ability to automatically acquire the device and service semantic information, based on the idea in Sheth, A. et al. (2008), is another challenge we are looking into.

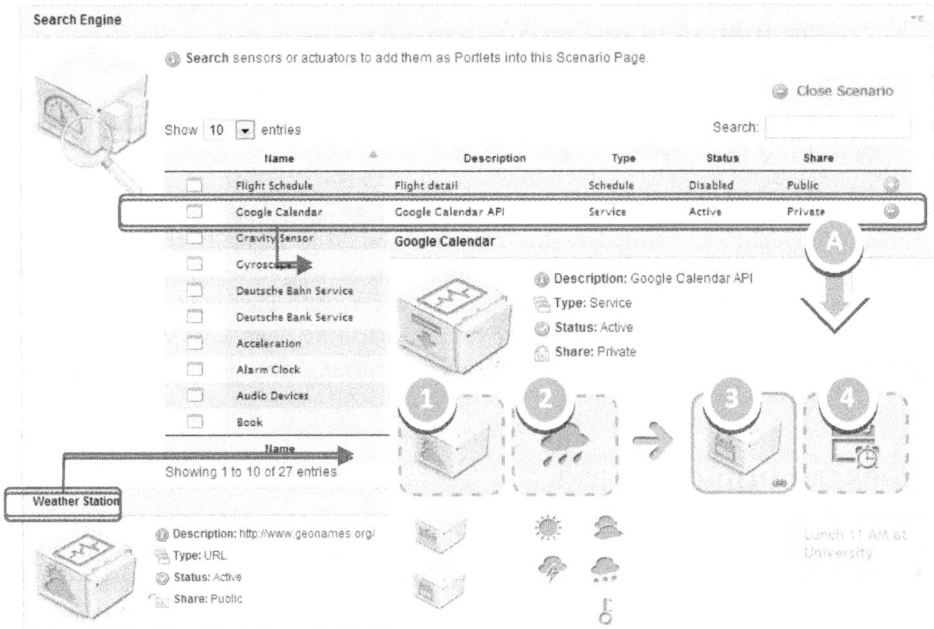

Figure 1: Event planning on scenario page (A) Search for sensors (1) Set the source of decision
(2) Set the condition (3) Actuator (4) Set action when condition is met

Acknowledgements

This research is accomplished under the framework of the Mercury project and is supported by IBM Deutschland Research & Development GmbH, Foundation "Gran Mariscal de Ayacucho" and DAAD.

References

Aberer, K., Hauswirth, M. & Salehi, A. (2006). *Middleware support for the "Internet of Things".*, *5th GI/ITG KuVS Fachgespräch "Drahtlose Sensornetze".* Germany.

Gorman, B. & Resseguie, D. (2010). *Final Report: Sensorpedia Phases 1 and 2.* Technical report.

Guinard, D. (2009). Towards the web of things: Web mashups for embedded devices. *In Proceedings of WWW.* ACM.

Mattern, F. & Floerkemeier, C. (2010). From the Internet of Computers to the Internet of Things. *volume 6462 of Lecture Notes in Computer Science.* Springer. 242-259.

Sheth, A., Henson, C. & Sahoo, S. (2008). *Semantic Sensor Web. In IEEE Internet Computing, 12*(4), 78–83.

Contact information

Kobkaew Opasjumruskit. Kobkaew.Opasjumruskit@uni-jena.de

Jesús Expósito. jesus.exposito@uni-jena.de

H. Reiterer & O. Deussen (Hrsg.): Workshopband Mensch & Computer 2012
München: Oldenbourg Verlag, 2012, S. 107-114

Influencing Factors for User Context in Proactive Mobile Recommenders

Wolfgang Woerndl, Benjamin Lerchenmueller, Florian Schulze

Department for Computer Science, Technische Universitaet Muenchen

Abstract

Proactive recommender systems break the standard request-response pattern of traditional recommenders by pushing item suggestions to the user when the situation seems appropriate. To support proactive recommendations in a mobile scenario, we have developed a two-phase proactivity model based on the current context of the user. In this paper, we explain our approach to model context by identifying different components: user and device status, and user activity. We have conducted an online survey among over 100 users to investigate how different context attributes influence the decision when to generate proactive recommendations. Thus, we were able to acquire appropriateness factors and weights for the context features in our proactivity model.

1   Introduction

Traditional recommender systems usually follow a request-response pattern, i.e. these systems only return item suggestions when a user makes an explicit request. Proactivity means that the system pushes recommendations to the user when the current situation seems appropriate, without explicit user request. In mobile recommender systems, users cannot easily browse through many search results and suffer from other restrictions in the user experience, because of limitations in the user interface such as small display sizes or missing keyboards. In addition, cognitive load and limited attention spans of users while moving also add to the need of adapted information access. Therefore, user experience could possibly be improved by delivering recommendations proactively in mobile environments.

Consider the following scenario: a tourist is visiting a city with a smartphone. She is walking around for two hours, has her phone not in silent mode and is not using an app at the moment. The user is walking near a café that fits her preferences well. The system determines that the situation calls for a break based on the available context information and proactively notifies the user about the recommended café nearby.

To support such a scenario, we have developed a two-phase proactivity model (Woerndl et al. 2011). The approach analyzes the current context and calculates a score that determines not only the best item(s) in a given situation, but also whether the situation warrants a recommendation at all. In this paper, we explain factors about the current context that influence the decision to generate proactive recommendations. The approach is supported by a survey we conducted among over 100 users.

The rest of the paper is organized as follows. First, we discuss some related work and explain our proactivity model. Then, we describe the context model in more detail in Section 4. Section 5 presents the results from a survey on influencing factors for user context. We conclude our paper with a brief summary and outlook.

2   Background

2.1   Related Work

A lot of work exists on context-awareness in interactive systems; see the survey (Baldauf et al. 2007) for an overview, for example. Context can be defined as characterizing the situation of entities that are relevant to the interaction between a user and an application (Dey et al. 2001). General principles and paradigms of context-aware recommender systems have been discussed and analyzed in (Adomavicius & Tuzhilin 2010). However, proactivity has not gained much attention in personalization and recommender systems research and has rarely been applied in practical recommender applications. (Tennenhouse 2000) considers the notion of proactive computing as a shift from human-centered to human-supervised computing, where connected systems monitor the physical environment and react to it without explicit user triggers.

As one example of proactivity in an existing system, (Hong et al. 2009) proposed an agent-based framework for proactive personalization services. This approach proposes a model according to which a user profile is deduced from a user's context history. The model enables proactive recommendations in the future. Another example of a proactive recommender system in ubiquitous computing can be found in (Sae-Ueng et al. 2008). The authors developed an apparel shop equipped with a large number of different sensors, like cameras and RFID sensors. They captured actions applied to items (viewing, touching, carrying, and fitting) by the customer. Based on this data, preferences of the customer were determined, which were in turn used to proactively recommend items to the customers.

Ricci discusses proactivity in his survey on mobile recommender systems (Ricci 2011). Some systems make use of the current user behavior, position and other context information to improve personalization on mobile devices and in ubiquitous computing in general. But Ricci concludes that "none of the existing reviewed systems is capable to proactively interrupt the user activity with unsolicited but relevant recommendations" although "[proactive recommendations] can revolutionize the role of recommender systems from topic oriented information seeking and decision making tools to information discovery and entertaining companions" (Ricci 2011, 224).

2.2   Two-Phase Proactivity Model

To handle proactivity in mobile recommender systems, we propose the following two-phase model (Woerndl et al. 2011). In the first phase, the system determines whether or not the current situation warrants a recommendation (cf. Figure 1). To do so, the system calculates a score S1 which is a number between 0 and 1. If S1 exceeds a threshold T1, the second phase will be initiated. If S1 = 1, the highest possible value, then a recommendation will be triggered in any case. If S1 = 0, the recommendation process is aborted without considering items for recommendation. An example for S1 = 0 is when the users just had lunch, then no restaurant recommendation will be generated at this time. The calculation of S1 is based on context attributes that will be explained in detail in Section 3 of this paper. The first phase is executed periodically in the background or when relevant context attributes have changed, e.g. the user has moved according to the GPS or other sensors.

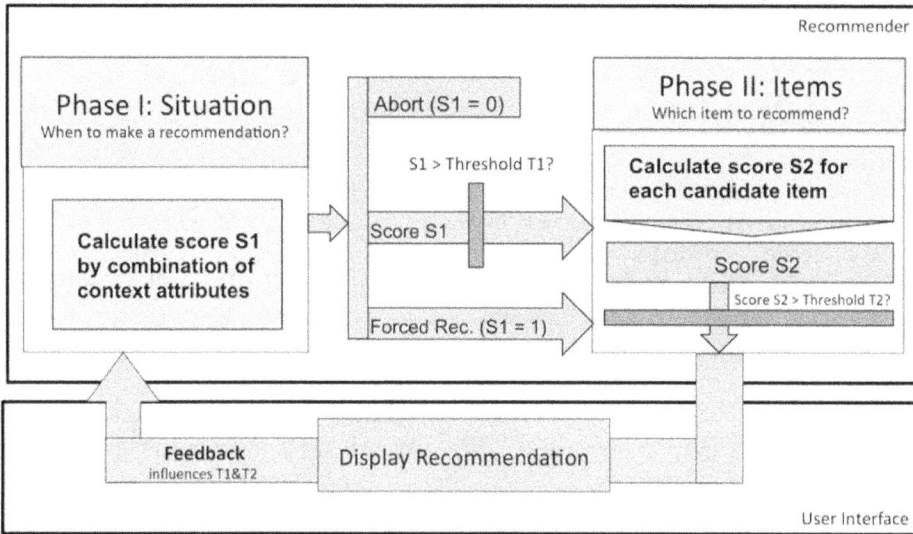

Figure 1: Proactivity Model

The second phase takes the suitability of particular items into account. If one or more items are considered good enough in the second phase (individual item score S2 > threshold T2), the recommender system communicates it to the user. The score S2 is the result from any contextual or non-contextual recommender system, e.g. the normalized predicted rating of a collaborative filtering algorithm for an item. After the recommended items are communicated to the user, she can optionally give feedback on the recommendations and also on the point in time of the recommendation.

3   Modeling Context for the Proactivity Model

3.1   Context Model for Phase I

Figure 2 illustrates the components of context in our model for the first phase (situation assessment). The focus in this paper is on the "user context".

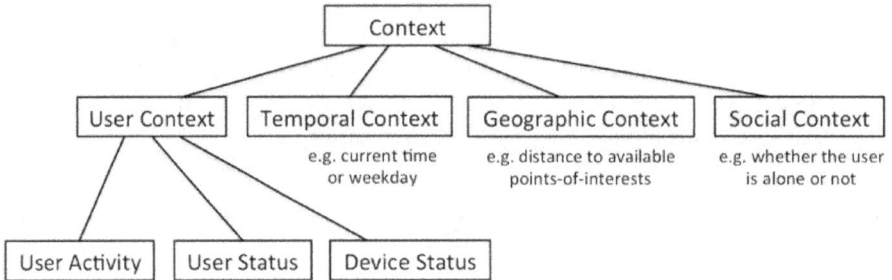

Figure 2: Context Components

In each of the four main categories, several context attributes can be modeled to collectively determine the score S1. The attributes are evaluated to value on a range from 0 to 1. The higher the score for a context attribute is, the higher the indication that a proactive recommendation could be useful. For example, if the current time is right around when the user usually has lunch, the corresponding temporal context attribute will be close to 1. Each attribute is weighted depending on the relative importance of the parameter to the recommendation process. In Section 4, we show how to determine appropriateness factors and weights for user and device status. In this paper, we focus on user context, but parameters for the other categories can be derived accordingly. Next, we will explain the components for user context in more detail.

Name / Key Question	Values
Telephony Status Is the user using the telephone?	idle, calling, receiving call, talking
Calendar Entry Does the user have a calendar entry (at present)?	entry at present, no entry for the next n minutes/ hours/days
Use of App Is the user using an app?	using an app, not using any app
Messaging Is the user involved in a messaging process?	currently receiving a message, received a message n seconds/minutes/hours ago

Table 1: Features of user status

3.2   User Status and Device Status

In our model, the user context is categorized into "user activity" (see chapter 3.3), "user status" and "device status" (cf. Figure 2). User status model features describe the interaction of the user with the smartphone (e.g. whether she is using an application) and other related information (cf. Table 1).

The device status is structurally very similar to the user status, but incorporates different features, for instance the state of connectivity (cf. Table 2). Based on the scores of the modeled components, the overall user context score can be calculated by linearly combining the single values allowing for different weights, for example. The resulting user context score indicates how appropriate a recommendation in the current situation is. This information can then be used together with other context information in the first phase of the two-phase proactivity model to decide whether to generate a recommendation or not.

Name	Values
Display	on, off
Airplane Mode	on, off
Car Mode	on, off
Ringer	on, off
Wifi	connected, not connected, connection available
Mobile Data	connected, not connected

Table 2: Features of device status

3.3   User Activity

User activity describes what the user is doing right now, usually inferred from sensor data such as GPS or acceleration sensors. In the tourist scenario from the introduction for example, it is interesting to find out whether the user is "walking" or not. The assumption is that a user who is walking around a city will be more interested in a proactive recommendation. In this case, the classification ("walking", "not walking") yields a binary value, but can be mapped to a value between 0 und 1 by taking the duration of the activity into account.

We have conducted an analysis of GPS log data of twelve people to determine user activity in an online fashion, i.e. finding out whether the user is "walking" in real-time, without much delay on the smartphone. The twelve test users generated over 75000 location points. Results show an activity classification accuracy of over 85%. We were applying an approach from the literature for segment-based activity classification. More details about the algorithm and the study can be found in (Lerchenmueller & Woerndl 2012).

4   A Survey on Influencing Factors for User Context in Our Mobile Scenario

In this section, we describe a survey we have conducted in order to determine concrete values for the appropriateness factor of every feature of user status and device status that was listed in the previous section, and for the individual weights.

4.1   Goals and Structure of Survey

In Section 3, we presented a model for inferring the appropriateness of a proactive recommendation based on various context features. While the features and their possible values are constituted by the hard- and software sensors of the user's device, it is yet to be determined how a value of a feature translates to a quantification of appropriateness. For example, if the screen (= feature) of the device is on (= value), how appropriate is a recommendation judging only by this feature? Also, a weight needs to be determined for every feature as, for example, a silenced ringer may have a higher influence on the final context score as an activated Wifi connection. We determined quantifications of the appropriateness factors and the weights in our model through a user survey.

Feature value	Avg.	Median		Feature value	Avg.	Median
Telephony state				*Display*		
Idle	3.72	4		On	3.45	4
Calling	1.46	1		Off	2.97	3
Talking	1.45	1		*Airplane mode*		
Receiving call	1.45	1		On	1.81	1
App usage				Off	3.48	4
Using an app	2.26	2		*Car mode*		
Not using any app	3.84	4		On	2.25	2
Calendar entry				Off	3.35	3
At present	2.19	2		*Ringer*		
In 15 minutes	2.57	2.5		On	3.41	4
In 30 minutes	2.90	3		Off	2.93	3
In one hour	3.31	3		*Wifi*		
In 90 minutes	3.43	4		Connected	3.57	4
Two hours +	3.54	4		Not connected	3.28	3
No entry for the day	3.83	4		Connection available	3.27	3
Reception of messages				*Mobile data*		
At present	2.35	2		Connected	3.53	4
20 seconds ago	2.60	2.5		Not Connected	3.07	3
One minute ago	2.85	3				
Five minutes ago	3.28	3				
Ten minutes ago	3.50	4				
Ten minutes +	3.58	4				

Table 3: Appropriateness factors for the user status (left side) and the device status (right side)

Participants were asked to indicate the appropriateness of a recommendation for each feature value by a set of bipolar adjective pairs. A 5-point rating scale was applied (neutral middle desired), where the values represented a classification from 1 – *not at all appropriate* to 5 –

definitely appropriate. Having indicated the appropriateness of each feature value, the participants were asked to rate the importance of each feature on a 6-point scale, where 1 represented *not important* and 6 stood for *very important*.

4.2 Results

The survey was conducted online and participation was anonymous. 101 people completed the survey.

4.2.1 Appropriateness Factors

Table3 shows all feature values the participants were asked to evaluate. The majority (53%) of the average values for user status features lies below 3 with an overall average of 2.85. Contrary to that, for the device status only 4 out of 13 values (31%) are below three, indicating that no recommendation is desired for the respective feature value. Here, the overall average is 3.11.

4.2.2 Weighting of Factors

The goal of the next part of the survey was to determine the weight or importance of each feature by assigning a number between 1 (not important) and 6 (very important). As already described in Section 3, the weight represents the influence of a concrete feature value on the decision process. The results are illustrated in Figure 3.

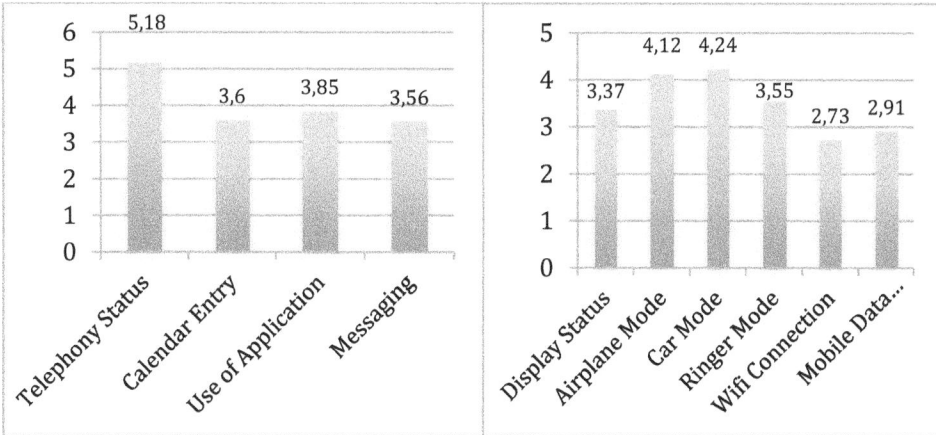

Figure 3: Results of the survey on factor weights for the user status (left) and the device status (right).

As can easily be seen, the telephony status marks the central point for determining the appropriateness of a recommendation. As for the device status, the features that clearly suggest a situation where no interruption is tolerable (airplane mode, car mode) are emphasized in their importance. Having collected appropriateness factors and weights for the features in our model, we can use those as parameters for the context features in the first phase of our proactivity model.

5   Conclusion

In this paper we have presented a model for user context with the goal to determine when to generate a proactive recommendation in a mobile scenario. We have investigated the influencing factors for such a model by means of an online survey. The next step is to integrate the different model components, implement proactivity in a prototype mobile recommender application, and evaluate the complete approach from the users' perspective. One option for future work is to investigate dynamic appropriateness and weight factors based on observing the user. Another area of ongoing research is to investigate the power usage of such a system to make it work in practice. In particular, it is interesting to balance the trade-off between context information gain and power consumption of various sensors which are available in a smartphone.

References

Adomavicius, G. & Tuzhilin, A. (2010). Context-aware Recommender Systems. In Kantor, P., Ricci, F., Rokach, L. & Shapira, B. (Eds.): *Recommender Systems Handbook*, Heidelberg: Springer, 217–253.

Baldauf, M., Dustdar, S. & Rosenberg, F. (2007). A Survey on Context-aware Systems. *Int. J. Ad Hoc Ubiquitous Comput.*, *2*(4), 263–277.

Dey, A., Abowd, G. & Salber, D. (2001). A Conceptual Framework and a Toolkit for Supporting the Rapid Prototyping of Context-aware Applications. *Hum.-Comput. Interact.*, *16*(2), 97–166.

Hong, J., Suh, E.-H., Kim, J. & Kim, S. (2009). Context-aware System for Proactive Personalized Service based on Context History. *Expert Syst. Appl.*, *36*(4), 7448–7457.

Lerchenmueller, B. & Woerndl, W. (2012). Inference of User Context from GPS Logs for Proactive Recommender Systems. In *Proc. Workshop Activity Context Representation: Techniques and Languages*, Twenty-Sixth Conference on Artificial Intelligence (AAAI-12), Toronto, Canada.

Ricci, F. (2011). Mobile Recommender Systems. *International Journal of Information Technology and Tourism*, *12*(3), 205–231.

Sae-Ueng, S., Pinyapong, S., Ogino, A. & Kato, T. (2008). Personalized Shopping Assistance Service at Ubiquitous Shop Space. In *Proc. AINA Workshops*. Gino-wan City, Okinawa, Japan. 838–843.

Tennenhouse, D. (2000). Proactive Computing. *Commun. ACM, 43*(5), 43–50.

Woerndl, W., Huebner, J., Bader, R. & Gallego Vico, D. (2011). A Model for Proactivity in Mobile, Context-aware Recommender Systems. In *5th ACM RecSys Conference*. Chicago, USA.

Contact Information

Technische Universitaet Muenchen
Department for Computer Science
Chair for Applied Informatics / Cooperative Systems (I11)
Boltzmannstr, 3
D-85748 Garching

Workshop:

Be-greifbare Interaktion

Bernard Robben

Tanja Döring

Roman Lissermann

Ernst-Eckart Schulze

Daniel Wessolek

H. Reiterer & O. Deussen (Hrsg.): Workshopband Mensch & Computer 2012
München: Oldenbourg Verlag, 2012, S. 117-119

Be-greifbare Interaktion

Bernard Robben[1], Tanja Döring[2], Roman Lissermann[3],
Ernst-Eckart Schulze[4], Daniel Wessolek[5]

FB3 AG Digitale Medien in der Bildung, Universität Bremen[1]
FB 3 AG Digitale Medien, Universität Bremen[2]
Telekooperation, Technische Universität Darmstadt[3]
Fraunhofer Institut für Verkehrs- und Infrastruktursysteme, Dresden[4]
Tangible Interaction Design, Bauhaus Universität Weimar[5]

Zusammenfassung

Be-greifbare Interaktion (tangible interaction) gewinnt an Bedeutung, weil Computer in unterschiedlichen Formen mehr und mehr in die Alltagsumgebungen eindringen. Die Fachgruppe "Be-greifbare Interaktion" des GI-Fachbereichs Mensch-Computer-Interaktion bietet ein Forum zum Austausch von Informationen und Erfahrungen. Der Workshop wird sich mit den neuesten Entwicklungen und Forschungsergebnissen in diesem Forschungsfeld befassen. Sowohl theoretische Auseinandersetzungen, kritische und zukunftsweisende Reflexionen, als auch Berichte praktischer Umsetzung und Systemdemonstrationen werden behandelt.

1 Einleitung

Die voranschreitende Entwicklung, dass Computer in unseren Alltagsgegenständen verschwinden, „intelligente" Objekte unsere Umwelt bevölkern, der gesamte Körper und seine Bewegungen in der Interaktion mit Computerprogrammen eingesetzt werden, wird mit Begriffen wie „Tangible Interfaces", „Greifbare Oberflächen" oder „Embodied Interaction" bezeichnet (Ishii 1997, Robben, Schelhowe 2012). Dadurch dass virtuelle und physikalisch-stoffliche Realitäten sich in neuartiger Weise verbinden und vermischen, stellen sich neue Herausforderungen und Fragen nach der Gestaltung und Aneignung von Informationstechnik und Digitalen Medien (Benford, Giannachi 2011, Petruschat 2008). Neue Potenziale können sich in verschiedenen Anwendungsbereichen entfalten, in Lern-; Arbeits-, Spiel- und Lebenswelten. Der Workshop soll die Diskussion über diese Thematik anhand von aktuellen Forschungsbeispielen theoretisch und praktisch weitertreiben.

Bei computergestützter Arbeit steht das Bedürfnis komplexe Vorgänge im Griff zu behalten häufig im Widerspruch mit der Flüchtigkeit der grafischen Darstellung digitaler Informationen. Als konkrete Verkörperungen digitaler Daten und Prozesse versprechen Tangibles einen Ausweg aus diesem Dilemma (Ishii, Ullmer 1997). Es handelt sich dabei um Benutzerschnittstellen, die Interaktion mit dem Computersystem durch die Manipulation physischer Objekte erlaubt. Im Sinne be-greifbarer Wirklichkeiten soll das unmittelbare, intuitive Verstehen durch die sinnhaften Qualitäten der verwendeten Objekte ermöglicht werden. In Tangibles verschmelzen die Grenzen zwischen digitalen Medien und der physischen Realität zu gemischten Wirklichkeiten. Der Computer in seiner klassischen Form verschwindet, er wird unsichtbar (Weiser 1991). Neben konkreten Interaktionstechniken und Systemen wird das Feld in zunehmendem Maße auch theoretisch systematisiert (Hornecker, Buur 2006). Der Workshop wird organisiert von der Fachgruppe "Be-greifbare Interaktion" des Fachbereichs Mensch-Maschine-Interaktion der Gesellschaft für Informatik (GI). Thema sind die neuesten Entwicklungen und Forschungsergebnisse im Bereich von Tangible Interfaces und Mixed Reality. Er bietet ein interdisziplinäres Forum für Designer, Informatiker, Ingenieure, Psychologen, Pädagogen und Medientheoretiker.

2   Inhalt

Die Beiträge beinhalten gestalterische wie informatische, theoretische wie praktische Aspekte. Insbesondere anregen möchten wir konzeptuelle Diskussionen zur Abgrenzung des Feldes von anderen etablierten Domänen, zur kulturellen und gesellschaftlichen Bewertung der Sinnhaftigkeit von neuen haptischen Schnittstellen und zu Visionen be-greifbarer Interaktion. Die Schwerpunktsetzung der Beiträge hat folgende Themenstellungen zum Gegenstand:

- Design be-greifbarer Schnittstellen

- Forschung zu Tangible Interaction, Mixed-Reality und zu physischer Interaktion mit mobilen Endgeräten

- Technische Grundlagen (z.B. Tracking-Technologien, Realisierung von haptischem Feedback)

- Empirische Erforschung der Wirkungen be-greifbarer Schnittstellen

- Entwicklung von Methoden

- Theoretisches Grundlagenverständnis des Gebiets und Modellbildung

- Diskussion philosophischer, psychologischer und pädagogischer Implikationen

- Anwendungen be-greifbarer Interaktion

- Demonstration von Systemen und Prototypen

Der Workshop soll Fachleute aus Wissenschaft und Praxis miteinander ins Gespräch bringen und ein interdisziplinäres Forum für interdisziplinäre Teilnehmer bieten. Wir laden insbesondere auch Interessierte zur Teilnahme ein, die nicht dem GI-Arbeitskreis Be-greifbare Interaktion angehören.

3   Organisation

Der Workshop „Be-greifbare Interaktion" ist als eine ganztägige Veranstaltung mit Kurzvor-
trägen, Diskussionen und gemeinsamen Arbeiten parallel zu den Vorträgen der „Mensch
Computer 2012" angelegt.

Literaturverzeichnis

Benford, S. & Giannachi, G. (2011). *Performing Mixed Reality*. Cambridge MA und London England:
The MIT Press.

Hornecker, E. & Buur, J. (2006): *Getting a grip on tangible interaction: a framework on physical space
and social interaction*, Proc. CHI 2006. 437-446.

Ishii, H. & Ullmer, B. (1997): *Tangible Bits: Towards Seamless Interfaces between People, Bits and
Atoms*. Proc. CHI 1997.

Petruschat, J. (2008): *Die Fühlbarkeit des Digitalen*, Berlin: form+zweck 22

Robben, B. & Schelhowe, H. (2012). *Be-greifbare Interaktionen – Der allgegenwärtige Computer:
Touchscreens, Wearables, Tangibles und Ubiquitous Computing*. Bielefeld: transcript.

Weiser, M. (1991): *The Computer fort the 21st Century*. Scientific American 09-91.

H. Reiterer & O. Deussen (Hrsg.): Workshopband Mensch & Computer 2012
München: Oldenbourg Verlag, 2012, S. 121-127

Ansätze zur Beschreibung der Ästhetik von Interaktion

Sarah Diefenbach, Marc Hassenzahl, Eva Lenz

Folkwang Universität der Künste, Fachbereich Gestaltung, Nutzererleben und Ergonomie

Zusammenfassung

Neue Technologien eröffnen neue Möglichkeiten in der Interaktionsgestaltung. Die wachsende Zahl theoretisch möglicher Lösungen stellt Gestalter aber auch vor eine neue Verantwortung. Neben der selbstverständlichen Frage der visuellen Ästhetik eines Produkts stellt sich nun auch die Frage nach der Ästhetik von Interaktion. Der vorliegende Beitrag diskutiert bestehende Ansätze und ihr jeweiliges Potential für die Analyse und Gestaltung von Interaktion aus dem Blickwinkel des Experience Design.

1 Einleitung

War lange Zeit das Drehen der Wählscheibe die einzig technisch mögliche und damit "wahre" Interaktionsform zur Eingabe einer Telefonnummer, gibt es heute zahlreiche Alternativen: Tastendrücken, Touchgesten, Spracheingabe und weitere Möglichkeiten sind denkbar. Technisch ist heute (fast) alles möglich – damit steigt die Verantwortung des Gestalters, Entscheidungen im Sinne des gewünschten Ausdrucks der Interaktion sowie Nutzungserlebens zu treffen. Durch Interaktion mittels Berührung oder Gesten kann Technik für Menschen begreifbarer werden, die Technologie allein ist aber noch kein Garant für ein positives Nutzererleben, hierfür sind Feinheiten in der Ausgestaltung entscheidend. Die Frage nach der Ästhetik von Interaktion wird damit zunehmend wichtiger und verstärkt diskutiert (z.B. Djajadiningrat et al., 2007; Lim et al., 2007; Ross & Wensveen, 2010), jedoch mit unterschiedlichen Herangehensweisen. Vertreter normativer Ansätze beschreiben Gestaltungsprinzipien, die "gute" oder "ästhetische" Interaktionsformen hervorbringen, bei-spielsweise betitelt durch Termini wie *Rich interaction* (Djajadiningrat et al., 2007) oder *Resonant interaction* (Hummels et al., 2003). Die Mehrheit der Ansätze nähert sich der Ästhetik von Interaktion jedoch durch eine Beschreibung von relevanten Aspekten der Interaktionsgestaltung, teils in Form von Frameworks, die spezifische Kategorien von Interaktionsqualitäten vorschlagen (z.B. Löwgren & Stolterman, 2004; Lundgren, 2011).

Eine Möglichkeit zur Einordnung der vorgeschlagenen Ansätze und Komponenten der Äs-thetik von Interaktion bieten die von Hassenzahl (2010) beschriebenen Ebenen des *Wie* und *Warum* von Interaktion: Die Ebene des *Wie* betrachtet Interaktion im Sinne von konkreten

Operationen und deren grundlegenden Eigenschaften (z.B. *schnell*, *kraftvoll*, *direkt*). Die Ebene des *Warum* betrachtet Interaktion in ihrer psychologischen Bedeutung, welche in den bestehenden Ansätzen sowohl aus Sicht des Individuums als auch in einem breiteren sozio-kulturellen Kontext thematisiert wird. Der vorliegende Beitrag stellt Ansätze zur Beschreibung der Ästhetik von Interaktion auf beiden Ebenen vor und diskutiert ihr Potential zur Analyse und Gestaltung von Interaktion aus Sicht des Experience Design.

2   Ansätze auf der Ebene des *Warum*

Interaktionserleben und -charakter. Eine Facette des Interaktionserlebens auf der *Warum*-Ebene bilden die Emotionen und der subjektive Eindruck der Interaktion aus Sicht des Nutzers, teilweise auch bezeichnet als der wahrgenommene "Interaktionscharakter". In diesem Zusammenhang thematisieren viele Autoren das Stimulationspotential neuartiger Interaktionskonzepte – insbesondere im Feld Be-greifbare Interaktion und der Auflösung von Begrenzungen durch klassische Plattformen wie Desktop Computer, entstehen Möglich-keiten zur Schaffung ganz neuer und (zumindest für den Moment) "magischer" Interaktionserlebnisse. Vorgeschlagene Attribute zur Beschreibung der Ästhetik von Interaktion sind dementsprechend *exciting*, *unnatural*, *unordinary* (*Magical Interaction*, De Jong Hepworth, 2007) oder *surprising*, *inspiring*, *memorable*, *tellable* (*Excitability*, Christensen, 2004). Eine solche Betrachtungsweise unter Berücksichtigung des individuellen Erfahrungshintergrunds beschreibt "temporäre Qualitäten" von Interaktion, ihre momentane Bedeutung im Hier und Jetzt des Nutzers, von Löwgren und Stolterman (2004) zusammengefasst in Kategorien wie "qualities dealing with the user's creation of meaning", "qualities dealing with motivation" oder "qualities dealing with our immediate experience". Einige Autoren diskutieren auch Zusammenhänge zwischen solchen Erlebnisqualitäten und (vermutlich) relevanten Gestaltungsentscheidungen: So beschreibt Landin (2009) wie Relationen zwischen Interaktion und Funktion (*interaction forms*, z.B. *fragile*, *changeable*) spezifische Empfindungen hervorrufen können (*expressions of interaction*, z.B. *Anxiety*, *Thrill*, *Trust*). Djajadiningrat und Kollegen (2007) diskutieren die Beziehung zwischen Aktion und Reaktion (z.B. zöger-liche Reaktion, gegensätzliche Bewegungsrichtung) in Hinblick auf die einer Interaktion zuge-schriebenen Charaktereigenschaften (z.B. *shy*, *stubborn*). Lundgren (2011) bezeichnet die Interaktion mit einem auf Nutzer-Aktionen wartenden System als *submissive*, die Interaktion mit einem Aktionen-forcierenden System (z.B. Spiele wie *Tetris*) als *dominant*. Auch die Erläuterungen von Löwgren und Stolterman (2004) zu ihren *Use Qualities* geben Hinweise auf Gestaltungsprinzipien, wie beispielsweise die Übertragung physikalischer Eigenschaften materieller Objekte in die digitale Welt. Ergebnis ist ein Eindruck von *Pliability*, ein Eindruck von "Plastizität", der die Interaktion direkter, spielerischer und kognitiv weniger belas-tend machen soll; Beispiele reichen von der generellen Einführung grafischer Benutzerober-flächen und der Desktop-Metapher bis hin zur Simulation von taktilem Feedback bei Touch-displays. Mitunter existieren innerhalb der hier beschriebenen Ansätze also durchaus Vor-stellungen über Zutaten und Mittel auf der Ebene des *Wie*. Definiert wird die Ästhetik von Interaktion jedoch anhand des beim Nutzer entstandenen Gesamteindrucks auf der Ebene des *Warum*. So umschreibt beispielsweise Christensen (2004, p. 10) den Fokus von *Excitability* mit "why users would use an object rather being occupied with specific [functional] out-comes of the use". Auch Löwgren (2009, p. 133) definiert seine *Aesthetic interaction quali-ties* anhand des entstehenden Erlebnisses: "properties or traits that characterize a user's expe-rience of interacting with a product or service."

Zeitliche Dynamik, Dramaturgie. Auch die der Interaktion inhärente Komponente der Zeit, und die sich durch eine Reihe von aufeinander aufbauenden Operationen ergebende Ge-schichte, bestimmt die Ästhetik der Interaktion, von Löwgren (2009, p.130) beschrieben als "the beauty (or lack thereof) with which the interaction between user and product unfolds over time" und vertieft unter dem Begriff der *Dramaturgical structure*. Auch die von Dals-gaard (2008) aufgeführten *Design Sensitivities Challenge*, *Risk* und *Resolution* zur Erzeu-gung von *Inquisitive Use* betonen die Relevanz der zeitlichen Anordnung von Interaktions-elementen für das sich hieraus entfaltende Erlebnis.

Soziale Dynamik. Neben dem Interaktionserleben aus Sicht des Nutzers betonen viele Auto-ren auch dessen Bedeutung und Beeinflussung durch den sozialen Kontext, betitelt bei-spielsweise als *Socio-cultural factors* (Petersen et al., 2007), *Aesthetics of emergence* (Baljko & Tenhaaf, 2008), *Spectator experience* (Reeves et al., 2005) oder als *social action space*, *identity, personal connectedness*, zusammenfassend beschrieben als "user's interactions with digital artifacts and their outcomes on a broader social level" (Löwgren & Stolterman, 2004, p. 134). Dalsgaard und Hansen (2008) betonen die allgegenwärtige Bedeutsamkeit einer (vorgestellten) Anwesenheit anderer und die sich hieraus ergebende Rolle des Akteurs als "Performer", Marti (2010) schließt auch die Technik in den sich ergebenden sozialen Dialog ein und diskutiert, wie intelligente Systeme durch Sensortechnik das Phänomen einer wech-selseitigen Wahrnehmung und eines aufeinander Reagierens erzeugen können. Die sich er-gebende Beziehung zwischen Nutzer und System als auch die Beziehung und das soziale Geschehen zwischen Personen bilden damit einen weiteren Betrachtungswinkel auf die Äs-thetik von Interaktion auf der Ebene des *Warum*.

3   Ansätze auf der Ebene des *Wie*

Eine Betrachtung der Ästhetik von Interaktion auf der *Wie*-Ebene fokussiert auf deren grund-legende Eigenschaften, analog zu einer Beschreibung von Dingen anhand von Form, Farbe oder Materialität. Interaktion wird beschrieben durch physikalische Merkmale und Zusam-menhänge, wie beispielsweise *Duration, Position, Motion, Pressure, Size, Orientation* (Saf-fer, 2009), teils auch in Form von Gegensatzpaaren wie *discrete-continuous (Continuity)*, *narrow-wide (Movement range)*, oder *prompt-delayed (Response range)* (Lim et al., 2007, 2009). Auch Notationen zur Beschreibung von Bewegungsmustern aus nicht-technischen Bereichen werden hier aufgegriffen, so nehmen Ross und Wensveen (2010) Bezug auf die von Laban (Laban & Lawrence, 1947) vorgeschlagene Notation zur Beschreibung von Be-wegungen aus dem Bereich des Tanz; Alaoui und Kollegen (2011) übertragen die von Emio Greco | PC (2007) vorgeschlagene Bewegungssprache auf die Beschreibung von Touchges-ten. Eine solche Einschränkung auf eine spezifische Modalität oder Technologie, wie eben *Movement qualities of touch gestures* (Alaoui et al., 2011), *Attributes of gestures* (Saffer,

2009) oder ein Fokus auf Beispiele aus dem GUI-Bereich (Lim et al., 2007), limitiert das
Potential dieser Ansätze – gerade in Feldern wie Be-greifbare Interaktion und Gemischte
Wirklichkeiten, die sich durch eine Offenheit für neuartige Kombinationen verschiedener
Technologien auszeichnen. Zudem legen technologie-orientierte Ansätze nahe, dass bereits
zu Beginn des Gestaltungsprozesses die Entscheidung für eine bestimmte Technologie steht.

4   Ästhetik der Interaktion aus Sicht des Experience Design

Erlebnisorientierte Interaktionsgestaltung (*Experience Design*, Hassenzahl, 2010) sieht Entscheidung für eine Technologie erst zu einem späteren Zeitpunkt vor. Im Vordergrund stehen
zunächst das intendierte Erlebnis und zu erfüllende Bedürfnisse. Ausgehend hiervon, folgen
dann Überlegungen zu Eigenschaften die Interaktion, um dieses Erlebnis zu unterstützen.
Das *Wie* von Interaktion wird abgeleitet aus dem *Warum*. Die Frage nach der technologischen Umsetzung ist erst der darauffolgende Schritt. Was aus methodischer Sicht also zunächst benötigt wird, ist *ein technologie-unabhängiger* Pool von Attributen zur Exploration
des Gestaltungsspielraums anhand einer Bewusstmachung der zur Verfügung stehenden
Interaktionseigenschaften und deren Kombinationsmöglichkeiten. Es geht allerdings nicht
darum, beliebige, irgendwie neue oder ungewöhnliche Interaktionskonzepte zu generieren –
Richtschnur für die Auswahl von Interaktionseigenschaften auf der *Wie*-Ebene bildet immer
das auf der *Warum*-Ebene definierte Ziel, das intendierte Erlebnis. Für sich allein gesehen,
sind Eigenschaften auf der *Wie*-Ebene also *wertfrei*, erst die Passung von *Wie* und *Warum*
bestimmt die Ästhetik der Interaktion. Dies entspricht einer Sicht auf Interaktionseigenschaften in Analogie zu Eigenschaften von Dingen, wie Farbe oder Form. Auch diese sind nicht
per se gut oder schlecht, sondern können allein in Hinblick auf den intendierten Ausdruck
passend oder weniger passend gewählt sein. Genauso bilden auch Interaktionseigenschaften
ein dem Gestalter zur Verfügung stehendes Repertoire, aus dem er eigenverantwortlich wählen muss. Für eine umfassende Abbildung des Gestaltungs-spielraums, sollte dieses Repertoire alle denkbaren *Wie*-Unterschiede abdecken – und sich damit durch eine Analyse aller
Wie-Unterschiede innerhalb einer Reihe von alternativen Interaktionsformen (für eine gleiche Funktion) auch *systematisch herleiten* lassen. Die uns bekannten Ansätze zur Beschreibung der Ästhetik von Interaktion basieren jedoch nicht auf einer solchen systematische
Herleitung von Interaktionseigenschaften, sondern schlagen ein bestimmtes Set von Eigenschaften vor, ohne dass nachvollziehbar ist, woher diese Auswahl kommt oder warum gerade
diese als relevant erachtet wird (dies gilt im Übrigen auch für die meisten Ansätze der *Warum*-Ebene). Ein weiteres Problem bestehender Ansätze ist, dass die im Experience Design
wichtige Unterscheidung von *Wie* und *Warum* verloren geht. So beschreiben die von Lim
und Kollegen (2009) vorgeschlagenen *Interactivity attributes* überwiegend physikalische
Eigenschaften auf der *Wie*-Ebene (z.B. *slow-fast, narrow-wide, concurrent-sequential*), teils
aber auch den individuellen Erfahrungshintergrund und damit die Bedeutungsebene (*expec-
ted-unexpected*).

Ein erster Vorschlag zur *technologie-unabhängigen, nicht wertenden* Beschreibung der Eigenschaften von Interaktion, basierend auf einer *systematischen Herleitung*, ist das *Interaktionsvokabular* (Diefenbach et al., 2010, 2011). Es besteht aus elf Dimensionen (*langsam-schnell, abgestuft-stufenlos, ungefähr-präzise, behutsam-kraftvoll, sofort-verzögert, stabil-sich verändernd, vermittelt-direkt, räumliche Trennung-räumliche Nähe, beiläufig-gezielt, verdeckt-offensichtlich, anspruchslos-aufmerksamkeitsbedürftig*), die innerhalb einer Sammlung von über 100 Interaktionskonzepten zur Ausführung einer gleichen Funktion (hier: "Schalten einer Lampe") als relevante Unterscheidungsmerkmale identifiziert wurden. Die vorgeschlagenen Dimensionen bieten keine Garantie auf eine voll-ständige Abdeckung des Gestaltungsraums, doch zumindest eine systematische und nachvollziehbare Auswahl, die sich im bisherigen Einsatz in der Gestaltung und Evaluation als hilfreich erwiesen hat (siehe Diefenbach et al., 2011). Ein sinnvolles Werkzeug wird das Interaktionsvokabular allerdings immer erst in Verbindung mit einer präzisen Vorstellung des intendierten Erlebnisses (z.B. durch eine Beschreibung in Form von Experience Pattern, siehe Hassenzahl, 2010). Ein zukünftiger Schwerpunkt der Methodenentwicklung ist daher, dieses Ineinandergreifen von Interaktionsvokabular und Experience Pattern und damit die Verbindung von *Wie* und *Warum* systematisch zu unterstützen. Bisherige Arbeiten zeigen, dass eine Orientierung der Interaktion am intendierten Erlebnis oft zu Konzepten führt, die von etablierten Lösungen abweichen. So verzichtet der von Eva Lenz gestaltete soziale Musikplayer *Mo* auf ein Display zur Anzeige des aktuellen Musiktitels und regt stattdessen zur Kommunikation an (Lenz et al., 2011). Die von Kai Eckoldt gestaltete Esstischlampe wird nicht mittels Lichtschalter sondern mittels Feuerzeug "geschaltet", und unterstreicht so die Bedeutsamkeit des Lichtmachens in Verbindung mit dem Zusammenkommen mit den Liebsten; das von Matthias Laschke vorgeschlagene Interaktionskonzept *linked.* für Jungs im Teenager-Alter greift anstelle von etablierten Technologien wie Telefon oder Chat auf den rauen und direkten Ausdruck von Verbundenheit wie auf dem Schulhof zurück – realisiert durch einen Austausch von Knuffen mittels per Internet verbundenen Kissen (siehe Diefenbach et al., 2011). Im Fokus der Interaktionsgestaltung stehen weder eine Technologie noch eine (oft als allgemeingültig betrachtete) Wertvorstellung wie der Effizienzgedanke, sondern jeweils das spezifische zu erzeugende Erlebnis.

5   Schluss

Die Gestaltung von Interaktion und der sich hieraus ergebenden Erlebnisse wird mit neuen Technologien zunehmend komplexer, deutlich wird dies auch in der Vielfalt der hier vorgestellten Positionen und Schwerpunkte bei der Beschäftigung mit der Ästhetik von Interaktion. Zunächst erfordert Interaktionsgestaltung immer ein Denken über die Zeit, ein Bewusstsein für die Veränderung des Dialogs zwischen Nutzer und System durch die zeitliche Abfolge von in der Interaktion angelegten Schritten, die "Dramaturgie der Benutzerführung" (vgl. Löwgren, 2009). Die fortschreitende Integration von Technik in die Lebenswelt von Menschen eröffnet zudem Möglichkeiten für ganz neue Geschichten und Dynamiken. So wird die Interaktion mit technischen Systemen zur Performance (vgl. Dalsgaard & Hansen, 2008), inspiriert aus Elementen aus Tanz und Theater (vgl. Alaoui, 2011), oder auch zur

sozialen Interaktion, geprägt von einem Eindruck des wechselseitigen aufeinander Reagie-
rens, das technische Objekte als soziale Wesen erscheinen lässt (vgl. Marti, 2010). Dieses
Nachdenken über Interaktion auf der Ebene des *Warum* verdeutlicht die weitreichenden
Konsequenzen von Interaktionsgestaltung für das resultierende Nutzer-erleben. Der eigentliche Kern von Interaktionsgestaltung ist es jedoch, Entscheidungen bezüglich des *Wie* von
Interaktion zu treffen. Um ihr volles Potential zu entfalten, müssen Überlegungen auf der
Ebene des *Warum* auch auf der Ebene des *Wie* in die Gestaltung einfließen. Vorstellungen
oder methodische Ansätze zur Verbindung dieser beiden Ebenen bleiben jedoch meist vage,
oder die Frage nach den grundlegenden Eigenschaften von Interaktion wird gar nicht thematisiert. Dies zeigt sich teils auch in Gesprächen mit Praktikern. Es scheint, dass sich Entscheidungen bezüglich des *Wie* oft einfach "ergeben", durch die Technologie ("Wir wollten
was fürs iPad machen") und den Rückgriff auf verbreitete Kombinationen von Aktion und
Funktion (vgl. Saffer, 2009 für Pattern im Bereich Gestural Interfaces). Es mag gute (und
weniger gute) Gründe für den Rückgriff auf solche Lösungen geben. Wichtig ist aus unserer
Sicht, Entscheidungen bezüglich des *Wie* bewusst zu treffen, und scheinbar "naheliegende"
Lösungen zu hinterfragen: Ist dies insgesamt die angemessenste oder einfach die verbreitete
Art der Interaktion? Drückt die Form der Interaktion das aus, was ich ausdrücken möchte?
Diese Auseinandersetzung mit der sich aus dem *Wie* ergebenden Bedeutung (dem *Warum*)
ist essentieller Bestandteil eines Gestaltungsprozesses im Sinne der Ästhetik von Interaktion.

Danksagung

Finanziert durch das vom BMBF geförderte Projekt proTACT (FKZ: 01IS12010F).

Literaturverzeichnis

Alaoui, S. F., Caramiaux, B. & Serrano, M. (2011). From dance to touch: movement qualities for interaction design. In *Proceedings of the 2011 SIGCHI conference on Human factors in computing systems*. New York: ACM, 1465-1470.

Baljko, M. & Tenhaaf, N. (2008). The aesthetics of emergence: Co-constructed interactions. In ACM
ACM Transactions on Computer-Human Interaction. 15, 3, Article 11

Christensen, M. S. (2004). Introducing Excitability! In *Proceedings of the NordiCHI 2004 Workshop
on Aesthetic Approaches to Human-Computer Interaction*, 10-13.

Dalsgaard, P. (2008). Designing for inquisitive use. In Proceedings of the 7th ACM conference on
Designing interactive systems. New York: ACM, 21-30.

Dalsgaard, P. & Hansen, L. K. (2008). Performing perception—staging aesthetics of interaction. *ACM
Transactions on Computer-Human Interaction, 15* (3), 1-33.

De Jongh Hepworth, S. (2007): Magical Experiences in Interaction Design. In *Proceedings of the 2007
conference on Designing pleasurable products and interfaces*. New York: ACM, 108-118.

Diefenbach, S., Hassenzahl, M., Klöckner, K., Nass, C. & Maier, A. (2010): Ein Interaktionsvokabular:
Dimensionen zur Beschreibung der Ästhetik von Interaktion. In H. Brau, S. Diefenbach, K. Göring,
M. Peissner & K. Petrovic (Eds.) *Usability Professionals 2010*. Stuttgart: German Chapter der
Usability Professionals' Association e.V., 27-32.

Diefenbach, S., Hassenzahl, M., Eckoldt, K. & Laschke, M. (2011). Ästhetik der Interaktion: Beschreibung, Gestaltung, Bewertung. In M. Eibl (Ed.) *Mensch & Computer 2011*. München: Oldenbourg, 121-130.

Djajadiningrat, T., Matthews, B. & Stienstra, M. (2007). Easy doesn't do it: skill and expression in tangible aesthetics. *Personal and Ubiquitous Computing, 11*, 657–676.

Greco, E. (2007): *Capturing intention: documentation, analysis and notation research based on the work of Emio Greco*, Amsterdam: Amsterdamse Hogeschool voor de Kunsten.

Hassenzahl, M. (2010). *Experience Design. Technology for all the right reasons.* San Francisco: Morgan & Claypool Publishers.

Hummels, C., Ross, P. & Overbeeke, C. J. (2003). In search of resonant human computer interaction: Building and testing aesthetic installations. In *Proceedings of the 9th international conference on human-computer interaction*. Amsterdam: IOS Press, 399-406.

Laban, R., & Lawrence, F. C. (1947). *Effort. London: MacDonald & Evans.*

Landin, H. (2009). *Anxiety and Trust and other expressions of interaction.* Doctoral thesis, Chalmers University of Technology, Gothenburg, Sweden.

Lenz, E., Laschke, M., Hassenzahl, M. & Lienhard, S. (2011): Mo. Gemeinsam Musik erleben. M. Eibl (Ed.) *Mensch & Computer 2011*. München: Oldenbourg, 121-130.

Lim, Y., Stolterman, E., Jung, H. & Donaldson, J. (2007). Interaction Gestalt and the Design of Aesthetic Interactions. In *Proceedings of the 2007 conference on Designing pleasurable products and interfaces.* New York: ACM, 239-254.

Löwgren, J. (2009). Towards an articulation of interaction aesthetics. *New Review of Hypermedia and Multimedia, 15* (2), 129-146.

Löwgren & Stolterman (2004). *Thoughtful interaction design.* Cambridge: MIT Press.

Lundgren, S. (2011). Interaction-Related Properties of Interactive Artifacts. Retrieved from http://chalmers.academia.edu/SusLundgren/Papers

Marti, P. (2010). Perceiving while being perceived. *International Journal of Design, 4*(2), 27-38.

Petersen, M. G., Iversen, O. S., Krogh, P. G. & Ludvigsen, M. (2004). Aesthetic interaction: a pragmatist's aesthetics of interactive systems. In *Proceedings of the 5th conference on Designing interactive systems*: New York: ACM, 269-276.

Reeves, S., Benford, S., O'Malley, C. & Fraser, M. (2005). Designing the spectator experience. In *Proceedings of the 2005 SIGCHI conference on Human factors in computing systems*. New York: ACM, 741-750.

Ross, P. R. & Wensveen, S. A. G. (2010). Designing Behavior in Interaction: Using Aesthetic Experience as a Mechanism for Design. *International Journal of Design*, 4(2), 3-13.

Saffer, D. (2009). *Designing Gestural Interfaces.* Sebastopol: O'Reilly.

H. Reiterer & O. Deussen (Hrsg.): Workshopband Mensch & Computer 2012
München: Oldenbourg Verlag, 2012, S. 129-134

Personal Interaction through Individual Artifacts

Lisa Ehrenstrasser[1], Wolfgang Spreicer[2]

iDr-inklusiv Design & research[1]
Institute for Design and Assessment of Technologies, Vienna University of Technology[2]

Abstract

Understanding and executing interactions with communication interfaces can be a bitter process, especially with basic or none technology knowledge. The paper gives insights in developing a tangible interface called *kommTUi,* a single user communication interface triggering interaction through a mixture of pre-produced, generic tokens and personal artifacts both serving as objects for defined interactions. We explore the importance of individualising tokens and personal relations between objects and users for interaction design and present findings from participatory design workshops.

1 Introduction

Recent discussions in the TEI community about future directions for the design of tangible systems suggest a shift away from creating seamless user interfaces to seamful mappings and a higher degree of appropriation by the user (Hornecker 2012). We want to contribute to this discussion by presenting our approach of designing personalized tangible interfaces. Referring to Tofflers term *prosumers* (Toffler 1980), we propose that users should participate in the design of products and interfaces. Recent developments underline the trend to dissolve strict distinction of producers and consumers. On the online platform NikeID[1], for example, users can customize and personalize their shoes before they purchase them. The product designers provide the basic form, the consumers/users appropriate it to their needs. In this paper, we describe how we facilitate interaction through personalized tangible objects. Our research aims are to scrutinize the role of personal artifacts for communication tools, observe how familiar objects support interaction and how this can influence design and set-up of a communication interface.

---

[1] http://nikeid.nike.com (05.06.2012)

1.1 Background

In our previous paper, we scrutinized the differences of generic and personalized tokens for tangible interaction (Ehrenstrasser & Spreicer 2011). We have defined generic tokens as containers with well-known geometric shapes, predefined size and material. These tokens physically embody abstract digital data and can be easily integrated into a token+constraints set-up as a support for known chains of actions and shape patterns (Ullmer et al. 2005). On the other hand, we have defined personal tokens as individual objects with a special meaning to the user. These can be everyday or self-made objects, representing physical, autobiographical objects of memory, reminding the owner of special moments or friends (González 1995). Through the emotional linkage between the object and the user, personal tokens turn into *keys*, which can only be decoded by the owner of the object. While generic objects have been used since the first concepts of TUIs like the Marble Answering Machine (Poynor 1995), the usage of personalized tokens for user interaction came up within the last decade. The ME-MODULES project uses a combination of RFID-technology (Radio-Frequency Identification) and image recognition for creating „tangible shortcuts" to ease the use of new technologies (Mugellini et al. 2009). The Alcatel Lucent venture *touchatag*[2] used RFID-stickers to link objects with different functionalities of traditional computer systems. Ishii et al. propose a different approach for personalized tangible objects in their vision for future tangible systems called *radical atoms*: pre-produced dynamic physical materials react and transform according to user input (Ishii et al. 2012). As van Hoven (Hoven, E. A. W. H. van den 2004) argues, the interplay between generic and personal tokens in the field of Tangible User Interfaces is still worth observing and scrutinizing further.

2 Design

To evaluate our approach, we conducted participatory workshops with a heterogeneous group of people between 55 and 70 years with different prior knowledge of ICTs (Fisk et al. 2009), based on the experience and findings from the workshops in 2010 (Ehrenstrasser & Spreicer 2011). We planned our second round of workshops with one group of participants, who have already attended in 2010 and one group with totally new participants. We used space, rooms and equipment to create a playful and harmonic workshop surrounding. Next to workshop design, our design work consisted of:

- Artifacts, mock-up and technical probe design: We provided a workshop package for each participant with three pre-produced, generic tokens, ready to be equipped and annotated in the design session at the beginning of each workshop. These generic tokens had a specially designed form and shape for our context of use (Fig. 1) to have a strong connection between the shape of the token and the corresponding slot. For annotating the tokens we provided stickers, icons, pen, paper, etc. Furthermore, we asked every participant to

---

[2]   www.touchatag.com (04.06.2012)

bring an object, which reminds him or her on a very special friend or relative. These autobiographical objects were used to promote the linkage between the memory of a special person and the tangible element of the interaction (González 1995). The personal objects have been equipped with RFID tags to use them directly as *personal tokens* for the user interaction. The generic and personal tokens were part of our technical probe, which consists of a netbook embedded in a wooden case. On the top of the screen there are two areas, each equipped with a RFID reader, on which the users can place their tokens. The left area provides a slot, shaped like the bottom of the generic tokens. This similarity in shape should guide the user where and how to position the token on the probe. The personal tokens are placed on the right area, marked with a colored rectangle. Our token design is used to scrutinize the interplay between generic and personalized objects in our workshops.

- Interaction design: We introduced three use cases for user interaction with the technical probe – Starting a voice-over-IP call, sending a photo and sending a note. To start the interaction, the user had to choose the functionality by placing the particular generic token. After that, the user had to determine the recipient by placing the personal token. This interaction also started the call or the transmission. Each interaction was followed by acoustic feedback and visual feedback on the screen.

The design of the tokens is twofold, as we have our pre-produced generic tokens and the personal artifacts brought by participants. We argue that personal objects can embody specific stories, meanings known often only by the object owners. Therefore our definition of personal interaction is the usage of personal relations with artifacts triggering interaction, which is as well one of the essential design decisions to be explored in *kommTUi*. In the following section we will outline the conducted workshop and our categories of observation.

3   Observation and Analysis

- In the observations we focused on our argument of supporting interaction with personal objects. First of all, we scrutinized the equipping process of the generic tokens (e.g.: photos, symbols) during the design session. In addition, we examined whether this individualization extends generic objects to subjective objects in a way, that the emerging symbolic relation between the user and the object triggers the desired interaction (González 1995). Furthermore, we focused on how participants used interface and surrounding space and how the RFID interaction was perceived and used. Finally, we observed the use of generic and personal tokens – more detailed: the role of personal objects triggering interaction.

In the following section 3.1, we present examples of two participatory workshops, showing the importance of individual triggers supporting understandable interactions and specific relations of participants with their artifacts.

3.1 Examples

The workshops agenda consisted of a guided "design session" with all participants (station 1), followed by the specific interaction situations carried out individually (station 2) along *think aloud* and accompanying interviews (Fisk et al. 2009). The workshop ended with group discussion and reflection.

3.1.1 *Example 1 – use of generic tokens in the "design session"*

The generic tokens (each participant got 3 items, according to the type of communication) had to be equipped and personalized in the "design session". The participants had to think about what kind of icon or annotation they would use to show the specific interaction - call, send note, send photo (Fig. 1). On the account of "personalizing interaction", we added to the generic tokens the personal level – to make them individual and a personal key for the users and their communication interaction.

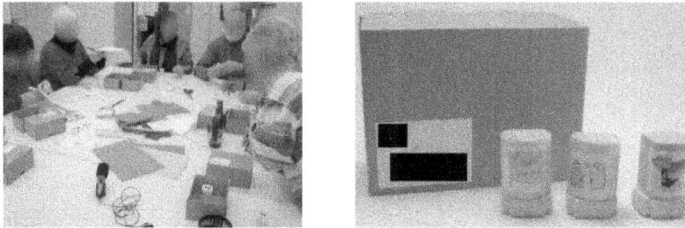

Figure 1: Generic tokens equipped with selected icons by our participants.

3.1.2 Example 2 – *use of personal token*

The personal token (= artifact with personal history and meaning for a specific person, and a mounted RFID tag to trigger the technical interaction on a hidden place) helped to visualize the communication partner and served as "phidget". The set-up of the technology probe provided the frame for the participants to try out to trigger interaction with the personalized generic tokens and individual artifacts (Fig. 2, left).

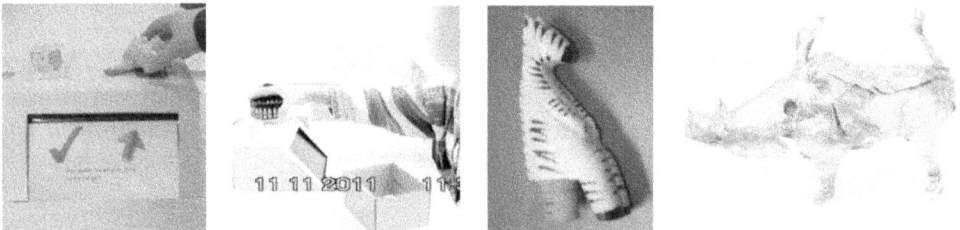

Figure 2: User interaction with personal tokens

- Each participant was asked to bring a personal item, which reminds him/her to a special friend or relative. Figure 2 (right) shows a metallic animal, reminding the participant of his wife. The item brings to him his wife in thoughts and is therefore the perfect artifact to serve as interaction token – triggering the digital communication by placing the animal to the defined spot on the prototype. The third photo (Fig. 3) shows a bottle cork in the form of a zebra, reminding one of our participants about her daughter. She told us, that if she hasn't talked to her daughter for a while, she turns the zebra so that the head is pointing away from her. If she feels close to her daughter, she turns the zebra so that the head is pointing towards her.

- The participants' approach towards the technical probe was very diverse: some were standing in a little distance, scrutinizing what laid in front of them, carefully not to touch it, needing strong invitations to start interacting. Others were happily jumping right into interacting with the technology probe.

4   Results

In the two workshops conducted in 2011 we explored a way of triggering interaction through a mixture of tokens: generic, but individually annotated and personal objects. Our focus in *kommTUi* lies on the design of tokens and the use of personal artifacts as interaction trigger. Therefore our token design is twofold: it is generic, since pre-produced by the development team itself, hence personal because of the individual annotation during the design session and the use of artifacts brought in by participants. Summarizing, our findings are:

- Time to start the very first interaction with the new RFID interface is very individual; hence the second round of interaction was carried out fast for every participant.

- The token+constraint relation of the generic tokens and the corresponding slot was understood well. The distinction of the different functionalities of the generic tokens worked out very well due to individual annotation.

- Personal artifacts adapted as tokens helped fostering the relation with communication partners and interaction itself. It "deepened" the communication aims through the selected objects with its own stories and embodied experiences.

- Simple interaction with the technical probe through personal and personalized artifacts was welcomed and especially perceived as useful even for very old age.

- The participants argued against purchasing an additional device for their homes.

- Our invitation to bring own objects and use them to trigger interaction enriched the communication, the experience with the interface and lowered the access barriers towards the interface. Participants were not shy to use their familiar objects.

- Through personal annotation and re-design of the pre-produced tokens the interplay between generic and personalized objects was successful.

The ad-hoc equipping (attaching RFID tags, annotating) made it possible to further explore the importance of familiar artifacts by reducing the barrier of interacting with a novel interface. Our findings show how personal objects can support interaction and reduce access or emotional barriers towards technology by using familiar artifacts with personal relation to the users. This can be helpful for further design and development of ICT products.

5 Conclusion

We argue that the use of personal artifacts supports interaction with novel interfaces. Personal objects "embody" a specific story known by its owner creating an individual relation to somebody or a situation. Therefore, they can link and support interaction, by equipping these objects with RFID tags and serving as tangibles for pre-defined interactions. Additionally, the role of users as co-designers enhances the advantages of generic tokens. Through individual annotations, generic tokens not only benefit from their affordances, but also from the personal relation to the users. Further development and design will be focused on the integration of our current technical setup into various common devices like: smart phones, tablets, home computers, notebooks. The major challenge here is to achieve the same interaction and functionality on different tools in order to further refine the RFID interaction with personal tokens as interaction key.

References

Ehrenstrasser, L., and Spreicer, W. (2011). Tokens: Generic or Personal? Basic design decisions for tangible objects. In: Eibl, M., and Ritter, M. (Hrsg.): *Workshop-Proceedings Mensch & Computer 2011*, Chemnitz: Universitätsverlag Chemnitz, S. 25-28.

Fisk, A. D., Rogers, W. A., Charness, N., Czaja, S. J. and Sharit, J. (2009). *Designing for Older Adults. Principles and Creative Human Factors Approaches.* Second Edition. CRC Press

González, J. A. (1995). Autotopographies. In Brahm, G. Jr. and Driscoll, M. (Hrsg.): *Prosthetic Territories: Politics and Hypertechnologies.* Boulder, USA: Westview Press, S. 133-150.

Hornecker, E. (2012). Beyond affordance: tangibles' hybrid nature. In Spencer, S. N. (Hrsg.): Proceedings of the Sixth International Conference on Tangible, Embedded and Embodied Interaction (TEI '12). New York, USA: ACM, S. 175-182.

Hoven, E. A. W. H. van den (2004). Graspable Cues for Everyday Recollecting. The Netherlands: PHD Thesis, Department of Industrial Design, Eindhoven University of Technology.

Ishii, H., Lakatos, D., Bonanni, L. and Labrune, J-B. (2012). Radical atoms: beyond tangible bits, toward transformable materials. *Interactions 19*(1), 38-51.

Mugellini, E., Lalanne, D., Dumas, B., Evéquoz, F., Gerardi, S., Le Calvé, A., Boder, A., Ingold, R. and Khaled, O. A. (2009). MEMODULES as Tangible Shortcuts to Multimedia Information. *Lecture Notes in Computer Science 5440*, S. 103-132.

Poynor, R. (1995). The hand that rocks the cradle. The International Design Magazine. May-June 1995.

Toffler, A. (1980). *The Third Wave.* New York: Morrow.

Ullmer, B., Ishii, H. and Jacob, R. J. K. (2005). Token+constraint systems for tangible interaction with digital information. *ACM Trans. Comput.-Hum. Interact. 12*(1), 81-118.

H. Reiterer & O. Deussen (Hrsg.): Workshopband Mensch & Computer 2012
München: Oldenbourg Verlag, 2012, S. 135-140

Programmieren im Vorschulalter mit Hilfe von Tangicons

Claudia Hahn, Christian Wolters, Thomas Winkler, Michael Herczeg

Institut für Multimediale und Interaktive Systeme, Universität zu Lübeck

Zusammenfassung

In diesem Beitrag diskutieren wir unsere Vorgehensweise zur Konzeption und zum Co-Design-Prozess einer neuen Variante der be-greifbaren, interaktiven Lern-Applikation Tangicons. Tangicons sollen durch spielerisches Erlernen wesentliche Konzepte der Programmierung vermitteln helfen. Vor dem Hintergrund von Vorgängersystemen wurde ein neues Spiel entwickelt, das auch für Kinder im Alter von vier, möglicherweise auch schon von drei Jahren geeignet ist. Es wird ein Prozess vorgestellt, in dem das Spielkonzept formativ, unter Einbezug der Zielgruppe, optimiert und evaluiert wird.

1 Einleitung

Ziel des Beitrags ist die Vorstellung und Entwicklung eines Lernspiels, in dem sich 4-jährige Kinder mit wesentlichen Konzepten des Programmierens auseinandersetzen. Dieses Spiel geht aus den Tangicons hervor, die seit 2006 entwickelt und untersucht werden (Scharf et al. 2008; Winkler et al. 2011; Scharf et al. 2012). Bei den Tangicons handelt es sich um eine Klasse von be-greifbaren Lernspielen, mit denen Kinder bis zum Alter von zehn Jahren programmieren und algorithmisch denken. Um mit diesem Spiel der Altersgruppe der 4-Jährigen gerecht zu werden, müssen deren spezifische Fähigkeiten und Grenzen berücksichtigt werden. Deshalb wird die Spielidee unter Berücksichtigung kognitiver Kompetenzen entwickelt.

Die Grundidee der Tangicons umfasst verschiedene Elemente: In einem Prozess des Begreifens sollen Kinder spielerisch das Programmieren erlernen. Dabei bewegen sie sich im Raum, wodurch auch der Körper relevant ist. Sie spielen miteinander, um über ihr Handeln im Spiel Kommunikations- und Entscheidungsprozesse auszulösen. Grundsätzlich sind im Spiel Input und Output getrennt, so dass keine direkte Manipulation stattfindet und Kommunikationsprozesse angeregt werden.

Die Entwicklung dieser Lernumgebungen orientierte sich an modernen pädagogischen Konzepten (Kösel 2007), die die Bedeutung gemeinsamen Lernens, die feinmotorische Handhabung (be-greifbarer) physisch-ikonischer Objekte (tangiblen Icons) sowie grobmotorische Bewegung der Lernenden berücksichtigen. In kollaborativen Lernsituationen wird durch gemeinsame Diskussion und Reflexion eine erfolgreiche Lösung erarbeitet (Scharf et al. 2012). Es fand bereits eine weitgehende Auseinandersetzung mit ähnlichen wissenschaftlichen Vorhaben statt (vgl. Scharf et al. 2008).

Die erste Systemgeneration der Tangicons (Scharf et al. 2008) wurde bereits 2007 in einem partizipativen Entwicklungsprozess mit Kindern im Alter von sechs bis neun Jahren fertig gestellt. Die zweite Systemgeneration wurde dahingehend verändert, dass Sensoren und Funkmodule in die Programmierbausteine des Spiels eingebaut wurden. Dies vereinfachte die Übertragung einer Programmiersequenz sowie die Ausführung des Programms und verbesserte das Erleben des Spiels. Hier gab es erstmals qualitative Hinweise auf eine altersbedingte Untergrenze für den Einsatz der Tangicons (Winkler et al. 2011). Eine wesentliche Neuerung bei der dritten Systemgeneration der Tangicons ist, dass die Spieler einen Avatar über Spielfelder bewegen. Dabei können wir vollständig auf handelsübliche Standardhardware (Laptop und Sifteo Cubes, siehe Merrill et al. 2007) zurückgreifen.

2   Programmieren als Problemlöseprozess

Im Folgenden wird Programmieren als ein Problemlöseprozess aufgefasst, das in einfacheren Varianten bereits von Kindern erlernt werden kann. Prozesse des Problemlösens zeichnen sich durch drei wesentliche Merkmale aus (vgl. Anderson 2001): (1) sie sind zielgerichtet, d. h. das Verhalten ist auf ein bestimmtes Ziel hin orientiert; (2) dieses Ziel wird in Teilziele zerlegt; (3) es werden Operatoren zur Transformation von Information angewendet. Dies sind Handlungen, die den vorliegenden Problemzustand in einen anderen Problemzustand transformieren. Das Gesamtproblem, die Aufgabenstellung, wird durch eine Sequenz von Operatoren gelöst.

Ein Programm kann als Sequenz von Befehlen betrachtet werden, die in der Reihenfolge ausgeführt werden, in der sie aufgestellt wurden (Scharf 2007). Zunächst muss also die Bedeutung einer Sequenz verstanden und dann eine Verbindung zwischen Input und Output hergestellt werden. Dabei muss erkannt werden, dass Veränderungen in der Programmierung mit Transformation des Inputs und damit Veränderungen im Output verbunden sind. Folglich wird die Verbindung zwischen Input und Output als Sequenz erkennbar.

Programmieren kann demnach als ein Problemlöseprozess aufgefasst werden, bei dem ein übergeordnetes Ziel in Teilziele zerlegt wird und mit Hilfe einer Sequenz von Operatoren ausgeführt wird. Wesentlich ist hier, dass die kognitiven Fähigkeiten der Zielgruppe berücksichtigt werden, weshalb diese nachfolgend betrachtet werden.

3   Kognitive Fähigkeiten

Um für die Altersgruppe der 3- und 4-Jährigen mit einem normalen Entwicklungsverlauf ein adäquates Lernspiel zu entwickeln, ist es erforderlich, deren kognitiven Kompetenzen zu berücksichtigen. Deshalb müssen relevante Konzepte identifiziert werden.

Das Problemlösen und Denken von Kindern verbessert sich, wenn sich eine Reihe von Komponenten mit ihrer kognitiven Entwicklung verändert (vgl. Oerter & Montada 2002): Sie nutzen ihren Arbeitsspeicher besser, sie bilden abstrakter werdende Repräsentationen und nutzen verbesserte Strategien. Bereits Kinder unter drei Jahren gehen beim Problemlösen mit Absicht und Organisiertheit vor, so dass von definierten Problemlösestrategien gesprochen werden kann. Der Wechsel einer Strategie kann als klares Zeichen zielgerichteten Problemlösens gewertet werden (vgl. Oerter & Montada 2002 und Siegler et al. 2005).

Weiterhin ist beim Umgang mit Symbolen die Fähigkeit zur dualen Repräsentation von Bedeutung (DeLoache 2004): Symbolische Artefakte sind sowohl reales Objekt als auch die Repräsentation (Zeichen) von etwas anderem als sich selbst. Diese Fähigkeit nimmt mit dem Alter zu und ist unter bestimmten Umständen ab einem Alter von 2,5 Jahren zu beobachten. Sie ist auch von Eigenschaften der Objekte abhängig, so dass attraktive Objekte von jungen Kindern weniger leicht als Symbole begriffen werden. Da die Sifteo Cubes als Symbole dienen, ist die Fähigkeit zur dualen Repräsentation eine Voraussetzung für erfolgreiches Spielen.

Außerdem sind noch die Entwicklung des Zahlenverständnisses und die Repräsentation von Zahlen durch Symbole von Interesse. Das Phänomen des *Subitizing* (vgl. Siegler et al. 2005) bezeichnet die Kompetenz, Mengen mit bis zu drei Elementen unmittelbar zu erkennen und kann schon im ersten Lebensjahr geleistet werden. Jedoch ist unklar, inwiefern dies auf ein arithmetisches Grundverständnis oder einen Wahrnehmungsprozess zurückzuführen ist. Erst im Alter von drei oder vier Jahren können Kinder Mengen unterscheiden, die nur wenig größer als drei sind (vgl. DeLoache 2004). Die meisten Kinder erlernen das Zählen im Alter von drei Jahren, erst mit fünf Jahren kennen die meisten Kinder die relative Größe (fast) aller Zahlen zwischen 1 und 10 (vgl. Siegler et al. 2005).

Ein weiteres Problem könnte im Verständnis von Ursache und Wirkung liegen. Die meisten 3-Jährigen wissen noch nicht, dass Effekte eine Ursache haben müssen, Vorläufer eines kausalen Verständnisses existieren schon vorher (vgl. Siegler et al. 2005).

4   Spiel

Basierend auf dem Spielaufbau der Tangicons der dritten Systemgeneration wurde eine neue Spielidee entwickelt. Es spielen jeweils drei Kinder gemeinsam, damit eine überschaubare Lernsituation geschaffen wird, die Kommunikationsprozesse zulässt.

Die Aufgabe der Spieler ist es, einen Frosch von links nach rechts durch eine Teichlandschaft zu bewegen. Dazu müssen sie eine regelbasierte Sequenz aus Sifteo Cubes erstellen.

Die Darstellung des Teichs dient als Aufgabenstellung für die Spieler, indem sie Spielfelder anzeigt und angemessene Fortbewegungsarten impliziert. Die Abbildungen 1 und 2 visualisieren die Spielidee und gleichzeitig beispielhaft eine Variante des Untersuchungsmaterials, das im Co-Design-Prozess eingesetzt wird.

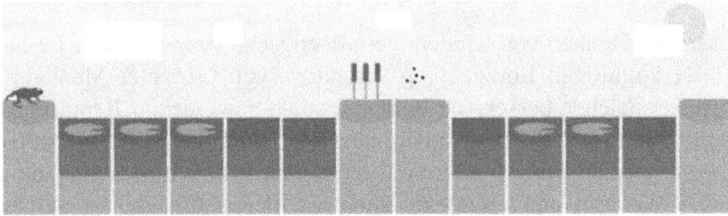

Abbildung 1: Mögliche Visualisierung der Spielfelder

Abbildung 2: Grafischer Entwurf für die Spielsteine (die Anzahl der roten Punkte entspricht der Anzahl der zurückgelegten Spielfelder) und des „Ladesteins"

Der Frosch kann hüpfen, schwimmen, gehen und klettern. Die Spieler müssen die Bewegungsart und die Entfernung, d.h. die Anzahl an Spielfeldern, auswählen. Dazu erhält jedes Kind einen Spielstein. An Land kann der Frosch hüpfen oder gehen - auf Seerosen gelangt er nur durch Hüpfen. Fällt oder springt er ins Wasser, so muss er bis ans nächste Ufer schwimmen, um dort wieder an Land zu klettern. Trifft der Frosch auf eine Mücke, will er sie fressen. Dann müssen die Kinder mit ihrem Spielstein zu einem entfernten „Ladestein" laufen, um den Frosch zu füttern, damit sie weiterspielen können. Die Kinder lernen das Spiel, indem sie es zunächst gemeinsam mit einem kundigen Erwachsenen spielen. Sie beginnen mit einer einfachen Teichlandschaft, die sukzessive komplexer wird.

Entsprechend den kognitiven Fähigkeiten werden die konzeptuellen und grafischen Entwürfe gestaltet. Deshalb werden nur Zahlen bis 3 berücksichtigt und neben Ziffern auch Symbole in der entsprechenden Anzahl verwendet. Ein weiterer Aspekt ist, dass die Symbole vorerst nicht zu attraktiv gestaltet werden, um eine duale Repräsentation zu ermöglichen. Ein wichtiger Gesichtspunkt ist die Verbindung zwischen der gelegten Sequenz und der Ausführung auf dem PC. Wir fassen das Spielen als Programmieren auf, insofern die Spieler das Gesamtproblem in Teilschritte zerlegen und geeignete Bewegungsarten und die Anzahl an Spielfeldern auswählen. Der daraus resultierende Ablauf entspricht einfachen Programmsequenzen in Computerprogrammen. Die vier Bewegungsarten einer Sequenz entsprechen Funktions- oder Methodenaufrufen, denen als Parameter die Reichweite der Bewegung übergeben wird. Um dieses Konzept für die Spieler zu visualisieren, geben die Sifteo Cubes ein grafisches Feedback über den Fortschritt der Ausführung. Mit dem be-greifbaren Spielmaterial sollen kognitive Prozesse externalisiert werden und so das Problemlösen der Kinder unterstützt und kommunizierbar werden.

5   Co-Design-Prozess

Mit dem folgenden formativen Ansatz soll die Eignung eines neuen Spiels für 4-jährige Kinder untersucht und optimiert werden. Eine generelle Voraussetzung für ein erfolgreiches Spiel ist, dass die Sifteo Cubes mit den angezeigten Bildern als Symbole begriffen werden und eine duale Repräsentation zulassen.

Gegenwärtig werden vier Gegenstandsbereiche als zentral für einen Co-Design-Prozess betrachtet. Erstens müssen geeignete Symbole für die Spielsteine identifiziert werden. Dazu werden verschiedene Varianten entwickelt, die dieselbe Information enthalten, sich jedoch in ihrem Abstraktionsgrad unterscheiden. Verschiedene Symbole können auch kombiniert werden, um die ideale Darstellungsweise zu ermitteln. Dazu werden Kindern Entwürfe für Symbole zur Interpretation vorgelegt, um mögliche Fehlinterpretationen aufzudecken. In einem weiterführenden Schritt werden die verschiedenen Varianten der Symbole in einfache Levels des Spiels integriert und das Spiel von einem der Autoren gemeinsam mit je einem 4-jährigen Kind gespielt. Dies erlaubt einen qualitativen Beobachtungs- und Befragungsprozess, in dem Probleme aufgedeckt werden können. Zweitens sollen verschiedene Varianten getestet werden, mit denen die Symbole auf den Steinen ausgewählt werden können. Eine Variante besteht darin, Modifikationen der „Befehle" der Programmierbausteine durch Drücken der Bildschirme oder durch eine Rotationsbewegung der Programmierbausteine im Raum hervorzurufen. Eine weitere Variante besteht in der Verfügbarkeit von zwei Modifikator-Steinen, wobei einer die Art der Bewegung (Hüpfen, Schwimmen, Klettern, Gehen) und einer die zurückgelegte Entfernung (ein, zwei oder drei Spielfelder) modifiziert. Dazu wird ein Modifikator-Stein neben einen Spielstein gelegt. Ein weiterer Aspekt ist die Ausgangsanzeige der Spielsteine. Der Stein kann zunächst „leer" sein und nur einen Hintergrund ohne Symbole anzeigen. Diese Variante kann mit einer standardmäßigen Anzeige von einem „Sprung" verglichen werden. Drittens soll die Landschaft, in der sich der Frosch bewegt, optimiert werden, da diese auch die Aufgabenstellung für die Spieler enthält. Hier ist es notwendig, dass die Anzahl an Spielfeldern fehlerfrei zu erkennen ist. Es ist aber auch wünschenswert, dass die Landschaft ansprechend gestaltet ist. Schließlich wird optimiert, wie eine aus drei Spielsteinen gelegte Sequenz ausgelöst wird. Eine Sequenz kann ausgelöst werden, indem die drei Spielsteine nebeneinander gelegt werden oder durch das Betätigen eines Start-Steines.

Sind diese grundlegenden Fragen des Spiel-Designs geklärt, kann das Spiel eingesetzt und weiterführende Fragen können geklärt werden. Beispielsweise kann dann untersucht werden, ob das Lernspiel gemeinsam gespielt werden kann und wenn, ob die Kinder sich gegenseitig durch Erklärungen beim Spielen helfen. Weiterhin kann die Rolle des Greifens untersucht werden, indem alle Elemente des Spiels auf einem Tablet PC präsentiert werden. Schließlich ist es entwicklungspsychologisch mit Fokus auf Programmierfähigkeiten auch interessant, ob

Kinder im Alter von drei Jahren schon in der Lage sind, das Spiel erfolgreich zu spielen. Dabei soll ebenfalls untersucht werden, ob mögliche Probleme für 3- und 4-Jährige gleichermaßen bestehen.

6   Zusammenfassung

Der vorliegende Beitrag skizziert die Entwicklung eines be-greifbaren Lernspiels für 4-Jährige. Ziel ist das spielerische Erlernen des Programmierens. Aufbauend auf drei Systemgenerationen wird das Spiel unter Berücksichtigung kognitiver Fähigkeiten in einem Co-Design-Prozess entwickelt. Wichtige Aspekte sind dabei die Gestaltung der Symbole und der Interaktion der Kinder mit den Steinen um die Symbole auszuwählen. Ist das Spielkonzept durch iterative Entwicklung hinreichend ausgereift, können weiterführende Fragestellungen bearbeitet werden. Eine spezielle Frage ist die Eignung des Spiels für 3-Jährige.

Literaturverzeichnis

Anderson, J. R. (2001). *Kognitive Psychologie. 3. Auflage.* Heidelberg: Spektrum.

DeLoache, J. S. (2004). Becoming symbol-minded. *Trends in Cognitive Science, 8*(2), 66-70.

Kösel, E. (1993-2007). *Die Modellierung von Lernwelten.* 3 Bände. SD Verlag, Bahlingen.

Merrill, D., Kalanithi, J. & Maes, P. (2007). Siftables: towards sensor network user interfaces. In Ullmer, B. & Schmidt, A. (Hrsg.): *Proceedings of the 1st International Conference on Tangible and Embedded Interaction 2007.* New York: ACM, S. 75-78.

Oerter, R. & Montada, L. (Hrsg.) (2002). *Entwicklungspsychologie. 5.Auflage:* Weinheim: Beltz.

Scharf, F. (2007). *Tangicons: Algorithmic Reasoning in a Collaborative Game for Preschool Children,* Student Research Project, IMIS, University of Luebeck.

Scharf, F., Winkler, T., Hahn, C., Wolters, C. & Herczeg, M. (2012). Tangicons 3.0 – An Educational Non-Competitive Collaborative Game. In Schelhowe, H. (Hrsg.): *The 11th International Conference on Interaction Design and Children, IDC '12.* Bremen: ACM, S. 144-151.

Siegler, R., DeLoache, J. & Eisenberg, N. (2005). *Entwicklungspsychologie im Kindes- und Jugendalter. 1. Auflage.* München: Elsevier.

Winkler, T., Scharf, F., Peters, J. & Herczeg M. (2011). Tangicons - Programmieren im Kindergarten. In Eibl, M. & Ritter, M. (Hrsg.): *Workshop Proceedings der Tagung Mensch & Computer 2011 - überMEDIEN ÜBERmorgen.* Universitätsverlag: Chemnitz, S. 23-24.

H. Reiterer & O. Deussen (Hrsg.): Workshopband Mensch & Computer 2012
München: Oldenbourg Verlag, 2012, S. 141-146

Gait Biometrics in Interaction Design: A Work in Progress Report

Nassrin Hajinejad, Simon Bogutzky, Barbara Grüter

University of Applied Sciences Bremen

Abstract

The use of biometric data in HCI is an emerging field of science and design. In addition to the security dimension, biometrics open up new possibilities of interaction design. This paper presents suggestions on applying gait biometrics in mobile biofeedback systems. We describe a prototypical implementation of mobile gait analysis and put first ideas on incorporating gait biometrics to understand and affect subjective experiences on debate.

1 Introduction

Development and availability of a variety of sensing technologies allow more refined human-computer interaction (HCI). Capturing biometrics, biofeedback systems allow for new interaction modalities and experiences. Biometrics may be broadly defined as measurable biological and behavioral characteristics. Cast against the background of experience design, biofeedback systems are preferably applied in the area of digital games to gain insight into users' emotional and mental state (cf. Gilleade et al. 2005).

The human gait is an important source of information. Various approaches of gait analysis have been proposed to analyze gait characteristics (cf. Best & Begg, 2006). However, in HCI gait biometrics are mainly applied for authentication purposes. We investigate within our feasibility study the incorporation of gait characteristics for the purpose of mobile interaction design. In this paper we share our considerations and describe our approach of implementing a prototypical real-time gait analysis on a mobile device to gain insight into practical aspects of gait analysis.

2   Gait

The human gait is one of the most essential human activities and can be neutrally defined as follows "Human gait is a spatio-temporal phenomenon that characterizes the motion of an individual." (Chellappa et al. 2005, 2). The manner of walking reveals valuable information and plays a significant role in implicit interpersonal communication. In fact, the human gait reflects the body form, health status, activity and mood of the walking person.

Gait analysis is a means to describe observable changes of motion and thus deals with the outward aspects of the walking activity. Objectifying the information contained in a gait pattern, the scientific method of gait analysis deals with „[…] the measurement, analysis and assessment of the biomechanical features that are associated with the walking task." (Best & Begg, 2006, 2). There are a huge number of parameters that have been used to describe a gait pattern, most of which are temporal-spatial ones. Some characteristics commonly extracted in gait analysis, are cadence (step frequency), stride length and stance duration.

However, walking comprises more than biomechanical aspects. Qualitative gait characteristics may provide indications of a person's inward movements. For instance the degree of gait ‚smoothness' (particularly applied to assess pathologically changed walking) is not only objectively measurable but also reflected in the subjective experience (Meinel et al., 2007). Investigating the relation between objectively measurable gait characteristics and the subjective experience level can make a substantial contribution towards experience design in mobile interaction. In our research we aim to understand this interplay and use the term gait gestalt (based on the German word „Gangbild") to refer to the activity of walking as an expression of objective and subjective features.

3   Gait in Biofeedback Systems

Up to date gait analysis is primarily applied in the field of medicine and sports. Therapists apply gait analysis to recognize gait deviations and understand causes of biomechanical abnormalities in the locomotor system. Applying gait biometrics in biofeedback systems may serve different design goals. Kuikkaniemi et al. (2010) differentiate two categories of biofeedback, explicit and implicit biofeedback.

Explicit biofeedback refers to systems that incorporate biometrics to facilitate awareness of physiological processes. By means of mediation, these applications support users in training and control of unconsciously running processes (such as the galvanic skin response).

Implicit biofeedback systems make use of biometrics to support the personal manner of interaction. Depending on the user's analyzed behavior biofeedback-based games change to a more supportive or respectively challenging mode, or vary their content (Gilleade et al. 2005). First attempts of applying gait biometrics in implicit biofeedback systems use auditory feedback to support gait characteristics such as symmetry. Prassas et al. (1997) report how music adapted to the cadence of stroke patients positively affected the symmetry of their stride length and hip joint range of motion. We aim to find indications how to affect subjective experiences by means of gait-based implicit biofeedback systems. In order to identify and measure behavioral characteristics in gait patterns (gait features), we have implemented a prototypical real-time gait analysis on a mobile device, which we describe in the following section.

4   Mobile Gait Analysis: An Approach

With the prospect of unobtrusive person identification, gait analysis on mobile devices and real-time gait feature extraction is gaining increasing attention (Derawi et al., 2010; Yang et al., 2011). We use in our gait analysis the Apple iPhone 4S[1]. The iPhone 4S has an integrated accelerometer (STMicro STM33DH) and an integrated gyroscope (STMicro AGDI)[2] for measuring translational acceleration in three axes and angular acceleration in three axes.

To allow an unobtrusive way of gait analysis, we ask users to carry their iPhone in their trouser pocket. As the orientation of the device affects the measurement, the app demands users to wear the iPhone in an upright position with the display pointed in walking direction.

4.1   Data Collection and Feature Extraction

Our current app allows users to sign up, log in and create a profile with personal data such as height, weight, gender, and age. The main functions of the app enable the recording of gait acceleration signals in a walking session and the extraction of elementary gait features in real-time. We store the measurement values acceleration, gravity, attitude, and rotation rate in a sampling rate of 100 Hz. After each session the measured data is stored in an XML file and uploaded on a server for a subsequent stationary gait analysis (offline). On the one hand, the recoding serves for analyzing gait patterns and identifying gait features; on the other hand, we use it to validate the real-time feature extraction.

The human walk is a series of steps. A periodic repetition of every two steps is defined as one gait cycle. We are able to identify gait cycles in real-time using the attitude pitch values. A pitch is a rotation around the lateral axis and indicates if the user's thigh is swinging or standing on the ground. The app identifies the moment of the human gait cycle, where the user's thigh has an angle up to 90 degrees to the ground. At that moment, the pitch signal has a distinctive peak. The app detects these peaks (see fig. 1, dashed line) and plays a sound. This first auditory feedback can be later used for time synchronization of data and video recordings and is also a first step to gait-based implicit biofeedback.

---

[1]   http://www.apple.com/iphone/

[2]   http://www.ifixit.com/Teardown/iPhone-4-Teardown/3130/2

In our offline gait analysis, we viewed several walking sessions from different users. These sessions varied in length, pedestrian, stop behavior, footwear, ground, and speed to get a great variety of features that influence the gait pattern. We use an approach described by Moe-Nilssen & Helbostad (2004) to identify basic gait features such as stride regularity (regularity of two consecutive steps) and cadence from the vertical user acceleration (VA) and the forward user acceleration (FA). This approach uses an autocorrelation procedure to identity these features from the VA and the FA measurement series.

4.2 Results

The identified features of the offline gait analysis serve as comparison values for the real-time gait analysis on the mobile phone. It is questionable, whether or not we are able to use the same method in our mobile approach, as the autocorrelation function requires a certain amount of repetitive measurement points in order to provide meaningful results.

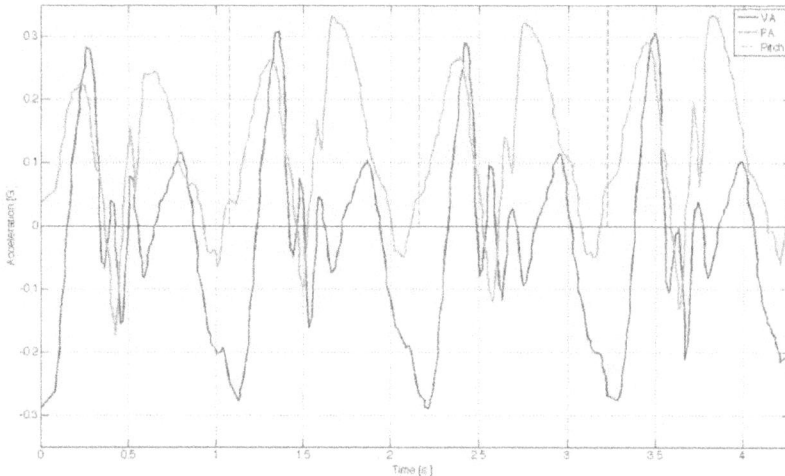

Figure 1: Gait Cycles separated by Pitch Peaks

Figure 1 shows a short part of a walking session (407 measurement points) with four pitch peaks (N) in a time interval (T) of 4.26s. The mobile approach calculates the cadence as follows:

$$C = 2\frac{60s}{\frac{T}{N}} \quad C = 2\frac{60s}{\frac{4.26s}{4}} = 112.67\,^{step}/_{min}$$

The offline approach calculates for the same data set a cadence of 108.09 steps/min. If we include more gait cycles (11 cycles, 986 measurement) the mobile approach calculates the same cadence value as before. In contrast the result of the offline approach changes to a cadence of 110.43 steps/min and approaches the mobile result. Thus, the use of the gyroscope in mobile gait analysis is more promising than the sole use of an accelerometer (cf. Lee & Park 2011). Currently, we identify only a moment of the human gait cycle, but the detection of pitch peaks in real-time is our first step in the field of mobile gait analysis.

5   Outlook

In the further course of our research we will deepen technological and theoretical aspects of gait-based biofeedback.

Implementing a mobile gait analysis, we created the prerequisite to examine gait gestalt and its meaning in mobile interaction design. In the continual development process we will integrate a global reference coordinate system to ignore the orientation of the device and reduce the distortion that will emerge when the device moves in the trouser pocket. Furthermore, we have to improve the detection of maxima and minima in the gyroscope and acceleration data to optimize the feature extraction. We will apply our mobile application to analyze context-related changes of gait features and understand the relation of contextual characteristics and the gait gestalt. In particular we will investigate how a person's gait gestalt reflects the following contextual characteristics such as a) emotional state, b) location/place and c) activity.

References

Best, R. & Begg, R. (2006). Overview of movement analysis and gait features. *Computational intelligence for movement sciences: neural networks and other emerging techniques.* Hershey, PA: Idea Group Pub. 1–69.

Chellappa, R., Roy-Chowdhury, A. K. & Zhou, S. K. (2005). Recognition of humans and their activities using video. *Synthesis Lectures on Image, Video & Multimedia Processing* 1(1), 1–173.

Derawi, M. O., Nickel, C., Bours, P. & Busch, C. (2010). Unobtrusive user-authentication on mobile phones using biometric gait recognition. *Proc. IIH-MSP '10 Sixth International Conference on Intelligent Information Hiding and Multimedia Signal.* 306–311.

Gilleade, K., Dix, A. & Allanson, J. (2005). Affective videogames and modes of affective gaming: assist me, challenge me, emote me. *Proceedings of DiGRA 2005 Conference: Changing Views – Worlds in Play.*

Kuikkaniemi, K., Laitinen, T., Turpeinen, M., Saari, T., Kosunen, I. & Ravaja, N. (2010). The influence of implicit and explicit biofeedback in first-person shooter games. *Proc. of the 28th international conference on Human factors in computing systems,* 859–868.

Lee J. & Park E. (2011). Quasi real-time gait event detection using shank-attached gyroscopes. *Medical and Biological Engineering and Computing, 49* (6), 707-712.

Meinel, K., Schnabel, G., Schnabel, G. G. & Krug, J. (2007). *Bewegungslehre Sportmotorik: Abriss einer Theorie der sportlichen Motorik unter pädagogischem Aspekt.* 1. Aufl. Aachen: Meyer & Meyer Sport.

Moe-Nilssen R. & Helbostad J. L. (2004). Estimation of gait cycle characteristics by trunk accelerometry. *Journal of Biomechanics 37* (1), 121-126.

Prassas, S., Thaut, M., McIntosh, G. & Rice, R. (1997). Effect of auditory rhythmic cuing on gait kinematic parameters of stroke patients. *Gait &Posture* 6(3), 218 – 223.

Yang, C.-C., Hsu, Y.-L., Shih, K.-S. & Lu, J.-M. (2011). Real-Time Gait Cycle Parameter Recognition Using a Wearable Accelerometry System. *Sensors* 11(8), 7314–7326.

H. Reiterer & O. Deussen (Hrsg.): Workshopband Mensch & Computer 2012
München: Oldenbourg Verlag, 2012, S. 147-153

Berührungslose und be-greifbare Interaktionen des 3D-Skizzierens

Johann Habakuk Israel[1], Erik Sniegula[2]

Geschäftsfeld Virtuelle Produktentstehung, Fraunhofer IPK Berlin[1]
Freie Universität Berlin[2]

Zusammenfassung

Entwickler immersiver Anwendungssysteme, in diesem Beitrag insbesondere immersiver Skizziersysteme, sind seit der breiten Verfügbarkeit von Tiefenkameras vor die Frage gestellt, Interaktionstechniken be-greifbar oder berührungslos zu realisieren. In diesem Beitrag werden jeweils ein auf be-greifbaren und ein auf berührungslosen Interaktionstechniken basierendes immersives Skizziersystem vorgestellt und miteinander verglichen. Abschließend werden erste Vorschläge für eine Funktionsallokation zwischen be-greifbaren und berührungslosen Interaktionstechniken im Kontext des immersiven Skizzierens benannt.

1 Einleitung

Mit der Verfügbarkeit tiefenbildbasierter Interaktionsgeräte wie der Microsoft Kinect oder der ASUS Xtion wurde es möglich, berührungslose Interaktionstechniken auf einfache Art und Weise zu realisieren. Diese erlauben dem Benutzer, durch die Bewegung seines Körpers mit dem Computer zu interagieren, beispielsweise durch Winken mit den Händen oder Bewegen der Arme. Physische Interaktionsgeräte sind dazu nicht notwendig. Solche berührungslosen Interaktionstechniken, oft auch gestenbasierte Interaktionstechniken genannt, werden häufig als Möglichkeit zur Entwicklung „natürlicher" oder „intuitiver" Benutzungsschnittstellen beschrieben (vgl. u. a. Ren et al. 2011; Wachs et al. 2011). Zwar sind solche Aussagen oft kaum empirische unterlegt und unterscheiden begrifflich nicht zwischen Gesten, physischer Manipulation und Metaphern (vgl. u. a. Quek 2004; Naumann et al. 2007; Israel, Hurtienne, et al. 2009). Trotzdem stellt sich Designern be-greifbarer und anderer Benutzungsschnittstellen die Frage, welche Vor- und Nachteile be-greifbare und berührungslose Interaktionstechniken im gegenseitigen Vergleich aufweisen und ob sie im konkreten Fall Systemfunktionen berührungslos oder be-greifbar anbinden sollten.

Dieser Beitrag widmet sich dieser Frage insbesondere aus der Anwendungsperspektive immersives Skizzieren in virtuellen Umgebungen. Zunächst wird kurz ein bestehendes, auf be-greifbaren Interaktionstechniken basierendes immersives Skizziersystem beschrieben, anschließend ein funktional ähnliches experimentelles System, welches die berührungslose Steuerung der Skizzierfunktionen ermöglicht. Abschließend werden beide Ansätze verglichen und ein erstes Fazit zur Funktionsallokation spezifischer Interaktionsaufgaben zwischen be-greifbaren und berührungslosen Interaktionstechniken vorgestellt. Unter be-greifbaren Interaktionstechniken wird hier der Gebrauch physisch repräsentierter Interaktionswerkzeuge während des immersiven Skizzierens verstanden; eine Betrachtung weiterer Aspekte begreifbarer Interaktion erfolgt im Abschnitt 4.

2   Immersives Skizzieren mit be-greifbaren Interaktionswerkzeugen

Die Entwicklung und Untersuchung multimedialer Werkzeuge zur Unterstützung kreativer Produktentwicklungsprozesse ist ein wichtiger Gegenstand des Design Research. Hierzu zählen auch Virtual-Reality-Technologien und insbesondere immersive Modellier- und Skizziersysteme, mit denen Designer in die Lage versetzt werden, direkt im immersiven dreidimensionalen Raum zu modellieren und skizzieren (vgl. u. a. Fiorentino et al. 2002; Keefe et al. 2001). Das hier vorgestellte immersive Skizziersystem wurde am Fraunhofer IPK entwickelt (Israel, Wiese, et al. 2009) und ermöglicht es dem Benutzer, Skizzen und Modelle direkt im dreidimensionalen Raum zu erstellen, sich um sie zu bewegen und sie aus verschiedenen Perspektiven zu betrachten (Abbildung 1). Das System nutzt eine VR-Cave, ein stereoskopisches Projektionssystem mit fünf quadratischen Projektionsflächen mit je 2,5 m Kantenlänge (Cruz-Neira et al. 1992). Unter den Interaktionswerkzeugen des Skizzierungssystems befindet sich ein Stift der es erlaubt, Linien zu zeichnen, Objekte zu löschen („Radiergummi"-Funktion) und Linien zu extrudieren, eine Zange zum Verschieben und Rotieren virtueller Objekte sowie ein beidhändiges Modellier-Werkzeug, mit dem Bézier-Kurven zu Flächen aufgezogen werden können (Abbildung 2). Alle Werkzeuge können mit den Händen geführt und entweder im Präzisionsgriff oder im Kraftgriff gehalten werden (precision grip, power grip, vgl. Napier 1956; Wilson 1998). Das System wurde bereits mehrfach empirisch im Kontext des Product Design untersucht, wobei die Möglichkeiten im Maßstab eins-zu-eins und dreidimensional zu arbeiten und direkt mit den Skizzen im Moment ihrer Entstehung interagieren zu können als Alleinstellungsmerkmale dieser Entwurfsmethode identifiziert wurden (Israel, Wiese, et al. 2009). Schwierigkeiten ergaben sich beim detaillierten und präzisen Skizzieren, jedoch konnten die entsprechenden Fertigkeiten relativ schnell verbessert und eine steile Lernkurve beobachtet werden (Wiese et al. 2010).

3   Berührungsloses freihändiges Skizzieren

Zur vergleichenden Untersuchung mit der be-greifbaren Variante wurde ein experimentelles berührungslosen Skizziersystems entwickelt. Dieses setzt eine Microsoft Kinect Kamera ein, welche unter anderem die vor der Kamera befindlichen Personen erfassen und Skelettmodelle von ihnen erstellen kann. Für diese Anwendung wurden die von der Kinect ermittelten Positionen der Unterarme genutzt und auf die Positionen der oben genannten virtuellen Werkzeuge abgebildet (Abbildung 3, Abbildung 4).

Abbildung 1: Immersives Modelliersystem des Fraunhofer IPK Berlin (Israel 2011).

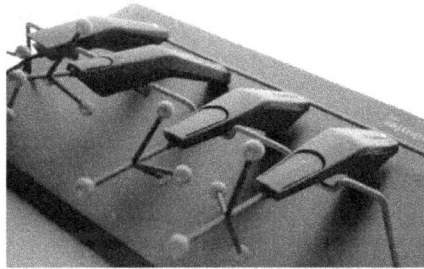

Abbildung 2: Be-greifbare Interaktions- und Modellierwerkzeuge.

Abbildung 3, Abbildung 4: Berührungslose Steuerung des Beziér-Flächenwerkzeugs.

Mit dem geschilderten experimentellen Aufbau konnten erste Interaktionstechniken des bestehenden Modelliersystems wie das Zeichnen von Linien und Beziér-Kurven und das beidhändige Greifen von Objekten berührungslos umgesetzt werden. Es zeigte sich dabei, dass ein direkter funktionaler Vergleich zwischen dem berührungslosen und dem be-greifbaren Ansatz nur begrenzt möglich ist, da sich beide im Reifegrad sehr unterscheiden. So liegt die Qualität der von der Kinect ermittelten Trackingdaten hinsichtlich Auflösung, Genauigkeit, Rauschens und Stabilität weit unter denen des bisher verwendeten optischen Trackingsystems. Ein einhändiges Greifen von Objekte ist beispielsweise nicht möglich, da die Finger der Hand vom Trackingsystem nicht aufgelöst werden können. Im Beispielsystem mussten Objekte daher immer gleichzeitig mit beiden Händen gegriffen werden. Weiterhin ist der durch die Kinect erfasste Interaktionsraum beschränkt und erfasst nur einen pyramidenartig zulaufenden Teilbereich der Cave. Der Benutzer kann außerdem nur in Richtung der Kinect interagieren und sich nicht beliebig drehen, da seine Arme sonst gegenüber der Kinect vom eigenen Körper verdeckt werden.

4   Vergleich be-greifbarer und berührungsloser Interaktionen am Beispiel immersives Skizzieren

Der Vergleich be-greifbarer und berührungsloser Interaktionstechniken des immersiven Skizzierens soll hier basierend auf den vier Themen *greifbare Manipulation (tangible manipulation), räumliche Interaktion (spatial interaction), verkörperte Interaktion (embodied facilitation)* und *ausdruckstarke Repräsentationen (expressive representation)* des Tangible-Interaction-Frameworks von Hornecker und Buur (2006) geführt werden. Die geschilderten Einschätzungen gründen auf Erfahrungen aus eigenen Benutzerstudien und sporadische Nutzerbeobachtungen während informeller Demonstrationen.

Bezogen auf das Thema *greifbare Manipulation* unterscheiden sich beide Interaktionstechniken grundlegend. Dieses Thema beschreibt die Möglichkeiten zur direkten haptischen Interaktion mit materiellen Objekten, den damit verbundenen physischen Effekten und der Unterstützung durch physische Affordances und Constraints. In der be-greifbaren Variante führt der Benutzer das physische Werkzeug mit den Händen, die Wirkrichtung des Werkzeugs ist das Ergebnis des Zusammenspiels der Finger (precision grip) und wird in der räumlichen Ausrichtung des physischen Werkzeuges als auch seines virtuellen Cursors eindeutig repräsentiert. Sensoren und Schalter, die am Werkzeug untergebracht sind, können schnell gefunden und ausgelöst werden. Über das Auslösen erhält der Benutzer eindeutiges Feedback durch die Gegenkraft am Objekt oder das Klicken eines Schalters. Es besteht daher nur wenig Unsicherheit darüber, ob das System die Auslösung einer Funktion erfasst hat. Die Wirkung des Werkzeugs wird jedoch auf einen räumlichen Freiheitsgrad reduziert, anders als beim Formen eines plastischen Objekts mit den Händen, bei dem jeder Kontaktpunkt der Hände mit dem Material eine Wirkung erzielen kann (vgl. u. a. Piper and Ratti 2002).

Mit berührungslosen Interaktionstechniken steuert der Benutzer die Wirkrichtung der Werkzeuge mit den Unterarmen, eine Abstimmung durch mehrere Finger ist derzeit technisch nicht möglich. Selbst wenn es technisch möglich wäre, die Finger der Hand einzeln zu erfassen - was in absehbarer Zeit zu erwarten ist -, wäre das Austarieren einer Wirkrichtung schwierig, da ein zwischen den Fingern vermittelndes Element fehlte. Ob sich mit berührungslosen Interaktionstechniken Präzisionsgriffe überhaupt realisieren lassen, erscheint daher fraglich. Ein besonderes Problem der Verwendung berührungsloser Interaktionstechniken stellen Auswahloperationen bzw. Statusänderungen dar, hier insbesondere das Beginnen und Beenden des Linien- oder Flächenzeichnens, das Greifen und Loslassen eines virtuellen Objektes oder die Auswahl einer Subfunktion in einem 3D-Menü. Bisher wird dies durch Gesten gelöst, die im Vergleich zur begreifbaren Interaktionstechniken unzuverlässig sind und den Benutzer oft im Unklaren lassen, ob die Geste vom System erkannt und die Funktion ausgewählt wurde. Da Greifen, Auslösen und Beenden oft ausgeführt werden, wirken sich diese Verzögerungen erheblich auf die Gesamteffizienz aus. Ein wesentlicher Vorteil berührungsloser Interaktion ist natürlich, dass Benutzer keine physischen Interaktionsgeräte tragen müssen und alle Interaktionsmöglichkeiten – so sie entsprechend implementiert sind – in den bloßen Händen tragen.

Bezogen auf das Thema *räumliche Interaktion*, also der Möglichkeit den Raum zu nutzen und in ihm präsent zu sein, unterscheiden sich berührungslose und be-greifbare Interaktion wenig. Benutzer können sich in beiden Fällen im Rahmen des vom Trackingsystem erfassten Bereichs bewegen, die Bedeutung der Interaktionsorte unterscheidet sich nicht. Berührungslose Interaktionstechniken erlauben es jedoch, potentiell mit dem gesamten Körper im Interaktionsraum zu interagieren und somit mehr räumliche Freiheitsgrade als be-greifbare Interaktionswerkzeuge zu nutzen (s. o.).

Hinsichtlich der *verkörperten Interaktion* konnten wir beobachten, dass mit be-greifbaren Interaktionstechniken die konzentrierte Arbeit am Objekt im Vordergrund stand. Einige Nutzer hoben den Prozess hervor und dass ihnen die Formen aus den Händen fließen. Öfter wurde jedoch das Resultat der Arbeit, das skizzierte Objekt thematisiert und der Wunsch, die Bewegungen zu dessen Erschaffung möglichst präzise ausführen zu können. Nutzer des berührungslosen Systems legten dagegen weniger Wert auf das zu erschaffende Objekt sondern sahen die Qualität des Systems zuerst in der Stimulation, die Hände zu bewegen und das System damit zu steuern. Viele beschrieben dies als faszinierend oder sogar meditativ und führten repetitive Bewegungen teilweise minutenlang aus.

Ausdruckstarke Repräsentationen zu erzeugen, eine Verbindung zwischen den eigenen Aktionen und der Reaktion des Systems wahrzunehmen und innere Bilder externalisieren zu können ist mit beiden Interaktionstechniken möglich. Gerade hier haben immersive Skizziersysteme ihre größte Stärke. Die erzeugten Bilder unterscheiden sich zwar aufgrund des verschieden starken experimentellen Charakters der Systeme in ihrem Detailreichtum und in ihrer Präzision. Grundsätzliche Unterschiede lassen sich jedoch auch in anderen Systemen nicht erkennen (vgl. u. a. Keefe et al. 2001; Schkolne 2006).

5 Zusammenfassung

Die Erfahrungen mit be-greifbaren und berührungslosen Interaktionstechniken des immersiven Skizzierens legen nahe, dass konkrete Systementwürfe, abhängig vom Anwendungsfall, Anleihen in beiden Konzepten nehmen sollten. Ein Entweder-oder zwischen beiden Konzepten, das heißt entweder alle Interaktionstechniken berührungslos anzubinden oder nur vermittelt über physische Interaktionswerkzeuge, würde Möglichkeiten verschenken. Basierend auf dem Vergleich beider Interaktionstechniken lässt sich – bei aller Begrenztheit der empirischen Basis und Methode – für den Anwendungsfall immersives Skizzieren eine erste Funktionsallokation zwischen be-greifbaren und berührungslosen Interaktionstechniken vornehmen.

Begreifbare Interaktion kann für solche Interaktionstechniken zum Tragen kommen, für die folgende Anforderungen gelten:

- präzise freihändige Interaktion (precision grip) um Informationen zu generieren,

- häufige und schnelle Statusänderungen durchführen,

- eindeutiges Systemfeedback (passives Feedback, physische Affordances und Constraints) für effiziente und schnelle Interaktionen vermitteln,

- das zu generierende Objekt steht im Vordergrund, nicht die Interaktionstechnik.

Dagegen kann berührungslose Interaktion für solche Interaktionstechniken in Betracht gezogen werden, für die diese Anforderungen bestehen:

- die Aktivität der Benutzer steht im Vordergrund, nicht das zu generierende Objekt,

- die Manipulation virtueller Objekte soll flächig und nicht punktuell erfolgen,

- Genauigkeit der Interaktion spielt eine untergeordnete Rolle,

- auf physische Interaktionsgeräte soll verzichtet werden.

Umgebrochen auf Systemfunktionen bedeutet dies, dass generierende Funktionen wie das Erzeugen von Linien und Flächen wegen ihres höheren Präzisionsanspruches, der schnellen Zustandswechsel und der Notwendigkeit des Zusammenspiels mehrerer Finger (Präzisionsgriff) be-greifbar realisiert werden sollten. Transformierende Operationen wie das Greifen, Verschieben und Skalieren von Objekten lassen sich dagegen zukünftig möglicherweise berührungslos umsetzen. Hierdurch ergäbe sich auch eine Reduktion der Anzahl benötigter Interaktionsgeräte, wodurch sich das Problem des physical clutter (vgl. Ullmer and Ishii 2001) ebenfalls verringerte.

Die gleichzeitige Verwendung des be-greifbaren und des berührungslosen Ansatzes erscheint zusammenfassend als vielversprechender Weg hin zu ganzheitlichen Interaktionskonzepten des immersiven Skizzierens, von 3D-Benutzungsschnittstellen und darüber hinaus. Es sollten daher technische Infrastrukturen geschaffen werden, diese Kombination von Interaktionstechniken zu realisieren und innerhalb des gleichen Szenarios berührungslose und begreifbare Interaktionstechniken zu interagieren.

Literaturverzeichnis

Cruz-Neira, C et al. 1992. "The CAVE: audio visual experience automatic virtual environment." *Communications of the ACM* 35(6): 64-72.

Fiorentino, Michele et al. 2002. "Surface Design In Virtual Reality As Industrial Application." In *DESIGN Conference*, Dubrovnik, Croatia, p. 477-482.

Hornecker, Eva, and Jacob Buur. 2006. "Getting a Grip on Tangible Interaction: A Framework on Physical Space and Social Interaction." In *CHI 2006*, ACM Press, p. 437–446.

Israel, Johann Habakuk, Eva Wiese, et al. 2009. "Investigating three-dimensional sketching for early conceptual design—Results from expert discussions and user studies." *Computers & Graphics* 33(4): 462-473. http://dx.doi.org/10.1016/j.cag.2009.05.005.

Israel, Johann Habakuk, Jörn Hurtienne, et al. 2009. "On intuitive use, physicality and tangible user interfaces." *Int. Journal Arts and Technology* 2(4): 348-366.

Israel, Johann Habakuk. 2011. "Sketching In Space – Freihändiges Modellieren in Virtuellen Umgebungen." *Futur. Mitteilungen aus dem Produktionstechnischen Zentrum Berlin* (3): 18-19.

Keefe, Daniel F et al. 2001. "CavePainting: A Fully Immersive 3D Artistic Medium and Interactive Experience." In *ACM Symposium on Interactive 3D Graphics (SI3D'01)*, ACM Press, p. 85-93.

Napier, John. 1956. "The prehensile Movements of the human Hand." *Journal of Bone and Joint Surgery* 38-B(4): 902-913.

Naumann, Anja et al. 2007. "Intuitive Use of User Interfaces: Defining a Vague Concept." In *Engineering Psychology and Cognitive Ergonomics, HCII 2007*, Heidelberg: Springer, p. 128-136.

Piper, Ben, and Carlo Ratti. 2002. "Illuminating clay: a 3-D tangible interface for landscape analysis." In *SIGCHI conference on Human factors in computing systems: Changing our world, changing ourselves (CHI'02)*, Minneapolis, Minnesota, USA , p. 355-362.

Quek, Francis. 2004. "The catchment feature model: a device for multimodal fusion and a bridge between signal and sense." *EURASIP Journal of Applied Signal Processing* 2004(1): 1619-1636. http://dx.doi.org/10.1155/S1110865704405101.

Ren, Zhou et al. 2011. "Robust hand gesture recognition with kinect sensor." In *Proceedings of the 19th ACM international conference on Multimedia - MM '11*, New York, New York, USA: ACM Press, p. 759. http://dl.acm.org/citation.cfm?id=2072298.2072443 (Accessed March 13, 2012).

Schkolne, Steven. 2006. "Making Digital Shapes by Hand." In *Interactive Shape Editing, ACM SIGGRAPH Courses 2006*, ACM Press, p. 84-93.

Ullmer, Brygg, and Hiroshi Ishii. 2001. "Emerging frameworks for tangible user interfaces." In *Human-computer interaction in the new millennium*, ed. J M Carroll. Reading, Massachusetts, USA: Addison-Wesley, p. 579–601.

Wachs, Juan Pablo et al. 2011. "Vision-based hand-gesture applications." *Communications of the ACM* 54(2): 60. http://dl.acm.org/ft_gateway.cfm?id=1897838&type=html (Accessed March 9, 2012).

Wiese, Eva et al. 2010. "Investigating the Learnability of Immersive Free-Hand Sketching." In *ACM SIGGRAPH/Eurographics Symposium on Sketch-Based Interfaces and Modeling SBIM'10*, eds. Ellen Yi-Luen Do and Marc Alexa. Annecy, France: ACM SIGGRAPH and the Eurographics Association, p. 135-142.

Wilson, Frank R. 1998. *The hand. How it use shapes the brain, language, and human culture.* New York: Pantheon Books.

Thermal Display, based on the separated presentation of hot and cold

Ron Jagodzinski, Götz Wintergerst, Peter Giles

Tangible Interaction Research [TIR], Hochschule für Gestaltung Schwäbisch Gmünd

Abstract

Temperature sensation is an important part of the human haptic perception. Nevertheless, thermal displays are rarely used within man-machine interfaces. One reason for this is the thermal reaction time of the transmitting contact material, which makes it hard to implement a dynamic interface. In this paper, we introduce a principle which allows a versatile presentation of heat and cold stimuli with thermal displays. The adjustable thermal changes are enabled by the separate execution of heat generation and cooling of the users skin.

1   Introduction

With respect to the display of haptic object and material properties, the temperature component is of crucial interest (Ino et al. 1993, Lederman & Klatzky 2009). There are well-founded basics for the human thermal perception and detailed models for the thermal simulation (Benali-Koudja et al. 2003, Ho & Jones 2006, Jones & Ho 2008). The thermal diffusivity of a material seems to be a distinguishing cue for material discrimination (Bergmann Tiest & Kappers 2009) as well as the heat capacity (Jones & Berris 2003). Thermal displays for material simulation have been developed by Ino (Ino et al. 1993), Ottensmeyer (Ottensmeyer & Salisbury 1997) or Caldwell (Caldwell et al. 1996) - all of them based on peltier elements as active component. Several works for the identification and discrimination of simulated material within virtual environments was done by varying scientists, like Kron (Kron & Schmidt 2003), Yamamoto (Yamamoto et al. 2004), Benali- Khoudja (Benali-Khoudja & Hafez 2004), Ho (Ho & Jones 2007), to name just a few.

Furthermore, thermal interfaces are not only suitable for material simulation within virtual environments. Through it's emotional component this kind of perception can disclose a large potential for the "look and feel" of common man-machine interfaces.

For example Nakashige (Nakashige et al. 2009) developed a thermal interface based on peltier elements as part of a telecommunication system and integrated the actuator in a regular trackball. A comparably system embeded in a gamecontroller is done by Baba (Baba et al. 2010). Whereas Wettach (Wettach et al. 2007) developed a thermal interface based on the heating of resistors but does not include a cooling system. Thermal interfaces based on infra-red radiation are not used widespread. Some work was done by Dioniso et al. (Dionisio 1997, Dionisio et al. 1997) and Lecuyer et al. (Lecuyer et al. 2003). Both research group used the infrared radiation for controlling ambient temperature within virtual reality-systems. The introduced principle of this paper is based on infrared radiation to heat the users skin while simultaneously the same area is cooled through the surface of the device. Through weighting these individual actuators, a specific sensation can be triggered.

2   Temperature Perception

The human thermal sensory system, embedded within the skin is regarded to be one of the skin senses, alongside tactility. Precedent findings showed, that thermal perception is an important quality of material exploration (Caldwell & Gosney 1993, Ho & Jones 2007, Ino et al. 1993). Besides the conscious thermal perception of object temperature and surrounding, one of it's functions is the observation of the bodies temperature (Birbaumer & Schmidt 2006). The receptor density is distributed unequally (Caldwell et al. 1996) with an accumula-tion at the bodies orifices, especially the lips (Stevens 1991). The skin temperature is per-ceived by warm and cold receptors in differing concentration ratios, up to 1(warm) : 30 (cold) (Jones & Berris 2002). The receptors are placed in different skin depth. Cold receptors can be found inside the epidermal skin layer at a depths of about 0.15 mm below the skin surface. The heat receptors are embedded in the dermal layer at a depth of about 0.3 mm. Therefore and for the reason of differing fiber characteristics, the latency for warm sensation is significantly above that of cold sensation (Darian-Smith 1984, Caldwell et al. 1996). Cold sensing perception cells respond within the temperature range between 5°C and 43°C with the peak at 30°C, whereas warmth receptors are within the range between 13°C and 45°C peaking at 43°C (Darian-Smith et al. 1973).

However, the individual warm and cold receptors do not give a precise reading of the skin temperature (Kandel et al. 2000) which could be caused through a unavailable fixed refer-ence point for temperature (Bergmann Tiest & Kappers 2009). Therefore it's difficult for humans to evaluate the absolute temperature of the skin. Both receptor cells are more sensi-tive to thermal changes than to static temperatures (Hensel 1973) within the perceivable range. Temperature differences of between 0.5°C and 5.2°C could be detected if applied simultaneously on a test subjects hands (Abbott 1913). The perception of a thermal change at the same spot is even better and varies between 0.1°C and 0.3°C at a rate of 0.1°C/sec or faster (Kenshalo et al. 1968). The temperature sensation is based on the perceived heat ex-traction rate (Bergmann Tiest & Kappers 2009, Darian-Smith et al. 1973) and there are indi-cations for a high resolution, even for small changes in skin temperature (Johnson et al. 1979). Therefore, for temperature perception the speed and strength of temperature modifica-tion is of crucial interest. The minimum values for an observable thermal change can be found in Weber's three tray experiment (Birbaumer & Schmidt 2006).

By decreasing the area of contact or the altering speed, the threshold values for the sensation are increasing and vice versa. Slow changes in skin temperature could hardly or not be perceived until they are rising above 36°C or falling below 30°C . Therefor it's proposed by Jones and Berris to present thermal changes in rapidly occurring transients (Jones & Berris 2002). The thermal perception is based on the basic temperature of the skin, which is generally within the range of 30°C – 35°C in an indoor environment (Jones & Berris 2002). Ordinarily, the temperature of the skin measured on the hand varies between 25°C– 36°C (Verrillo et al. 1998). If the skin temperature falls below 15°C- 18°C or rises above 45°C pain is perceived (Spray 1986, Darian-Smith & Johnson 1977).

The spatial resolution of the temperature sensory system is very limited, compared to the resolution of the mechanoreceptors (Darian-Smith & Johnson 1977, Yang et al. 2009). This resolution although varies through the human body depending on the receptor density (Darian-Smith 1984). There is an even stronger limitation in spatial resolution in the palm or the fingers of the hand (Johnson et al. 1973) compared to the human cavities like nose, eyes or mouth. However, the human hand is of crucial importance for the human-machine interaction and the capability for the use of thermal interfaces is proven often in previous works.

Besides the perceptive conditions, physical interrelations are relevant for the thermal exploration of objects. There are three possibilities of thermal transfer: Heat conduction, thermal convection and thermal radiation, and basically four properties which affects the speed of thermal convey: The temperature difference, size and flux of the contact area, the thermal conductivity and the heat capacity. For thermodynamics and therefore for thermal man-machine interfaces all of these properties are of interest. Nonetheless, most measurements of thermal displays are focused on the device itself and neglect the thermal convey to the users skin.

It is important to point out that the perceived temperature always deals with the temperature of the skin, which is not necessarily the temperature of the contact material (Jones & Ho 2008). Therfore, the speed of thermal changes within the simulator is not as relevant as the speed of thermal changes within the users skin. Which includes the heat flux between display and user.

3 Temperature Feedback

A limitation of existing thermal interfaces is the heat capacity of the thermal actuator. This "thermal storage" within the materials of the device, slows down the agility of the display. Thus, we tried to minimize the influence of the surface material and to that the influence of the materials heat capacity. Through a separated handling of heat generation within the user skin and heat deflection sudden temperature change could be achieved. The introduced prototype has a constant heat flux conducted from the user skin and generates heat on demand via infrared heating. Thus, we were able to differentiate the transmission of heat and cold by initiating the thermodynamics within the skin and not within the contact material of the interface.

It is much more difficult to generate and modulate thermal conduction than producing and controling heat, especially if the thermal transfer has to be without contact and should have no effect on the tactile perception, as it would with a cooling airstream (Dionisio et al. 1997). Due to this fact, we decided to keep the level of heat removal constant by using a peltier cooled aluminum housing as a heat sink for the skin. To implement the sensation of heat, we complimented the display area with an embedded glass lens. The heat is generated via the use of infrared rays which radiate through the transparent part of the contact area. The infra-red heat is applied directly on the user and the infrared rays warm the skin rather than the surface material. The temperature change within the skin is the dominant perception. The radiation may not be identified as an autonomous heat source, so the resulting temperature summation is ascribed to the display surface.

If the heat source is turned off, the skin cools down immediately and the user will only per-ceive the cold temperature of the contact area. This perception leaves the impression that the thermal display cooled down. By varying the duration of the infrared illumination, the per-ceived temperature can be influenced (fig. 1). An interruption of the infrared radiation leads to an immediate drop within the thermal perception, because the heat sink is still at the in-tended low temperature.

Figure 1: Schematic depiction of the thermal currents in the adjusting knob (thermal display). Variable heat gener-ation (red arrow) and constant heat removal (blue arrows)

4 Implementation

To generate the infrared rays, we used a Philips 100W infrared incandescent lamp with an optimized short wave length at about 1400 nm and a infrared radiation peak corresponding to the absorption factor of the human skin. These wavelengths are absorbed less by the epider-mal melanin, and could penetrate deeper into the human skin (Dai et al. 2004). This supports a strong and fast heat perception and a pleasing character of the infrared heat.

The touch area of the device is a rotatory knob, build of aluminum and an embedded crystal glass lense. To keep those parts on a constant low level, a peltier element is attached. The different materials could be identified through their thermal conductivity when touched sepa-rately, but not when grasped as a whole unit. The impression of consistency is further con-firmed through the seamless transition between both materials. The aluminum housing al-lows a fast thermal transfer and therefore a fast cooling of the skin, even if glass is not the first class material through its limited thermal conductivity.

Figure 2: The thermal display integrated into the adjusting knob of a dynamic rotatory device. The embedded lense is visible in the middle of the adjusting knob. During disabled infrared radiation the aluminium housing of the device is constantly cooling the user skin through its high heat conductivity, which leads to the perception of cold. If the infrared heat source if turned on, the infrared radiation is warming the users skin. In this case, the generated heat is higher than the constant heat removal which leads to the sensation of warmth.

When designing the thermal display, we made the contact area as large as possible, so this area can constantly withdraw heat from the users palm. We decided to integrate the thermal display into a rotatory device with a large adjusting knob since this permits the maximum contact area between the users palm and the device (fig. 2). The large contact area enhances the heat conduction. The device is controlled by and comunicates through an atmel atmega 328 attached on an arduino development board. To allow a consistant cooling of the users skin a pt100 temperature probe is attached to the knob and regulates the peltier element.

5 Conclusion

The introduced functional principle with separated heating and cooling, allows the implementation of a simple, fast and low-cost thermal interface. The technology could be used on flat as well as on curved surfaces which offers a great variety of possible applications. First preliminary user tests with eight subjects have shown a strong reaction towards the implemented temperature changes. The participants touched the device constantly. They were blindfolded and used headphones with brown noise. The room temperature was kept constantly at 21°C and the subjects could acclimate for at least 15 min before the test was started. They were assigned to report every perceived thermal change as fast as possible by pressing a button. The setting consisted of 20 thermal changes within two minutes. All changes were realized in an arrhythmic sequence. Every toggle of the infrared incandescent lamp could be perceived within 0.9 seconds, in heating and cooling mode. Participant reported that the thermal changes were very compelling and most of them assigned the perceived temperatures to the touched material. For accurate adjustments of the thermal changes and to measure the users skin temperature future versions of the thermal display will incorporate a fast and contactless thermometer.

References

Abbott, E. E. (1913). *The effect of adaptation on the temperature difference limen.* Kessinger Publishing.

Baba, T., Kushiyama, K. and Doi, K. (2010). *Thermogame: video game interaction system that offers dynamic temperature sensation to users.* In SIGGRAPH '10: ACM SIGGRAPH 2010 Posters, pages 1–1

Benali-Khoudja, M. and Hafez, M. (2004). Vital: A vibrotactile interface with thermal feedback. IRCICA International Scientific Workshop.

Benali-Koudja, M., Hafez, M., Alexandre, J., Benachour, J. and Kheddar, A. (2003). *Thermal feedback model for virtual reality.* In MHS 2003, IEEE International Symposium on Micromechatronics and Human Science.

Bergmann Tiest, W. M. and Kappers, A. M. L. (2009). *Discrimination of thermal diffusivity.* In Euro-Haptics conference, 2009 and Symposium on Haptic Interfaces for Virtual Environment and Teleoperator Systems. World Haptics 2009. Third Joint, pages 635 –639.

Bergmann Tiest, W. M. and Kappers, A. M. L. (2009). *Tactile perception of thermal diffusivity.* Attention, Perception, & Psychophysics, 71(3):481–489.

Birbaumer, N. and Schmidt, R. (2006). Biologische Psychologie. Berlin: Springer Verlag, 6 edition

Caldwell, D. and Gosney, C. (1993). *Enhanced tactile feedback (tele-taction) using a multi-functional sensory system.* In Proc. IEEE Internat. Conf. on Robotics and Automation, pp 955– 960. IEEE Comput. Soc. Press.

Caldwell, D., Lawther, S. and Wardle, A. (1996). *Tactile perception and its application to the design of multi-modal cutaneous feedback systems.* Proc. IEEE Internat. Conf. on Robot. and Automation, pages 3215–3221.

Dai, T., Pikkula, B. M., Wang, L. V. and Anvari, B. (2004). *Comparison of human skin opto-thermal response to near-infrared and visible laser irradiations.* Physics in Medicine and Biology, 49(21):4861–4877.

Darian-Smith, I. (1984). *Thermal Sensibility*, pages 879–913. American Physiological Society.

Darian-Smith, I., Johnson, K. O. and Dykes, R. (1973). *"Cold" fiber population innervating palmar and digital skin of the monkey: response to cooling pulses.* Journal of Neurophysiology, 36(2):325–346.

Darian-Smith, I. and Johnson, K. O. (1977). *Thermal sensibility and thermoreceptors.* The Journal of investigative dermatology, 69(1):146–153.

Dionisio, J. (1997). *Virtual hell: A trip through the flames.* IEEE Computer Graphics and Applications, 17:11–14.

Dionisio, J., Henrich, V., Jakob, U., Rettig, A. and Ziegler, R. (1997). *The virtual touch: Haptic interfaces in virtual environments.* Computers & Graphics, 21(4):459–468.

Hensel, H. (1973). *Cutaneous thermoreceptor*s, pages 79–110. Heidelberg-New York: Springer Verlag.

Ho, H. N. and Jones, L. A. (2007). *Development and evaluation of a thermal display for material identification and discrimination.* ACM Transactions on Applied Perception, 4(2):1–24.

Ino, S., Shimizu, S., Odagawa, T., Sato, M., Takahashi, M., Izumi, T. and Ifukube, T. (1993). *A tactile display for presenting quality of materials by changing the temperature of skin surface.* In IEEE International Work- shop on Robot and Human Communication, pages 220–224.

Johnson, K. O., Darian-Smith, I., LaMotte, C., Johnson, B. and Oldfield, S. (1979). *Coding of incremental changes in skin temperature by a population of warm fibers in the monkey: Correlation with intensity discrimination in man.* Journal of Neurophysiology, 42(5):1332–1353.

Johnson, K. O., Darian-Smith, I., and LaMotte, C. (1973). *Peripheral neural determinants of temperature discrimination in man: a correlative study of responses to cooling skin.* Journal of Neurophysiology, 36(2):347–370.

Jones, L. A. and Berris, M. (2002). *The Psychophysics of Temperature Perception and Thermal-Interface Design.* Interfaces.

Jones, L. A. and Berris, M. (2003). *Material Discrimination and Thermal Perception.* In Proceedings of the 11th Symposium on Haptic Interfaces for Virtual Environment and Teleoperator Systems (HAPTICS03), pages 171–178. IEEE Comput. Soc. Press.

Jones, L. A., and Ho, H. N. (2008). *Warm or Cool, Large or Small ? The Challenge of Thermal Displays.* Transactions on Haptics, 1(1):53–70.

Kandel, E. R., Schwartz, J. H., and Jessell, T. M. (2000). *Principles of Neural Science.* McGraw-Hill Medical, 4th edition.

Kenshalo, D. R., Holmes, C. E. and Wood, P. B. (1968). *Warm and cool thresholds as a function of rate of stimulus temperature change.* Perception Psychophysics, 3:81–84.

Kron, A. and Schmidt, G. (2003). *Multi-fingered tactile feedback from virtual and remote environments.* In Proceedings of the 11th International Symposium on Haptics Interfaces for Virtual Environment and Teleoperator Systems, pages 16–23.

Lecuyer, A., Mobuchon, P., Megard, C., Perret, J., Andriot, C. and Colinot, J. P. (2003). *HOMERE: a multimodal system for visually impaired people to explore virtual environments.* IEEE Virtual Reality, 2003. Proceedings: 251–258.

Lederman, S. and Klatzky R. (2009). *Haptic perception: A tutorial. Attention Perception & Psychophysics,* 71(7):1439–1459.

Nakashige, M., Higashino, S., Kobayashi, M., Suzuki, Y. and Tamaki, H. (2009). *"Hiya-Atsu" Media : Augmenting Digital Media with Temperature.* In CHI 2009, pages 3181–3186.

Ottensmeyer, M. and Salisbury, J. (1997). *Hot and cold running vr: Adding thermal stimuli to the haptic experience.* In Proceedings of the Second PHANTOM Users Group Meeting 34 Artificial Intelligence Laboratory Technology Report No. 1617.

Spray, D. C. (1986). *Cutaneous temperature receptors.* Annual Review of Physiology, 48:625–638.

Stevens, J. C. (1991). *Thermal sensibility.* Lawrence Erlbaum Associates. pages 61–89.

Verrillo, R. T., Bolanowski, S. J., Checkosky, C. M. and McGlone, F. P. (1998). *Effects of hydration on tactile sensation.*

Wettach, R., Danielsson, A., Behrens, C. and Ness, T. (2007). *A thermal information display for mobile applications.* In Proceedings of the 9th Conf. on Human Computer Interaction with Mobile Devices and Services Mobile HCI'07, pages 182–185.

Yamamoto, A., Cros, B., Hasigmoto, H. & Higuchi, T. (2004). *Control of thermal tactile display based on prediction of contact temperature.* In Proc. IEEE Internat.Conf. on Robot. & Automation, pp. 1536-1541

Yang, G. H., Kwon, D. S., and Jones, L. A. (2009). *Spatial acuity and summation on the hand: The role of thermal cues in material discrimination.* Science, 71(1):156–163.

H. Reiterer & O. Deussen (Hrsg.): Workshopband Mensch & Computer 2012
München: Oldenbourg Verlag, 2012, S. 163-166

Incredible Machines aus Fabrication Laboratories

Radina Nazaraska, Franziska Schade

Fachbereich 3 Mathematik/Informatik, Universität Bremen

Zusammenfassung

Vorgestellt werden drei komplexe Maschinen aus dem Projekt „FabLabs" des Studiengangs Digitale Medien an der Universität Bremen. Diese wurden mit FabLab-Technologien herge-stellt und beinhalten unterschiedliche Schwerpunkte. Im Rahmen des Symposiums zur inter-nationalen Ausstellung „fab*education"[1] wurden die entstandenen Objekte Alphabot, Fab-tast-o-mat und Lightflare erstmals gezeigt.

1 Kontext

Unter Einbeziehung von Theorie (Gershenfeld 2005) und Technik des *fabrication laboratory* (kurz „FabLab") entstanden drei „Incredible Machines" mit unterschiedlichen Schwerpunk-ten.

Zur Herstellung der meisten Bauteile wurde auf FabLab-Technologien zurückgegriffen. Dabei wurden die dreidimensionalen Bauteile am Computer modelliert und mit dem 3D-Drucker „Thing-o-matic" der MakerBot Industries ausgedruckt. Zweidimensionale Kompo-nenten wurden dagegen aus verschiedenen Materialien wie Holz, Plexiglas oder Acryl mit dem Lasercutter LaserPro Spirit GX zugeschnitten.

2 Die Projekte

Das Ziel des Roboters „AlphaBot" und zwei weiteren kleinen Robotern (s. Abbildung 1) ist das Schaffen von Interaktionsmöglichkeiten ohne direkte Eingabemöglichkeit für den Benut-zer.

---

[1] Vgl. http://www.fabeducation.net/de/

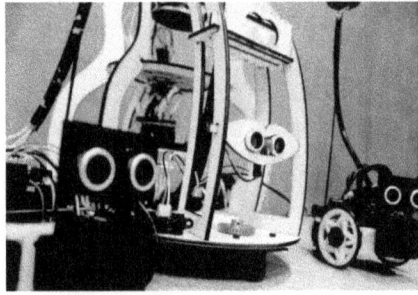

Abbildung 1: AlphaBot, FemBot und ManBot

Zwei Roboter-Prototypen der Online-Plattform „Thingiverse[2]" bildeten die Grundlage für das Fahrgestell. Ein „Alpha"-Roboter sollte in der Lage sein, mit mehreren kleinen Robotern zu kommunizieren. Die Umsetzung erfolgte für die kleinen Roboter mit 3D-modellierten und ausgedruckten Bauteilen, für den großen Roboter mit zugeschnittenen Holzteilen. Für die Programmierung und Ansteuerung der Motoren und Sensoren wurden Arduino-Boards verwendet, die durch Open-Source-Software den Nachbau für jeden ermöglichen. Um das Verhalten der Roboter interessant und nachvollziehbar zu gestalten, wurden geeignete Geräusche und Lichteffekte implementiert. Daneben wurde durch die Installation von Xbee-Shields und Infrarot-Beacons die Kommunikation unter den Robotern ermöglicht. Bei der Vorstellung auf der internationalen Ausstellung fab*education zeigte sich, dass die Benutzer auch ohne direkte Eingabemöglichkeit durch eine Fernbedienung schnell herausfanden, wie die Roboter zu beeinflussen sind. Für die Vorstellung auf der Konferenz werden alle drei Roboter zu Verfügung gestellt. Daneben wird Bild- und Videomaterial zu Bau und Funktionsweise mitgeliefert.

Beim Fabtast-o-mat ging es beim Design der Interaktion zwischen Mensch und Maschine darum, die Verbindung zwischen dem Digitalen und dem Analogen herzustellen sowie um den Spiel- und Spaßfaktor. Orientierung und inspirierende erste Ideen wurden bei den komplizierten Apparaturen von Rube Goldberg (1883-1970)[3] gefunden.

Ein Regal, das aus vier Ebenen besteht, wurde mit verschiedenen Elementen gefüllt. Auf der ersten Ebene befinden sich ein Gong, mehrere Wippen und die Bremer Stadtmusikanten. Die zweite Ebene ist gefüllt mit einer selbstgestalteten Murmelbahn und einem LED-Cube (siehe Abbildung 2). Das Wasserspiel und der Stepsequenzer bilden die dritte Ebene und die vierte Ebene besteht aus einer Wippe mit eingebauter Laserharfe die durch das Einhorn gesteuert wird (siehe Abbildung 3).

---

[2]   Vgl. „Thingiverse- Digital designs for physical objects": http://www.thingiverse.com/

[3]   Vgl. http://www.rubegoldberg.com/?page=home

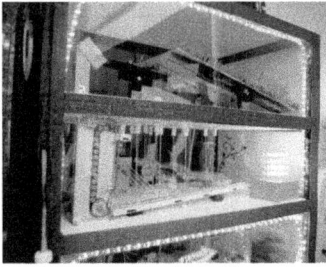

Abbildung 2: Erste und zweite Ebene   *Abbildung 3: Dritte und vierte Ebene*

Zur Steuerung der Motoren, LEDs und Sensoren wurden Arduino Boards verwendet. Zu jeder Ebene gibt es eine digitale Visualisierung auf einem Bildschirm, die später als analoge Postkarte dem Benutzer als Andenken dient. Wichtige begreifbare Interaktionen für den Benutzer sind, dass nur er den Fabtast-o-mat mit dem anschlagen des Gongs in Gang setzten kann. Während der Beobachtung des Ebenen Ablaufs wird das Kind im Benutzer reaktiviert und der Spiel- und Spaßfaktor animiert. Die internationale Ausstellung fab*education hat gezeigt, dass der Benutzer vom Fabtast-o-mat sowohl optisch, haptisch als auch akustisch wahrgenommen wird. Die Besucher wurden meist zuerst durch das Erscheinungsbild des Fabtast-o-mats angelockt. Die Interaktion durch das Schlagen des Gongs fand großen An-klang, wie aber auch jegliche Aktion, Interaktion und Effekte im Ablauf der Maschine. Die Demonstration des Fabtast-o-mat wird auf dem Kongress in Konstanz mit einem Video ge-zeigt werden, aus dem hervorgeht, wie die Interaktion zwischen Mensch und Maschine funk-tioniert und welche Begeisterung dadurch hervorgerufen wird.

Die interaktive Designer-Lampe Lightflare (siehe Abbildung 4) reagiert mit Licht und Tönen auf die Entfernung, in der der Betrachter zu ihr steht. Indem dieser sich dem Objekt nähert, kann er dessen Verhalten beeinflussen und verschiedene Licht- und Toneffekte erzeugen.

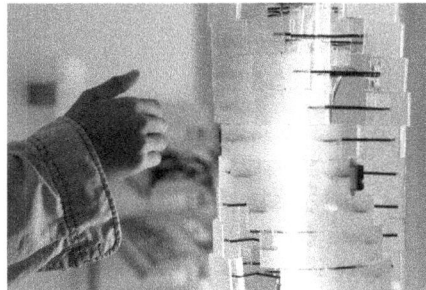

Abbildung 4: Lightflare

Die Grundform sind der Spiralform und Skelettkonstruktion des Gakuen Spiral Tower in Nagoya[4] nachempfunden. Die Konstruktion besteht aus einer Plexiglasröhre, A-förmige Steckteilen und Verbindungsstücken. Alle Teile wurden mit dem Laser-Cutter ausgeschnitten. Für die Interaktion mit der Lampe dienen Wave-Shield für die Soundausgabe, Abstandssensoren, RGB- LED- Streifen und Lautsprecher, die alle über Arduino Boards gesteuert werden. Auf der Ausstellung fab*education wurde das Interesse der Besucher an der Lampe erst durch ihre Konstruktion geweckt. Später, nachdem die Abstandssensoren auf die nah gekommene Person reagiert hatten, wurde Lightflare zu einem interaktiven Erlebnis. Die Kombination von Licht und Ton und die Möglichkeit diese zu beeinflussen wurde von allen als sehr spannend und interessant bezeichnet. Auch Lightflare wird auf dem Kongress ausgestellt werden.

Literaturverzeichnis

Fab*education. Offizielle Website: http://www.fabeducation.net/de/, aufgerufen am 11.06.2012

Gakuen *Spiral Tower in Nagoya*, Japan: http://www.mymodernmet.com/ profiles/blogs/modern-architecture, aufgerufen am 10.06.2012

Gershenfeld, Neil (2005). *Fab: The Coming Revolution on Your Desktop - From Personal Computers to Personal Fabrication*. NewYork: Basic Books.

Goldberg, Rube. Official Website. http://www.rubegoldberg.com/?page=home, aufgerufen am 12.06.2012

---

[4]   Vgl. Gakuen Spiral Tower in Nagoya, Japan http://www.mymodernmet.com/profiles/blogs/modern-architecture

H. Reiterer & O. Deussen (Hrsg.): Workshopband Mensch & Computer 2012
München: Oldenbourg Verlag, 2012, S. 167-171

El Niño – An Emotion Avatar for Casual, Collateral Communication

Xinyu Weng, Kristian Gohlke

Faculty of Arts & Design, Bauhaus-Universität Weimar

Zusammenfassung

El Niño is the prototype of a set of physical avatars for casual communication. The system is designed to enhance the emotional connection and awareness between people in long distance relationships by providing a low-threshold channel for casual communication. Two stationary anthropomorphic robots are used as tangible user interfaces that can mimic human emotions by displaying symbolic facial expressions on low-resolution screens, in order to reflect the emotional state of the user. The system allows its users to casually express their emotions over a distance through dedicated networked objects. El Niño is currently a functional work-in-progress prototype. The system was built and designed using a combination of open source hardware and a 3D-printed enclosure.

1 Introduction

As of today a wide range of tools and methods for long distance communication are readily available and commonly used by many people to communicate globally. One can choose from a variety of systems that allow for audiovisual conversations with another person across the globe. The overall experience is often designed to closely mirror *some* of the qualities of a face-to-face encounter in real life. However, audiovisual systems usually require the user to be actively engaged with the system. The perceived awkwardness of a telephone conversation where both partners are silent for a prolonged amount of time can also occur when using an audiovisual telecommunication system. The medium itself appears to create expectations about its use. The effectiveness of non-verbal or even non-visual, casual expression of emotions and feelings is strongly inhibited and might even be misunderstood as a lack of interest in the counterpart and thereby often fail to create a feeling of nearness and empathy without using words or expressive gestures.

It appears that the available audiovisual systems are not necessarily the suitable medium for collateral casual communication. Particularly over prolonged periods of continuous use, the awareness of being constantly captured by a camera produces a notion of surveillance and control, rather than creating the intended feeling of nearness, empathy and awareness. Although they allow people to be constantly connected with each other, the use of such systems can strongly inhibit people's need for freedom, privacy and even their engagement in other social activities, as the system constantly calls for the user's focus and attention.

2   Emotional Awareness and Empathy over a Distance

The ongoing trend towards a work-culture where a job or an office can rapidly be relocated results in an increased demand by companies for more flexible workers. This brings with it a wide range of implications for people's social- and family-life. Prolonged long-distance relationships with friends and loved-ones are increasingly more common.

The available means for telecommunication such as email, videoconferencing, text-messaging, etc. are largely designed for a purposeful transmission of information and intends to avoid ambiguities in the conversation. This approach fails to provide means for sharing and experiencing other qualities that are usually present in a social situation, such as the feeling of another person's presence and attention, the surrounding climate condition, empathic touches, scents and smells or the spatial immersion in the ambient soundscape. Many attempts have been made to simulate parts of these qualities remotely by various means of technology (Eichhorn 2008, Szigeti 2009, Adalgeirsson 2010). Other research has explored the use of physical avatars with speech recognition capabilities (Bartneck 2003) or asymmetric communication using images (Chang 2001) for intimate communication.

However, the importance of creating a remote awareness of each other's *mood* has often been neglected (Lottridge 2009). Many instant messaging systems allow for the creation of so called *mood messages*, usually short snippets of text that are intended to give others an idea of how a person currently feels.

Whereas the available means of text or additional audiovisual media might suffice to give some information about a person's current mood, they often do not reflect the emotional significance of a beloved person and their importance to one's own emotional well-being. Such messages are commonly displayed on the screen of *multipurpose* computing devices such as a personal computer or a contemporary mobile phone. These devices, including the data presented on their screens, are – by design – ephemeral and challenge the user with distracting, and seemingly endless amount of possibilities for their use. Mobile devices – particularly mobile phones – are also designed to be easily stowed away and transported, making them temporarily inaccessible. This makes such devices less-suitable as tools for remote emotional awareness that also express the significance and constancy of a stable social relationship. The ephemeral nature of the object that intends to communicate the mood of a beloved one, conflicts with the emotional significance of the message.

The system presented in the following attempts to address this issue by introducing a dedicated object that embodies the mood of a beloved person in a remote location. It acts as a tangible and persistent emotional avatar that provides a way for casual – yet semantically significant – communication.

3   Prototype

The prototype of *el Niño* consists of two identical – slightly anthropomorphic – standalone objects (see Fig. 1) that both work as in- and output devices. The devices are equipped with a low resolution LC-Display, a rotary encoder and a pushbutton. Both devices can exchange data and synchronize their state over the internet, using a wireless network connection. The display is mounted on the head of the device and used to show different, animated abstract facial expressions (see Fig. 2) that serve as an indication of the emotional state of the user.

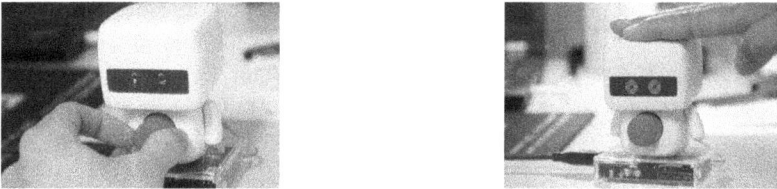

Figure 1: Using el Niño – Select and confirm

3.1   Using the *el Niño*

By turning the rotary knob on the front-facing belly of one device the user can browse through the available facial a expressions and select the one that comes closest to their individual mood. On pushing down the head of the *el Niño* the selected expression is transmitted to the second device and displayed on the remote screen. A mechanism transforms the downward motion into a shoulder shrug to confirm the user input. If the user ends the browsing process without confirming a selection the original facial expression is restored. The available library of expressions can be extended and customized by using separate software that runs on an additional computer and enables users to create their own faces and upload them to the *el Niño*.

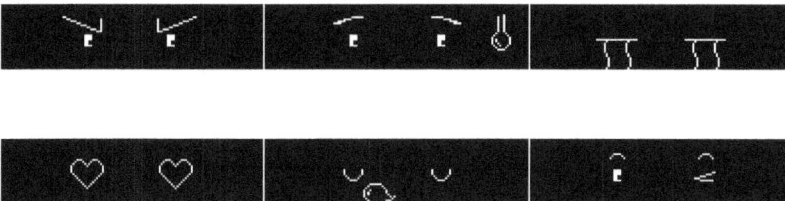

Figure 2: A selection of facial expressions as displayed on the el Niño

3.2 Hardware Design

The embedded electronics are based on the Open Source electronic platform of Arduino which allowed for a quick development process. The enclosure of the device consists of custom designed, 3D-printed parts that underwent some manual post-processing to achieve the desired appearance and haptics of the surfaces.

4   Conclusion

We introduced the early prototype of *el Niño,* an experimental platform for casual expression of emotional awareness over a distance. The design questions the role and suitability of multipurpose computing devices as a medium for intimate, emotional communication, as opposed to specialized digital artifacts which only serve one purpose. The presented system shows a case study on how the use of a dedicated interactive artifact can enhance the emotional value and persistence of personal messages by becoming a physical embodiment of the message itself. The *el Niño* does not intend to replace common instant messaging systems. Instead it adds an additional channel which – due to its physicality and appearance – attempts to amplify the significance of a message. The limited set of emotional expressions that are available on the *el Niño* can make communication slightly ambiguous and their interpretation often depends on the context of the conversation. However, when using the system as an *additional* means for casual communication along with existing systems, sender and receiver usually have an intimate understanding of the other person's context, thoughts and recent activities which influences the interpretation of the simple facial expression displayed on the *el Niño.* The perceived semantic significance of the same expression is highly individual and can be fundamentally different for different people and different contexts. This vagueness and context dependency makes it hard for outsiders to decipher the meaning of a message, which can add to the perceived intimacy and personal significance of a message, thereby making the message more valuable to the receiver.

5   Outlook

Ongoing work is aimed at further exploring the potential of dedicated artifacts to enhance the significance and value of intimate telecommunication. Along with a series of user observations we plan to investigate whether concepts such as kinematics, human-sensing and simple gestures. To enable individuality, the appearance of the el Niño as an anthropomorphic character was chosen to be largely neutral in order to entice the user to use it as a blank screen that can be fully customized, similar to the popular 3D-vinyl figures (Kidrobot 2012) that originate in the street-art scene and have yielded a special genre of 3D graffiti artworks. This idea could further be extended by allowing users to create enclosures with customized shapes. For this purpose, all source code and CAD-data will be released under an open source license to allow for custom modifications of the *el Niño* by its user community.

References

Adalgeirsson, S., et al. (2010). MeBot: a robotic platform for socially embodied presence. Pr. HRI 10.

Bartneck. C. (2003). Interacting with an embodied emotional character. Pr DPPI 03. p55ff.

Chang, A., et al. (2001). LumiTouch: an emotional communication device. Pr. CHI 01. p313f.

Eichhorn, E. et al. (2008). A stroking device for spatially separated couples. Pr. MobileHCI 08. p303ff.

El Niño: https://vimeo.com/44975339 and https://vimeo.com/44976247 (accessed 24.06.12).

Kidrobot: http://www.kidrobot.com/ (last accessed June 24th 2012).

Lottridge D., et al. (2009). Sharing empty moments: design for remote couples. Pr. CHI 09, p2329ff.

Szigeti, T., et al. (2009). Cisco Telepresence Fundamentals 1st Ed.

H. Reiterer & O. Deussen (Hrsg.): Workshopband Mensch & Computer 2012
München: Oldenbourg Verlag, 2012, S. 173-176

Externe Eingabegeräte für mobile 3D-Interaktion

Dirk Wenig, Frederic Pollmann

AG Digitale Medien, TZI, Universität Bremen

Zusammenfassung

Während sich die Nutzung digitaler Medien zusehends auf Smartphones und Tablets verschiebt, sind entsprechende Geräte mittlerweile in der Lage umfangreiche und detaillierte 3D-Umgebungen darzustellen. Eine Herausforderung dabei ist die Realisierung von Benutzungsschnittstellen zur Navigation im 3D-Raum auf kleinen Touchscreens. Die Interaktion unterstützende externe Eingabegeräte können Abhilfe schaffen. Diese Arbeit stellt einen Prototyp zur 3D-Interaktion mit Touchscreen und Roboterkugel im Anwendungsszenario der virtuellen Exploration realer Umgebungen vor.

1   Einleitung

Insbesondere bei der Nutzung von digitalen Medien in der Freizeit ist aktuell eine Verschiebung von Desktop- und Notebook-Systemen in Richtung Smartphones und Tablets zu beobachten[1]. Benutzungsschnittstellen auf berührungsempfindlichen Bildschirmen (Touchscreens) gewinnen auch im häuslichen Umfeld gegenüber bisher weit verbreiteten Maus-Tastatur-Kombinationen an Bedeutung.

Die Leistungsfähigkeit aktueller Geräte erlaubt die Darstellung umfangreicher und detaillierter 3D-Umgebungen. Ein Problem dabei ist die Realisierung der Interaktion zur Navigation im 3D-Raum mit sechs Freiheitsgraden (Translation und Rotation): moderne Smartphones und Tablets bietet in der Regel nur wenige Hardware-Knöpfe mit fest zugeordneten Funktionen, so dass der Großteil der Interaktion auf kleinen Touchscreens realisiert werden muss. Neuartige Benutzungsschnittstellen auf Basis integrierter Sensoren und zusätzlicher externe Eingabegeräte können die Limitierung umgehen.

Die Interaktion zur Navigation im dreidimensionalen Raum (*Spatial Input*) mit sechs Freiheitsgraden (Translation und Rotation) in Desktop-Umgebungen wird seit geraumer Zeit

---

[1]   http://www.gartner.com/it/page.jsp?id=2070515

wissenschaftlich untersucht. Frühe Arbeiten beschäftigen sich mit speziell dafür entwickelten Eingabegeräten (z.B. Ware & Osborne, 1990) und Steuerelementen grafischer Benutzungsoberflächen, wie beispielsweise einem frei drehbaren Ball zur Kontrolle der Orientierung im Raum (Chen et al., 1988). Nurminen & Oulasvirta (2008) beschäftigen sich mit der Interaktion mit 3D-Karten auf mobilen Geräten und vergleichen verschiedene Möglichkeiten beschränkter und geführter Bewegungen. Ergebnis der Arbeit sind Interaktionsempfehlungen für mobile Geräte mit Touchscreen, wenigen Hardware-Knöpfen und einem Steuerkreuz.

Die virtuelle Exploration realer Umgebungen (z.B. Städte) ist ein weitverbreiteter Anwendungsfall ohne spezielle Randbedingungen. Eine Möglichkeit sind Kombinationen von Karten und Fotografien, wobei der 3D-Raum durch die Karte und die senkrecht darauf platzierten Bilder aufgespannt wird. Während Fotografien detaillierte Abbildungen der Realität sind, können Karten die Umgebung darlegen. Durch die beiden diskreten Ansichten reduziert sich der minimal notwendige Interaktionsumfang auf Translation in der Kartenebene, Rotation um die Hochachse sowie das Umschalten zwischen beiden Ansichten. Hierzu schlagen Wenig & Malaka (2010) eine *Pitch-Geste* vor. Der folgende Prototyp ergänzt diese und realisiert Translation über den Touchscreen während für das Gieren eine Roboterkugel genutzt wird.

2   Sphero

Bei Sphero[2] handelt es sich um eine kommerziell verfügbare fernsteuerbare Roboter-Kugel aus Polycarbonat (Durchmesser 7,5 cm; 170 g), die mit einem Motor und Inertialsensorik ausgestattet ist. Ein Akku und Bluetooth ermöglichen kabellosen Betrieb. Auf Grund des inneren Aufbaus ist Sphero stets an einer Stelle schwerer und begibt sich nach Roll- und Nick-Bewegungen in die Ursprungsorientierung zurück. Es stehen Beschleunigungs- und Drehratensensoren sowie ein Magnetometer zur Messung des Erdmagnetfelds zur Verfügung. Fusionierte und gefilterte Daten als Roll-Nick-Gier-Winkel können über Software Development Kits (SDK) für Geräte mit Apple iOS und Google Android ausgelesen werden.

Abbildung 1: Sphero Roboter-Kugel

---

[2]   http://www.gosphero.com/

3   Prototyp

De-facto Interaktionsstandard bei Kartenanwendungen für mobile Geräte sind Gesten auf dem Touchscreen mit einem Finger für Translation und mehreren Fingern für Rotation. Während erste Prototypen zur Kombination von *Pitch-Geste* und Multi-Touch eine Ungenauigkeit der Eingaben vermuten lassen, eignet sich Sphero insbesondere zur Eingabe von Rotationen um die Hochachse (Gieren). Die Auslagerung der Drehung ermöglicht die Nutzung des Touchsscreens einzig zur Translation. Bisher wurden zwei Varianten als Anwendung für Smartphones und Tablets mit Android Betriebssystem implementiert.

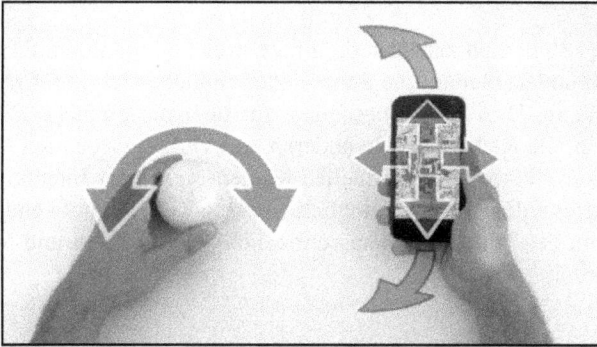

Abbildung 2: Sphero für Rotation, Smartphone für Translation und Pitch

Die erste Variante setzt ausschließlich die Idee der Auslagerung der Rotationssteuerung um die Hochachse auf die Sphero um, so dass auf dem Touchscreen stets gradlinige Bewegungen vorgenommen werden können. Durch die Berücksichtigung von Sensordaten über das Erdmagnetfeld entspricht die Orientierung der virtuellen Ansicht der tatsächlichen Ausrichtung der Sphero in der physikalischen Welt. Die *Pitch-Geste* wird weiterhin über die Orientierung des Smartphones realisiert; durch Neigen kann der Nutzer zwischen der Kartenansicht und der Bildansicht umschalten.

Abbildung 3: Sphero für Rotation und Pitch, Tablet für Translation

Die zweite Variante geht einen Schritt weiter und realisiert die *Pitch-Geste* anstatt auf dem mobilen Gerät auf der Sphero. Hierzu findet beim Start eine Kalibrierung statt, so dass die initiale Orientierung einer Nordausrichtung der Karte entspricht. Durch Neigung der Sphero kann der Nutzer dann zwischen der Kartenansicht und der Bildansicht wechseln; das mobile Gerät wird nur noch für Eingaben zur Translation genutzt. Ein Vorteil ist, dass das Gerät nicht in der Hand gehalten werden muss. Diese Variante eignet sich dementsprechend insbesondere für Tablets.

4 Zukünftige Arbeit

Für die weitere Arbeit stellt sich zunächst die Frage, welche Funktionalität in welchem Umfang von Smartphone und Tablet auf die Sphero oder ähnliche Geräte für räumliche Eingabe ausgelagert werden kann. Dies gilt insbesondere für über die einfache *Pitch-Geste* hinaus gehende Neigungen in alle Richtungen. In anderen Anwendungsszenarien könnte eine Trennung von Eingaben zur Kontrolle der virtuellen Kamera sowie der Interaktion mit Objekten im 3D-Raum realisiert werden. Wäre es möglich erstes so weit wie notwendig über die Sphero umzusetzen, könnte der Touchscreen ausschließlich zur Selektion und Manipulation von Objekten genutzt werden.

Literaturverzeichnis

Chen, M.; Mountford, S. J.; Sellen, A. (1988). A Study in Interactive 3-D Rotation Using 2-D Control Devices. *SIGGRAPH Comput. Graph.*, 22(4):121–129, June 1988.

Nurminen, A. & Oulasvirta, A. (2008). Designing Interactions for Navigation in 3D Mobile Maps. In *Lecture Notes in Geoinformation and Cartography*, Kap. 10, S. 198–227. Springer Berlin / Heidelberg, Berlin, Heidelberg.

Ware, C. & Osborne, S. (1990). Exploration and Virtual Camera Control in Virtual Three Dimensional Environments. In *Proceedings of the 1990 Symposium on Interactive 3D graphics*, I3D '90, S. 175–183, New York, NY, USA, 1990. ACM.

Wenig, D. & Malaka, R (2010). Interaction with Combinations of Maps and Images for Pedestrian Navigation and Virtual Exploration. In *MobileHCI '10: Proceedings of the 12th International Conference on Human Computer Interaction with Mobile Devices and Services*, S. 377–378, New York, NY, USA. ACM.

Workshop:

Designdenken in Deutschland – Framing und Prototyping in der interdisziplinären Kooperation

Wolf Landmann

Arne Berger

H. Reiterer & O. Deussen (Hrsg.): Workshopband Mensch & Computer 2012
München: Oldenbourg Verlag, 2012, S. 179-183

Designdenken in Deutschland – Framing und Prototyping in der interdisziplinären Kooperation

Wolf Landmann[1], Arne Berger[2]

ProfessionalCenter der Universität zu Köln[1]
Professur Medieninformatik, Technische Universität Chemnitz[2]

Zusammenfassung

Gestaltungsarbeit als einen Prozess der Bewusstwerdung zu verstehen, eröffnet dem Denken über Design neue Sichtweisen auf einen bislang als Abfolge iterativer Problemlösungsschritte beschriebenen Designprozess. Vor dieser Grundannahme sollen speziell das Prototyping und Framing-Reframing in der kooperativen Arbeit untersucht werden. Welche individuelle Bedeutung haben diese Prozesse und wie wirken sie im Designprozess zusammen?

1 Rückblick

Der erste halbtägige Workshop im Jahr 2011 war ein Experiment, aber auch ein voller Erfolg. Zunächst als loser Erfahrungsaustausch geplant, wurden letztlich drei konkrete Felder diskutiert. Neben den elf Einreichern nahmen auch zwölf zusätzliche Besucher ohne eigene Beiträge regen Anteil an der Diskussion. Das erste Feld hat dabei die inhaltlichen Verwirrungen zum mittlerweile ubiquitären Design-Thinking aufgelöst. Zunächst hat Romero-Tejedor (in Berger et al. 2011:350-357) den Methodenbaukasten Design-Thinking für die Geschäftswelt in der Lesart von Brown (2009) von der Forschung, wie Designer denken, abgegrenzt. Berger (ebenda: 340-349) hat darüber hinaus Designdenken als Gegenentwurf zum Naturwissenschaftsdenken in der Tradition von Krippendorff (2007) und Owen (2007) diskutiert. Anschließend wurden von Beckhaus (Berger et al. 2011:359-362) und Burghardt et al. (ebenda:363-368) die beiden gut dokumentierten und praxistauglichen Designprozesse Design-Thinking im Sinne des Designstudios IDEO und den d.schools (Meinel et al. 2011) und User Centered Design im Sinne der DIN ISO 9241-210 auf ihre Ähnlichkeiten und Unterschiede im Softwareentwicklungsprozess hin verglichen.

Um dem Call for Papers 2012 eine konkretere Dimension zu geben, wurden zwei Themenfelder festgelegt. Das erste beschäftigt sich mit der Rolle des Designers als Framer und

Reframer (vgl. Schön 1983) in interdisziplinären Projekten wie von Faroughi et al. (Berger et al. 2011:369-372) und Landmann (ebenda:377-382) bereits angerissen. Das zweite folgt lose den Thesen von Grünloh et al. (ebenda:373-376), wie Design- und Softwareentwicklungs-prozesse methodisch und kommunikativ zielführend verknüpft werden können.

2   Organisation und Durchführung

Die Auswertung des Teilnehmer-Feedbacks aus dem Workshop 2011 hat ergeben, dass der Workshop unbedingt wiederholt werden soll, die Zeit mit drei Stunden aber zu knapp bemessen war. Aus diesem Grund ist für dieses Jahr ein ganztägiger Workshop geplant.

Am Vormittag werden die eingereichten Beiträge vorgestellt und diskutiert. Nach der Mittagspause besteht die Möglichkeit, die diskutierten Ansätze zu formalisieren, Forschungsfragen zu formulieren und gemeinsame Forschungsunternehmungen zu planen. Obwohl die zusätzlichen Besucher des letzten Workshops zu einer sehr fruchtbaren Diskussion beigetragen haben, führte dies zu einigem organisatorischen Durcheinander, sodass im Hinblick auf die fokussierte Themensetzung in diesem Jahr, nur Einreicher am Workshop teilnehmen dürfen.

3   Zielgruppe, Einreichungen

Im Workshop sollen Praktiker und Forscher zusammengebracht werden, um die Bedeutung und das Zusammenspiel der Konzepte Framing und Prototyping im Designprozess zu diskutieren und zu untersuchen.

Idealerweise organisieren oder kommunizieren Sie Ihre Arbeit durch Design-Prototypen - etwa weil Sie agile Methoden einsetzen oder digitale Prototypen als vermittelnde Instanz in der Kommunikation zwischen Interessenvertretern nutzen - oder Sie haben Erfahrung in der Praxis des Framing und Reframing teambezogener Arbeitsentscheidungsprozesse, insbesondere ausgelöst durch die spezifisch interdisziplinäre Intervention eines Designers in ansonsten monothematisch besetzten Teams.

Entsprechend soll der Workshop einen Weg bieten, diese bislang als separate verstandenen Prozesse der praktischen Arbeit zu diskutieren. Teilnehmer sollen ihre Erfahrungen dafür in maximal 10-seitigen Beiträgen formulieren. Dabei steht ihnen frei, ob sie praxisnah eine Case-Study, einen Workshop, eine spezifische Arbeitsweise oder abstrakt formalisiert einen Prozess beschreiben. Idealerweise behandelt Ihr Beitrag dabei ein Praxisprojekt mit entsprechend designmethodischer Reflexion. Dieses sollte kein reines Designprojekt sein, sondern in seinem Kern bereits bereichsfremde Kompetenzen einbeziehen.

4   Themenschwerpunkte

4.1   Designer als Framer & Reframer – Interventionen im Prozess

Das Framing und Reframing wird weithin als kreative Schlüsselfunktion im Designprozess angesehen, sodass es nicht verwundert, dass Designer die Fähigkeit dazu in besonderer Weise professionalisiert haben. In Donald Schön's „The Reflective Practitioner" wird der Arbeitsprozess des Designers als die explorative Anwendung von Lösungsmöglichkeiten auf Probleme beschrieben, die Schön als Framing bezeichnet. Das Framing und Reframing - die iterative Anpassung neuer Lösungsmöglichkeiten, auf Basis der durch die Anwendung einer Lösung bewusst gewordenen Eigenschaften des Problems - bilden die Basis des als „reflection in action" bekannten Designprozesses. (vgl. Schön 1983)

Ohne Schöns Beschreibung grundsätzlich in Frage zu stellen, greift die damit verbundene Sichtweise auf den Designprozess jedoch zu kurz. Insbesondere dann, wenn man die Entstehung und individuelle Bedeutung von ‚frames' für alle Prozessbeteiligten berücksichtigt. In ihrer empirischen Studie zur Untersuchung von Framing und Reframing während des Briefings von Designaufträgen stellen Paton & Dorst unter anderem fest, dass jede Partei mit einer eigenen initialen Sichtweise - mit ihrem Framing des Problems - in die Verhandlung eintreten. Die ersten Zyklen des Reframing finden also schon als Abgleich zwischen den sehr individuellen Frames der Projektbeteiligten statt. (Paton & Dorst 2011)

Petruschat öffnet den Wirkungs- und Bedeutungsraum des Designprozesses noch weiter. Er sieht bereits die individuelle Dekonstruktion, eines allgemein als gegeben angenommenen Realitätskonstrukts als erste Leistung der Designer. Die Befreiung der einzelnen Realitätsbausteine ermöglicht eine neue Sichtweise auf die Komplexität des Konstrukts, die anschließend in einem neuen, sinnlich wahrnehmbaren Realitätsgefüge ausgedrückt werden kann. Ziel und Qualitätsmaßstab dieser Umstrukturierung ist es, dem Nutzer eines Designobjekts zu helfen, die Komplexität seiner Realität besser zu verstehen und für seine Belange zu nutzen. (Petruschat 2011)

Ein entsprechend erweiterter Designprozess, kann auch auf der Prozessebene von Teamarbeiten stattfinden. Insbesondere dann, wenn Teammitglieder gemeinsam an einem Problem arbeiten, führt ihr jeweils individuelles Reframing zu einer interpersonell-kooperativen Lösung. Im Vergleich zum Designprozess eines einzelnen Individuums, findet jedoch kein zwangsläufig gemeinsamer Bewusstwerdungsprozess statt, auf den jedes Mitglied anschließend zurückgreifen könnte. Die ‚gemeinsame' Lösung könnte also im Team nicht allgemein akzeptiert sein.

Neben einer Klärung der Bedeutung von Framing-Reframing im kooperativen Arbeiten, soll im Workshop auch untersucht werden, inwieweit die Prozesse von Prototyping und Framing-Reframing zusammenwirken und sich gegenseitig informieren.

4.2   Prototypen als Mittler

Der Nobelpreisträger für Physik, Richard Feynman, hat die ‚mathematisch gleichen' Informationen wiederholt diagrammatisch unterschiedlich dargestellt, weil er davon ausging, das deren Wahrnehmungen sich als psychologisch unterschiedlich erweisen und damit immer wieder zu neuen Entdeckungen führen. (Gigerenzer 2008:110) Die Rolle der unbewussten Wahrnehmung und Bewertung von Artefakten, wie von Gigerenzer (2008) oder Domasio (1995) dargestellt, gewinnt in der Designforschung endlich mehr Bedeutung. Sie ist nur schwer zu untersuchen, weil hier die etablierten, klassischen, sprachbasierten Protokollstudien (vgl. Cross 2007) zu kurz greifen.

Weil der Design-Prototyp im Design interaktiver Systeme oft nur dem Konzept oder der Evaluation von Teilaspekten dient, findet er sich, im Gegensatz zum Produktdesign, nicht im fertigen System wieder. Dies scheint den zweiten Grund auszumachen, warum der Design-Prototyp im Design interaktiver Systeme, nur unzureichend untersucht ist. Zwar existieren erste Klassifikationen wie Lim et al. (2008) oder Berger (2011b), die Rolle des Prototypen im Designprozess, Arbeitsablauf oder der Projektkommunikation bedarf aber weiterer Aufklärung. Zum Beispiel im Hinblick auf eine Taxonomie seiner bewussten und unbewussten kommunikativen Dimensionen. Wissen, das sich in Form von Skizzen, Low-Fidelity Prototypen, Beta-Versionen oder Hackings existierender Objekte kristallisiert, ist das einzige wirklich designinhärente Symbol der Verallgemeinerung. Nur in der Form kann sich sinnvoll Wissen des potentiellen Interaktionszusammenhangs kristallisieren, welches anderen Interessenvertretern zur Diskussion oder Evaluation zur Verfügung steht. Prototypen sind demnach eine spezielle Art, individuelle Wahrnehmungen und Ideen im Designprozess darzustellen und bieten somit die Möglichkeit zum Reframing. Entsprechend soll das Erheben einer Datenbasis über Case Studies oder ähnliche Berichte, wie im Workshop angestrebt, helfen, eine verallgemeinerbare Erkenntnis zu formulieren.

Literaturverzeichnis

Berger, A. & Straub, U., Designdenken in Deutschland. In Workshop Designdenken in Deutschland. Workshop Designdenken in Deutschland. Chemnitz, pp. 343–383. Verfügbar unter: http://nbn-resolving.de/urn:nbn:de:bsz:ch1-qucosa-70301. (2011)

Berger, A., Design Thinking for Search User Interface Design M. Wilson, ed. euroHCIR2011 Proceedings, pp.1–4. (2011b)

Brown, T., Change by Design: How Design Thinking Transforms Organizations. (2009)

Cross, N., Designerly Ways of Knowing. (2007)

DIN ISO 9241-210. Prozess zur Gestaltung gebrauchstauglicher interaktiver Systeme. (2011)

Domasio, A.R., Descartes' Irrtum, München, Leipzig: Paul List Verlag. (1995)

Gigerenzer, G., Bauchentscheidungen, München: Goldmann. (2008)

IDEO, IDEO Method Cards.

Krippendorff, K., Design Research, an Oxymoron? Design research now, pp.67–80. (2007)

Lawson, B., How designers think: the design process demystified. (2007)

Lim, Y.-K., Stolterman, E. & Tenenberg, J. The anatomy of prototypes. ACM Transactions on Computer-Human Interaction, 15(2), pp.1–27. (2008)

Meinel, C., Weinberg, U. & Plattner, H., Design Thinking: Understand - Improve - Apply. (2011)

Owen, C., Design Thinking: notes on its nature and use. Design Research Quarterly, 1(2), pp.16–27. (2007)

Paton, B. & Dorst, K., Briefing and reframing: A situated practice. Design Studies, 32(6), pp.573–587. (2011)

Petruschat, J., Wicked Problems. practice based research, pp.1–23. (2011) Abgerufen von: www.petruschat.com am 1. März 2012

Rittel. The Resoning of Designers. Arbeitspapier zum International Congress on Planning and Design Theory in Boston (1987)

Schön, D.A., The reflective practitioner: how professionals think in action. Basic Books. (1983)

Kontaktinformationen

Arne Berger
Professur Medieninformatik
Technische Universität Chemnitz, Fakultät Informatik
Strasse der Nationen 62 · 09107 Chemnitz
arne.berger@informatik.tu-chemnitz.de
www.tu-chemnitz.de/informatik/medieninformatik

Wolf Landmann
Universität zu Köln
ProfessionalCenter
Albertus-Magnus-Platz
D-50931 Köln
E-Mail: wolf.landmann@uni-koeln.de
WWW: www.professionalcenter.uni-koeln.de
www.landman1.de

H. Reiterer & O. Deussen (Hrsg.): Workshopband Mensch & Computer 2012
München: Oldenbourg Verlag, 2012, S. 185-190

Der Designprozess und das Designprojekt

Wolf Landmann

ProfessionalCenter der Universität zu Köln

Zusammenfassung

Existierende Theorien zum Designprozess sind in sich argumentativ schlüssig und in Teilen empirisch belegt, dennoch erscheinen sie nicht geeignet, den Ablauf in Designprojekten adäquat dazustellen. So greift der theoretisch dargestellte Designprozess in Bezug auf die Komplexität der Designentscheidungen zu kurz, indem der Designprozess als einzelner, in seiner Gesamtheit linearer Prozess von der Problemstellung bis zur Problemlösung dargestellt wird. Auch der Funktion des Wissens der Beteiligten im Designprozess wird in Bezug auf Entscheidungsprozesse zu wenig Bedeutung beigemessen. Hierdurch wird die Abhängigkeit der Designentscheidungen von Wissen im theoretischen Designprozesses nicht reflektiert.

In diesem Artikel wird der Versuch unternommen, die Kernaspekte dieser Behauptungen durch die Analyse existierender Forschung herauszuarbeiten und im zweiten Teil kurz anhand eines typischen Designprojekts deutlich zu machen.

1 Der theoretische Designprozess

Der theoretische Designprozess ist in der Literatur ausführlich beschrieben und in Prozess-Modellen dargestellt. Im Folgenden wird er aus mehreren Quellen zusammengefasst, um sowohl neue als auch etablierte Aspekte aufzunehmen.

Donald Schön umschreibt in „The Reflective Practitioner" den Designprozess als „conversation with the materials of a situation" und führt aus:

> *„He [a designer] shapes the situation, in accordance with his initial appreciation of it, the situation ‚talks back,' and he responds to the situation's back-talk. In a good process of design, this conversation with the situation is reflective." (Schön 1983, S. 78; S. 79)*

1.1   Definition des Designproblems

Dabei ist die von Schön beschriebene initiale Situation, als Startphase eines Designprojekts zu verstehen, in der alle Wünsche und Anforderungen an die Lösung versammelt sind. „ In real-world practice, problems do not present themselves to the practitioner as givens. They must be constructed from the materials of problematic situations which are puzzling, troubling, and uncertain." (Schön 1983, S. 40) Diese initial von unklaren und widersprüchlichen Zielstellungen gekennzeichnete Situation entzieht sich einer rationalen Lösung und muss zuerst durch ‚framing' organisiert werden. „It is [...] through the non-technical process of framing the problematic situation that we may organize and clarify both the ends to be archived and the possible means of archiving them." (Schön 1983, S. 41)

1.2   Beginn des Designprozesses

‚Framing' markiert den Beginn des Designprozesses. Indem der Designer sein ‚Frame' auf die Situation anwendet, löst er den initialen Konflikt und eröffnet sich Entscheidungen zur Lösung der Situation. Dabei sind ‚Frames' nicht identisch mit der Entscheidung, sie stehen vielmehr für „principles of selection, emphasis and presentation composed of little tacit theories about what exists, what happens, and what matters". (Gitlin 1980) Hiermit ist gemeint, dass durch die Übernahme eines ‚Frames' auch die damit verbundenen Erfahrungen, Werte und Erwartungen übernommen werden. Auf Basis eines ‚Frames' können sich bestimmte Entscheidungen als nahe liegend präsentieren.

Das von Schön zuvor beschriebene ‚framing' hat diese Funktion in Bezug auf die initiale Situation des Designprojekts. Der Designer entscheidet über die ersten Lösungsschritte auf Basis seiner Erfahrung mit vorangegangenen Projekten, gesammelten Wertvorstellungen und Erwartungen an die Situation (Erfahrungswissen).

1.3   Ablauf des Designprozess

Im Design hat jede konkrete Änderung der Situation auch Auswirkungen auf Aspekte die nicht direkt oder absichtlich geändert wurden. Insofern tragen die Auswirkungen, der aus dem ‚framing' abgeleiteten ersten Lösungsschritte auch dazu bei, die Situation zu analysieren. Das so vom Designer gesammelte Wissen über die Situation (Situationswissen) wächst mit jedem umgesetzten Lösungsschritt und bildet zusammen mit dem durch sein ‚Frame' definiertes Erfahrungswissen die Basis, auf der zukünftige aber auch zurückliegende Entscheidungen abgewogen werden.

Dorst & Cross stellen dazu fest:

> *„[...] creative design is not a matter of first fixing the problem and then searching for a satisfactory solution concept. Creative design seems more to be a matter of developing and refining together both the formulation of a problem and ideas for a solution, with constant iteration of analysis, synthesis and evaluation processes between the two notional design ‚spaces' – problem space and solution space." (Dorst & Cross 2001, S. 434)*

In Dorst & Cross' Designprozess, wird diese Abhängigkeit zwischen dem initial aus dem ‚framing' der Situation angenommenen Designproblem und den daraus abgeleiteten Lösungsschritten, als co-evolution von „Problem Space" und „Solution Space" beschrieben. Ändert sich das Verständnis des Designproblems beim Designer aufgrund von neuem Situationswissen, passt sich sein Fokus im „Problem Space" an. Ein veränderter Fokus im „Problem Space" hat wiederum Auswirkungen auf die Entwicklung im „Solution Space".

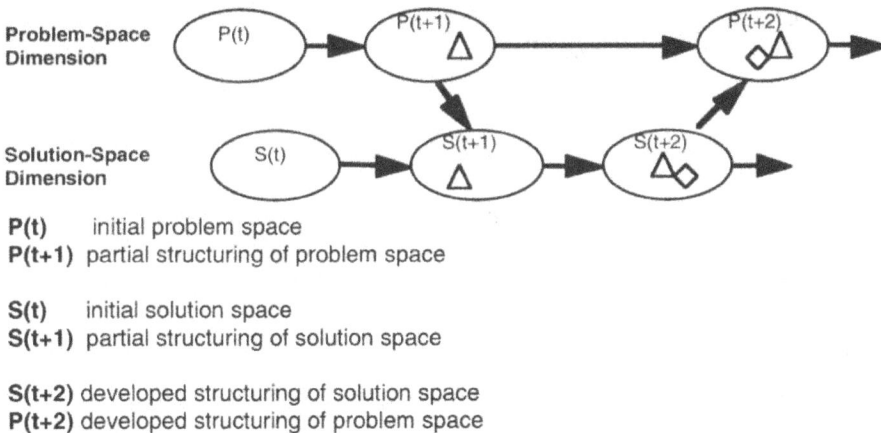

P(t) initial problem space
P(t+1) partial structuring of problem space

S(t) initial solution space
S(t+1) partial structuring of solution space

S(t+2) developed structuring of solution space
P(t+2) developed structuring of problem space

Grafik 1 Co-evolution of problem–solution (Dorst & Cross 2001, S. 435)

Grafik 1 zeigt den von Dorst & Cross beobachteten Prozess.

> „The designers start exploring the PS [Problem Space], and find, discover, or recognise a partial structure (P(t + 1)). That partial structure is the used to provide them with a partial structuring of the SS [Solution Space] (S(t + 1)). They consider the implications of the partial structure within the SS, use it to generate some initial ideas for the form of a design concept, and so extend and develop the partial structuring (S(t + 2)). Some of this development of the partial structuring may be derived from references to early design projects. They transfer the developed partial structure back into the PS (P(t + 2)), and again consider implications and extend the structuring of the PS. Their goal is to create a matching problem-solution pair." (Dorst & Cross 2001, S. 434–435)

1.4   Kreativer Moment im Designprozess

Der kreative Moment im Designprozess kann als „building of a ‚bridge' between the problem space and the solution space by the identification of a key concept." (Dorst & Cross 2001, S. 435) beschrieben werden. Problem- und Lösungsraum sind dabei zunächst relativ instabil und werden durch diese Brücke nur lose miteinander verbunden. Erst die wiederholte

Interaktion über diese Verbindung stabilisiert die Räume und bindet sie zunehmend aneinander. (vgl. Dorst & Cross 2011)

2   Das Designprojekt

Im Folgenden soll eine kurze und keineswegs vollständige Ablaufbeschreibung eines typischen Designprojekts erfolgen. Ziel dieser Beschreibung ist die Kontrastierung des Designprojekts gegenüber dem theoretischen Designprozesses. Auch diese Gegenüberstellung kann
nicht vollständig sein, sondern dient nur zur Erläuterung der eingangs getroffenen Aussagen.

2.1   Das Designprojekt

Jedes Designprojekt ist geprägt durch seinen individuellen Designauftrag. Dieser wird inhaltlich vom Kunden in das Projekt eingebracht und ist in der Regel die ideale Wunschvorstel-
lung des Kunden, bzw. eine Auflistung von zu verbessernden oder zu vermeidenden Aspekten eines existierenden Objekts.

Im Briefing treffen Designer und Kunde zum ersten Mal zusammen, um den Designauftrag
zu besprechen und ihre Vorstellungen darüber abzugleichen. Beide Parteien bringen dafür
ihre initiale Idealvorstellung in das Treffen ein: Die des Kunden hat sich bereits im Vorfeld
des Treffens entwickelt wohingegen die Idealvorstellung des Designers erst während des
Briefings entsteht. Ungeachtet dessen basieren beide Vorstellungen auf individuellen „Frames" und damit auf dem individuellen Erfahrungswissen beider Parteien. Grundsätzliches
Ziel des Briefings ist die gegenseitige Einigung auf ein Projektziel und damit auf eine für
beide Parteien erstrebenswerte Designlösung.

Die Realisierungsphase bildet den nächsten Abschnitt im Designprojekt. In dieser Phase wird
das im Briefing festgelegte Projektziel durch den Designer realisiert, wobei mehrere Präsen-
tations- und Feedbacktreffen den Ablauf dieser Phase strukturieren. Ziel dieser Treffen ist es,
die getroffenen Teilentscheidungen in der Entwicklung verkürzt an den Kunden weiterzuge-
ben und ihn damit an der Realisation zu beteiligen. Gleichzeitig orientieren sich die Treffen
an wichtigen Teilschritten im Designprozess, wie etwa der Präsentation erster Entwürfe und
Prototypen oder der finalen Lösung.

Die Umsetzung einer Produktionsvorlage und deren Übergabe an den Kunden oder auch
deren Übergang in die Produktion markiert das typische Ende eines Designprojekts.

2.2   Designprozesse im Designprojekt

Betrachtet man den im Vergleich zum gesamten Designprojekt kurzen Teilabschnitt des
Briefings, kann man feststellen, dass mehrere Aspekte des theoretischen Designprozesses
darin auftreten. So stellt das Briefing in seiner Ausgangssituation eindeutig eine typische
Problemsituation zu Beginn des Designprozess dar, mit all ihren unklaren und widersprüchlichen Zielstellungen. Die im Designprozess zur Lösung dieser Situation angewandte Form

des ‚framing' findet im Briefing sogar in vielfältiger Ausführung statt. Eine aktuelle Studie zum Briefingprozess in Designprojekten berichtet unter anderem von vier Modi, in denen Designer am Briefingprozess teilnehmen und die ihre Rolle im Briefing explizit bestimmen. (vgl. Paton & Cross 2011)

Weiterhin lassen sich auch im Ablauf des Briefing und in seiner Zielstellung deutliche Parallelen zum theoretisch beschriebenen Designprozess feststellen. Ausgehend von einem initialen ‚framing' werden in einem Wechselspiel zwischen Kunde und Designer einzelne Details des Designauftrags verhandelt, wodurch sich zum Teil dramatische Veränderungen in angrenzenden Bereichen ergeben. Die Zielstellung des Briefings definiert sich quasi identisch zum Designprozess, wobei die zu vereinigenden Aspekte nicht nur vom Designer beeinflusst werden können.

Es scheint daher angemessen, das Briefing als separaten Designprozess zu bezeichnen, der dem ‚eigentlichen' Designprozess vorgeschaltet ist.

Ein weiterer Aspekt ist die dynamische Veränderung von Situationswissen gegenüber dem Erfahrungswissen. Insbesondere in der Verbindung zwischen Wissen und ‚frames' erscheint hier ein weiterer Einflussfaktor zu liegen. Die Designprozesse im Briefing und in der Realisierungsphase, sind durch ihren zeitlichen Abstand und ihre unterschiedliche Art zwar voneinander getrennt, der Designer fungiert aber als Wissensbrücke zwischen ihnen. Neben dem Übergang, seines gesammelten Situationswissens in sein Erfahrungswissen, übernimmt der Designer auch eine Klammerfunktion, indem er beide Teilaspekte verbindet.

2.3   Beteiligte im Designprojekt

Typischer Weise ist am theoretischen Designprozess nur der Designer beteiligt, während im Designprojekt zu unterschiedlichen Phasen eine sehr unterschiedliche Anzahl von Vertretern beider Parteien auftreten können. Betrachtet man das Briefing als eigenen Designprozess, sind mühelos mehr als 10 Beteiligte vorstellbar.

Übertragen auf den theoretischen Designprozess stellt sich die Frage, ob eine größere Zahl von Beteiligten den Designprozess beeinflussen oder überhaupt verändern würde? In ihrer Untersuchung von Designprozessen eines einzelnen Designers gegenüber einem Designteam konnte Gabriela Goldschmidt (1995) keine Unterschiede in der Qualität der Designergebnisse feststellen. Sie identifiziert aber einige Einflussfaktoren für die Teamarbeit im Designprozess, die hier relevant sein können. So schein ein wesentlicher Einflussfaktor für die harmonische Teamarbeit in der Vertrautheit und Nähe untereinander zu liegen: "[...] interdependence among group members is necessay to archieve the group's goals." (Goldschmidt 1995, S. 194) und weiter "[...] interdependency within the team signifies that a particularly productive move by one designer may build on a preparatory move by another member of the team." (Goldschmidt 1995, S. 204) Ein weiterer möglicher Einflussfaktor liegt in den Rollen die Teammitglieder einnehmen. "When a team acts together, implicit or explicit roles are created for the team members, along disciplinary or behavioural lines. In this respect it is immaterial to the discussion whether or not division of labor is established in advance, along lines of expertise or other criteria." (Goldschmidt 1995, S. 208)

Unter diesen Umständen kann auch die Beteiligung mehrerer Personen am Designprojekt als ein relevanter Einflussfaktor auf den Fortgang des Designprojektes angenommen werden. Dieser Aspekt wird im theoretischen Designprozess ebenfalls vernachlässigt. Ebenso könnte auch die zeitweise Beteiligung des Kunden unter Auslassung von Teilen der Realisierungsphase als interessanter Einfluss auf den Designprozess angesehen werden.

3   Zusammenfassung

Die im Zweiten Abschnitt dieses Artikels angerissenen Aspekte sind ohne jeden Zweifel unvollständig. Ebenso konnte den aufgestellten Hypothesen hier keine ausführliche Literaturanalyse zur Seite gestellt werden. Einige Fragen müssen daher vorerst offen bleiben und in weiteren Arbeiten untersucht werden.

Trotz der verkürzten Darstellung deuten die aufgeworfenen Fragen daraufhin, dass der theoretische Designprozess wie er in der Literatur, auch im Bereich der Designforschung etabliert ist, nicht ausreichend ist, um die Komplexität der realen Designarbeit in Designprojekten zu beschreiben. Es fehlt an wesentlichen Einflusskategorien wie den Stakeholdern am Designprozess oder einem mehrschichtigen Prozessaufbau, mit der Möglichkeit die Einflüsse von gekoppelten oder sich überlagernden Designprozessen widerzuspiegeln. Vorrangig gilt es zu klären, welchen Einfluss das Wissen im Sinne sozio-kulturellen Erfahrungswissen und im Sinne des Situationswissens auf typische Prozesse der Arbeit in Designprojekten aufweist.

Weitere Untersuchungen, sowohl auf theoretischer als auch praktischer Ebene, müssen unternommen werden, um die Designarbeit in ihrer interaktiven und sinnstiftenden Natur zu erfassen.

Literaturverzeichnis

Dorst, K., Cross, N. (2001). Creativity in the design process: co-evolution of problem–solution. Design Studies, Vol.22, S.425–437.

Gitlin, T. (1980). The Whole World is Watching: Mass Media in the Making and Unmaking of the New Left. Berkeley: University of California Press.

Goldschmidt, G. (1995). The designer as a team of one. Design Studies, Vol.16, S.189–209.

Paton, B., Dorst, K. (2011). Briefing and reframing: A situated practice. Design Studies, Vol.32, S.573–587.

Schön, D. A. (1983). The reflective practitioner: How professionals think in action. USA: Basic Books.

Kontaktinformationen

Wolf Landmann
Universität zu Köln, ProfessionalCenter, Albertus-Magnus-Platz, D-50931 Köln
E-Mail: wolf.landmann@uni-koeln.de
WWW: www.professionalcenter.uni-koeln.de
www.landman1.de

H. Reiterer & O. Deussen (Hrsg.): Workshopband Mensch & Computer 2012
München: Oldenbourg Verlag, 2012, S. 191-196

Prototypengestütztes Reframing am Beispiel forschungsorientierter Systementwicklung

Michael Heidt

TU Chemnitz

Zusammenfassung

Anhand eines im wissenschaftlichen Kontext durchgeführten Entwicklungsprojektes wird konkret auf Prozesse des Reframing, wie auf solche prototypengestützter Kommunikation eingegangen. Intention ist hierbei eine Diskussion sowohl aufgetretener fruchtbarer Impulse als auch von Ansätzen einer Weiterentwicklung oder Kritik der eingesetzten Methoden. Aufgesucht werden sollen insbesondere die gestalterischen Möglichkeiten von Informationstechnik in Bezug auf das gemeinsame Erfahren digital vermittelter Erlebnisräume.

1 Einleitung

Im Kontext wissenschaftlicher wie nicht-wissenschaftlicher Praxis stellt die Entwicklung von Informationssystemen für den kulturellen Bereich besondere Anforderungen. Angesichts des Einsatzzwecks verbietet sich die Formulierung exakter Zielvorgaben, was in Folge sogenannte 'wicked problems' (vgl. Rittel & Webber 1973) evoziert. Während ingenieurswissenschaftlich ausgerichtete Methodiken in der Regel gerade auf der Transformation möglichst exakt zu spezifizierender Problemstellungen basieren, sind in den betrachteten Situationen kreative Auflösungsstrategien gefragt. Am konkreten Projektverlauf soll dargestellt werden wie Reframing (vgl. Paton & Dorst 2011; Tannen 1986) und prototypengestützte Kommunikation (vgl. Berger 2011) zu einer schöpferischen Auflösung derartiger Problemkomplexe beitragen können.

2   Projektbeschreibung

2.1   Projektumfeld

Beschrieben wird die erste Projektphase eines im interdisziplinären Forschungskontext durchgeführten wissenschaftlichen Entwicklungsprojekts. Dessen Gegenstand bildete die Entwicklung eines mobilen Informationssystems für den Einsatz in Museen.

Dieses Zielsystem soll, durch Einblendung personalisierter Zusatzinformationen wie zu spezifizierende weitere Interaktionsmöglichkeiten, dem Nutzer einen informationellen Mehrwert während des Museumsbesuchs verschaffen. Insbesondere generiert es, im Sinne klassischer recommender-systems (Resnick & Varian 1997), an den Nutzer auszuliefernde situationsabhängige Empfehlungen.

Besonderes Anliegen des Antragsstellers war es hierbei, durch Indienststellung des Systems eine subjektiv fühlbare Bereicherung der Museumserfahrung zu leisten, ohne diese in ihrer Spezifität und besonderen atmosphärischen Färbung zu beeinträchtigen.

Innerhalb des vorliegenden Stadiums bestand, bezüglich des betrachteten Teilprojekts, effektiv keine institutionell wirksame Teamstruktur. Geführte Diskussionen erfolgten aufgrund dessen praktisch innerhalb der Situation eines Forscherkollektivs. Als wissenschaftliches DFG-finanziertes Projekt durchgeführt, existiert ebenfalls kein Auftraggeber im klassischen Sinne. Die Ausgangssituation ähnelte insoweit eher einer marktorientierten Produktneuentwicklung, denn der Erstellung eines extern beauftragten Entwurfes. Als Interessenvertreter fungieren hierbei sowohl die am Projekt beteiligten Nachwuchsforscher als auch die in Form von Hochschullehrern anzutreffenden Betreuer.

Das Team wurde bewusst interdisziplinär im Sinne einer Kooperation von Informatikern, Soziologen und psychologisch orientierten Forschern zusammengestellt, während es sich beim ursprünglichen Antragssteller handelt um einen Informatiker mit philosophischer Hintergrundkompetenz.

Intensiv in den Diskussionsprozess einbezogen sind Sozialwissenschaftler, deren fachliche Ausrichtungen sich auf Felder wie Kultur- und Techniksoziologie, qualitative Sozialforschung oder quantitativ ausgerichtete Medienforschung erstrecken. Als besonders ergiebig erweist sich hierbei die Diskussionsachse hin zur rhetorisch informierten qualitativen Sozialforschung.

2.2   Projektverlauf

Im Zuge initialer Vorstellungsbemühungen wird das Projekt zunächst in großer Runde diskutiert. Hierbei kommen bemerkenswerterweise noch keine nicht rein konzeptuellen Prototypen zum Einsatz, obgleich ein primitiver lauffähiger Stumpf bereits existierte. Gemäß individueller thematischer Vorlieben und Interessen bilden sich in der Folge selbstorganisierte Projektgruppen und Diskussionsrunden.

Während dieser Kommunikationen offenbarte sich, wie alternierend grundlegend verschiedene Perspektiven bezüglich der Systemumgebung „Museum" artikuliert werden. Aus Informatikersicht wurde Museum zunächst als abgeleitete Instanz eines Frames wie „Lernumgebung" verstanden. Gefördert werden sollte demgemäß der informationelle Durchsatz in Nutzerrichtung. Effizientes Design von Schnittstellen wie Interaktionsmustern soll diesen anzuheben helfen. Analog optimiert werden soll die „Behaltensleistung" der Systemnutzer, was im weiteren Diskussionsverlauf angebbar wurde als Anzahl nach einer festgelegten Zeitspanne im mnemonischen Nutzerspeicher verbliebener Informationsitems.

Unmittelbar nach somit erfolgter begrifflicher Klärung stellt sich eine gewisse Ernüchterung ein. Es scheint ein zunächst nicht zu überbrückender Widerstreit zu bestehen zwischen der zugrundeliegenden Projektintention („Bereicherung des Erlebnisraums Museum") und den sich im diskursiven Licht doch sehr szientifisch, menschlich-inadäquat ausnehmenden impliziten Zielsetzungen. Innerhalb der eingenommenen Perspektive schien sich der zu fördernde Bedürfnisreichtum potentieller Nutzer schlicht nicht angemessen artikulieren zu können. Gleichzeitig ist das diagnostizierte Problem auf Ebene vorgestellter technischer Implementierung schwer zu isolieren.

Sollte angesichts dieser Probleme gar lieber auf Technikeinsatz im musealen Umfeld verzichtet werden?

Ein solches Vorgehen sprengte selbstverständlich den Projektrahmen, wie es auch nicht mit dem kritischen Gestaltungsanspruch der Projektteilnehmer zu verbinden ist. Motivation war eben die gestalterische Neudefinition des technisch vermittelten Zugangs zu Museumsinformationen, so dass eine reichere Erfahrungswelt entstehen kann als im Kontext bereits existierender Systeme. Ein Aufgeben oder eine grundlegende Neuausrichtung des Projekts hätte eben nicht ein Minus an Technikverbreitung in Museen sondern schlicht die Garantie der Ausbreitung existierender Alternativsysteme zur Folge.

An dieser Stelle des Projektverlaufs trugen die Zuhilfenahme diagrammatischer Darstellungen, wie auch spontane Rollenspiele unter Verwendung von low-fidelity Prototypen dazu bei, die entstandenen Verklemmungen produktiv aufzulösen.

Im kommunikativen Kontext und mit verteilten Rollen wird klar, welche Art der Interaktion mit dem System tatsächlich eine Bereicherung darstellen könnte und somit gewünscht ist: Einzig direkte face-to-face Kommunikation wird als befriedigend und somit als initiierungswürdig bewertet. Gleichzeitig ergeben subjektive Erfahrungsberichte als auch methodisch restringierte Beobachtungen der Museumsumgebungen, wie Kontaktaufnahmen im Museum unter regulären Bedingungen nicht immer einfach sind.

Innerhalb dieser neuen Situation ergibt sich organisch die neue Formulierung der Problemstellung. Das System soll Nutzer untereinander ins Gespräch bringen können. Die mobilen Geräte selbst nehmen nach einer erfolgten Kontaktaufnahme keine zentrale Funktion mehr ein.

Wurden diese mobilen Einheiten zunächst als neutrale Mittler geframed, so legt sich die neue Perspektive Rechenschaft darüber ab, wie sehr technische Artefakte durch Lenkung von

Informationsflüssen Nutzer konfigurieren. Gerade deren Bedürfnisse sollten hingegen während des Entwicklungsprozesses im Vordergrund stehen.

Gleichzeitig werden auch die Schwächen traditioneller Museumsumgebungen offenbar. Während des Museumsbesuchs bereits vorhandenes kommunikatives Potential vermag sich oftmals nicht zu realisieren, da die museale Umwelt zumeist keine entsprechenden sozialen Impulse zu vermitteln vermag.

Infolgedessen wird der museale Raum im Projektkontext nun nicht länger als Schauplatz eines Lernprozesses geframed, sondern als potentiell kommunikativer Raum des Austausches. Neu verhandelt werden muss in Konsequenz Rolle und Funktion der technischen Elemente des rekonzeptualisierten Systems. Innerhalb des ersten Entwurfs war der Nutzer als fortwährendes Ziel neuer Empfehlungen ständig eingespannt im Kontext einer engen Feedback-Schleife zwischen eigenen Eingaben und automatisierter Systemantwort.

Die neu entwickelte Lösung nimmt nun die Form an, Empfehlungen nicht direkt an deren unmittelbare Interessenten sondern an eine sachkundige zweite Benutzerin auszuliefern. Diese kann in Folge vom Interessenten angesprochen werden oder diesen ansprechen (Abb. 1). Das System ist hiermit nicht mehr ausgerichtet als reines Lernsystem, vielmehr liefert es in erster Linie Impulse in Form von ´conversation starters´.

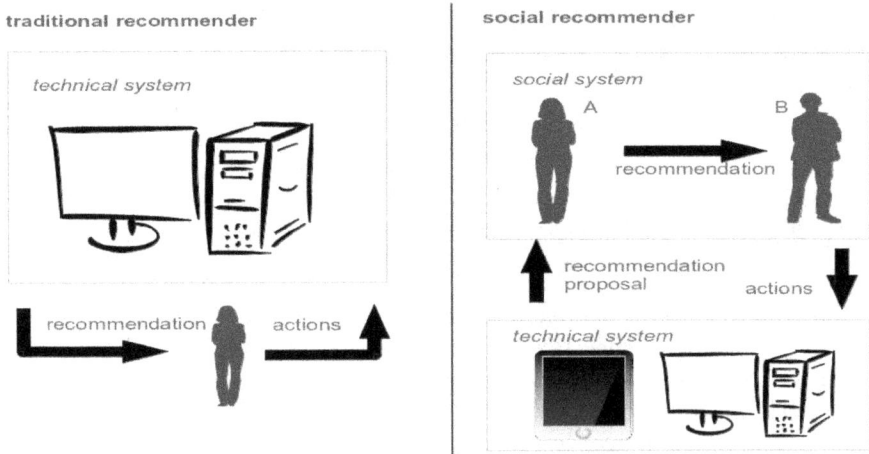

Abbildung 1: Einführung weiterer Systemgrenzen innerhalb des zweiten Entwurfs

3   Beobachtungen

Im Folgenden sollen einige vorläufige Beobachtungen skizzenhaft zusammengefasst werden.

Prototypen dienten im Projektkontext als Diskursobjekte, durch sie erlaubte Konkretion ermöglichte erst eine begrifflich scharfe Verständigung über unterschiedliche Konzeptionen der im Entwurfskontext vorgestellten Praxen.

Bemerkenswerterweise kamen die bereits zu Projektstart erstellten digitalen Prototypen so gut wie gar nicht zum Einsatz. Low-fidelity Prototypen und Serviettenzeichnungen schienen innerhalb des beobachteten Kontextes größere gedankliche Freiheiten wie ein damit einhergehendes weitreichenderes kommunikatives Potential zu erlauben.

Als besonders wirksames Mittel in Hinblick auf zu erzielende Rekonzeptualisierungen erwiesen sich Rollenspiele unter Verwendung der genutzten low-fidelity Verfahren. Das vorgestellte Einsatzszenario konnte innerhalb der Rollenspielsituation immer weiter ideiert werden. Hierbei wurden zumeist nicht sofort praxisfähige neue Lösungen produziert, hingegen wurden die Probleme der existierenden Konzeptionen unmittelbar erfahrbar.

Weiterhin halfen diagrammatische Darstellungen während der Konkretion spontan gefundener Lösungen und machten diese gedanklich greifbar. Sie erlaubten im betrachteten Projekt in erster Linie sowohl Variier- als auch Kommunizierbarkeit vorher bereits von einzelnen Teammitgliedern intuitiv erfasster Ideen.

4   Bewertung und Perspektive

Um eine Dekonstruktion des Erfahrungsraums und somit die Konstruktion eines geeigneten Problemraums zu erreichen, haben sich im konkreten Fall diejenigen Mechanismen bewährt, die eine Vorstellung zu vermitteln vermögen, nicht nur vom zu erstellenden technischen Systemelement, sondern besonders auch von dessen Umgebung. Im Zentrum stand hierbei das evozierte System im Umfeld des gestalteten Dinges und das Bewusstsein, wie das Artefakt sich die eigene Umwelt schafft und gleichzeitig von dieser erschaffen wird. Die Problemstellung selbst kann hierbei nur retrospektiv nach dem erfolgten Reframing rekonstruiert werden. Die vorgestellten und nachgespielten Interaktionsmuster lassen erkennen an welchen Defizienzen die vorherigen Versionen wie Konzeptionen litten.

Als zielführend erwiesen sich somit diejenigen Entwurfs- und Designpraxen, die eine Kombination von Design- und Systemdenken erlauben. Insoweit erscheint auf diesem Hintergrund keine schlichte Substitution des einen durch das andere denn eine Verbindung der beiden Ansätze als besonders fruchtbar (vgl. Pourdehnad et. al. 2011). In diesem Zusammenhang könnte ebenfalls der von Petruschat (Petruschat 2011) verwendete Begriff der Komplexität eine befriedigendere Klärung erhalten.

Wichtig war gleichermaßen die Einführung eines spielerischen Elements. Erst die Freiheitsgrade, die von einem spielerisch-unverkrampften Umgang mit der Aufgabenstellung ermöglicht wurden, erlaubten die nötigen gedanklichen Verschiebungen.

Wo dem analytischen Denken fremde gedankliche Sprünge nötig geworden waren, konnte in der Spielsituation die sonst mühsame Lösung von eingefahrenen Lösungswegen mit Freude erfolgen. Gleichzeitig trug es zur Schaffung einer positiven Atmosphäre unter den Projektteilnehmern bei.

Literaturverzeichnis

Berger, A. (2011). Design Thinking for Search User Interface Design. In Wilson, M. (Hrsg.): *euroHCIR2011 Proceedings*, S. 1–4.

Paton, B. & Dorst, K. (2011). Briefing and reframing: A situated practice. *Design Studies*, 32(6), 573–587.

Petruschat, J. (2011). Wicked Problems. *Practice Based Research in Art & Design*, S. 1–23. URL: http://www.petruschat.dlab-dd.de/Petruschat/Wicked_Problems.html (Stand 14. Juli 2012)

Pourdehnad J., Wilson D. & Wexler E. (2011). Systems & Design Thinking: A Conceptual Framework for their Integration. In *Proceedings of the 55th Annual Meeting of the ISSS*. Hull: University of Hull Business School, UK.

Resnick P. & Varian H. R. (1997). Recommender Systems. *Communications of the ACM* 40(3).

Rittel, H. & Webber, M. (1973). Dilemmas in a General Theory of Planning. *Policy Sciences,* 4, 155-169. Elsevier Scientific Publishing Company, Inc: Amsterdam.

Tannen, D. (1986). Frames Revisited, *Quaderni di Semantica*, 7(1), 106–109.

Kontaktinformationen

Michael Heidt
Technische Universität Chemnitz
Fakultät für Informatik
Juniorprofessur Visual Computing
Thüringer Weg 5
D-09111 Chemnitz
Fax: +49(0)371 531-832513
eMail: michael.heidt@informatik.tu-chemnitz.de

H. Reiterer & O. Deussen (Hrsg.): Workshopband Mensch & Computer 2012
München: Oldenbourg Verlag, 2012, S. 197-202

Design Thinking und qualitative Sozialforschung

Kalja Kanellopoulos, Andreas Bischof

Graduiertenkolleg CrossWorlds, TU Chemnitz

Zusammenfassung

Immer wieder werden in Bezug auf benutzerzentrierte Gestaltungsprozesse die Wichtigkeit von interdisziplinärer Teamarbeit sowie die entscheidende Rolle von Kommunikation für diese betont. Im Folgenden soll anhand einer kurzen Fallstudie auf die Bedeutung von Prototypen für derartige Arbeitszu-
sammenhänge eingegangen und ihre Rolle in Designprozess, Arbeitsablauf und Projektkommunikation
beschrieben werden. In dem beschriebenen Forschungsprojekt arbeiten ein Informatiker und eine Sozi-
alwissenschaftlerin gemeinsam an der nutzerzentrierten Entwicklung eines mehrnutzerfähigen Multitouchtisches. Zuvor gilt es, in knapper Form den institutionellen Rahmen sowie das Forschungsfeld
aufzuzeigen, in dem das Projekt zu verorten ist. Abschließend werden durch einen Vergleich der Methode des Design Thinking mit dem Forschungsstil der Grounded Theory die Schnittstellen zwischen
Design- und qualitativer Sozialforschung in den Blick gerückt.

1 CrossWorlds

Das von der DFG geförderte und an der TU Chemnitz angesiedelte Graduiertenkolleg
CrossWorlds thematisiert Kopplungsmöglichkeiten virtueller und realer sozialer Welten. Ziel
des Graduiertenkollegs ist es zu klären, welche bisherigen Einschränkungen der medial vermittelten Kommunikation durch gekoppelte virtuell-reale Welten überwunden werden können und welche Interaktions- und Erlebnismöglichkeiten sich auf diese Weise gegenüber
unmittelbarer Interaktion und Kommunikation eröffnen. Thematisiert wird zudem die zunehmende Digitalisierung und Virtualisierung von Kommunikationsformen, sozialen Prozessen und Umgebungen. Es wird dabei davon ausgegangen, dass Virtualität und Realität sich
zunehmend flexibler durchdringen und die Übergänge immer fließender werden, weshalb
man auch von einem virtuality-reality continuum spricht (Milgram et al. 1994). Art und Grad
der Virtualisierung sind dabei stark vom Anwendungskontext abhängig und müssen dementsprechend im Rahmen von Technikentwicklung und Interfacedesign strategisch zugeschnitten werden.

Das Kolleg ist in vier Forschungsteilbereiche unterteilt, in denen jeweils unterschiedliche Aspekte der Kopplung virtueller und aktueller sozialer Welten im Vordergrund stehen: Kommunikation, Emotion, Sensomotorik und Lernen. Die Forschungsteilbereiche unterscheiden sich zudem hinsichtlich ihrer Anwendungskontexte. In interdisziplinären Tandems arbeiten dabei jeweils ein Informatiker und ein Sozialwissenschaftler zusammen. Im Folgenden werden zunächst der Forschungsteilbereich Kommunikation im Allgemeinen sowie im Anschluss daran eines der in ihm angesiedelten Projekte im Speziellen vorgestellt.

2   Forschungsteilbereich Kommunikation

Dem Forschungsteilbereich Kommunikation sind zwei Forschungstandems zugeteilt, die sich zusammensetzen aus jeweils einem/r qualitativ arbeitenden Soziologen/in sowie einem Informatiker und einer Ingenieurin. Untersucht werden Kommunikations- und Interaktionsprozesse zwischen menschlichen und technischen Akteuren sowie Möglichkeiten zu deren Herstellung und konkreter Gestaltung. Orientierungsgröße ist dabei die face-to-face-Interaktion, gekennzeichnet durch körperliche Kopräsenz und gegenseitige Wahrnehmung der Teilnehmer. (Goffman 2001) Anwendungsfeld ist das Museum. Dem Ansatz des Blended Museums folgend soll mit Hilfe innovativer Technik eine soziale Interaktionsplattform geschaffen werden, die reales und virtuelles Museum didaktisch sinnvoll verknüpft und vielfältige Besuchererfahrungen ermöglicht. (Klinkhammer & Reiterer 2008)

Beide Forschungstandems arbeiten an der Konstruktion jeweils eines interaktiven technischen Artefaktes, das im Museum eingesetzt werden und den Besuchern eine gesteigerte Erfahrung der Ausstellung ermöglichen soll. Durch die interdisziplinäre Zusammenarbeit von Informatik-, Ingenieur- und Sozialwissenschaftlern wird dabei Technisches und Soziales in seiner Beziehung bzw. Wechselwirkung in den Blick genommen: Während von sozialwissenschaftlicher Seite her differenziertere Erkenntnisse über konkrete interaktive und kommunikative Praktiken zwischen Mensch und Technik geliefert werden, gilt es von informatischer bzw. ingenieurwissenschaftlicher Seite her unter Berücksichtigung dieser Erkenntnisse technische Lösungen zu entwickeln. Im Fokus stehen also die nutzerzentrierte Entwicklung, Gestaltung und Anwendung neuer Interaktionstechnologien sowie eine auf den Umgang der Nutzer mit diesen bezogene Theoriebildung.

In Bezug auf Entwicklung und Design der Artefakte spielen verschiedene Aspekte eine richtungsweisende Rolle: Erstens gilt es, den spezifischen Anwendungskontext im Museum mit einbeziehend, den Nutzern einen Mehrwert zu verschaffen. Dazu müssen die Bedürfnisse der Museumsbesucher ermittelt und herausgefunden werden, welche innovativen Interaktions- und Erlebnismöglichkeiten sich für diese durch die Artefakte eröffnen lassen. Zweitens gilt es, Objekte zu konstruieren, die aus der Perspektive der Disziplinen der am Konstruktionsprozess beteiligten Forscher von wissenschaftlichem Erkenntnisinteresse sind. Die Forschungsprojekte lassen sich damit sowohl in der Tradition des in der Forschungsdisziplin Mensch-Computer Interaktion wurzelnden User-Centered Design verorten als auch in der Tradition der Workplace Studies. Bei letzteren handelt es sich um Studien, die im Laufe der 90er Jahre in Europa und Nordamerika meist im Kontext interdisziplinärer und auf die Ent-

wicklung, Gestaltung und Anwendung neuer Technologien ausgerichteter Forschungsprojekte entstanden, welche sich durch eine Zusammenarbeit von Sozial-, Informations- und Inge-
nieurwissenschaftlern auszeichneten. Im Fokus der Workplace Studies steht zum einen die
Verbindung von Technischem und Sozialem. Zum anderen werden mit dem Prozess der
wissenschaftlichen Theoriebildung detaillierte empirische Untersuchungen des Gebrauchs
komplexer technischer Systeme verknüpft. (Knoblauch & Heath 1999)

3   Prototypen als Mittler in der interdisziplinären Zusammenarbeit

Das Forschungsprojekt, das im Folgenden genauer beschrieben werden soll, ist der Konstruktion eines multiuserfähigen Multitouchtisches mit integrierter Nutzererkennung gewidmet. Bei den an diesem Projekt arbeitenden Wissenschaftlern handelt es sich zum einen um
einen Informatiker mit den Interessenschwerpunkten Anwendungsdesign und Bildverarbei-
tung. Der sozialwissenschaftliche Part ist mit einer qualitativ arbeitenden Soziologin besetzt,
deren Forschungsinteresse sich vor allem auf Technik- und Wissenschaftsforschung, Medi-
en- und Kommunikationssoziologie sowie Interaktionstheorie richtet.

Aus Perspektive beider Forscher ist zunächst vor allem die Mehrnutzerfähigkeit des Multitouchtisches interessant. Von informatischer Seite her soll mittels Bildverarbeitungs- und
Objektdetektionsverfahren eine Nutzererkennung in den Tisch integriert werden, die es ermöglicht, Anwendungen so zu konzipieren, dass ihre Inhalte situativ an die jeweiligen Nutzer angepasst werden können. Eine derartige Anpassung kann sich z.B. an Nutzermenge,
Nutzerposition oder auch Nutzeralter orientieren. Aus soziologischer Perspektive sollen in
der durch den Multitouchtisch aufgespannten sozialen Situation neben der zwischen Nutzern
und technischem System ablaufenden Interaktivität vor allem auch zwischen den Besuchern
ablaufende Kommunikations- und Interaktionsprozesse untersucht werden. Denn durch seine
Mehrbenutzerfähigkeit ist der Multitouchtisch im Vergleich mit anderen technischen Systemen in besonderem Maße geeignet, um Interaktionen zwischen den Museumsbesuchern
anzuregen.

In einem iterativ-zyklisch ablaufenden Forschungsprozess greifen verschiedene Phasen wie
Datengewinnung, -analyse, Theoriebildung und Artefaktkonstruktion bzw. Schnittstellende-
sign zeitlich eng ineinander. Die Organisation des Arbeitsprozesses ist dabei zentral: Das
weitere Vorgehen muss immer wieder anhand der bis dato gezogenen Erkenntnisse flexibel
neu justiert werden. Durch die interdisziplinäre Zusammenarbeit betrifft dies nicht nur die
einzelnen am Projekt beteiligten Wissenschaftler und ihre Forschung, sondern auch den
gemeinsamen Arbeitsprozess. Bei regelmäßigen Besprechungen gilt es, sich gegenseitig die
Erkenntnisse aus der bisherigen eigenen Forschung zu vermitteln und diese in den Entwicklungsprozess mit einfließen zu lassen. Dabei spielen Prototypen eine entscheidende Rolle:
Sie tragen dazu bei, die durch unterschiedliche wissenschaftliche Herkunft und Vokabular
aufgespannten Gräben zu überbrücken und ermöglichen schnelle Verständigung auf einer
nonverbalen, multimodalen Ebene bzw. die Spezifikation verbaler Kommunikation. So wur-

de bisher etwa mit groben Skizzen aus Papier oder in Powerpoint sowie Modellen der Tisch-oberfläche aus Pappe gearbeitet. Diese zeichnen sich durch einen geringen Grad an Interakti-vitätspotenzial für den Benutzer aus, im Fokus steht hier vor allem die Benutzungsoberflä-che. So können etwa Größenverhältnisse verdeutlicht werden. Spätere Prototypen dagegen werden auch Funktionen und Inhalte der interaktiven Schnittstelle mit einbeziehen. Ein erster technischer Prototyp ist in Vorbereitung. Während die Skizzen und Modelle aus Papier und Pappe durch eine sehr kurze Lebensdauer gekennzeichnet sind, soll letzterer im Verlauf des Forschungsprozesses weiterentwickelt und schließlich Teil des Zielsystems werden.

Prototypen spielen nicht nur in Bezug auf die Projektkommunikation, sondern auch im Hin-blick auf die benutzerzentrierte Entwicklung des Multitouchtisches eine tragende Rolle. Neben ihrem Einsatz in internen Besprechungen soll an dem/den technischen Prototypen der Umgang der Nutzer mit dem System untersucht werden und zwar sowohl in natürlichem (Museum) als auch quasi-natürlichem Setting (Labor). Zielen die ersten Prototypen noch vor allem auf Verständigung in der interdisziplinären Zusammenarbeit, so stehen bei den techni-schen Prototypen konkrete Interaktions- und Kommunikationsabläufe zwischen Nutzer und interaktiver Schnittstelle im Vordergrund. Die aus diesen Analysen gezogenen Erkenntnisse müssen wiederum in den weiteren Designprozess einfließen. Es wird deutlich, dass Prototy-pen im beschriebenen Projekt eine entscheidende Rolle spielen und dabei in engem Zusam-menhang mit den Designprozessen des Framing und Reframing stehen. Dabei werden an-hand von Erkenntnissen aus bisherigen Anwendungen und Untersuchungen iterativ neue Ideen und Möglichkeiten der Problemlösung entwickelt und angepasst. (Schön 1983) Die Prozesse des Framing und Reframing müssen im Projekt auf Grund der Arbeit im Team sowohl individuell als auch interpersonell-kooperativ durchlaufen werden.

4   Design Thinking und qualitative Sozialwissenschaft

Für die beiden an den im Forschungsteilbereich Kommunikation des Graduiertenkolleg CrossWorlds angesiedelten Projekten arbeitenden interdisziplinären Forscherteams fallen unterschiedlichste Arbeitsaufgaben und -prozesse an, die sich von empirischer Datengewin-nung und -analyse über Entwicklung und Gestaltung interaktiver Schnittstellen bis hin zu wissenschaftlicher Theoriebildung erstrecken. In Bezug auf diese Projekte ist damit eine Vermischung dessen zu konstatieren, was Charles Owen als „Science Thinking" und „De-sign Thinking" bezeichnet: Es müssen sowohl bestehende, häufig symbolische Phänomene analysiert als auch reale Artefakte synthetisiert und weiterentwickelt werden. (Owen 2007) Zunächst kann festgehalten werden, dass in diesem Zusammenhang eine solche Vermi-schung unterschiedlicher Paradigmen nicht zuletzt darin wurzelt, dass an den Forschungspro-jekten keine Designer beteiligt sind. Gleichzeitig greift jedoch der von Owen aufgespannte Dualismus zwischen Design- und Wissenschaftsdenken im Hinblick auf qualitative Sozial-forschung zu kurz. Im Folgenden soll durch einen Vergleich der Methode des Design Thin-king mit der Grounded Theory – einem Forschungsstil qualitativer sozialwissenschaftlicher Datenerhebung und -analyse, nach dem auch in dem beschriebenen Projekt vorgegangen wird – gezeigt werden, wie nahe sich Design und qualitative Sozialforschung stehen und wie sie sich gegenseitig befruchten können.

Die Methode des Design Thinking zeichnet sich durch einen iterativen Prozess der Generierung von Ideen aus, der in sechs Phasen unterteilt wird: Verstehen des Problemkontextes, Beobachten der Zielgruppe, Definieren der Standpunkte, Generieren von Ideen, Prototyping und Testen der Prototypen. (Plattner et al. 2009) Ein ähnliches Vorgehen legt die Grounded Theory in Bezug auf die Generierung von Theorien aus empirischen Daten nahe. Nach dem von Anselm L. Strauss und Barney G. Glaser entwickelten Forschungsstil wird sozialwissenschaftliche Datenanalyse als praktische Arbeit verstanden, die speziell unter Aspekten ihrer Organisation und Durchführung zu betrachten ist und Theorie aus der Praxis heraus entwickelt. In einem iterativ-zyklischen Prozessmodell greifen dabei Phasen der Datengewinnung, -analyse und Theoriebildung zeitlich eng ineinander. In einem mehrstufigen Auswertungsverfahren werden die zu einem bestimmten Phänomen erhobenen Daten kodiert und in Auseinandersetzung mit dem empirischen Material Konzepte und Kategorien sowie Bezüge zwischen diesen erarbeitet. Nach dem Verfahren des Theoretical Sampling, das sich deutlich vom Sampling der quantitativen Forschung unterscheidet, müssen im Verlauf des iterativen Forschungsprozesses anhand des bisherigen Standes der Theoriebildung vom Forscher immer wieder Auswahlentscheidungen in Bezug auf weitere Phasen der Datenerhebung getroffen werden. (Strauss 1998) Damit kann ein wechselseitiges Kontrollverhältnis zwischen sich entwickelnder Theorie und Datenerhebung konstatiert werden, das mit dem zwischen Prototyping und Testen der Prototypen verglichen werden kann.

Die These Owens, Designdenken sei in vielerlei Hinsicht das Gegenteil von wissenschaftlichem Denken, lässt sich zumindest in Bezug auf qualitative Sozialforschung nach der Grounded Theory nicht halten. Er begründet diesen Dualismus zwischen zwei angeblich unterschiedlichen Paradigmen mit unterschiedlichen Arbeitsmodi (synthetisch vs. analytisch) und -inhalten (symbolisch vs. real). (Owen 2007) Wie aus den Erläuterungen zur Grounded Theory als einem spezifischen Forschungsstil qualitativer Datenanalyse deutlich wird, geht es hier ebenfalls um Synthese – und zwar um die Generierung von Theorien aus empirischen Daten. Vor dem Hintergrund eines interdisziplinären Projektes, wie des beschriebenen, in dem auch Sozialwissenschaftler an Entwicklung und Design realer Artefakte beteiligt sind, verliert Owens These weiter an Gewicht. Es kann jedoch festgehalten werden, dass Sozialwissenschaftler in derartigen Arbeitszusammenhängen in hohem Maße von Design Thinking und damit verbundenen Konzepten bzw. Prozessen - wie etwa Prototyping oder Framing/ Reframing – profitieren können.

Es konnten bereits einige Schnittstellen bzw. Anknüpfungspunkte zwischen Design- und qualitativer Sozialforschung aufgezeigt werden. Eine detailliertere Untersuchung (möglicher) Beziehungen zwischen beiden Disziplinen würde an dieser Stelle den Rahmen sprengen und muss an anderer Stelle fortgeführt werden. Auf einen wichtigen weiteren Aspekt soll jedoch abschließend noch eingegangen werden: Nach der Methode des Design Thinking sollen nicht nur die Konstruktion von Artefakten und Produkten, sondern darüber hinaus auch die Wechselwirkungen zwischen Artefakt, Mensch und Umwelt in den Blick genommen werden. (Brown 2009) Der Aspekt des Sozialen gewinnt also im Design an Bedeutung. Die mit dem Design Thinking verknüpften Methoden scheinen jedoch ungeeignet um soziale Praktiken und Prozesse, die meist nicht messbar sind, analytisch zu fassen. (Berger 2011) Hier kann die qualitative Sozialforschung einen Beitrag leisten: Denn sie stellt die für derartige Zwecke nötigen Datenerhebungsmethoden bereit. So werden etwa in der ethnographischen Feldforschung verschiedene qualitative Datengewinnungsformen kombiniert, wie teilnehmende Beobachtungen, Interviews oder Gruppendiskussionen. Beobachten und Befragen stellen dabei die zentralen Vorgehensweisen dar, mit deren Hilfe soziale Praktiken erschlossen werden können.

Literaturverzeichnis

Berger, A. (2011): *Kreative Intelligenz: Über die Kreativität im Denken.* Workshop Designdenken in Deutschland. http://nbn-resolving.de/urn:nbn:de:bsz:ch1-qucosa-70301.

Brown, T. (2009): *Change by design: How design thinking transforms organizations and inspires innovation.* New York: HarperCollins Publishers.

Goffman, E. (2001): Die Interaktionsordnung. In: *Interaktion und Geschlecht.* Hg. u. eingel. v. Hubert A. Knoblauch. S. 50-104.

Klinkhammer, D. & Reiterer, H. (2008): Blended Museum - Perspektiven für eine vielfältige Besuchererfahrung. In: *iCOM - Zeitschrift für interaktive und kooperative Medien, Sonderheft Blended Museum.* S. 4-10.

Milgram, P.; Takemura, H.; Utsumi, A. & Kishino, F. (1994): Augmented reality: A class of displays on the reality-virtuality continuum. In: *SPIE Vol. 2351, Telemanipulator and Telepresence Technologies.* S. 282–292.

Owen, C. (2007): Design Thinking: Notes on its Nature and Use. In: *Design Research Quarterly Vol. 2,* N0. 1. S. 16-27

Plattner, H.; Meinel, C. & Weinberg, U. (2009): *Design Thinking. Innovation lernen – Ideenwelten öffnen.* München: mi-Wirtschaftsbuch.

Schön, D. A. (1983): *The Reflective Practitioner: How Professionals Think in Action.* Basic Books.

Strauss, A. (1998): *Grundlagen qualitativer Sozialforschung.* Unv. Nachdruck der 2. Auflage. München: Wilhelm Fink Verlag.

Kontaktinformationen

Kalja Kanellopoulos
Technische Universität Chemnitz, Philosophische Fakultät, Professur Medienkommunikation
Thüringer Weg 5, D-09111 Chemnitz
Tel.: +49(0)371 531- 32493
Fax: +49(0)371 531-832493
E-Mail: kalja.kanellopoulos@phil.tu-chemitz.de
www.crossworlds.info

Andreas Bischof
Technische Universität Chemnitz, Philosophische Fakultät, Professur Medienkommunikation
Thüringer Weg 5, D-09111 Chemnitz
Tel.: +49(0)371 531-32515
Fax: +49(0)371 531-832515
E-Mail: andreas.bischof@phil.tu-chemitz.de
www.crossworlds.info

H. Reiterer & O. Deussen (Hrsg.): Workshopband Mensch & Computer 2012
München: Oldenbourg Verlag, 2012, S. 203-211

Design-Denken in der Renaissance

Roozbeh Faroughi[1,2], Arash Faroughi[1,2]

Fachhochschule Köln[1]
Universidad de Burgos[2]

Zusammenfassung

Mit einem Blick in die Vergangenheit analysiert die vorliegende Arbeit das ursprüngliche Design-Denken. Das erste eigenständige Design-Konzept wurde in der Renaissance entwickelt und war analog zu dem heutigen Design-Denken für das Hervorbringen von Innovation zuständig. Das Ziel des ursprünglichen Designs war das Erreichen der vollkommenen Schönheit. Daher beschäftigt sich die Arbeit mit der Frage, wie die Schönheit in der Renaissance charakterisiert wurde, und durch welche Methodik und Techniken die Schönheit mit dem ursprünglichen Design erreicht werden konnte.

1 Einleitung

Das erste eigenständige Design-Konzept wurde in der Renaissance entwickelt, die als das *„Goldene Zeitalter des Designs"* bezeichnet werden kann. *Disegno* (Design) ist das zentrale Konzept der damaligen Zeit. Es ist verantwortlich für das Erschaffen von Neuem[1]. Für Leonardo da Vinci ist *Disegno* von solcher Besonderheit, dass man es nicht nur eine Wissenschaft nennen solle, sondern eine Gottheit, die sogar viel mehr als die Werke der Natur hervorbringen könne (Da Vinci 1570). Für Vasari ist es das Maß aller Dinge und der Vater der drei Künste Architektur, Bildhauerei und Malerei (Vasari 1568). *Disegno* sei nicht nur die jedem Werk vorausgehende Entwurfstätigkeit, sondern auch ein geistiges Vermögen des Künstlers, um Zugang zur Idee aller natürlichen Dinge zu erhalten (Vasari 1568). So kann der Künstler nach Vasari nur mit Hilfe des *Disegnos* die vollendete und allerhöchste Schönheit erreichen (Vasari 1568).

Die vorliegende Arbeit analysiert im Speziellen die Traktate von Leon Battista Alberti (*„Über die Malkunst'* und *„Zehn Bücher über die Baukunst'*) sowie von Leonardo da Vinci (*„Traktat von der Malerei'*), um zunächst die Besonderheit des ursprünglichen Design-Denkens zu ergründen. Anschließend beschäftigt sie sich mit der Frage, wie die Schönheit in

---

[1] Nach Uhlmann (2006) lässt sich *Disegno* mit dem heutigen Innovationsbegriff vergleichen.

der Renaissance charakterisiert wurde und durch welche Methodik und Techniken die Schönheit mit dem *Disegno* erreicht werden konnte.

2 Die Liebe zum Entwurf

Leon Battista Alberti beschreibt in seinen Traktaten über die Malerei und die Architektur die Wichtigkeit des Entwurfs und beeinflusst dadurch im besonderen Maße die Entwicklung des ersten eigenständigen Design-Konzeptes (Alberti 1452) (Alberti 1435). Der Künstler dürfe niemals mit der Ausführung seines Werkes beginnen, *„ohne sich zuvor gut überlegt zu haben, was er schaffen will und wie er es auszuführen habe, denn es ist bestimmt einfacher, die Fehler mit dem Verstand zu verbessern"* (Alberti 1435, 161) als später in der Ausführung. Weiterhin beschreibt er:

> *„Pflicht eines überlegten Mannes ist es daher, alles vorher innerlich in Gedanken überdacht und fertiggestellt zu haben, daß man nicht, wenn der Bau aufgeführt wird oder schon fertig ist, sagen muß: Das hätte ich nicht wollen, das aber hätte ich lieber wollen."* (Alberti 1452, 68)

Alberti unterscheidet dabei zwei Formen von Fehlern: Die Fehler des Verstandes und die Fehler der Hand, die durch die Arbeit des Handwerkers entstehen. Für ihn sind die Fehler des Verstandes viel schwieriger zu korrigieren als die der Hand (Alberti 1452). Um genau diese Fehler zu vermeiden, sei es notwendig, die Entwürfe stets zu evaluieren, damit man nicht „ewig die misslichen Folgen des Irrtums tragen" müsse und für die Leichtsinnigkeit und Unüberlegtheit verurteilt werde (Alberti 1452, 68). Man solle Freunde, Fachleute sowie Laien zu Rate ziehen, um die Entwürfe zu beurteilen, denn *„deren Wissen und Ratschlag bietet mehr als aller eigener Wille und alle gute Absicht Gewähr dafür, daß, was Du tust, das Beste ist, oder dem Besten zunächst kommt"* (Alberti 1452, 74). Nach Da Vinci soll man sogar anhören, was die Feinde und Gegner über die Entwürfe sagen (Da Vinci 1570). Wenn man diese Ansichten in den Entwürfen zu berücksichtigen versuche, könne man Erfolg bei einer großen Menge erzielen (Alberti 1435). Dabei sei nach Da Vinci die Liebe zum Entwurf eine Voraussetzung für den Erfolg:

> *„Denn wahrlich, große Liebe entspringt aus großer Erkenntnis des geliebten Gegenstandes, und wenn du diesen wenig kennst, so wirst du ihn nur wenig oder gar nicht lieben können."* (Da Vinci 1570, 51)

Die Liebe zum Entwurf könne sogar *„dem Künstler Erfolg, Wohlwollen und Ruhm in größerem Maß als Reichtümer"* (Alberti 1435, 149) einbringen und ihn zur Unsterblichkeit führen. Um dies zu erreichen, solle der Entwurf so lange iterativ verfeinert und verbessert werden, bis man sich dadurch der vollkommenen Schönheit annähere. Auch für Vasari ist der Entwurf (*Disegno*) von besonderer Wichtigkeit. Denn für ihn ist *Disegno* die notwendige Voraussetzung für das Erreichen des Vollkommenen (Vasari 1568). Der Künstler solle sich durch *Disegno „mit allem Fleiß stets darum bemühen, sie [die Werke] vollendet und schön zu gestalten, besser noch allerhöchste Schönheit und Vollendung anzustreben."* (Vasari 1568, 50).

3 Das Streben nach der vollkommenen Schönheit

In der Renaissance kann das universal Schöne basierend auf der klassischen Metaphysik nur mit dem *geistigen Auge*, der Seele, erblickt werden. So beschreibt Da Vinci, dass die Seele nach der vollkommenen Schönheit Ausschau hält und sie genießen möchte (Da Vinci 1570). Der Mensch sei in der Lage, mit seinem Geist in die Welt der Ideen hinein zu tauchen und sich mit *Disegno* dem Ideal, dem Vollkommenen, anzunähern. Da Bezug nehmend auf Aristoteles das Schöne mit dem Guten identisch sei und beide Begriffe aus derselben Ursubstanz bestehen, müsse *Disegno* auch das Gute berücksichtigen. Dabei solle das allgemein Gute und nicht das partikular Egoistische angestrebt werden (Mühlmann 2005).

3.1 Die Formen der Schönheit

Aufgrund der Analyse des ursprünglichen Designs wird die Schönheit der Renaissance in der vorliegenden Arbeit in vier verschiedene Formen zusammengefasst, die in der folgenden Abbildung dargestellt werden.

VERZIERTE SCHÖNHEIT

QUALITATIVE SCHÖNHEIT

QUANTITATIVE SCHÖNHEIT

NATÜRLICHE SCHÖNHEIT

Abbildung 1: Die Formen der Schönheit

- *Natürliche Schönheit:* Die natürliche Schönheit ist eine angeborene und von der Natur aus erschaffene Schönheit. Sie beschreibt den schönen Körper, der wohl proportioniert wirkt, indem die Körperteile harmonisch zueinander und zum Ganzen angeordnet sind (Alberti 1452). Im Gegensatz zur Idee der Schönheit können natürliche Dinge nie absolut, sondern nur im begrenzten Grade schön sein. Nach Da Vinci kann man dadurch nicht der vollkommenen Schönheit auf der Straße begegnen (Da Vinci 1570). Um sich ihr annähern zu können, müsse man unterschiedliche natürliche Körper analysieren und das Schöne daraus in einem *Schönheitsvorrat* sammeln (Da Vinci 1570). Auch Alberti verdeutlicht mit dem Beispiel des Malers Zeuxis, wie man die Idee der Schönheit erreichen könne:

„Da er [Zeuxis] glaubte, nie alle Schönheiten, die er suchte, in einem einzigen Körper finden zu können, weil die Natur sie nicht nur einem einzigen verliehen hatte, wählte er aus der gesamten Jugend jenes Landes die fünf schönsten Mädchen aus, um von ihnen jede Schönheit, die an einer Frau gelobt wird, zu übernehmen." (Alberti 1436,157)

So habe man die vollkommene Schönheit erst dann erreicht, wenn ihre Teile so übereinstimmen, *„daß man weder etwas hinzufügen noch hinwegnehmen oder verändern könnte, ohne sie weniger gefällig zu machen"* (Alberti 1435, 293)

• *Verzierte Schönheit:* Die verzierte Schönheit (‚*ornamentum'*) ist eine von außen am Körper hinzugefügte Schönheit. Nach Alberti ist sie ein *„unterstützender Schimmer"* und *„Ergänzung"* (Alberti 1452, 294). Im Gegensatz zur natürlichen Schönheit sei sie nicht dem schönen Körper angeboren, sondern habe den Charakter eines „erdichteten Scheines und äußerer Zutat" (Alberti 1452, 294). Ihre Funktion bestehe darin, den unvollkommenen Körper schöner erscheinen zu lassen. Dabei solle das Prinzip ‚*decorum'* (Angemessenheit) berücksichtigt werden, damit der Körper angemessen beschmückt werde.

• *Quantitative Schönheit:* Bei der quantitativen Schönheit handelt es sich um eine Schönheitsform, die mit Zahlen ausgedrückt werden kann. Das Rätsel der Schönheit läge, basierend auf der Philosophie Pythagoras, verborgen in den Zahlengesetzmäßigkeiten der Musik, den sogenannten musikalischen Proportionen. So beschreibt Alberti:

„Die Zahlen aber, welche bewirken, daß jenes Ebenmaß der Stimmen erreicht wird, das den Ohren so angenehm ist, sind dieselben, welche es zustande bringen, daß unsere Augen und unser Inneres mit wunderbarem Wohlgefühle erfüllt werden" (Alberti 1452, 496).

Nach Da Vinci ist das Maßgefühl des Auges vergleichbar mit dem Harmoniegefühl des Ohres (Da Vinci 1570). Harmonie ist nach Alberti ein *„in den Ohren angenehmer Zusammenklang"* (Alberti 1452, 496). Dieser Zusammenklang kann demnach auch mit der Formgebung eines Körpers erreicht werden, wenn ihre Teile zueinander und zum Ganzen wohlproportioniert *zusammenstimmen.* Auch Vitruvius' Begriff ‚*symmetria'* entspricht der quantitativen Schönheit. Er definiert sie als eine harmonische Anordnung der einzelnen Teile zum Ganzen durch eine berechnete Einheit (‚*modulus'*).

• *Qualitative Schönheit:* Die qualitative Schönheit beschreibt die Beschaffenheit eines Körpers, die auf den Betrachter eine besondere Wirkung erzielt. Diese Schönheit wird nach Da Vinci erst dann erreicht, wenn die Betrachter *„so sehr befriedigt [werden], daß sie in staunender Bewunderung, wie halb leblos, verharren"* (Da Vinci 1570, 19). Auch für Alberti ist diese Wirkung der oberste Zweck des Werkes (Alberti 1435), die imstande sei, die Augen und Herzen der Betrachter auf längere Zeit zu fesseln und dabei Genuss und seelische Bewegungen zu vermitteln.

3.2   Die Methodik zum Erreichen der Schönheit

Um herauszufinden, nach welcher Methodik die Künstler der Renaissance die vollkommene Schönheit zu erreichen versuchten, wird vor allem Albertis Traktat über die Malerei analysiert. Interessant ist zunächst festzustellen, dass Alberti die Theorie der Malerei durch die Kunstregeln der Rhetorik begründen will, um sie dadurch von den handwerklichen Künsten (‚ars mechanica‘) in die freien Künste (‚ars liberalis‘) zu erheben. Dieses Vorhaben verdeutlicht explizit Da Vinci, der die Malerei als geistig wie die Poesie und als eine echte Tochter der Natur bezeichnet, die zu Unrecht nicht zu den freien Künsten gerechnet werde (Da Vinci 1570). Zu den wichtigsten Quellen der Rhetorik gehören Aristoteles' ‚Rhetorik‘, Ciceros ‚De oratore‘ und Quintilians ‚Institutio oratoria‘. Die Rhetorik entspricht einer Redekunst, die im Gegensatz zur Dialektik nicht die *nackte*, sondern die *geschmückte Rede* zum Ziel hat, um dadurch die Menschen in Erregung zu bringen und in einen bestimmten Gemütszustand zu versetzen. Die folgenden Phasen der Rhetorik waren sowohl für die Theorie der Malerei, als auch für die analysierte Methodik der vorliegenden Arbeit wichtig: ‚*inventio*‘ (Finden der Sachverhalte), ‚*dispositio*‘ (deren Anordnung) und ‚*elocutio*‘ (sprachliche Gestaltung) (Mühlmann 2005). Abbildung 2 verdeutlicht die entdeckte Methodik, die für das Erreichen der vollkommenen Schönheit wichtig war.

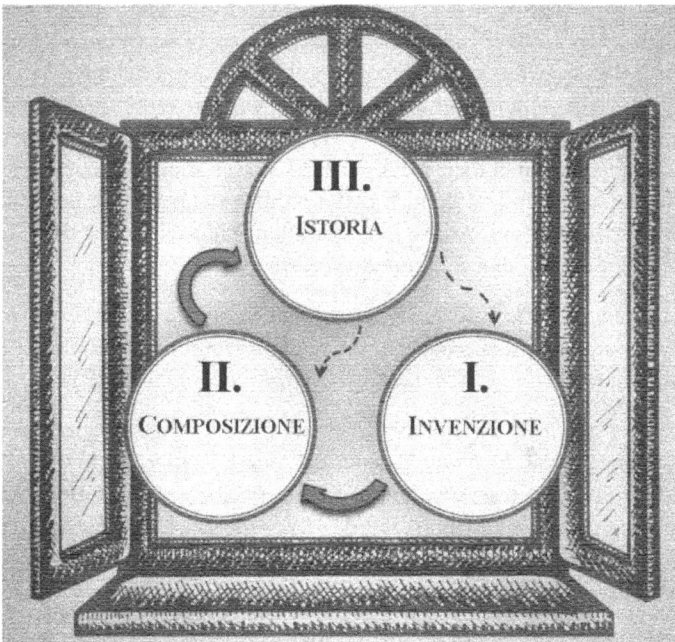

Abbildung 2: Albertis Methode zum Erreichen der Schönheit

Wie aus der obigen Abbildung zu erkennen ist, wird neben den entdeckten Phasen auch Albertis Metapher des „offenen Fensters" verwendet. Nach Alberti bildet die Malerei die Natur wie ein offenes Fenster ab. Deswegen müsse der Künstler die sich stets verändernde Natur analysieren, aber auch das schöpferische Prinzip der Natur, „Neues hervorzubringen", mitberücksichtigen, um dadurch selbst Neues zu erschaffen. Der Geist des Künstlers soll nach Da Vinci einem *Spiegel* gleichen, der alles in der Natur wahrnehmen und verstehen soll, um selbst wie eine zweite Natur zu sein (Da Vinci 1570). Im Folgenden werden die entdeckten Phasen *,Invenzione', ,Composizione'* und *,Istoria'* beschrieben:

- *Invenzione:* Basierend auf der Rhetorik entspricht die Phase *,Invenzione'* dem Finden der Sachverhalte beziehungsweise dem Verstehen des Problemraumes. Melanchton beschreibt die Notwendigkeit dieser Phase wie folgt: *„Denn gutes Sprechen erfordert in erster Linie eine vollkommene Kenntnis der Sachverhalte, über die man spricht. Es wäre ja wohl Wahnsinn und keine Ausdruckskraft, über Sachverhalte, von denen man keine Ahnung hat, zu sprechen."* (Melanchton 1531, 23). Dabei sollen zunächst die Absicht des Werkes (*,Skopus'*) in dieser Phase definiert und anschließend die konkreten Sachverhalte mit Argumenten gedeutet werden (Mühlmann 2005). Qualitäten wie *,ingenium'* (Phantasie und Einbildungskraft), *,iudicum'* (kritische Beurteilung der Argumente) und *,aptum'* (Angemessenheit in Bezug auf den Gegenstand) werden dabei von dem Künstler verlangt (Alberti 1435).

- *Composizione:* Alberti versteht unter der Phase *,Composizione'* die Zusammensetzung der Teile zu einem Ganzen, um im Werk den höchsten Ausdruck zu erlangen. Basierend auf der Rhetorik sind dafür zwei Prinzipen notwendig: *,copia'* (Fülle) und *,varietas'* (Verschiedenheit). Der Redner müsse einerseits aus der Fülle (*,copia'*) der Sachverhalte die passenden Teile auswählen und andererseits für Abwechslung (*,varietas'*) sorgen (Bollmann 2001). Nach Alberti soll der Künstler in seinem Werk die Fülle der Dinge und die Verschiedenheit ihrer Stellungen, Zustände sowie körperlichen und seelischen Bewegungen beobachten und darstellen. Nach Vasari müssen diese Prinzipien immer zu dem gewählten Thema passen und zu dem, was der Künstler darstellen möchte (Vasari 1568). Diese Prinzipien können beim Menschen vor allem Genuss verschaffen. So beschreibt Alberti diese Prinzipien mit den folgenden Wörtern:

  „Wie bei Speisen und Musik stets das Neue und im Überfluss Vorhandene umso mehr gefällt, je mehr es sich von den alten und gewohnten Dingen unterscheidet, so erfreut sich die Seele an jeder Art von Fülle und Mannigfaltigkeit." (Alberti 1435, 129)

- *Istoria:* Die Phase *,Istoria'* ist für die Vollendung des Werkes zuständig. Sie ist das *,grandissima opera', „das bedeutendste Werk"* des Künstlers (Alberti 1435, 117). Sie solle die Idee der Schönheit verkörpern und beim Betrachter Vergnügen auslösen sowie Bewunderung erlangen. Nach Alberti werde man jede *Istoria* loben, die ihre *„Reize so schmuckreich und anmutig darbietet, dass Gelehrte wie Ungelehrte durch Vergnügen und Gemütsbewegung zur Betrachtung festgehalten werden."* (Alberti 1435, 129).

Die entdeckte Methodik kann auch als ein iterativer und evolutionärer Prozess bezeichnet werden, in der die Phasen solange durchlaufen werden, bis die gewünschte Schönheit erreicht wird.

3.3   Die Techniken zum Erreichen der Schönheit

Um mit *Disegno* die höchste Schönheit zu erzielen, werden in der Renaissance drei Techniken verwendet, die Filarete mit den folgenden Begriffen definiert: (I) *‚Disegno in di Grosso‘*, (II) *‚Disegno Proporzionato‘* und (III) *‚Disegno Rilevato‘* oder *‚Modello‘* (Averlino 1464) (Tigler 1963):

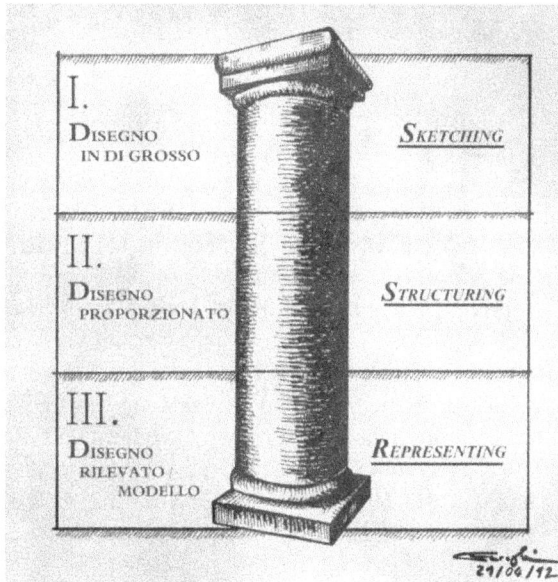

Abbildung 3: Techniken des Disegnos

I.   *‚Disegno in di Grosso – Sketching:* Vasari definiert die Technik der Skizze (*Sketching*) als erste Form von *Disegno*, die das Ziel hat, eine erste Gesamt-Komposition des Werkes zu entwickeln und den Geist zu einem Einfall anzuregen (Vasari 1568). Sie fördere neben der Phantasie des Künstlers die Kommunikation mit dem Auftraggeber. Weiterhin könne sie als ein grober, flüchtiger Gesamtentwurf bezeichnet werden (Tigler 1963).

II. *‚Disegno Proporzionato‘ – Structuring:* Mit der Technik der Strukturierung (*Structuring*) soll ein exakter Entwurf mit genauer Festlegung seiner Einzelteile erzeugt werden. Diese Technik kann mit dem Begriff *‚Dispositio‘* beschrieben werden. Nach Vitruvius ist *‚Dispositio‘* die passende Zusammenstellung der Dinge, die durch ihre Komposition das schöne Aussehen des Werkes bewirkt (Vitruvius 22 v. Chr.). Dabei sollen die Teile so harmonisch zueinander und zum Ganzen gegliedert sein, dass bei jeder Veränderung der Struktur die Schönheit verloren geht (Alberti 1452).

III.   *‚Disegno Rilevato'* / *‚Modello'* – *Representing:* Das *'Disegno Rilevato'* ist verant-
        wortlich für die Bewertung des Entwurfes. Vor allem in der Baukunst werden die
        Architekten von den Auftraggebern aufgefordert, ihre Entwürfe anhand von Model-
        len, zum Beispiel aus Holz, anzufertigen, um diese *fassbar* zu machen. So sollen
        Modelle für das geplante Werk angefertigt werden, damit es von den Fachleuten
        oder von den Auftraggebern beurteilt werden kann (Alberti 1452) (Vasari 1568).
        Weiterhin beschreibt Alberti, dass der Künstler mit dieser Technik *„ungestraft ver-*
        größern, verkleinern, ändern, erneuern und gänzlich umgestalten [können soll], bis
        alles ordentlich zusammenstimmt und Beifall findet" (Alberti 1452, 69).

4   Fazit

Die vorliegende Arbeit analysierte zunächst die Besonderheit des ursprünglichen Design-
Denkens und beschäftigte sich anschließend mit der Frage, wie die Schönheit in der Renaissance charakterisiert wurde und durch welche Methodik und Techniken die Schönheit mit
dem *Disegno* erreicht werden konnte. Interessant ist zunächst festzustellen, dass das ursprüngliche Design-Denken Ähnlichkeiten mit dem heutigen aufweist. So war *Disegno* ein
iterativer Prozess, dessen primäre Aufgaben unter anderem das Verstehen und Analysieren
des Problems, das Erschaffen von Neuem sowie die Evaluation des Entwurfs waren. Weiterhin sind die Techniken des ursprünglichen Designs wie Sketching und Modellierung mit den
heutigen vergleichbar. Die Besonderheit des damaligen Design-Denkens war das Streben
nach der universalen Schönheit. Mit Hilfe des *Disegnos* erhofften sich die Künstler der damaligen Zeit, sich diesem Ideal annähern zu können sowie Unsterblichkeit und Nachruhm zu
erlangen.

Literaturverzeichnis

Alberti, L. B. (1435). *Della Pictura.* Übersetzt von: Bütschmann, O., Gianfreda, S. (2002). *Della Pittu-*
    ra – Über die Malkunst Dramstadt: Wissenschaftliche Buchgesellschaft

Alberti, L. B. (1452). *De re aedificatoria.* Übersetzt von: Theuer, M. (2005). *Zehn Bücher über die*
    Architektur, Darmstadt: Wissenschaftliche Buchgesellschaft

Averlino, A. (1464). *Trattato d'architettura.* Übersetzt von: Spencer, J. R., (1965) *Treatise on Architec-*
    ture. New Haven: Yale University Press

Bollmann, U. (2001). *Wandlungen neuzeitlichen Wissens. Historisch-systematische Analysen aus pä-*
    dagogischer Sicht. Würzburg: Verlag Königshausen & Neumann GmbH

Burckhardt J. (1868). *Geschichte der Renaissance in Italien.* Stuttgart: Ebner & Seubert

Cennini, C. (1400). *Il libro dell''arte.* Übersetzt von: Albert, I. (2008). *Das Buch von der Kunst oder*
    Tractat der Malerei. Melle: Wagener Edition

Da Vinci, L.(1570). *Traktat von der Malerei. Übersetzt von: Ludwig, H. (1925)Jena: Eugen Diedrichs.*
    Reprint (1989). München: Tillmann Roeder

Melanchton P. (1531). *Elementa rhetorices.* Übersetzt von: Wels,V. 2001, Berlin: Weidler

Mühlmann, H. (2005). *Ästhetische Theorie der Renaissance. Leon Battista Alberti.* Zweite Überarbeitete Auflage. Bochum: Verlag Marcel Dolega

Tigler, P. (1963). *Die Architekturtheorie des Filarete.* Berlin: De Gruyter

Uhlmann, J.(2006). *Technisches Design. Kunst in der Technik.Grundlagen Teil 1.*Dresden: Technische Universität Dresden

Vasari, G. (1568). *Le vite dei più eccellenti architetti, pittori et scultori italiani.* Übersetzt von: Lorini, V. (2006). *Giorgio Vasari. Einführung in die Künste der Architektur, Bildhauerei und Malerei.* Berlin: Verlag Klaus Wagenbach

Vitruvius P. (22 v. Chr.). *De Architectura libri decem.* übersetzt von: Fensterbusch, C. (2008). Vitruv. *Zehn Bücher über Architektur.* Darmstadt: Wissenschaftliche Buchgesellschaft

Kontaktinformationen

Arash Faroughi

E-Mail: arash.faroughi@fh-koeln.de

H. Reiterer & O. Deussen (Hrsg.): Workshopband Mensch & Computer 2012
München: Oldenbourg Verlag, 2012, S. 213-223

Zur Nachhaltigkeit von Gestaltungslösungen: Prototyping und Patterns

Manuel Burghardt, Tim Schneidermeier, Christian Wolff

Lehrstuhl für Medieninformatik, Universität Regensburg

Zusammenfassung

Zu den besonderen Kennzeichen von Design Thinking-Prozessen gehören einerseits frühzeitiges Umsetzen und Evaluieren von Design-Ideen in Form von Prototypen, und andererseits die Iteration von Design-Schritten im Falle eines negativen Testergebnisses. Das Produkt entsteht dabei letztendlich auf Basis eines evolutionären Designprozesses. In diesem Beitrag wird das Pattern-Konzept als Möglichkeit diskutiert, Designwissen während des gesamten Entwicklungsprozesses zu dokumentieren und nachhaltig für andere Designprozesse verfügbar zu machen.

1 Einleitung und Motivation

Der Design Thinking-Prozess lässt sich als allgemeiner Ansatz zur Lösung bestehender Probleme oder zur Entwicklung von Innovationen verstehen. Dabei spielt die Berücksichtigung des Nutzungs- und Nutzerkontexts bei der Ideengenerierung eine ebenso große Rolle wie die frühzeitige Evaluation von prototypisch umgesetzten Designideen. Damit offenbart der Design Thinking-Ansatz viele Gemeinsamkeiten mit benutzerzentrierten Entwicklungsansätzen wie sie z.B. durch die ISO-Norm 9241-210 *„Ergonomics of Human-System Interaction – Part 210: Human-Centered Design Process for Interactive Systems"* (ISO 9241-210, 2010) beschrieben sind (Burghardt et al. 2011). Ein wesentliches Kennzeichen solcher Prozesse ist nicht nur das frühzeitige Umsetzen von Ideen durch Prototyping sowie das Evaluieren dieser Prototypen durch Benutzertests, sondern auch das Zurückspringen in frühere Entwicklungsstadien, im Falle der negativen Evaluation einer prototypisch umgesetzten Designidee. Eine wesentliche Herausforderung bei dieser Art der iterativen Produktentwicklung ist somit die *Dokumentation von Designentscheidungen* während des gesamten Prozesses, um bestimmte Entscheidungen auch später nachvollziehbar zu machen. In bestimmten Bereichen des *Software Engineering* ist eine solche Dokumentation im Sinne verbesserter *Traceability* bereits gängige Praxis (Turban et al. 2009). Die nachhaltige Dokumentation sowohl positiver als auch negativer Designideen verhindert, dass bestimmte Fehler wiederholt begangen werden, und bietet für ähnliche Problemkontexte und künftige Entwicklungen standardisierte Lösungsansätze. Im Folgenden soll das aus der Architektur stammende Konzept von *Gestaltungsmustern* (Alexander 1977) als grundlegende Möglichkeit der Dokumentation von positiven und negativen Designentscheidungen während iterativer Entwicklungsprozesse diskutiert und anhand eines konkreten Beispiels aufzeigt werden.

2   Design-Patterns

Das Konzept der Design-Patterns wurde erstmals von Alexander (1977; 1979) im Kontext der Architektur von Städten vorgestellt. Alexander präsentierte eine Sammlung von Patterns, die Design-Lösungen für typische Problemstellungen in der Domäne der architektonischen Städteplanung enthalten. Einige Jahre später wurde das Pattern-Konzept von Gamma et al. (1995) erfolgreich in den Bereich des *Software Engineering* übertragen. Seither wurden für die unterschiedlichsten Problemdomänen Design-Patterns entwickelt (vgl. PloP[1]) unter anderem auch für den Bereich der *Human-Computer Interaction* (HCI) (Borchers, 2001). Generell werden Patterns dazu verwendet, implizites Designwissen („quality without a name", Borchers 2001, 11) in einer expliziten, systematischen Struktur zu dokumentieren, und somit dieses Wissen nachhaltig verfügbar und wiederverwendbar zu machen. Patterns dienen somit als Container für positiv evaluierte Lösungen zu einem wiederkehrenden Problem und können allgemein als Wissensmanagementstrategie für die Softwareentwicklung betrachtet werden. Ein wesentliches Merkmal von Patterns ist deren einheitliche Struktur. Dadurch, dass Patterns allesamt immer den gleichen formalen Aufbau aufweisen, können sie einerseits gut miteinander kombiniert und gegeneinander abgewogen werden. Andererseits wird dadurch die Lesbarkeit und vor allem Verständlichkeit des beschriebenen Patterns garantiert. Borchers (2001) identifiziert insgesamt neun Charakteristika, die in allen Architektur-Patterns von Alexander zu finden sind:

1. Der Name des Patterns sollte die grundlegende Idee bereits zum Ausdruck bringen.

2. Bewertung der universellen Einsetzbarkeit, d.h. ein Wert von 0 bis 2 gibt Auskunft darüber wie breit das Pattern für unterschiedliche Problembereiche eingesetzt werden kann/konnte.

3. Beispielbild (Foto), das die praktische Anwendung des Patterns illustriert.

4. Kontext in dem das Pattern benutzt werden kann (Verhältnis zu übergeordneten Patterns; optional)

5. Kurzzusammenfassung des Problems (Konflikt) welches das Pattern löst.

6. Ausführliche Beschreibung des Problems, ggf. mit empirischen Daten sowie Diskussion bestehender Lösungsansätze.

---

[1]   Konferenz Pattern Languages of Programs (http://hillside.net/conferences/plop)

7. Beschreibung des Lösungsansatzes, welcher durch das Pattern vorgegeben wird; der Lösungsansatz ist klar verständlich, aber gleichzeitig so generisch, dass er auf mehrere Szenarien angewendet werden kann.

8. Ein Diagramm, das den Lösungsansatz illustriert: "If you can't draw a diagram of it, it isn't a pattern." (Alexander 1979, 267)

9. Referenz zu untergeordneten Patterns (optional)

Ein weitergehender Ansatz zur formalen Standardisierung für Design-Patterns wurde in einem Workshop 2003 auf der internationalen Fachkonferenz ACM SIGCHI[2] in Form der XML-basierten Beschreibungssprache PLML[3] erarbeitet (Fincher et al. 2003). Die aktuell umfangreichsten und bekanntesten Pattern-Sammlungen im Bereich der HCI (Tidwell 2011; Welie, van 2008) verwenden diesen Ansatz bzw. bauen darauf auf.

Im Folgenden soll diskutiert werden, ob und wie Patterns eine sinnvolle Ergänzung zum Prototyping während des Designprozesses, und damit des Designdenkens, darstellen können. Ein Praxisbeispiel illustriert die Vor- und Nachteile eines solchen Ansatzes.

3 Prototyping und Patterns im Designprozess

Abbildung 1 zeigt einen typischen Designprozess mit evolutionärem Prototyping, bei dem die unterschiedlichen Stadien und Erkenntnisse des Prozesses im jeweiligen Prototypen dokumentiert werden.

Abbildung 1: Typischer Designprozess mit evolutionärem Prototyping. Die Designerkenntnisse werden durch die unterschiedlichen Prototypen dokumentiert, und am Schluss in einem Endprodukt implementiert.

Ein Prototyp als Umsetzung und Sicherung von Designideen gleichermaßen, steht zwar für geringen Dokumentationsaufwand, bringt aber auch wesentliche negative Aspekte mit sich: dadurch, dass Prototypen für einen spezifischen Zweck, also für einen genau definierten Problemkontext, erstellt werden, sind sie nicht ohne weiteres auf andere Kontexte übertragbar. So läuft Designwissen, das in Form projektspezifischer Prototypen dokumentiert ist, Gefahr im Laufe der Zeit verloren zu gehen. Bereits erlangte Erkenntnisse müssen ggf. in Folgeprozessen neu erarbeitet werden. Ein weiterer Nachteil ergibt sich für die Kommunikation von Designideen an unterschiedliche *Stakeholder* – ein Prototyp stellt immer nur das

---

[2] http://chi2012.acm.org/

[3] Pattern Language Markup Language (PLML)

Endergebnis, also die Lösung eines bestimmten Designproblems dar. Welches Problem damit gelöst wird, und warum eine Lösung zugunsten einer anderen vorgezogen wurde, kann aus dem Prototypen allein nicht ohne Weiteres nachvollzogen werden. Abbildung 2 zeigt einen Designprozess mit evolutionärem Prototyping, bei dem das Designwissen, das in einem spezifischen Prototypen implementiert ist, zusätzlich als Design-Pattern formuliert wird.

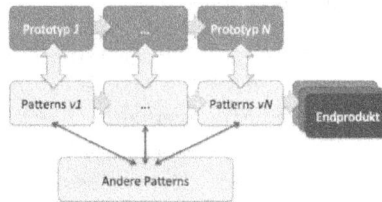

Abbildung 2: Designprozess, in dem evolutionäres Wissen zusätzlich in Form von Patterns festgehalten wird.

Die Patterns werden während des gesamten Designprozesses angepasst und iterativ verbessert. Das Produkt wird aus den (durch Prototypen) validierten Patterns zur Lösung eines bestimmten, wiederkehrenden Designproblems erstellt. Durch ihren generischen Charakter können Patterns leicht mit Patterns aus anderen Entwicklungsprozessen kombiniert werden, oder bei abweichenden Kontextbedingungen variiert und erweitert werden. So ist die erstmalige Erstellung eines Design-Patterns zwar zunächst mit zusätzlichem Aufwand verbunden, gleichzeitig aber die nachhaltige Dokumentation und damit Sicherung von Designwissen, insbesondere validierter Lösungen für konkrete Probleme, garantiert. Folglich können Patterns ihre Stärke vor allem im Kontext von *Design Reuse* (Sivaloganathan & Shahin 1999) oder auch einer langfristigen und nachhaltigen Produktlinienentwicklung (Böckle et al. 2004) ausspielen.

4   Praxisbeispiel

Im Rahmen eines Kooperationsprojekts[4] aus Industrie und Forschung sollten generische Gestaltungslösungen für Regel- und Steuerungsgeräte im Umfeld von Haus- und Umwelttechnik entwickelt werden. Um das komplexe und weitläufige Feld zu erfassen wurden zunächst in einer ersten Analysephase Anforderungen und Kontextfaktoren erhoben. Die Entwicklung eines konkreten Produkts diente dazu, erste Designkonzepte zu erarbeiten, umzusetzen, zu evaluieren und iterativ zu verbessern (Böhm et al. 2011a; 2011b). Im Folgenden soll aufgezeigt werden, wie solche Konzepte zunächst als Prototypen umgesetzt, gute Lösungen in Form von Design-Patterns festgehalten und im Laufe des Projekts iterativ angepasst, erweitert und verbessert wurden.

---

[4]   Das Projekt wurde durch die Software-Offensive Bayern gefördert; FKZ IUK 0910-0003. Projektdauer: 12/2009 – 3/2012

4.1 Design-Patterns als Dokumentationswerkzeug im Entwicklungszyklus

Basierend auf den erhobenen Anforderungen für Zielgruppe, Funktionsumfang (*use cases*) und ergänzenden Kontextfaktoren (Hardware, Display etc.) wurden erste Prototypen in Form von Skizzen erstellt und iterativ verbessert. Die Ergebnisse wurden anschließend in einem klickbaren Prototypen umgesetzt. Beide Prototypen dienten zum einen der Dokumentation und Kommunikation des Designs, zum anderen konnte der interaktive Prototyp als Testartefakt für Usability-Studien verwendet werden. Als zusätzliches Dokumentationswerkzeug wurden Design-Patterns verwendet. Patterns bieten neben den oben beschriebenen Vorteilen aus ihrem Selbstverständnis heraus vor allem den Zugewinn, dass nicht nur der Ist-Zustand der Gestaltungslösungen festgehalten wird, sondern auch zusätzliche Informationen (z. B. Begründung für das Design) entsprechend der vorgegebenen Struktur festgeschrieben werden (müssen). Dies garantiert auch in Zukunft die Nachvollziehbarkeit der getroffenen Design-Entscheidungen. Für die Dokumentation während des Projekts wurde eine Pattern-Struktur erarbeitet, die auf den Ursprüngen von Christopher Alexander und den Ergebnissen der *PLML* (Fincher et al. 2003) basiert, und für den konkreten Projektkontext angepasst wurde (vgl. Abbildung 3). Das Schema gewährleistet die strukturierte Erfassung der designrelevanten Informationen.

Pattern-Schema

- \#   Name
- \#   Alias
- \#   Konfidenzlevel
- \#   Abbildung
- \#   Problem
- \#   Kontext
- \#   Voraussetzungen und Einschränkungen
- \#   Zusammenfassung
- \#   Lösung
- \#   Begründung
- \#   Beispiel
- \#   Verwandte Patterns

Abbildung 3: Verwendetes Pattern-Schema.

Eine ganz ähnliche Idee – Begründungen für Designentscheidungen festzuhalten und diese nachvollziehbar zu machen – wird mit (formlos) annotierten Prototypen verfolgt (z. B. *Axure*). Ohne eine vordefinierte Form neigen diese Annotationen jedoch oft dazu, Informationen nur spärlich und/oder unstrukturiert zu enthalten. Solche annotierte Prototypen werden häufig ausschließlich für die Kommunikation mit Stakeholdern benutzt, und nach Abschluss des konkreten Projekts wieder verworfen. Es existiert keine Versionierung oder andere Archivierungsansätze um das Wissen strukturiert für die Zukunft festzuhalten.

4.2   Konkretes Designproblem: *Gestaltung der Nutzereingabe*

Anhand eines konkreten Designproblems – der Gestaltung der Nutzereingabemodalität für ein Regelungsgerät – soll die Evolution eines Prototypen, die unterschiedlichen Lösungen und das Dokumentieren in Form von Design-Patterns kurz aufgezeigt werden. Abbildung 4 illustriert eine erste Gestaltungslösung in der Frühphase des Designprozesses.

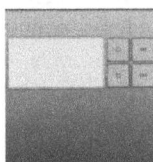

Abbildung 4: Erstes Design für die Nutzerinteraktion.

Nutzereingaben erfolgen mit Hilfe von zwei Pfeiltasten (auf und ab), einer *Set-* und einer *Escape*-Taste. Aus der prototypischen Abbildung ist zwar ersichtlich, welche Designentscheidung getroffen wurde, es lässt sich jedoch nicht nachvollziehen, warum diese Entscheidung getroffen wurde: warum werden Tasten verwendet, und nicht etwa ein berührungssensitiver Bildschirm, aus welchem Grund wurden die Labels *Set* und *Escape* gewählt, und wieso werden genau vier Tasten benötigt? Tatsächlich erwies sich das zunächst entworfene Design nach der Durchführung von Usability-Studien als nicht optimal für den speziellen Produkt- und Nutzungskontext. Auf Basis der Evaluationsergebnisse wurde das Design überarbeitet und erneut auf Benutzerfreundlichkeit getestet. Abbildung 5 zeigt die überarbeitete und zugleich finale Gestaltung der Nutzereingaben. Die Navigationstasten wurden durch einen klickbaren Drehencoder (*clickwheel*) ersetzt und die *Escape*-Taste neu angeordnet.

Abbildung 5: Überarbeitetes Design der Nutzerinteraktion.

Die durchgeführten Usability-Tests haben gezeigt, dass die Verwendung von Tasten in diesem speziellen Nutzungskontext oftmals problematisch ist. Dies schließt jedoch nicht aus, dass dieses Design in einem anderen Kontext (z. B. mit anderen Nutzergruppen) eine gute Lösung für die gleiche Problemstellung – der Gestaltung der Nutzerinteraktion – darstellt. So erscheint es sinnvoll auch diese Gestaltungslösung für eine mögliche spätere Wiederverwendung (*Design Reuse*) aufzubereiten und zu archivieren. Patterns erlauben die strukturierte Erfassung von Gestaltungslösungen, deren Begründungen und spezielle Anwendungskontexte (vgl. Abbildung 3). Zudem können Ergebnisse aus Usability-Studien, Verweise auf weitere Patterns oder Patternsammlungen sowie Literaturangaben in den Design-Patterns erfasst, und so ein zusätzlicher Mehrwert geschaffen werden. Das Item *Voraussetzungen und Einschränkungen* definiert den Kontext in dem eine Gestaltungslösung angewendet werden kann bzw. in welchen Fällen eher davon abzuraten ist. Abbildung 6 stellt eine verkürzte Form des finalen Design-Patterns für die *Nutzereingabe* inklusive allen Attributen dar.

Nutzereingabe

Alias

Navigation; Interaktion

Konfidenz-Level

...

Abbildung

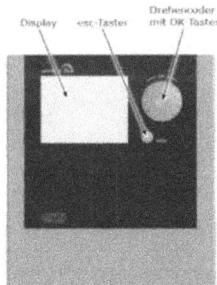

Problem

Damit der Benutzer die Schnittstelle des Reglers nutzen kann müssen geeignete Eingabeelemente bereitgestellt werden...

Kontext

Nutzereingaben ermöglichen die Manipulation des interaktiven Systems...

Voraussetzungen und Einschränkungen

Navigationselemente sind bei allen Systemen, die Eingaben von Seiten des Nutzers erwarten obligatorisch. Je nach Art und Umfang der Eingaben existieren unterschiedliche Techniken und Modalitäten.

Zusammenfassung

Zur optimalen Bedienung des Gerätes stellt die Schnittstelle geeignete Funktionen und
Hardware-Elemente (Buttons, LEDs, Display) für die Interaktion bereit.

Lösung

Für die Interaktion werden folgende Funktionen benötigt: Navigation in der Menüstruktur
(auf und ab), Eingabe von Werten, die Möglichkeit einen Schritt rückgängig zu machen und
die Möglichkeit eine Auswahl oder eine Eingabe zu bestätigen...

Begründung

Clockwheel: Drehbewegungen eignen sich für schnelles Navigieren und schnelles Ändern
von Werten mit großem Wertebereich. Zudem eignet sich ein Drehencoder aus
ergonomischer Sicht für die vertikale Betätigung (Wandmontage). Die Eignung dieser
Eingabemodalität wurde durch Benutzertests validiert...

Beispiel

Verwandte Patterns

Abbildung 6: Design-Pattern für die „Nutzereingabe".

4.3 Nachhaltige Entwicklung durch Wiederverwendung von Gestaltungslösungen

Alle während des Entwicklungs- und Designprozesses ausgearbeiteten Designlösungen werden strukturiert in Patterns aufbereitet, dokumentiert und so für die Wiederverwendbarkeit
vorbereitet. Auf diese Weise können unterschiedliche Lösungsansätze für dasselbe Designproblem festgehalten und archiviert werden. Ein einfacher und effizienter Zugang für Entwickler und Designer zu den unterschiedlichen Stadien der Gestaltungsmuster ist für eine
potenzielle Wiederverwendung wichtig. Im Rahmen des hier vorgestellten Projekts hat sich
der Einsatz eines Wikis als adäquater Ansatz erwiesen. Im Wiki werden alle Patterns in Form
einer Pattern-Bibliothek zentral verwaltet und über das Intranet des Unternehmens intern
verfügbar gemacht. Mit Hilfe einer Versionierung lassen sich alle evolutionären Designlösungen im Entwicklungsprozess nachvollziehen. Die Gestaltungsentscheidungen jedes Stadiums eines Patterns können auf diese Weise für die Entwicklung weiterer Produkte wieder-
verwendet werden. Für jedes Designproblem liegen unterschiedliche (getestete) Lösungen
vor, die sich je nach Kontext besser oder schlechter für weitere Entwicklungen eignen können. Konkret bedeutet dies, dass bei wiederholtem Auftreten eines Designproblems das Rad
nicht jedes Mal neu erfunden werden muss. So können zeitliche und finanzielle Aufwände

reduziert und Produkte nachhaltig(er) entwickelt werden. Das Verwenden eines Wikis erlaubt zudem die vorliegenden Gestaltungsmuster stetig weiterzuentwickeln, neue Erkenntnisse (aus neuen Produktentwicklungen) einzuarbeiten und auf diese Weise dokumentiertes Designwissen kontinuierlich zu erweitern und zu verbessern. Grundsätzlich ist dabei auch die Möglichkeit gegeben, eigene Patternsammlungen mit den aus der Literatur bekannten Patternbibliotheken (insbesondere nach Tidwell und van Welie) zu vernetzen.

4.4 Prototyping und Design-Patterns: Aufwand und Nutzen

Gerade im Vergleich zu nicht oder nur informell annotierten Prototypen bedeutet die Dokumentation von Designwissen in Form von Patterns zunächst zusätzlichen Erstellungsaufwand, der sich aber bei komplexeren Fragestellungen (z. B. *Nutzerinteraktion* bei *Embedded Systems*) und auf Wiederverwendbarkeit ausgelegte Designlösungen (Produktlinienentwicklung) schnell bezahlt macht. Durch die vordefinierte Struktur von Patterns wird der Designer gezwungen, sich eingehender mit dem vorliegenden Problem zu beschäftigen. Wenn der Kern des Problems nicht in ein bis zwei Sätzen formuliert werden kann, wurde das Gesamtproblem, nach Alexanders (1977) Verständnis, noch nicht hinlänglich verstanden. Design-Patterns dienen neben der Dokumentation auch als Kommunikationsmedium, und sind aus ihrem Selbstverständnis heraus so formuliert, dass sie als *lingua franca* (Alexander 1977) für die am Entwicklungsprozess beteiligten Parteien (z. B. Entwickler, Designer, Projektmanager) fungieren und so die Verständigung erleichtern können. Eine Sammlung von Patterns wird idealerweise zu einer konsistenten Pattern-Sprache zusammengefasst, welche dann durch Referenzieren der Gestaltungsmuster aufeinander, und die Definition hierarchische Beziehungen zueinander, erweitert werden kann.

Im hier vorgestellten Projekt (Design-Lösungen für Regel- und Steuerungsgeräte in der Haustechnik) konnten bereits zwei weitere Produkte auf Basis der generischen Design-Patterns entwickelt werden. Neu hinzugewonnene Erkenntnisse wurden in die Patterns übernommen und stehen somit für künftige Entwicklungen zur Verfügung. Nicht zuletzt können auf diesem Wege Zukunftssicherheit und Nachhaltigkeit von Produkten gefördert werden.

5 Fazit und Ausblick

Prototypen zur frühzeitigen Erprobung von Designideen sind ein wichtiges Hilfsmittel in benutzerzentrierten Designprozessen. Dabei muss von Fall zu Fall entschieden werden, ob die formlose, unstrukturierte Dokumentation des Designwissens in Form von Prototypen ausreichend ist. Vor allem im Kontext komplexer Designprozesse und bei langfristig weiterzuentwickelnden Produktlinien kann es lohnenswert sein, auf eine nachhaltige Dokumentation des durch Prototypen erfolgreich evaluierten Designwissens zurückzugreifen. Patterns eignen sich durch ihre klare Struktur und verständliche Form zur Speicherung solchen Wissens in einem wiederverwendbaren Format. Der damit verbundene Aufwand muss jedoch stets mit Bezug auf den Projektkontext abgewogen werden. Für den Rahmen des hier beschriebenen Projekts zeigte sich die Verwendung von Patterns als adäquate und gute Lösung.

Design-Patterns stellen jedoch nur eine Möglichkeit dar Designwissen während des Prototyping-Prozesses zu dokumentieren. Welche Alternativen (z. B. annotierte, interaktive Prototypen), *best practices* und allgemeine Erfahrungen mit der Wiederverwendung von Designlösungen in der Designdenken-Community bestehen, soll im Workshop gemeinsam diskutieren werden.

Literaturverzeichnis

Alexander, C., Ishikawa, S., Silverstein, M., & Jacobson, M. (1977). A pattern language. New York: Oxford University Press.

Alexander, C. (1979). The Timeless Way of Building (Later prin.). Oxford University Press.

Böckle, G., Knauber, P., Pohl, K., & Schmid, K. (Hrsg.) (2004). Software-Produktlinien: Methoden, Einführung und Praxis. dpunkt-Verlag.

Böhm, P., Schneidermeier, T., & Wolff, C. (2011a). Customized Usability Engineering for a Solar Control Unit: Adapting Traditional Methods to Domain and Project Constraints. In A. Marcus (Ed.), Design, User Experience, and Usability. Theory, Methods, Tools and Practice. Proceedings, Part II (pp. 109–117). Springer.

Böhm, P., Schneidermeier, T., & Wolff, C. (2011b). Smart Sol – Bringing User Experience to Facility Management : Designing the User Interaction of a Solar Control Unit. In A. Marcus (Ed.), Design, User Experience, and Usability. Theory, Methods, Tools and Practice. Proceedings, Part II (pp. 187–196). Springer.

Borchers, J. (2001). A pattern approach to interaction design. Chichester [u.a.]: Wiley.

Burghardt, M., Heckner, M., Kattenbeck, M., Schneidermeier, T., & Wolff, C. (2011). Design Thinking = Human-Centered Design? In M. Eibl (Ed.), Workshopband Mensch & Computer 2011 (pp. 363-368).

DIN EN ISO 9241-210. (2010). Ergonomics of human-system interaction – Part 210: human-centred design process for interactive systems. Beuth, Berlin.

Fincher, S., Finlay, J., Greene, S., Jones, L., Matchen, P., Thomas, J., & Molina, P. J. (2003). Perspectives on HCI patterns: concepts and tools (introducing PLML). CHI'03 extended abstracts on Human factors in computing systems (pp. 1044–1045). ACM.

Gamma, E. (1995). Design patterns: elements of reusable object-oriented software. Annals of Physics (Vol. 54). Addison-Wesley Professional.

Sivaloganathan, S. and Shahin, T.M.M. (1999). Design Reuse: An Overview. In Proceedings of the Institute of Mechanical Engineers, Part B: Journal of Engineering Manufacture, 213(7), 641–654.

Tidwell, J. (2011). Designing Interfaces. O'Reilly Media.

Turban, B., Kucera, M., Tsakpinis, A., and Wolff, C. (2009). Bridging the Requirements to Design Traceability Gap. In R. E. D. Seepold and N. Martínez Madrid (Eds.), Intelligent Technical Systems. Berlin et al.: Springer, 275-288.

Welie, M., v. (2008). Patterns in Interaction Design. www.welie.com. Zuletzt aufgerufen am 15. Juli 2012.

Kontaktinformationen

Tim Schneidermeier
Manuel Burghardt
Christian Wolff
Lehrstuhl für Medieninformatik
Universität Regensburg
93040 Regensburg

E-Mail: tim.schneidermeier@sprachlit.uni-regensburg.de
E-Mail: manuel.burghardt@sprachlit.uni-regensburg.de

Workshop:

Mobile Anwendungen
für Medizin und Gesundheit

Jasminko Novak

Jürgen Ziegler

Ulrich Hoppe

Andreas Holzinger

Christoph Heintze

Martin Böckle

H. Reiterer & O. Deussen (Hrsg.): Workshopband Mensch & Computer 2012
München: Oldenbourg Verlag, 2012, S. 227-230

Mobile Anwendungen für Medizin und Gesundheit

Jasminko Novak[1], Jürgen Ziegler[2], Ulrich Hoppe[3], Andreas Holzinger[4], Christoph Heintze[5], Martin Böckle[6]

FH Stralsund, Institute for Applied Computer Science (IACS) / European Institute for Participatory Media, Berlin[1]
Universität Duisburg-Essen, Lehrstuhl für interaktive Systeme [2]
Universität Duisburg-Essen, Lehrstuhl für kooperative und lernunterstützende Systeme[3]
Medizinische Universität Graz, AG Mensch-Computer Interaktion für Medizin und Gesundheit[4]
Charite Universitätsmedizin Berlin, Institut für Allgemeinmedizin[5]
Humboldt-Viadrina School of Governance, Social Innovation Lab[6]

1 Thema und Ziele des Workshops

Das Ziel des Workshops ist es innovative Anwendungen mobiler Technologien in der Medizin vorzustellen und zu diskutieren. Dies umfasst sowohl die „klassischen" Bereiche der Optimierung von Krankenhausabläufen oder der mobilen Unterstützung der elektronischen Patientenakte als auch die neuen Einsatzmöglichkeiten, die sich mit der neuen Generation mobiler Geräte eröffnen (Tablets, SmartPhones, SmartPens).

Mit der allgegenwärtigen Verbreitung mobiler Geräte im Alltag geraten hier neue Anwendungsbereiche in den Fokus, die sich stärker an individuellen Ärzten oder Patienten und ihren Bedürfnissen als Endnutzer orientieren. Dies umfasst eine Reihe von unterschiedlichen Anwendungen: von mobilen Anwendungen für Diagnose- und Entscheidungsunterstützung, über die mobile Bereitstellung von Best-Practices (medizinische Leitlinien), die Unterstützung mobiler Lernszenarien bzw. des mobilen Wissensaustausches in sozialen Netzwerken bis hin zu telemedizinischen Anwendungen für Fernerhebung von Patientensymptomen und mobilen Patientensitzungen.

Für die Gestaltung und Entwicklung effektiver Lösungen, die von Endnutzern angenommen werden, spielen dabei die Fragen der Auswahl geeigneter Interaktionstechnologien und Medienformen für Informationsaufnahme und –Visualisierung in mobilen Einsatzszenarien eine große Rolle. Die neuen Generationen mobiler Geräte bieten dabei eine Vielfalt unterschiedlicher Interaktionsmodalitäten (Touch, Stift, Voice) und Medienformen (z.B. Foto, Audio, Video, Handschrift usw.).

Schließlich ist der Nutzungskontext in der Medizin bzw. Gesundheit durch spezifische Anforderungen gekennzeichnet, welche die Wahl von Interaktionstechniken und Medienformen über die klassischen Usability-Aspekte hinaus bestimmen: das umfasst z.B. die sehr hohe Bedeutung der Datenschutzaspekte (was den Gebrauch von Foto- und/oder Video-Aufnahmen einschränken kann), die hohe Mobilität der Endnutzer in spezifischen Domänen (z.B. Ärzte in Weiterbildung in Allgemeinmedizin) sowie eine Vielzahl unterschiedlicher, aber mit einander verbundenen Nutzungssituationen (z.B. Arztpraxis, Hausbesuch, Home-office, Online-Community). Die neuen technischen Möglichkeiten bergen insbesondere in dieser Domäne die Chance neue Praktiken zu entwickeln, die wg. der besonderen Merkmalen der Domäne (ausgeprägte Formalisierung und Regulierung des akzeptablen Umgangs mit Informationen, der medizinischen Prozesse, der Arzt-Patienten Interaktionen u.ä.) von den Nutzern im Vorfeld nur sehr schwierig erkannt bzw. benannt werden können. Dies deutet auch auf den Bedarf nach neuen methodischen Beiträgen hin, welche die bestehenden Methoden der nutzerzentrierter Entwicklung domänenspezifisch anpassen und/oder erweitern.

Das Ziel des Workshops ist es diese und verwandte Fragen der Entwicklung mobiler Anwendungen für Medizin und Gesundheit durch die Diskussion bestehender Erfahrungen mit der Entwicklung, Einführung und Evaluierung innovativer Lösungen zu erörtern.

Folgende Fragen stehen dabei im Fokus:

- (Wie) Lassen sich Problemklassen identifizieren, die bestimmte Arten von Interaktionstechnologien und –Techniken oder Medienformen für mobile Informationsverarbeitung bevorzugen?

- Wie können, die für den jeweiligen Anwendungsfall geeigneten Interaktionstechniken und Medienformen identifiziert werden? Können Entscheidungskriterien für spezifische Problemklassen definiert werden?

- Lassen sich erste Ergebnisse aus bestehenden Arbeiten im Sinne einer Annäherung an Best-Practices identifizieren? Können dabei Präferenzen für bestimmte Medienformen für die Informationsaufnahme bzw. für die Informationsvisualisierung erkannt werden?

- Lässt sich eine spezifische "Data-Task Taxonomy" identifizieren? Welche Faktoren müssten in eine solche Taxonomie der mobilen Informationsaufnahme und –visualisierung für diese spezifische Anwendungsdomäne einbezogen werden?

- Welche Anforderungen an den Entwicklungsprozess und an ggf. neue methodischen Ansätze lassen sich aus der Spezifizität der Anwendungsdomäne erkennen?

Dazu werden insb. Beiträge zu folgenden Themen (und verwandten Bereichen) eingeladen:

- Innovative Mensch-Maschine Interfaces für Medizin und Gesundheit

- Ubiquitäre Informationssysteme für Medizin und Gesundheit (m-Health)

- Telemedizinische Anwendungen und Benutzerschnittstellen

- Mobile Unterstützung für medizinische Diagnose- und Entscheidungsprozesse

- Mobiles Lernen und mobile Communities in der Medizin und Gesundheit

- Entwicklung und Evaluierung mobiler Anwendungen für Medizin und Gesundheit

- Mobile Patientenunterstützungssysteme

Dies wird ein halbtägiger Workshop.

2   Organisatoren

- Prof. Dr. Jasminko Novak, FH Stralsund, Institute for Applied Computer Science (IACS) / European Institute for Participatory Media, Berlin

- Prof. Dr. Jürgen Ziegler, Universität Duisburg-Essen, Lehrstuhl für interaktive Systeme

- Prof. Dr. Ulrich Hoppe, Universität Duisburg-Essen, Lehrstuhl für kooperative und lern- unterstützende Systeme

- Prof. Dr. Andreas Holzinger, Medizinische Universität Graz, AG Mensch-Computer Interaktion für Medizin und Gesundheit

- Dr. Christoph Heintze, Charite Universitätsmedizin Berlin, Institut für Allgemeinmedizin

- Martin Böckle, Humboldt-Viadrina School of Governance, Social Innovation Lab

3   Beitragsformen

- Reguläre Forschungsbeiträge (6-8 Seiten)

- Anwendungen und Demos (4 Seiten)

- Positionspapiere (2-4 Seiten)

Alle Beiträge werden von mind. zwei Mitgliedern des Programm- bzw. Organisationskomi- tees begutachtet.

4   Zielgruppe

Der Workshop richtet sich an Wissenschaftler und Praktiker aus Wissenschaft, Wirtschaft und medizinischen Einrichtungen die sich mit den Fragen der Mensch-Computer Interaktion bzw. der Entwicklung von mobilen Anwendungen in Medizin und Gesundheit beschäftigen.

Es werden ca. 15-20 Teilnehmer erwartet.

5   Programmkomittee

- Prof. Dr. Matjaz Debevc, Universität Maribor

- Prof. Dr. Torsten Eymann, Universität Bayreuth

- Prof. Dr. Frank Heidmann, FH Potsdam

- Dr. Primoz Kosec, Medizinische Universität Graz

- Dr. Marino Menozzi, ETH Zürich

- Prof. Dr. Jasminko Novak, FH Stralsund

- Dr. Carsten Röcker, RWTH Aachen

- Susanne Schmidt-Rauch, NAVECO AG, Zürich

- Prof. Dr. Martin Stämmler, FH Stralsund

- Prof. Dr. Markus Stolze, Hochschule für Technik Rapperswil

- Markus Valle-Klann, Fraunhofer FIT

- Sabrina Ziebarth, Universität Duisburg-Essen

- Prof. Dr. Martina Ziefle, RWTH Aachen

- Dr. Philippe Zimmermann, Universität Bern

H. Reiterer & O. Deussen (Hrsg.): Workshopband Mensch & Computer 2012
München: Oldenbourg Verlag, 2012, S. 231-240

Combining Mobile Devices and Workstations for the Reading of Medical Images

Felix Ritter[1], Markus Harz[1], Jumana Al Issawi[1], Simon Benten[1], Kathy Schilling[2]

Fraunhofer MEVIS, Institute for Medical Image Computing, Bremen, Germany[1]
Boca Raton Regional Hospital, FL-Boca Raton, U.S.A.[2]

Abstract

We propose a new concept for the combination of mobile multi-touch devices and diagnostic reading workstations to provide a workstation-grade reading experience of medical images with mobile devices. The patient-centric, workflow-oriented design links a mobile device with dedicated diagnostic monitors and adapts the behavior and the presented content of the mobile device depending on the location and access permission level of the user. The design is based on a breast MRI reading system, exploring the suitability of touch interaction for diagnostic reading of MRI patient cases.

In this article we discuss the benefits for the radiologist as well as possible challenges and briefly describe the results of an informal evaluation we conducted with radiologists.

1 Introduction

Mobile interaction with clinical data is becoming increasingly popular as mobile devices, such as smartphones or multi-touch tablets, evolve into personal information hubs. A high number of doctors already own such devices or intend to (Hirschorn 2011). Having access to patient information on the move and being able to answer patient specific questions regardless of one's current location is a major advantage and can be a big time-saver. Several software solutions for smartphones and multi-touch tablets, such as Apple's iPad, have been available recently. However, for diagnosis and viewing of image data, the *available screen space of these devices is very limited*. Image comparisons, such as current-prior comparison of patient images or the comparison of different MR sequences are not very meaningful if possible at all. Often, the use of mobile software that has FDA 510(k) clearance is therefore restricted to situations in which no other workstation with calibrated, larger screens is available (FDA 2011).

In this article we propose a combination of mobile multi-touch devices and workstation-grade screens or even conventional workstations to provide a workstation-grade reading experience with mobile devices (see Fig. 1). Contrasting to current mobile applications, a highly increased display space and processing power is paired with a more natural and direct interaction on image data, as well as a higher mobility and location awareness when compared to current workstations.

All diagnostically relevant image data will be presented on large, calibrated screens. The mobile device may display secondary information, such as anamnesis, patient history, genetic predisposition and even control the patient selection but is never used to display patient images for diagnostics. Interaction with the data is controlled via multi-touch gestures on the multi-touch tablet or smartphone. We will show some new approaches that go beyond the limits of mouse and keyboard and demonstrate the potential for increased interaction performance. The concept is applied to diagnostic reading of breast MRI series, however, potential applications spread beyond.

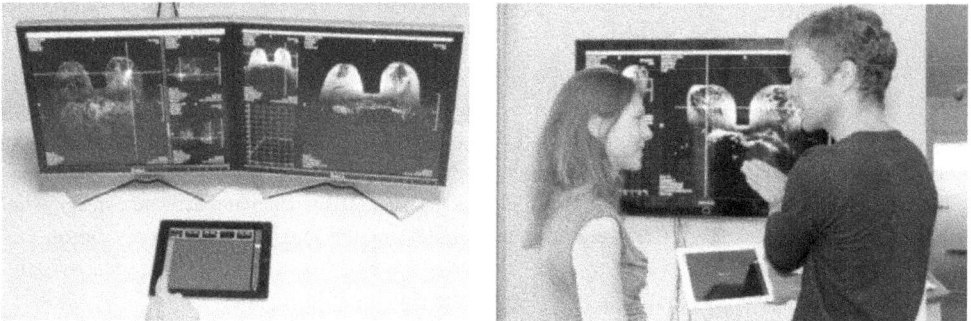

Figure 1: Pairing a mobile device with a workstation (left) or a large screen for diagnostic reading (right)

2   Current state of the art

We note a high demand for reading software on mobile devices, reflected in a growing number of presentations at RSNA 2011, and also reflected by company efforts to support their respective clinical software platforms on mobile devices. Based on the current display quality of mobile devices, the FDA limits the diagnostic reading of patient images on mobile devices to high-contrast, low-resolution images (SPECT, PET, CT, and MRI), which excludes most X-ray and mammography images. The latest generation of mobile devices with high-resolution displays will accommodate much finer detail but still requires panning a mammography or computed radiography in order to inspect and perceive all details. Because most mobile devices adapt themselves to changes in lighting conditions, calibrating the display and maintaining a calibration is difficult. Currently, FDA-approved mobile applications may therefore only be used when there is no access to a workstation (FDA 2011). That said, only very few medical applications have been approved for diagnostic reading. To our knowledge, all these applications use the screen of the mobile device to display the image data directly. None of them integrates the mobile device into the reading process of the workstation.

3   What issues do current workstations have?

Conventional workstations for image reading, such as breast MRI workstations in this case, support the viewing of patient images from fitting modalities, the navigation within the images, the marking, annotation, or quantification of findings and structures, as well as the generation of reports that summarize the reading results. Despite providing powerful image analysis methods for automatic quantification and computer-aided detection, the most important aspect is to display patient images efficiently.

Most workstations are sold as a combination of hard- and software for one specific purpose, such as the diagnostic reading of MRI breast images. Due to cost and space limitations, they are usually bound to a fixed location in the hospital and are *not available at every place.*

„Mobile" access to the reading software could be accomplished by two very different approaches:

• Providing multi-purpose workstations with one or two big screens at many locations within the hospital; instead a whole software suite of applications would support a multitude of different diagnostic tasks at these workstations

• Providing each doctor with a mobile device that supports their very specific tasks

Having multi-purpose workstations present at many different places would indeed solve the accessibility issue. Still, specialized input devices, such as special keypads for mammography reading applications, would not be available automatically due to the same limitations. A highly customizable input device that configures itself to personal preferences could be very beneficial here. It could also collect and provide additional information, such as a history of cases recently viewed, regardless of a specific application. Such an input device would be mobile, personal, and connectable to a workstation wherever required.

A different challenge workstations pose to the user is the underlying *interaction design* and *information visualization concept,* which is often strongly affected by the engineering perspective of software design and overloaded with user interface elements providing random access tools. While working with radiologists we noticed that only very few tools are used, despite having more powerful analysis methods at their disposal. Functions or interface elements can either not be found because they are too small or hidden, their purpose is not understood, or they are redundant. By offloading secondary information or status indicators onto an interaction device with a display, the screen provides even more distraction free real estate for the patient images. Only the most important information has to be visible on the reading screens.

In other words, a multitouch tablet device would be the perfect companion for these multipurpose workstations.

4   What issues do current mobile applications have?

With our concept we want to avoid possible disadvantages of mobile applications as standalone reading devices. As described by Albinsson and Zhai (2003) one limitation while interacting with mobile devices is the *user's fingers, hands, or arms blocking part of the screen* and thus in medical context, blocking part of diagnostically relevant information. This is particularly impractical when doctors discuss images with either their patients or colleagues. Users have to execute a gesture and then remove their hands to uncover the mobile devices' screen to be able to read the data correctly.

Beside the occlusion of the screen, *high precision interaction with the human finger* becomes an issue when users select targets that are smaller than their fingers (Albinsson & Zhai 2003). Various applications emulate mouse interaction. When a measurement is performed the users choose start and end point by tapping on each target. However, if the target is too small users have to zoom in first to be able to choose each point precisely. Instead, a variety of potential, more flexible finger gestures to reduce the number of required steps could be used.

Furthermore, in discussions with radiologists it became clear that *mobile device screens are too small to accommodate multiple images* or additional image data such as graphs (e.g. distribution of contrast agent over time). This results in the users not being able to view all relevant image data at a glance, but having to switch between different views to get an overview of all relevant data.

5   What's the benefit of using mobile devices in combination with stationary displays for reading medical images?

5.1   Overcoming the one-finger interaction

So far, the majority of first generation mobile applications for the inspection of medical images did not introduce interaction styles beyond basic gestures, such as the pinch gesture for magnification. However, using fingers to grab, to measure, to fold, or to annotate may be easier to operate despite our long-term training towards „masters of the mouse".

We spent a lot of effort in designing multi-touch gestures to overcome the one-finger interaction. The aim was to develop gestures to easily access functions of high importance, and to ensure that actions cannot be triggered accidentally by a similar gesture. Avoiding ambiguities and identical gestures for controlling dissimilar actions in different contexts was another objective. We reflected on how radiologists used to work with film-based images before the digital age, which inspired our concept of interaction.

5.2   For viewing and interaction

In our setup the mobile device acts as a hybrid image display and interaction device, changing its role during the workflow. The fundamental principle is not to show images for clinical diagnosis on the device. This way, users do not block their view on diagnostically relevant images with their fingers, hands, or arms. Moreover, the concept of combining mobile device and stationary display still involves the use of high resolution displays to present the images, which goes with the FDA, demanding not to use mobile medical applications for primary diagnosis (FDA 2011).

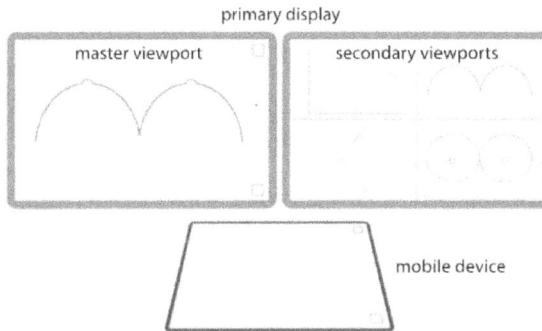

Figure 2: Master viewport (left), secondary viewports (right), mobile device (bottom).

Breast MRI diagnostic workstations usually offer a set of viewports showing different aspects of the data, arranged on one or more monitors. The user is free to define preferences for the layout (called hangings), and is able to zoom viewports to full screen, or interact with them in arbitrary sequence. This is not intended in a system as ours. Based on a workflow analysis we   carried out in a community hospital breast care center in which an above-average number of MRI exams are being read, we defined a number of viewport arrangements. One viewport is shown in larger size (the master viewport) with which the user can interact directly. The other, smaller viewports support the reading by providing additional information (see Fig. 2). These hangings are then executed in sequence, following a predefined but customizable workflow. Furthermore, the diagnostic screen is freed from menus, buttons, and bars as the radiologist interacts only on the mobile device that offers the gestural interface.

With application-side interpretation and implementation of gestures, coherent interaction is guaranteed regardless of what mobile device is being used. Technically for the workflow, the device is only required to send one or multiple touch points, and all intended interaction is evaluated on the server computer.

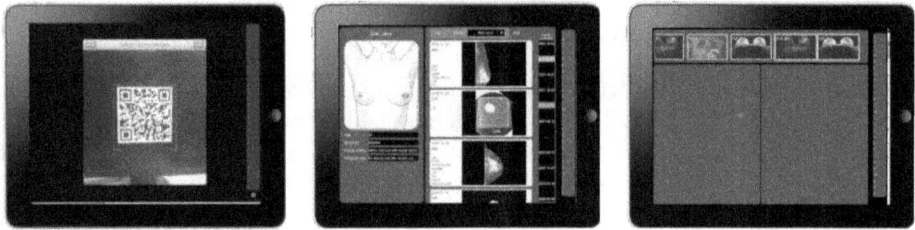

Figure 3: Mobile device screens: Reading the QR code (left), the patient browser interface (middle), and the mobile device user interface during reading (right). MR images are displayed on the primary display (see Fig. 2).

Patient selection

To ensure data protection, we chose to visualize the patient browser on the mobile device. People standing or passing by cannot see personal data such as patient name and date of birth, as they are not shown on the primary display. Also, the patient browser is supposed to be fully accessible outside the clinics IT system. After the primary diagnosis, doctors shall be able to view key images and reports anywhere and access these through the patient browser. In this way we ensure a consistent representation of information and data.

The intuitive patient browser shows the patient history with clinical events and cancer risk data (see Fig. 3, middle). Annotations are correlated between sketch (left), image series (middle), and time line (right) using distinctive colors. Thumbnails of image series displayed in the middle can be previewed in larger size on the diagnostic screens in combination with additional information.

Navigation in images

In each hanging, navigation is done solely using finger gestures on the mobile device, where all gestures always apply only to the master viewport on the primary display. Other viewports providing additional image data, derived data, orthogonal projections of the master view etc. might be present, and if they are, their display is continuously updated to match the image on the master viewport.

Measurement

Counting and measuring, the quantification of structures in medical images is where computer support most obviously may be faster and more precise than humans. However, the detection and separation of different tissue types is difficult. Moreover some measurements may be highly patient specific and therefore have to be done manually.

For size measurements, we designed a two-finger scale gesture that works around the issue of low precision selection with fingers on small targets and the need for executing multiple gestures. It anticipates the desired size and zooms the images automatically to enable a precise measurement even of very small structures (see Fig. 4). For reporting of finding locations, one finger interactively indicates the location of interest, and from precomputed locations of chest wall and nipples the shortest distances are annotated and indicated.

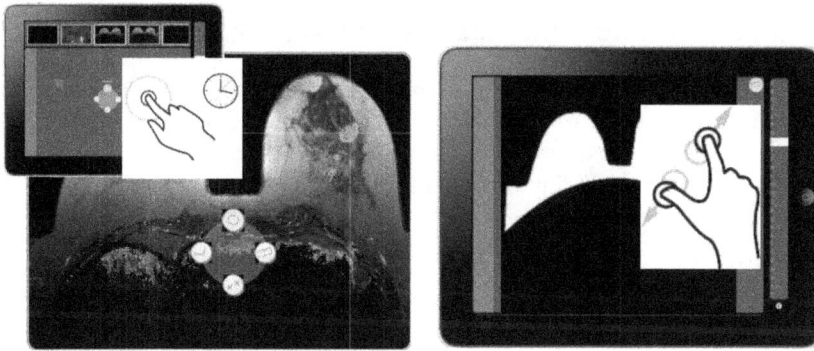

Figure 4: Tap and hold shows a radial menu around the finger on the touch display and on the primary screen (Lepinski et al. 2010). All options that apply to this location, e.g. measurement, are displayed. Measuring the size of a lesion is executed by moving two fingers away or towards each other. If required, the image is automatically magnified.

Reporting

Traditional workstations demand the users to access information and read images at pre-defined locations. Our concept allows secured storage of selected key images and information on the mobile device. These key images contain annotations such as measurements and segmentations, out of which reports are automatically generated while reading MRI patient cases. The reports can be location-independently shared with other doctors, as they are stored on the mobile device. Doctors still need to use dedicated workstations for primary diagnosis, but can take the generated reports to any location to share and discuss the data and information with their patients or colleagues.

5.3   For safety and security

In our setup, we think of the mobile device as a personal item belonging to the radiologist. Users will log in to their device and authenticate towards it. To connect to a primary display, different mechanisms are conceivable. In our current implementation, the internal camera of the mobile device reads a QR code that is displayed on the primary display (see Fig. 3, left). By reading the QR code, the mobile device learns about the primary display, such as its location and capabilities. It configures itself so that the available tools are offered, and only the applicable patient data is shown to the radiologist. In practice, in a patient room only the data pertaining to the patient in this room is offered, and diagnostic tools, annotations, and reporting functionality is not provided. In a meeting room only the data of that day's tumor board meeting might be shown with annotation functionality, while in a diagnostic reading room, all functionality will be provided for all patients assigned to the doctor.

The mobile device does not store data locally but acts as a client. The data is provided by a server-based architecture with patient records residing only on the server. It can be accessed through a securely protected wireless network.

5.4   For location independence and personalization

We think of the mobile device and primary display communicating and interacting with each other, making it simple for the users to connect their personal devices to workstations, and workstations connecting to the users' personal devices. Devices are aware of their location to only allow relevant and authorized information to be accessed.

As described in the previous section, the mobile device acts as the doctor's personal key to patient data; history and other protected data stored in the hospital IT. It holds different access permissions to all IT systems so that the doctor is not in need of using dedicated reading rooms. At the same time, each workstation offers data, information and tools depending on the user accessing the workstation, as well the location and purpose of the workstation itself.

Furthermore, not being bound to workstations, doctors can use mobile devices to confirm courses of treatment and explain these to patients. Confirmed by radiologists we interviewed, we believe this could enhance the doctor patient relationship as doctors can spend more time with their patients while explaining treatment, not being in need of doing this at dedicated workstations.

6   Possible challenges

The concept of combining a stationary display and a mobile device offers a wide range of possibilities that can or should be considered in the development. The challenge is to develop a concept that maintains usability and understandability, whilst relevant functions are translated into appropriate processes and gestures.

6.1   How to interact with multiple viewers and not losing focus

We observed, interviewed, and analyzed four radiologists while they were using the system. Based on this, we developed a workflow for our combined system of screen device and mobile device, considering barriers that users might encounter with mobile tasks (Karlson 2010).

In the current system, the master viewport shows primary images. Additional images or curves to support reading and interpretation of data are represented in smaller, secondary viewports. The radiologist can interact with the image presented on the master viewport only. The secondary viewports are synchronized, showing and adjusting information depending on the image and the interaction on the master viewport. Direct interaction with secondary viewports is not possible.

However in rare cases, doctors may want to directly interact with images on a secondary viewport, for instance, to adjust the window level. Therefore, a gesture or functional element for choosing and activating one of these viewports had to be implemented. The required functional element or gesture has to be chosen in a way not to demand the user of looking down at the mobile device. Yet, while introducing additional gestures it has to be made sure not to overwhelm the user and maintain usability and understandability.

6.2   Carrying the mobile device around

Taking Apple's iPad as an example for a mobile multi-touch device, it is evident that it has not been designed to fit in a radiologist's white coat. Instead of walking around freely, the doctor has to carry the mobile device to meetings and patient visits and make sure not to forget or lose the device. However, as mentioned by Lewis Dolan "Mobile technology has made it possible to bring the patient's bedside to the physician's smartphone or tablet"(Lewis Dolan, 2012). Doctors can access the patient's medical information anywhere, consolidated on one device, and offer a faster treatment. Equally, the entire patient data such as lab results, EKG results or MRI images can be easily brought to the patient's bedside to establish a better patient-doctor relationship (Pfeifer et al. 2012). We think the advantages that occur in mobile devices increasingly being used for multiple functionality outweigh the disadvantage of carrying them around. This is substantiated by the fact that many doctors already own iPads (Hirschorn 2011). And a study revealed that 80 percent of doctors believe the iPad having a promising future in healthcare (Spyglass Consulting Group 2012).

7   Informal evaluation and conclusion

Initial presentation of this prototype to the public during RSNA 2011 received some attention. A formal evaluation of the whole concept is lacking at this point of development; the general setup and paradigm, however, was appreciated. Most critical remarks focused on the speed that can be achieved by using touch interaction instead of a mouse, demanding for experimental performance figures compared with special keypads, and of course mouse and keyboard. In response to that, an evaluation of the measurement gesture in comparison with a mouse-based interaction is in progress.

The general concept — to pair a mobile device with a larger, dedicated display — was well received. Radiologists are well aware of the small display space but also like the convenience of a personal device that is readily available wherever they need it. Combining both seemed natural to most of them. Also, to use the device as a key to the diagnostic screen by scanning the QR code was liked, as was the use of the mobile device to present the patient browser. Presenting status information during reading on the mobile device, such as context dependent task support or additional data of minor importance, was highly rated, too. Radiologists feel that this lets them focus on the diagnostic images on the primary screen but does not hide additional information.

References

Albinsson, P-A. & Zhai, S. 2003. High Precision Touch Screen Interaction. CHI 2003, 105-112.

FDA. 2011. Mobile Medical Applications: Draft Guidance for Industry and Food and Drug Administration Staff. July 21, 2011.

Hirschorn, D. 2011. Radiology Informatics Series: Mobile Computing Devices. Chicago: RSNA 2011.

Karlson, A.K. & Iqbal, S.T., Meyers, B., Ramos, G., Lee, K. & Tang, J.C. 2010. Mobile taskflow in context: a screenshot study of smartphone usage. CHI 2010, 2009–2018.

Lepinski, G.J. & Grossman, T. & Fitzmaurice, G. 2010. The design and evaluation of multitouch marking menus. CHI 2010. 1411–1420.

Lewis Dolan, P. 2012. Everything in medicine is going mobile (HIMSS meeting). http://www.ama-assn.org/amednews/2012/03/26/bisa0326.htm [Accessed 24/05/2012]

Pfeifer Vardoulakis, L. & Karlson, A.K., Morris, D., Smith, G., Gatewood, J. & Tan, D.S. 2012. Using mobile phones to present medical information to hospital patients. CHI 2012, 1411–1420.

Spyglass Consulting Group. 2012. http://www.spyglass-consulting.com/press_releases/SpyglassPR_POC_Comp_Physicians_2012.v1.2.pdf [Accessed 24/05/2012].

H. Reiterer & O. Deussen (Hrsg.): Workshopband Mensch & Computer 2012
München: Oldenbourg Verlag, 2012, S. 241-246

Sehen, Fühlen, Erfahren – Rechtsmedizin mit mARble® erleben

Christoph Noll, Ute von Jan, Tino Schaft, Herbert K. Matthies,
Urs-Vito Albrecht

PLRI MedAppLab, P. L. Reichertz Institut für Medizinische Informatik, Medizinische Hochschule Hannover

Zusammenfassung

In einigen Fächern der medizinischen Lehre kann das Einbinden von Patienten den praktischen Unterricht durch ethische Probleme erschweren oder unmöglich machen. So ist in der Rechtsmedizin einerseits die Qualität der Ausbildung ohne Vorstellung realer Fälle und ohne Interaktion deutlich eingeschränkt. Andererseits ist jedoch die Untersuchung und Befundung von Überlebenden einer Straftat auch schon ohne die Anwesenheit von Studierenden eine außergewöhnlich starke Belastung für die Patienten. Die Nutzung von auf Augmented Reality basierenden Anwendungen kann Studierenden das ethisch unbedenkliche Sammeln von Erfahrungen auch in solchen Problembereichen erlauben. Das mobile Augmented Reality blended learning environment (mARble®) folgt diesem Ansatz und gibt Studierenden die Gelegenheit, durch Simulationen auf der eigenen Haut das richtige Erkennen von Wunden selbst zu erleben oder beispielsweise in Form eines interaktiven Rollenspiels zwischen Arzt und Patient innerhalb einer Studiengruppe zu erlernen.

1   „See one, do one, teach one!"

Das einleitend genannte Credo beschreibt den traditionellen und bewährten Weg der medizinischen Lehre, wenn es um die Aneignung praktischer Fähigkeiten geht. Der Zugang zu einem Thema ist denkbar einfach, wenn dem Tutor bei der Arbeit zugeschaut wird (see one). Zudem gibt keine bessere Motivation als selber mitzumachen und das Wissen unter Aufsicht zu erwerben (do one) sowie durch Weitergabe zu festigen (teach one).

Auch wenn die Maxime „Learning the job by doing the job" die effektivste Art zum Erwerb der notwendigen Fertigkeiten darstellt, gibt es gerade in der medizinischen Lehre diverse ethische Probleme bei der Anwendung dieses Modells. Das diesem Prinzip folgende „Bedside-Teaching" darf weder die Diagnostik und Behandlung beeinträchtigen oder die Persönlichkeitsrechte des Patienten verletzen, noch ihm in irgendeiner anderen Weise Schaden zufügen. Beispielhaft sei dies am Fach Rechtsmedizin dargestellt, in dem die körperliche

Untersuchung des überlebenden Opfers eines sexuell motivierten Tötungsdelikts im Beisein von Studierenden zur Re-Traumatisierung führen kann und dem Opfer nicht zuzumuten ist. Doch ohne das Einbinden realer Patienten in die Lehre kann die Qualität der Ausbildung leiden. Eine potentielle Lösung dieses Dilemmas können Augmented Reality (AR) umgreifende Lehrmodule darstellen.

1.1 Mobile Augmented Reality

AR-Technologie überbrückt die Kluft zwischen der realen, physischen Welt und einer virtuellen Realität, indem die aufgezeichnete Szene mit zusätzlichen, digital vorliegenden Informationen angereichert wird (Azuma 1997). Dies ermöglicht den Studierenden, Untersuchungs- oder Interview-Techniken in simulierten Situationen zu trainieren. Somit wird eine interaktive Alternative zum reinen „Bedside-Teaching" unter Einhaltung ethischer Grenzen angeboten. Die vorgestellte mobile App „mARble®" folgt diesem Ansatz und kann z.B. als Teil eines „Skills Labs" für die Rechtsmedizin oder auch für andere Fachrichtungen eingesetzt werden, in denen bei der Lehre an echten Patienten ethische Probleme zum Tragen kommen können. Im Falle der Rechtsmedizin können relevante Befunde mit AR direkt auf Körperteile der Studierenden abgebildet und Verletzungsmuster simuliert werden

2 Die Anwendung

2.1 Use Case: mARble® „Rechtsmedizin"

Die in mARble® umgesetzte technische Realisation unter Beschreibung der verwendeten Komponenten und Lösungsstrategien zu einer Multi-Marker-Detektion wird auf Grund ihres Umfangs Teil eines separaten technischen Beitrags sein. In der vorliegenden Publikation soll es primär um die Darstellung der Funktionalität der Applikation und ihrer praktischen Anwendung gehen. Ein „Use Case" könnte wie folgt beschrieben werden: Zu Beginn wird ein

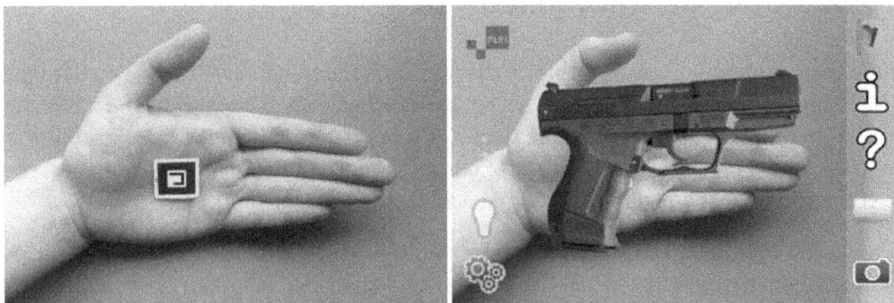

Abbildung. 1: Die auf einem Mobilgerät laufende Applikation „mARble - mobile Augmented Reality blended learning environment". Für jedes in der App enthaltene Verletzungsmuster steht ein gesonderter papierbasierter Marker zur Verfügung, der in der realen Szene (links), z.B. mittels des Mobilgeräts, eine Faustfeuerwaffe auf die Hand des Lernenden projiziert (rechts).

Abbildung. 2: mARble® überlagert die reale Szene nach Erkennung des zugehörigen Markers mit dem hinterlegten Verletzungsmuster.

Papiermarker, der ein spezifisches schwarz-weiß-Muster trägt (Abbildung 1) und damit einen bestimmte Inhalt bzw. Verletzung verschlüsselt, in die reale Szene integriert, z.B. auf dem Brustkorb einer Studierenden (Abbildung 2). Mit Hilfe der eingebauten Kamera eines Smartphones werden die Umgebung und der Marker aufgenommen. Beim Erkennen des Markers wird die in Echtzeit aufgenommene Szene durch die in der internen Datenbank gespeicherte Information überlagert und ein gemischtes Bild („Mixed Image") entsteht. Mit Veränderung des Blick- bzw. Kamerawinkels verändert auch die Projektion ihre Darstellung: So wird sie abhängig von der Distanz zwischen Marker und Kamera größer oder kleiner. Auf ein Kippen der Kamera folgt auch die Darstellung dieser Bewegung, sodass das generierte Bild realitätsgetreu stets in der Ebene des Markers, hier der Körperoberfläche, dargestellt wird.

Im bebilderten Beispiel wird der realen Szene eine Schusswunde zugeordnet (Abbildung 2 und 3). Daraufhin kann ein Quiz ausgelöst werden, in dem der Anwender per Sprachausgabe und Text aufgefordert wird, z.B. die „Merkmale des Einschusses" zu nennen.

Der Anwender kann zur Beantwortung ergänzende Multimedia-Inhalte nutzen, z.B. kann weiterführendes Bild-, virtuelles, Video- oder Audiomaterial zur Verbesserung der Lernerfahrung aufgerufen werden. Mit dem Aufdecken der Antwortkarte wird der Lernerfolg überprüft. Ergänzend können die einzelnen Schritte des Lernprozesses dokumentiert sowie Bildmaterial für eine sofortige oder spätere Präsentation bzw. Diskussion aufgezeichnet werden. Alle während der Nutzung der Applikation aufgezeichneten Bilder und Videos können für eine spätere Nutzung in einer persönlichen Galerie gespeichert werden.

2.2   Schlüsselfunktionen von mARble®

Die Navigation erfolgt einerseits über die Markererkennung und andererseits über die Navigationselemente, die dem Anwender den Aufruf aller Inhalte ermöglichen (Abbildung 4). Die hierzu nötigen Navigationselemente können auch während der Einblendung der virtuellen Inhalte in die reale Szene komfortabel aufgerufen werden. Screenshots der aktuell dargestellten Inhalte lassen sich jederzeit über das am unteren Bildrand eingeblendete Kamera-Symbol auslösen. Diese Bilder können später über das die Bildgalerie repräsentierende Sym-

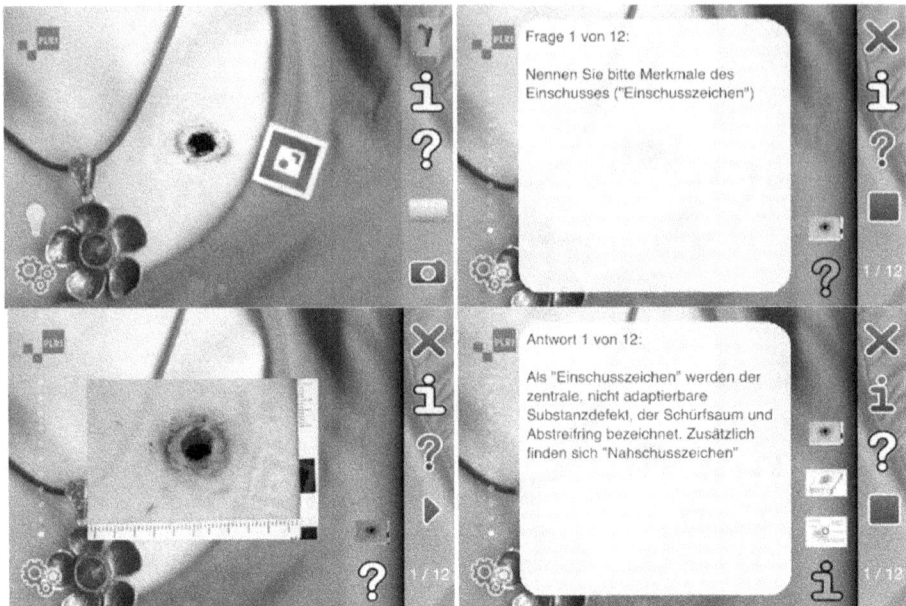

*Abbildung. 3: Use Case „Rechtsmedizin", Screenshots vom Smartphone. Von links nach rechts. „Mixed Image"
der Einschusswunde mit dem realen (unversehrtem) Körper. Auslösung des Arbeitsauftrags in Form einer Lernkarte mit Frage. Diese kann mit Hilfe von zusätzlichem Multimediamaterial beantwortet werden. Mit Aufrufen der
Antwortkarte erfolgt die Lernerfolgskontrolle.*

bol erneut aufgerufen werden. Ist die Szene für eine brauchbare Erkennung der Marker zu
schlecht ausgeleuchtet, kann – so vorhanden – der LED-Blitz des Mobilgerätes über das
Glühbirnen-Symbol eingeschaltet werden. Mit Hilfe des elektronischen Lineals kann der
Nutzer außerdem die Abmessungen eines aufgenommenen Objektes bzw. den Abstand des
Gerätes zum Objekt bestimmen. Die entsprechenden Werte werden am oberen Bildrand
angegeben.

Die zum jeweiligen Befundmuster zur Verfügung stehenden Übungsfragen werden über das
Fragezeichen-Symbol abgerufen, die zugehörigen Antworten werden nach der Auswahl des
Info-Symbols dargestellt. Informationen zum Lernfortschritt bzw. dazu, wie viel bereits von
den enthaltenen Inhalten abgearbeitet wurde, erhält der Anwender in Form einer Fortschrittsanzeige. Den interaktiven „Live-Modus" kann der Nutzer durch Anwahl des „×"-Symbols
beenden.

3   Lernen mit mARble®

Die in der App enthaltenen standardisierten Inhalte lassen sich sowohl in Gruppenübungen
als auch zum Selbststudium gewinnbringend nutzen. Fälle, die während eines Kurses vorgestellt wurden, können noch einmal nachbearbeitet werden, ohne den bei konventionellen
Lehrveranstaltungen üblichen zeitlichen und räumlichen Einschränkungen zu unterliegen.

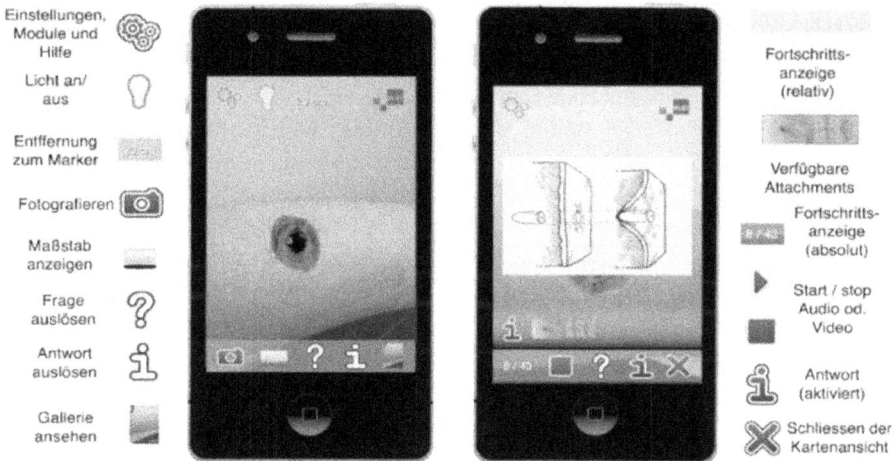

Abbildung 4: Navigationselemente von mARble

Das Lernen mit mARble® erfordert eine aktive Mitarbeit der Studierenden: Sie werden selbst zu Lernobjekten und damit aktiv eingebunden. Die Lernenden können persönliche und gemeinschaftliche Erfahrungen machen, die ihr Verständnis der angebotenen Inhalte vertiefen. Die in mARble® zur Verfügung stehenden Inhalte lassen sich vom Lehrpersonal bei Bedarf über eine XML-basierte Dateistruktur ohne größeren Aufwand anpassen. Die Autoren können sich auf das Erstellen der Inhalte konzentrieren, ohne selbst programmieren zu müssen.

In einer Vorstudie wurden sechs Studierende im dritten Jahr im Sinne Hassenzahls Paradigma des „Experience Designs" mittels eines standardisierten Fragebogens Attrakdiff2 befragt, nachdem sie für 30 Minuten mit der ihnen unbekannten Applikation lernen durften (Hassenzahl 2003). Hassenzahl folgend, wird mit diesem Ansatz die emotionale Beteiligung des Nutzers die durch die Applikation und gleichzeitig die pragmatische Qualität und der Nutzen evaluiert. Für die pragmatische Qualität wurde ein Durchschnittswert von 0,381 (CI: ±0,492) und für die Hedonische Qualität, die Stimulation, Identifikation und Attraktivität beinhaltet, ein Durchschnittswert von 1,179 (CI: ±0,440) errechnet. Nach Hassenzahl zeigt mARble® eine durchschnittliche pragmatische (usability) Komponente während der hedonische Aspekt als überdurchschnittlich zu sehen ist, was mit einer starken Attraktivität für seine Nutzer verbunden ist. In einem nicht-standardisierten Folgeinterview wurden die Studienteilnehmer zudem zu ihren Empfindungen befragt. Durchgängig wurden Stimulation, Faszination und Interaktion reflektiert, die durch die neue Methode ausgelöst wurden; Befindlichkeitsstörungen bedingt durch eine abschreckende, verstörende Wirkung wurde insgesamt verneint. Das Assesment durch das sofortige Feedback über die Antwortfunktion wurde als positiv bewertet. Die Ergebnisse sind aufgrund der geringen Fallzahl und des einarmigen Designs der Studie als hypothesengenerierend einzuordnen. Komperative Folgestudien mit erweitertem Blick auf die emotionale Komponente, Lerneffizienz im Vergleich mit konventionellen Lernmitteln sind in Vorbereitung.

4 Schlussfolgerungen

Die Integration von AR in bestehende Studienangebote eröffnet neue Wege in der medizinischen Ausbildung und hat das Potential, den Lernprozess sehr anschaulich raum- und zeitunabhängig erheblich zu verbessern. Die zeitgemäße Anwendung mARble® erregt wesentlich leichter die Aufmerksamkeit und das Interesse der mit Internet und mobilen Endgeräten aufgewachsenen Studierenden als herkömmliche Lehrsituationen. Die Anwendung ist unabhängig von der Verfügbarkeit realer Fälle, die in ihrer Eigenheit erheblich variieren können. Die Nutzer erfahren keine Berührungsängste hinsichtlich ethisch möglicherweise kritischer Situationen, die ihre Aufmerksamkeit und Aufnahmefähigkeit beeinflussen könnten. Weitere Lerninhalte und Fachgebiete, in denen viele Inhalte visuell vermittelt werden, sind hervorragend für die Anwendung geeignet und lassen sich auf einfache Weise erschließen.

Die weite Verbreitung bzw. die hohe Verfügbarkeit mobiler Endgeräte bei den Studierenden bildet eine „verlockende Option für das Lehren und Lernen" („alluring option for teaching and learning", Smith 2010). Ähnliches berücksichtigt der Horizon Report von 2010, in dem es heißt, dass „die Portabilität von Mobilgeräten wie Smartphones, gekoppelt mit deren Fähigkeit, sich nahezu überall mit dem Internet zu verbinden, sie zu einer idealen Ablage für Nachschlagewerke und Lernerfahrungen macht" („the portability of mobile devices such as smart phones and their ability to connect to the Internet almost anywhere makes them ideal as a store of reference materials and learning experiences", Johnson et al, 2010).

Literaturverzeichnis

Azuma, R. (1997). *Presence: A Survey of Augmented Reality.* Teleoperators and Virtual Environments, 6, 4, 355-385.

Hassenzahl, M., Burmester, M. & Koller, F. (2003). *AttrakDiff: Ein Fragebogen zur Messung wahrgenommener hedonischer und pragmatischer Qualität.* In: Ziegler, J., Szwillus, G.: Mensch und Computer 2003: Interaktion in Bewegung. B. G. Teubner, Stuttgart, Leipzig, Deutschland.

Johnson, L., Smith, R., Willis, H., Levine, A. & Haywood, K. (2010). *The 2011 Horizon Report.* The New Media Consortium, Austin, USA.

Smith M., 2010. *Augmented Reality – Its Future in Education.* http://www.publictechnology.net/sector/augmented-reality-its-future-education (Letzter Besuch: 28/10/2011).

Kontaktinformationen

Dr. med. Urs-Vito Albrecht, MPH, Medizinische Hochschule Hannover, PLRI MedAppLab, P.L. Reichertz Institut für Medizinische Informatik, Carl-Neuberg-Str. 1, 30625 Hannover. E-Mail: urs-vito.albrecht@plrimedapplab.de

H. Reiterer & O. Deussen (Hrsg.): Workshopband Mensch & Computer 2012
München: Oldenbourg Verlag, 2012, S. 247-260

Entwicklung mobiler Anwendungen für situatives Wissen in der Medizin

Jasminko Novak[1], Martin Böckle[2], Sabrina Ziebarth[3]

FH Stralsund, Institute for Applied Computer Science (IACS) / European Institute for Participatory Media, Berlin[1]
Humboldt-Viadrina School of Governance, Social Innovation Lab [2]
Universität Duisburg-Essen, Lehrstuhl für kooperative und lernunterstützende Systeme[3]

Zusammenfassung

Dieser Beitrag diskutiert unsere ersten Ergebnisse in der Entwicklung mobiler Anwendungen zur Erstellung nutzergenerierter Wissensobjekte für Wissensaustausch in ärztlicher Weiterbildung. Der Fokus liegt auf einer multi-modalen Lösung, die verschiedene mobile Interaktionstechnologien (Tablets, Smartphones, SmartPens) und Medienformen kombiniert, um den Besonderheiten der Anwendungsdomäne (hohe Mobilität, wechselnde Nutzungskontexte, zeitliche Knappheit) gerecht zu werden. Die Ergebnisse der ersten Fokusgruppen deuten darauf hin, dass sowohl die Multimodalität als auch die angewandte Methodik, die ein nutzerorientiertes mit einem technologieorientiertem Vorgehen kombiniert, wichtige Anforderungen für diese Domäne und vergleichbare Anwendungskontexte darstellen können.

1 Einleitung

Die wachsende Verbreitung neuer Generationen mobiler Geräte (Tablets, SmartPhones, SmartPens) im Beruf und Alltag führt auch zu neuen Arten mobiler Anwendungen in der Medizin. Dies betrifft sowohl die „klassischen" Bereiche der Optimierung von Krankenhausabläufen (Holzinger et al 2011) oder des mobilen Zugangs zur elektronischen Patientenakte (McLoughlin et al 2006), als auch die neuen Anwendungsbereiche, die sich stärker an individuellen Bedürfnissen von Ärzten oder Patienten orientieren. Die letzteren umfassen eine Reihe von unterschiedlichen Anwendungsklassen: von mobilen Anwendungen für Diagnose- und Entscheidungsunterstützung (Kroemer et al. 2011), über die mobile Bereitstellung von medizinischer Leitlinien (Argüello et al. 2009), die Unterstützung mobiler Lernszenarien (Garrett et al. 2006) bis hin zu telemedizinischen Lösungen für Fernerhebung von Patientensymptomen und Patientenmonitoring (Sneha et al. 2009), Hauskrankenpflege (Bellazzi et al. 2001) und mobile Patientensitzungen (Shibata 2011). Schließlich geraten zunehmend mobile

Anwendungen in den Forschungsfokus, die sich stärker an Patienten und Präventionsunterstützung richten (Harris et al. 2010).

Die Entwicklung mobiler Anwendungen zur Unterstützung des kooperativen Wissenserwerbs im ärztlichen Bereich (z. B. durch nutzergenerierte Inhalte und Wissens-austausch in Communities) wurde hingegen relativ wenig erforscht. Die wenigen verwandten Arbeiten behandeln das Einzelnutzer-Szenario, wie z. B. die individuelle Erstellung und Nutzung von elektronischen Patientenportfolios durch Medizinstudenten mittels eines PDA und die damit verbundenen Lerneffekte (Garrett et al. 2006), die Erstellung von Berichten über Patientensitzungen mittels PocketPCs oder den mobilen Zugang auf Lernressourcen zur klinischen Krankenpflege für Medizinstudenten in Praxisabschnitten (Wu et al. 2010). Schließlich sind praktische Web-Angebote, die über klassische e-Learning Ansätze (Online-Kurse) für den Individualnutzer hinausgehen oder mobile Lernszenarien unterstützen, im ärztlichen Bereich weitgehend nicht vorhanden.

Vor diesem Hintergrund diskutieren wir in diesem Beitrag unsere ersten Ergebnisse in der Entwicklung mobiler Anwendungen zur Erstellung nutzergenerierter Wissensobjekte zur Unterstützung des Wissensaustausches zwischen Ärzten in Weiterbildung. Im Fokus stehen die Fragen der Wahl der geeigneten Interaktionstechnologien (Tablet mit /ohne Stift, Smart-Phone, SmartPen) und Medienformen für Informationsaufnahme zur Erstellung nutzergenerierter Fallbeispiele. Diese Fragen haben eine besondere Bedeutung wegen der spezifischen Merkmale des Anwendungskontextes, den eine hohe Mobilität der Zielgruppe, wechselnde Nutzungssituationen (z. B. Arztpraxis, Hausbesuch, Homeoffice) und sehr begrenzte Zeit für informationsverarbeitende Aktivitäten kennzeichnen. Der Beitrag ist organisiert wie folgt: zuerst wird der Anwendungskontext mit seinen strukturellen Merkmalen und das idealtypische Einsatzszenario geschildert. Daraufhin erläutern wir die methodische Vorgehensweise und die zu ihrer Umsetzung entwickelten Mockups und Prototypen. Schließlich werden die Ergebnisse der ersten Fokusgruppen und ihre Aussagekraft bzw. Anschlussfähigkeit diskutiert.

2   Anwendungskontext und Lösungsansatz

2.1   Strukturelle Merkmale

Nach dem Abschluss ihres Medizinstudiums, durchlaufen Ärzte eine zusätzliche Weiterbildungsphase (5-6 Jahre), in der sie sich auf ein ausgewähltes Fachgebiet spezialisieren (Facharzttitel). Ein zentrales Element dieser Weiterbildung ist der Wissenserwerb durch praktische Tätigkeit an unterschiedlichen medizinischen Einrichtungen (z. B. Krankenhaus, niedergelassene Arztpraxis), betreut durch erfahrene Ärzte, die einen Erfahrungsaustausch gewährleisten. Dieser Weiterbildungsweg weist mehrere Merkmale auf, die eine mobile Unterstützung besonders relevant machen. Erstens, ist er durch eine hohe Mobilität gekennzeichnet, die insbesondere für Ärzte in Weiterbildung zum Facharzt der Allgemeinmedizin sehr stark ausgeprägt ist. Sie durchlaufen Weiterbildungsstationen in vielen verschiedenen Fachbereichen, an verschiedenen, fachlich und örtlich nicht vernetzten medizinischen Einrichtungen.

Für angehende Fachärzte ist es daher besonders schwierig, ihr soziales und berufliches Peer-Netzwerk aufrecht zu erhalten und als Wissensressource zu nutzen. Die bestehenden allgemeinen sozialen Netzwerke (Facebook, Xing u.ä.) werden von den Ärzten dafür wenig genutzt, da sie keinen spezifischen medizinischen Kontext gewährleisten und der fehlende Datenschutz als sehr problematisch empfunden wird.

Zweitens, umfasst der Kontext eines solchen Wissenserwerbs durch praktische Tätigkeit nicht nur örtlich und fachlich, sondern auch strukturell unterschiedliche Situationen: das Krankenhaus, die Arztpraxis oder Hausbesuche, die jeweils unterschiedliche Einschränkungen bzgl. des Informationszugangs/-Aufnahme aufweisen. Ferner finden wissens- bzw. informationsverarbeitende Aktivitäten auch außerhalb der Einrichtungen statt (z. B. Aufarbeitung der schwierigen oder besonders interessanten Fälle zu Hause nach der Arbeit). Schließlich findet die ärztliche Tätigkeit unter hohem Zeitdruck statt – für eine Patientensitzung stehen durchschnittlich zw. 8-15min zu Verfügung. Das stellt eine große zeitliche Verknappung dar und verschiebt informationsverarbeitende Aktivitäten in die Zeit nach den Sitzungen, die gleichzeitig mit anderen Verpflichtungen konkurriert. Insbesondere für Ärzte in Weiterbildung ist das ein wesentliches Problem, da sie in besonderem Maße auf die Konsultation von medizinischen Informationsquellen, eine detaillierte Aufarbeitung ausgewählter Patientenfälle und den Erfahrungsaustausch mit Kollegen angewiesen sind.

Daraus ergibt sich der Bedarf nach einer effektiven Unterstützung des mobilen Informationszugangs und Wissensaustausches begleitend zur praktischen ärztlichen Tätigkeit in unterschiedlichen medizinischen Einrichtungen und Einsatzsituationen (z.B. Arztpraxis, Hausbesuch). Aus den geschilderten Merkmalen der Anwendungsdomäne – hohe Mobilität, wechselnde Nutzungskontexte, zeitliche Knappheit – lässt sich dabei ein enger Praxisbezug der Wissensressourcen und eine nahtlose Einbettung in variierende Nutzungssituationen als grundlegende Anforderungen ableiten.

2.2 Lösungsansatz

Als eine erste Annäherung an diese Basisanforderungen verfolgt unser Lösungsansatz die Entwicklung einer Web2.0-Plattform zum kooperativen Wissenserwerb und Community-basierten Erfahrungsaustausch für Ärzte in Weiterbildung, unter besonderer Berücksichtigung der Potenziale mobiler Geräte und Anwendungen (Abb. 2.1). Als wichtigste Motivation zur Beteiligung in einer Community, wurden der Praxisbezug und unmittelbare Nützlichkeit der Wissensressourcen für die ärztliche Praxis identifiziert[1]. Daher ist die Erstellung und der Austausch von Fallbeispielen aus eigener ärztlicher Praxis ein zentrales Element des Lösungskonzepts, der die Basis zur Herausbildung einer Wissenscommunity darstellt. Dies wird erweitert mit interaktiver Visualisierung medizinischer Leitlinien (Best-Practices), die eine Verknüpfung der Fallbeispiele mit möglichen Diagnosen und Therapien ermöglichen.

---

[1] Aus informellen Diskussionen der Projektideen mit der Zielgruppe (Ärzte in Weiterbildung) und Stakeholdern im Weiterbildungsprozess (befugte Lehrärzte und Mitarbeiter des Charité Instituts für Allgemeinmedizin).

Weitere Community-Dienste, wie ein Diskussionsforum, werden mit den nutzergenerierten Fallbeispielen eng verknüpft, um einen praxisorientierten Wissensaustausch zu unterstützen.

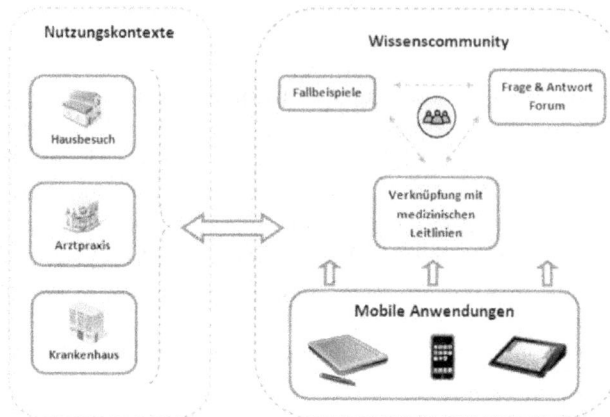

Abb. 2.1 Lösungsansatz

Schließlich werden mobile Anwendungen entwickelt, welche eine möglichst einfach benutz-bare und gleichzeitig vielfältige Informationsaufnahme zur Erarbeitung von Fallbeispielen bzw. den Zugang zu Wissensressourcen und den Community-Austausch ermöglichen. Die-sem Element kommt eine besondere Bedeutung zu, da durch den Einsatz mobiler Technolo-gien den spezifischen Anforderungen des Nutzungskontextes begegnet werden soll (z. B. durch schnelle, praxisbezogene Verfügbarkeit der Dienste an unterschiedlichen Orten und in verschiedenen Nutzungssituation). Folgendes Szenario illustriert beispielhaft einen Nut-zungsfall dieses Lösungsansatzes:

„Ein dreizehnjähriges Mädchen kommt in die Praxis von Frau Dr. Ackermann und beklagt seit zwei Tagen starke Halsschmerzen, Schluckschmerzen und hohes Fieber. Aufmerksam notiert Dr. Ackerman die Informationen der Patientin mit einem Tablet. Für die Aufnahme der Anamnese und Diagnose nutzt die Ärztin eine Sprachnotiz, um die Sitzungsbefunde zu speichern und anschließend in einen Text um-zuwandeln (Speech-to-Text). Während der Aufnahme bemerkt sie einen ungewöhnlichen Ausschlag am Unterarm der Patientin. Dr. Ackermann nimmt noch ein zusätzliches Foto auf und legt dieses in den Ordner des erstellten Fallbeispiels ab. Nach der Patientensitzung veröffentlicht sie das Fallbeispiel in der Online-Community und stellt eine Frage im Forum zum eigenartigen Ausschlag. Einige Kollegen verweisen mit einem Link auf die verwandte medizinische Leitlinie, die solche Symptome behandelt und in der Plattform in Form eines Wissensbaums eingebunden ist. Andere antworten mit einem Verweis auf verwandte Fälle aus ihrer Praxis, die auch auf der Plattform veröffentlicht worden sind. Dank dem Hinweis auf die Leitlinie ist Frau Dr. Ackermann in der Lage, die richtige Diagnose zu stellen. Aus den verwandten Fällen kann sie einen interessanten Hinweis auf Erfahrungen mit einer neuen Therapie entnehmen. Nach Anwendung der Therapie kann sie bereits nach einer Woche eine Besserung vermer-ken, die sie mit einem neuen Foto des Ausschlags dokumentiert und direkt nach der Patientensitzung von ihrem Tablet aus in der Community veröffentlicht."

Während das o.g. Szenario den Gesamtkontext der Erstellung und Nutzung von Fallbeispielen illustriert, gehen wir in diesem Beitrag speziell auf die Unterstützung der mobilen Erstellung von Fallbeispielen aus der ärztlichen Praxis der Nutzer ein. Dabei spielen die Fragen der Auswahl geeigneter Interaktionstechnologien sowie der Wahl geeigneter Medienformen eine große Rolle. Im konkreten Fall betrifft das insbesondere die Wahl der Interaktionstechnologien und Medienformen für die Informationsaufnahme zur Erarbeitung und Darstellung von nutzergenerierten Fallbeispielen mit mobilen Geräten. Zum einen unterstützen die aktuellen Generationen mobiler Geräte wie Tablets, Smartphones und SmartPens eine Vielfalt unterschiedlicher Interaktionsmodalitäten (z.B. Touch, Stift, Voice) und Medienformen (Fotos, Videos, Ton, Sprache, Handschrift, Skizzen). Zum anderen ist der geschilderte Nutzungskontext durch Anforderungen gekennzeichnet, welche die Wahl von Interaktionstechnologien und Medienformen über die klassischen Usability-Aspekte hinaus bestimmen: das umfasst z. B. die sehr hohe Bedeutung von Datenschutzaspekten (was den Gebrauch von Foto- und/oder Video-Aufnahmen einschränken kann), die hohe Mobilität der Endnutzer in spezifischen Domänen (z. B. Ärzte in Weiterbildung in Allgemeinmedizin) sowie eine Vielzahl unterschiedlicher, aber häufig miteinander verbundenen Nutzungssituationen (z. B. Arztpraxis, Hausbesuch, Homeoffice).

Daraus lassen sich folgende Forschungsfragen ableiten: Wie können wir, die für den geschilderten Nutzungskontext geeigneten Interaktionstechnologien und Medienformen identifizieren? Lassen sich klare Präferenzen für eine oder bestimmte Kombinationen unterschiedlicher Interaktionstechnologien bzw. Medienformen identifizieren? Welche Aspekte sind als ausschlaggebende Kriterien dabei zu berücksichtigen? Lässt sich ein Modell der Interaktions-/Medienwahl für diesen Anwendungskontext aufstellen?

3   Methodische Vorgehensweise

Um die geschilderten Fragen zu untersuchen, wurde eine Variation der herkömmlichen Methodik nutzerzentrierter Entwicklung angewandt, die ein nutzerorientiertes Vorgehen mit einem technologieorientiertem Vorgehen kombiniert (Abb. 3.1). Im nutzerorientierten Teil wurden anhand einer nutzerorientierten Domänenanalyse (Weiterbildungsprozess, beispielhafte Artefakte u. ä.) bestehende Praktiken identifiziert, die von einer technischen Unterstützung besonders profitieren könnten (z. B. Aufnahme von handschriftlichen Notizen, Strukturierung von Fallbeispielen). Im technologieorientierten Teil wurden vorwiegend die vielfältigen technischen Möglichkeiten mobiler Geräte mit den strukturellen Merkmalen des Anwendungskontextes abgeglichen, mit dem Ziel spezifische Potentiale zur Entwicklung neuer Praktiken in der Informationsaufnahme zu identifizieren.

Nutzer-Pull & Technology-Push

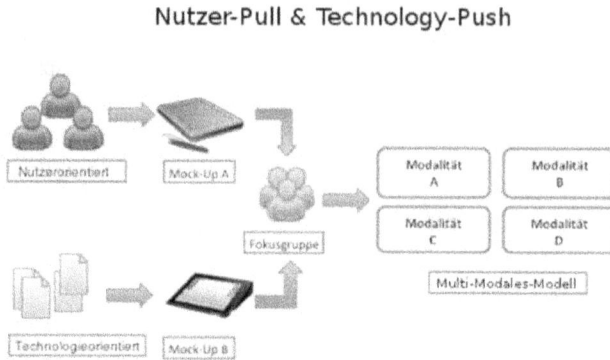

Abb. 3.1 Methodik

Eine solche Vorgehensweise reflektiert einerseits die Notwendigkeit sich an (vor)strukturierten ärztlichen Praktiken und pädagogischen Weiterbildungszielen zu orientieren (z. B. Prozess der ärztlichen Untersuchung, Restriktionen im Umgang mit Patienteninformationen, Arzt-Patienten Interaktionen u. ä.), um die praktische Nützlichkeit und Akzeptanz seitens der Zielgruppe zu gewährleisten. Andererseits musste der Fokus von bestehenden Praktiken auf neue technische Möglichkeiten gelenkt werden, um Chancen für neue Praktiken aufzudecken, die ansonsten von der Zielgruppe nicht erkannt bzw. im Vorfeld nicht benannt werden konnten.

In diesem Kontext wurden zwei unterschiedliche Mockups bzw. Prototypen entwickelt: eines zur strukturierten Aufnahme handschriftlicher Notizen (Mockup A), das vorwiegend auf die Unterstützung bestehender Praktiken und pädagogischer Ziele fokussiert und eines das vorwiegend an den technischen Möglichkeiten und ihren Potentialen für neue Praktiken in der Informationsaufnahme für Ärzte ausgerichtet ist (Mockup B). Beide Mockups wurden anschließend in Fokusgruppen mit Endnutzern und Stakeholdern diskutiert, um Feedback zur Eignung vorgeschlagener Lösungen bzw. Anregungen zur Weiterentwicklung zu erheben. Daraus sollten genauere Anforderungen an einen geeigneten Einsatz mobiler Geräte zur Unterstützung der Informationsaufnahme zur Erstellung von Patienten-Fallbeispielen identifiziert werden. Insbesondere sollten geeignete (mobile) Interaktionstechnologien und Medienformen sowie die möglichen Kriterien für diese Wahl identifiziert werden. Durch die geschilderte Kombination eines nutzerorientierten und pädagogisch-motivierten Ansatzes mit einer explorativen, technologie-getriebenen Vorgehensweise, wurden so die kritischen strukturellen Merkmale der Anwendungsdomäne berücksichtigt.

4   Mockups und Prototypen

In Mockup A (Abb. 4.1) steht die handschriftliche Eingabe strukturierter Notizen zu einer Patientensitzung im Vordergrund. Die handschriftliche Erstellung von Notizen zu Patientensitzungen stellt eine verbreitete Praxis unter Ärzten dar. Auch ist sie in der Regel schneller, als die durch Tastatureingabe (Ward et al 2003) und vereinfacht außerdem die Erstellung von Skizzen. Die stark strukturierte Eingabe orientiert sich am (vor)strukturierten Prozess ärztlicher Untersuchung bzw. an pädagogischen Zielen (strukturierte Erarbeitung von Fallbeispielen als Lernunterstützung). Zusätzlich zur Handschrifteingabe können mit dem Tablet Fotos aufgenommen und handschriftlich annotiert werden, was z. B. bei der Wunddokumentation hilfreich ist. Auch könnten weitere Medien hinzugefügt werden, die aber in diesem Mockup nicht im Fokus standen. Die Notizen sollen später semi-automatisch mit Hilfe von Handschrifterkennung in Fallbeispiele überführt werden, um den Aufwand zum Erstellen und Teilen von Fallbeispielen für die Ärzte möglichst gering zu halten.

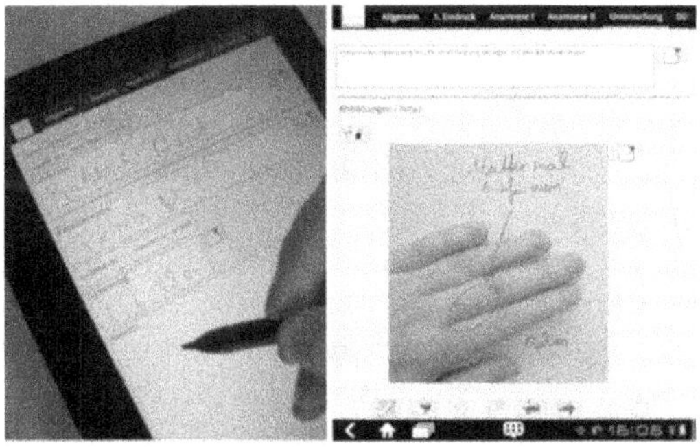

Abb 4.1 Mockup A

Als eine Variante von Mockup A zur Unterstützung handschriftlicher Notizen wurde ein Mockup für den Einsatz eines SmartPens anstelle des Tablets mit Stift erstellt. Ein SmartPen nimmt die auf speziellem Papier geschriebenen Notizen (oder Skizzen) mittels eingebauter Kamera auf. Diese können dann als digitale Abbildung per USB oder Bluetooth an einen PC übertragen werden. Auch hier besteht die Möglichkeit einer automatischen Handschrifterkennung (mittels einer Stroke-Analyse). In Ergänzung mit einem SmartPhone (zur Aufnahme von Fotos), kann der SmartPen als leichter, platzsparender und kostengünstiger Ersatz für ein Tablet mit Stift genutzt werden. Mockup B folgt der Idee eines flexiblen Werkzeugkastens, um unterschiedliche Formen der Informationsaufnahme zu illustrieren, die neue Modalitäten der Informationsaufnahme für die Erarbeitung von praxisbezogenen Fallbeispielen für Ärzte in Weiterbildung eröffnen können. Es umfasst eine Tablet-Anwendung (Abb. 4.2), die folgende Modalitäten der Informationsaufnahme in unterschiedlichen Medienformen beinhaltet: Texteingabe über eine digitale Tastatur, Fotoaufnahmen, eine Sprachnotiz-/Diktierfunktion, die gesprochene Notizen aufnimmt und in Text umwandelt (Speech-to-Text), Tonaufzeichnung zur Aufnahme akustisch wahrnehmbarer Symptome sowie eine Videoaufnahmefunktion zur Dokumentation von Bewegungsabläufen. Das Mockup wurde als ein lauffähiger Prototyp in Form einer Android App mit einer lokalen Datenbank (SQLite) realisiert. Die Umwandlung von Sprachnotizen in Text wurde mittels des Google Speech-to-Text Web-Services realisiert.

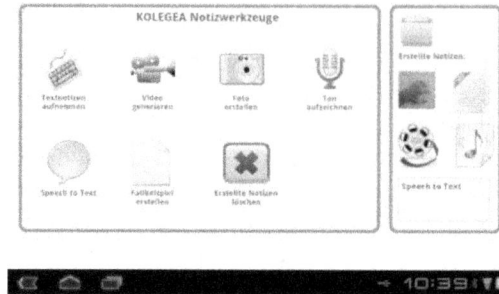

Abb. 4.2 Mockup B

Auf diese Weise wurden vier unterschiedliche Interaktionstechnologien (Tablet mit Stift, Tablet ohne Stift, SmartPhone, SmartPen) und sechs unterschiedliche Medienformen bereitgestellt. Die Unterscheidung der zwei Varianten von Tablet (mit und ohne Stift) wurde vorgenommen, um zwischen Anwendungen mit Stift-Interaktion (die als besonders geeignet vermutet wurde) von der Anwendungen mit herkömmlichen Tablet-Interaktionstechniken (virtuelles Keyboard, Touch) explizit unterscheiden zu können. Die resultierende Verteilung der verschiedenen Funktionen der Informationsaufnahme ist dargestellt in Tabelle 4.1.

	Mockup A			Mockup B
	Tablet mit Stift	SmartPen	SmartPhone	Tablet ohne Stift
Handschrift	+	+	*n.b.*	*n.b.*
Text	*n.b.*	*n.b.*	*n.b.*	+
Video	*n.b.*	*n.b.*	*n.b.*	+
Foto	+	*n.b.*	+	+
Audio	*n.b.*	*n.b.*	*n.b.*	+
Sprachnotiz/ Diktat	*n.b.*	*n.b.*	*n.b.*	+

n.b = nicht berücksichtigt im Mockup.

Tabelle 4.1 Interaktionstechnologien und Medienformen der Mockups

5   Validierung und Ergebnisse der Fokusgruppen

Die o.g. Mockups wurden in zwei Fokusgruppen mit Endnutzern und in einer informellen Stakeholder-Diskussion vorgestellt und validiert. An den Fokusgruppen nahmen insgesamt 14 ÄrztInnen teil (4 in der ersten und zehn in der zweiten Gruppe). Sie umfassten vorwiegend Ärzte/innen in Weiterbildung zum Facharzt der Allgemeinmedizin (jeweils eine fertige Fachärztin für Allgemeinmedizin war in beiden Gruppen beteiligt). Nach einer Einleitung und Darstellung beispielhafter Einsatzszenarien wurden die zwei Mockups der Fokusgruppe vorgestellt. Anschließend fand eine Gruppendiskussion statt, im Rahmen dessen die Teilnehmer die entwickelten Mockups ausprobieren konnten, um einen direkten Eindruck zur Informationsaufnahme mittels verschiedener Interaktionstechnologien und Medienformen zu gewinnen. Die Fokusgruppen dauerten jeweils ca. 2,5 h, wobei ca. 1,5 h auf die Gruppendiskussion entfiel.

Die informelle Stakeholder-Diskussion fand im Rahmen eines Projektmeetings statt und umfasste zwei Repräsentanten der Stakeholder (die Leiterin des Instituts für Allgemeinmedizin der Charité, die gleichzeitig als weiterbildungsbefugte Ärztin in ihrer Arztpraxis Ärzte in Weiterbildung betreut und eine ihrer wissenschaftlichen Mitarbeiterinnen). Das Ziel war es, eine zusätzliche Perspektive über die Eignung der entwickelten Mockups und Einsatzszenarien seitens der am Weiterbildungsprozess beteiligten Akteure zu gewinnen. Die Durchführung erfolgte wie bei der o. g. Fokusgruppe.

Medienform	Interaktionstechnologie			
	Tablet	Stift auf Tablet	SmartPen	SmartPhone
Text	Textvorschläge für medizinische Kürzel (automatische Vervollständigung)	Überführung handschriftlicher Notizen in Text (Handschrifterkennung); Überführung medizinischer Kürzel in vollständigen Text	Überführung handschriftlicher Notizen in Text (Handschrifterkennung)	Textnotizen als medizinische Kürzel; Automatische Vervollständigung der Kürzel
Handschrift	*nicht unterstützt*	Handschriftliche Notizen zu Patientensitzungen	Handschriftliche Notizen zu Patientensitzungen	*nicht unterstützt (nur bei wenigen SmartPhones vorhanden)*
Skizze	*nicht berücksichtigt im Mockup*	Handschriftliche Skizzen z.B zur Visualisierung der Lage von Verletzungen oder Schmerzen	Handschriftliche Skizzen, z.B zur Visualisierung der Lage von Verletzungen oder Schmerzen	*nicht berücksichtigt im Mockup*
Foto	Dokumentation visueller Informationen (z. B Halsrötung)	zur visuellen Dokumentation z. B Wunddokumentation	*nicht unterstützt*	Dokumentation visueller Informationen (z.B Haut-veränderung Laborwerte, EKG)
Audio	Dokumentation akustischer Informationen (z.B Husten, Atemgeräusche)	*nicht berücksichtigt im Mockup*	*nicht unterstützt*	*nicht berücksichtigt im Mockup*

Sprache	Sprachnotizen / Diktierfunktion (Speech-to-Text) zur ausführlichen Aufnahme der Sitzungsbefunde	*nicht berücksichtigt im Mockup*	*nicht unterstützt*	*nicht berücksichtigt im Mockup*
Video	Verlaufs-dokumentation z. B. bei Erkrankungen des Bewegungs-apparates	*nicht berücksichtigt im Mockup*	*nicht unterstützt*	*nicht berücksichtigt im Mockup*

Tab 5.1 Identifizierte Anwendungszwecke spezifischer Medienformen und Interaktionstechnologien

Die Ergebnisse dieser zwei Diskussionsgruppen sind in der Tabelle 5.1 zusammengefasst. Dabei berichten wir hier ausschließlich über die diskutierte Eignung und mögliche Einsatzzwecke vorgestellter Interaktionstechnologien und Medienformen bzw. über die aus Nutzersicht identifizierten Kriterien ihrer Wahl. Die Medienformen die von den verschiedenen Mockups unterstützt wurden, sind in den Reihen eingetragen, wobei in den Spalten die unterschiedlichen Interaktionstechnologien aufgelistet sind. In den jeweiligen Feldern stehen beispielhafte "Use Cases" zur möglichen Nutzung der jeweiligen Medienform mit der gegebenen Interaktionstechnologie, die von den Teilnehmern genannt bzw. als nützlich oder sinnvoll qualifiziert wurden.

Wie aus der Tabelle 5.1 ersichtlich, haben die Nutzer für alle bereitgestellten Interaktionstechnologien und Medienformen entsprechende „UsesCases" identifiziert oder die in den Szenarien vorgestellten bestätigt, auch unter Nennung von Einschränkungen[2]. So wurde z. B. das Aufnehmen von Fotos von Patientensymptomen (Hautausschlag) aus dem vorgestellten Szenario als sehr nützlich bestätigt und die akustische Dokumentation von Husten oder Atemgeräuschen mittels des Tablets explizit als Reaktion auf die vorgestellte Funktionsmöglichkeit des Mockups als „sehr spannend" wahrgenommen.

Einige der identifizierten Möglichkeiten sind für diese Domäne neue Anwendungsformen, die so noch nicht praktiziert werden, wie z. B. die o. g. Tonaufnahme oder die Nutzung der Foto-Funktion des SmartPhones, um Laborbefunde des Patienten aufzunehmen (Blutwerte, EKG u. ä.). Schließlich wurden auch einige Annahmen, die sich eng an der Analyse bisheriger Praktiken orientierten relativiert: so wurden z. B. die Handschriftnotizen und ihre automatischen Umwandlung in Text positiv aufgenommen; gleichzeitig wurde angemerkt, dass Vermerke in Patientenakten typischerweise in wenigen Stichworten bzw. Kürzeln vorge-

---

[2] Wie in Tabelle 5.1 dargestellt, war es nicht möglich *alle* Medienformen mit *allen* Interaktionstechnologien zu benutzen. Zum einen unterstützen bestimmte Technologien bestimmte Medienformen nicht (z.B. keine Handschrifterkennung auf Tablet ohne Stift, keine Videos mit SmartPen). Zum anderen waren für den Vergleich bestimmte Kombinationen überflüssig: z.B. da Sprachnotizen beim Tablet ohne Stift bereitgestellt wurden, war dies nicht beim Tablet mit Stift vorhanden, da nicht relevant für die vergleichenden Interaktionen (mit vs. ohne Stift).

nommen werden. Eine digitale Texteingabe, die entsprechende Kürzel erkennen und automatisch vervollständigen würde, wurde als eine gute Alternative genannt (als Reaktion auf die automatische Vervollständigung der Texteingabe mit dem Tablet in Mockup B).

Hingegen wurde die Möglichkeit, Skizzen mit dem Stift auf dem Tablet zu erzeugen sehr gut aufgenommen, vor allem als Markierung von relevanten Ausschnitten in Fotos der Symptome oder Snapshots der Laborbefunde. Die Nutzung des SmartPens wurde kontrovers diskutiert. Einerseits wurde das vorgestellte Szenario des Einsatzes bei Hausbesuchen positiv aufgenommen, andererseits verwiesen mehrere Teilnehmer auf persönliche Präferenzen zur Nutzung des Tablets im selben Kontext („gewohnt eigenes Netbook mitzunehmen").

Das Feedback zu Anwendungspotenzialen unterschiedlicher Medienformen, deutet auf die Bedeutung der gewählten Vorgehensweise zur Identifikation der Potentiale zur Entwicklung neuer Praktiken: so wurden verschiedene Anwendungszwecke für multimediale Aufnahme von Notizen zu Patientensymptomen (Fotos, Ton, Videos) identifiziert und mit großem Interesse aufgenommen, obwohl diese von keinem der Teilnehmern derzeit praktiziert werden (und ihnen auch keine solche Nutzung aus ihrem breiteren beruflichen Umfeld bekannt war). Die Bedeutung des proaktiven Aufzeigens neuer Möglichkeiten, illustriert auch dieses Beispiel: obwohl die Aufnahme von Sprachnotizen mit dem Tablet positiv bewertet wurde (mit Verweis auf die nicht unübliche Nutzung von Diktiergeräten bei Fachärzten anderer Bereiche), wurde für diese Medienform in Kombination mit dem SmartPhone kein Anwendungszweck genannt. Weil diese Möglichkeit im Mockup nicht explizit vorhanden war, wurde sie von den Teilnehmern nicht als Möglichkeit wahrgenommen und diskutiert.

Weiterhin zeigte sich in der Diskussion mit den Stakeholdern (weiterbildungsbefugte Fachärztin) der Bedarf, das Vorgehen während einer Patientensitzung durch die Erarbeitung „medizinischer Raster" einzuüben. Die stark strukturierte Unterstützung in Mockup A erweist sich so als eine wichtige didaktische Unterstützung: durch das Ausfüllen formularartiger Strukturen zu verschiedenen Stationen des Patientengesprächs (subjektiver Eindruck, Anamnese, Untersuchung,...) wird der Arzt in Weiterbildung geführt und trainiert so das strukturierte Vorgehen. Die dadurch erlangte Routine fördert ihre Sicherheit und vermeidet Fehler. Dem Bedarf nach mehr Flexibilität, der sich aus dem Feedback zum Mockup B ableiten lässt, kann hier in einer Weiterentwicklung durch die Umsetzung eines Scaffolding-Ansatzes begegnet werden, bei dem der Grad der strukturierten Unterstützung mit zunehmender Kompetenz des Nutzers sinkt.

Solche Ergebnisse deuten darauf hin, dass keine Interaktionstechnologie oder Medienform an sich für einen bestimmten Zweck ausschließlich geeignet ist. Es sind auch keine eindeutige persönlichen Präferenzen für eine bestimmte Interaktionstechnologie oder Medienform zu verzeichnen. Jedoch haben die Nutzer unterschiedliche Kontexte genannt, in dem sie bestimmte Medienform und Interaktionstechnologie bevorzugen würden. Dabei spielten der Zeitpunkt, der Ort und die Situation der Informationsaufnahme eine wichtige Rolle (Tabelle 5.2). Zum Beispiel wurde für einen Hausbesuch der SmartPen als geeignet genannt; gleichzeitig bevorzugten andere Nutzer für die gleiche Situation das Tablet, da sie sich an die Mitnahme eines Notebooks zu Hausbesuchen gewohnt haben. Ferner wurde angemerkt dass auch das Smartphone für die Aufnahme von Textnotizen gut geeignet wäre, mit der Begründung, dies auch in anderen Situationen zu tun. Gleichzeitig wurde aber für die Nacharbeitung der Fälle am Ende aller Sitzungen (zu Hause oder in der Arztpraxis) das Tablet (oder ein Notebook) bevorzugt.

Informationsaufnahme zu Patientenfällen			
	Arztpraxis	Hausbesuch	zu Hause
Direktnach der Sprechstunde	+	+	
Nach jedem Patient	+	+	
am Ende des Tages	+		
In der Sprechstunde	+		
Am Wochenende			+
bei Hausbesuchen		+	

Tablle 5.2 Situativer Kontext der Informationsaufnahme (Situation, Ort, Zeitpunkt)

Derartige Ergebnisse weisen darauf hin, dass zur Entwicklung und Bereitstellung einer geeigneten Unterstützung mobiler Informationsaufnahme in dieser spezifischen Domäne, ein Ansatz geeignet erscheint, der nicht auf eine bestimmte Interaktionstechnologie oder Medienform bzw. eine bestimmte Kombination davon fokussiert. Viel mehr erscheint es vielversprechend einen multi-modalen Ansatz zu verfolgen, welcher es den Nutzern erlaubt zwischen vielfältigen Möglichkeiten die jeweils bevorzugte Lösung auszuwählen. Dabei lassen sich als preliminäre Kriterien für diese Wahl folgende Arten von Kriterien erkennen: der jeweilige Nutzungskontext (Situation, Ort, Zeitpunkt der Informationsaufnahme), der Anwendungszweck bzw. der spezifische Use Case (welche Art von Informationen sollen für welchen Zweck aufgenommen werden), der Bezug zu bestehenden Praktiken der Zielgruppe, der wahrgenommene Mehrwert der Nutzung, sowie die persönlichen Präferenzen des Nutzers (auch durch bestehende Erfahrungen mit der Technologie beeinflusst).

6   Schlussfolgerung und Ausblick

Im vorliegenden Beitrag haben wir einen explorativen Ansatz zur Entwicklung mobiler Anwendungen zur Erstellung nutzergenerierter Fallbeispiele für Ärzte in Weiterbildung mittels verschiedener Interaktionstechnologien und Medienformen vorgestellt. Die geschilderten Ergebnisse deuten darauf hin, dass sowohl die Multimodalität als auch die angewandte Methodik, die ein nutzerorientiertes mit einem technologiegetriebenem Vorgehen kombiniert, wichtige Anforderungen für diesen Anwendungskontext darstellen können. Anhand der limitierten Teilnehmerzahlen in den Fokusgruppen bzw. Stakeholder-Diskussionen und des explorativen Vorgehens im Aufbau der Mockups handelt es sich um preliminäre Ergebnisse, die nur qualitativ bzw. mit eingeschränkter Aussagekraft interpretiert werden sollten. Wie dem Nutzerfeedback und den gewonnenen Einsichten entnommen werden kann, stellen sie dennoch interessante Einsichten zur Entwicklung praktischer Lösungen für diesen spezifischen, noch wenig untersuchten Anwendungsfall dar. Gleichzeitig eröffnen die ausgearbeiteten strukturellen Merkmale des Anwendungskontextes (hohe Mobilität der Nutzer, wechselnde Nutzungssituationen, zeitliche Knappheit für informationsverarbeitende Aktivitäten) auch Chancen für eine Übertragung in andere Anwendungsbereiche mit ähnlichen Eigenschaften. Schließlich stellen die Fragen der Wahl der geeigneten Interaktionstechnologien und Medienformen in der Entwicklung mobiler Anwendungen für spezifische Domänen oder Problemklassen auch eine Anschlussfähigkeit im wissenschaftlichen Sinne dar. Zur Erhebung belastbarer Ergebnisse werden hier weitere Untersuchungen mit größeren Teilnehmerzahlen in Form von kontrollierten Laborexperimenten und Pilot- bzw. Feldstudien angestrebt.

Danksagung

Diese Arbeit wurde Teilweise durch das Bundesministerium für Bildung und Forschung (BMBF) im Rahmen des Projekts KOLEGEA gefördert (Förderkennzeichen: 01PF08029B).

Literaturverzeichnis

Argüello, M., Des, J., Prieto Fernandez Jesus, M., Perez, R., & Paniagua, H. (2009). Executing medical guidelines on the web: Towards next generation healthcare. Knowledge-Based Systems, Volume 22, Issue 7, Pages 545-551.

Bellazzi, R., Montani, S., Riva, A., & Stefanelli, M. (2001). Web-based telemedicine systems for home-care: technical issues and experiences. Elsevier, Computer Methods and Programs in Biomedicine 64, Pages 175-187.

Garret, B., & Jackson, C. (2006). A mobile clinical e-portfolio for nursing and medical students, using wireless personal digital assistants (PDAs). Elsevier, Nurse Education in Practice 6, Pages 339-346.

Harris, L., Tufano, J., Le., T., Rees, C., Lewis, G., Evert, A., et al. (2010). Designing mobile support for glycemic control in patients with diabetes. Elsevier, Journal of Biomedical Informatics 43, Pages 37-40.

Holzinger, A., Kosec, P., Schwantzer, G., Debevc, M., Hofmann-Wellenhof, R., & Frühauf, J. (2011). Design and Development of a mobile computer application to reengineer workflows in the hospital and the methodology to evaluate it's effectiveness. Elsevier, Journal of Biomedical Informatics 44, Pages 968-977.

Kroemer, S., Fruhauf, J., Campbell, T., Massone, C., Schwantzer, G., & Peter Soyer, H. (2011). Mobile teledermatology for skin tumor screening: diagnostic accuracy of clinical and dermoscopic image teleevaluation using cellular phones. Br J Dermatol, 164, Pages 973-979.

Mc Loughlin, E., O'Sullivan, D., Bertolotto, M., & Wilson, D. (2006). MEDIC - Mobile Diagnosis for Improved Care. Dijon, France: SAC.

Shibata, Y. (2011). A remote desktop-based telemedicine system. Elsevier, Journal of Clinical Neuroscience 18, Pages 661-663.

Sneha, S., & Varshney, U. (2009). Enabling ubiquitous patient monitoring: Model, decisions protocols, opportunities and challenges. Decision Support Systems 46, Pages 606-619.

Ward, N., & Tatsukawa, H. (2003). A tool for taking class notes. International Journal of Human-Computer Studies, 59, Pages 959-981.

Wu, P., Hwang, G., Tsai, C., Chen, Y., & Huang, Y. (2011). A pilot study on conducting mobile learning activities for clinical nursing courses based on the repertory grid approach. Elsevier, Nurse Education Today, e8-e15.

Kontaktinformationen

Jasminko Novak, j.novak@eipcm.org FH Stralsund, Institute for Applied Computer Science (IACS) / European Institute for Participatory Media, Berlin

H. Reiterer & O. Deussen (Hrsg.): Workshopband Mensch & Computer 2012
München: Oldenbourg Verlag, 2012, S. 261-266

Vertrauenswürdige Medical Apps

Urs-Vito Albrecht, Herbert K. Matthies, Oliver Pramann

PLRI MedAppLab, Peter L. Reichertz Institut für Medizinische Informatik, Medizinische
Hochschule Hannover, Hannover

Zusammenfassung

In diesem Positionspapier werden zunächst einige der Probleme erläutert, die sich beim Einsatz mobiler
Applikationen (Apps) auf entsprechenden Geräten im medizinischen Umfeld ergeben können, aber
derzeit häufig weder von Anwender- noch von Entwicklerseite ausreichend gewürdigt werden. Hierzu
gehören u.a. Fragestellungen bezüglich der Vertrauenswürdigkeit und Effektivität, aber auch der Sicherheit. Medical Apps können unter bestimmten Umständen Medizinprodukte sein und damit den
rechtlichen Regularien unterliegen. Bei erfolgter Zertifizierung kann davon ausgegangen werden, dass
entsprechende Qualitätsanforderungen erfüllt sind. Für Applikationen, die nicht entsprechenden Regu-
lationsmechanismen unterliegen, existieren derzeit keine standardisierten Bewertungsverfahren; hier ist
zu überlegen, ob z.B. neben Zertifizierungsstellen, die von offizieller Seite eingerichtet werden können,
zudem eine mögliche Selbstverpflichtung der Hersteller zur standardisierten Darlegung der App-Spezi-
fikationen initiiert werden kann. Im Artikel wird eine Struktur für eine solche „App-Synopse" vorgeschlagen, die den Nutzer mit den Rahmeninformationen zu Nutzen und Risiken der jeweiligen App
versorgen kann, um ihm selbst die Einschätzung über die Vertrauenswürdigkeit der App zu ermöglichen.

1 Was heißt vertrauenswürdig?

Aktuell werden etwa 15.000 Apps in der medizinischen Rubrik des App Stores angeboten,
von denen jedoch längst nicht alle tatsächlich für medizinische Zwecke geeignet sind. Tatsächlich gibt es viele Anwendungen, die speziell auf Ärzte zugeschnitten sind und unter
anderem Unterstützung bei der Diagnosestellung und der Behandlung, aber auch bei der
Gesundheitserziehung der Patienten bieten. Die rapide Integration solcher Geräte in das
professionelle Umfeld ist nach den anfänglichen Erfolgen im eher privaten Bereich bemer-
kenswert – insbesondere wenn man die vergleichsweise kurze Zeitspanne bedenkt, die seit
der Vorstellung von Apples iPhone® vergangen ist. Die Anzahl der verfügbaren Anwendungen steigt täglich. Viele Unternehmen entwickeln und vertreiben Hardware-Erweiterungen
für mobile Geräte, um über zusätzliche Sensorik weitere Informationen zur Verfügung zu
stellen. Das Anwendungsspektrum reicht dabei von Blutdruckmanschetten bis hin zu Blutzu-
cker- und Temperatur-Sensoren. Die erfassten Daten werden hierbei wahlweise mit einer
direkten oder drahtlosen Verbindung zu den mobilen Geräten übertragen.

Vor dem Hintergrund der Auswirkungen des Einsatzes im professionellen Bereich auf das Leben von Dritten, drängt sich die Frage auf, ob die Anwendungen und die Geräte auf denen sie laufen immer vertrauenswürdig, d.h. sicher und zuverlässig genug für die Verwendung an Patienten sind. Bieten sie tatsächlich alle versprochenen oder erforderlichen Funktionen für die Umgebung, in der sie verwendet werden und wie kann auf Sicherheit beruhendes Vertrauen in die Applikationen aufgebaut werden?

Software, die als Medizinprodukt klassifiziert und somit dem Medizinproduktegesetz unterworfen ist, wird über den CE-Zertifizierungsprozeß die Einhaltung eines Standards abverlangt, der u.a. die Sicherheit des Produkts begründet. Im 2. Kapitel wird kurz der Regulationsmechanismus dargelegt.

Bei Apps, die nicht unter die Regulation fallen, fehlt derzeit ein entsprechender Bewertungsstandard. Eine Selbstverpflichtung der Hersteller zur Einhaltung bestimmter Qualitäts- und Sicherheitskriterien könnte Abhilfe schaffen; die Food and Drug Administration (FDA) in den USA stellt derzeit entsprechende Überlegungen an. Niedrigschwellig und kurzfristig wäre eine transparente Berichterstattung der Hersteller in Form einer „App-Synopse" wünschenswert, wie sie im dritten Kapitel dieses Artikels dargelegt wird. Diese ermöglicht Nutzern eine faire Chance zur Beurteilung der Sicherheit und Wirksamkeit der Software.

2   Regulierte Medical Apps

Bei der Anwendung mobiler Technologien in administrativen Bereichen, für Diagnosezwecke und zur Behandlung von Patienten oder für den Einsatz in der Forschung und im öffentlichen Gesundheitswesen ergibt sich die Verantwortung, den Einsatz der leistungsfähigen mobilen Geräte und Applikationen sicher, vertrauenswürdig und effektiv zu gestalten.

Die Anforderungen an entsprechende Gesundheitsanwendungen sowie die Geräte auf denen sie eingesetzt werden, müssen in Bezug auf ihre Nutzung im professionellen Bereich klar definiert sein. Bereits während des Entwicklungsprozesses müssen die Applikationen einer Risiko-Nutzen-Bewertung standhalten und bestimmten Qualitätsstandards entsprechen. Diese Regelungen betreffen Arzneimittel sowie Medizinprodukte gleichermaßen und damit auch jede App, die in diesem Kontext eingesetzt und in Verkehr gebracht werden soll. Die Regulierung wird in Deutschland durch das Medizinproduktegesetz (MPG) geregelt.

Die Entwickler müssen dafür Sorge tragen, das Produkt entsprechend dem geltenden Recht zu zertifizieren. Maßgeblich ist in Deutschland das Medizinproduktegesetz (MPG).

Die Definition von Software als Medizinprodukt wurde vom Gesetzgeber mit dem 4. MPG-Änderungsgesetz im März 2010, das die Novellierung der Richtlinie Medical Device Directive 93/42/EWG in Form der MDD 2007/47/EG (Richtlinie 2007) berücksichtigt, in das nationale Medizinprodukterecht (Medizinproduktegesetz) vorgenommen. Eine Empfehlung für die Klassifizierung von Stand-alone-Software als Medizinprodukt erfolgte durch die EU-Kommission am 12. Januar 2012 mit dem MEDDEV-Leitfaden 2.1/6 (Guidelines 2012), der allerdings kein verbindliches Recht darstellt. Soll die Software in Verkehr gebracht werden, muss nach §6 MPG eine CE-Kennzeichnung erfolgen, die ein „Konformitätsbewertungsverfahren" vorrausetzt. MPG und die maßgeblichen europä-ischen Richtlinien müssen beachtet werden, um Schutz- und Sicherheitsziele der App zu bestätigen. Die sich hieraus ergebenden Anforderungen richten sich nach dem Gefährlichkeits- und Risikopotential der Software (Klasse I-III, Is, Im), die vom Hersteller vorgenommen wird. Hierzu muss der Hersteller primär entscheiden, ob er seine Applikation mit einer medizinischen (therapeutischen und/oder diagnostischen) Zweckbestimmung versieht. Ist dies nicht der Fall, kann die Applikation ohne Beachtung der besonderen regulatorischen Anforderungen in den Verkehr gebracht werden.

3   Nicht-regulierte Medical Apps

Die US-amerikanische Food and Drug Administration (FDA) hat den Entwurf eines Leitfadens veröffentlicht, der passende Regelungen für die Anwendung bestehender Vorgaben speziell für den Einsatz mobiler medizinischer Applikationen, der Mobile Medical Apps, zur Verfügung stellt (FDA 2012). Im Vorfeld wurde dort der Vertrauenswürdigkeitsaspekt im Kontext mit Software als Bestandteil von Medizinprodukten diskutiert (Fu 2011). Bisher hat lediglich eine einzige den Autoren bekannte App eine FDA-Zulassung erhalten (Jefferson 2011). Gleiches gilt bezogen auf den Einsatz mobiler Apps in Deutschland: entsprechend dem Medizinproduktegesetz (MPG) wurden nach aktuellem Stand nur wenige Apps als Medizinprodukt eingestuft und tragen das CE-Zeichen (Pramann 2012a).

Beim Betrachten des Angebots medizinischer Applikationen ist erkennbar, dass viele dieser Apps nicht als Medizinprodukte in den Verkehr gebracht werden. Hintergrund hiervon kann sein, dass zum einen die Kenntnis oder das Bewusstsein nicht vorhanden ist, das tatsächlich ein Medizinprodukt vorliegt. Zum anderen werden aber die Applikationen unter Umständen bewusst nicht als Medizinprodukt in den Verkehr gebracht, da das regulatorische Verfahren und die regulatorische Verantwortung gescheut werden. Dennoch besitzen diese Apps ein Gefährdungspotential, welches nicht durch den regulatorischen Rahmen abgefangen wird.

Auch wenn ein Hersteller seiner App keine diagnostische oder therapeutische Zweckbestimmung zuweist (was sie zu einem Medizinprodukt machen würde), wird diese jedoch im medizinischen Kontext angewendet. Hauptzielgruppe mag hier in der Masse sogar der Patient sein, tatsächlich werden sicher auch Ärzte diese Apps nutzen. Um die Qualität solcher Apps zu verbessern, sollte eine Selbstverpflichtung der Hersteller entwickelt werden. Sie greift da an, wo regulatorische Rahmenbedingungen nicht gegeben sind und keinerlei Qualitätsstandards gelten, die Apps aber tatsächlich in einem sensiblen Risikobereich eingesetzt werden. Im Wesentlichen sollte der Kodex die Aspekte der Anwendungsfreundlichkeit, Verlässlichkeit, Sicherheit, Verfügbarkeit und Wartungsfreundlichkeit der Applikation berücksichtigen. Zu diskutieren wäre darüber hinaus, ob offiziell benannte Stellen für Bewertungen und Zertifizierungen für alle Anwendungen eingerichtet werden sollen, die für den (semi-) professionellen medizinischen Markt angeboten werden.

Bei aller Sorgfaltspflicht ist allerdings auch unbestreitbar, dass eine Balance gefunden werden muss, die Innovationen nicht verhindert, die es aber dennoch ermöglicht, Sicherheitsmechanismen zu installieren, die die Wirksamkeit und Sicherheit von Apps im medizinischen Bereich gewährleisten.

Für nicht-zertifizierte (und zertifizierte) Apps ist die Outcomemessung ein geeigneter Parameter zur Bewertung ihrer Sicherheit und Wirksamkeit. Eine standardisierte Berichterstattung analog zu den etablierten Standards für das Reporting von randomisierten klinischen Studien, wie zum Beispiel dem CONSORT-Statement (Consort Group 2012) oder PRISMA-Statement (Prisma Group 2012), kann ein flexibles Werkzeug zur Qualitätssicherung darstellen. Die Apps selbst können in Studien getestet und die Ergebnisse im Peer-Review-Verfahren bewertet und publiziert werden, anstatt lediglich Nutzerbewertungen und Kommentare im App Store, im Marketplace oder in Blogs für eine Beurteilung heranziehen zu können, wie es zur Zeit üblich ist.

Eine vertrauenswürdige Berichterstattung sollte schon in den Produktbeschreibungen der Distributionsplattformen publiziert werden, um den Nutzern relevante Informationen vor dem Erwerb der Software mitzuteilen. Eine „App-Synopse" könnte in prägnanter Form die nutzungsrelevanten Aspekte wiedergeben, die wie folgt strukturiert sein könnte:

- App Name, bestenfalls mit bezeichnender Funktion

- Zweck der App in einem Satz

- Klassifikation der App: Medizinprodukt, Lifestyleprodukt, ...

- Angabe einer Versionsnummer mit Darstellung von Updates

- Kurze Beschreibung der Funktionsweise App, mit Darstellung

    - des Anwendungsbereichs

    - des Nutzens der App für den Anwender

    - der Limitationen der App im Anwendungsbereich

    - der Risiken (des Gefährdungspotentials) und etwaigen unerwünschten Wirkungen (diese Liste ist mit Datum zu aktualisieren)

    - einer Listung von Störungen, die bekannt sind

    - einer Listung von Störungen, die behoben wurden

- Bericht von Wirksamkeitsnachweisen

    - Durchgeführte Pre-Tests, Studien, mit Angabe des Studientyps und Ergebnisses mit Literaturangaben.

- Hinweis auf kommerzielle oder nicht kommerzielle Nutzung

- Hinweise zum Datenschutz (Datenschutzerklärung, mit Versionsnummer und Datum), mit Angaben

  - zur Freiwilligkeit der Zustimmung zur Datensammlung

  - über den Zweck der Datensammlung

  - über die Nutznießer der Datensammlung

  - zur Art, Umfang und Regelmäßigkeit der Datensammlung

  - über den Ort (Land) der Datenspeicherung

  - zur Art der Datenspeicherung und Datenverarbeitung

  - zu Löschfristen

  - zu Art und Niveau der Datenverschlüsselung bei Transfer, Speicherung und Verarbeitung (inhaltlich: anonym, pseudonym, Klartext; Transfer + Speicherung: verwendete Verschlüsselungsverfahren)

  - zu Auskunfts- und Rücktrittsmöglichkeiten, inkl. Ansprechpartner

  - zur Abschaltung der Datensammlung und der Datentransfers

  - Hinweise zur Qualität im Herstellungsprozess

  - Statements zu eingehaltenen Produktionsstandards

- Hinweise zum Hersteller

  - Adresse

  - Rücksprachemöglichkeit bei Fragen oder Problemen

Diese Transparenz ermöglicht eine Vergleichbarkeit und Diskussion von Apps, die zur Bewertung der Vertrauenswürdigkeit durch die Nutzer und Fachwelt die beste Grundlage bildet.

Literaturverzeichnis

Consort Group (2012). CONSORT-Statement. http://www.consort-statement.org/consort-statement/overview0/ (letzter Besuch: 24.07.2012).

Food and Drug Administration (FDA) (2012). Draft Guidance for Industry and Food and Drug Administration Staff – Mobile Medical Applications. http://www.fda.gov/medicaldevices/deviceregulationandguidance/guidancedocuments/ucm263280.htm (letzter Besuch: 24.07.2012).

Fu, K. (2011). Trustworthy Medical Device Software. In IOM (Institute of Medicine) (Hrsg.): Public Health Effectiveness of the FDA 510(k) Clearance Process: Measuring Postmarket Performance and Other Select Topics: Workshop Report, National Academies Press, Washington, DC

Guidelines (2012). Guidelines on the qualification and classification of stand alone software used in healthcare within the regulatory framework of medical devices. http://ec.europa.eu/health/medical-devices/files/meddev/2_1_6_ol_en.pdf (letzter Besuch: 24.07.2012)

Jefferson, J. (2011). *FDA clears first diagnostic radiology application for mobile devices.* FDA NEWS RELEASE, Feb. 4, 2011. http://www.fda.gov/NewsEvents/Newsroom/PressAnnouncements/ucm-242295.htm (letzter Besuch: 24.07.2012).

Pramann, O., Gärtner, A. & Albrecht, U.-V. (2012). Medical Apps: Mobile Helfer am Krankenbett. Dtsch Arztebl 109(22-23): A-1201 / B-1033 / C-1025.

Prisma Group (2012). PRISMA-Statememt. http://www.prisma-statement.org/statement.htm (letzter Besuch am 24.07.2012)

Richtlinie (2007). Richtlinie 2007/47/EG z. Änderung d. Richtl. 93/42/EWG, 90/385/EWG u. 98/8/EG. http://eur-lex.europa.eu/LexUriServ/site/de/oj/2007/l_247/l_24720070921de00210055.pdf (letzter Besuch am 24.07.2012)

Kontaktinformationen

Dr. med. Urs-Vito Albrecht, MPH, Medizinische Hochschule Hannover, PLRI MedAppLab, P.L. Reichertz Institut für Medizinische Informatik, Carl-Neuberg-Str. 1, 30625 Hannover. E-Mail: urs-vito.albrecht@plrimedapplab.de

H. Reiterer & O. Deussen (Hrsg.): Workshopband Mensch & Computer 2012
München: Oldenbourg Verlag, 2012, S. 267-274

App-gewischt! Tablet-PC Hygiene mit der deBac-app

Ralf Peter Vonberg[1], Tobias Jungnickel[2], Ute von Jan[2],
Herbert K. Matthies[2], Urs-Vito Albrecht[2]

Institut für Medizinische Mikrobiologie und Krankenhaushygiene, Medizinische Hochschule Hannover, Hannover[1]
PLRI MedAppLab, Peter L. Reichertz Institut für Medizinische Informatik, Medizinische Hochschule Hannover, Hannover[2]

Zusammenfassung

Aus Vorstudien ist das potentielle Risiko von bakterieller Kontamination durch Mobiltelefone von Krankenhausmitarbeitern bekannt. Die Hygienediskussion wird durch den Einsatz von Tablet-PC erneut geführt. Mit der Einführung von Tablet-PC in diversen Abteilungen der Medizinischen Hochschule Hannover wurden hygienische Standards betreffend dieser mobilen Endgeräte festgelegt, z.B. die arbeitstägliche Reinigung der Oberflächen mit zur Wischdesinfektion geeigneten Tüchern. Zur Sensibilisierung der Mitarbeiter für die hygienische Problematik wurde die Applikation „deBac-app" entwickelt. Die Anwendung unterstützt das Personal bei der Reinigung der Geräte durch eine interaktive Reinigungsanleitung. Diese kostenlose Applikation leitet nicht nur zur standardisierten Reinigung des iPads an, sondern kontrolliert auch die Reinigungsschritte und hilft bei der Dokumentation des Reinigungserfolges.

1 Krankenhausinfektionen in Deutschland

Die Bedeutung von im Krankenhaus erworbenen (nosokomialen) Infektionen ist enorm. Bei 17.500.000 vollstationären Krankenhausaufenthalten in Deutschland ereignen sich ca. 28.000 primäre Blutstrominfektionen, ca. 80.000 Infektionen der unteren Atemwege, ca. 126.000 Katheter-assoziierte Harnweginfektionen und ca. 225.000 postoperative Wundinfektionen (Mielke et al. 2010). Diese Thema rückt hierzulande daher zunehmend in den Fokus des öffentlichen Interesses – wie durch Medienberichte über große Ausbrüche hochresistenter Erreger mit hoher Letalität in jüngster Vergangenheit eindrücklich bewiesen (Hermes et al. 2011). Der Gesetzgeber hat erfreulicherweise auf dieses Problem durch eine Novellierung des §23 des Infektionsschutzgesetztes (IfSG) in 08/2011 hinsichtlich Meldewesen, Verantwortlichkeiten und rationaler Verwendung von Antiinfektiva reagiert (AG Nosokomiale

Infektionen des RKI 2011). Die Bedeutung der Maßnahmen zur Infektionsprävention kann offensichtlich nicht hoch genug eingeschätzt werden.

2   Neue Technik, neue Probleme

Tablet-PC gewinnen im klinischen Alltag zunehmend an Bedeutung. Unter Verwendung so genannter Applikationen (Apps) sind sie in vielen medizinischen Fachabteilungen bereits ein fester Bestandteil in der Patientenversorgung, z.B. bei der mobilen Visite. Auf diese Weise lassen sich direkt am Krankenbett sowohl bereits anderweitig erhobene Daten abrufen und mit dem Patienten in Bild und Film besprechen; ebenso ist es möglich, neue Daten der Patientenakte unmittelbar zuzufügen (Krüger-Brand HE. 2011). Ein großer Fortschritt und eine große Erleichterung einerseits und gleichermaßen ein ganz neues Risikofeld für die Krankenhaushygiene entsteht damit, denn es wurde damit zugleich eine neue patientennahe Oberfläche zur Erregerübertragung geschaffen.

3   Transmissionen im Krankenhaus verhindern

Direkter (Hände des Personals) bzw. indirekter (kontaminierte Oberflächen und Gegenstände) Kontakt ist der häufigste und damit wichtigste Transmissionsweg von Krankenhauskeimen. Aus diesem Grund haben das Nationale Referenzzentrum für die Surveillance nosokomialer Infektionen (NRZ), das Aktionsbündnis Patientensicherheit e.V. und die Gesellschaft für Qualitätsmanagement im Gesundheitswesen e.V. (GQMG) die nationale Kampagne „Aktion Saubere Hände" initiiert und der Übertragung nosokomialer Erreger den Kampf angesagt[1]. Grund genug sich auch intensiv mit anderen potentiell keimbelasteten Oberflächen zu beschäftigen. Die Empfehlungen des Robert- Koch-Instituts[2] fordern stets eine adäquate Desinfektion aller Gegenstände und Flächen im Krankenhaus mit infektionsrelevantem Risiko. Studien zufolge sind 9% bis 25% der im Krankenhaus verwendeten Mobilgeräte (z.B. Mobiltelefone, Funkempfänger, und PDAs) mit Bakterien besiedelt (Brady et al. 2009 und Ulger et al. 2009). Dies betrifft unter den o. g. Bedingungen selbstverständlich auch Tablet-PC (siehe Abbildung 1).

Doch wie soll die Desinfektion solcher Geräte erfolgen? Wie wird sichergestellt, dass sie regelmäßig erfolgt? Wie wird dokumentiert, dass sie vollständig erfolgt, wie es für die Aufbereitung von Medizinprodukten erforderlich ist?

Aktuell ist eine große Anzahl an Schutzhüllen aus verschiedenen Kunststoffen für Tablet-PC auf dem Markt erhältlich. Daten zur Schädigung (z.B. zunehmende Porosität) solcher Kunststoffhüllen durch den regelmäßigen Kontakt zu alkoholischen Desinfektionsmitteln gibt es

---

[1]   Im Internet: http://www.aktion-saubere-haende.de

[2]   Im Internet: http://www.rki.de

Abbildung 1: Finger- und Handflächenkontakt auf Tablet-PC (Nachweis mit Fluoreszenzflüssigkeit)

bislang keine; für die Desinfektion anderer Medizinprodukte wie Handschuhe und Ultra-schallköpfe sind diese Probleme hingegen bereits gut bekannt. Alternativen zur chemischen Desinfektion sind derzeit nicht verfügbar: Thermische Verfahren (Heißluft bzw. Dampf), eine Keimreduktion mittels H2O2-Plasma und die Anwendung von UV-Licht scheiden aus, da sie entweder zur Zerstörung des Gerätes selbst führen würden oder der Desinfektionser-folg nicht gesichert ist.

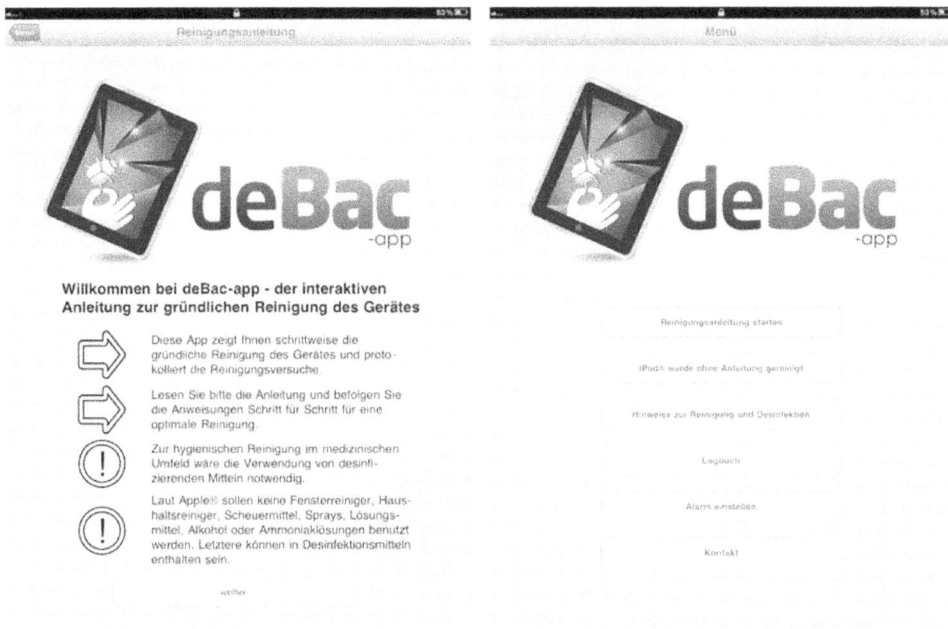

Abbildung 2: Reinigungsanleitung der deBac-app. Links das Startmenü, rechts der Begrüßungsbildschirm zur interaktiven Anleitung mit einführender Information zur Nutzung.

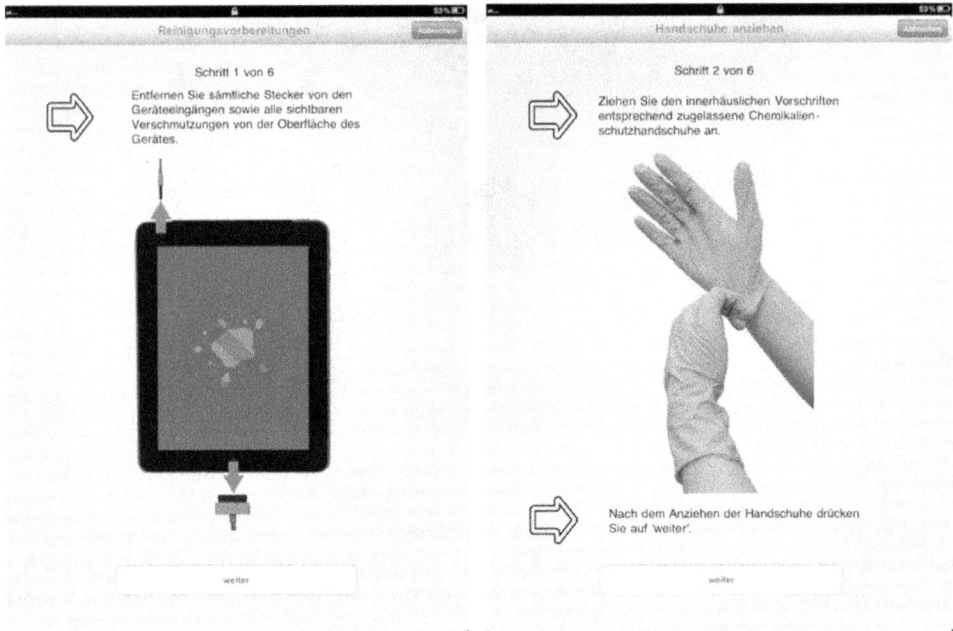

Abbildung 3: Interaktive Reinigungsanleitung: Links Schritt eins, rechts Schritt zwei

4   deBac-app

Die Applikation deBac-app[3] wurde eigens in Kooperation von Fachärzten für Hygiene und Umweltmedizin und Informatikern entwickelt, um diese neu entstandene Lücke in der Infektionsprävention zu schließen. Es handelt sich bei deBac-app um eine standardisierte Anleitung für die vollständige Oberflächendesinfektion des iPads®. Über die dem Gerät eigene Touch-Screen-Oberfläche ist es möglich, die vollständige Benetzung der Front zu kontrollieren und zu dokumentieren.

4.1   Allgemeine Menüfunktionen

Nach dem Aufrufen der Applikation wird zunächst das Startmenü mit der Übersicht über die Funktionen der App gegeben. Neben der interaktiven Reinigungsanleitung, die sich nach bestätigen der ersten Schaltfläche „Reinigungsanleitung starten" ausgelöst wird, lässt sich eine Reinigung auch mit via separatem Button „iPad® wurde ohne Anleitung gereinigt" quittieren, was einen Eintrag im „Logbuch" (vierter Punkt) zur Folge hat. Mit Auswahl des Menüpunkts „Hinweise zur Reinigung und Desinfektion" wird auf einem Screen die wichtigste zur Überschrift passende Information kurz zusammengefasst dargestellt. Im „Log-

---

[3]   Im Internet: http://www.debac-app.de

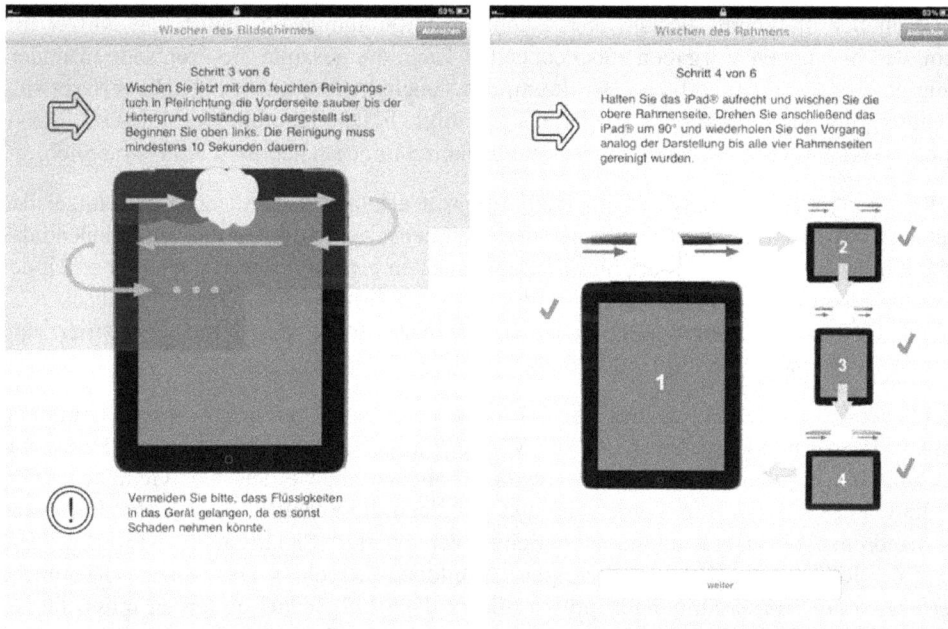

Abbildung 4: Interaktive Reinigungsanleitung: Links Schritt drei, rechts Schritt vier.

buch" werden die Reinigungsversuche mit Zeitangabe dokumentiert, d.h. die Durchführung der interaktiven Anleitung („iPad® gereinigt" oder „iPad® Reinigung abgebrochen") oder die individuelle Bestätigung („iPad® gereinigt). Diese Einträge können per Email an eine beliebige Adresse versendet werden. Eine Erinnerungsfunktion verbirgt sich hinter der Schaltfläche „Alarm einstellen" (Abbildung 6, links). Der Nutzer wird mit Aktivierung dieser Funktion an den täglich notwendigen Reinigungszyklus vor Dienstbeginn erinnert; sogar wenn die App vergessen wurde im Hintergrund zu aktivieren. Der letzte Menüpunkt „Kontakt" weist Informationen über den Hersteller und Möglichkeiten zur Kontaktaufnahme via Email aus.

4.2   Schrittweise Reinigungsanleitung

Der Nutzer wird auf Wunsch schrittweise und interaktiv durch die standardisierte Reinigungsanleitung geführt. Nach Bestätigung der Schaltfläche „Reinigungsanleitung starten" des Menüs (Abbildung 2, links), erscheint der Willkommensbildschirm mit kurzen Erläuterungen zum weiteren Ablauf (Abbildung 2, rechts). Der Nutzer wird mit der Schaltfläche „weiter" jeweils aufgefordert, die nächste Aktion/den nächsten Bildschirm aufzurufen. Nach der Bestätigung, erscheint der erste Screen (Abbildung 3, links), der den Nutzer auffordert, sämtliche Steckverbindungen (Kopfhörer, und stromführenden Dock-Connector) zu lösen. Dabei kann der Nutzer erst mit der Anleitung fortfahren, wenn tatsächlich der Dock-Connector entfernt wurde, was über eine Programmabfrage gesteuert wird.

Im folgenden zweiten Schritt wird der Nutzer zum Anziehen von Handschuhen nach Vorgaben des Arbeitsschutzes aufgefordert (Abbildung 3, rechts).

Im dritten Schritt kommt es zum ersten konkreten Reinigungsteil, indem der Nutzer mit einem, den häuslichen Vorgaben entsprechenden Tuch, die gesamte die Frontseite mäanderförmig gewischt werden soll. Bei Berührung des Touchscreens mit dem Tuch, verfärbt sich der Hintergrund als Indikator für die bereits gereinigte Fläche blau ein (Abbildung 4, links). Erst nach kompletter Blauverfärbung ist ein Fortfahren mit dem nächsten Schritt möglich.

Die Reinigung des Rahmens soll im vierten Schritt erfolgen: hierzu muss der Nutzer das Gerät aufrecht halten und die jeweils die obere Rahmenseite abwischen und anschließend das iPad® um jeweils um 90° drehen, bis alle Rahmenseiten gereinigt wurden. Hierbei erhält der Nutzer Rückmeldung, welche Rahmenseite bereits gereinigt wurde. Dieses Feedback wird über die Bewegungssensoren ermöglicht, die die Ausrichtung des Screens registriert und damit die Bewegungen verfolgt (Abbildung 5, rechts).

Anschließend, im Schritt fünf, muss die Rückseite des iPads® gereinigt werden (Abbildung 6, links). Hierzu muss das iPad® auf die Vorderseite gedreht werden und die Aluminiumseite komplett in mäanderförmigen Bewegungen abgewischt werden. Das Gerät registriert hier die Umlagerung auf die Vorderseite und gibt dann die Schaltfläche „weiter" frei. Nach dem Umdrehen des Gerätes und Bestätigung der „weiter"-Schaltfläche, wird der letzte Screen der Reinigungsanleitung aufgerufen (Abbildung 5, rechts). Der Nutzer soll nun die Oberflächen auf Verunreinigungen prüfen, die er dann bei Bedarf entfernen muss. Ferner wird er darüber informiert, dass die Reinigungsanleitung an diesem Punkt endet und der Reinigungsversuch im „Logbuch" (Abbildung 6, rechts) dokumentiert wird.

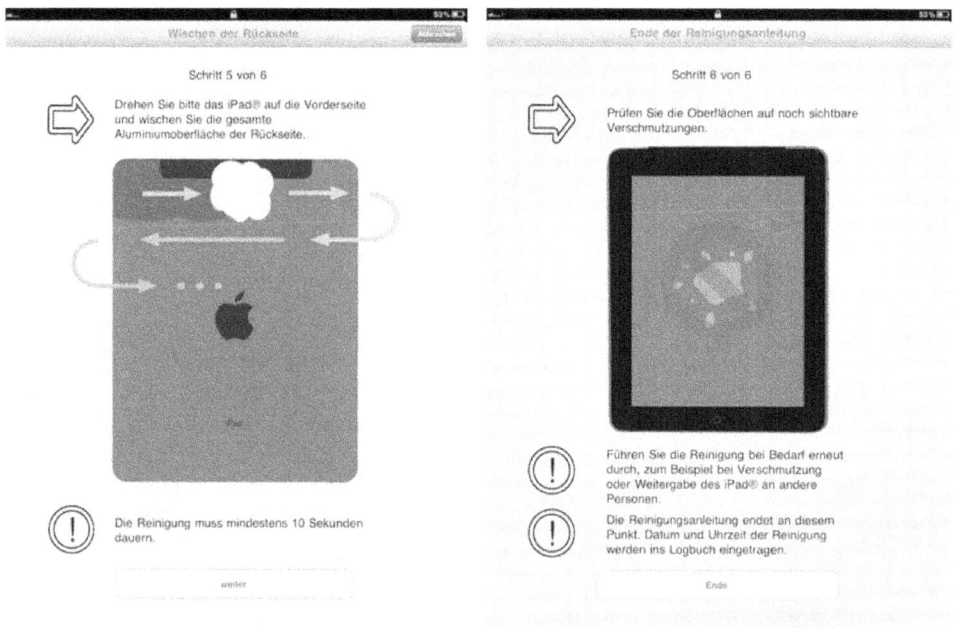

Abbildung 5: Interaktive Reinigungsanleitung: Links Schritt fünf, rechts Schritt sechs..

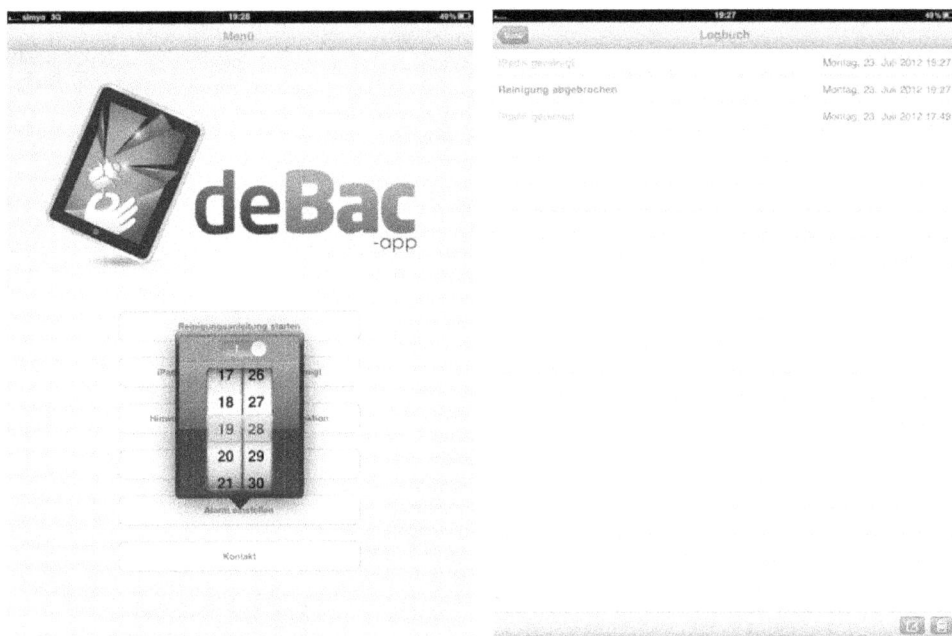

Abbildung 6: Erinnerungsfunktion (links) und Reinigungsprotokoll (rechts) der deBac-app.

5   Schlussbemerkung

Die deBac-app wird seit August 2011 kostenlos zum Download im iTunes-Store® von Apple® in deutscher und englischer Menüführung bereitgestellt. Seitdem wurde sie bereits aus 42 Ländern angefordert. Sie trägt damit bereits jetzt weltweit zu höherer Patientensicherheit bei und wird daher beim Einsatz eines iPads® im klinischen Alltag den Mitarbeitern auf der Station dringend zur Verwendung angeraten (Pramann 2012). Derzeit werden Studien zur Akzeptanz der Applikation beim Personal und Wirksamkeitsprüfungen der Anleitungen an der Medizinischen Hochschule durchgeführt.

Literaturverzeichnis

AG Nosokomiale Infektionen des RKI. Zur Novellierung des Infektionsschutzgesetzes in Deutschland. Epidemiolog. Bull. 2011 Nov 14; 45: 409-411.

Brady, RR., Verran, J., Damani, N.N. & Gibb, A.P. (2009). Review of mobile communication devices as potential reservoirs of nosocomial pathogens. J Hosp Infect. 2009 Apr; 71 (4): 295–300.

Hermes J. & Sinet M.A. (2011). Mitteilung zu einem nosokomialen Ausbruch durch ESBL-bildende Klebsiella pneumoniae in einer neonatologischen Abteilung eines Bremer Krankenhauses. Epidemiolog. Bull. 2011 Nov 14; 45: 414.

Krüger-Brand, H.E. (2012). Smartphones und Tablet-PCs im Gesundheitswesen: Strategien für mobile Anwendungen. Dtsch Ärztebl 2011; 108: 8.

Mielke M., Bölt U., Geffers C. & Arbeitsgemeinschaft Nosokomiale Infektionen beim RKI (2010). Basisdaten der stationären Krankenhausversorgung in Deutschland – nosokomiale Infektionen. Epidemiolog. Bull. 2010 Sep 13; 36: 359-364.

Pramann, O., Graf K. & Albrecht, U.-V. (2012). Tablet-PC im Krankenhaus – Hygienische Aspekte beachten. Dtsch Ärztebl 109(14): A 706–707.

Ulger, F., Esen, S., Dilek, A., Yanik, K., Gunaydin, M. & Leblebicioglu, H.: Are we aware how contaminated our mobile phones with nosocomial pathogens? Ann Clin Microbiol Antimicrob. 2009 Mar 6; 8: 7.

Kontaktinformationen

Dr. med. Urs-Vito Albrecht, MPH, Medizinische Hochschule Hannover, PLRI MedAppLab, P.L. Reichertz Institut für Medizinische Informatik, Carl-Neuberg-Str. 1, 30625 Hannover. E-Mail: urs-vito.albrecht@plrimedapplab.de

Workshop:

musik.bild.bewegung –
4. Workshop zu innovativen
computerbasierten musikalischen
Interfaces (ICMI 4)

Christian Geiger

Cornelius Pöpel

Holger Reckter

Jürgen Scheible

Anja Vormann

H. Reiterer & O. Deussen (Hrsg.): Workshopband Mensch & Computer 2012
München: Oldenbourg Verlag, 2012, S. 277-278

Partitur 2012

Christian Geiger[1], Cornelius Pöpel[2], Holger Reckter[3], Jürgen Scheible[4], Anja Vormann[1]

Fachhochschule Düsseldorf[1]
Hochschule Ansbach[2]
Fachhochschule Mainz[3]
Hochschule der Medien Stuttgart[4]

Musik als ursprünglichste und Jahrhunderte alte Ausdrucksform menschlichen Daseins gilt in unserer Kultur für viele Menschen als wesentlicher Faktor der Lebensqualität. Soll die klangliche Mächtigkeit von Klangsynthesesystemen verwendet werden, müssen die Benutzungsschnittstellen eine Offenheit für menschliches Verhalten bieten, welche die Breite, Tiefe und Qualität der Benutzereingaben adäquat in Klang übertragen kann. Diese stellt den Entwickler computerbasierter Musikinterfaces vor Probleme, die aus vielen Bereichen der Mensch-Maschine-Interaktion in ähnlicher Form bekannt sind.

Musikinterfaces stellen in der Entwicklung eine große Herausforderung dar, da computerbasierte Musikinstrumente sowohl mit den Kriterien von traditionellen Musikinstrumenten als auch mit Computerspielen assoziiert werden.

Als Zielgruppe sprechen wir folgende Teilnehmer an:

- (Medien-) Informatiker und Techniker, die sich mit der software-spezifischen Implementierung und technischen Realisierung der Schnittstellen befassen.

- Mensch-Maschine-Interaktions-Experten und Interface Designer, die sich im Spannungsfeld der Benutzungsgestaltung computerbasierter Musiksynthese aufhalten.

- Medienkünstler, Musiker und Medienschaffende, die an einer Erweiterung Ihrer Gestaltungsmöglichkeiten und an einem Austausch mit Technikern, Designern und Künstlern interessiert sind.

- Sonstige Teilnehmer der M&C, die Interesse an diesem relativ neuen Gebiet der MMI haben oder einfach nur mal in der praktischen Demonstration neue Eingabetechnologien ausprobieren bzw. neue Ansätze zur Musiksynthese und bewegungsgesteuerter Medieninstallationen audiovisuell erleben wollen.

Ziel ist es die o.g. unterschiedlichen Personenkreise zusammen zu bringen und die Expertise der verschiedenen Disziplinen wechselseitig fruchtbar zu machen. Mittlerweile existieren diverse Entwicklungen im Bereich der Musikinterfaces, so dass der Workshop ein Forum bietet, in dem sich alle Beteiligten in diesem spannenden Bereich austauschen können.

In diesem Jahr erfolgt eine stärkere Ausrichtung auf die multimediale Darstellung von Inhalten und bewegungsgesteuerte Nutzerschnittstellen. Dieser Richtung folgend, haben wir als Beiträge besonders nach audiovisuellen Medieninstallationen gefragt, wenn diese einen signifikanten Musikanteil besitzen. Als besonderen Schwerpunkt interessieren wir uns 2012 zudem für interaktive Projekte an der Schnittstelle von Musik, Bild und Bewegung.

Wir freuen uns daher sehr, dass zwei bekannte Persönlichkeiten aus diesem Bereich, Frieder Weiß (www.friederweiss.de) und Chris Ziegler (www.movingimages.de) ihre Teilnahme als eingeladene Redner zugesagt haben.

Der vorliegende Band enthält eine Kurzfassung der eingereichten Vorträge. Wir bedanken uns bei allen Autoren und insbesondere bei den eingeladenen Experten für ihre Bereitschaft ihre Arbeit zu präsentieren.

Im Juli 2012,
Christian Geiger, Cornelius Pöpel, Holger Reckter, Jürgen Scheible, Anja Vormann
http://www.icmi-workshop.org

geiger@fh-duesseldorf.de
cornelius.poepel@hs-ansbach.de
holger.reckter@fh-mainz.de
scheible@hdm-stuttgart.de
vormann@gmx.de,

H. Reiterer & O. Deussen (Hrsg.): Workshopband Mensch & Computer 2012
München: Oldenbourg Verlag, 2012, S. 279-281

An die verehrte Körperschaft

Leo Hofmann

Hochschule der Künste Bern (HKB)

Zusammenfassung

In diesem Stück treffen Elemente aufeinander, die das Ergebnis eines vielschichtigen, mehrteiligen Arbeitsprozesses darstellen. Die daraus resultierende Performance könnte man je nach Auslegung als interaktives Hörspiel, *lecture performance* oder als Live-Elektronik-Solo für Stimme bezeichnen. Dabei kommt ein am Handgelenk angebrachtes Interface zum Einsatz, das eigens für dieses Stück entwickelt wurde.

Abbildung 1: Film still Aufführung vom 2.6.2012, Bern

1   Künstlerisches Material

Im Wesentlichen handelt es sich bei *An die verehrte Körperschaft* um drei additive Ebenen, welche durch kurze Phasen-Bildung und häufig auftretende Synchronizität stark ineinandergreifen: Die Gestenarbeit eines Gesten-Interpreten, eine aufgenommene Sprechstimme und eine Fülle diverser Klang-Samples.

Die weibliche Sprechstimme setzt einen Text für ein Bewerbungsschreiben auf. Neben den üblichen Wendungen dieser uniformen Textgattung spricht die sie auch Satzzeichen, Umformulierungen und Kommentare bei der Suche nach dem richtigen Wort mit. Die Samples, welche die Stimme kontrapunktisch begleiten entstammen unterschiedlichsten Quellen und Bearbeitungsstadien und haben als Material nur gemein, dass sie allesamt sehr kurz sind (unter 2 Sekunden). Bestimmend für ihre kompositorische Integration waren bestimmte Muster wie rhythmisches Zusammenspiel oder Analogien in Dichte, Pulsverhalten und Frequenzspektrum.

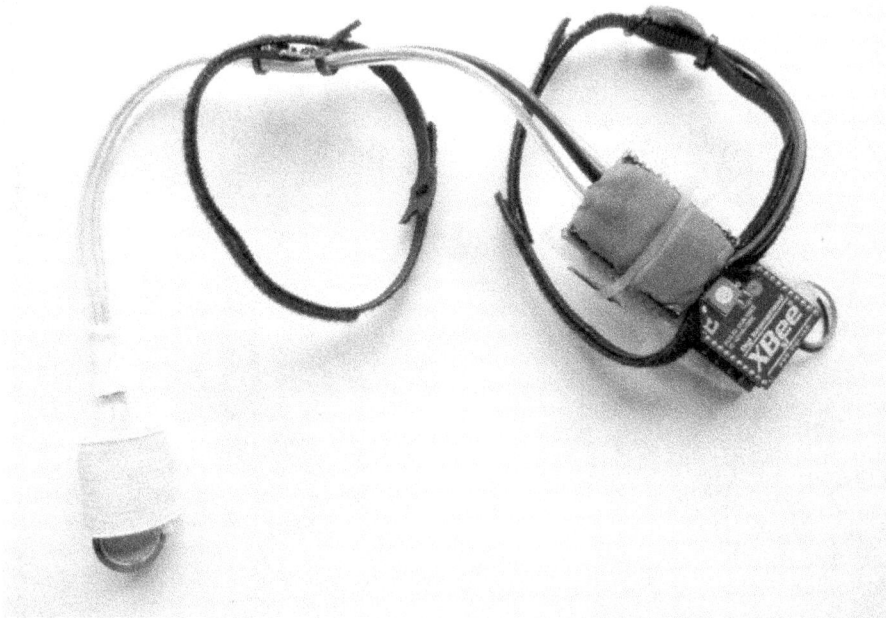

Abbildung 2: Handgelenk-Interface

2   Interface

2.1   Konstruktion

Bei der Ausgestaltung der Gestenarbeit wurden Entsprechungen und Kontraste zur Tonebene gesucht. Bei bestimmten Gesten erfolgen durch spezifische Bewegungen Eingaben in das Interface an der linken Hand.

Das Interface verfügt über Sensoren, die auf Druck und Neigung reagieren. Seine Konstruktion basiert auf einem Chip des *"arduino"* open-source -Projekts. Die kabellose Ausführung erleichtert Bewegungen im Raum und reduziert Einschränkungen durch Kabel am Körper auf ein Minimum. Ein kleiner Vibrationsmotor am Arm ermöglicht zudem ein haptisches Feedback für den Träger.

Die Werte von Neige- und Drucksensor werden an einen Computer gesendet, der die Daten empfängt und daraus die Steuerung der Samples generiert. Hier findet der Großteil des *live-processing* statt.

2.2   Implementierung

Meine Verwendung des Interfaces zielt weniger auf eine möglichst umfassende Ausschöpfung der Bandbreite an Bewegungsdaten ab. Vielmehr funktioniert in dem Stück *An die verehrte Körperschaft* das Interface ähnlich wie ein Schalter für ein abstraktes Abspielgerät, indem beispielsweise die Betätigung des Drucksensors dem Auslösen einer *Play*-Taste entsprechen kann. Ein weiteres Merkmal ist die zeitabhängige Implementierung, so dass der Drucksensor an einer anderen Stelle im Stück einen anderen – nur für diesen Zeitbereich festgelegten – Steuerungsprozess auslöst.

Im Gegensatz zu Werken, die Bewegungsinterfaces als differenzierte instrumentale Spielinstanzen verwenden, geht es mir um die möglichst enge Verschmelzung von ästhetisch begleitender Geste und technischer Synchronizität der Samples im Werk. Die Differenz zwischen funktionalem (den Sensor betreffend) und ästhetischem Charakter der Bewegungen soll dabei völlig in den Hintergrund treten.

Kontaktinformationen

Leo Hofmann
leo.hofmann@hkb.bfh.ch
0041'76'461'91'56

H. Reiterer & O. Deussen (Hrsg.): Workshopband Mensch & Computer 2012
München: Oldenbourg Verlag, 2012, S. 283-285

Generative Music Digital Compact Cassette

Daniel Wessolek[1], Hannes Waldschütz[2]

Interaction Design, Bauhaus Universität Weimar[1]
Medienkunst, Hochschule für Grafik und Buchkunst Leipzig[2]

Zusammenfassung

Die Generative Music Digital Compact Cassette (GMD-CC) ist eine Hybridtechnologie zum Abspielen/Erzeugen generativer Echtzeitmusik im physikalischen Formfaktor einer Audiokassette. Da dezidierte Abspielgeräte für generative Musik nicht verbreitet sind, bieten wir mit der GMD-CC einen Lösungsansatz, der die breite Verfügbarkeit einer Abspieltechnologie mit den Möglichkeiten generativer Musikerzeugung verbindet. Die Wünsche des Hörers werden berücksichtigt, indem durch ein innovatives Interface, das auf den Kontrollelementen des Abspielgerätes aufsetzt, Parameter der Musikerzeugung verändert werden. Die Dauer des Vor- oder Zurückspulens beeinflusst die Intensität der Parameterveränderungen. Durch das Spulen nimmt man damit direkt Einfluss auf die Komposition anstatt sich entlang der Zeitachse zu bewegen.

1 Generative Musik

Der Musiker Brian Eno hat den Begriff *generative Musik* geprägt. Er beschreibt 1996 anlässlich seines Werkes *Generative Music 1* die Musikgeschichte: Bis vor 100 Jahren sei jedes Musikereignis vergänglich und unwiederholbar gewesen. Erst mit dem Grammophon wurde es möglich ein Ereignis aufzuzeichnen und wieder und wieder abzuspielen. Eno unterteilt Musik in drei Kategorien: Livemusik, aufgezeichnete Musik und generative Musik. Wie Livemusik sei generative Musik immer anders, aber frei von einer Zeit-Raum-Limitierung, man könne sie hören wann und wo man wolle. Er sieht in generativer Musik ein großes Potential und lässt rhetorisch unsere fiktiven Enkel fragen: *„you mean you used to listen to exactly the same thing over and over again?[1] "* (vgl. Eno 1996)

Diese Zeit-Raum-Limitierung ist unserer Meinung nach auch bei generativer Musik immer noch ein Problem. Generische MP3-Player ohne spezielle Zusatzsoftware können auch 2012

---

[1] Übersetzt in etwa: „Du meinst ihr habt das exakt gleiche Stück wieder und wieder angehört?"

keine generative Musik abspielen, und Industriestandards für Abspielgeräte oder Dateiformate in diesem Bereich sind nicht in Sicht. Abhilfe könnte das Andocken an verfügbare und verbreitete Technologie bieten. Unser Ansatz versucht daher die Kompaktkassette mit dem Konzept der generativen Musik zu verbinden und hierdurch eine massenkompatible Abspielmöglichkeit zur Verfügung zu stellen.

2   GMD-CC

Dieser Beitrag stellt eine Eigenentwicklung vor: Die Generative Music Digital Compact Cassette (GMD-CC). Die GMD-CC bietet digitale, generative Musik im physikalischen Formfaktor einer klassischen Kompaktkassette und lässt sich in herkömmlichen Abspielgeräten nutzen. Die Benutzerschnittstelle der GMD-CC beruht auf der sensorischen Erkennung der Hörerinteraktion durch *play*, *fast forward & rewind*, also abspielen, vorspulen und zurückspulen. Während des Abspielens entwickelt sich die Musik durch die schrittweise Veränderung von Parametern sukzessive. Ein Vorspulen wird als ein Veränderungswunsch seitens des Hörers interpretiert, die Dauer des Spulens repräsentiert die Intensität dieses Wunsches. Beim Zurückspulen wird versucht die Veränderungen der Parameter rückgängig zu machen und im darauf folgenden Abspielvorgang eine andere Entwicklung anzugehen.

2.1   Verwandte Ansätze

In der Zielsetzung vergleichbar ist das Projekt RjDj[2], das versucht generative Musik für den iPod/das iPhone zu ermöglichen. Der RjDj Player ist als App für iOS[3] verfügbar. Es ist technologisch ein PureData[4] Player, der Zugriff auf die Sensorik des iPods/iPhones hat. Labels wie Warner Music oder EMI und Bands wie AIR haben bereits generative Musik auf dieser Plattform veröffentlicht.[5]

Tristan Perich's 1-Bit Symphony[6] ist ein vergleichbares Projekt in einer Compact Disc Hülle. Hier ist die Elektronik sichtbar. Die Audioausgabe erfolgt über einen Klinkenstecker. Die Musik ist in diesem Falle auch algorithmisch erzeugt, jedoch nach einer festen Komposition. Sie wiederholt sich daher bei jedem Abspielen.

---

[2]   http://rjdj.me

[3]   http://www.apple.com/ios/

[4]   http://puredata.info

[5]   Quelle: http://rjdj.me/music abgerufen am 25.07.12

[6]   http://www.1bitsymphony.com/

2.2   Technologie

Technologisch verwendet die GMD-CC einen Tonkopf, der aus Recyclingbeständen (vgl. Waldschütz & Wessolek 2008) gewonnen wird, einen Mikrocontroller zur Audioerzeugung[7], einen Spulsensor, der die Rotationsgeschwindigkeit misst und eine Stromversorgung. Bei der Stromversorgung ist für zukünftige Weiterentwicklungen angedacht, die Energie aus dem Abspielen und Spulen zu gewinnen, was insbesondere bei Autoradios oder stationären Heimanlagen wünschenswert ist.

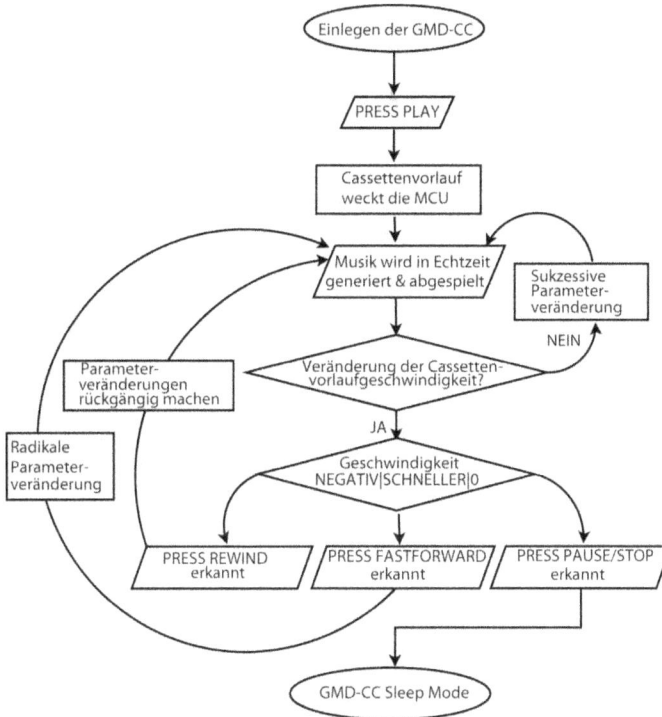

Abbildung 1: Ablaufdiagramm GMD-CC

Literaturverzeichnis

Eno, B. (1996): *Generative Music 1 and Brian Eno | SSEYO Koan > Noatikl*. Quelle: Internet, URL: http://www.intermorphic.com/tools/noatikl/generative_music.html. Datum Zugriff: 25.07.12.

Waldschütz, H. und Wessolek, D. (2008): *Crap Re-Used with Lötklaus Pro*: Notes on a Loop-Based Control Signal Sequencer. In Barknecht, F. & Rumori, M. (Hrsg.): *Proceedings Linux Audio Conference 2008,* Brno: Tribun EU, S. 77-82.

---

[7]   vgl. http://interface.khm.de/index.php/lab/experiments/arduino-realtime-audio-processing/

H. Reiterer & O. Deussen (Hrsg.): Workshopband Mensch & Computer 2012
München: Oldenbourg Verlag, 2012, S. 287-292

Ein gestenbasiertes Interface zur Bewegung von Klang im Raum

Michael Schlütter, Cornelius Pöpel

Multimedia und Kommunikation, Hochschule Ansbach

Zusammenfassung

Mit dem Fortschritt im 3D-Audio Bereich werden Bedienelemente benötigt, die eine dreidimensionale Steuerung von Klangquellen ermöglichen. In dieser Arbeit wird die Nutzbarkeit bislang gängiger Instrumente zur Bewegungsumsetzung betrachtet. Anhand der sich ergebenden Diskrepanzen und eigener Überlegungen bei der Nutzung von ein- und zweidimensionalen Bedienelementen für Bewegungen im dreidimensionalen Raum erfolgt der Entwurf eines gestenbasierten Interfaces. Intuitive Handhabbarkeit und mehrparametrische Manipulation des Klanges im Raum sind zu erfüllende Anforderungen, die dem Entwurf zugrunde liegen.

1 Einführung

Aktuelle Entwicklungen in der Audiotechnik befassen sich derzeit vermehrt mit dem Thema „Klang im Raum" auch „Spatial Audio" genannt. Dabei beschäftigen sich die Tonschaffenden mit neuen Technologien in der horizontalen Ebene, aber vielmehr noch mit Technologien, welche die vertikale Ebene in die Wiedergabe von Klang mit einbeziehen. Die 40. Audio Engineering Society (AES) Konferenz in 2010 trug daher den Titel „Spatial Audio – Sense The Sound Of Space".[1] Die Vorträge behandelten Themen aus dem Bereich Surround-Sound und 3D-Audio. Auf der 26. Tonmeistertagung im Jahr 2010 wurde ein Veranstaltungsblock dem Thema „Spatial Audio" gewidmet.[2] Auch bei Filmproduktionen in 3D wird eine Überführung tontechnischer Inhalte in die dreidimensionale Welt immer wichtiger (Theile & Wittek 2011, S.5).

Vor dem Hintergrund der Dreidimensionalität stellt sich jedoch die Frage, wie bei der Mischung Klang im Raum bewegt werden kann. Diese Frage wird vom derzeitigen Stand der Entwicklung noch nicht ausreichend beantwortet. Welche Bedienelemente können verwendet

---

[1] http://www.aes.org/events/40/program.cfm, Stand: 23.7.2012.
[2] http://www.tonmeister.de/tmt/index.php?p=de2010congress_topics, Stand: 23.7.2012.

werden, um eine intuitive und effiziente Manipulation für die 3D Abmischung zu ermöglichen? Wie kann eine dreidimensionale Bedienung gestaltet werden? Bisherige Techniken
mit ein- oder zweidimensionalen Bedienelementen können nur eingeschränkt Klänge auf der
horizontalen und vertikalen Ebene gleichzeitig bewegen. Tonschaffende fragen nach Eingabegeräten, die für die speziellen Anforderungen zur Steuerung von Klang im Raum entwickelt werden (Peters 2010, S. 50). Die dritte Dimension erfordert neue Denkansätze bei der
Entwicklung und Erweiterung von Bedienelementen, um 3D-Audiomischungen intuitiv und
effizient erstellen zu können (Schlütter 2011).

Die Europäische Kommission hat hierzu das Projekt *ConGAS* (Gesture Controlled Audio
Systems) der European Cooperation in Science and Technology (COST) unter der *COST
Action 287* gefördert. Ziel war es, Entwicklung und Fortschritt der Datenanalyse von musikalischen Gesten voranzutreiben, und Aspekte der Steuerung von digitalem Ton und der Mu-
sikbearbeitung zu erfassen (COST 2006) (Godøy & Leman 2009).

2   „MixGlove-System" - ein gestenbasiertes Interface

Ein Grundgedanke des gestenbasierten Interfaces liegt im Loslösen der Arbeit von festen
Arbeitsplätzen und starren Bedienelementen. Ziel ist die Verschmelzung von Computing und
den natürlichen menschlichen Aktionen und Reaktionen, wie z.B. Gesten. Interfaces sollen
intelligenter werden und somit den User unterstützen, bzw. die Arbeit effizienter gestalten
(Beilharz 2005, S. 105).

2.1   Grundlegende Idee hinter dem „MixGlove-System"

Mehrkanalton-Produktionen könnten um ein Vielfaches einfacher sein, wenn es ein Interface
gäbe, das effizient die Positionierung und Bewegung von Klangquellen im Raum beeinflussen könnte. Die derzeitige Situation zeigt, dass mit bekannten Controllern und Mischpulten
in dieser Hinsicht nicht effizient gearbeitet werden kann (Hamasaki et al. 2005, S. 383). Es
gibt bereits verschiedene Ansätze, wie ein solches gestenbasiertes Interface sinnvoll umgesetzt werden kann und welche Funktionen damit gesteuert werden. Bekannte Beispiele sind
z.B. das *Radio Baton* von *Mathews* (Mathews 2000) und das von *Waisvisz* entwickelte System *The Hands II* (Waisvisz 1985) (Waisvisz 1989) zur Steuerung von Synthesizern.
Selfridge und *Reiss* (2011) entwickelten das *Kynan System* zur Steuerung von Equalizern und
Kompressoren in einer Stereomischung.

Das Positionieren von Klangquellen erfolgt bei analogen Mischpulten und digitalen Controllern mit ein- und zweidimensionalen Bedienelementen und ist somit wenig intuitiv. Intuition
spielt aber beim Mischen eine wichtige Rolle. Das *MixGlove-System* versucht, den Lernprozess für Mischungen zu verkürzen. Klänge sollen fassbar gemacht werden. Mit dem System
werden intuitive, dreidimensionale Bewegungen der Hand erkannt, die Daten verarbeitet und
die Parameter, wie z.B. Höhe der Klangquelle, den entsprechenden Mischaufgaben angepasst. Dies erhöht die Effizienz beim Positionieren von Klangquellen und erlaubt dadurch
einen kreativeren Prozess. Dass eine Mischung intuitiv und mit mehr

Freiheit bei der Performance von statten gehen kann, zeigen z.B. *Selfridge* und *Reiss* (2011). Durch ein gestenbasiertes Interface wird die Positionierung physisch umgesetzt, was mit einem normalen Mischpult so nicht möglich ist.

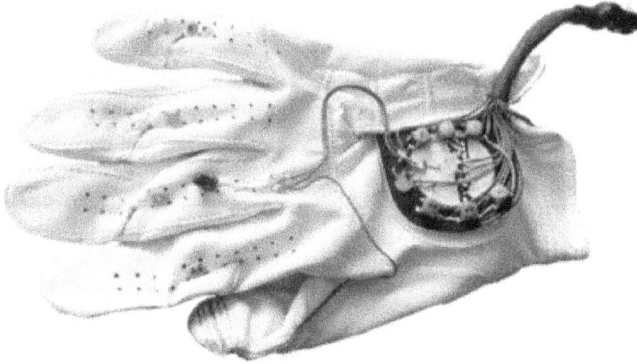

Abbildung 1: Datenhandschuh des MixGlove-Systems

2.2 Umsetzung des „MixGlove-Systems"

Das System besteht aus dem Controller (Datenhandschuh und IR-Tracking Einheiten) und der Sound Generation Unit (Software: Osculator, Max/MSP, DAW und Plug-Ins) und folgt damit der Trennung der Module Gestural Controller und Sound Production, wie bei *Miranda* und *Wanderley* (2006) beschrieben. Eine Übersicht des Mappings zeigt Abbildung 2.

Im Gegensatz zu *Selfrdige* und *Reiss* (2011), die für das *Kynan-System* auf die Accelerometer der *Wiimotes* zurückgreifen und somit nur Bewegungen erfassen können, werden beim *MixGlove-System* die Bewegungen der Hand durch Infrarot Tracking über zwei *Wiimotes* erfasst. Der Vorteil liegt in der genauen örtlichen Bestimmung des Datenhandschuhs. Sehr langsame Bewegungen können erfasst werden. Parameter können gehalten und feinjustierte werden, was beim *Kynan-System* nicht gelingt. Allerdings muss sich der Datenhandschuh innerhalb des Tracking-Bereichs befinden, um Bewegungen aufzuzeichnen zu können. Die Auflösung der Infrarot-Kameras ist nach Auffassung der Verfasser und nach *Purkayastha* (Purkayastha, S.N. et al. 2010) ausreichend genau. Klänge können ohne Probleme im Raum platzieren werden. Die Daten werden per Bluetooth an den Rechner geleitet und dort von dem Programm *Osculator* in UDP Daten und Midi-Daten übersetzt. Diese Daten werden vom Programm *Max/MSP* verwaltet und an die DAW weitergeleitet, in der die Funktionen gesteuert werden. Zur Umsetzung von 3D-Audio innerhalb der DAW wird das Plug-In *Vi-MiC*[3] verwendet.

---

[3]   http://www.music.mcgill.ca/~nils/ViMiC/AudioUnit/VimicAU-1.0.0-b5-2011-07-12.dmg, Stand 23.7.2012.

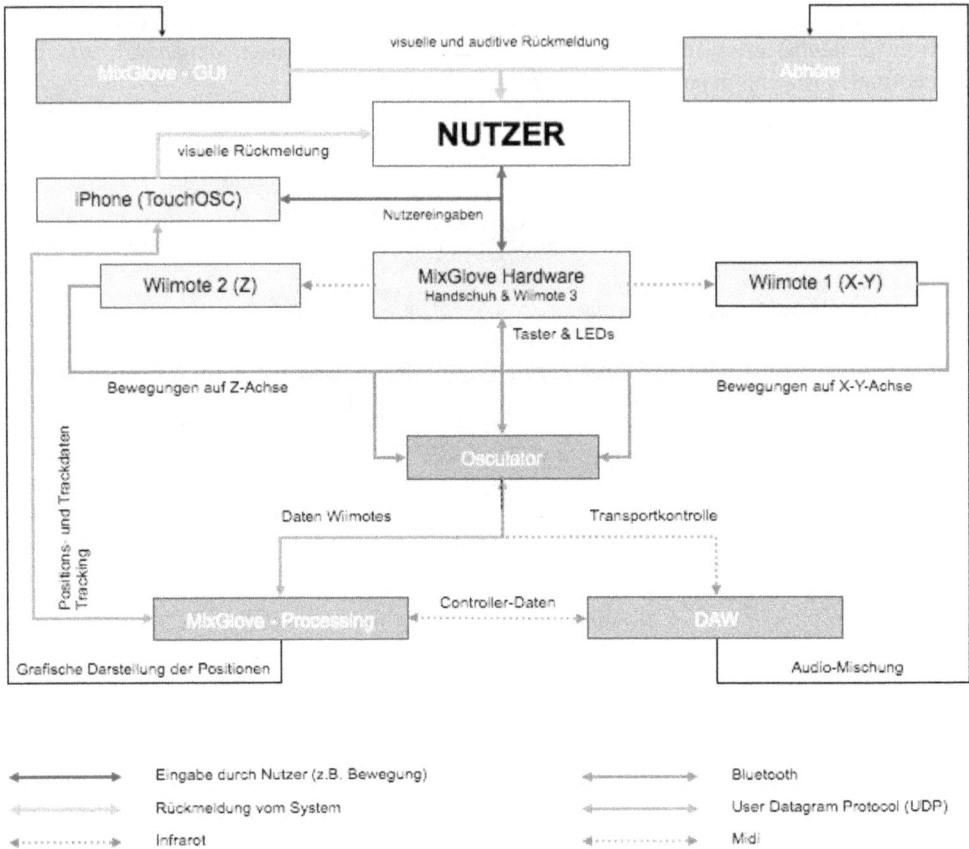

Abbildung 2: Übersicht des Mappings im MixGlove-System

Am Datenhandschuh (Abbildung 1) sind IR-LEDs angebracht, die die Erfassung durch die Infrarot-Kameras der *Wiimotes* ermöglichen. Zudem sind verschiedene Tastpunkte vorhanden, die verschiedene Funktionen, wie etwa Kanal- oder Effektwechsel steuern. Zusätzliche farbige LEDs geben dem Nutzer Rückmeldung, ob er sich im Tracking-Bereich befindet und ob der Anwender das Tracking der Handbewegungen aktiviert hat. Die Tastbefehle werden über einen Transceiver – eine modifizierte *Wiimote*, die über ein Kabel mit dem Datenhandschuh verbunden wird – an den Rechner gesendet. Gleichzeitig empfängt der Transceiver die Steuersignale für die LEDs.

3   Diskussion

Der Bereich 3D-Audio wird sich weiter entwickeln und der Markt wird nach geeigneten Bedienelementen zur Bewegung und Positionierung von Klangquellen im Raum fragen. Umso wichtiger ist es, Bedienelemente zu entwickeln, die den gestellten Anforderungen gerecht werden. Hierzu könnte als nächster Schritt im Anschluss an diese Arbeit eine Untersuchung erfolgen, die Anwender zum bestehenden *MixGlove-System* befragt. Wo sind Schwachstellen im System? Welche Anforderungen stellt der Nutzer an ein solches System? Wie können die Rückmeldungen des Systems verbessert werden? Welche Elemente fehlen, um die Nutzung zu vereinfachen? Dies sind nur einige der Fragen, die untersucht werden sollten.

Eine technische Alternative zur gestenbasierten Steuerung via *WiiMotes* könnte im Einsatz der *Kinect*[4] Kamera liegen. Der Open Source Code[5] ist verfügbar und wird beispielsweise von *Pelletier* als External Object für *Max/MSP* verwendet.[6] Hier wäre zu untersuchen inwieweit der Einsatz dieser Trackingtechnologie Vorteile bietet. Ein weiterer Ansatz wäre die Verwendung des *LEAP*. Es unterstützt das Tracking von Bewegungen im 3D-Raum und kann die einzelnen Finger unterscheiden. Laut Hersteller soll es dabei um ein vielfaches genauer sein als bisherige Geräte.[7]

4   Ausblick

Das Tracking von Handbewegungen könnte durch die Verwendung der *Wii Motion Plus* Erweiterung verfeinert und ausgeweitet werden. Dies würde eine erweiterte Gestensteuerung ermöglichen und beispielsweise Rotationen von Schallquellen oder ganzen Szenen erlauben. Eine Miniaturisierung des Senders und das direkte Anbringen am Handschuh könnten zudem zu einer größeren Bewegungsfreiheit führen und das An- und Ausziehen des Handschuhs erleichtern. Die Software könnte so erweitert werden, dass verschiedene DAWs durch das *MixGlove-System* gesteuert werden. Zudem könnten die visuellen Rückmeldungen verbessert werden. Bislang erfolgt eine Darstellung der Positionen der Klangquellen und des Datenhandschuhs nur auf zwei Sphären, welche die Draufsicht und Frontansicht repräsentieren. Eine Darstellung eines Raumes in 3D würde das Erfassen der aktuellen Szene erleichtern, und somit den Anwender entlasten.

Literaturverzeichnis

Beilharz, K. (2005): Wireless gesture controllers to affect information sonification. In: *Proceedings of ICAD 05-Eleventh Meeting of the International Conference on Auditory Display*. Limerick, Ireland, July 6-9, 2005, S. 105-112. Stand 22.09.2011.
http://citeseerx.ist.psu.edu/viewdoc/download?doi=10.1.1.100.2079&rep=rep1&type=pd

COST (2006): ConGAS – *Gesture controlled audio systems, COST Action 287, Progress Report, Revision 1.7,* 2006. Stand: 25.11.2011.
http://w3.cost.eu/fileadmin/domain_files/TIST/Action_287/progress_report/progress_report287.pdf

---

[4]   http://www.xbox.com/de-DE/Kinect/, Stand 23.7.2012.

[5]   http://openkinect.org/wiki/Main_Page, Stand 23.7.2012.

[6]   http://jmpelletier.com/freenect/, Stand 23.7.2012.

[7]   https://live.leapmotion.com/about.html, Stand 23.7.2012.

Godøy, R. & Leman, M. (Editors) (2009): *Musical gestures – sound, movement, and meaning.* New York: Routledge.

Hamasaki, K. et al. (2005): 5.1 and 22.2 Multichannel Sound Productions Using an Integrated Surround Sound Panning System. In: *NAB BEC Proceedings 2005*, S. 382-387. Stand: 23.08.2011. http://www.nhk.or.jp/digital/en/technical_report/pdf/nab200502.pdf

Mathews, M. (2000): *Radio Baton Instruction Manual, Preliminary Edition.* San Francisco. Stand: 25.11.2011. http://www.csounds.com/max/manuals/BatonManual.pdf

Miranda, E. R. & Wanderley, M. M. (2006*): New digital musical instruments: control and interaction beyond the keyboard.* Middleton: A-R Editions.

Peters, N. (2010): *Sweet [re]production: Developing sound spatialization tools for musical applications with emphasis on sweet spot and off-center perception.* Montreal: Diss. McGill University.

Purkayastha, S.N. et al. (2010): Analysis and Comparison of Low Cost Gaming Controllers for Motion Analysis.In: *2010 IEEE/ASME International Conference on Advanced Intelligent Mechatronics (AIM)*, S. 353-360. Stand: 16.08.2011. http://mahilab.rice.edu/sites/mahilab.rice.edu/files/publications/899-AIM%20final%20conference%20version.pdf

Schlütter, M. (2011): *Entwicklung eines gestenbasierten Interfaces zur dreidimensionalen Bewegung von Klang im Raum.* Ansbach: Bachelorarbeit an der Hochschule Ansbach.

Selfridge, R. & Reiss, J. (2011): *Interactive mixing using Wii Controller.* London: Audio Engineering Society Convention Paper 8396, presented at the 130th Convention 2011 May 13–16. Stand: 22.09.2011. http://www.elec.qmul.ac.uk/people/josh/documents/SelfridgeReiss-2011-AES130.pdf

Theile, G. & Wittek, H. (2011): *Die dritte Dimension für Lautsprecher- Stereofonie.* Stand: 30.08.2011. http://www.hauptmikrofon.de/doc/Auro3D_D_0311.pdf

Waisvisz, M. (1985): The Hands, a set of remote MIDI-controllers. *In: Proceedings of the 1985 International Computer Music Conference (ICMC'85).* Vancouver, S. 313-318. Stand: 26.11.2011. http://www.vasulka.org/archive/ExhFest11/STEIM/Steim-MIDIessay.pdf

Waisvisz, M. (1989): *The Hands II.* Stand 26.11.2011. http://www.crackle.org/The%20Hands%202.htm

Kontaktinformationen

Michael Schlütter, Charles-Lindbergh Str. 11, 90768 Fürth, mschluetter@onlinehome.de www.thierra-productions.de

Cornelius Pöpel, Hochschule Ansbach, Residenzstr. 8, 91522 Ansbach, cornelius.poepel@hs-ansbach.de, Tel. 0981 4877-359

H. Reiterer & O. Deussen (Hrsg.): Workshopband Mensch & Computer 2012
München: Oldenbourg Verlag, 2012, S. 293-298

iIgMV – interactive Interface for generative Music and Visualizations

Damian T. Dziwis, Felix Hofschulte, Michael Kutz, Martin Kutz

Fachbereich Medien und Design, FH Düsseldorf

Abstract

Das iIgMV ist ein modulares System zur Generierung von Musik und Visualisierungen durch Bewegungen und Gesten in Echtzeit. Es ermöglicht gleichermaßen das generieren von visuellen Darstellungen, Tönen in musikalischem Kontext und interagieren mit Musikern durch Bewegungen. Das System setzt sich aus 3 Komponenten zusammen: generative Visualisierungs- und Klangerzeugung sowie algorithmische Musikkomposition. Bindeglied zwischen den Komponenten bildet hierbei die Bewegungs- und Gestenerkennung von Microsofts Kinect. Aufgrund seiner Skalierbarkeit erstrecken sich die möglichen Einsatzgebiete von kleineren Installationen für Laien bis hin zu professionellen, konzipierten und komplexen Liveperformances und Aufführungen.

1 Motivation

Mit seinem Aetherophone (später dann Theremin) weckte Lew Termen im Jahre 1920 auch das Interesse an nicht-taktilen Interfaces für Instrumente.[B1] Diese erwecken oft Neugier beim Anwender und Zuhörer und erlauben einen spielerisch-experimentellen Zugang zum Instrument durch Bewegung. Die damit verbundene Faszination beim Spiel führte zu einer immer wiederkehrenden Motivation, diese Art der Interfaces zu entwickeln wenn neue Trackingtechnologien wie z.B. Kamera-Tracking, Infrarotsensoren oder Spielecontroller (Wii, Kinect, Sony Move) zur Verfügung standen. Bereits 1997 stellten J. Paradiso und F. Sparacino 3 fortschrittliche Interfaces auf Basis verschiedener Tracking Technologien vor die sich bereits gut in musikalischen Anwendungen und Aufführungen einsetzten ließen.[P1] In den meisten Fällen erlauben derartige Interfaces dem Anwender zwar einfach, schnell und spielerisch damit Töne zu produzieren, doch ist ein genaues tonales Reproduzieren von Tönen und Spielweisen anhand notierter Kompositionen umso schwieriger. Dabei mangelt es solchen Instrumenten auch oft an der notwendigen Komplexität, z. B. ausreichenden Parametern für Intonationen um genügend Spielraum für interessante, unikate Spielweisen zu ermöglichen. Das Erlernen einer virtuosen Beherrschung eines berührungslosen Instruments

gestaltet sich oftmals als sehr schwierig bis schlichtweg unmöglich, was zu einer bisher geringen Akzeptanz und seltenem Einsatz in Solo- oder Ensemblewerken geführt hat. Voran
gegangene Arbeiten wie das Paper „Interactive Music: Human Motion Initiated Music Generation" [P2] befassten sich mit der komplexe Bewegungs-, aber auch Gestenerkennung der
Kinect zur Tonerzeugung und mit seinem Kinectar [I1] zeigte Chris Vik, dass sich solches
Interface auch für komplexe Kompositionen mit Performances einsetzen lässt.[Y1] iIgMV
erweitert die oft realisierte 1-zu-1-Übersetzung von Bewegungswerten zu Soundparametern
um einen algorithmischen MIDI-Prozessor, der ergänzende Töne und Sequenzen im musikalischen Kontext berechnet. Zusätzlich bietet eine visuelle Komponente ein bildliches Feedback der resultierenden Komposition. Durch eine modulare Entwicklung bildet iIgMV ein
skalierbares und komplexes Instrument, das Visualisierungen als auch Bewegung/Tanz in-
strumentalisiert und kompatibel zu mit Ensembles gespielter Musik macht und damit zum
Teil der Partitur und der gesamten Komposition werden lässt.

2   Konzept/Umsetzung

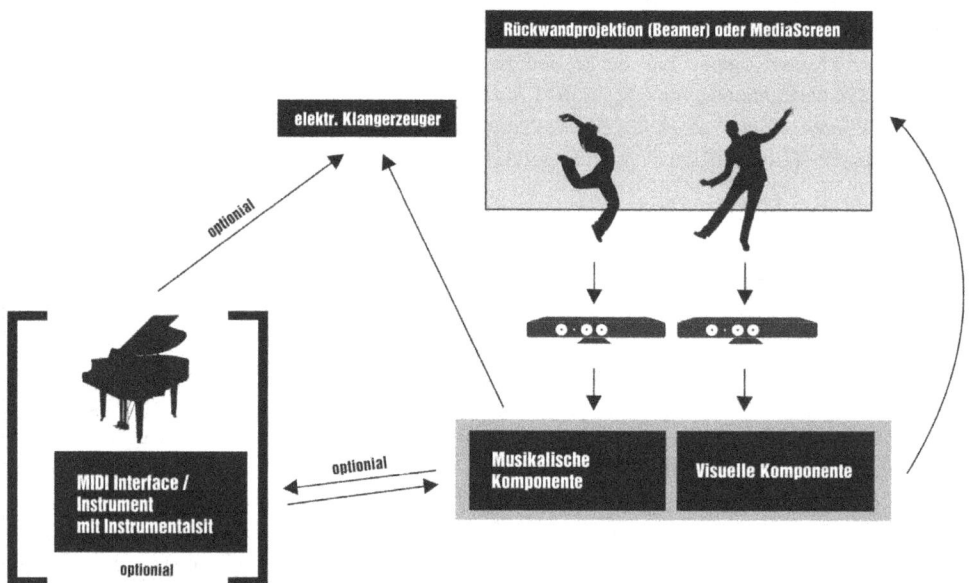

Abbildung 1: Fallbeispiel mit zwei Tänzern und Instrumentalist

Basis des Interfaces ist die Microsoft Kinect, ein Software-Setup aus SensorKinect-Modulen
für die OpenNI/NITE Middleware und darauf aufsetzenden Applikationen wie OSCeleton,
Synapse oder die AirKinect Extension liefern OSC-Daten über die Position von Körperkno-
tenpunkten (z.B. linke Hand, rechtes Bein etc.) im Weltkoordinatensystem in

Relation zum Körper, der Bildschirmposition und daraus abgeleiteten Gesten wie "linkes Bein nach oben", "rechte Hand an den Kopf" usw. Diese Daten dienen dazu in der musikalischen als auch der visuellen Komponente entsprechende musikalische und visuelle Ereignisse zu generieren und können, abgestimmt aufeinander, in einen künstlerischen Kontext gebracht werden → Musikalische und visuelle Ereignisse können über die Auslösung durch die selben Daten miteinander gekoppelt werden oder durch unterschiedliche Parametrisierung unabhängige Ereignisse und damit unterschiedliche Aussagen im künstlerischen Kontext erzeugen. Einer weiteren Synchronisierung, bis auf die Bewegungen selbst, bedarf es dabei nicht.

2.1 Umsetzung der visuellen Komponente

In der generativen als auch interaktiven visuellen Komponente werden die Daten der Kinect aus der AirKinect Extension in Adobe Flash für die entsprechende Visualisierung verarbeitet. Das visuelle Rendering erfolgt durch die Stage3D-API, bei Verwendung von 3D-Modellen mit der zusätzlichen 3D-Engine Away3D v.4. So können eine große Anzahl an 3D- und 2D-Objekten, Videos als auch komplexe Partikelsysteme mit höchster Auflösung effizient genutzt werden. Dadurch bieten sich etliche Möglichkeiten, eindrucksvolle Bildwelten zu generieren. Zudem steigt die künstlerische Freiheit ungemein und der Benutzer bekommt schnell ein eindrucksvolles Feedback seiner Bewegung auf eine Leinwand, einem Monitor und/oder einem anderem Ausgabegerät. Die Positionsdaten der Körperknotenpunkte im Weltkoordinatensystem lassen sich zum Beispiel zum Bewegen, Skalieren, Rotieren oder Morphen von Objekten nutzen, Gesten zum Auslösen visueller Ereignisse → in einem einfachen Beispiel (Abb. 2) wird in einem 3D-Raum eine direkt transformierte Übersetzung der Handbewegungen mit den jeweiligen Koordinaten im Raum (x, y, z) mit Hilfe von Würfeln visualisiert. Auch die Rotation des Körpers (Torso-Rotation) beeinflusst die Rotation der Würfel in der Bewegung. Unterschiedliche Gesten wie die Berührung der Hände mit dem Kopf oder der Kontakt beider Hände, nehmen direkten Einfluss auf die Kamerabewegung im virtuellen Raum, lassen die Visualisierung einfrieren, erzeugen wellenartige Bewegung von der Ursprungskoordinate der Berührung oder ändern einfach nur die Umgebungsfarbe der Szene.

Abbildung 2: Visualisierungsbeispiel in Aktion

2.2   Umsetzung der musikalischen Komponente

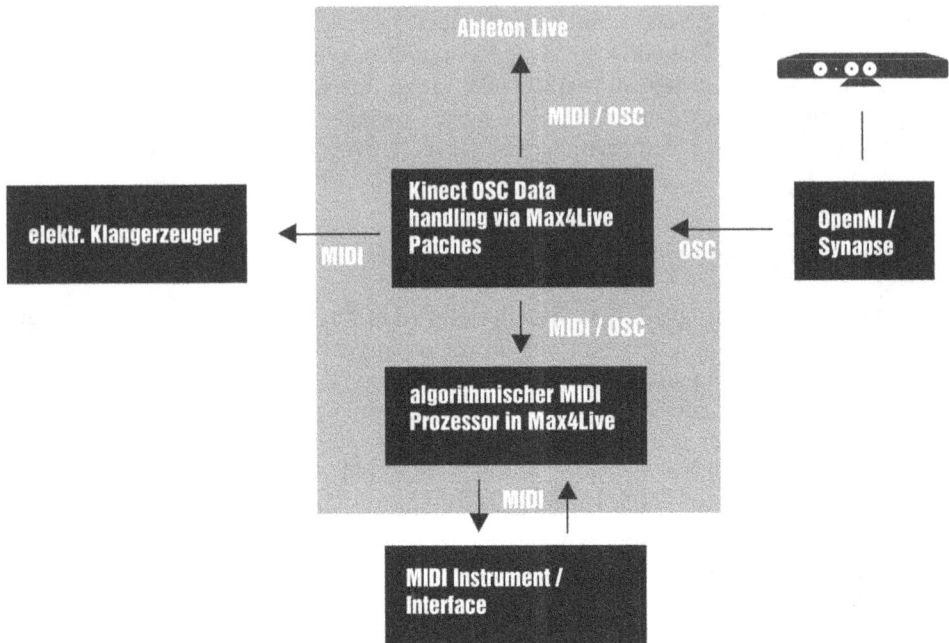

Abbildung 3: Aufbau und Routing der musikalischen Komponente

Host und Audio Worksstation der musikalischen Komponente bildet die Software Live von Ableton. Hier findet sowohl die Auswertung der Kinect-Daten, das gesamte MIDI-Processing und Routing als auch die Audioerzeugung statt. Synapse (alternativ OSCeleton) liefert alle Kinect-Daten und Events als OSC über UDP an Max4Live (eine Schnittstelle von Cycling '74´s Max/MSP für Live). Die damit programmierten Patches ermöglichen es, die Kinect-Daten nach Gesten oder auch Koordinaten einzelner Körperteile zu filtern, um anschließend (in MIDI übersetzt) zur Steuerung von MIDI-Klangzeugern/Instrumenten, aber auch Effekten und sonstigen Elementen innerhalb Ableton Live genutzt zu werden. Diese MIDI-Daten können direkt als Töne, inklusive dessen Parametern, umgesetzt werden → zum Beispiel bestimmt die Höhe der einen Hand die Tonhöhe, die Entfernung zum Körper ihre Lautstärke, während man mit der anderen Hand das Vibrato kontrolliert und Ähnliches.

Diese MIDI-Daten können aber auch in komplexere musikalische Strukturen umgesetzt werden, indem man sie mit dem algorithmischen MIDI-Prozessor kombiniert, einem weiteren wesentlichen Teil der musikalischen Komponente. Auch dieser besteht aus in Max4Live programmierten Patches, die beliebig programmiert, eingestellt und miteinander

kombiniert werden können, um die verschiedensten Ergebnisse zu ermöglichen. Über einzelne MIDI-Noten können in Echtzeit Akkorde gebildet, Intervalle und Tonfolgen nach vorgegebenen Skalen ergänzt (dies sowohl nach Harmonieregeln als auch atonalen Vorgaben für z.B. zeitgenössische E-Musik), oder auch Zufallsereignisse für aleatorische Kompositionen erzeugt werden. Diese MIDI-Noten können direkt von zu MIDI übersetzten OSC-Daten der Kinect stammen, aber auch von externen MIDI-Instrumenten/Interfaces, wo der algorithmische MIDI-Prozessor seine wahre Stärke zeigt und das iIgMV auch ensemblefähig mit anderen Instrumentalisten macht.

In Verbindung mit einem MIDI-Instrument und dessen Interface ermöglicht der MIDI-Prozessor eine Mischform aus menschlich gespielten Tönen und in Echtzeit ergänzter algorithmischer Komposition. Somit lassen sich z.B. auf einem MIDI-Klavier komplexe Kompositionen realisieren, die über das menschlich spielbare hinausgehen → in Echtzeit können zu gespielten Noten passende Intervalle ergänzt werden, z.B. ein Echo das einen Ton Oktaviert oder beliebig anders Transponiert in einem Decrescendo in die tieferen Register hin wiederholt. Zwischen einem gehaltenen Akkord können Töne interpoliert werden, riesige Cluster-Akkorde simultan gespielt werden, u.v.m. Diese Patches können beliebig mit einander kombiniert werden um eine ganzheitliche ergänzte algorithmische Komposition zu ergeben. Wann und wie der Prozessor reagieren soll lässt sich dabei über Parameter einstellen → bei bestimmten Tönen oder Kombinationen/Akkorden, in bestimmten Oktaven, beim überschreiten einer bestimmten Anschlagsstärke/Velocity, oder eben durch Daten von der Kinect. Ebenso lassen sich so zur Laufzeit über Bewegungen die Parameter des Algorithmus wie z.B. Geschwindigkeit oder Metrik verändern um Variationen zu erschaffen oder unabhängig vom Pianisten mit zu spielen.
Der Algorithmus wirkt dabei zu keiner Zeit „statisch" oder „computerisiert" sondern adaptiert Eigenschaften des vom Menschen gespielten, wie z.B. die Dynamik oder das Timing zur Laufzeit um das „menschliche" zu bewahren.

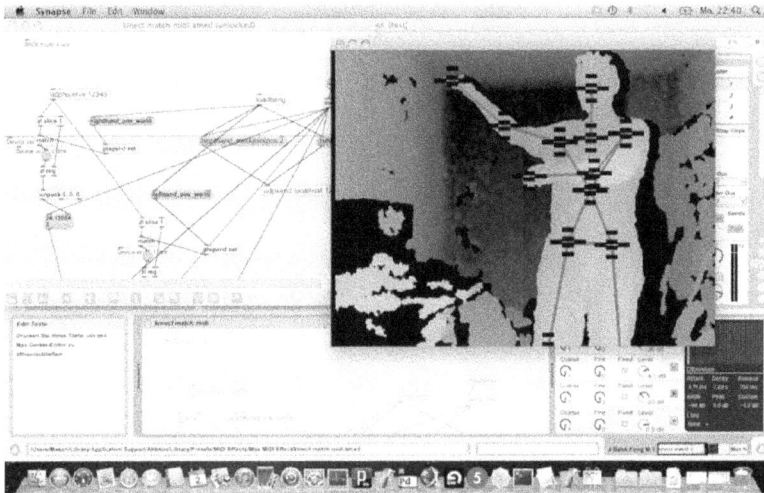

Abbildung 4: Musikalische Komponente in Aktion

3   Aktueller Stand/Aussicht

Zum gegenwärtigen Zeitpunkt besteht eine grundlegende technische Umsetzung mit der wir bereits an der Umsetzung einer Performance, sowohl mit einem international bekannten Choreographen als auch einem Pianisten, arbeiten. Das zusammen erarbeitete Konzept sieht es vor, eine interaktive Aufführung umzusetzen, die Vorzüge des iIgMV mit seinen Möglichkeiten über Tanz, Sounds als auch Visualisierungen zu erzeugen und gleichzeitig mit dem Pianisten an einem MIDI/Player Piano zu interagieren, fanden bei den Beteiligten großen Zuspruch, da es neue Umsetzungsformen ermöglicht.

In der weiteren Entwicklung werden die Komponenten des iIgMV um zusätzliche GUIs ergänzt, zudem wird die Bibliothek an parametrisierbaren Visualisierungsformen (vorgefertigte 2D- und 3D-Visualisierungen und eine Schnittstelle zum Einbinden eigener Modelle) und entsprechender Echtzeitanimationen dieser (Bewegen, Skalieren, Rotieren, Morphen usw.) erweitert, als auch eine erweiterte Bibliothek an algorithmischen Patches (verschiedene Intervall-Strukturen, Tonfolgen Generatoren, stehende Triller u.v.m.) bereitgestellt, die es auch anderen Anwendern/Künstlern erlauben, diese Module zu kombinieren und parametrisieren, um so selbst nach eigenständigen Ideen die gewünschten Ergebnisse zu realisieren.

Literaturverzeichnis

[P2] T. L. Berg, K. Yun, J. Honorio, D. Chattopadhyay & D. Samaras (2012) „Two-person Interaction Detection Using Body-Pose Features and Multiple Instance Learning" The 2nd International Workshop on Human Activity Understanding from 3D Data at Conference on Computer Vision and Pattern Recognition, CVPR 2012.

[P1] J. Paradiso & F. Psaracino (1997) „Optical Tracking for Music and Dance Performance", Fourth Conference on Optical 3D Measurement Techniques, ETH, Zurich

[B1] A. Ruschkowski (1998), „Elektronische Klänge und musikalische Entdeckungen", Stuttgart: Reclam

[I1] C. Vik, „Kinectar": http://kinectar.org/

[Y1] C.Vik „Controlling a 4-story pipe organ with the Kinect": http://www.youtube.com/watch?v=xEMbjnTJCHM

Kontaktinformationen

Damian T. Dziwis <d.dziwis@masen-inhabitants.com>
Felix Hofschulte <felixx1810@aol.com>
Michael Kutz <michaelkutz@pixelrebellen.de>
Martin Kutz <martinkutz@pixelrebellen.de>

H. Reiterer & O. Deussen (Hrsg.): Workshopband Mensch & Computer 2012
München: Oldenbourg Verlag, 2012, S. 299-301

Der interaktive Getränkekasten – Bevbox

Michaela Meier, Cornelius Pöpel

Hochschule Ansbach, Multimedia und Kommunikation

Zusammenfassung

In diesem Paper wird das multi-user Instrument „Bevbox" vorgestellt. Die reine Transport- und Lager-
funktion des Kastens wird durch das Einsetzen und Herausheben von Flaschen erweitert welches Beats,
Töne, Klangfolgen und Geräusche oder visuelle Erscheinungen erzeugt. Aufgrund der einfachen Bedienbarkeit können Tonfolgen von mehreren Personen ohne große musikalische Vorkenntnisse abgerufen oder erzeugt werden. Die metaphorisch gesellschaftliche Bedeutung einer handelsüblichen Geträn-
kekiste gewinnt durch die Kombination aus Geselligkeit, Trinkgenuss, Sound und Spiel neue Facetten
hinzu welche sich auf Ausstellungen, Partys sowie als Werbemittel auf z.B. Messen einsetzen lassen.

1 Einleitung

Multi-user Instrumente stellen in der Entwicklung von Musik-Interfaces eine Herausforderung dar, da der musikalische Wille von Mitwirkenden koordiniert werden muss, sowohl in
musikalischer als auch spieltechnischer Hinsicht (Jordà 2005). Soll ein Gerät entwickelt
werden, mit dem ein Musikstück nicht nur musiziert, sondern auch komponiert werden kann,
und dies ohne über besondere Vorkenntnisse im Bereich der Musiklehre zu verfügen, besteht
die Schwierigkeit oft darin, dass solche Arten von Instrumenten zu wenig Potential haben
wenn sich die Spieler mit dem Instrument musikalisch immer mehr verbessern wollen (Wessel 2002). Und um ein brauchbares aber leicht zu bedienendes Instrument zu bauen, wurde
hier der Weg gewählt einen bisher im Bereich der neuen Musikinterfaces weniger üblichen
Spaßfaktor hinzu zu ziehen. Es soll etwa im Freundeskreis beim gemütlichen Zusammensit-
zen möglich sein während des Musikmachens das zu tun was ohnehin ein nicht geringer
Anteil der europäischen Bevölkerung gerne tut: zusammen etwas zu trinken. Ziel der Entwicklung war es auch das interaktive Audiosystem als Einzelperson nicht oder nur sehr
schwer zu bedienbar zu machen, um das gemeinschaftliche Spiel und somit die gemeinsame
Freude zu fördern.

2   Technische Funktionsweise

Erste Aufgabe muss das Tracken der Flaschen sein um mit dem Herausnehmen und Hinein-
stellen die Musik oder die Scheinwerfer zu steuern. Basiselemente der physikalischen Interaktion sind unter anderem die zehn verwendeten Licht- und die zwei Abstandssensoren sowie zwei Potentiometer. Die Funktionen werden durch die Programmierumgebung
„MaxMSP" und die Prototyping-Plattform „Arduino" erreicht. Für die Verwendung wurde
der Getränkekasten in vier Reihen zu je fünf Flaschen aufgeteilt. Seitlich des Kastens wurden
zwei Abstandssensoren am Tischgestell angebracht, die den Abstand der Flasche, die in eine
der beiden mittleren Reihen eingestellt wird, zum Sensor messen und diesen analogen Wert
an das Arduino-Board übertragen. Diese Sensoren erzeugen die im Hintergrund ablaufenden
Beat-Dateien. Unterhalb der beiden äußeren Reihen befinden sich jeweils fünf Lichtsensoren. Diese sind für das Erzeugen von Einzeltönen oder Lichteffekten bei Einstellen oder
Herausziehen, also bei einer Zustandsveränderung einer von zehn dort bereits eingestellten
Flasche verantwortlich. Weiterhin gibt es noch zwei separate Potentiometer. Eines davon
regelt die Geschwindigkeit des ablaufenden Hintergrund-Beats um das Tempo der Musik auf
die jeweilige Stimmung der Spielenden einstellen zu können. Das andere Potentiometer
steuert die Lautstärke der Einzeltöne, da die Lautstärke der Getränkekistensounds an die
Tonanlage oder die Scheinwerfer (welche angeschlossen werden müssen) angepasst werden
können soll.

3   Interaktion

Vor der Benutzung sind die mittleren beiden Reihen des Kastens zu leeren, die äußeren beiden Reihen bleiben gefüllt. Pro mittlere Reihe wird eine Flasche benötigt. Für die Funktionen
können volle aber auch leere Bierflaschen verwendet werden. Die Lichtsensoren an den
beiden äußeren Reihen reagieren jeweils auf Zustandsänderungen. Demnach wird der Benutzer einen Ton hören, sowohl wenn eine Flasche aus dem Kasten gehoben wird, als auch
wenn sie wieder zurückgestellt wird. Die Flaschen müssen jeweils nicht komplett aus dem
Kasten herausgehoben werden. Es genügt daher schon ein leichtes Anheben der Flasche. Die
gruppenorientierte Funktion wird hierdurch erhöht denn die Flaschen müssen um eine bestimmte musikalische Funktion zu erhalten zum Teil festgehalten werden. Die Potentiometer
werden durch einfaches Drehen bedient. Vor Beginn der Interaktion müssen die Benutzer
verschiedene Einstellungen über das eigens entwickelte User-Interface am Computer treffen.
Um einer Gruppe immer neue Spielmöglichkeiten zu geben, kann man sich für verschiedene
(erweiterbare) Presets oder für benutzerdefinierte Einstellungen entscheiden. Innerhalb der
Presets wurden Instrumente und Beats ausgesucht, die gut miteinander harmonieren. Aktuell
haben die Benutzer die Möglichkeit zwischen 40 verschiedenen Beats und elf unterschiedlichen Instrumenten für die Einzeltöne zu wählen. Zusätzlich kommen noch fünf Special
Effects hinzu.

Die Benutzeroberfläche kann in den Farben der Brauerei des verwendeten Getränkekastens
gestaltet um eine höhere Identifikation mit dem Produkt zu erreichen. Sie enthält weiterhin

eine kurze Anleitung für die Benutzer. Nach Treffen der ersten Einstellungen können die Benutzer mit der Interaktion beginnen. Zuallererst sollte ein im Hintergrund liegender Beat eingestellt werden. Dieser kann dann in seiner Geschwindigkeit angepasst werden. Auf diesen Beat können nun verschiedenste Einzeltöne zu einer Melodie zusammengesetzt werden. Weitere Special Effects können eingespielt werden. Am Ende entsteht eine von den Benutzern definierte Melodie und aus der jeweiligen Anordnung der Formteile daraus ein bestimmter Song. Zusätzlich könnten noch weitere Steuerungsmöglichkeiten für Scheinwerfer oder ähnliches eingebaut werden.

4   Zusammenfassung und Ausblick

Der interaktive Getränkekasten bietet viele Interaktionsmöglichkeiten in einem spezifisch erweiterten Kontext und ist sicherlich eine gute Möglichkeit das Teamwork in einer Gruppe neu zu erleben, bzw. die Stimmung in einer Gruppe aufzulockern. Für eine qualitative Verbesserung der Einzeltöne, könnten in Zukunft noch mehr Samples hinterlegt und andere Synthesevarianten verwendet werden. Auch die verwendeten Beats und Special Effects sind beliebig um andere Effekte erweiterbar und könnten je nach den Wünschen der Benutzer optimiert werden. Auch kann demnach eine zusätzliche Steuerung von visuellen Erscheinungen wie z. B. Scheinwerfern, Videos etc. stattfinden. Derzeit kann der Getränkekasten nur in Verbindung mit einem Computer benutzt werden, was die Mobilität ebenfalls einschränkt. Bei einem Mehraufwand der eingesetzten finanziellen Mittel, könnten diese Probleme allerdings leicht behoben werden. Weiterhin wäre eine Recording-Funktion wünschenswert, um gute Kompositionen abspeichern und dann wiedergeben zu können.

Literaturverzeichnis

Jordà, S. (2005). Multi-user Instruments Models, Examples and Promises. In *Proceedings of the 2005 Conference on New Interfaces for Musical Expression*, pp 23 – 26, Vancouver.

Wessel, D.,Wright, M. (2002). Problems and Prospects for Intimate Musical Control of Computers. In Computer Music Journal, 26 (3), 11-22.

Kontaktinformationen

Michaela Meier, Julius-Loßmann-Straße 94, 90469 Nürnberg, info@michameier.com, Mobil: 0179/2247441

Cornelius Pöpel, Hochschule Ansbach, Multimedia und Kommunikation, Residenzstraße 8, 91522 Ansbach, cornelius.poepel@hs-ansbach.de, Tel. 0981/4877-359

Hochschule Ansbach, Multimedia und Kommunikation
Residenzstraße 8, 91522 Ansbach

H. Reiterer & O. Deussen (Hrsg.): Workshopband Mensch & Computer 2012
München: Oldenbourg Verlag, 2012, S. 303-308

Maskenrad

Julian Vogels, Cornelius Pöpel

Multimedia und Kommunikation, Hochschule Ansbach

Zusammenfassung

Das Hauptelement der interaktiven gestengesteuerten Installation Maskenrad ist ein kreisrundes Podest, in das 16 schwenkbare RGB LEDs eingelassen sind. Die Bewegungen eines darauf stehenden Ausstellungsbesuchers werden von einem 3D-Tiefensensor getrackt und als ein Steuerelement für die Synthese von Klang oder die Ausgabe von Licht und Schwenkwinkel der separat steuerbaren LEDs verwendet. In fünf Phasen erlebt ein einzelner Besucher die Installation in einem von der Maschine beleuchteten Raum. Maskenrad ist eine konstruierte Falle. Ihr Ziel ist es, beim Akteur Emotionen auszulösen die den Emotionen eines Intrigenopfers in einem möglichen Verlauf einer Intrige nahe kommen.

1 Einführung

Die Installation kombiniert tiefgründige Sound-Scapes mit gut durchdachten Lichtsituationen in einem dunklen Raum, Interaktion durch Gesten-Kameratracking und das Gefühl, sich mitten in einer Intrige zu befinden. Durch das Erleben der Installation soll der Besucher zur Selbstreflexion angeregt werden und eine Sensibilität für das Thema der Intrige entwickeln von dem immer noch eher hinter vorgehaltener Hand geredet wird um nicht selbst als Intrigant zu gelten (Michalik 2011, S. 7 ff).

Den Erstautor dieser Arbeit interessiert der menschliche Wesenszug der Intrige persönlich, den er selbst schon oft beobachten konnte und zu spüren bekam. Intrigen und Fallen sind ein uraltes menschliches Konzept, um Anderen zu schaden und zum eigenen Vorteil zu handeln. Theoretisch definiert ist die Intrige nach Michalik mit fünf Merkmalen: Sie muss hinterhältig und geplant sein. Sie bedarf eines Motives und muss folgerichtig durchgeführt werden. Es müssen stets mindestens drei Akteure beteiligt sein (Michalik 2011, S. 36ff).

1.1 Fragestellung

Wie lässt sich ein solches Konzept auf eine Installation übertragen? Ein Hinterhalt wird durch Vortäuschen falscher Tatsachen oder durch das Verschweigen von Tatsachen erreicht.

Im Falle des Maskenrads ist es die Verkleidung in Licht und Ton welche die wahre Natur der Installation verbirgt. Planvoll zu handeln liegt wiederum bereits in der Natur einer programmierten Maschine. Ein Motiv ist allerdings nicht zu erkennen. Es nützt der Maschine nichts, eine Intrige auszuführen. Sie ist nur der loyale Vollstrecker des Willens des Programmierers, dem eigentlichen Intriganten. Seine Intention ist die bloße Selbstreflexion des Intrigenopfers. Er möchte zum Denken anregen und die Ausstellungsbesucher für dieses Thema sensibilisieren und faszinieren.

Der Life-Cycle der Installation besteht aus fünf Phasen, die jeweils eine andere grundlegende Emotion eines Intrigenopfers während des Verlaufs einer Intrige behandeln.

1.2   Vergleichbare Arbeiten

Maskenrad ist ähnlich der Installation "Intersection" von Don Ritter (1993) eine Installation, die im Dunkeln stattfindet. Mit der natürlichen Menschlichen Reaktion auf Dunkelheit – Unbehagen – wird gespielt. Auch die Position der Besucher wird erfasst, um den Klang mit ihren Bewegungen interagieren zu lassen.

Die Installation "Rien a Cacher Rien a Craindre" des britischen Kollektivs United Visual Artists (2011) hatte es im März 2011 zum Ziel, die Besucher der Gaîté lyrique in Paris zu „verleiten" und „verstören". Ein Spiel mit Dunkelheit, unerwartetem Abspielen von Aufnahmen der Gesichter von Ausstellungsteilnehmern und der positionsbestimmten Bestrahlung von Personen mit Scheinwerfern in einer aufreibenden Klangatmosphäre liegt parallel zur Installation Maskenrad.

Der Niederländer Dieter Vandoren nutzt in seinem Werk "Integration.03" die Erkenntnisse aus der Arbeit von Iannis Xenakis, um Gestik, Tanz und Ausdruck mit synthetisiertem Klang zu verbinden (Vandoren 2011). Auch Maskenrad nutzt mit der Software „IanniX" eine Weiterentwicklung der Arbeit des griechisch-französischen Komponisten. Auch das Projekt „+50° 36' 16.27'', +11° 34' 33.45'' Drachenschwanz" von Dominique Wollniok (2011) ist durch ein Kameratracking und das Limitieren auf eine Person technisch verwandt.

Maskenrad verwendet zeitweise das gesamte Farbspektrum. Dass dies kein No-Go ist, zeigen die vielfarbigen Installation den belgischen Kollektivs Visual System (2009). Unter anderem "Organic Culture" lässt sich hinsichtlich der Farbstimmung mit Maskenrad vergleichen.

Ein Gegensatz zum Kinect-Kameratracking von Maskenrad werden für die Installation "Night Lights" des neuseeländischen Kollektivs Yes!Yes!No! die Silhouetten der interagierenden Personen für das computergestützte Projection Mapping an eine Gebäudefassade verwendet (YesYesNo 2010). Das hat den Vorteil, dass keine Kalibrierung notwendig ist – es kann aber nicht auf 3D-Daten zugegriffen werden.

Eine Inspiration für die Verwendung von Sprache während der Installation Maskenrad ist das Album "mimikry" von Alva Noto & Blixa Bargeld (ANBB), im Speziellen der Titel "Berghain" (Nicolai & Emmerich 2010). Der nüchterne Umgang mit Sprache führt bisweilen zu einer intensiveren Wirkung der Klangatmosphäre auf den Besucher. Dies steht auch in

Einklang mit grundlegenden Konzepten wie der "Simplicity" von John Maeda (2006), die ein Leitfaden für das Finden der Einfachheit ist.

1.3 Ziele

Dem Intrigenopfer ist diese Installation gewidmet. Es geht nicht um Sinn oder Unsinn einer Intrige, sondern um die Gefühle und Perzeption eines Opfers. Diese darzustellen ist das Ziel.

Die grundlegenden fünf Emotionen während des Lebenszyklus (s. Tabelle 1) der Installation sind das Unbehagen und eine Ahnung von dem, was passieren wird, das Realisieren, dass etwas nicht stimmt, der Schmerz und die Scham, die dem Opfer durch eine Intrige zugefügt wird, die Isolation, der das Opfer einer Verschwörung ausgesetzt ist, der Versuch des Verstehens einer Intrige, der bloße Hass der beiden kontrahierenden Seiten aufeinander. An diesen Phasen orientiert sich die Aktion der Maschine in Klang, Licht, Bewegung und Bild.

In der letzten Phase des Lebenszyklus der Installation werden Snapshots abgespielt, die den Ausstellungsbesucher während der Interaktion in den anderen Phasen zeigen. Diese Fotos werden gemischt mit Echtzeitbildern und vorgefertigten Szenen ohne den Protagonisten, aber mit einer Anzahl Personen im Raum sodass der Effekt entsteht, es seien Personen unbemerkt im Raum gewesen.

Phase00	Attraktion Zustand des Systemstarts. Die Maschine lockt den ahnungslosen Ausstellungsbesucher an.
Phase01	Kalibrierung und Unbehagen Tritt der Besucher auf die Platte, verändert sich die Stimmung schlagartig. Jetzt muss die Kinect kalibriert werden. Er wird angewiesen, die Hände zu heben.
Phase02	Intrige und Konfrontation Die Falle schnappt in einem Crescendo störender Klänge zu. Interaktion, Sprache Licht und Klang verwirren und verstören.
Phase03	Isolation und Verstehen Der Protagonist wird sich seiner Lage bewusst. Isolation und Angst machen sich breit. Er muss versuchen, die Falle zu verstehen, um aus ihr zu entkommen.
Phase04	Wut und Hass Der Besucher wird mit seiner eigenen Reaktion konfrontiert. Der Zorn beider gegenüberstehender Seiten wird klar.

Tabelle 1: Phasen 1 - 4

Um das Erleben der Installation so tiefgründig und intuitiv wie möglich zu gestalten, wird auf Gestensteuerung zurückgegriffen. Der Besucher kann sich der Steuerung der Maschine so kaum entziehen, da jede Bewegung, und nicht nur eine von ihm gewollte Interaktion, vom Programm wahrgenommen wird.

Abbildung 1: Hardware Maskenrad, Trittfläche und bewegbare RGB LEDs

2   Aufbau der Elektronik

Die Installation Maskenrad verwendet eine Vielzahl elektronischer Bauteile, um die Lichtsituation und Ausrichtung der LEDs zu kontrollieren und um zu messen, ob sich jemand auf dem Podest befindet (s. Abbildung 1 und 2). Jeder Servomotor und jede LED kann für ein Höchstmaß an Flexibilität separat über die serielle Schnittstelle angesteuert werden

Sechzehn mit Kühlkörpern versehene High Power Vollong RGB LEDs sind an Hitec HS-322 HD Deluxe Servomotoren montiert, die die LEDs in einem Winkel von Null bis 180 Grad schwenken können. Die Bauteile werden mit einem 200W Netzteil bei 5V betrieben und von zwei Arduino Microcontrollern gesteuert, die mit dem Computer verbunden sind. Um die notwendige Anzahl von 48 separaten Steuersignalen für die jeweils drei Anschlüsse der 16 RGB LEDs bereitzustellen, musste ein Arduino um drei Texas Instrument TLC5940 integrierte Schaltungen erweitert werden. Diese LED Driver versorgen einen Transistorstromkreis mit dem nötigen PWM-Signal, um die Intensität der farbigen LEDs zu ändern und somit z.B. eine Farbänderung hervorzurufen. Als Eingabeschnittstellen dienen eine gehackte Microsoft® Kinect® als optischer 3D-Tiefensensor und ein Kraft-Sensor (FSR).

3   Sound Design

Das Einsetzen verschiedenster Mittel verhilft Maskenrad zu einer einzigartigen Klangatmosphäre. Klänge werden in Algorithmen additiv oder subtraktiv in Max/MSP synthetisiert oder durch das Einstellen von Parametern in Softwareinstrumenten von Native Instruments erzeugt. Zusätzlich wird auf speziell für die Installation aufgenommene und bearbeitete Samples zurückgegriffen. Das Sound Design hängt vor allem stark von der Phase innerhalb des Lebenszyklus der Installation ab, in der ein Klang vorkommen soll.

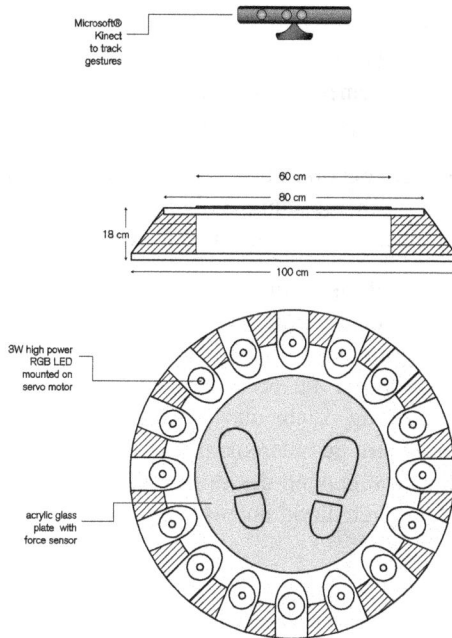

Abbildung 2: Aufbau Hardware Maskenrad

Da die Phasen die Gefühlszustände exemplifizieren, die im Laufe des Durchlebens einer
Intrige empfunden werden können, ist ein gewisser Rahmen geschaffen.

4 Aufbau der Software

Die Software des Projekts basiert auf der grafischen Entwicklungsumgebung Max 6 von
Cycling'74. Zum Einsatz kommen außerdem Synapse for Kinect von Ryan Challinor, das
Kinect Daten via Open Sound Control zur Verfügung stellt, und der grafische Sequencer
IanniX, der auf Iannis Xenakis Arbeit aufbaut und bei der Servosteuerung und Klangerzeu-
gung eingesetzt wird. Als VST-Plugins werden eine Reihe Programme von Native Instru-
ments geladen: Razor, Massive, Absynth 5 und Maschine.

Das Max Patch führt alle Komponenten zusammen. Auf Basis der Sensordaten des Arduino
und der Informationen der Kinect über die Körperstellung werden hier Entscheidungen getroffen und Prozesse angestoßen. Tritt man auf die Platte, ändert sich der Wert des Krafts-
ensors und die zweite Phase der Installation wird ausgelöst.

Die Programme Max 6, Synapse Kinect und Iannix werden über OSC verbunden. Um die
TLC5940 PWM Driver nutzen zu können, war es allerdings nicht möglich, auf eine standard
Firmata-Lösung zurückzugreifen. Deshalb musste ein spezieller Arduino Code geschrieben
werden.

5   Ausblick

Die Installation Maskenrad ist in einem Beta-Stadium. Das bedeutet, dass alle Funktionen bereits stabil funktionieren, allerdings noch verbessert und erweitert werden können.

Maskenrad wird in der aktuellen Version über ein MacBook Pro Late 2008 gesteuert, welches aufgrund der begrenzten Rechenleistung Befehle mit einer Latenz von bis zu 400 ms sendet. Für einen Einsatz auf einer Ausstellung ist mehr Rechenleistung erforderlich.

Die Software „Synapse for Kinect" ist bisher erst in der Version 1.1 verfügbar welche bei Performanceschwäche die Reaktion verweigern und dadurch sogar Max/MSP zum Absturz bringen kann. Eine Beschleunigung der Erkennungszeit für die Kalibrierung des Kameratrackings ist wünschenswert. Das würde die Technik mehr in den Hintergrund und den Fokus mehr auf die Interaktion mit Klang, Licht und Bewegung rücken. Eine weitere mögliche Weiterentwicklung ist das erweitern des Stereoklangs auf einen Surround-Klang. Der Sound könnte so noch mehr auf die Bewegungen des Protagonisten abgestimmt werden, da so die Z-Achse der Gestiken auch klanglich direkt umzusetzen wäre.

Literaturverzeichnis

Maeda, J. (2006). *The Laws of Simplicity*. Cambridge: The MIT Press.

Michalik, R. (2011). *Intrige: Machtspiele - wie sie funktionieren - wie man siedurchschaut - was man dagegen tun kann.* Berlin: Econ.

Nicolai, C. & Emmerich, C. (2010). Berghain, in: *ANBB - Alva Noto & Blixa Bargeld - mimikry.* Audio CD released auf Raster-Noton, Archiv für Ton und Nichtton, Labelcode: LC 01293, Chemnitz

Ritter, D. (1993). *Intersection*. Abgerufen am 14.05.2012 von http://www.aesthetic-machinery.com/intersection.html

United Visual Artists. (2011). *Rien a Cacher Rien a Craindre*. Paris. Abgerufen am 14.05.2012 von http://www.uva.co.uk/work/rien-a-cacher-rien-a-craindre-3

Visual System. (2009). *Organic Culture*. Nantes. Abgerufen am 18.06.2012 von http://www.visualsystem.org/ORGANIC-CULTURE

Vandoren, D. (2011). *Integration.03*. Abgerufen am 14.05.2012 von http://www.dietervandoren.net/index.php?/project/integration03/

Wollniok, D. (2011). *+50° 36' 16.27", +11° 34' 33.45" Drachenschwanz*. Weimar. Abgerufen am 18.06.2012 von http://www.uni-weimar.de/cms/medien/experimentelles-radio/studentische-arbeiten/drachenschwanz.html

YesYesNo. (2010). *Night Lights*. Auckland. Abgerufen am 18.06.2012 von http://yesyesno.com/night-lights

Kontaktinformationen

Julian Vogels, Email: julian.vogels@hs-ansbach.de

Cornelius Pöpel, Email: cornelius.poepel@hs-ansbach.de, Tel.: 0981/4877-359

H. Reiterer & O. Deussen (Hrsg.): Workshopband Mensch & Computer 2012
München: Oldenbourg Verlag, 2012, S. 309-311

Monolith – das Chromaphon

Elias Naphausen

Fakultät für Gestaltung, HS Augsburg

Zusammenfassung

Monolith - Das Chromaphon ist ein audiovisuelles Gerät zur Komposition von Musik. Visuelle Repräsentation und Tonerzeugung sind direkt aneinander gekoppelt.

Der Benutzer trägt mit Stiften Farben auf einer rotierenden Scheibe auf, die in Töne umgewandelt werden. Bei jeder Umdrehung werden die aufgemalten Klänge einmal wiederholt. Sie können durch Übermalen, Verwischen und Löschen verändert werden. Betonungen und Taktmaße werden vom Anwender frei bestimmt.

Monolith kann man als Inspirationsquelle, als Instrument und als Sequenzer nutzen. Festhalten, Bremsen oder Beschleunigen der Farbscheibe erzeugen Übergänge, Variationen und Effekte. Mit einiger Erfahrung können komplexe und variationsreiche Melodien komponiert werden.

So ist das Chromaphon für Kompositionen und Performances gleichermaßen geeignet.

Monolith kombiniert medienübergreifende Wahrnehmung und Gestaltung und lädt den Betrachter zum Experiment mit den eigenen Sinnen ein.

1 Einleitung

Um die fehlenden Interaktionsschnittstellen digitaler Geräte zu kompensieren, werden diese mit komplexen Sensoren ausgestattet, um uns die Bedienung zu erleichtern.

Dadurch erhöht sich meistens nur die Einstiegshürde bei der Bedienung, ohne diese intuitiver zu gestalten. Es ist mein Ziel, ein Interface zur Verfügung zu stellen, das sich dem Benutzer mit flexiblen Interaktionsmöglichkeiten präsentiert. Er soll die Möglichkeit haben, seine eigene Kreativität aktiv gestaltend einzubringen und neue Interaktionsmöglichkeiten hinzuzufügen.

2 Objekt- und Funktionsbeschreibung

2.1 Objektbeschreibung

Das Objekt ist ein ca. 20 cm hoher, schwarzer Quader mit einer Grundfläche von 40 auf 40 Zentimetern. In der Oberfläche ist eine kreisrunde Fläche ausgespart, die durch eine Plastikscheibe ersetzt wurde. Diese ist gleichmäßig ausgeleuchtet. An einem schwenkbaren Arm über der Scheibe befindet sich ein Lesegerät. Neben der Scheibe sind Buchsen und Regler angebracht. Das Gerät erinnert stark an einen Schallplattenspieler.

2.2 Funktionsbeschreibung des Chromaphons

Das Chromaphon ist ein audiovisueller Prototyp zur Komposition von Musik. Visuelle Repräsentation und Tonerzeugung sind direkt aneinander gekoppelt.

Der Benutzer trägt mit Stiften Farben auf einer rotierenden Scheibe auf, die in Töne umgewandelt werden. Bei jeder Umdrehung werden die aufgemalten Klänge einmal wiederholt. Sie können durch Übermalen, Verwischen und Löschen verändert werden. Betonungen und Taktmaße werden vom Anwender frei bestimmt.

Monolith kann man als Inspirationsquelle, als Instrument und als Sequenzer nutzen. Festhalten, Bremsen oder Beschleunigen der Farbscheibe erzeugen Übergänge, Variationen und Effekte. Mit einiger Erfahrung können komplexe und variationsreiche Melodien komponiert werden.

So ist das Chromaphon für Kompositionen und Performances gleichermaßen geeignet.

Monolith kombiniert medienübergreifende Wahrnehmung und Gestaltung und lädt den Betrachter zum Experiment mit den eigenen Sinnen ein.

Das Gerät rotiert einseitig satinierte, transparente, runde Plexiglasscheiben um ihren Mittelpunkt auf einer leuchtenden, runden Scheibe. Das Licht fällt von unten durch die transportierte Scheibe. Über die transportierte Scheibe kann ein Arm gelenkt werden, der mit einem nach unten gerichteten Farblichtsensor versehen ist. Ein Mikrocontroller mit dazugehöriger Schaltung wandelt die vom Sensor erfassten Daten in Ausgangssignale um, die wiederum in einen analogen Synthesizer eingespeist werden können. Färbt man die transportierte Platte ein, werden die Daten des Sensors in unterschiedliche Ausgangssignale für unterschiedliche Einfärbungen der Platte umgewandelt. Die Abfolge der Farben, die sich unter dem Sensor hindurchbewegen, bleibt gleich, so lange der Sensorarm nicht bewegt wird

und bildet am Ausgang des Geräts eine sich einmal pro Scheibenumdrehung wiederholende Signalsequenz. Die Ausgangssignale werden an einen analogen Synthesizer übergeben, der diese je nach eigenem Funktionsumfang weiterverarbeiten kann. So ist es beispielsweise möglich, dass ein Ausgangssignal des Chromaphons die Pulsweite eines Synthesizeroszillators beeinflusst, ein anderes die Frequenz und noch ein weiteres die Filterfrequenz. Das Klangspektrum bleibt dabei flexibel konfigurierbar. So lassen sich zum einen planvoll und schnell Klangmuster bauen, die in einer Liveperformance eingesetzt werden können. Andererseits kann man auf experimentelle Art auf Klangsuche gehen, indem man ungeplant die drehende Scheibe einfärbt und den Synthesizer beliebig konfiguriert. Dabei spielt es keine Rolle, ob der Benutzer Farben aufmalt, Folienschnipsel verteilt oder Flüssigkeiten aufgießt. Diese Freiheit soll den Benutzer dazu anregen, selbst neue Möglichkeiten zum Farbauftrag zu finden.

Abbildung 1: Monolith – das Chromaphon

Das Projekt wurde gefördert von

* CMC Puzzles

* Doepfer Musikelektronik

* Faulhaber Motorensysteme

Kontaktinformationen

Elias Naphausen, Lommelstrasse 1, 86911 Diessen am Ammersee

www.chromaphon.de

H. Reiterer & O. Deussen (Hrsg.): Workshopband Mensch & Computer 2012
München: Oldenbourg Verlag, 2012, S. 313-318

Applications of Motion Tracking for Persons with Disabilities

Robert Wechsler

Bauhaus University

Summary

The idea of the MotionComposer[1] is to build a device for persons with disabilities that allows musical expression through movement. Under a grant from the German Ministry of Economy and Technology, we been working to develop this idea into a practical easy-to-use and therapeutic tool. Together with therapists[2] and composers[3], we are designing musical environments with the intention that they generate intuitive and synaesthetic responses in the user. In on-going workshops with persons with disabilities in Germany and Spain[4] we are gathering valuable experience and while perhaps not yet "easy to use", we are making significant progress particularly in the area of mapping.

1 Introduction

Everyone knows the sensation of having music "inside us" when we dance, but to parse this experience, to break it down into parameters which we can then be controlled by data collected from sensors, represents an interesting and complex challenge. There are many ways available today to extract data from human motion and to use it to modulate sound. The challenge lies in the mapping; this is where psychology comes into play. The relationship of sound to movement (music to dance) is not a particularly logical one. The cognition of causality, while important, is only part of the story. There is an intuitive aspect as well. As with expressionist painting, the environment (in this case aural) can seem to reflect our

---

[1] http://www.motioncomposer.com. (accessed 28.7.2012)

[2] Principle among these is Dr. Alicia Peñalba Acitores, University of Valladolid.

[3] Marc Sauter, Pablo Palacio, Dr. Andrea Cera, Adrien Garcia, Dr. Dan Hosken, Dr. Alexandros Kontogeorgakopoulos and Dr. Andreas Bergsland.

[4] Schule am Burkersdorfer Weg, Dresden; WfbM Apolda and Fundación Música Abierta in Valladolid, Spain.

impulses and intentions on an unconscious level leading to a much richer experience. Instead of "I *make* the music", we can have something akin to "I *am* the music". If this is where we want to go, then we must approach the problem from the perspective of synaesthesia, the world in which our senses overlap.

2   Synaesthesia

When dancers synchronize their movements to music, the experience can be one of *hearing the movement*, *seeing the music* or *I am the music,* the latter of which refers to the kinesthetic sense -- the feeling we derive from our muscles. These are not just figures of speech, a real confusion can occur. The term for this is synaesthesia.

There are many ways to turn human movement into sound. Hand clapping is perhaps the simplest. Tools and technology amplify this process and transform our movements into vastly more complex sounds and while there may be other paradigms for music making (other definitions of music) this basic model is at the center of our work. We contract muscles in an organized, perhaps rhythmic way and this causes movement. The movement in turn acts on a device to generate music. As a part of this process, many movements occur which do not, strictly speaking, have anything to do with the generation or control of sound. African drumming, for example, typically involves large coincident movement. But even in the case of finger-played instruments, musicians generally sway or move their arms, legs, head and feet as they play. All of these movements belong to the things that unite dancers and musicians and grow out of a basic human instinct, one for which there is, remarkably, no word in English[5].

Why do musicians make these extra movements? Indeed, why do people make music and dance at all? Though it may not be well-understood, one thing is certain: it has a long legacy. Human beings have been doing *it* -- this thing that has no word -- for 10,000 years[6]. The urge to do it must surely be deeply-rooted. Music and dance can be thought of as two manifestations of a single urge. While their physical forms are different, in our psychology they overlap and often represent a single experience built out of multiple sensory factors.

Many people think that we are trying to build a new musical instrument, one that is played invisibly in the air. This is partly true, but the differences are important to understand.

With some exceptions, musical instruments are played with the extremities: fingers, hands, feet and mouth. Dance is said to come from the middle of the body, the torso. It is often

---

[5]   There are words for the combination of dance and music in other languages. The Awa of the Dogon tribes (Guinea Coast) offers one example (H. Michel, "Afrikanishce Tänze", DuMont Buchverlag, Cologne, 1979). Capoeira, a Brazilian dance-martial art-music tradition, is another. "Capoeira" describes neither a movement form, nor a music tradition, but a particular combination of both.

[6]   Almost certainly, much longer. There are images showing dance in the Bhimbetka rock shelters in Devanagari, India dating from 12,000 years. The Paleolithic cave drawings at Lascaux and Niaux in France also contain examples of dancing and making music (3-8,000 BC). (http://www.wikipedia.org, accessed 27.7.12)

more concerned with weight and flow than the exact position of body parts. Although some dance forms are, of course, concerned with rhythms and stylized gestures, at a more fundamental level, dance concerns reaching out and stretching one's physical limits, extending oneself into the largest and the smallest, the highest and the lowest, the fastest and the slowest. Musical instruments are often designed for control, efficiency and ergonomics. While control over movement is sometimes important, so is the opposite: the wild and the irrational. To function intuitively and synaesthetically, the MotionComposer should be able to associate a wide range of expressive movement with sound.

3   Coherent Mapping

The word "mapping" is used to describe the ways physical action and sound are related. There are many ways to "map" and while many are intelligible (particularly if an explanation is given), few are palpable. In other words, though we might understand that a certain action is causing a certain sound, this does not mean that were we to walk into the room knowing nothing about it, that we would sense that we are doing anything at all!

It is much debated in the world of interactive art whether palpability is a good thing. The argument goes, " interactivity should never be one-to-one"; meaning that clear, linear causality is boring. To this I say, "long live one to one!". What makes art boring is boring art, not the clarity of causal relationships. Theirs is a simplistic answer to a complex problem. As Abraham Maslow said, "If you only have a hammer you tend to see every problem as a nail".

3.1   Sensors

Our technology is based on video cameras. Depending on which data bus we are using, Ethernet or an industrial frame grabber, the cameras we use have a 1/4" or 1/2" CCD chip. This gives our system high resolution and low latency, both of which are very important to a strong synaesthetic reaction.

Many of the features that are most important to us when we gesture and dance, such as a feeling of weight, suspension and effort, are actually quite difficult to measure with video-based systems. Meanwhile, the computers and software systems available are not really very intelligent. Concerning human expression, they cannot distinguish the salient characteristics from the irrelevant ones. In spite of this, it is possible to find intuitive and palpable mappings. We have had children and adults, with and without disabilities, laughing with joy at the sensation of hearing their bodies turned into music. We have also given to people the ability to "play" a musical instrument even when they could not hold one in their hands.

3.2 Measuring Body Movement

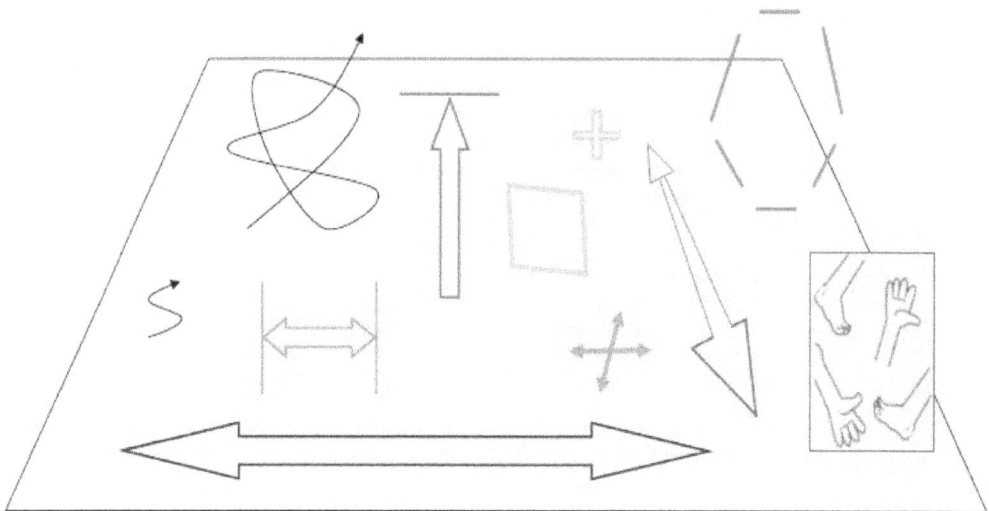

Figure 1: Measuring Body Movement

#	pictogram	description
1		**Small Movements -** When the body is still, our focus naturally goes to the small and precise movements of our fingers, hands, eyes, mouth, etc. Because these gestures tend to be discrete -- short and with clear beginnings and endings -- they strongly lend themselves to associations with discrete sounds.
2		**Gestural Movements -** These are the movements we usually think of as gestures and they are usually done with the hand, arm or head. We track them by measuring their dynamic. The data is modulatory in nature and gives a curve following the trajectory of the gesture.
3		**Large Movements -** Adults generally make large movements only during sports, when running for a bus or in a genuine emergency. In any case, large movements associate well with loud sounds and strong modulations. They can also be mapped as single impulses, or bursts of energy. We treat them as a separate kind of motion, with their own data stream. This allows us to calibrate the sensor so that the mover has the sense that there is no limit, e.g. the larger you move, the louder the sound, forever.
4		**Direction of Motion -** The activity feature of the motion tracking software we are developing delivers highly accurate direction-of-motion information. The combination of these two data, activity and direction, we call "flow". Flow differs from activity in interesting ways. It is possible, for example, to have high activity with low flow and vise versa. Perseveration, or back-and-forth movements, is common particularly with certain pathologies. Unconscious rocking or shaking, weight shifting from foot to foot, repeated head or hand movements may be

		involved. When tracked as motion, they reads as A,0,B,0,A,0... (movement in one direction followed by a momentary stillness, followed by movement in the opposing direction) and can be represented in music in a variety of ways.
5		**Stillness** - while often overlooked, is actually a special activity. It is not merely the absence of motion, since it generally requires special concentration on the part of the user. Nevertheless, it is something most people can do with little or no training. At first glance, it may seem to imply silence, but remember stillness is not necessarily passive and may in fact be better represented by a high, continuous sound, for example.
6		**First Movement Following Stillness** - When we wish to give our gestures emphasis, we often hold still for a moment just before or after gesturing. The first movement following a stillness is thus among the most convincing of mappings.
7		**Center-X** - Assuming we have a sense of expression or communication in our movement, then there a direction in the room dancers call "front". The location of the body in a line perpendicular to this direction is called center-X. It offers a one dimensional location-orientation and maps well to content, that is, to the assignment of sounds or transformations with a direction (like words in a sentence). You may assume, as we did, that 2-d or even 3-d arrays of content must surely be more intuitive since, after all, we live in a 3-d world. Many projects involving motion tracking begin with this assumption, and indeed, the motion *capture* industry is entirely based on it. It turns out, however, not to be as intuitive than you might think. While it can be useful, our absolute position in space or, for that matter, the absolute position of our body parts (see "Body-part Tracking" below) is simply not something we have a strong intuitive sense of in relation to sound control.
8		**Width** - is like expansion (which is not listed here). When we stretch out our arms or legs we grow in size. Increasing loudness is a simple option, but there are other sound transformations that may more closely resemble this action. For example, think of the formant transformations that occur as the mouth is opened wider and wider .
9		**Top** - height maps intuitively to pitch (up = higher pitch), but as with width, there are other implications as well. E.g. low = rumbling, tumbling, grumbling, growling vs. high = thin, flighty, suspended, stretched. Indeed, the transformations that occur in the voice as it goes from low to high involve more than just pitch!
10		**Points in Space** - Sounds may be placed in fixed points in space which you trigger by touching them. While extremely convincing, there are major problems with this approach. Reaching out and touching these points in space leads to a feeling of controlling a system -pressing buttons, etc. - something concerning our extremities. Also, the absence of a haptic response leads to understandable mistakes in playing (e.g. one often does not withdraw the hand sufficiently to re-trigger a sound event).
11		**Depth** - Motion towards the audience (closer to the camera) might imply brighter, sharper, louder vs. farther away which might imply muffled and muted. It is technically a bit difficult since it requires a very high overhead camera, a second camera or a depth-sensing camera and it

		is anyway not particularly effective.
12		**Body-part Tracking** - Another favorite of installation artists, and probably *the* favorite of musicians, is the idea to give different body parts different controllers, à la Theremin. Not only is this technically challenging - think of a twisting and turning body or the body of a person in a wheel chair - but it is not really very intuitive. This is partly due to the lack of haptic response and partly due to other factors.

Table 1: Measuring Body Movement

4   Conclusion

The trick in effective mapping is to engage the basic human instincts I mentioned at the beginning of this essay. This means looking at the things that music and dance have in common. Words such as *shudder, stumble, flinch, poke, fall, shove, wobble, sustain, undulate, crystallize, melt, vibrate, jolt, twitch, trudge, float* and *flutter* describe movements as well as sounds. This metaphorical approach is a good place to start.

Some composers we work with want to sit in front of their laptops (or other instruments) the entire time. Bad idea! The ones that keep jumping up and physically trying out their patches are the ones that produce the more intuitive musical environments. Take it from a dancer: physical, full-body movement changes the way we experience music and vise versa.

Acknowledgements

We are currently working with two motion tracking software systems: MotionComposer, from Dr. Stefan Fischer and EyeCon, which was written by Frieder Weiss for our work together with Palindrome Dance Company (www.palindrome.de) from 1995 to 2005. Our mapping strategies were developed through collaborations with many composers and choreographers, including Erich Kory, Orm Finnendahl, Butch Rovan, Pete Dowling, Dan Hosken, Pablo Palacio, Andrea Cera, Adrien Garcia, Alexandros Kontogeorgakopoulos, John Prescott, Andreas Bergsland, Frey Faust and Helena Zwiauer. Credit and thanks to all.

The MotionComposer project is supported by German Ministry of Technology and Finance, Bauhaus University, the Studio for Electroacoustic Music (SeaM) at the Franz Liszt College of Music and Lebenshilfe e.V. We have also had support from Fundación Música Abierta in Valladolid, Spain. The General Manager of MotionComposer is Josepha Dietz.

H. Reiterer & O. Deussen (Hrsg.): Workshopband Mensch & Computer 2012
München: Oldenbourg Verlag, 2012, S. 319-322

Navigating audio-visual Grainspace

Max Neupert

Faculty of Media, Bauhaus-Universität Weimar

Abstract

Building upon the timbreID library for Pure Data, which is an audio feature analysis and classification tool with three-dimensional grading capabilities, I created an audio-visual instrument. Video frames can be cued to according to the auditory properties of the audio track by moving the hand inside a virtual cloud of snippets. This was achieved by combining three pre-existing things: 1. concatenative synthesis with a three-dimensional plot of the snippets 2. A Kinect sensor as an interface, and 3. Video playback along the audio.

1 Context

In a greater research project about video imagery used as sampled material in a musical context, I came across corpus-based concatenative synthesis. Concatenative synthesis is similar to granular synthesis, as it divides a longer sound into short snippets. In concatenative synthesis they are called *units,* in granular synthesis *grains*. Typically the length of the snippets in concatenative synthesis is longer (~ 10ms to 1sec) than in granular synthesis (~ 1 to 50ms). The actual difference of the two methods is, that in *concatenative synthesis* the units are graded according to their sonic properties and those vectors may be mapped on a two- or more dimensional space. Also the units may be of non-uniform size depending on the result of the analysis (Schwarz, 2006-3). *Granular synthesis* in contrast, only knows one grading dimension, which is the index of the grain (its temporal position in the whole sample). Granular synthesis offers rich sound experiences especially when a random jitter of grain size and position is applied. The downside is, that the sound is hard to control and reproduce, making it a difficult live instrument. This is where concatenative synthesis shines: having a cloud of units in a two- or three-dimensional space gives not only a visual impression of the sample's sonic characteristics, it also allows access to different sounds at specific coordinates. This allows for gestures, as we know them from real instruments (Schwarz, 2012).

2   My approach

I was dissatisfied with the ways to interact with the grains in a three-dimensional space and I wanted the video frames to be displayed along with the unit playback. When exploring the three-dimensional plots of units generated by the concatenative synthesis framework, I felt the need for a more suitable interface to the space than mouse, keyboard, track pad or multi-touch surfaces. I wanted to examine how different spatial categorisations of the sample would sound and feel when navigating through the 3D plots without the restriction of a two-dimensional input device. The novelty in my approach is the non-haptic interface, which utilizes the Kinect sensor to navigate in three axes and the synchronized video image display when the program is fed with audio-visual material.

3   Description

The clouds of grains are generated by an audio feature analysis tool called timbreID, conceived by William Brent. Detected sound features may be mapped along the X,Y and Z axes. Available features are cepstrum~, magSpec~, specBrightness~, specCentroid~, specFlatness~, specFlux~, specIrregularity~, specKurtosis~, specRolloff~, specSkewness~, specSpread~, MFCC~, BFCC~ and zeroCrossing~. A description of the analysis can be found in (Brent, 2009) Depending on which features are mapped on which axes, different plots are generated. In order to navigate through these clouds we are using a Kinect and a skeleton tracker (Synaptic, an application based on openNI) to define the right hand as the focal point of the playback. The head position is controlling the viewport towards the cloud, so that we can zoom-in and pan through our movement. This gives us a better sense for which units are in the front and which ones are in the back. The screen/monitor therefore acts like a window towards the space.

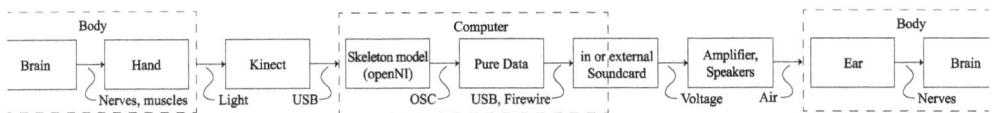

Figure 1: Interaction feedback – a flow diagram brain to brain.

3.1   Screenshot

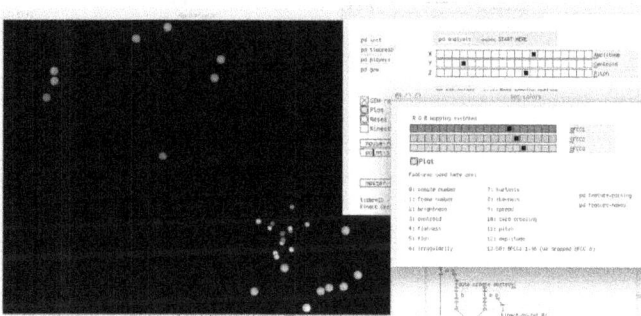

Figure 2: Units of a short sample in virtual 3D Space

4   Conclusion and prospect

I believe the sonic and visual result achieved is innovative and captivating. Drawback of the Kinect sensor is the additional latency added. This constrains the application scenarios as a musical Instrument. Future improvements may include the addition of the following features:

1. The possibility to grade the units in the plot according to video frame analysis.

2. Overall optimisation of the latency issue.

3. The use of a 3D-display or glasses for facilitated perception of the depth.

Acknowledgments

This work is building upon Pure Data by Miller Puckette, the timbreID external by William Brent with its extremely well structured example files, and the Synapse application by Ryan Challinor which is retrieving the skeleton data from the Kinect sensor.

References

Brent, William (2009). *Cepstral analysis tools for percussive timbre identification* – Proceedings of the 3rd International Pure Data Convention, São Paulo.

Schwarz, Diemo (2012). *The Sound Space as Musical Instrument: Playing Corpus-Based Concatenative Synthesis* – New Interfaces for Musical Expression (NIME)

Schwarz, Diemo (2006). *Real-Time Corpus-Based Concatenative Synthesis with CataRT* – Expanded version 1.1 of submission to the 9th Int. Conference on Digital Audio Effects (DAFx-06), Montreal

Schwarz, Diemo (2006-3). *Concatenative Synthesis: The Early Years* – Journal of New Music Research, 35(1):3–22, Special Issue on Audio Mosaicing.

Contact

Max Neupert · Marienstraße 5 · 99423 Weimar · http://www.maxneupert.de

H. Reiterer & O. Deussen (Hrsg.): Workshopband Mensch & Computer 2012
München: Oldenbourg Verlag, 2012, S. 323-325

note~ for Max – Ein Tool für Medienkunst und Neue Musik

Thomas Resch

Forschung und Entwicklung/Elektronisches Studio, Hochschule für Musik Basel

Zusammenfassung

note~ for Max[1] besteht aus vier Objekten für die Software Max/MSP[2], welche Sequencing in Fließ-komma-Auflösung erlauben und ein GUI und ein Scripting Interface zur Generierung von Events in-nerhalb einer Timeline bereitstellen. Durch die vollständige Integration in Max/MSP ist es möglich, nahezu jeden beliebigen Client, sei es Software, ein Video-Clip oder externe Hardware zu steuern.

1 Einleitung

Die vier in der Programmiersprache C entwickelten Objekte stellen innerhalb der Software Max/MSP eine Timeline mit GUI und Scripting Interface zur Verfügung. Hier können Events in der Zeit platziert und abgespielt werden. Es wurde nicht mehr auf das veraltete MIDI-Format zurückgegriffen (Abwärts-Kompatibilität ist natürlich gewährleistet), sondern ein erweitertes Format enwickelt, welches in der Lage ist, pro Event Fließkommazahlen-Listen beliebiger Länge[3] sowie Text zu speichern und wiederzugeben, ein Ansatz den Miller Puckette bereits 1990 mit seinem Max-Objekt *Explode* vorgeschlagen hat.[4]

---

[1] siehe auch www.noteformax.net

[2] © Cycling'74, www.cycling74.com

[3] In der aktuellen Beta-Release beträgt die maximale Länge der Liste 1024 Elemente plus Text

[4] Miller Puckette (1990), ICMC Proceedings pp. 259-261

2   Die Objekte und ihre Interfaces

Der *Region Editor* gehört zum note~ Objekt und gleicht dem Arrange Window gängiger Sequencing-Software. Regions werden innerhalb der Timeline mit der Maus oder der Message *newRegion* mit Name, Track, Start und Dauer als Argumente erzeugt und platziert:

newRegion A_NEW_REGION 0 1. 16.

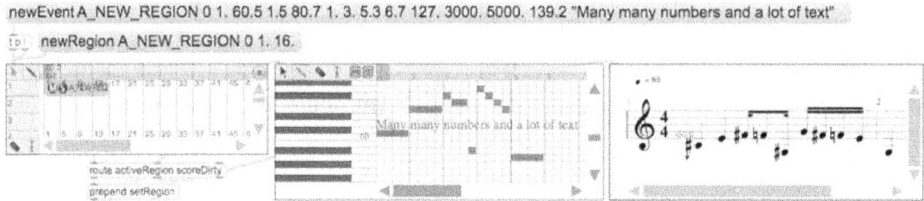

Abbildung 1: Die Objekte von links nach rechts: note~, note.eventEditor, note.score

2.1   Das note.eventEditor Objekt

Hier können Events mit Maus oder der Message *newEvent* erzeugt werden:

newEvent A_NEW_REGION 0 1. 60.5 1.5 80.7 1. 3. 5.3 6.7 127. 3000. 5000. 139.2 "Many many numbers and a lot of text"

Anstelle von Channels, Control- und Note-Messages werden frei konfigurierbare *Eventtypes* eingeführt, die jede Art von Funktion übernehmen können. Das erste Argument bezeichnet die Region, gefolgt von Eventtype, Timestamp und einer beliebigen Anzahl Parameter. Durch einen Doppelklick auf einen Event öffnet sich der Parameter Editor zur Bearbeitung der gesamten Parameterliste.

2.2   note.score und note.time

Das note.score Objekt stellt eine musikalische Notation für note~ bereit, aufgrund der Komplexität soll dies hier nicht näher erläutert werden. Das note.time Objekt übersetzt von Sekunden nach Beats[5] bzw. BarBeats[6] und umgekehrt.

---

[5]   Ein Beat entspricht einer Viertelnote, unabhängig von der Taktart

[6]   BarBeats beschreiben den Zeitpunkt in der Form Takt x Beat y, abhängig von der Taktart

3   Scripting und Dateiformat

Sämtliche Funktionalität steht mittels Max-Messages in Datenbank-ähnlicher Syntax zur Verfügung:

selectEvent A_NEW_REGION all   *editEvent*
selected pitch += 0.5 duration += 1.[7]

Hier werden z.B. alle Events aus A_NEW_REGION ausgewählt, um einen Viertelton nach oben erhöht und um eine Viertenote verlängert. Ein note~ Score wird in Klartext als .txt Datei in Form von Scripting-Messages gespeichert.

4   Fazit

note~ erlaubt die Erstellung komplexer Scores für Neue Musik und Media Arts und die Datengenerierung, Manipulation und Wiedergabe in Performance- und Installations-Situationen in Echtzeit. Durch die Speicherung der Daten als Klartext erfüllt note~ eine wichtige Grundvoraussetzung zur Langzeitarchivierung, da die Rekonsturierbarkeit des Scores auch außerhalb von Max/MSP und note~ gewährleistet ist.

Literaturverzeichnis

Miller Puckette (1990), ICMC Proceedings 1990 pp. 259-261, http://quod.lib.umich.edu/i/icmc/

Raymond A. Lorie (2001), JCDL'01 Proceedings, pp. 346-352, ISBN:1-58113-345-6

Kontaktinformationen

Thomas Resch
Hochschule für Musik Basel
Leonhardsstrasse 6
Postfach
4003 Basel

Email: admin[(at)]noteformax.net

---

[7]   1. entspricht einer Viertelnote bzw. einem Halbton

H. Reiterer & O. Deussen (Hrsg.): Workshopband Mensch & Computer 2012
München: Oldenbourg Verlag, 2012, S. 327-334

corpus pygmalion – augmented dance

Chris Ziegler

ZKM (Center for Art and Media) Karlsruhe
SINLAB (Sinergia Lab), EPFL Lausanne

Synopsis

Content Creation questions shaped the design and development of sensors and display interfaces for *corpus pygmalion*, an interactive dance performance and augmented reality installation, which premiered at ZKM Karlsruhe 17. December 2011. The text describes the frame of concept to develop a digital stage environment on the performer's skin level.

1   Introduction

pygmalion: The myth of the artist who in the love of his self-created creature, comes from the Metamorphoses of Ovid. In 55 short verses (X 243-297) Ovid created the miniature-drama of Pygmalion and Galatea (still nameless) that has already as poem, epic, novel, drama, musical or film countless adaptations and variations, such as "Breakfast at Tiffanys" (1961).

Every choreographer and solo performer goes through a transformation of self creation, He/She goes Pygmalion's path of hybrid transgression where body and mind is in a sensual interplay. The individual enters into a relationship with something that is not itself, which changes according to culture. The body is the area of a confrontation: male / female, living / nonliving, divine / image, human / non-human, body modification / disembodiment. We are proposing in *corpus pygmalion* a female Pygmalion, searching the female point of view in this interplay.

corpus pygmalion performs in a multimodal display system with 8 iPods and a movinglight on stage. The objects on stage are subject to change, showing various perspectives on the subject. The artist on stage is struggling with this created image as self, searching which is cause and effect, what is creation or creature. In the play the dancer's body is transformed in many instances.

Heiner Müller described "transformation" as basic elements of drama and theater. "The essence of theater is transformation. The dying. The fear of this last transformation is universal, its reliable, you can build on it!" (Lehmann 2005, p.75)

2   Figurines

figurines: in *corpus pygmalion* the figure Galathea is no body, meaning "no body" is rather an opposite body, an inverse body. Pygmalion and Galathea are Subject and Object with opposite rejecting and repulsing energies. We were looking for a raw model to describe this situation. We found the term *figurine,* which represented a human figure. It can be realistic or iconic, a deity or symbol. Figurines are used as model sheets, used in costume design or character design in animation.

One can say, the most famous figurine of all times is the iconic stone figure *Venus of Willendorf* (fig. 1), more than 25000 years old, found 1908 in Austria. As a phantasy Galathea could be like Venus: fertile, with a pregnant female body, with a massive body volume, haptic, made of stone, a long lasting material. One could say, Venus is an iconic figure of convex spatial qualities. Venus is analog, where we were rather thinking of a digital model to start with.

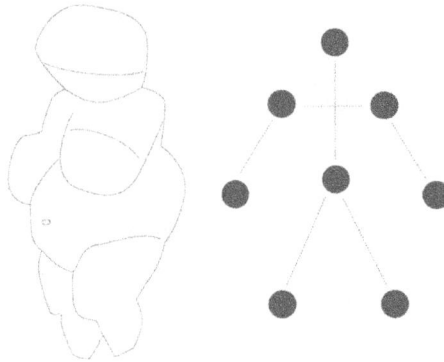

Fig.1: Venus of Willendorf / corpus pygmalion figurine

To build a body which is opposite to Pygmalion as an inverse body for Galathea, we built a digital model with the smallest mathematical units - with one dimensional points. A torso is established simply by putting a cross of 4 points together. Adding to the torso 4 other points makes extremities arms and legs - voilá we have a body of 8 (fig. 1). 8-bit, binary code etc. 8 is a symbol for eternity in Pleidian Physics - "Sol", the 8th Sun of the Pleidas constellation emits light as information, a message of hope to humans on mother earth Gaia.

The body of Galathea/Pygmalion in *corpus pygmalion* is inversed, replaced, invisible. The digital figurine builds up on an invisble real body, hidden in a black leotard costume. Further materials: valcro, WLAN, laptop with sound hardware MOTU MK3, MAX/MSP software with ambisonic 8 ch sound output, a custom made app "pygTool" (section 4.3) to measure sensor data and generating light flashes on the performer with 8 iPods. The material, expressing a figurine on stage in digital terms finally has ephemeral qualities, generating real traces of light flashes and sound in motion - the flesh body remains invisible. It is the creation of a concave inverse figurine, a vessel, a carrier of symbols.

Fig. 2: corpus pygmalion - installation (audience member laying down on floor) LUMINALE Frankfurt 11.4.2012

3   Synposis – installation

corpus pygmalion raises the question of where art begins and ends in the actual life of an artist. We had to make the audience first encounter their own "artistic side" or - at least - share an experience to develop empathy to the main character / dancer.

The audience enters first the stage, before going to the seating area. The installation can be put as preview or recall on Pygmalion as physical body. 8 posts are in a circle displaying a graveyard of past images of a dancer. An 8 sided view on Pygmalion (Moya Michael) can be

viewed from looking at the iPod`s displays. There is also an interactive, inner field on stage inside the installation sculpture.

The 8-channel augmented reality installation offers interaction with a dance film. The visitor is visible on the displays, entering the field inside the circle and is simultaneously captured by one stage searchlight. A duet of the viewer with the video dancer Moya Michael is mapped onto real space.

Based on Ovid's "Pygmalion" myth, *corpus pygmalion* confronts us with the human body as it undergoes a transformation. Pygmalion falls in love with his artwork, losing himself in the arts. The installation shows the dancer Moya Michael walking between the cameras. Being a dancer, she is an artist who has shaped her own body into Galathea, the artwork.

Pygmalion is a dancer. *corpus pygmalion* - the installation - is the body of the dancer. Red tubes, the as intestines are exposed on stage connecting the images to a core, which had been the torso of Pygmalion, now showing Galathea, meandering around. The sculpture remains on stage, when the audience finally leaves the stage.

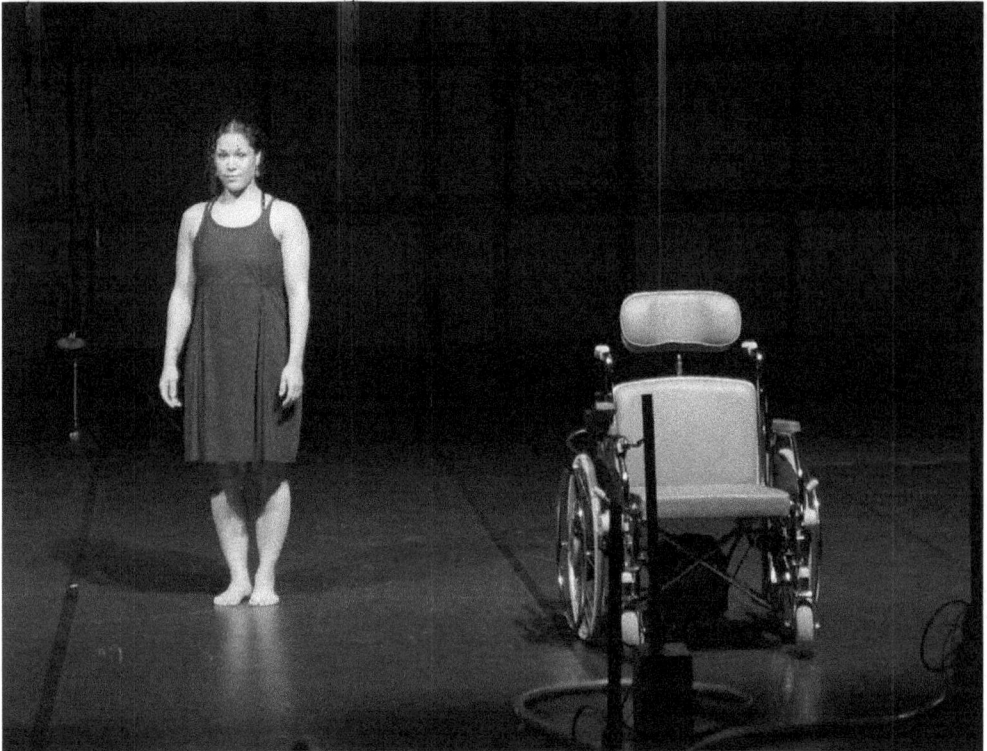

Fig. 3: Moya Michael in corpus pygmalion 17.12.2012 ZMK Karlsruhe

3.1   First scene – concert arias

The dance begins. The beautiful dancer Moya Michael (fig. 3) dances to also beautiful classical music of Mozart's concert arias "Vorrei spiegarvim oh Dio!" K. 418, written for Aloysia Weber. A concert aria is a free standing aria composed for a singer and orchestra. The composer usually is bearing a particular singer's voice and skill in mind, composing the work. Mozart is celebrating the power of voice in an orchestral setting. "Performance" in English language is also "powerful action". In *corpus pygmalion* the dancer performs a powerful action - with an electric wheelchair. This breaks the impact of the beautiful body. A wheelchair is an obstacle, indicating disabilities. Suddenly she turns into super women, movement skills are increasing with a wheelchair. The chair can make her drive faster than moving by feet, sliding, not moving a single limb. Finally she is going back and forth on stage very fast, almost flying.

3.2   Second scene – first transformation (analog)

Transformation from a creature: the deconstruction of a human body. The dancer's movements are disconnected attempts to stand up, trying to assemble an upright, powerful figure. Instead, the creature is crawling back onto the wheelchair.

3.3   Third scene – second transformation (digital)

An inverse transformation is performed. The wheelchair is turns around, with the dancer sitting on it. She puts on the leotard skin with the 8 iPods. The analog flesh body is hidden. An ephemeral digital body of sound and light traces emerges. At the end of this part, Galathea/Pygmalion destroys the body suit, tearing down all displays.

3.4   Forth scene – collecting body parts

The displays on the floor are showing body parts of the dancer. The dancer is gone, the performer Moya Michael is returning, attaching the iPod display on metal posts, creating a meadow of body parts. There are Fragments of female voices, reciting sentences, quoting poetry of the installation scene, already heard before in the installation as a memory of past things.

3.5   fifth scene – remembering

The memory is danced on stage. There is a virtual pas-de-deux with an imagined body, standing in the center of stage. The dance is a ritual, moving with rotating movements in the spot on center stage. This is the same spot, the audience had been interacting with at the beginning of the piece. This is concluding the piece. The circle describes the continuity of things.

3.6   Sixth scene – end

A stage searchlight is tracing the stage. The body is lying down, sleeping, resting/dying. The body is transformed, mediated, disrupted. Maybe we are witnessing a reborn digital body on stage?

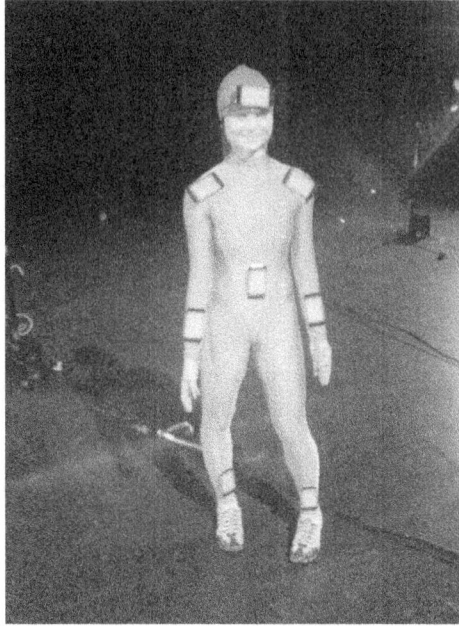

Fig. 4: Dancer Unita Gaye Galilluyo Aug. 2011 at ZKM Karlsruhe

4   Electronic leotard

In the third scene we are using an electronic leotard, made of a standard black leotard suite, with velcro strips put on shoulders, arms, legs, belly and one also on a hood, which is worn on the head of the performer. The velcro's are holding 8 iPods. The software pygTools (section 4.3), running on these iPods is both a display system, which lets the display flashing on acceleration movement, but it is also a sensor based system, sending movement data to the host via OSC. The host computer is a Macintosh laptop with MAX/MSP. WLAN connects the iPods to the laptop.

4.1   Movement sensors

The suit with iPods creates a full body suit, measuring the acceleration data on the joints of the performers body. We were not interested in the body positions. The Euler's angles of body parts could have been interesting for another movement idea, but in *corpus pygmalion*

we were interested to trace the movement energies rather than positions or angles of limbs in space.

4.2 Motion detection

Body movement acceleration can be mapped on curves. Faster movement breaks create bigger and faster movement curves. After the movement in the curve switches from an increasing to a decreasing angle, we send a trigger to the sound buffer. Instead of mapping the impact of the curve to volume, we "fired out" a higher count of sound buffers combined with an increasing temporal variation of starting them on top of each other. With more impact of movement acceleration detected, more variations in the sound architecture occurs. Every new movement event creates another sound texture variation. The audience senses the synergies of sound, light and movement, but still there is variation for creating a life experience of a vivid, flashing body of sound and light, moving in space.

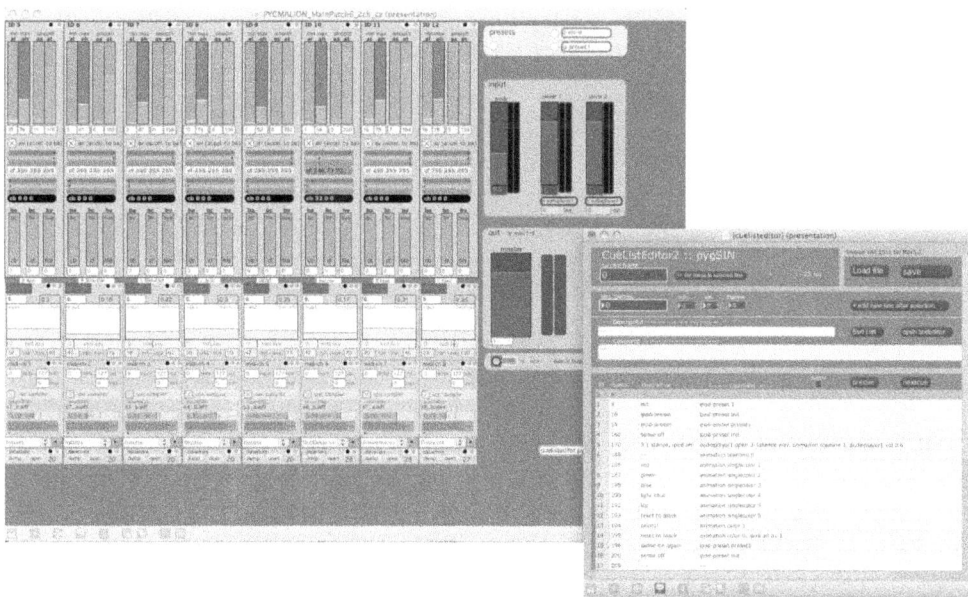

Fig. 5: MAX/MSP patch (with cue editor © by Martin Bellardi)

4.3 Display algorithm

The iPods on the suit are detecting acceleration movement and sending two values to the host. The first value is a combined, "unpolished" movement detection value from the x / y / z data sensor. The last value of the acceleration data is an "afterimage" of the movement. A smoothing algorithm transforms the data into a extended curve with an algorithmic "afterglow". If using the mere motion data for the flashes, the iPods displays would not be fast enough to flash long enough to be visible to the audience.

4.4   pygTool app

The pygTool software (fig. 6) is the front end of a new digital stage environment, connecting physical motion data to light and sound. The software can be used to measure motion data, generating colors and lights, synchronize multichannel video / image / sound data and record / display life video. The digital stage is created on skin level of the performer and connects all available movement data with media events, controlled by a central host to cue the performance on stage.

Fig. 6: pygTool app by Nikolaus Völzow

Acknowledgments

Dance: Moya Michael   Composer: Hugo Paquete   MAX/MSP programming: Martin Bellardi   pygTool app development: Nikolaus Völzow   Movinglight Software: André Bernhardt   Text: Michael Hewel, Translation: Corinne Prochaska, Costume: Ismenia Keck

Literature

Lehmann, Hans-Thies (2005). *Postdramatisches Theater,* Verlag der Autoren, Frankfurt am Main

Contact

Chris Ziegler   tel. +491728956328   mailto:cz@movingimages.de
http://www.movingimages.de

Workshop:

Allumfassend – wirklich für alle? Wie sich Gender/Diversity-Aspekte in Forschungsfragen einbringen lassen

Claude Draude

Kamila Wajda

Susanne Maaß

H. Reiterer & O. Deussen (Hrsg.): Workshopband Mensch & Computer 2012
München: Oldenbourg Verlag, 2012, S. 337-339

Allumfassend – wirklich für alle?

Claude Draude[1], Kamila Wajda[1,2] , Susanne Maaß[1]

Fachbereich Mathematik & Informatik, Universität Bremen,
AG Soziotechnische Systemgestaltung & Gender[1]
AG Digitale Medien in der Bildung[2]

Zusammenfassung

Eine "allgegenwärtige – allumfassende" Informatik weist auf die Verwobenheit von Technik und Sozialem hin. Wenn der Mensch im Mittelpunkt gesehen wird, ergeben sich neue Anforderungen an die Informatik. Forschungsfördereinrichtungen haben inzwischen die Bedeutung von Gender/Diversity-Aspekten für exzellente Forschung erkannt und machen ihre Berücksichtigung in Forschungsanträgen zur Voraussetzung für Förderentscheidungen. Es gibt hierzu bereits Leitlinien, allerdings stellt deren Umsetzung und Anpassung an das eigene Forschungsvorhaben häufig eine Herausforderung dar. Der Workshop soll den Teilnehmenden Grundlagen und Raum bieten, um die eigene Forschung für Gender/ Diversity Aspekte zu öffnen bzw. vorhandene Ansätze weiterzuentwickeln.

1   Wissenschaftlicher Hintergrund

Mit zunehmender Durchdringung unserer Lebenswelt durch informationstechnische Entwicklungen wachsen auch die Anforderungen an Computertechnologie, Digitale Informations- und Mediensysteme sowie Interaktionskonzepte. Eine "allgegenwärtige – allumfassende" Informatik weist auf die Verwobenheit von Technik und Sozialem hin. Folglich gilt es soziotechnische Systeme zu gestalten: Der Mensch rückt nun stärker in den Mittelpunkt und es ergeben sich verschiedene Herausforderungen.

Überall dort nämlich, wo wir von "dem Menschen" sprechen, spielt Diversität eine wichtige Rolle. Unser Menschsein ist geprägt durch Kategorien wie Geschlecht, Alter, Ethnizität, Behinderung oder Schichtzugehörigkeit. Zusammen strukturieren sie soziale Wirklichkeit, Alltags- und Berufswelt und nicht zuletzt auch technologische Entwicklungen. Für eine zeitgemäße Informatik gilt es diese Vielfalt mit den technologischen Verfahren, Methoden und Prinzipien in Beziehung zu setzen.

Vor dem Hintergrund der Interaktion eröffnen sich hier Fragen zum Nutzungskontext, zu den Anwenderinnen und Anwendern - aber auch übergreifende Fragen nach geeigneten Interaktionsparadigmen und anschlussfähigen Wissens- und Wissenschaftsgebieten spielen eine Rolle, je stärker informatische Artefakte in die Welt ziehen. So erfordert kontextsensitive

Konzeption ein Verständnis und eine sorgfältige Analyse der Lebenswelt und konkret der Handlungsabläufe von Menschen bei der Nutzung von Informationstechnik. Ein an Gender/Diversity orientierter Ansatz erlaubt hier ein realistischeres Bild künftiger Nutzender, weil er unterschiedliche Voraussetzungen und Bedürfnisse von Anfang an mitdenkt und so zeigen kann, welche Faktoren bezüglich der Anwendungsszenarien in die Gestaltung einbezogen werden müssen. Durch eine inkludierende, ggf. auch partizipative Vorgehensweise gewinnt das informationstechnische Artefakt an Qualität und Akzeptanz.

Forschungsförderungseinrichtungen haben inzwischen die Bedeutung von Gender/Diversity-Aspekten für die Wissenschaften erkannt. Bei der Deutschen Forschungsgemeinschaft und der Europäischen Union markiert die Integration von Geschlecht und Diversität exzellente Forschung. Es gibt hierzu bereits Leitlinien, allerdings stellt deren Umsetzung und Anpassung an das eigene Forschungsvorhaben eine Herausforderung dar.

An der Universität Bremen bringt im Projekt InformAttraktiv[1] ein interdisziplinäres Team die Informatik mit Diversitätsforschung in Dialog, um die bestehende Forschung zu erweitern. Hierbei wird im ersten Schritt exemplarisch die Bremer Informatik in den Blick genommen und es werden Vorschläge sowohl zur Schärfung und Erweiterung der Profilbereiche als auch zu ihrer veränderten Außendarstellung entwickelt. Dabei soll eine Herangehensweise entwickelt werden, wie sich Gender/Diversity-Aspekte in Forschungsfragen einbringen lassen.

2   Ziele

Der Workshop bietet den Teilnehmenden Grundlagen und Raum , die eigene Forschung für Gender/ Diversity Aspekte zu öffnen bzw. vorhandene Fäden aufzunehmen und weiterzuentwickeln. Im Workshop werden der eigene Standpunkt, die Forschungsziele und Prioritäten, angewandte Methoden und Ergebnisse reflektiert. Dies dient einer Rekontextualisierung und Situierung der eigenen Forschung: Wem nützt diese? Welche Personen habe ich im Blick, welche nicht? Was gilt als wichtiges Thema? Welches Wissen schaffe ich hier? Wie sind Sprache, Beispiele und Metaphern im Feld – verstellen sie bestimmte Sichtweisen oder eröffnen sie andere? Wie komme ich auf meine Anwendungsszenarien? Welche Annahmen spielen hier hinein?

Im Workshop wollen wir einige dieser Fragen eng an den jeweiligen Forschungsvorhaben bzw. abgeschlossenen Projekten der Teilnehmenden diskutieren. Es soll gezeigt werden, wie das Programm der Gender Studies die Technikforschung bereichern und erweitern kann. Da die Gender Studies thematisch und methodisch quer zu den etablierten Wissenschaften stehen, eignet sich ihr Programm besonders, um neue Blickwinkel auf die eigene Forschung zu bekommen. Im Workshop geht es also nicht um Gleichstellungsmaßnahmen in Forschungs-

---

[1]   http://dimeb.informatik.uni-bremen.de/informattraktiv/index.php

projekten, sondern darum, wie Wissen und Technik entstehen und was dies mit Wissen über Geschlecht und Diversität zu tun hat.

3   Konzept

Zur Vorbereitung auf den Workshop werden Interessierte gebeten, eigene Forschungsfragestellungen in Form einer Skizze von maximal zwei Seiten zu beschreiben und einzureichen. Diese sollen aus geplanten, aktuellen oder abgeschlossenen Forschungsprojekten stammen. Auch eigene Ansätze zu Gender/Diversity Forschung in der Informatik sind willkommen.

Die Workshop-Veranstalterinnen wählen einige Beiträge aus, die eine breite Diskussion im Workshop ermöglichen sollen, und arbeiten zu diesen Themen vorab Ansatzpunkte für die Integration von Gender/Diversity heraus.

Der Workshop beginnt mit einer kurzen Einführung zum Thema Gender/Diversity und Technikforschung. Die eingereichten Forschungsfragestellungen bzw. Ansätze werden von den Verfasserinnen und Verfassern kurz vorgestellt. Der größte Teil des Workshops wird dann der Darstellung und Diskussion von Gender/Diversity-Aspekten gewidmet, die diese Forschungen ergänzen und bereichern könnten.

Kontaktinformationen

M.A. Claude Draude
AG Soziotechnische Systemgestaltung & Gender
Tel: +49 (0)421 218-64358
E-Mail: cdraude@informatik.uni-bremen.de
WWW: http://www.informatik.uni-bremen.de/soteg/

M.Sc. Kamila Wajda
AG Digitale Medien in der Bildung; AG Soziotechnische Systemgestaltung & Gender
Tel: +49 (0)421 218-64368
E-Mail: kwajda@informatik.uni-bremen.de
WWW: http://dimeb.informatik.uni-bremen.de/

Prof. Dr. Susanne Maaß
AG Soziotechnische Systemgestaltung & Gender
Tel: +49 (0)421 218-64391
E-Mail: maass@informatik.uni-bremen.de
WWW: http://www.informatik.uni-bremen.de/soteg/

Fachbereich Mathematik/Informatik
Universität Bremen
Postfach 330440
28334 Bremen

Workshop:

Automotive HMI

Stefan Geisler

Rainer Heers

StefanWolter

H. Reiterer & O. Deussen (Hrsg.): Workshopband Mensch & Computer 2012
München: Oldenbourg Verlag, 2012, S. 343-346

Herausforderungen an zukünftige Bedienkonzepte und HMI Systeme im Automobil

Stefan Geisler[1], Rainer Heers[2], Stefan Wolter[3]

Institut Informatik, Hochschule Ruhr West[1]
Advanced HMI, Visteon Innovation & Technology GmbH[2]
Vehicle Interior Technologies, Ford Forschungszentrum Aachen GmbH[3]

Zusammenfassung

Benutzerschnittstellen im Fahrzeug stellen eine besondere Herausforderung in Konzeption und Entwicklung dar, steht doch eine einfache Bedienung in allen Fahrsituationen von Fahrerassistenzsystemen wie auch Komfort- und Unterhaltungsfunktionen im Vordergrund der Bedien- und Anzeigekonzepte. Zugleich treffen durch eine zunehmende Vernetzung des Fahrzeugs die langen Entwicklungszyklen von Kraftfahrzeugen auf die hochdynamische Welt von Mobiltelefonen und Internet-Applikationen. Weitere Herausforderungen ergeben sich durch absehbare Änderungen im Mobilitätsverhalten und die Einführung von Elektrofahrzeugen.

1 Einleitung

Die Anforderungen an die Benutzerschnittstellen im Automobil sind schon in den letzten Jahren enorm gestiegen. Eine Vielzahl von Fahrerassistenzsystemen, die auch von wenig technikinteressierten Menschen zu jeder Zeit und insbesondere in jeder Verkehrssituation einfach bedient und kontrolliert werden müssen, haben in moderne Autos von der Ober- bis zur Mittelklasse bis hin zu Kompaktklasse und Kleinwagen Einzug gehalten. Durch Technologien wie Car-to-X-Communication und Internet-basierten Applikationen gelangen weitere Informationen in das Fahrzeug, die weitere Auswirkungen auf die Interaktion zwischen Fahrzeug und Mensch haben werden.

Das Auto ist zudem auf dem Weg immer mehr Teil eines vernetzten Lebens zu werden. Waren die ersten Schritte der Connectivity im Großen und Ganzen auf eine weitere Audio-Quelle beschränkt, stehen nun Terminverwaltung, eMails, Webseitenzugriffe und Kommunikation in sozialen Netzwerken wie Facebook auf der Wunschliste bis hin zur Nutzung von Cloud-Services. Weitere aktuelle Herausforderungen bei der Entwicklung von Benutzer-

schnittstellen im Automobil liegen in den unterschiedlich langen Entwicklungs- und Lebens-
zyklen. Befindet sich ein elektronisches System im Auto bis zu 15 Jahre nach der Syste-
mentwicklung im Einsatz, so erscheinen innovative Apps für Mobilgeräte im Wochentakt.
Ihre Integration in das Fahrzeug HMI ist bisher sowohl auf technischer wie konzeptioneller
Seite nicht befriedigend gelöst.

Weitere Herausforderungen ergeben sich aus einem sich verändernden Nutzerverhalten insbesondere in weltweit anzutreffenden urbanen Ballungsräumen. Das Auto erhält hier eine
neue Rolle durch seine Integration in ein allgemeines Verkehrsszenario, in der weniger die
einzelnen Verkehrsmittel als ihr Zusammenspiel entscheiden. Individueller Verkehr kann
hier durch gemeinsam genutzte Fahrzeuge (car sharing) mit Massentransportmedien verbunden werden. Besondere Einflussfaktoren auf das Bedienkonzept der Zukunft stellen zudem
zukünftige Antriebskonzepte (Elektromotor, Brennstoffzelle) dar.

Grundsätzlich ist der Übergang von Fahrerinformationssystemen zu aktiven Interaktionssys-
temen längst vollzogen. Bei der zunehmenden Fülle von Informationen ist die Frage nach
„allgegenwärtigen & allumfassenden" Informationen insbesondere während der Fahrt brand-
aktuell, und Strategien zur (fahr-)situationsabhängigen Informationsselektion und
-darstellung sowie kritikalitätsabhängige Auswahl an Interaktionsmöglichkeiten sind gesucht. Eine weitergehende Automatisierung der klassischen Bestandteile der Fahraufgabe bis
hin zum teilautonomen Fahren ist absehbar. Auch dies wird sich auf das automobile HMI
auswirken. In den folgenden Abschnitten dieses Artikels soll ein Überblick über die Herausforderungen in verschiedenen Funktionsbereichen im Auto gegeben werden. Im Workshop
„Automotive HMI" sind zudem eine Reihe interessanter Themen tiefer im Detail betrachtet
worden. Die aus den zahlreichen Einreichungen ausgewählten Beiträge aus Forschung und
Wirtschaft sind im Folgenden abgedruckt. Sie spannen den Bogen von Fahrerassistenz über
(globale) Kundenanforderungen bis hin zu neuen Mobilitätskonzepten und Prozessmodellen
für die HMI Entwicklung.

2   Herausforderungen an das HMI im Auto

Die wesentlichen Herausforderungen ergeben sich in den Bereichen Infotainment, Fahrerassistenz und Automatisierung, Konnektivität, zukünftige Mobilitätsszenarien, Standardisierung und Modularisierung sowie Adaptivität.

2.1   Infotainment

Die Fülle an Funktionen, die in einem modernen Automobil dem Käufer meist als Option zur
Verfügung steht, hat enorme Ausmaße angenommen. War in früheren Zeiten ein einfaches
UKW Radio Stand der Dinge, so stehen heutzutage neben vielen Audioquellen (Radio, CD,
MP3, Satellitenradio etc.) auch Fahrzeuginformationen, Navigationssysteme, Telefonfunkti-
onen, Smartphone Apps und Internetzugänge zur Verfügung.

Als Benutzerschnittstelle steht hierbei je nach Fahrzeughersteller ein breites Angebot aus Touch Screens, zentralen Bedienelementen, Lenkradbedienelementen oder auch Sprachbedienung zur Verfügung. Je nach Auslegung lässt sich mit praktisch jeder Kombination aus Anzeige- und Bedienelementen eine ansprechende Benutzerschnittstelle mit guter Usability erzielen.

2.2   Fahrerassistenz und Automatisierung

Beschränkte sich in der Vergangenheit das Thema Fahrerassistenz auf Systeme wie den „klassischen" Tempomaten, so ist im Laufe der letzten Jahre eine Vielzahl weiterer Funktionen hinzugekommen. Durch eine deutliche Verbesserung und Massentauglichkeit von Sensorsystemen und Regelungselektronik kam es zu einer Einführung von Fahrerassistenzsystemen zur (halb)automatischen Längsführung (z.B. Abstandsregeltempomat), Querführung (etwa Lenkassistenten) sowie Einparkassistenten.

Praktisch alle Fahrerassistenzsysteme sind bislang durch eine starke Interaktion mit dem Fahrer geprägt. Auch wenn eine vollständige Automatisierung der Fahraufgabe noch in weiter Ferne zu liegen scheint, wird bereits intensiv an teilautonomen Systemen gearbeitet (Parkassistenz, aktive Spurhaltung, Notbremsassistent). Besonders kritisch ist hierbei eine handlungsorientierte Übernahmeaufforderung an den Fahrer, wenn das System die technische Kontrolle nicht mehr aufrechterhalten kann. Wichtig ist hierbei die Absicherung der Kontrollierbarkeit von Fahrerassistenzsystemen. Mit fortschreitender Technologieentwicklung und damit einhergehender Automatisierung des Fahrens werden immer mehr Aspekte der Fahraufgabe vom Fahrer auf das Fahrzeug übertragen, wobei er jederzeit alle Funktionen übersteuern kann und in der Verantwortung bleibt.

2.3   Connectivity

Zwei wesentliche Herausforderungen ergeben sich durch die Vernetzung des Fahrzeugs bzw. der darin befindlichen Insassen mit der Umwelt. Einerseits werden in Zukunft wesentliche Funktionen über Internet- bzw. Cloud-basierte Dienste angeboten (z.B. Navigationsdienste, server-basierte Sprachdialogsysteme), andererseits wird das Fahrzeug der Zukunft Informationen aus car-to-car und car-to-infrastructure Kommunikation erhalten, die es ermöglichen, adaptive Verkehrsmanagementsysteme (z.B. „Grüne Welle - Assistent") zu entwickeln oder auf konkrete Gefahrensituationen direkt zu reagieren.

2.4   Mobilität und Elektrifizierung

Generell ist festzustellen, dass sich das Nutzerverhalten und die Nutzerinteressen durch einige wesentlichen Trends weiterentwickeln werden. Insbesondere in urbanen Ballungsräumen werden Elektrofahrzeuge und neue Fahrzeugbesitzkonzepte (car sharing etc.) zu einer Erweiterung und Ergänzung der Anforderungen an im Fahrzeug vorhandene Systeme und Funktionen führen. Vor allem Szenarien, die häufig wechselnde Nutzer ein und desselben Fahrzeugs beschreiben, zeigen ein Extrembeispiel für Anforderungen an eine einfache und intuitive Bedienung.

2.5 Modularisierung der HMI Systeme

Der allgemeine Trend der technischen Entwicklung von Hardware- wie Software-Systemen im Automobil geht hin zu einer weitgehenden Modularisierung der Plattformen und Architekturen, um diverse Funktionen in vielfacher Ausprägung und für verschiedene Modelle mit vertretbarem Aufwand realisieren zu können. In detaillierten Prozessmodellen, mit verschiedenen Entwicklungsmethoden und modularen Software-Architekturen arbeiten Hersteller- und Zulieferer daran, übergreifende Standards für neue automobile HMI Systeme zu entwickeln, um Qualität, Zeit und Kosten der Produktentwicklung zu optimieren.

2.6 Adaptivität

Offensichtlich wächst die Variantenvielfalt der Fahrzeugmodelle stetig an. Regionale Anpassungen der Bedienkonzepte an Nutzerwünsche beginnen mit der eingestellten Sprache und der Orientierung der Schrift über regionale Anpassungen der Menüstruktur und enden beim Austausch der gesamten grafischen Benutzeroberfläche. Diese Vielfalt bietet weitere Anpassungsoptionen an einzelne Nutzergruppen, etwa altersabhängig oder angepasst an bestimmte Nutzungsszenarien, oder auch die Option, einzelne Dienste im Auto aus persönlichen Gründen an- oder auszuschalten.

3   Ausblick

Die Zukunft des automobilen HMI bleibt spannend. Die Anzahl angebotener Funktionen wird weiter zunehmen, ebenso die Mannigfaltigkeit der Interaktionsmodalitäten. Zusätzlich zu Touch Screens und zentralen Bedienelementen wird es vermehrt zum Einsatz von natürlich-sprachlicher Interaktion, Avatardarstellungen von virtuellen Assistenten sowie von Head-Up Displays bis hin zu Augmented Reality Systemen kommen. Weitere Optionen ergeben sich durch taktile oder räumliche Gestensteuerungen, haptisches Feedback an Touch Screens oder Touch Pads. Die Rolle des Autofahrens wird durch teilautonome Systeme neu definiert und das Management der Fahreraufmerksamkeit und der Fahrerbeanspruchung (adaptives, aktives Workload Management) wird neu zu konzipieren sein. Ein kontextabhängiges HMI und der Einsatz vernetzter Assistenzsysteme erfordern eine erweiterte Fassung, was unter einer einfach zu bedienenden Mensch-Maschine Schnittstelle zu verstehen ist. Die allgemeinen Veränderungen menschlicher Mobilität werden auch die Rolle des Autos neu definieren und zu neuen Fahrzeug- und HMI-Konzepten führen.

Kontaktinformationen

Prof. Dr. Stefan Geisler, E-Mail: stefan.geisler@hs-ruhrwest.de
Dr. Rainer Heers, E-Mail: rheers@visteon.com
Stefan Wolter, E-Mail: swolter3@ford.com

H. Reiterer & O. Deussen (Hrsg.): Workshopband Mensch & Computer 2012
München: Oldenbourg Verlag, 2012, S. 347-354

Analyse von Modellierungssprachen für Infotainmentsysteme

Marius Orfgen, Moritz Kümmerling, Gerrit Meixner

Deutsches Forschungszentrum für Künstliche Intelligenz (DFKI)

Zusammenfassung

Die Entwicklung von Mensch-Maschine-Schnittstellen (Human-Machine-Interfaces, HMIs) für die Automobilindustrie ist eine aufwändige und komplexe Aufgabe, die verschiedene Firmen (Hersteller, Zulieferer, Übersetzungsbüros, Designer) und Teams mit unterschiedlichen Hintergründen umfasst. Eine Möglichkeit, um die aktuellen, aus Defiziten in Kommunikation und Dokumentation entstehenden Probleme zu lösen, ist die Formalisierung der Spezifikation um sie leichter lesbar, strukturierbar und analysierbar zu machen. Das Projekt automotiveHMI zielt darauf, ab den aktuell Stand der Praxis zu verbessern, indem eine domänenspezifische Modellierungssprache für die HMI-Entwicklung erstellt werden soll. Im Rahmen einer Analyse wurden Anforderungen für eine solche Modellierungssprache erhoben. Dieser Beitrag stellt als ein erstes Projektergebnis die Bewertung mehrerer existierender Modellierungssprachen anhand der erhobenen Anforderungen vor.

1 Einleitung

Verschiedene Studien (z.B. Dannenberg & Burgard 2007) zeigen, dass über 80% heutiger Innovationen im Automobilbereich auf Elektronik und ihrer Software basieren. Diese Innovationen können in die Gruppen „Versteckte Technologien" (beispielsweise ASP, ESP), Komfortfunktionen (beispielsweise Navigation, Kommunikation, Entertainment) und Fahrerassistenz (beispielsweise Abstandsmessung) unterteilt werden. Speziell die letzten beiden Kategorien müssen vom Benutzer konfigurierbar sein und erfordern deshalb ein Mindestmaß an Fahrerinteraktion. Daraus folgt die Notwendigkeit für eine moderne und konsistente Benutzungsschnittstelle die auf der einen Seite die Konfiguration dieser Systeme erlaubt, auf der anderen Seite den speziellen Anforderungen der Automobilindustrie angepasst ist. Beispiele für solche Anforderungen sind:

- Die Interaktionsgeräte (Eingabe- und Ausgabegeräte) müssen in einen stark begrenzten Raum integriert werden

- Die Benutzungsschnittstelle muss intuitiv bedienbar und adaptiv sein, da die Fahrer im Allgemeinen keine ausführliche Erklärung bekommt.

- Die Benutzungsschnittstelle muss sehr einfach benutzbar sein und den Fahrer so wenig wie möglich von seiner eigentlichen Aufgabe, dem Führen des Fahrzeugs, ablenken.

Zusätzlich mit der wachsenden Anzahl an konfigurierbaren Systemen im Automobil gibt es die Notwendigkeit, kürzere Entwicklungszyklen und geringere Kosten für die Entwicklung der Benutzungsschnittstelle umzusetzen, um kompetitiv bleiben zu können.

Ein Hauptquelle von Problemen bei der Entwicklung von Benutzungsschnittstellen ist der Kommunikationsoverhead, der durch informelle Spezifikation entsteht. Dieser Overhead wird benötigt, um die Ungenauigkeiten und Inkonsistenzen des Spezifikationsdokuments zu reduzieren. Ein formalerer Ansatz zur Spezifikation dürfte diesen Overhead dramatisch reduzieren, was kürzere Entwicklungszeiten, Kostenersparnisse und weniger Fehler zur Folge hätte.

Die formale Spezifikation von Benutzungsschnittstellen wird im Kontext modellbasierter Entwicklung von Benutzungsschnittstellen (Model-based user interface development, MBUID) (Hußmann et al. 2011, Meixner et al. 2011) erforscht und resultierte in den letzten Jahren in der Erstellung und Veröffentlichung einer großen Anzahl von Spezifikationssprachen für unterschiedliche Aspekte der Entwicklung. Um herauszufinden, welche der existierenden Modellierungssprachen für den Zweck der Modellierung von Benutzungsschnittstellen im Automobilbereich geeignet sind, wurde eine umfassende Analyse der Entwicklung in der Automobilindustrie durchgeführt.

Der Rest des Beitrages ist wie folgt strukturiert: Kapitel 2 gibt eine Einführung in das Projekt automotiveHMI. In Kapitel 3 werden die Ergebnisse der Analyse der Entwicklungsprozesse in Kooperation mit Partnern der Automobilindustrie vorgestellt. In Kapitel 4 werden, die aus der Analyse gewonnen Kriterien auf eine Reihe verbreiteter Sprachen angewandt, um eine passende Sprache zu identifizieren oder den Bedarf an einer neuen Sprache darzustellen. Kapitel 5 schließt den Beitrag mit einem Fazit ab.

2   Das Projekt automotiveHMI

Das öffentlich geförderte Forschungsprojekt automotiveHMI besteht aus mehreren Partnern der deutschen Automobilindustrie sowie zwei Forschungsinstituten. Die Industriemitglieder sind Automobilhersteller (Original Equipment Manufacturer, OEM), Zulieferer und Entwickler von Softwarewerkzeugen, die zusammen die komplette Entwicklungskette für automobile HMI-Systeme abdecken (Kümmerling & Meixner 2011).

Zentrales Element des Projekts ist ein modellbasiertes Spezifikationsformat, auf dem Methoden zur Middleware-Kommunikation und zum modellbasierten Testen aufbauen. Dieses Spezifikationsformat soll die Erstellung und den Austausch von teilformalen Spezifikationen für HMIs im Automobilbereich erlauben. Aktuelle HMI-Entwicklungsprozesse enthalten verschiedene, inkonsistente Workflows und heterogene Werkzeugketten. Die ausgetauschten

Anforderungen sind oft inkonsistent, redundant, unvollständig und normalerweise nicht maschinenlesbar. Unter diesen Umständen wird ein großer Aufwand zwischen OEM und Zulieferer benötigt, bis eine einheitliche Vorstellung des HMIs erarbeitet ist. Design- und Programmfehler werden oft erst erkannt, wenn der Zulieferer die erste Software-Version an den OEM schickt. Zu diesem späten Zeitpunkt sind Änderungen sehr kostenintensiv und Verhandlungen in Bezug auf Anforderungsanfragen (Change Requests) werden häufig auftretende Zeitfresser.

Das Ziel des Projektes ist es daher, eine Spezifikationssprache zu erstellen, die es den unterschiedlichen Mitgliedern der Entwicklungskette erlaubt, Anforderungen zu spezifizieren und auszutauschen. Es gibt weiterhin Bestrebungen, die Sprache als Industriestandard zu etablieren, um die Kommunikation zwischen beliebigen Paaren von OEMs und Zulieferern zu fördern und die Entwicklung von Software-Werkzeugen zu vereinfachen.

Weiterhin bietet die Modellierungssprache domänenspezifische Vorteile, da sie auf einen bestimmten Einsatzzweck zugeschnitten ist (Ghosh 2011):

- Sie benutzt Begriffe und Bedeutungen aus der Domäne
- Sie erlaubt Domänenexperten, die Spezifikation zu erstellen
- Umsetzung und Domäne sind sich näher
- Die Produktivität wird erhöht, da Änderungen auf der Domänenebene und nicht der Codeebene durchgeführt werden

Das Projekt automotiveHMI nutzt Ansätze aus dem Gebiet der modellbasierten UI-Entwicklung um eine Modellierungssprache zu erstellen, die die Anforderungen in Bezug auf Formalität und Korrektheit erfüllt.

Die Einführung eines modellbasierten Austauschformats wird als Schnittstelle zwischen den Prozessteilnehmern dienen und so die aktuell existierenden Medienbrüche vermeiden. Das Austauschformat erlaubt die Beschreibung von Layout, Struktur und Verhalten unabhängig von der finalen Infotainment-Hardware und -Software.

3   Analyse bei den Projektpartnern

Im Rahmen des Projekts wurde mit den Industriepartnern (sowohl OEMs als auch Zulieferern) ein strukturiertes Interview durchgeführt, um die jeweiligen Vorgehensweisen zu erheben, ihren Entwicklungsprozess kennenzulernen und die beteiligten Rollen zu identifizieren (Orfgen et al. 2011).

Die sechs Partner wurden in einem 3-stufigen Analyseprozess mithilfe eines Fragebogens mit über 160 Fragen sowie einem eintägigen Interview mit 2 bis 10 Teilnehmern pro Partner befragt. Aus den Resultaten der Fragebögen und dem Interview wurde pro Partner ein Dokument erzeugt, das den Partnern zum Review geschickt wurde. Abschließend wurde auf

Basis der finalen Dokumente ein partnerunabhängiger Referenzprozess für die zukünftige Entwicklung im Infotainment-Bereich erstellt.

Nachfolgend werden die Kriterien vorgestellt, die sich u.a. aus den harmonisierten Analyseergebnissen ergaben.

1. **Unterstützung von Versionsmanagement**: Ein großes aktuelles Problem bei der iterativen Entwicklung ist das Versionsmanagement. Verschiedene Partner arbeiten mit unterschiedlichen Versionen der Spezifikation. Ein sinnvoller automatischer Vergleich von Versionen ist somit nicht möglich. Die Folge sind bspw. Änderungen, die übersehen werden, Inkonsistenzen etc.

2. **Variantenmanagement**: Da Konzepte und Anforderungen sich in einem ständigen Fluss befinden, ist es wichtig, verschiedene Varianten einer Ausgestaltung zu erfassen. Die Erfassung muss zur Vermeidung von Medienbrüchen auf der Ebene der Modellierungssprache erfolgen. Ebenso sollen die Entscheidungen, die zu einer Variante geführt haben, dokumentiert werden.

3. **Definition eines Zustandsautomaten**: Kernstück der dynamischen Verhaltensbeschreibung einer HMI ist ein Zustandsautomat. Dieser definiert, in welchem Zustand welche Screens angezeigt werden und in Abhängigkeit von welchen Systemzuständen und Benutzerinteraktionen welche Transitionen ausgeführt werden, um andere Screens zu erreichen. Die HMI-Modellierungssprache muss die Möglichkeit zur Speicherung von Zustandsautomaten bieten.

4. **Unterstützung von abstrakten Screens**: Ein wichtiges Bindeglied der Kommunikation zwischen Interaktionsgestalter und Oberflächendesigner ist die Definition abstrakter Screens. Dabei wird das funktionale Verhalten eines Screens beschrieben (welche Informationen werden dem Benutzer mitgeteilt, welche Aktionen kann er auslösen?) ohne das Aussehen vorzugeben. Der Oberflächendesigner entscheidet dann, welche Modalitäten für die Interaktion zwischen Mensch und Maschine verwendet werden und wie diese aussehen oder sich anhören sollen.

5. **Unterstützung von konkreten Screens**: Um die Designs der Oberflächendesigner zu kommunizieren, werden Beispielbilder von Screens verwendet. Diese sollen direkt in der Sprache oder über Verlinkung hinterlegt werden können. Dieses Kriterium geht über externe, verknüpfbare Daten hinaus, da die Screens bei der Prototypenerstellung Verwendung finden können und um Annotationen und Metadaten erweitert werden.

6. **Möglichkeit zur Annotation von Elementen**: Vollständige Formalisierbarkeit einer Spezifikation ist ein nicht erreichbares Ziel. Sie wird daher immer informelle Elemente enthalten, zum Beispiel Texte oder Bilder. Die Modellierungssprache muss daher die Annotation von Elementen mit Texten, Bildern oder Verweisen unterstützen.

7. **Definition von informellen Anforderungen**: Gerade in frühen Stadien der Spezifikation sind viele Anforderungen nicht direkt formal fassbar, andere werden es nie sein. Daher ist es wichtig, dass informelle (textuelle oder grafische) Anforderungen in die Spezifikation

eingefügt werden können, um einen Medienbruch zu vermeiden. Dieser entstünde, wenn diese Anforderungen in Form von externen Dokumenten ausgetauscht würden.

8. **Metadaten für Anforderungen**: Anforderungen können unterschiedliche priorisiert, veraltet, erledigt oder unerledigt sein oder zu bestimmten Kategorien gehören. Es ist wichtig, Anforderungen mit Metadaten anreichern zu können, um sie bspw. schneller durchsuchbar oder verknüpfbar zu machen.

9. **Verfolgbarkeit von Anforderungen**: Ein großes Problem des aktuellen Ansatzes ist die große Unübersichtlichkeit, die bei sehr großen Dokumenten entsteht. Daher ist es wichtig, Verweise zwischen Anforderungen setzen zu können, um die Auswirkung der Änderung einer Anforderung oder die Anforderung für eine spätere Entscheidung finden zu können (Traceability).

10. **Verweisbarkeit auf externe Daten**: Die Spezifikation besteht teilweise aus externen Daten wie Beispielbildern, Prototypen, Animation oder Sounds. Aus der Spezifikation muss auf diese externen Daten verwiesen werden können.

11. **Offene, standardisierte, kostenlos nutzbare Modellierungssprache**: Wenn sich die Modellierungssprache als Industriestandard durchsetzen soll, muss sie die kostenlose Nutzung und die Erstellung von Tools ermöglichen. Sie muss daher offen und standardisiert sein und darf nicht unter Lizenzgebühren stehen. Ein wichtiger Faktor ist an dieser Stelle auch die Möglichkeit zur Erweiterung der Modellierungssprache für zukünftige Anforderungen.

12. **Einfache Integration mit Tools**: Vergangene Ansätze zur Schaffung einer einheitlichen Modellierungssprachen scheiterten zumeist daran, dass keine Werkzeuge zur Verfügung standen, die gleichzeitig einfach bedienbar waren (bzw. auf die entsprechende Rolle zugeschnitten) und trotzdem das Verändern aller relevanten Teile des Modells erlaubten. Die Modellierungssprache sollte es erlauben, auf einfache Art für den jeweiligen Nutzer und das jeweilige Programm relevante Aspekte auszulesen und zu verändern und dabei die interne Konsistenz der Sprache zu erhalten.

13. **Unterstützung iterativen Vorgehens**: Der HMI-Entwicklungsprozess gestaltet sich iterativ. Daher muss die Spezifikation ebenfalls iterativ erweiterbar bzw. änderbar sein, wobei Artefakte späterer Stufen weitestgehend erhalten bleiben müssen. Daher ist ein Wasserfall-Ansatz inakzeptabel.

14. **Unterstützung von Prototyping**: Ein aktuelles Problem ist die mangelnde Erlebbarkeit der Spezifikation. Dies führt dazu, dass unter Umständen Abläufe spezifiziert werden, die später schlecht bedienbar sind. Während die Erzeugung von Prototypen eine Anforderung an ein Tool ist, muss die Modellierungssprache dynamische und statische Aspekte des HMI in einer maschinenlesbaren Form vorhalten, die sich automatisch in einen erlebbaren Prototypen transformieren lässt.

15. **Unterstützung von Multimodalität**: Aktuelle Trends in der Automobilindustrie gehen in Richtung Spracheingaben und Sprachausgaben sowie taktiles Feedback. Eine Modellierungssprache, die eine gewisse Lebensdauer haben soll, darf sich nicht nur auf eine

Modalität beschränken, sondern muss die Möglichkeit zur Erweiterung auf neue Bedien-
ansätze erlauben (Multimodalität).

16. **Flexibilität bezüglich der Prozesse**: Die Sprache darf keinen bestimmten Entwicklungsprozess voraussetzen. Vielmehr muss ihre Verwendung an bestehende Prozesse angepasst
werden können, beispielsweise durch die Verwendung nur einzelner Bestandteile der
Sprache.

17. **Hinreichende Abstraktion der Modellierungssprache**: Ein aktuelles Problem von
HMI-Modellierungssprachen ist die konkrete Anwendbarkeit der Sprachen. Diese sind
entweder sehr spezialisiert (z.B. im Hinblick auf einen bestimmten Prozess oder, bei For-
schungsprodukten, Demonstrationen eines bestimmten Forschungsgebiets wie automatische Validation oder Generation) oder sie sind zu allgemein (z.B. eine generische, hierarchische Struktur für Screens ohne jede Einschränkung). Eine in der Praxis benutzbare
Sprache sollte daher in der Mitte angesiedelt sein und einerseits flexibel in Bezug auf
Ausdrucksmächtigkeit und Prozessunabhängigkeit sein, auf der anderen Seite aber schon
hinreichend konkret, um ohne großen Schreibaufwand die notwendigen Informationen
auszudrücken. Dies bedingt auch die leichte Maschinenlesbarkeit der Sprache. Wichtiger
Faktor ist hier auch die Unabhängigkeit von einer Implementierungssprache.

18. **Referenzierung von Informationen**: Redundante Angaben innerhalb der Spezifikation
erhöhen den Wartungsaufwand und die Wahrscheinlichkeit für Widersprüche. Daher sollten Information möglichst nur an einer Stelle vorliegen („Don't repeat yourself"-
Konzept), auf die referenziert wird.   Beispielsweise kann durch die Festlegung von
grundlegenden Screen-Templates der Spezifikations- und Implementationsaufwand pro
Screen deutlich vermindert werden.

4   Anwendung der Kriterien auf existierende
Modellierungssprachen

Die in Kapitel 3 identifizierten Kriterien wurden auf existierende Modellierungssprachen
angewandt, um zu überprüfen, ob es eine Modellierungssprache gibt, die den Anforderungen
der Praxis genügt. Die Sprachen umfassten sowohl domänenspezifische als auch generelle
Ansätze. Abbildung 1 zeigt eine Übersicht des Ergebnisses der Sprachanalyse.

Keine der Modellierungssprachen unterstützt eine Versionierung oder die Definition von
Anforderungen. Ebenfalls liefert keine Modellierungssprache eine hinreichende Abstraktion,
da sie entweder zu konkret oder zu abstrakt sind. Manche Modellierungssprachen unterstützen Variantenmanagement, andere Zustandsautomaten, abstrakte Screens, Annotierbarkeit,
Standardisiertheit, Toolunterstützung, Prototypen oder Multimodalität. Viele Modellierungssprachen unterstützen konkrete Screens, Verweisbarkeit auf externe Daten, Unterstützung
iterativen Vorgehens, Flexibilität bezüglich der Prozesse und Referenzierung von Informationen.

	Unterstützung von Versionsmanagement	Variantenmanagement	Definition eines Zustandsautomaten	Unterstützung von abstrakten Screens	Unterstützung von konkreten Screens	Annotierbarkeit von Elementen	Definition von informellen Anforderungen	Metadaten für Anforderungen	Verfolgbarkeit von Anforderungen	Verweisbarkeit auf externe Daten	Standardisierte Modellierungssprache	Vorhandensein eines einfachen Tools	Unterstützung iterativen Vorgehens	Unterstützung von Prototyping	Unterstützung von Multimodalität	Flexibilität bezüglich der Prozesse	Hinreichende Abstraktion der Sprache	Referenzierung von Informationen	Summe
IML					X					X			X		X	X		X	6
OEM-XML		X	X		X					X			X	X	X	X		X	9
ICUC			X		X					X			X	X		X		X	7
AbstractHMI			X	X						X			X			X		X	6
Teresa-XML				X							X								2
UIML					X					X	X	X				X		X	6
useGUI					X								X	X	X	X		X	6
DISL			X	X															2
UsiXML				X	X					X	X		X		X	X			7
XIML				X	X	X				X						X		X	6
SEESCOA XML					X					X						X			3
Summe	0	1	4	5	8	1	0	0	0	8	3	1	6	3	4	9	0	7	

Abbildung 1: Tabellarische Übersicht über das Ergebnis der Sprachanalyse

OEM XML (Brunhorn 2007), ICUC (Hübner & Grüll 2007) und UsiXML (Vanderdonckt et al. 2004) erfüllen die meisten Kriterien. Die beiden ersten Modellierungssprachen sind domänenspezifisch, während UsiXML eine allgemeine Modellierungssprache für Benutzungsschnittstellen ist. Alle drei Modellierungssprachen können bspw. genutzt werden um konkrete Screens zu modellieren oder auf externe Daten zu verweisen. Sie unterstützen iteratives Vorgehen und Flexibilität bezüglich der zugrundeliegenden Entwicklungsprozesse.

5 Fazit

Generell kann gesagt werden, dass die analysierten Sprachen einen zu engen Fokus für die in diesem Projekt geforderten Anforderungen haben. Die Sprachen mit Bezug zur Automobilindustrie sind eher als Austauschformate während der Entwicklung gedacht und unterstützen die Spezifikation nur gering. Die Definition von informellen Anforderungen wird von keiner Modellierungssprache abgedeckt. Besonders schlecht schnitten während der Analyse die Sprachen für die Modellierung von abstrakten Screens ab, da diese keine Unterstützung für konkrete Aspekte der Benutzungsschnittstelle haben. Aus Projektsicht ist ein zentraler Punkt die Verfolgbarkeit von Anforderungen an die Benutzungsschnittstelle. Hier existiert aktuell ein Medienbruch zwischen Spezifikation und Entwicklung. Da die Spezifikation innerhalb der Modellierungssprachen nicht durchgeführt werden kann, ist keine automatische Verfolgbarkeit erreichbar.

Insgesamt sind die domänenspezifischen Sprachen ein guter Ausgangspunkt, da diese die meisten Kriterien erfüllen. Eine Sprache, die die konkreten Konzepte aus einer solchen Sprache mit der Möglichkeit zur Spezifikation vereint, existiert bisher nicht. Im Rahmen des

Projektes automotiveHMI wird die Entwicklung einer Modellierungssprache angestrebt, die die o.g. Kriterien erfüllen soll.

Danksagung

Die Forschungsergebnisse, die in dieser Veröffentlichung beschrieben werden, werden im Rahmen des Projektes automotiveHMI durchgeführt. Das Projekt automotiveHMI wird vom Bundesministerium für Wirtschaft und Technologie unter dem Kennzeichen 01MS11007 gefördert.

Literaturverzeichnis

Brunhorn, J. (2007). *XML-Sprache zur Beschreibung von HMIs für Infotainmentsysteme und Kombiinstrumente*. Language Specification 1.0. Carmeq GmbH / OEM Arbeitskreis HMI Methodik.

Dannenberg, J. & Burgard, J. (2007). *Innovationsmanagement in der Automobilindustrie*. Oliver Wyman.

Ghosh, D. (2011). DSL for the Uninitiated. *Communications of the ACM, 54(7)*, 44-50.

Hess, S., Groß, A., Maier, A., Orfgen, M. & Meixner, G. (2012). Model-Driven User Interface Design in the Automotive Industry, Submitted for the *4th International Conference on Automotive User Interfaces and Interactive Vehicular Applications (AutomotiveUI) 2012*, Portsmouth, NH, USA.

Hübner, M. & Grüll, I. (2007). *ICUC-XML Format*. Format Specification Revision 14. Elektrobit.

Hußmann, H., Meixner, G. & Zühlke, D. (2011). *Model-Driven Development of Advanced User Interfaces*. Heidelberg: Springer.

Kümmerling, M. & Meixner, G. (2010). Model-Based User Interface Development in the Automotive Industry. *3rd International Workshop on Multimodal Interfaces for Automotive Applications (MIAA)*. Palo Alto, USA, 41-44.

Meixner, G., Paternó, F. & Vanderdonckt, J. (2011). Past, Present, and Future of Model-Based User Interface Development. *i-com, 10(3)*, 2-11.

Orfgen, M., Kümmerling, M., Groß, A., Eisenbarth, M., Klaus, A., Nägele, F., Maier, A. & Meixner, G. (2011). Interdisziplinäre modellgetriebene HMI-Entwicklung im Automobilbereich, *53. Fachausschusssitzung Anthropotechnik der Deutschen Gesellschaft für Luft- und Raumfahrt Lilienthal-Oberth e.V.*, Neu-Isenburg, 229-242.

Vanderdonckt, J., Limbourg, Q., Michotte, B., Bouillon, L., Trevisan, D. and Florins, M. (2004). USIXML: A User Interface Description Language for Specifying Multimodal User Interfaces. *W3C Workshop on Multimodal Interaction*, Sophia Antipolis, Frankreich, 25-42.

Kontaktinformationen

Marius Orfgen, Moritz Kümmerling, Dr. Gerrit Meixner
E-Mail: {Vorname.Nachname}@dfki.de

Deutsches Forschungszentrum für Künstliche Intelligenz (DFKI),
Innovative Fabriksysteme (IFS)
Trippstadter Straße 122, D-67663 Kaiserslautern

H. Reiterer & O. Deussen (Hrsg.): Workshopband Mensch & Computer 2012
München: Oldenbourg Verlag, 2012, S. 355-362

Making automated driving support – Method for Driver-Vehicle task allocation

Arie P. van den Beukel, Mascha C. van der Voort

Faculty of Engineering Technology, University of Twente, The Netherlands

Abstract

For partly automated driving, allocation of (sub)tasks between driver and vehicle is often considered from a technological or legal point-of-view. However, partial automation often leads to reduced operability after transitions to manually driving. Therefore, this paper presents a concise method for a more distinct task-allocation whilst accounting for various aspects influencing out-of-the-loop performance problems, among which: system complexity, avoidance of errors, ability to correct and comfort. To investigate how the method should account for these aspects, the impact of different levels of automation on task performance in general and recovery tasks in particular was considered. Next, we considered how required attention and effort influences avoidance of errors and satisfaction. After presenting the method, exemplary assessment of task allocation for an automated-parking system, showed how the provided method helps to develop new systems for partly automated driving.

1 Introduction

The driving task is a complex task. It does not only demand visual-motoric skills, but is also cognitively demanding: It requires decision making within complex and various traffic situations. Therefore, car manufacturers put a lot of effort in solutions to assist the driver: making driving safer and more comfortable. Driver assistance also has the potential to reduce mobility problems, by increasing traffic flow (Van Arem, 2006). An advanced form of driver assistance is *automated driving,* which' technical feasibility is shown in projects like Stadtpilot (Heitmüller, 2010). Nevertheless, due to the diversity of driving tasks it seems unlikely that automation will be applicable for all traffic situations (Van den Beukel, 2010). As a consequence, systems for automated driving should account for *partial* automation; i.e. supporting both automated and manually driving. However, partial automation causes new concerns, while placing the driver (operator) remote from the control loop reduces the operator's awareness of the situation or system's status. Especially when system errors, malfunction or breakdowns occur, this results in slower reaction times (Wickens, 1992) and misunderstanding what corrective actions need to be taken (Kaber & Endsley, 1997). When accidents occur, this in turn also causes reliability issues.

In view of the potential benefits of automated driving and the identified concerns, this paper advocates deployment of a method for a more distinct allocation of (sub)tasks to either man or machine. Knowing that the feasibility and acceptance of a partly automated system relate to various aspects (among which: complexity, avoidance of errors, ability to correct, comfort and trust), this paper investigates how a method for task allocation could account for these aspects. First, knowledge will be retrieved how operability and task performance is –in general– influenced by dividing (sub)tasks between man or machine. Next, desired steps that should be considered for allocation will be explained. An example of task allocation for semi-automated parallel parking will be given, before the paper concludes to what extend the provided method for task allocation helps developing systems for semi-automated driving, whilst avoiding before mentioned problems.

2   Influence of degrees of automation on performance

Different definitions with degrees of automation exist. Many definitions refer to technical feasibility, some refer to legal implications (see example in table 1), but most definitions do not refer to what humans are in need for (Hollnagel, 2006).

> **"High Automation:** The system takes over longitudinal *and* lateral control; the driver must no longer *permanently monitor* the system. In case of a take-over request, the driver must *take-over* control within a *certain time buffer."*

Table 1: Exemplary definition of a degree of automation called 'high automation', referring to obligatory consequences for transitions of control. Example adapted from German federal institute for road research (Bast).

For our desired method of tasks allocation we prefer to use a definition from Endsley and Kaber (1999), called Levels of Automation (LOA). The reason is that the LOAs have been tested for task performance also after automation terminated. Hence, the results provide insight in how different degrees of automation relate to the ability to recover and will therefore be an important contribution to the avoidance of out-of-the-loop (OOTL) performance problems. The defined LOAs and results from the test will now be explained.

2.1   Levels of Automation

Endsley and Kaber refer with their defined Levels of Automation (LOA) to the complete control-loop to perform tasks: The levels contain human and/or computer allocation of the following (sub)tasks: (a) *Monitoring*: Perceiving information regarding system status and/or the ability to perform tasks, (b) *Generating*: Formulating options or strategies to achieve tasks, (c) *Selecting*: Deciding on a particular option or strategy, and (d) *Implementing*: Carrying out the chosen option. From 10 theoretically possible LOAs (Endsley & Kaber, 1999), we acknowledge 5 levels relevant for automated driving, which are indicated and explained in table 2. Because it is difficult for either the human or machine to perform any task without directly monitoring either the state of the system or inputs from the other, functions are sometimes allocated to both human and computer.

Levels of Automation:	Mon.[1]	Gen.[2]	Sel.[3]	Imp.[4]	Examples:
Advising[a]	*H/C*	*H/C*	*H*	*H/C*	*Lane change assist*
Intervention[b]	*H/C*	*H/C*	*C*	*C*	*Cruise control*
Action Support	*H/C*	*H*	*H*	*H/C*	*Automated gear box*
Supervisory Control	*H/C*	*C*	*C*	*C*	*Highly automated driving*
Full Automation	*C*	*C*	*C*	*C*	

Table 2: Levels of automation and their allocation to tasks within a control-loop. Adapted from Endsley & Kaber (1999). Meaning of abbreviation: [1]) Monitoring; [2]) Generating; [3]) Selecting; [4]) Implementation of options. Remarks: [a])Originally called: Shared Control. [b])Originally called: Automated Decision Making.

As mentioned, Endsley and Kaber tested LOAs for task performance, also after automation terminated. Their test consisted of a visual-motoric computer based task, requiring information retrieval, information processing, decision making and acting. Test subjects saw on a computer screen objects travelling (with different sizes and different speeds) from an outer circle to the centre. The objective was to eliminate as much as possible objects by clicking 'on' them, using a mouse pointer. Performance was measured by counting scores for eliminating the objects. These scores depended on size and speed of the objects, evoking different strategies for a participant to optimize performance. Automation levels varied between e.g. advising on a strategy, imposing a strategy or automatically executing a (humanly defined) strategy. The avoidance of out-of-the-loop (OOTL) performance problems was assessed by deliberately (but unannounced) stopping the automation. Then performance was measured after automation failure and compared between different LOAs.

2.2   Effects of LOA on human/system performance

The results of testing LOAs (Endsley & Kaber, 1999) showed the following effects on human and/or system performance: Overall operator/system performance proved to be best for LOAs involving partial automation of the implementation aspect of a task, as is the case with *Action Support*. With regard to option-generation, purely human generation of options (Action Support) and purely computer generation of options (*Supervisory Control* and *Full Automation*), performed far better than joint human-computer generation of options (like with *Advising* and *Intervention*). This low performance can be explained by distraction and doubts that humans encounter during joint human-computer selection of options and is in agreement with previous research (Selcon, 1990). The results advocate that option-generation should be performed by either the human or the machine. With respect to performance after automation failure, recovery was lowest (i.e. 'fastest') for Action Support. This result indicates that the ability to recover from automation failures improves with partly automation requiring some operator interaction in the implementation role.

2.3   Influence of human attention and effort on performance

Knowledge how task performance relates to required human attention and effort, is also important for the allocation of tasks. Rasmussen (1982) provides a generally accepted hierarchy of levels for human task performance and distinguishes: skill-based, rule-based and knowledge-based performance. Now, we will consider how human performance on each of these levels influences overall performance and the avoidance of errors.

Skill-based performance involves tasks that are highly trained and occur as an almost 'automatically' reaction on sensory input. Skill-based performance has therefore the advantage of fast responses and requires very little attention. However, the presentation of information that triggers automatic responses can be so strong, that other information could be ignored. Mistakes typically occur during exceptional situations when drivers fail to identify changed information, causing the execution of a false routine (Martens, 2007). *Rule-based* performance involves tasks that are characterized by a strong top-down control: A situation triggers choice of a particular schemata and then actions are applied according to this scheme. Therefore, misinterpretation-errors, causing operators to apply the wrong rule, are the main risk for deteriorated performance at this level. Problems may as well occur if people lack knowledge about the rule that should be applied. *Knowledge-based* performance involves tasks that require a high level of cognitive attention to interpret new information and to acquire solutions. Errors on this level are mainly caused by inaccurate knowledge, inadequate analysis-skills or task overload as knowledge-based tasks are demanding. Furthermore, the task is impaired by adding another (sub)task (Patten et.al., 2004).

3   Allocation of tasks between driver and vehicle

The previous chapter explained how division of automation over (sub)tasks and required human effort, generally influence the aspects: (a) overall task performance, (b) the ability to correct and (c) the avoidance of errors. Although feasibility and acceptance of a partly automated system relate to more aspects, these aspects are among the most important, as they all three counter-influence both feasibility and acceptance. After an introductory remark, the next section will therefore present a concise plan with 6 steps to allocate tasks whilst considering all aspects mentioned in the Introduction.

Before applying the steps below, it first should be investigated what subtasks are involved in the overall task that is under consideration for (partial) automation. The reason is that for some steps it is necessary to know how the subtasks are divided over the control-loop (i.e. concerning either sensing of information, processing information or acting) and with what performance level the subtasks are generally executed. Now we will explain the steps:

1. Obligatory allocation

   The first step considers allocation based on an obligatory selection between human or computer task performance, i.e. due to legislation and/or liability. An example is selecting human performance for operating the steering wheel within a system for lane change assist, allowing the human to take full responsibility for this task.

2. Consider feasibility

Within the second step, it should be considered whether computer or machine-based allocation is both technically possible and efficient. Technology develops continuously and the technical possibility for automated driving is shown in practise. However, it should also be considered whether computer-based performance of a (sub)task is efficient in terms of required energy, costs, reaction times and avoidance of negative side-effects.

3. Consider safety potential (avoidance of errors)

It is important for task allocation to be aware of a system's safety potential. Although precise assessment of safety potential is complex and time-consuming, the previous chapter allows us to generally recommend for the avoidance of errors to elude joint human-computer generation of options. Furthermore, one should consider the potential benefits that task allocation has for remaining (sub)tasks. Referring to section 2.3, automating skill- or rule-based tasks is beneficial because of either achieving higher accuracy, or freeing up cognitive resources (which helps avoiding errors for knowledge-based tasks). Knowledge-based tasks could be automated when the involved sensory input and algorithms are precisely known. Then, automation could be advantageous because of higher accuracy, better reaction-times and avoiding fatigue. Nevertheless, humans are generally better in improvisation in unfamiliar environments (Martens, 2007).

4. Consider recovery (ability to correct)

Although the ability to correct is depended on system's complexity and relates to the interface which allows operators to recover, based on section 2.2, the general consideration is to enable the human to remain involved in the implementation part of a task to avoid decrease in operator performance after take-over.

5. Consider acceptance

This step considers emotional aspects due to task allocation. For a new system to be successful, it is important that users accept it. Acceptance is influenced by feelings of security and trust. Other important aspects are: satisfaction and the question whether a reasonable workload remains. For the latter, it is important that cognitive workload in not too much, but certainly also not too little and it should be considered that humans often retrieve satisfaction from mastering a demanding task (Wickens, 1992).

6. Reconsider allocation

Allocating tasks between human or computer performance is basically a matter of system design. Design considers the development of solutions within a 'design-space' that contains a multitude of aspects which might be conflicting and need all to be accounted for. Therefore it is important to apply task allocation within a series of iterative steps. A chosen allocation might upon closer consideration be less advantageous, e.g. because of low satisfaction. Moreover, the implementation of automation does often not only cause replacement of (sub)tasks, but also the introduction of new (sub)tasks. An example is shown with adaptive cruise control: it replaces longitudinal control, however it also introduces new tasks for setting desired travel distance and monitoring the system's status. Whilst reconsidering the previous steps it should also be assessed to what respect the new tasks are acceptable, appropriate and feasible.

Although the steps are numbered, it is not necessary to strictly remain to the same order. However, it is reasonable to start with obligatory allocation and to end with an iterative loop.

4   Example of task allocation: Semi-automated parking

To exemplify the proposed method, task allocation for a system to (partly) automate reverse parking is being assessed. The evaluated system functions as follows, see figure 1. After activation, the system scans for available parking places. An interface indicates when a parking place has sufficient size. As soon as the driver selects reverse driving, the vehicle steers automatically and obtains the correct path. During this reverse parking manoeuvre the driver operates backing up-speed (longitudinal control) himself, using gas and brake pedals.

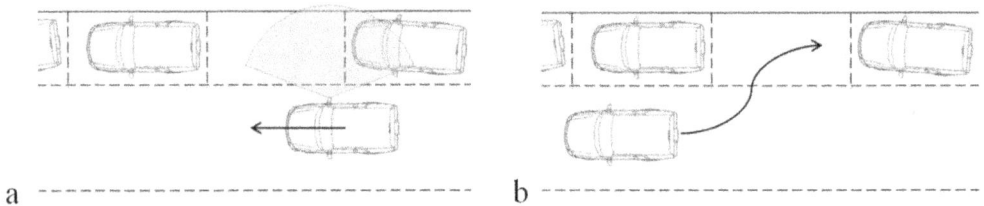

Figure 1: Schematically overview of parallel parking; a) scanning; b) choosing trajectory

Before we start, we will first analyse the involved subtasks for reverse parking. Obviously, an appropriate parking spot has to be selected. This selection-task is executed at rather knowledge-based level, requiring considerable attention. Next, the appropriate trajectory needs to be defined to manoeuvre the vehicle along. This subtask is typically knowledge-based and requires analysis-skills. Then, the operation needs to be appropriately timed to avoid hindrance of other road users and speed needs to be regulated to move the vehicle along the trajectory. Finally, the appropriate trajectory needs to be evaluated and possibly be refined. Which is a delicate task.

Now, we will go through the steps as defined in the previous chapter. With respect to *obligatory allocation* (step 1), current legislation requires that the driver is responsible for safe driving. With respect to manoeuvring (like reverse parking), the rule applies not to hinder other traffic. It is therefore advantageous that human performance is being selected for the longitudinal control. In this way the driver has the opportunity to take responsibility and remains within the control-loop. Concerning *feasibility* (step 2), object recognition and calculating the optimal trajectory are subtasks that are very well realized from a technical point of view. On the other hand, interpreting objects and predicting how a situation will proceed in the near future (e.g. judging whether precedence of a pedestrian needs to be accounted for or not) are tasks rather difficult or inefficient to automate. Concerning the *avoidance of errors* (step 3) we see that the system changes the attention requiring knowledge-based task of recognising an appropriate parking spot into a skill-based task of requesting information. This is advantageous, because skill- and rule-based tasks do not ask much human effort. Furthermore, the 'knowledge' part, which involves estimating and continuous assessment of the ideal trajectory, is taken over by the system. As automation of the trajectory also reduces the amount of parallel subtask the driver is involved in, the chosen allocation frees up cognitive demand for attention to the surveillance tasks and timing the operation. Altogether, this helps avoiding errors. With regard to *recovery* (step 4), the choice for computer-based lateral control and human's longitudinal control is advantageous. Because, therewith the human remains involved in the execution part, as being recommended. Furthermore, it allows the human operator to take full control after take-over. With respect to *acceptance* (step 5) it should be noted that reverse parking is for many a difficult task (observations show that it often requires several attempts) and the system reliefs users from the most demanding subtasks. Nevertheless, personal opinion and trust might be very diverse. Furthermore, comfort might be deteriorated by the introduction of new tasks, as considered in the last step: Of course, ease of performing (new) tasks is largely a matter of design. Nonetheless, the scope and scale of the surveillance task might cause confusion. Problems have been reported by users who expected the vehicle to also take over longitudinal control or were somewhat confused about their roles.

Going through the steps shows that the method is successful in explaining and interpreting how this system is successful in relieving the original task. It shows how accounting for particular benefits of allocating to either driver or vehicle results in a system with potentially improved overall performance, whilst allowing the driver to remain fully responsible.

5   Concluding remarks

This research resulted in the development of a method for distinct allocation of (sub)tasks to either driver or vehicle in order to support the development of systems for partly automated driving. To avoid out-of-the-loop performance problems, the method successfully accounts for the impact of aspects as system complexity, avoidance of errors, ability to correct and comfort.

In the development five types of task allocation between driver and vehicle relevant for partly automated driving have been distinguished. Based on existing research we recommend to allocate the implementation part of a task to the driver, because this improves the ability to recover. Moreover, allocation of joint human and machine performance for the decision-making part of a task needs to be avoided as it causes confusion and deteriorated overall performance. Considering human effort and attention, allocation of driving tasks to the vehicle is mainly recommendable in order to reduce the amount of (sub)tasks a human operator is simultaneously involved in, freeing up cognitive resources for more demanding, knowledge-based tasks. The developed method particularly addresses the avoidance of errors and the ability to correct. Accounting for these aspects helps avoiding out-of-the-loop performance problems, which causes the greatest concerns when applying partly automated driving. However, future research is recommended to gain more specific insight in how acceptance and trust should additionally be taken into consideration.

The research presented in this paper resulted in a concise six-step method that showed to be successful in assessing and interpreting the quality of a chosen task allocation for an existing automated-parking system. However, the scope of the presented method goes beyond assessment of existing systems. The method is intended to facilitate the design of new systems for partly automated driving. Future application of the method in the development of such systems will allow for further improvement and adaptation of the method.

References

Endsley, M.R. and Kaber, D.B. (1999). Level of automation effects on performance, situation awareness and workload in a dynamic control task. *Ergonomics, 1999,* 42(3), pp. 462 – 492.

Heitmüller, S. (2010). *Führerloses Forschungsfahrzeug "Leonie" rollt durch Braunschweig.* dapd.

Hollnagel, E. (2006). A function-centred approach to joint driver-vehicle system design. *Cognition, Technology & Work, 2006,* 8(3), pp. 169-173.

Kaber, D.B. & Endsley, M.R. (1997). Out-of-the-loop performance problems and the use of intermediate levels of automation for improved control system functioning and safety. *Process Safety Progress, 1997,* 16 (3), pp. 126-131.

Martens, H.M. (2007). *The failure to act upon critical information: where do things wrong?* Doctoral Dissertation, Vrije Universiteit Amsterdam.

Patten, C.J.D., Kircher, A., Östlund, J. & Nilsson, L. (2004). Using mobile telephones: Cognitive workload and attention resource allocation. *Accident Analysis & Prevention, 2004,* 36, pp. 341-350.

Rasmussen, J. (1982). Human errors. A taxonomy for describing human malfunction in industrial installations. *Journal of Occupational Accidents, 1982,* 4(2-4), pp. 311-333.

Selcon, S.J. (1990). Decision support in the cockpit: probably a good thing? In: *Proceedings of the Human Factors Society 34th Annual Meeting.* Human Factors Society, pp. 46 – 50.

Van Arem, B., et. al. (2006). The impact of Cooperative Adaptive Cruise Control on traffic-flow characteristics. *IEEE Transactions on Intelligent Transportation Systems, 2006,* 7(4), pp. 429-436.

Van den Beukel, A.P. & Van der Voort, M.C. (2010). An assisted driver model. Towards developing driver assistance systems by allocating support dependent on driving situations. In: J. Krems (Ed.), *Proceedings of the Second European Conference on Human Centered Design for Intelligent Transport Systems.* Berlin, pp. 175 - 188.

Wickens, C.D. (1992). *Engineering Psychology and Human Performance.* Bell & Howell.

Contact information

Arie Paul van den Beukel, MSc. University of Twente, The Netherlands. www.utwente.nl
Telephone number: +31 53 489 4853 | E-mail address: a.p.vandenbeukel@utwente.nl

H. Reiterer & O. Deussen (Hrsg.): Workshopband Mensch & Computer 2012
München: Oldenbourg Verlag, 2012, S. 363-371

Human-Machine-Interface Design für einen Längsführungsassistenten

Ute Niederée, Mark Vollrath

Ingenieur- und Verkehrspsychologie, TU Braunschweig

Zusammenfassung

Als primärer Unfallverursacher wird der Autofahrer verstärkt durch Fahrerassistenzsysteme (FAS) ersetzt. Die Unterstützung reicht dabei von Information und Warnung bis hin zur Übernahme der kompletten Fahraufgabe auf Längs- und/oder Querführungsebene. Dadurch wird der aktiv Fahrende zunehmend zum Systemüberwacher, bleibt aber beim Versagen des Systems weiterhin rechtlich in der Verantwortung. Eine Vielzahl von Studien aus der Luftfahrt und anderen Bereichen weist nach, dass Menschen insbesondere bei hochautomatisierten und hoch zuverlässigen Systemen keine optimalen Systemüberwacher sind. Es werden häufig negative Automationseffekte beobachtet, wie hohe Complacency, geringe Situation Awareness sowie das Out-of-the-Loop Problem, wodurch es zu verzögerten oder Fehlreaktionen und in letzter Konsequenz zu schweren Unfällen kommt. Im Gegensatz zum Flugzeugcockpit sind die Konsequenzen von Systemfehlern bei hochautomatisierten Assistenzsystemen im Fahrzeugcockpit trotz des zunehmenden Einsatzes der FAS nur unzureichend untersucht.

Daher wurden zwei umfangreiche Fahrsimulatorstudien sowie eine User Studie konzipiert und durchgeführt. Untersucht wurden die Auswirkungen nicht rückgemeldeter Systemfehler und verschiedener Level of Automation (LOA) eines Längsführungsassistenten auf Fahrperformanz und Systemakzeptanz .Im Anschluss wurde ein Konzept für ein Human-Machine-Interface (HMI) zur Verbesserung der Fahrereingriffe bei Systemfehlern entwickelt.

1 Theorie

Primäres Ziele von FAS sind die Vermeidung von Fahrfehlern und Unfällen, ein erhöhter Komfort für den Fahrer sowie die Entlastung der Umwelt durch einen gleichmäßigeren Verkehrsfluss. Zum Teil werden diese Ziele auch erreicht, jedoch stehen den positiven Effekten von FAS negative Aspekte der zunehmenden Automatisierung entgegen.

Je stärker ein FAS die Fahrzeugführung übernimmt, umso mehr verschiebt sich die aktive Tätigkeit des Fahrers hin zu einer passiven Systemüberwachung. Diese Aufgabenverschiebung wäre unproblematisch, wenn die Automatisierung vollständig und das System 100%ig zuverlässig wäre. Nicht nur aus der Luftfahrt ist hinreichend bekannt, dass Menschen nicht optimal für die Systemüberwachung geeignet sind (Bainbridge, 1983; Endsley & Kiris, 1995; Endley, 1996).

Vor allem bei der Überwachung hoch zuverlässiger Systeme, über einen längeren Zeitraum hinweg, sind eine Reihe negativer Automationseffekte bekannt. Bei hochautomatisierten und hochzuverlässigen Systemen hat der Anwender eine geringe Situation Awareness (SA) und gerät daher leicht aus dem Geschehen heraus. In der Fachliteratur wird dies als "Out-of-the-Loop" Phänomen bezeichnet (Endsley, 1996). Eine weitere Problematik hoher Systemzuverlässigkeit ist blindes Vertrauen in das System und eine damit verbundene Vernachlässigung der Überwachung (Complacency) (z.B. Endsley, 1996, Parasuraman & Riley, 1997). Gemeinsam ist diesen Phänomenen, dass der Systemanwender bei Systemfehlern oder -ausfällen schlechter als der aktiv Fahrende reagiert und erst sehr spät oder gar nicht eingreift (Parasuraman & Riley, 1997; Parasuraman et al., 2008).

Im Gegensatz zur Luftfahrt und anderen komplexen Systemen gibt es im Automobilbereich noch sehr wenige Studien, die sich mit den Zusammenhängen zwischen Automationsgrad, Systemzuverlässigkeit und Nutzererwartungen beschäftigen.

2   Studien

Aufgrund des zuvor beschriebenen Mangels an Untersuchungen und der zunehmenden praktischen Bedeutung von FAS wurden zwei Studien durchgeführt.

In der ersten Fahrsimulatorstudie wurden die Auswirkungen unterschiedlicher LOA (übernehmende vs. informierende Assistenz) und unterschiedlicher Level der Systemzuverlässigkeit (Systemfehler in 5% vs. 30% der Situationen) auf die Fahrereingriffe bei nicht rückgemeldeten Systemfehlern untersucht.

Aufbauend auf den Ergebnissen der ersten Studie lag das Ziel der zweiten Studie in der Konzeption und anschließenden Evaluation eines HMI für einen Längsführungsassistenten. Dieses HMI sollte den Fahrer im Loop halten, seine SA erhalten und ein möglichst optimales Eingreifen bei nicht rückgemeldeten, seltenen Systemfehlern ermöglichen.

2.1   Durchführung

Beide Untersuchungen wurden im feststehenden Fahrsimulator der Ingenieur- und Verkehrspsychologie der TU Braunschweig durchgeführt. Das Fahrzeugmodell basiert auf einem 5er BMW mit Heckantrieb und Automatikgetriebe. Die Streckenprogrammierung erfolgte mit SILAB 2.1 und 2.5. und die Simulation über drei Leinwände mit einem Sichtfeld von ca. 180°.

2.1.1 Strecke und System

Die Strecke bestand aus einer einspurigen 86 km/144km (Studien 1/2) langen Landstraße mit alternierend Kurven und Geraden. Die Kurvenlänge variierte bei Kurvenradien zwischen 150 und 300 m. Rechts- und Linkskurven wurden randomisiert auf die Strecke verteilt. Der Gegenverkehr hatte eine mittlere Verkehrsdichte. Die Geschwindigkeitsbegrenzung auf den Geraden betrug 100 km/h, in den Kurven musste auf Geschwindigkeiten zwischen 50 und 80km/h heruntergebremst werden. Während der gesamten Fahrt befand sich kein vorausfahrendes Fahrzeug vor dem Ego-Car.

Jeder Proband (Pb) absolvierte die Strecke einmal ohne und einmal mit System, wobei die Reihenfolge variiert wurde. Um Simulator Sickness zu vermeiden und die Fahrer zugleich an das Fahren im Simulator zu gewöhnen, absolvierten alle Fahrer vor den Fahrten ein speziell auf den jeweiligen Versuch abgestimmtes Training.

Für die Automatisierung wurde der Bereich der Längsführung gewählt, einerseits wegen der starken Marktdurchdringung der in diesem Bereich genutzten Systeme wie z.B. Adaptive Cruise Control (ACC), andererseits wegen der Bedeutung der Geschwindigkeitsregulierung für die Unfallvermeidung.

2.1.2 Aufgabe der Probanden

In dem dargestellten Setting hatten die Pbn. die Aufgabe, die Landstraße analog zum realen Verkehr zu befahren und die Geschwindigkeit an die jeweilige Höchstgeschwindigkeit anzupassen. Sie wurden darauf hingewiesen, dass es sich bei dem genutzten System um einen nicht 100%ig zuverlässigen Prototypen handelte und die Verantwortung für die Fahrsicherheit deshalb ausdrücklich bei ihnen läge.

Vor und nach der Fahrt mit dem FAS füllten die Pbn. Fragebogen zur Systemakzeptanz aus. Hierbei wurde das Kategorienunterteilungsverfahren von Heller (1982) verwendet. Insgesamt stand eine 15-Punkte-Skala zur Verfügung. Die Gesamtversuchsdauer betrug an zwei Terminen 3½ bzw. 6 Stunden (Studie 1/2).

2.1.3 Methode

Die beiden Faktoren LOA (hoch versus niedrig) und Systemzuverlässigkeit (70% versus 95%) wurden mit vier unabhängigen Gruppen untersucht. Das höher automatisierte System (Intelligent Speed Adaptation/ISA) übernahm die Aufgabe der Geschwindigkeitsregulation. Es erkannte die aktuelle Geschwindigkeitsbegrenzung und bremste bzw. beschleunigte das Fahrzeug entsprechend. Der Fahrer musste lenken und bei Systemfehlern geschwindigkeitsregulierend eingreifen. Das niedriger automatisierte System (Speed-Decision/SD) gab dem Fahrer per Head-Up-Display eine Rückmeldung über die Abweichung der aktuellen Geschwindigkeit von der zulässigen Höchstgeschwindigkeit. Die Realisierung erfolgte in Ampelanalogie (Umsetzung der Systeme siehe Abb. 1).

Abbildung 1: Simulator Screenshots. Links höhere Automation (ISA) mit HUD Darstellung, rechts niedrigere Automation (SD).

An der Untersuchung nahmen insgesamt 35 Probanden (66% ♀, 34% ♂) im Alter von 19-48 Jahren (M = 25.3; SD = 6.8) teil. Die Pbn. waren im Mittel seit 7 Jahren im Besitz eines Führerscheins (SD = 5.8) und legten bis zu 20.000 km im Jahr zurück (86.1%).

Folgende Fahrparameter für die Kurven mit Systemfehler wurden ausgewertet: Reaktionszeit (RZ), mittlere und maximale gemittelte Geschwindigkeit sowie das Abkommen von der Fahrspur (mehr als 30cm in die Gegenfahrspur).

2.1.4 Ergebnisse

Automationseffekt Fahrt ohne System/Systemfahrt

Eine Auswertung der RZ für die Kurve des ersten gemeinsamen Systemfehlers für 95% und 70% Zuverlässigkeit (1/5 Systemfehler) mittels MANOVA weist signifikante Unterschiede für die Fahrten ohne versus mit Unterstützung nach (HE System: $F_{1, 22}$ = 13.6, p = .001). Die Fahrer reagierten bei der Fahrt ohne System im Mittel 5.02 Sekunden (Sek.) vor, bei Systemfahrten im Mittel 1.04 Sek. nach dem Schild mit der Geschwindigkeitsbeschränkung. Demzufolge ergibt auch die Auswertung der Geschwindigkeit einen signifikanten HE des Systems ($F_{3, 34}$ = 5.8, p = .003). Univariat wurde die mittlere Geschwindigkeit signifikant ($F_{1, 34}$ = 7.1, p = .012). Die Fahrer fuhren mit Unterstützung des Systems in der Kurve mit Systemfehler im Mittel 6km/h schneller als ohne Unterstützung.

Systemeffekte LOA und Zuverlässigkeit

Werden ausschließlich die Daten für die Systemfahrt des 1. und 2. gemeinsamen Systemfehlers für 95% und 70% Zuverlässigkeit mit einer MANOVA analysiert, ergibt sich eine signifikante Interaktion zwischen LOA und Systemzuverlässigkeit ($F_{6,26}$ = 4.3, p = .004). Während die Systemzuverlässigkeit bei einem geringen LOA kaum Auswirkungen auf die Fahrperformanz während der Systemfehler hat, ändert sich diese bei hohem LOA in Abhängigkeit von der Systemzuverlässigkeit. Die Pbn. fuhren besonders schnell mit dem System mit hohem LOA und hoher Zuverlässigkeit (Siehe Abb. 2 für den 1. gemeinsamen Systemfehler).

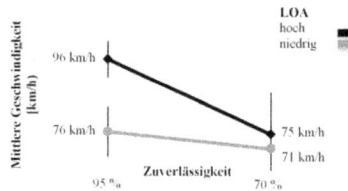

Abbildung 2: Mittlere Geschwindigkeit während des 1. gemeinsamen Systemfehlers (95/70% Systemzuverlässigkeit).

Bezüglich der RZ des 1. und 2. gemeinsamen Systemfehlers für 95% und 70% Zuverlässigkeit ergibt sich ein signifikanter HE des LOA ($F_{2,30} = 9.0$, $p = .001$). Univariat werden die RZn. bei beiden Fehlern signifikant (1. Fehler: $F_{1,31} = 5.1$, $p = .032$ und 2. Fehler $F_{1,31} = 18.0$, $p = .000$). Bei beiden Fehlern reagierten die Fahrer mit höherem LOA im Mittel später als die mit niedrigerem LOA. Allerdings ist auch hier die Fahrperformanz vor allem mit hohem LOA und hoher Zuverlässigkeit beeinträchtigt (siehe Tabelle 1).

LOA	Zuverlässigkeit	RZ/1. gemeinsamer Systemfehler	RZ/2. gemeinsamer Systemfehler
Hoch (ISA)	Hoch (95%)	7.2 Sek. (nach Schild)	0.8 Sek. (nach Schild)
Hoch (ISA)	Niedrig (70%)	0.1 Sek. (nach Schild)	-1.9 Sek. (vor Schild)
Niedrig (SD)	Hoch (95%)	-1.9 Sek. (vor Schild)	-7.4 Sek. (vor Schild)
Niedrig (SD)	Niedrig (70%)	-2.2 Sek. (vor Schild)	-8.3 Sek. (vor Schild)

Tabelle 1: Reaktionszeiten bei erstem und zweitem gemeinsamen Systemfehler (95/70% Zuverlässigkeit).

Abweichungen von der Fahrspur

Aufgrund nicht vorliegender Normalverteilung der Daten werden die Parameter für das Abkommen von der Fahrspur deskriptiv dargestellt. Wird die Kurve mit der geringsten zulässigen Höchstgeschwindigkeit von 50 km/h (Zweiter gemeinsamer Systemfehler für 95/70% Systemzuverlässigkeit) betrachtet, wird ersichtlich, dass auch hier ausschließlich das Fahrverhalten mit dem höheren LOA problematisch war. Mit Unterstützung des informierenden/warnenden Systems (SD) geriet kein Fahrer von der Fahrspur ab. Dagegen gerieten von 17 durch das höher automatisierte System (ISA) unterstützten Pbn. 9 in den Gegenverkehr.

2.1.5 Diskussion

Die ausgewerteten Fahrdaten weisen auf die besondere Problematik der adäquaten Systemübernahme bei Fahrten mit einem FAS mit hohem LOA und hoher Systemzuverlässigkeit hin. Vor allem bei den ersten beiden Systemfehlern des hoch automatisierten FAS zeigten sich deutlich verlängerte Reaktionszeiten bei manueller Übernahme und eine dadurch bedingte überhöhte Geschwindigkeit sowie vor allem für die Kurve mit 50 km/h Höchstgeschwindigkeit verstärktes Abkommen von der Fahrspur in den Gegenverkehr. In Übereinstimmung mit Untersuchungen aus anderen Bereichen zeigt sich, dass der Autofahrer als Systemüberwacher umso eher versagt, je passiver seine Rolle und je zuverlässiger das System ist. Bezüglich der Systemakzeptanz wurde das FAS mit hohem LOA als weniger nützlich und kontrollierbar als das mit niedrigem LOA bewertet. Abweichend zu den Fahrdaten wurde die höhere Systemzuverlässigkeit eher akzeptiert als die niedrigere.

2.2   Studie 2

2.2.1   Methode

Das vorliegende HMI-Konzept mit drei unterschiedlichen Interfaces und einer Interaktionsstrategie (Interaktionsmodus ja/nein) wurde in einer vorangehenden User Studie mit insgesamt 20 Probanden entwickelt. Die Interfaces meldeten Veränderungen der zulässigen Höchstgeschwindigkeit an den Fahrer zurück, während die Geschwindigkeit automatisch darauf einregelt wurde. Bei Fahrten mit Interaktionsmodus mussten die Fahrer die angezeigte Geschwindigkeitsänderung bestätigen, bevor sie vom System umgesetzt wurde (Abb. 3).

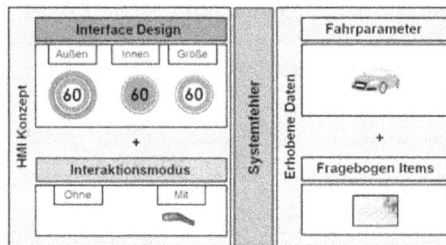

Abbildung. 3: Versuchsplan Studie 2.

Für die Überprüfung der Effektivität des HMI Konzeptes durchfuhren die Probanden die 144 km lange Strecke einmal ohne und einmal mit Unterstützung des Längsführungsassistenten mit jeweils einem der 6 Interfaces (3 Interfaces x Interaktionsmodus ja/nein). Diese wurden über ein Head-Up-Display (HUD) dargeboten. Das System funktionierte bis zu der 49. Kurveneinfahrt 100%ig zuverlässig. In der 50. Kurve erfolgte ein Systemfehler, bei dem das System die Geschwindigkeitsbegrenzung nicht erkannte und ungebremst mit 100 km/h in eine 60 km/h Kurve fuhr.

An der Untersuchung nahmen 67 Probanden (46% ♀, 54% ♂) zwischen 18 und 69 Jahren teil. Sie besaßen ihren Führerschein zwischen 1-41 Jahren (M = 13.6, SD = 12.3). 94% der Fahrer hatten eine jährliche Fahrleistung von 20.000 km.

Geprüft wurde, wie schnell und adäquat die Fahrer bei den unterschiedlichen Systemvarianten reagierten. Dafür wurden mittlere und minimale Geschwindigkeit in der Kurve mit Systemfehler analysiert. Weiterhin die Bremsreaktion (wurde gebremst ja/nein) sowie die Abweichung von der Fahrspur (definiert wie in Studie 1). Weiterhin wurde die Systemakzeptanz analysiert.

2.2.2 Ergebnisse

Automationseffekt Fahrt ohne System/Systemfahrt

Auch in dieser Studie zeigte sich ein Effekt der Automation auf die Fahrperformanz. Die Fahrer reagierten ohne Systemunterstützung im Mittel 1.1 Sekunden vor, bei Systemfahrten im Mittel 7.7 Sek. nach dem Schild mit der Geschwindigkeitsbeschränkung. Eine Auswertung mittels MANOVA mit Messwiederholung weist signifikante Unterschiede für die Fahrten ohne versus mit Unterstützung nach (HE System: $F_{3, 61} = 45.3$, p = .000). Univariat wurden sowohl mittlere ($F_{1, 63} = 72.7$, p = .000), minimale ($F_{1, 63} = 16.8$, p = .000) als auch maximale Geschwindigkeit ($F_{1, 63} = 19.1$, p = .000) signifikant. Die Fahrer hielten im Mittel mit Unterstützung des Systems eine Geschwindigkeit von 91km/h (SD = 12.5km/h) in der 60km/h Kurve, verglichen mit 68km/h (SD = 16.9km/h) ohne Systemunterstützung.

Systemeffekte Interaktionsmodus und Interfacedesign

Bei Analyse der Systemfahrtdaten mittels MANOVA ergibt sich ein signifikanter Haupteffekt des Interaktionsmodus ($F_{3,59} = 3.0$, p = .037). Univariat wird die minimale Geschwindigkeit signifikant ($F_{2,61} = 15.9$, p = .022). Die Fahrer ohne Interaktionsmodus Unterstützung erreichen in der Kurve eine minimale Geschwindigkeit von 82 km/h (SD = km/h), während die durch Interaktionsmodus unterstützten Pbn. eine minimale Geschwindigkeit von 66km/h erreichen (SD = km/h) (siehe Abb. 4). Die stark überhöhten Geschwindigkeiten in der Kurve mit Systemfehler gehen folglich primär auf die Fahrten zurück, bei denen die Fahrer nicht durch den Interaktionsmodus unterstützt wurden.

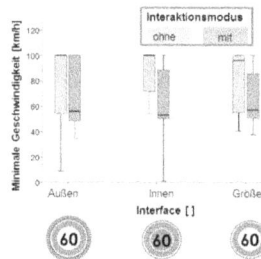

Abbildung 4: Minimale Geschwindigkeit in der Kurve mit Systemfehler für die Fahrten ohne versus mit Interaktionsmodus

Abweichungen von der Fahrspur

Eine binär logistische Regression der Daten für das Abkommen von der Fahrspur in der Kurve mit Systemfehler ergibt wiederum ausschließlich einen signifikanten HE des Interaktionsmodus (Regressionskoeffizient = -1.3, p = .030). Während ohne Interaktionsmodus 42% der Fahrer von ihrer Fahrspur abkamen und in den Gegenverkehr gerieten, waren es aus der Gruppe der Fahrer mit Interaktionsmodus nur 19%. Im Vergleich dazu geriet kein Fahrer von der Fahrspur ab, wenn er ohne Systemunterstützung fuhr.

2.2.3 Diskussion

Werden die Daten für die Fahrten mit und ohne Systemunterstützung für die 60 km/h Kurve in der der Systemfehler auftrat analysiert, zeigte sich auch in dieser Studie ein negativer Effekt der Automation. Die Daten bei Systemfahrten weisen eine verzögerte Reaktion mit stark erhöhter mittlerer und minimaler Geschwindigkeit auf.

Der Interaktionsmodus war effektiv. Die Fahrer verzögerten während des Systemfehlers früher und fuhren mit einer geringeren mittleren Geschwindigkeit in der Kurve. Zudem kamen weniger Fahrer in die Gegenfahrspur ab. In Übereinstimmung damit wurden die Interfacevarianten mit Interaktionsmodus als nützlicher und entlastender eingeschätzt. Allerdings bleibt zu erwähnen, dass die Fahrperformanz bei Systemfehler auch mit Interaktionsmodus nicht annähernd so gut war wie bei Fahrten ohne Systemunterstützung. Die unterschiedlichen Interfacevarianten hingegen hatten weder auf die Fahrperformanz noch auf die Systembewertung einen signifikanten Effekt.

3   Fazit und Ausblick

Solange es eine 100%ige Zuverlässigkeit hochautomatisierter Systeme nicht gibt, ist es unerlässlich, den Fahrer durch das HMI stärker in das Fahrgeschehen einzubinden und ihn durch aktive Interaktion im Loop zu halten. Allerdings gewährleistet selbst eine aktive Einbindung des Fahrers keine optimalen Eingriffe bei Systemfehlern. Folglich erscheint hochautomatisiertes Fahren mit dem Ziel der Unfallvermeidung nur unter der Prämisse sinnvoll, dass das FAS sicherer als der Fahrer fährt und 100%ig zuverlässig ist.

Trotz der bestehenden Schwierigkeiten wird die automobile Zukunft hochautomatisiert und vernetzt sein. Vehicle-to-X und kombinierte Längs- und Querführungsassistenten werden die Rolle des Menschen zunehmend übernehmen. Entsprechende Studien im realen Verkehr und mit weiteren Systemen erscheinen dringend notwendig.

Literaturverzeichnis

Bainbridge, L. (1983). Ironies of Automation. Automatica 19(6), 775-779.

Endsley, M. R. & Kiris, E. O. (1995). The Out-of-the-Loop Performance Problem and Level of Control in Automation. Human Factors 37(2), 381-393.

Endsley, M. R. (1996). Automation and Situation Awareness. In R. Parasuraman, & M. Mouloua, Automation and Human Performance (S. 163-181). Mahwah, NJ: Lawrence Erlbaum.

Heller, O. (1982). Theorie und Praxis des Verfahrens der Kategorienunterteilung (KU). In O. Heller (Hrsg.), *Forschungsbericht 1981*. Würzburg: Würzburger Psychologisches Institut.

Parasuraman, R., & Riley, V. (1997). Human and Automation: Use. Misuse, Disuse, Abuse. Human Factors, 39(2), S. 230-253.

Parasuraman, R., Sheridan, T. B., & Wickens, C. D. (2008). Situation Awareness, Mental Workload, and Trust in Automation: Viable, Empirically Supported Cognitive Constructs. Journal of Cognitive Engineering and Decision Making, 2(2), S. 140-160.

Sheridan, T. B. (2002). Humans and automation: System design and research issues. New York: Wiley.

Kontaktinformationen

Ute Niederée, E-Mail: ute.niederee@tu-braunschweig.de
Prof. Dr. Mark Vollrath, E-Mail: mark.vollrath@tu-braunschweig.de

H. Reiterer & O. Deussen (Hrsg.): Workshopband Mensch & Computer 2012
München: Oldenbourg Verlag, 2012, S. 373-380

DriveAssist – A V2X-Based Driver Assistance System for Android

Stefan Diewald[1], Andreas Möller[1], Luis Roalter[1], Matthias Kranz[2]

Technische Universität München, Distributed Multimodal Information Processing Group, Munich, Germany[1]
Luleå University of Technology, Department of Computer Science, Electrical and Space Engineering , Luleå, Sweden[2]

Abstract

In this paper, we introduce the Android-based driver assistance system *DriveAssist*. The application allows the visualization of traffic information that originates from Vehicle-to-X (V2X) communication services as well as from central traffic services (CTSs) on the user's smartphone. Besides giving the driver an overview of the traffic around her/him on a map view, *DriveAssist* can also run in the background and trigger warning messages for certain traffic incidents. The system design allows for augmenting any vehicle with a sophisticated audio-visual information system for V2X data and information, and thereby complements the vehicle's on-board driver assistance systems at competitive costs.

1 Introduction

Vehicle-to-X (V2X) communication (Popescu-Zeletin et al. 2010) is a promising technology that has the potential to improve the safety of everyday road travel (Röckl et al. 2008). A 2010 study performed by the U.S. National Highway Traffic Safety Administration (NHTSA) concluded that Vehicle-to-X systems could potentially address 81% of all-vehicle target crashes (Najm et al. 2010). Although it is clear that an efficient visualization for such V2X systems' data is crucial for the drivers, research is still mainly focusing on system and technology aspects, such as radio communication, GeoNetworking, or information generation. With our Android-based driver assistance system *DriveAssist*, we contribute design and implementation concepts concerning the presentation of traffic information.

The availability of powerful mobile devices, such as smartphones and tablet personal computers, makes those personal portable devices (PPDs) considerable alternatives to in-vehicle integrated systems (Diewald et al. 2011). Especially in mid-sized cars or compact cars, which often have no head unit at all, the user's PPD can be used for adding functionality in the automotive domain. Also today's premium cars offer the possibility of coupling a PPD to the in-vehicle system. In our approach, the mobile device is used to run the application as well as for providing the HMI. But it is also thinkable, that the PPD uses the vehicle's built-in head unit as display and input interface (Bose et al. 2010).

The paper is structured as follow: In the subsequent section, we give an overview on similar approaches and situate our approach in this context. We then present the setup of our system and introduce our Android-based driver assistance system *DriveAssist*. We conclude with a summary of our findings and implications on future work.

2   Related Work

Since today's smartphones and tablet PCs are equipped with a range of modern and highly accurate sensors, they can also be used for analyzing driving related scenarios. Mednis et al. developed a system that allows the detection of potholes using a mobile device's built-in accelerometer (Mednis et al. 2011). Mednis's Android application achieved a true positive rate of 90% in real world usage. The driving context can also be derived directly from the vehicle's on-board diagnostics system. For example, Zaldivar et al. used the On Board Diagnostics II (OBD-II) interface for accessing safety relevant data, such as G-forces and airbag states (Zaldivar et al. 2011). By combining this data with measurements from the mobile device's sensors, a high detection rate of serious accidents could be reached.

The combination of a mobile device with a V2X communication unit has already been treated by several researchers. Grimm provides a high level discussion of a mobile device communicating with a Vehicle-to-X gateway (Grimm 2011). In his approach, a smartphone was used as platform for developing new services without the need of changing the vehicle's architecture. Diewald et al. discuss a similar setup with a more detailed look on the component split (Diewald et al. 2012). Their approach is focused on rapid development of new applications. They further state that the combination of a V2X on-board unit with a mobile device "seems to provide a viable solution for market introduction of V2X systems."

3   System Setup

Our system consists of two components:

- A vehicle-integrated V2X communication unit (on-board unit, OBU), for example, supporting ITS G5 or 802.11p.
- One or multiple personal portable devices, such as smartphones or tablet PCs.

The slowly evolving standardized V2X communication unit can be directly integrated in the vehicle's system. This unit can also be retrofitted in any existing vehicle with only little efforts. Since V2X communication is based on slowly changing standards, it is not very likely that the V2X unit is outdated within a typical car lifespan of 9 years[1]. The usage of a personal portable device as data processing unit and HMI has multiple benefits (Diewald et al. 2011). For example, in safety-critical situations it is very beneficial when the driver is accustomed to the HMI. This is especially of interest for car sharing scenarios. Also, whenever a user buys a new PPD with more sensors, higher processing power and better display, it is like a car hardware upgrade that enables new applications.

In our setup, the on-board unit acts as V2X gateway that handles the radio communication, the GeoNetworking as well as the encoding and decoding of the V2X messages. Connectivity between the components is based on the Internet Protocol (IP) and can be established via WLAN, Bluetooth, or USB CDC. The OBU is further connected directly to an accurate in-vehicle GPS receiver and automatically creates the default beacons and V2X messages for the vehicle. The mobile device also gets copies of the messages from the ego vehicle and can use the (in most cases more accurate) GPS position from the V2X unit for its calculations.

4   The Android-based Driver Assistance System *DriveAssist*

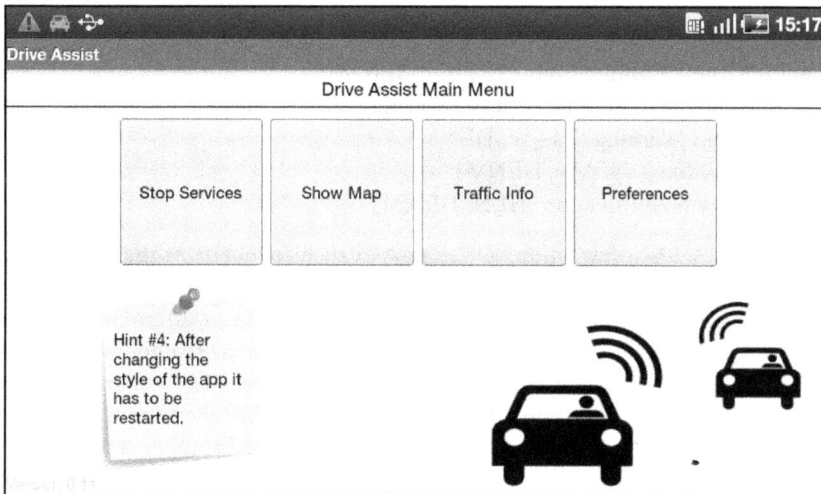

Figure 1: DriveAssist's main menu. The four big buttons in the top row are optimized for in-vehicle usage and allow controlling the central parts of the application. The yellow hint (bottom left) shows short pieces of usage information, when it is enabled in the preferences. The prototype runs on a 7 inch Samsung Galaxy Tab with Android 2.3.7.

---

[1]   http://www.buyingadvice.com/featured-car-articles/vehicle-lifespan-survey/, last visited June 27, 2012.

DriveAssist is our first prototype of a driver assistance system for Android. Its main feature is the combination of data from multiple sources, including V2X communication. *DriveAssist*'s main menu is depicted in Fig. 1. Since the application is designed for the usage in vehicles, it has a very clear structure and large control elements. The four big buttons of the main menu give access to the central parts of the application. They allow:

- Starting and stopping the background services.
- Showing a map view for visualizing nearby traffic events.
- Displaying an overview of all available traffic information in a large sorted and filterable table.
- Changing the application's preferences, such as the radius of interest or the theme.

In the following subsections, we introduce the concept and the most important components of our system.

4.1   Data Sources and Message Handling

The information from V2X communication is currently derived from Cooperative Awareness Messages (CAMs, ETSI TS 102 637-2, 2011) and Decentralized Environmental Notification Messages (DENMs, ETSI TS 102 637-3, 2011). So far, the following Day-1 use-cases are supported (Popescu-Zeletin et al. 2010):

- Approaching Emergency Vehicle Warning (AEVW, CAM)
- Electronic Emergency Brake Lights (EEBL, DENM)
- Stationary Vehicle Warning / Post-Crash Warning (PCW, DENM)
- Traffic Jam Ahead Warning (TJAW, DENM)
- Working Area Warning (WAW, DENM)
- Hazardous Location Notification (HLN, DENM)

Additionally to the V2X information, *DriveAssist* can also query central traffic services (CTSs) using the PPD's mobile data connection. These free or paid services are normally provided by service providers that collect and aggregate data from different sources. Common sources are the police, road maintainers, private persons, or automobile clubs. For measuring the traffic flow, automated sources such as sensors (light barriers, induction loops), floating phone data (FPD), or floating car data (FCD) are the state-of-the art. In our research prototype, we aggregate data from TomTom's HD Traffic[2] that is accessible via the Internet.

When there are multiple traffic events nearby, prioritization is applied: generally, approaching, moving traffic events, such as moving emergency vehicles or a sharp breaking vehicle, have higher priority than static events. Static events are sorted by their distance to the vehicle.

---

[2]   http://www.tomtom.com/livetraffic/, last visited June 19, 2012

4.2   Presentation of Traffic Events

In safety-critical situations, it is important that the driver can instantly recognize what type of traffic incident is reported. For that reason, common standardized German traffic signs (BASt, VzKat 2009) have been used for indicating the traffic incidents' types. In case there was no appropriate official sign, meaningful pictograms following the design principles of the official signs have been created. All warnings are presented in a red triangle (see Fig. 2 and Fig. 3) that symbolizes "attention". Besides the visual warning, text-to-speech (TTS) can be enabled in the preferences. The TTS informs about new events and can repeatedly warn the user when she/he approaches an incident. The distances and repetition interval can be defined in the preferences.

4.3   Map View

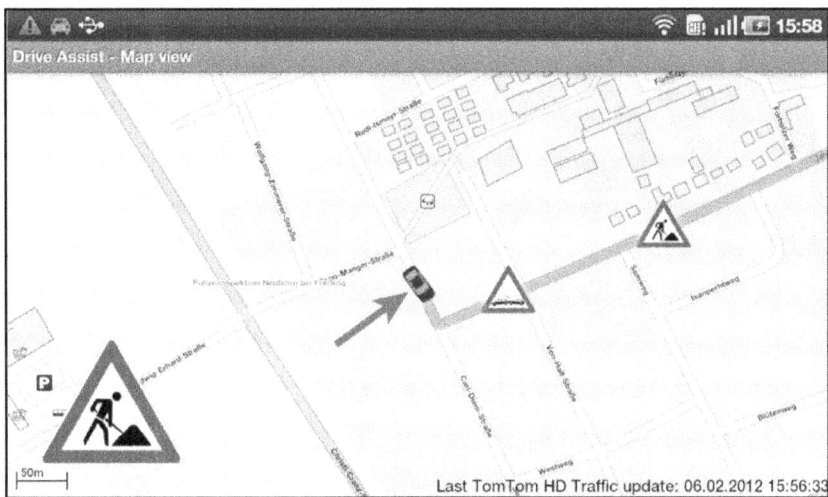

Figure 2: DriveAssist's map view. The driver's vehicle is represented by the black car in the center (marked by the arrow). The large traffic sign in the bottom left corner indicates the type of a newly received traffic event. The small traffic signs indicate the position as well as the type of the traffic event on the map. The map view is automatically brought on top if traffic data relevant to the current driving context is available

For providing an overview to the driver and the other vehicle passengers, a map view can be started. In Fig. 2, a typical situation is depicted. The car is approaching a stationary vehicle, for example, after a car accident. Further down the cross street, a working area warning (WAW) is displayed. By zooming out, all received traffic events can be seen. For CTSs this can cover an area of several 100 square kilometers. By tapping on an icon, additional information is displayed. This information contains, among other things, the source of the information, a more precise description of the event, and, when available, also the length and the time-loss due to the event. For acoustic notifications about new nearby incidents, a circle of interest around the car can be defined. New events are also indicated by a larger version of the warning symbol in the lower left corner of the screen. Besides the map view, it is also possible to get a list of all nearby incidents.

4.4   Passive Warning Screen

An important part of *DriveAssist* is the background warning service that can trigger a warning screen. The service allows starting and displaying a warning, although another application, such as a navigation application or the phone interface, is currently shown. Similar to the map view, the user can also specify a circle of interest in the preferences, when she/he wants to be informed about nearby incidents. The mentioned prioritization algorithm ensures that the user is always warned first of the incident that could affect her/him next.

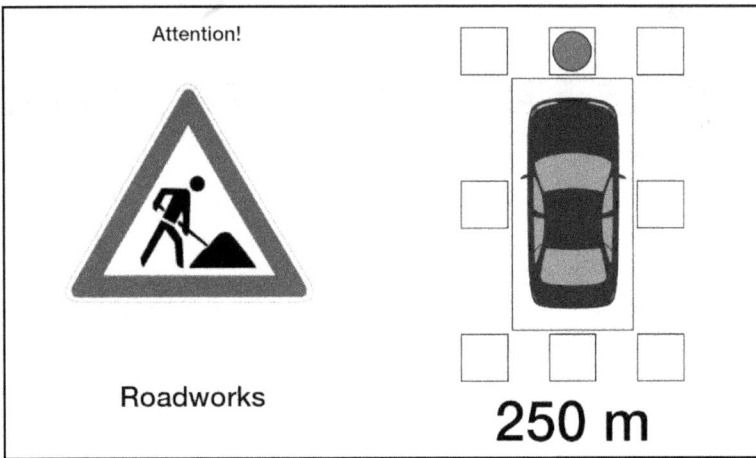

Figure 3: DriveAssist's warning screen. The warning screen shows the type of the detected traffic incident through well-known standardized traffic symbols. The direction of the event relative to the car is indicated by the red dot (here: above the ego vehicle). The visual output is accompanied by a text-to-speech generated audio warning.

Fig. 3 shows a working area warning (WAW). The construction site is 250 meters ahead of the vehicle. Besides the symbolic presentation, there is also a textual description ("Roadworks") on the screen. The red dot indicates the direction of the incident relative to the car's long axis. The eight sectors scale allows the driver a fast estimation where the incident is. The distance to the event is rounded down to multiple of 50 meters (configurable in the preferences) and updated regularly. Whenever the distance to the incident falls below a definable distance that does not anymore allow a correct estimation of the direction in which the incident is located, the dot is replaced by a red rectangle around the vehicle. Together with a TTS output, this shall inform the user that the incident is nearby and can be anywhere around the car. An example warning screen with a traffic jam ahead warning (TJAW) is depicted in Fig. 4.

When the vehicle has passed the incident, the warning screen is closed automatically, or when another incident is nearby, another warning is displayed. A minimum display time of

5 seconds for each warning screen ensures that the user can easily follow the messages, even though a warning with higher priority has to be shown.

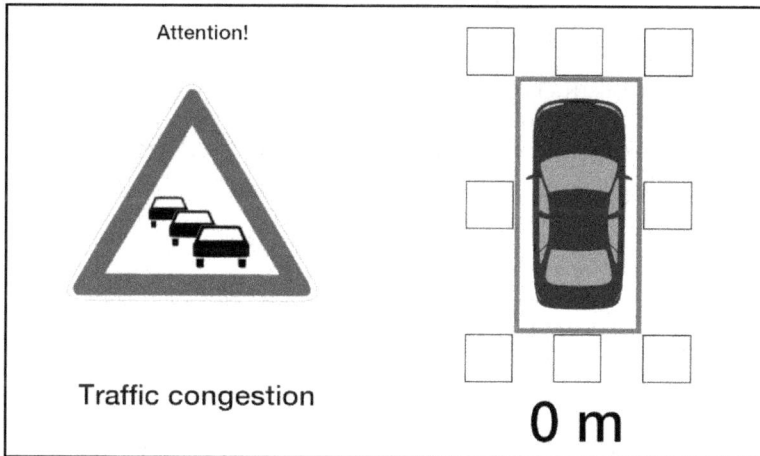

Figure 4: When the traffic event is nearby (e.g. less than 15 meters away), the GPS accuracy does not allow indicating the precise position of the event. For that reason, the red border around the car shall symbolize the user that the event can be anywhere around the car.

The warning message is always displayed full-screen and does not need any kind of interaction. Depending on the PPD's Android version, *DriveAssist* can also run when the screen is turned off and can turn the screen back on when a warning should be displayed.

5   Conclusion and Outlook

We have shown our first prototypic implementation of an Android-based driver assistance system. Our solution is able to combine traffic information from different sources and offers several modes for informing and assisting the driver and vehicle passengers. Since the solution is based on a V2X unit that can be retrofitted in any vehicle, and mass-market mobile devices, we think that this system could be an affordable solution for the broad market introduction of V2X. The combination of data from V2X and CTSs further allows for a good operability from the beginning on, even when there are only a few vehicles equipped with V2X communication.

Besides improving the safety of everyday road travel, the gathered information could also be used for improving the driving efficiency and comfort. For example, the route could be adapted to the current traffic situation, or the system could suggest changing to public transportation by evaluating the timetables of nearby stations via central traffic services. For that reason, we will integrate navigation functionality in the next version of *DriveAssist*. We will further conduct a user study for evaluating and enhancing our solution in the near future.

Acknowledgements

We gratefully acknowledge the assistance in research and implementation of our master's student Peter Abeling.

Bibliography

Bose, R., Brakensiek, J. & Park, K.-Y. (2010). Terminal mode: transforming mobile devices into automotive application platforms. *Proceedings of the 2nd International Conference on Automotive User Interfaces and Interactive Vehicular Applications (AutomotiveUI)*, ACM, pp. 148–155.

Bundesanstalt für Straßenwesen, BASt (2009). *Verkehrszeichenkatalog (VzKat)*. Bergisch Gladbach.

Diewald, S., Möller, A., Roalter, L. & Kranz, M. (2011). Mobile Device Integration and Interaction in the Automotive Domain. *Automotive Natural User Interfaces Workshop at the 3rd International Conference on Automotive User Interfaces and Interactive Vehicular Applications (AutomotiveUI)*.

Diewald, S., Leinmüller, T., Atanassow, B., Breyer, L.-P. & Kranz, M. (2012). Mobile Device Integration with V2X Communication. *Proceedings of the 19th World Congress on Intelligent Transport Systems (ITS)*.

ETSI TS 102 637-2 (2011). *Intelligent Transport Systems (ITS); Vehicular Communications; Basic Set of Applications; Part 2: Specification of Cooperative Awareness Basic Service. Technical Specification V1.2.1*. Sophia Antipolis Cedex: ETSI.

ETSI TS 102 637-3 (2010). *Intelligent Transport Systems (ITS); Vehicular Communications; Basic Set of Applications; Part 3: Specifications of Decentralized Environmental Notification Basic Service. Technical Specification V1.1.1*. Sophia Antipolis Cedex: ETSI.

Grimm, D. K. (2011). Smartphone-Integrated Connectivity Applications for Vehicular Ad-hoc Networks. *Proceedings of the 18th World Congress on Intelligent Transport Systems (ITS)*.

Mednis, A., Strazdins, G., Zviedris, R., Kanonirs, G., & Selavo, L. (2011). Real Time Pothole Detection Using Android Smartphones with Accelerometers. *Proceedings of the International Conference and Workshops on Distributed Computing in Sensor Systems (DCOSS)*, pp. 1–6.

Najm, W. G., Koopmann, J., Smith J. D. & Brewer, J. (2010). *Frequency of Target Crashes for IntelliDrive Safety Systems*. Washington D.C.: U.S. Department of Transportation – National Highway Traffic Safety Administration.

Popescu-Zeletin, R., Radusch, I., & Rigani, M. (2010). *Vehicular-2-X Communication: State-of-the-Art and Research in Mobile Vehicular Ad Hoc Networks*. Heidelberg: Springer.

Röckl, M., Strang, T. & Kranz, M. (2008). V2V Communications in Automotive Multi-sensor Multi-target Tracking. *Proceedings of the 68th Vehicular Technology Conference (VTC)*. Calgary: IEEE, pp. 3-5.

Zaldivar, J., Calafate, C., Cano, J. & Manzoni, P. (2011). Providing Accident Detection in Vehicular Networks through OBD-II Devices and Android-Based Smartphones. *Proceedings of the 36th Conference on Local Computer Networks (LCN)*. Bonn: IEEE, pp. 813–819.

Contact Information

Stefan Diewald: stefan.diewald@tum.de, Andreas Möller: andreas.moeller@tum.de,
Luis Roalter: roalter@tum.de, Matthias Kranz: matthias.kranz@ltu.se

H. Reiterer & O. Deussen (Hrsg.): Workshopband Mensch & Computer 2012
München: Oldenbourg Verlag, 2012, S. 381-388

HMI für eCarSharing – ein Baustein für nachhaltige Mobilität

Thomas Ritz, Kristin Terhaar, Ramona Wallenborn

m²c lab, FH Aachen – University of Applied Sciences

Zusammenfassung

eCarSharing als Bestandteil einer Mobilitätsdienstleistung, die Vernetzung des Fahrzeugs mit seiner Umwelt sowie ein entsprechendes Human-Machine-Interface helfen das Mobilitätsverhalten der Fahrer nachhaltig zu verbessern und die Akzeptanz sowohl im CarSharing als auch im Elektromobilitäts-Sektor zu fördern.

1 Einleitung

Das Automobil ist nach wie vor das beliebteste Verkehrsmittel. Doch mittlerweile verliert es seinen Wert als Statussymbol. Viele Großstadtbewohner steigen auf kostengünstige Alternativen um (Arnold et al. 2010).

Auch CarSharing-Betreiber profitieren von diesem Wandel und erfreuen sich einer wachsenden Beliebtheit im urbanen Raum. Die Nachhaltigkeit des CarSharings wird zusätzlich durch die Integration von Elektrofahrzeugen in die Fahrzeugflotte gestärkt.

Neben den CarSharing-Betreibern sieht auch die Mehrheit der Bevölkerung im Bereich der Elektromobilität die Zukunft. Dennoch ist kaum jemand bereit ein Elektrofahrzeug zu kaufen, weil die Nachteile der Elektromobilität, wie z.B. hohe Anschaffungskosten und eine geringe Reichweite überwiegen.

Die Herausforderung liegt nun darin, etablierte Mobilitätsangebote intelligent und verkehrsübergreifend miteinander zu verknüpfen, denn die Nutzung multimodaler Mobilitätsangebote wird immer bedeutsamer, vor allem bei jungen Großstadtbewohnern (Arnold et al. 2010).

Zukünftig kann mittels innovativer Technologien im und um das Auto eCarSharing als ein Mobilitätsbaustein durch ein entsprechendes HMI weiter etabliert werden.

2   Stand des Wissens

Der Trend zu multimodalen Wegeketten spiegelt sich auch in der stetig steigenden Kunden-
zahl im CarSharing wider. Inwiefern die einzelnen Bereiche CarSharing, Elektromobilität
und die Vernetzung von Fahrzeugen mit ihrer Umwelt eine Herausforderung für das HMI im
Automobil sein können, wird im Folgenden beschrieben.

2.1   eCarSharing

CarSharing ist eine organisierte und gemeinsame Nutzung von Autos. Als integrierter Baustein im Mobilitätsverbund ist CarSharing Teil einer Mobilitätsdienstleistung.

Recherchen zeigen, dass viele Menschen zwar eine elementare Bedeutung in Elektroautos
für die Zukunft sehen, aber in naher Zukunft kein Elektroauto kaufen würden (Arnold et al.
2010).

Aus Forschungsarbeiten der FH Aachen und dem CarSharing-Elektromobilitäts-Projekt
ec2go[1] (electric car to go) ist hervorgegangen, dass sich CarSharing und Elektromobilität
ideal kombinieren lassen (Ritz & Röth 2010). Im CarSharing können viele Nachteile der
Elektromobilität, wie z.B. hohe Anschaffungskosten und eine geringe Reichweite, kompensiert werden, denn die Kosten werden auf alle Kunden verteilt und die Nutzung der CarSha-
ring-Fahrzeuge erfolgt überwiegend im Stadtbetrieb. Rund zwei Drittel der CarSharing-
Fahrten werden mit weniger als 25 km und in unter 4 Stunden zurückgelegt (Abbildung).

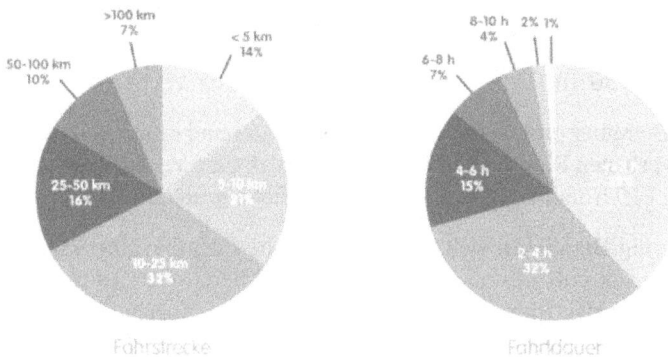

Abbildung 1: Auswertung cambio-Fahrten

Die Herausforderung liegt in einer nachhaltigen und effizienten Organisation der Fahrzeugflotte, insbesondere mit dem Ladestand als neues Informationsgut sowie die Vernetzung mit
anderen Verkehrsmittelsystemen.

---

[1]   Skizzengewinner (EM1049) gefördert durch NRW-EU Ziel 2-Programm

2.2 Das vernetzte Automobil

Mittels der CAN-Datenerfassung (Controller Area Network) werden mikrocontrollergesteuerte Systeme im Automobil vernetzt, so dass ein Informationsaustausch zwischen Steuergeräten (Beleuchtung, Getriebe, Armatur, etc.) stattfinden kann (Etschberger 2002). Dabei werden die Informationen jedoch nur innerhalb der Fahrzeuggrenzen verarbeitet.

Darüber hinaus ist mittlerweile ein Datenaustausch sowohl zwischen Fahrzeugen (Car-to-Car Communication) als auch zwischen Fahrzeug und mobile Devices (MP3-Player, Smartphone) möglich. Letztere können als Display fungieren, um z.B. ausgelesene Informationen darzustellen.

Die Car-to-X-Communication ermöglicht eine innovative Vernetzung des Autos mit seiner Umwelt und der Cloud, denn durch den Ausbau mobiler Datennetze sind Daten und Informationen ubiquitär zugänglich geworden. Dadurch kann das Smartphone oder das Fahrzeug selbst als Schnittstelle für globale Angebote dienen.

Das Auto entwickelt sich von einer isolierten Informationseinheit zu einem aktiven Element des Internets. Das Auto der Zukunft wird mit mobilen Endgeräten, Cloud-Anwendungen und Netzwerken verbunden sein (Feldmann 2011) und somit als „fully connected car" fungieren.

2.3 Besonderheiten eMobilität

Aus dem Forschungsprojekt *ec2go* ist hervorgegangen, dass es sich bei einem Elektroauto um ein erklärungsbedürftiges Produkt handelt, da sich die Technik grundlegend von der eines herkömmlichen Fahrzeuges unterscheidet (Damm et al. 2011).

Von besonderer Relevanz ist dabei die Vermittlung der Reichweite. Zwar werden die Nachteile der begrenzten Reichweite und langen Ladezeiten durch die Einbindung von Elektroautos in CarSharing-Flotten teilweise aufgehoben, da die Fahrzeuge zwischen den Buchungen geladen werden können, jedoch gibt es noch weitere Variablen, die sich auf die Reichweite auswirken und somit das Fahrerlebnis der Nutzer beeinflussen. Dazu gehören zum einen das Fahrverhalten des Nutzers selbst, die Nutzung der Bordelektronik wie Klimaanlage und Heizung, aber auch äußere Einflüsse wie das Wetter oder die Verkehrslage.

Die Vernetzung der zuvor genannten Informationen (Fahrverhalten, Bordelektronik, Umwelt, etc.) und deren Einfluss gilt es dem Fahrer zu vermitteln, um ein effizientes und nachhaltiges Fahren zu fördern.

2.4 HMI im Auto

Der optische Kanal wird durch die Fahraufgabe am meisten belastet. Während der Fahrt werden 80 bis 90% der Informationen visuell wahrgenommen. Nicht nur die Umgebung, auch die Fahrsituation selbst belastet den Fahrer und bietet einen hohen Grad an Ablenkung (Bruder & Didier 2009). Laut des DEKRA Verkehrssicherheitsreports 2011 geschehen europaweit zwei Drittel der Unfälle innerorts (DEKRA 2011).

Durch die Masse an Informationen, mit denen der Fahrer im Auto konfrontiert wird, wächst das Maß an Aufmerksamkeit und Reaktionsfähigkeit. Viele Funktionen sind schon heute zu komplex und lenken vom Geschehen im Verkehr ab (Schaal & Schmidt 2011). Einen Überblick über die Anforderungen an die Gestaltung von HMIs bieten die "European Statements of Principles on Human Machine Interface" (ESoP).

Die Reduktion der Informationsdefizite im eCarSharing-Bereich erfordert eine Darstellung der relevanten Daten zur Motivation eines nachhaltigeren Fahrverhaltens ohne den optischen Kanal des Fahrers durch weitere Systeme zu belasten.

3 HMI-Analyse eCarSharing

Bisherige Car- und Infotainmentsysteme wurden für den Massenmarkt entwickelt. Sie sind jedoch aufgrund ihrer Fülle an Informationen nicht für den eCarSharing-Sektor geeignet.

3.1 Vergleich Car- und Infotainmentsysteme

Da die Vernetzung zu einem großen Bestandteil der menschlichen Lebensqualität geworden ist, stellen Automobilhersteller Schnittstellen für Smartphones oder gar eigene Apps zur Verfügung. Anzeigen in Hybrid- und Elektroautos geben Fahrern in Echtzeit Feedback zum Fahrstil. Neben Anzeigen zum Batterieladestand sind Darstellungen zum Verbrauch und zur Energierückgewinnung die gängigsten Anzeigen, um den Fahrer zu einem effizienteren Fahrverhalten anzuregen (Abbildung 2).

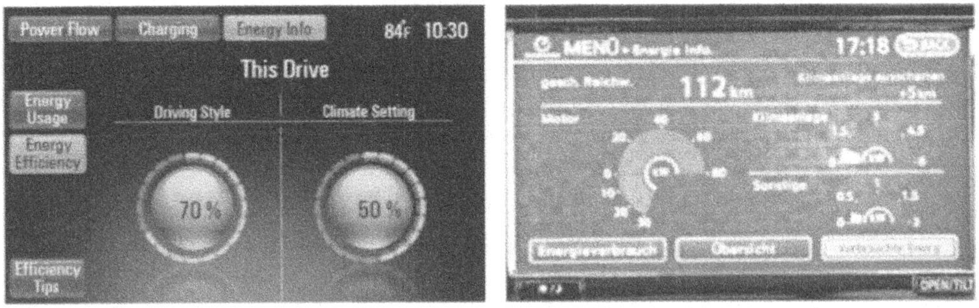

Abbildung 2: Anzeigen Verbrauch Elektroauto

Hierbei erhält der Fahrer zu seiner Fahrweise viele und teilweise komplexe Visualisierungen, die ihn von seiner eigentlichen Aufgabe ablenken.

Neue Systeme müssen sich nahtlos in den neuen Kontext "Elektroauto und CarSharing" einbinden lassen. Eine einfache Übernahme der Systeme aus herkömmlichen Fahrzeugen ist deshalb nicht zu empfehlen.

3.2 Anforderungen an neues HMI

Während bestehende HMIs und Automobilhersteller im Bereich „easy to use" unterwegs sind, damit Fahrer möglichst schnell an Informationen gelangen, liegt der Schwerpunkt des eCarSharing-Fahrassistenten im Bereich „easy to learn".

Da vielen Nutzern Kenntnisse in den Bereichen Elektrizität und Batterietechnik fehlen, gilt die Gestaltung von HMIs und Fahrerinformation in Elektroautos als neue Herausforderung.

Um den Grad der Ablenkung während der Fahrt zu reduzieren, wird im *ec2go* bei der Entwicklung der Öko-Bilanz die Interaktion mit dem CarPC auf ein Minimum beschränkt.

Auf Basis der „Persuasive Technology" nach Foggs (Fogg 2012), welche sich mit der Verhaltensänderung durch computergestützte Informationen beschäftigt, werden zudem Überzeugungsstrategien in das Konzept integriert, die das Fahrverhalten der Nutzer langfristig beeinflussen sollen.

Parallel dazu wird untersucht, inwiefern sich diese pädagogischen Anreize in das Marketing- bzw. Geschäftsmodell einbinden lassen. So könnten sich beispielsweise durch ein Bonussystem positive Effekte wie Kostenersparnisse sowohl für Nutzer, als auch für den CarSharing-Anbieter erzielen lassen.

4 Prototyp

Um dem Informationsdefizit des Fahrers entgegenzuwirken, wurde im Rahmen des Projektes *ec2go* ein intelligenter Fahrassistent gebaut, der dem Fahrer alle relevanten Informationen aufzeigt, um den Umgang mit der neuen Technologie Elektromobilität zu erlernen und Bewusstsein für den Energieverbrauch und den Einfluss der eigenen Fahrweise auf die Batterie zu entwickeln. Nutzer sollen durch den Fahrassistenten zu einer ökologisch bewussten Fahrweise angeregt werden.

4.1 Selbsterklärendes Fahrzeug

Das vernetzte Auto erhält nicht nur Informationen seiner Umwelt und kann diese weiter verarbeiten sondern es wird selber zum Lieferant von Informationen.

Einem Erstnutzer erklärt das Fahrzeug z.B. mittels eines Einführungsvideos wie der Startvorgang durchgeführt werden muss (Abbildung 3).

Abbildung 3: ec2go Einführungsvideo

Aber auch Informationen zum Ladestand insbesondere im kritischen Bereich werden dem Fahrer mitgeteilt. Der Fahrer erhält die Information, dass das Elektroauto geladen werden muss und wird zur nächsten freien Ladesäule navigiert.

4.2   Multimodale Buchung

Mit eCarSharing als Baustein einer Mobilitätsdienstleistung müssen multimodale, also verkehrsmittelübergreifende Wegeketten organisiert und geplant werden. Hierfür müssen Informationen (Fahrplan- und Preisauskunft, etc.) der im Mobilitätsverbund integrierten Verkehrsmittelsysteme als eine gemeinsame Dienstleistung zusammengeführt und dem Kunden angeboten werden (Abbildung 4).

Abbildung 4: ec2go Anschlussmobilität (links: Fahrassistent, rechts: iPhone App)

Die Schnittstelle zwischen Nutzern und Mobilitätsanbietern in Form einer mobilen IT-Anwendung befindet sich zurzeit im Aufbau.

4.3 Auslagerung der Öko-Bilanz

Durch die Vernetzung und Kombination des Fahrzeugs inkl. Touchscreen als Ein- und Ausgabeeinheit mit einer mobilen Applikation und einer Webseite soll der Fahrer Elektromobilität neu erfahren, indem das Fahrverhalten grafisch aufbereitet und visualisiert wird. Abstrakte Werte, wie der Stromverbrauch oder die Beeinflussung der Reichweite, werden auf diesem Wege greifbar und verständlich vermittelt. Der Fahrer erhält ausführliche Rückschlüsse zu seinem Verhalten und soll dadurch nachhaltig ein Bewusstsein für die eigene Fahrweise und deren Einfluss auf den Energieverbrauch des Fahrzeugs entwickeln.

Mittels des Autos als Informationslieferant und einer Auslagerung des Öko-Feedback-Systems wird es dem Fahrer zukünftig ermöglicht, ökologisch relevante Daten detailliert abzufragen, ohne während der Fahrt abgelenkt zu werden und somit einen größeren Einfluss auf eine nachhaltigere Fahrweise zu nehmen.

4.4 Evaluation

Das Konzept, die Umsetzung sowie die Anwendung des Fahrassistenten wurden hinsichtlich der zuvor beschriebenen Problemstellung evaluiert.

Testergebnisse mit einem Fahr-Simulator in einer zuvor aufgebauten Versuchsumgebung zeigten, dass die Informationsdefizite beseitigt werden können. Jedoch wurden noch Unzulänglichkeiten des Proof of Concept Prototypen hinsichtlich der Usability deutlich.

Nach einer benutzerzentrierten Weiterentwicklung zeigen erste Usability Tests mit Probanden unter realen Einsatzbedingungen, also Testfahrten im Straßenverkehr, dass größtenteils die Probanden auf den Mehrwert der Informationsdarbietung auf dem Fahrassistenten nicht mehr verzichten möchten.

5 Fazit

In Zukunft wird Mobilität nicht gekauft, sondern organisiert. Die Organisation erfordert aber eine Vernetzung intelligenter Geräte über mobile Datennetze. Dank moderner Informations- und Kommunikationstechnologien kann eine schnelle Interaktion zwischen dem Fahrzeug und seiner Umwelt stattfinden.

Akzeptanz- und Informationsdefizite im Bereich der Elektromobilität können durch eine Kombination aus vernetzten Fahrzeugen und modernen Mobilitätskonzepten wie eCarSharing sowie einem benutzergerechten HMI kompensiert werden.

388Ritz, Terhaar & Wallenborn

Literaturverzeichnis

Arnold H., Kunert F., Kurtz R & Bauer W. (2010). *Elektromobilität - Herausforderungen für Industrie und öffentliche Hand.* S. 10-11, 51.

Bruder R. & Didier M. (2009). *Gestaltung von Mensch-Maschine-Schnittstellen.* In Winner H., Hakuli S. & Wolf G. (eds.) Handbuch Fahrerassistenzsysteme. Wiesbaden: Vieweg+Teubner/GWC. [S. 314-324].

Damm S., Ritz T., Wallenborn R. (2011). *Umsetzung von eCarSharing-Strategien durch Integration von Fahrzeugen in die Informationslogistik mittels Cloud Computing.* Aachen. S. 5-6.

DEKRA (2011). *Verkehrssicherheitsreport 2011: Strategien zur Unfallvermeidung auf den Straßen Europas.* S. 6.

Etschberger K. (2002). *Controller-Area-Network: Grundlagen, Protokolle, Bausteine, Anwendungen.* München. Hanser Verlag.

Feldmann S. (2011). *New Roadmap for E-Mobility: Technologies and Drivers for Market Adoption.* 20th Aachen Colloquium Automobile and Engine Technologie 2011. Aachen. S. 575-580.

Fogg BJ (2012). *BJ Fogg's Behavior Model.* Stanford University. http://www.behaviormodel.org/index.html.

Ritz T. & Röth T. (2010). *Elektromobilitätskonzepte für den urbanen Raum.* In Forschungsbericht der FH-Aachen. Aachen. S. 38-41.

Schaal K.M. & Schmidt J. (2011). *Innovationen: Bediensysteme, Ablenkungsmanöver.* http://www.ace-online.de/ace-lenkrad/test-und-technik/blickwinkel-736//browse/25/article/handy-am-ohr-macht-kreativ.html?cHash=efb09e48c5&tx_nfccartest_pi1%5Bside%5D=3.

Kontaktinformationen

Prof. Dr. Ing. Thomas Ritz
ritz@fh-aachen.de

Ramona Wallenborn, B.Sc.
wallenborn@fh-aachen.de

Kristin Terhaar
kristin.terhaar@alumni.fh-aachen.de

FH Aachen- University of Applied Sciences
Fachbereich Elektrotechnik und Informationstechnik
Mobile Media & Communication Lab

Eupener Straße 70
52066 Aachen
T +49. 241. 6009 51946

H. Reiterer & O. Deussen (Hrsg.): Workshopband Mensch & Computer 2012
München: Oldenbourg Verlag, 2012, S. 389-392

Nutzergerechte Umsteigepunkte für eine multimodale Mobilität

J.P. Frederik Diederichs, Melanie Ganzhorn, Vivien Melcher

Human Factors Engineering, Fraunhofer IAO / Universität Stuttgart IAT

Zusammenfassung

Der Beitrag beschreibt eine Vision zum Wandel vom autobasierten Individualverkehr hin zu individuellen multimodalen Mobilitätsrouten mit intelligenten, nutzergerechten und barrierefreien Umsteigepunkten. Individualverkehr ist nach dieser Vision vor allem die Nutzung einer individuellen Reiseroute mit einer intelligenten Verknüpfung von Verkehrssystemen. Die Bedeutung der Umsteigepunkte (Hubs) wird dafür besonders hervorgehoben, ebenso wie ein elektronischer Reisebegleiter mit personalisiertem HMI für den „Mobilen Menschen" von morgen.

1   Multimodaler Individualverkehr

Individuelle Mobilität ist und bleibt ein wichtiger Faktor der Gesellschaft. Wie wird sich das Mobilitätsangebot an die technischen, ökologischen, ökonomischen, epidemiologischen und sozialen Entwicklungen der nahen Zukunft anpassen? Wir spüren einen starken Drang nach Veränderung aus unterschiedlichen Richtungen: Die Politik propagiert eine elektromobile Mobilität, die Forschungsfördereinrichtungen nehmen vernetzte Verkehrssysteme ins Visier und die Menschen weltweit stürzen sich auf Smartphones und in ein vernetztes Leben - der mobile Mensch ist gleichzeitig auch ein digitaler Mensch.

Die EU forciert den beschleunigten Einsatz von intelligenten Verkehrssystemen. Ziele sind die Gewährleistung einer umweltfreundlichen und sicheren Mobilität, die Optimierung der Verkehrsstruktur und die Vermeidung von überlasteten Straßen. Die vorhandene Infrastruktur soll effizienter genutzt werden (Europäische Kommission, 2011).

Diese Anforderung trifft derzeit auf massive Barrieren für einen erfolgreichen multimodalen Individualverkehr. Bei den Nutzern ist häufig durch negative Erfahrungen die Bereitschaft zur Nutzung eines bestimmten oder auch einer Kombination aus Verkehrsmittel nicht vorhanden oder reduziert, was multimodaler Mobilität entgegenwirkt. Nach Rehrl et al. (2004) sind die entscheidensten Barrieren:

- Intermodale Reiseplanungssysteme decken hauptsächlich die Pre-trip- Planung ab, eine durchgängige On-trip-Unterstützung ist oft nicht möglich.

- Das Fortsetzen einer monomodalen Reise (z.B. Autoreisen) mit öffentlichen Verkehrsmitteln wird unzureichend unterstützt.

- Reisende werden mit ungewohnten, weil stets unterschiedlichen Informationssystemen konfrontiert und müssen sich selbst um eine sinnvolle Integration der Informationen bemühen.

- Viele Systeme sind lediglich Auskunftssysteme, bei denen die aktuelle Situation der Reisenden nicht betrachtet wird.

Ziel der Weiterentwicklung im Bereich der Mobilität jedes einzelnen Menschen muss es also sein, Barrieren abzubauen und die wahrgenommene Komplexität des multimodalen Verkehrs zu reduzieren.

2   Nutzergerechte Umsteigepunkte

Aktuelle Studien deuten darauf hin, dass in Zukunft der Privatbesitz von Fahrzeugen an Bedeutung abnehmen wird. Anzeichen dafür ist die zunehmende Nutzung von Fahrzeug-Sharing Angeboten und der rückläufige Fahrzeugbesitz im Alter von 17-24 Jahren. Setzt sich dieser Trend fort, so werden sich die Anforderungen an zukünftige Fahrzeug- und Verkehrskonzepte drastisch wandeln. Zukünftig stehen Mobilitätsdienstleistungen und Betreibermodellen für gemeinsam genutzte Mobilitätsressourcen stärker im Mittelpunkt der Wertschöpfungskette, was durch Fahrzeughersteller, Energieversorger, Autovermieter oder neue entstehenden Dienstleister genutzt werden kann. Die Entwicklung solcher intermodaler Verkehrskonzepte erfordert jedoch die Vernetzung unterschiedlicher Verkehrsträger in intelligenten Umsteigepunkten (Hubs), sowie personalisierte übergreifende Informationssysteme basierend auf Datenfusion, intelligenter Verarbeitung und ansprechender Bereitstellung für den Nutzer. Dafür ist es notwendig den Nutzer und seine Bedürfnisse in den Mittelpunkt des Entwicklungsprozesses zu stellen wie es sich bei modernen Dienstleistungskonzepten durchgesetzt hat (Spath et al., 2011).

Dabei spielen die Hubs als Organisations-, Informations- und Kommunikationsplattform eine Schlüsselrolle für einen erfolgreichen Wandel zum multimodalen Verkehr. Dies beinhaltet auch übergreifende Tarifmodelle und ergonomisch, informatorisch und ästhetisch ansprechende Umsteigepunkte: die Hubs der Zukunft. Der multimodale Verkehr der Zukunft stellt also eine Reihe an Anforderungen an seine Hubs die im Folgenden benannt werden:

- **Standardisierung:** Eine übergreifende Standardisierung der Prozesse des Reiseplanens, Umsteigens und Bezahlens ist eine notwendige Voraussetzung für die Schaffung intelligenter Verkehrssysteme.

- **Information:** Leicht verfügbare, verständliche und vertrauenswürdige Informationen unterstützen ein erfolgreiches und angenehmes Umsteigen. Personalisierung reduziert die Komplexität der Information.

- **Ergonomie:** Aus- und Einstiege in die Verkehrsmittel müssen ergonomisch und komfortabel gestaltet sein, besondere Aufmerksamkeit gilt Älteren, Menschen mit Einschränkungen, Familien sowie Personen mit Gepäck.

- **Orientierung:** Hubs werden häufig von Menschen benutzt, die sich das erste Mal an diesem Ort befinden. Gute Orientierung schafft schnelle Umsteigezeiten und ein sicheres Gefühl.

- **Kosten:** Oft sind Wechsel zwischen Verkehrsmitteln mit neuen Bezahlvorgängen verbunden die auf unterschiedlichen Tarifsystemen beruhen, nicht intuitiv verständlich sind und zudem Zeit kosten. Gute Hubs unterstützen Flatrate Modelle oder „ein Preis für eine Reise" Ansätze.

- **Erlebnis:** Positive Erlebnisse gehören zu den Grundvoraussetzungen für ein angenehmes Leben. Attraktive Mobilität vermeidet Stress, bereitet Freude, schafft positive Eindrücke und bietet Gelegenheit zur Vorbereitung der Ankunft.

Abbildung 1: Hubs: Intelligente nutzergerechte Umsteigepunkte für die multimodale Mobilität von morgen.

3   HMI im multimodalen Verkehr

Ein HMI für den Reisenden im multimodalen Verkehr wird aus heutiger technischer Sicht wohl aus einer Mischung von Automatenterminals mit adaptiven Oberflächen, Smartphones und Brillentechnologien basieren, welche über Cloud und lokale Transmitter mit aktuellen Informationen versorgt werden (Vanderheiden, 2011). Augmented Reality schafft eine personalisierte Sicht auf die momentane Situation und reduziert damit die Informationskomplexität. Ein breites Spektrum von Dienstleistungen wird über personalisierte Interfaces verfügbar gemacht, wovon Reisende mit eingeschränkter Mobilitätsfähigkeit genauso profitieren wie Komfortsuchende und Informationsbedürftige die von ihrer geplanten Route abweichen möchten oder müssen.

Ein HMI für den mobilen Menschen der Zukunft sollte folgende Funktionalitäten ermöglichen: Tür zu Tür Navigation, Echtzeitunterstützung während der Reise, mehrere Alternativen bei Routenänderung, Unterstützung von spontanen Entscheidungen für Routenänderungen, Reduzierung von Komplexität durch Personalisierung, wird mit lokalen Informationen versorgt, ist jederzeit und schnell verfügbar, vermittelt Sicherheit und Orientierung, schmeichelt mit ansprechendem Design und bietet Spaß für Wartezeiten.

4   Zusammenfassung

Die Nutzung der Verkehrsmittel wird sich in Zukunft wandeln, dem Besitz eines eigenen Fahrzeuges wird weniger Bedeutung zugemessen. Im Mittelpunkt werden multimodale Verkehrskonzepte stehen. Durch diesen Wandel entstehen neue Anforderungen an Umsteigepunkte (Hubs) und die Informationsgestaltung zwischen Mensch und Verkehr um ein freudiges und frustrationsfreies Nutzen mehrerer Verkehrsmittel zu ermöglichen. Den Hubs kommt neben Ihrer Funktion als ergonomischer Umsteigepunkt auch in Bezug auf die Organisations-, Informations- und Kommunikationsstrategie eine Schlüsselrolle zu. Bei der HMI Gestaltung für einen multimodalen Verkehr müssen neue Technologien berücksichtigt werden und die Oberflächen an den mobilen Menschen individuell anpassbar sein. Dadurch kann eine On-trip Unterstützung erfolgen und der Reisende durch integrierte Anzeige- und Bedienkonzepte im Hub informiert und geleitet werden.

Literaturverzeichnis

Europäische Kommission (2011). *White Paper on Transport: WHITE PAPER Roadmap to a Single European Transport Area – Towards a competitive and resource efficient transport system*, http://eur-lex.europa.eu/LexUriServ/LexUriServ.do?uri=CELEX:52011DC0144:EN:NOT

Rehrl, K., Rieser, H., Bruntsch, S. (2004). *Vienna-SPIRIT: Situationsbezogene, integrierte Reiseunterstützung für intermodale Reisen*. In Muensteraner GITage - Vol. 22. Münster: IfGI prints, S. 83-96

Spath, D., Rothfuss, F., Herrmann, F.; Voigt, S., Brand, M., Fischer, S., Ernst, Th., Rose, H., Loleit, M. (2011). *Baden-Württemberg auf dem Weg in die Elektromobilität*. In: Strukturstudie BWe mobil 2011: Karlsruhe, E&B Engelhardt und Bauer.

Vanderheiden, G., Treviranus. J., Martinez, J.A., Bekiaris, E., Gemou M., (2011). *Creating A Global Public Inclusive Infrastructure (Cloud4ALL & GPII)*. In: Trace R&D Centre, U of Wisconsin & Raising the Floor – International 150 route de Ferney, Geneva 2011, Schweiz

Kontaktinformationen

Fraunhofer IAO - Human Factors Engineering, Nobelstr. 12, 70569 Stuttgart, Germany http://www.hfe.iao.fraunhofer.de

H. Reiterer & O. Deussen (Hrsg.): Workshopband Mensch & Computer 2012
München: Oldenbourg Verlag, 2012, S. 393-400

Global versus Regional User Requirements for the Vehicle HMI

Iris Menrath[1], Verena Wagner[1], Stefan Wolter[2], Stefan Becker[1]

HMI - Electrical and Electronic System Engineering, Ford Werke GmbH[1]
Vehicle Interior Technologies, Ford Forschungszentrum Aachen GmbH[2]

Abstract

Based on global product development, unification of HMI concepts in the automotive sector plays an important role. To understand the scope of the HMI globalization or the need for regional adaptations, several investigations with participants from China, North America and Europe have been carried out. Different display aspects like color and labels were tested with the help of flash animations, computer simulations and prototype components. The results show that for color a global HMI solution can be found, whereas for item labels regional differences do exist.

1   Introduction

Nowadays, most automotive manufacturers offer their customers a broad range of electronic functions and systems. These are for example radios, navigation systems or driver infor-mation- and driver assistance systems. The Vehicle Human Machine Interface (HMI) is de-signed to make those functions easy to use. The more important the HMI becomes the more the question arises whether one HMI will be accepted by users around the world or not. And, if not, which regional requirements do exist and should be implemented into these concepts. Therefore, questions about different display contents, different grades of information density, colors, graphic styles and the use of icons as well as language specific problems play an important role in the development of new HMI variants in the vehicle.

North American and Chinese customers for example prefer more input devices like touch screen displays in the vehicle, whereas European (German) customers prefer more controller based concepts (Bloch 2007). Generally, such different preferences between users worldwide can have several possible causes. Different meanings e.g. for colors and symbols in several cultures can lead to such regional preferences. According to Bourges-Waldegg and Scrivener (1998), problems of the usability of products arising from different cultural backgrounds of users, can be traced back to a different understanding of the meaning of representations of e.g. colors, symbols and shapes. Whereas in Western countries like Europe and North America the color "red" represents the meaning "alarm", in Eastern countries like China and Taiwan the same color stands for "luck". Chinese's brides for example wear red dresses instead of white dresses because the color white means "death" in most Eastern countries (Zißler-Gürtler 2002). Cultural differences can also be found in the meaning of different symbols. Figure 1 shows examples of different signs in China and Europe.

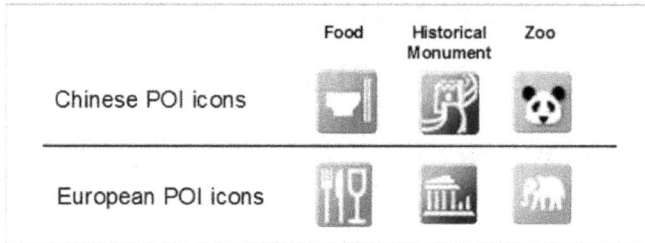

Fig. 1:   Examples of different signs in China and in Europe

In summary, different cultural backgrounds of the users worldwide lead to different preferences for symbols, images and input devices. To understand what a customer really needs and wants, it is important to investigate cultural characteristics in a highly manner (Choong & Salvendy 1998). Therefore we need to find out more about the expectations users from different regions have of a future vehicle HMI.

1.1   Aim of the Studies

Discussions about how a future vehicle HMI concept has to look like, deliberations that there are some cultural differences that have to be addressed in a next generation of HMI, are brought up again and again. Some research teams recommend the importance of understanding cultural differences in color appreciation and color response to enable an effective usage of colors when designing interfaces (Noiwan & Norcio 2006). In particular against the background that color is a very important, sophisticated and complex component of screen design (Lee & Bolin 1999). Maybe the most favorite color of customers can influence their color preference for display icons. A Study with 120 American and Thai participants showed that participants of both cultural groups rated the color blue as their favorite color from the six colors red, blue, orange, yellow, violet, and green. Cultural differences are shown for the second favorite color which was red for American and yellow for Thai participants. Otherwise, the least preferred color also fits well in both cultures and was violet (Noiwan & Norcio 2006). Results of a study which deals with color appeal of websites in three different cultural groups (Canada, Germany, Japan), showed for three different color schemes (blue, grey, yellow) that participants of all three cultural groups tend to dislike the yellow website color scheme, while the blue color scheme seemed to be fine for all three cultural groups (Cyr et al. 2010). Another interesting topic is the use of icons, text or a combination of both to label buttons and/or other items on a display. Icons are often used in human-machine-interaction to support the use of the interface and to make it more intuitive and international. Even the use of icons alone can be less space consuming than text labels or a combination of both (Wiedenbeck 1999). Results from computer interfaces show that for users with low experience, especially during the initial learning phase, text labels and combinations of icons and text are more informative, easier to interpret and learn as icons alone. Regardless of whether it matched with the real performance, the perceived ease of use was higher for icon labeled computer interfaces than for both other variants. Also, text labels seemed to be very important in the early learning phase but lost their importance after the participants have learned how to interpret them (Wiedenbeck 1999).

The aim of the present studies was to give an initial response on the very important question, whether it makes sense for an automotive manufacturer to pursue one global HMI strategy or if HMI concepts have to be regionalized.

2   Method

Two different studies were carried out to test the hypotheses stated above. For this paper it was decided to explain one main study in more detail and an additional study in an abbreviated version to validate the results of the main study.

2.1   Study 1

Study 1 was set in the three HMI laboratories of the Ford global HMI team. All three HMI laboratories in China, Europe and North America do have similar testing conditions. All laboratories are windowless rooms with artificial light coming from above. As test material two Dell notebooks (model "lattitude 6400") were used in Europe and China and an identical Dell monitor (model "1908FPt") was used in North America. All monitors have had the same fixed angle and color, contrast and brightness configurations. The participants were sitting in one of the three HMI laboratories at a desk with the monitor in front of them. The light above the monitor was dimmed down.

2.1.1   Sample

In total, data from 90 participants were incorporated in the study. All participants were employees of the Ford Motor Company or from suppliers of the Ford Motor Company. The sample was balanced concerning region and gender. Therefore, 30 Chinese, 30 European and 30 North American participants attended the experiment. Each cultural group consisted of 15 female and 15 male participants which results in a total of 45 female and 45 male participants. Overall, the participants were between 20 and 60 (and above) years old. 61 of the participants had corrected vision (short & farsightedness). Two participants of the American sample had astigmatism. Detailed information on sociodemographic data of the sample can be seen in Table 1.

Variable	Total	China	Europe	North America
Gender	45 f, 45 m	15 f, 15 m	15 f, 15 m	15 f, 15 m
Age	20-60+	20-39	20-59	20-60+
Visual aid	N = 61	n =27	n = 18	n = 16

Table 1:   Sociodemographic characteristica of the total sample and for each of the three different regions

2.1.2   Materials and test procedure

For the stimulus material, five different flash animations were programmed with the software Adobe Flash Player Version 10. The basic screen which was used as basis for all five flash animations showed a typical radio screen of a multimedia display in the vehicle. The radio screen which was used in the study is not related to any specific brand or carline and should only be seen as an experimental framework (see figure 2).

Fig. 2: Radio screen - experimental framework used in all five flash animations

The participants had the task to modify different aspects of the display in order to what they like best and what they like least in a vehicle display. The independent variables are color, shape, gloss, labels and information density. This paper focuses only on two of these aspects, namely color and labels, for more details of the variables shape, gloss and information density see Becker et al. (2011).

For the adjustment of their most favorite and least favorite color, the participants had to use two sliders to change the hue and the saturation of the color of the items in the display. The color coding in the flash animation is based on the HSL color space model, with the parameters hue, saturation and luminance (Silvestrini 1994). Luminance was used as a fixed parameter. For the assessment of the color preference in the experiment, the values for hue and saturation were registered for each participant.

For the second independent variable "label", participants had to choose between different labels of a display: text only, icons only and the combination of text and icons. With the help of a second animation, participants had to set a ranking of the three possibilities with the help of a visual analogue scale.

A short questionnaire comprised the sociodemographic data and different questions addressing subjective assessments (5-stage rating scales and items based on semantic differentials), that the participants had to answer for each part of the experiment.

2.1.3 Results

Color

Figure 3 shows the results of the most favorite colors for display items. Comparing the mean values of the different regions, it can be said that there is a tendency towards a blue shade as most preferred in all cultural groups (Mean global value: hue = 200°, SD = 71.2). For the saturation value, a trend towards a saturation of around 80% can be shown.

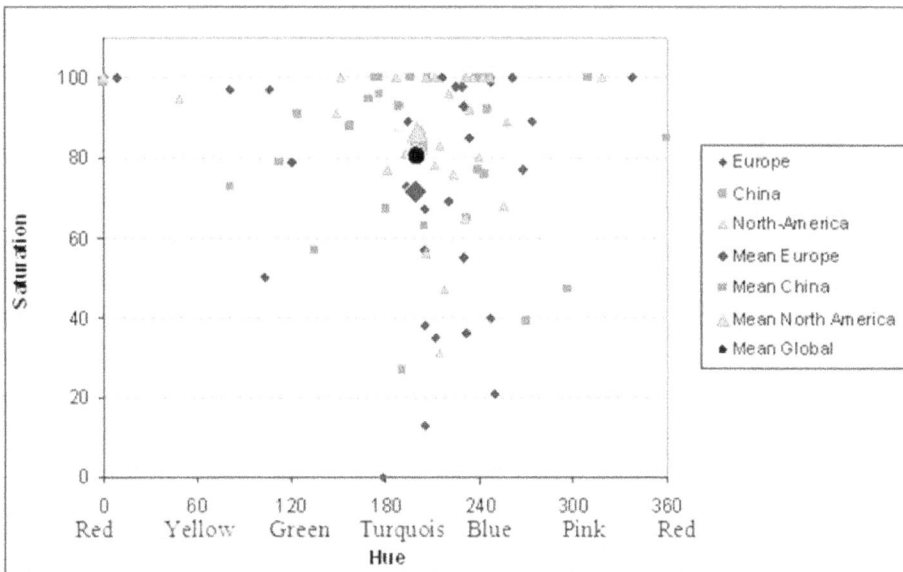

Fig. 3: Most favorite colors for display items

For the least favorite colors, there is not such a clear trend as shown for the most favorite colors. Nevertheless, the results show two tendencies towards the colors greenish yellow (hue value around 60°) and magenta (hue value around 305°) in all three regions (see figure 4).

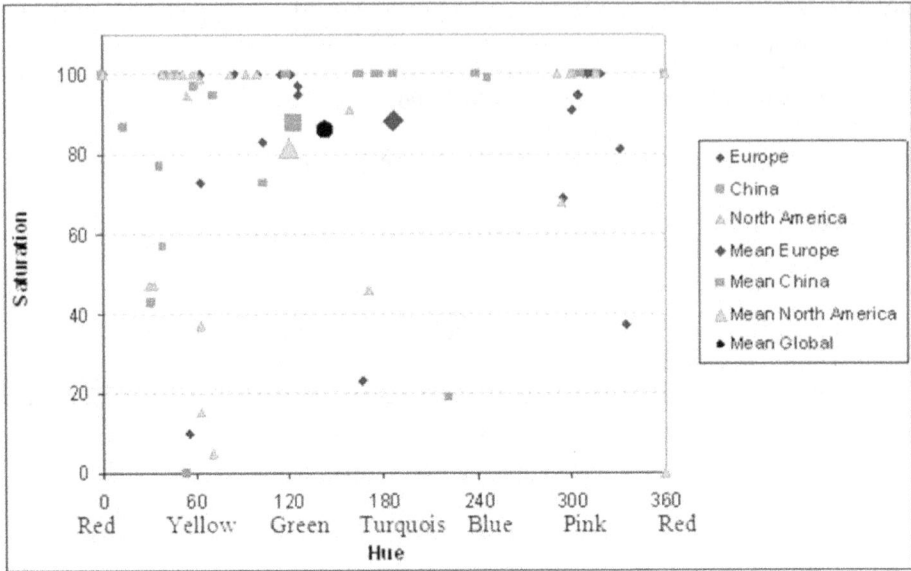

Fig. 4: Least favorite colors for display items

Ways to label items on a display

Results of an analysis of variance with repeated measures show, that there is no significant main effects of regions, F (2, 87) = .34, *ns*, but a significant main effect for "label", F (2, 87) = 57.71, p < .0001. The post hoc test (Sidak, p < .05) shows that the combination of icons with text and text only, are significantly better assessed than the variant icon only (see figure 5).

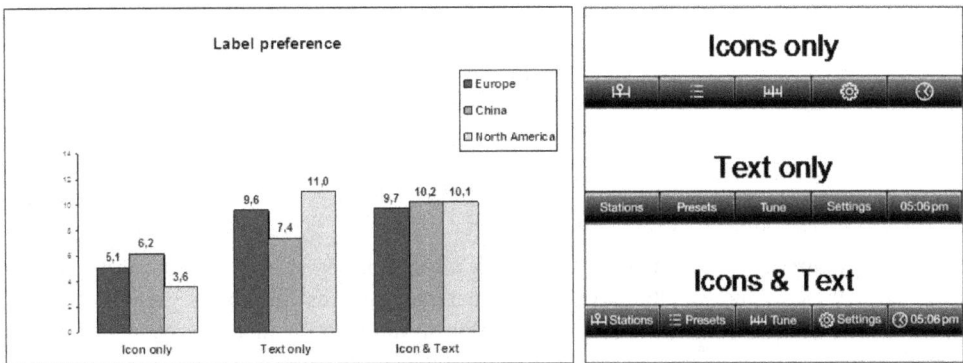

Fig. 5: Preference for display labels (mean values with 0 = negative to 14 = positive)

2.2 Study 2

For study 2 another laboratory experiment with a real cluster prototype component was carried out in the three regions China, Europe and North America. The aim of the study was the validation of usability and appearance of a new cluster. One of the main questions was whether participants prefer information displayed with or without icons. Therefore, different versions, for example, of a trip computer were provided: a version without any icons or additional text, one with additional icons (such as a clock for trip distance or a gas pump for average fuel consumption), and one with additional icons and text (e.g. a clock and the text "trip timer").

2.2.1 Sample

From the total sample of N = 60 participants, n = 20 were participants from China, n = 20 from Europe and n = 20 from North America. All participants were employees of the Ford Motor Company or from suppliers of the Ford Motor Company. Overall, the participants were between 21 and 59 years old.

2.2.2 Results

The participants were asked to rank three different versions of the trip computer screen (icons only, text and icons and neither text nor icons (values only)). The results show that 79% European and 70% Chinese participants prefer the version with icons only the most. For the North American participants no clear preference was found for the first preference (40% icons with text, 35% icons only and 25% neither text nor icons). Comments from European and Chinese participants on their first choice were for example that "icons are helpful for the understanding" and "icons are very comprehensible" and "you don´t have to read a lot". Comments from North American participants on the other side were that "icons are visually distracting" and "a version without icons is clean and simple". Furthermore "a version with icons and text is as detailed as possible and it could also work without symbols, but text is important".

3 Discussion

The different studies on display perception give answers to the question whether the implementation of a global HMI concept is possible or if local HMI variants are needed. First, the results of study 1 show for color preference, that participants from Europe, China and North America do have similar color likings in terms of display items. Concerning this experimental investigation, participants prefer a blue shade the most. This finding is in line with other studies, as for example found for websites by Cyr et al. (2010). Also the study shows which colors should not be implemented in vehicle displays: the colors magenta and a greenish yellow were not preferred by the participants.

The results for item labels look different. In study 1 no significant cultural differences are found, but the variant "icons only" is not desired in all three regions. On the opposite, the results of study 2 show cultural differences between North America and China/Europe: participants from Europe and China prefer variants with icons more often. Therefore, if a global solution is desired, it is recommended to use a combination of icons and text.

These initial studies show that investigations on global and regional user requirements are very important for the development of the vehicle human machine interface and should be further pursued. Moreover, other important markets such as South America, Russia and India have to be included into this process.

Acknowledgement

Special thanks to Rob Mariet for technical assistance, as well as Vishnuvardhan Sarma and Aiping Xiong for conducting the studies in North America and China.

References

Becker, S., Mariet, R., Menrath, I., Sarma, V., Wagner, V., & Xiong, A. (2011). One Ford – One HMI? Human Machine Interface in between global brand identity and regional customer requirements. In VDI Wissensforum GmbH (Hrsg.). *Elektronik im Kraftfahrzeug [VDI-Berichte 2132]*. Düsseldorf: VDI Verlag GmbH. pp. 625–638.

Bloch, A. (2007). *Dreh- und Rangelpunkt*. Auto, Motor & Sport, 18, pp. 132-135.

Bourges-Waldegg, P. & Scrivener, S.A.R. (1998). *Meaning, the central issue in cross-cultural HCI design*. Interacting with Computers, 9, pp. 287-309.

Choong, Y-Y. & Salvendy, G. (1998). *Design of icons for use by Chinese in mainland China*. Interacting with Computers, 9, pp. 417-430.

Cyr, D., Head, M. & Larios, H. (2010). *Colour appeal in website design within and across cultures: A multi-method evaluation*. International Journal of Human-Computer Studies, 68, pp.1-21.

Lee, S.H. & Bolin, E. (1999). *Screen Design Guidelines for Motivation in Interactive Multimedia Instruction: A Survey and Framework for Designers*. Educational technology, 39, pp. 19-26.

Noiwan, J. & Norcio, A.F. (2006). *Cultural differences on attention and perceived usability: Investigating color combinations of animated graphics*. International Journal of Human Computer Studies, 64, pp. 103-122.

Silvestrini, N. (1994). *Idee Farbe. Farbsysteme in Kunst und Wissenschaft*. Zürich: Baumann & Stromer Verlag.

Wiedenbeck, S. (1999). *The use of icons and labels in an end user application program: an empirical study of learning and retention*. Behaviour & Information Technology, 18 (2), pp. 68-82.

Zißler-Gürtler, D. (2002). *Wenn Rotsehen Glück bedeutet*, markenführung marketing / kommunikation, 3, pp. 120-124.

Kontaktinformationen

Iris Menrath, E-Mail: imenrath@ford.com
Verena Wagner, E-Mail: vwagner6@ford.com
Stefan Wolter, E-Mail: swolter3@ford.com
Stefan Becker, E-Mail: sbecke12@ford.com

H. Reiterer & O. Deussen (Hrsg.): Workshopband Mensch & Computer 2012
München: Oldenbourg Verlag, 2012, S. 401-405

Erwartungen junger Menschen an das Fahrzeug-HMI der nächsten 20 Jahre

Cornelia Geyer, Stefan Geisler

Hochschule Ruhr West, Institut Informatik

Zusammenfassung

Innovationen im Fahrzeug inkl. der Bedienschnittstelle halten oft zunächst in den Oberklassefahrzeugen Einzug und werden gemäß der Erwartungen der entsprechenden Zielgruppe, zumeist 45 Jahre und älter entwickelt. Auf der anderen Seite gehen im Mobilgerätebereich die Innovationen von technisch interessierten Menschen, meist Jugendlichen aus. In dieser Arbeit wurde versucht, die Entwicklung eines Autocockpits für junge Menschen von eben diesen in vier Stufen der nächsten 20 Jahre gestalten zu lassen unter eigener Einschätzung der technischen Möglichkeiten.

1 Einleitung

In Zeiten rasanter Entwicklungen im Bereich Fahrerassistenzsysteme, Unterhaltungselektronik und Fahrzeugvernetzung steht die Entwicklung von Konzepten für die Bedienung all dieser Funktionen vor besonderen Herausforderungen. Typischerweise werden diese technisch aufwändigen und damit hochpreisigen Funktionen zunächst in der Oberklasse eingeführt und entsprechend die Bedienkonzepte entwickelt. Ziel der hier vorgestellten Untersuchung waren hingegen die Fragestellungen, wie die Erwartung an ein Fahrzeug-Cockpit der Einstiegsklasse sind. Dabei wurden vier verschiedene Zeiträume zwischen heute und in 20 Jahren betrachtet, um die für die Praxis relevanten Phasen der nächsten Fahrzeuggeneration, der Vorentwicklung sowie der Forschung abzudecken.

Auch wenn der Aufbau des Cockpits mit Anzeige- und Bedienelementen im Fokus stand, lassen sich auch Folgerungen über die Gewichtung verschiedener Funktionalitäten ableiten. Vorstellungen und Anforderungen wurden dabei nicht von HMI-Experten, sondern durch die Zielgruppe selber erarbeitet, angelehnt an die Idee eines Partizipativen Design-Prozesses (siehe etwa Muller, 2003). Somit wurde anders als in klassischen Marktforschungsstudien wie etwa (Frost & Sullivan, 2011) nicht nur an der Frage gearbeitet, *was* im Auto der Zukunft vorhanden ist, sondern auch *wo* die entsprechenden Bedien- und Anzeigeelemente positioniert sein sollten.

2   Methode

Im Rahmen einer Lehrveranstaltung mit Themenblock „Mensch-Maschine-Interaktion" wurde ein Kreativworkshop mit Studierenden des 2. Semester der Angewandten Informatik durchgeführt. Dabei wurde in Kleingruppen versucht, ein Konzept für ein Autocockpit des ersten Wunschautos in 2012, 2017, 2022, 2032 zu erarbeiten. Für die Konzeption waren verschiedene detaillierte Layouts vorgegeben (*Abbildung2*), in denen dann die unterschiedlichen Funktionen und HMI-Technologien untergebracht werden konnten. Dabei wurde der Gestaltungsspielraum verschiedener Assistenz-, Komfort- und Entertainmentsysteme innerhalb des Fahrzeuges für jede Jahresstufe immer größer. Um den Teilnehmern einen leichteren Einstieg in das Thema zu ermöglichen, wurden zwei Personas erstellt. Bei Persona 1 handelt es sich um einen technisch interessierten Schulabgänger, der demnächst ein Studium der Informatik beginnt. Er fährt häufig kurze Strecken im Stadtverkehr mit mehreren Freunden gemeinsam. Ihm ist es wichtig schnell durch die Stadt zu kommen und „alles selbst einstellen" zu können. Persona 2 fängt direkt nach Studienende als Web-Designerin in einer anderen Stadt an. Sie ist Wochenendpendlerin, die somit oft allein auf der Autobahn fährt. Für sie stehen Komfort und Sicherheit im Vordergrund und ebenso ist ihr der Kontakt zu Freunden wichtig, auch auf einer langen Autofahrt.

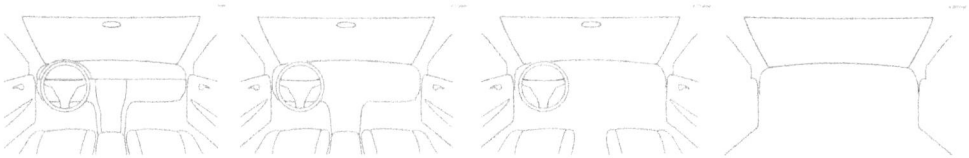

Abbildung 1: Vorgegebene leere Cockpits heute in 5, 10 und 20 Jahren

Die Teilnehmer nahmen als Vorbereitung auf den interaktiven Workshop an einer Einführungsveranstaltung zum Thema Mensch-Maschine-Interaktion im Allgemeinen sowie im Fahrzeug im Speziellen teil, darunter auch aktuelle technische Trends. Zudem erhielten sie in einem anderen Themenblock einen Überblick über aktuelle Fahrerassistenzsysteme. Die Teilnehmer arbeiteten in Gruppen zu je 3-4 Personen zusammen und stellten ihre Ergebnisse im Anschluss vor. Bei der Ideenentwicklung gab es keinerlei finanzielle und technische Einschränkungen. Für die Erarbeitung der verschiedenen Autocockpits hatten die Teilnehmer jeweils 20 Minuten Zeit.

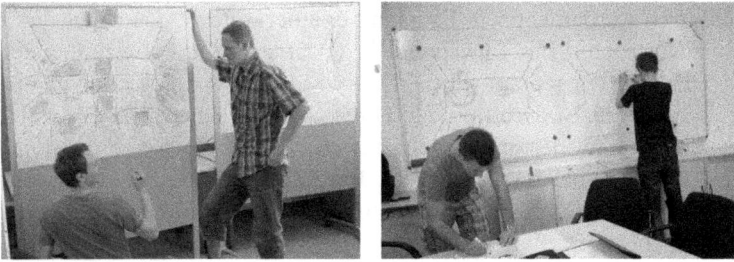

Abbildung 2: Konzeptionsphase

3 Ergebnisse

Die Ergebnisse der Gruppenarbeit wurden im Anschluss auf Gemeinsamkeiten bzw. charakteristische Unterschiede in den einzelnen Zeitstufen untersucht. Sie werden hier zusammengefasst dargestellt.

Die Erwartungen an ein aktuelles Fahrzeugcockpit für die beiden Ziel-Personas weisen in allen Arbeitsgruppen eine Reihe von Gemeinsamkeiten auf. Alle Gruppen positionierten das Display in hoher Position, drei der vier in der Mitte, die vierte in der A-Säule auf der Fahrerseite. Dabei wird in zwei Fällen aus Kostengründen davon ausgegangen, dass es sich um portable Navigationsgeräte handelt, die an eine festmontierte Halterung angeschlossen werden. Halterungen bzw. Docking-Stationen sind ebenfalls für Smartphone und Tablets vorgesehen. Eine Lenkradsteuerung zumindest für die Audio-Basisfunktionen, besser noch für die Bedienung der Menus wird erwartet. Drei von vier Gruppen beschäftigten sich zudem mit der Bedienung von Fahrerassistenzsystemen wie (A)CC und Spurhalteassistenten. Alle drei legten die Bedienelemente auf einen Lenkstockhebel, nicht auf das Lenkrad.

Fünf Jahre später wird ein großer Umfang der Konnektivität vorausgesetzt, d.h. neben USB und Bluetooth auch WiFi. Zudem wird dann erwartet, dass die Festeinbauten der Hersteller auch für die Zielpersonen bezahlbar sind. Touchscreens dominieren die Mittelkonsole, in einigen Entwürfen unterstützt um traditionelle Tasten und Drehsteller. Der Zugang in soziale Netze ist in diesen Geräten integriert. Eine Flexibilität durch nachträglich installierbare und stets aktualisierte Apps wird dabei angenommen. Dass Touchscreens mit den von Smartphones bekannten Gesten bedient werden, ist für die Gruppen selbstverständlich. Ebenso halten Head-up-Displays in dem betrachteten Preissegment Einzug.

Die Größe der Touchdisplays steigt auch in den Entwürfen für 2022 und erstreckt sich in einigen Entwürfen von der Mittelkonsole bis auf die Beifahrerseite. Dementsprechend steigt die darin enthaltene Funktionalität insbesondere auch zur Unterhaltung des Beifahrers mit entsprechenden Multimediafunktionen sowie Spielen.

Der Trend für die nächsten 20 Jahre hat eindeutig Komfortgewinn im Fokus. Das Fahrzeug fährt größtenteils autonom durch einen Autopiloten oder auf schienenartigen Systemen. Zwei Gruppen nahmen auch Verkehrssysteme an, in dem mehrere Fahrzeuge zu einer Art Zug zusammengeschlossen werden können. Es kann vermutet werden, dass diese Vision von der wenige Wochen zuvor auch in der Tagespresse groß dargestellten Entwicklung des EO smart connecting car (DFKI, 2012) geprägt wurde. Da eine Steuerung durch den Fahrer nicht mehr notwendig ist, dominieren Bildschirme für Unterhaltungsmedien das Cockpit. Eine gute Sicht nach außen wird entweder durch viel Glas oder Bildschirme, die die durch Kameras aufgenommene Außenwelt darstellen, erreicht. Ein Lenkrad ist in drei von vier Entwürfen nur noch für Ausnahmefälle vorhanden (z.B. Off-Road-Szenarien) und wird dann ausgefahren oder aufgesteckt.

Uneinheitlich bezüglich des Zeitrahmens sind die Verfügbarkeit von Systemen zur Car-to-Car-Kommunikation (+5 bis +20 Jahre) und der qualitativ hochwertigen Sprachsteuerung (heute bis + 20 Jahre). Letzterer Punkt ist insofern überraschend, da nahezu zeitgleich Apple regelmäßig Fernsehwerbung für sein iPhone-Sprachsystem Siri schaltete. Das HMI für die Car-to-Car-Kommunikation wurde unterschiedlich positioniert, entweder in der Mittelkonsole oder im Kombiinstrument.

4   Zusammenfassung und Ausblick

Der Trend, den die jungen Menschen sehen, geht in Richtung „Wohlfühlauto" mit mehr Komfort und Automatik, vom Automatikgetriebe zum autonomen Fahren. Große Touchscreens mit Gestensteuerung dominieren das Cockpit, traditionelle Schalter werden weniger. Die durch die Automatisierung gewonnene Freiheit des Fahrers erlaubt eine zunehmende Nutzung von Unterhaltungsmedien auf größeren Displays sowie noch eine stärkere Integration von mobilen Diensten.

Ein Head-up Display ist für das betrachtete Erstfahrzeug eines jungen Menschen von jeder Gruppe in spätestens 10 Jahren vertreten, bei den meisten bereits in 5. Unterschätzt werden die Möglichkeiten der Sprachkontrolle, womöglich mangels eigener Erfahrung und besondere Skepsis bezüglich der Erkennungsgüte.

Als nächste Schritte sind ähnliche Workshops mit weiteren Altersgruppen vorgesehen. Zu untersuchen sind dabei Gemeinsamkeiten aber auch Unterschiede untereinander. Weiterhin soll darauf aufbauend ein Vergleich mit den Ergebnissen traditioneller Marktstudien und Expertenansichten durchgeführt werden. Zudem können in weiteren Workshops einzelne Systeme in größerer Detailtiefe ausgearbeitet werden.

Danksagung

Die Idee für die Form des Workshops erfolgte gemeinsam mit Rainer Heers (Visteon) und Stefan Wolter (Ford Forschungszentrum Aachen). Wir danken zudem den teilnehmenden Studierenden für ihr Engagement und ihre Kreativität.

Literaturverzeichnis

Frost & Sullivan (2011), *Strategic Analysis of European and North American Automotive Human Machine Interface Market*

DFKI (2012). *Elektromobilität mit Köpfchen: Intelligentes E-Auto passt seine Form dem Verkehr an.* Pressemitteilung, http://www.dfki.de/web/presse/pressemitteilungen_intern/2012/elektromobilitat-mit-kopfchen-intelligentes-e-auto-passt-seine-form-dem-verkehr-an (Zugriff am 15.6.2012)

Muller, M.J. (2003). *Participatory Design: The third space in HCI.* In: Jacko, J.A. & Sears, A. (Hrsg.): *The human-computer interaction handbook*, New York: Lawrence Erlbaum.

Kontaktinformationen

Prof. Dr. Stefan Geisler, E-Mail: stefan.geisler@hs-ruhrwest.de
Cornelia Geyer, E-Mail: cornelia.geyer@hs-ruhrwest.de

Workshop:

Kollaboratives Arbeiten an Interaktiven Displays – Gestaltung, Bedienung und Anwendungsfelder

Florian Klompmaker

Karsten Nebe

Nils Jeners

H. Reiterer & O. Deussen (Hrsg.): Workshopband Mensch & Computer 2012
München: Oldenbourg Verlag, 2012, S. 409-411

Kollaboratives Arbeiten an Interaktiven Displays

Florian Klompmaker[1], Karsten Nebe[2], Nils Jeners[3]

Universität Paderborn, C-LAB[1]
Hochschule Rhein-Waal[2]
RWTH Aachen[3]

Interaktive Displays finden zunehmend ihren Einsatz in unserem alltäglichen Leben. Kiosksysteme zum Fahrkartenkauf, interaktive Museumsführer, Smartphones als ständige Begleiter der digitalen Korrespondenz oder Tischinstallationen in Verkaufsräumen oder als digitaler Lagetisch bei der Unterstützung im Katastrophenschutz sind nur einige Beispiele aus der Vielzahl an möglichen Variationen und Einsatzszenarien.

Zahlreiche Studien haben zeigen können, dass sich Geräte mit großflächigem Display unter gewissen Bedingungen besonders zur kollaborativen Nutzung eignen (Hornecker et al. 2008, Herrmann et al. 2010, Jeners et al. 2010, Nebe et al. 2011, u.a.). Resultierend daraus wurden bereits unterschiedliche technische Konzepte und Prototypen entwickelt, wie zum Beispiel persönliche Arbeitsbereiche, die vom gemeinsamen Bereich getrennt dargestellt oder aber durch zusätzliche Geräte ermöglicht werden.

Vielfach ist jedoch nicht abschließend geklärt, welche Szenarien sich für die spezifischen Hardwaresetups eignen und wie eine Entwicklung von nutzerfreundlichen Mensch- Maschine-Schnittstellen erfolgen kann. Die unterschiedlichen Charakteristika von interaktiven Displays, wie z.B. Größe, Ausrichtung, Auflösung, Interaktionsmöglichkeiten oder ergonomische Eignung, beschreiben die Heterogenität solcher Systeme. Es bleibt Ziel der Forschung, sinnvolle Anwendungsfälle sowie zugehörige Hardware und kollaborative Interaktionstechniken zu extrahieren und zu evaluieren.

Viele Vorteile von Bedienmöglichkeiten interaktiver Displays werden oft propagiert. Jedoch fehlt es an Gestaltungsrichtlinien, die es Entwicklern ermöglichen, das Potential dieser Interaktionsformern in angemessener Weise auszuschöpfen. Dies gilt insbesondere für kollaborative Szenarien, in denen der soziale und informelle Austausch im Mittelpunkt steht und durch ein jeweiliges System nachvollziehbar und in ähnlicher Weise umgesetzt werden muss. Die Frage welcher Nutzer welche Interaktion vollzieht ist hier u.a. entscheidend.

Ziel dieses Workshops ist es, sinnvolle Anwendungsfelder für interaktive Displays zu benennen und zu analysieren. Ferner sollen technisch machbare Interaktionsformen auf Ihre Vor- und Nachteile hinsichtlich eines speziellen Anwendungsgebietes untersucht werden.

Während des ganztägigen Workshops sollen zunächst Ergebnisse aus den Einreichungen vorgestellt und besprochen werden. Im anschließenden Teil sollen in Kleingruppen exemplarisch allgemeine Gestaltungsrichtlinien für eine Auswahl an Anwendungsfeldern erarbeitet, anschließend präsentiert und schließlich diskutiert werden.

Die eingereichten Beiträge zeigen, dass sich die Forschung derzeit vor allem auf Anwendungsszenarien, Interaktionstechniken und Gesten sowie auf Gestaltungsrichtlinien konzentriert. Aus dem Bereich der kollaborativen Anwendungen präsentieren Adrian Hülsmann und Gerd Szwillus „MuCoTa", eine Multitouch-Anwendung für Teilnehmer eines Meetings. Nina Sendt präsentiert einen Ansatz zur Verwendung von interaktiven Displays zur Videoanalyse, der beispielsweise in Rhetorikseminaren eingesetzt werden kann. Wissenschaftliche Netzwerke bedürfen ebenfalls einer großflächigen Visualisierung. Wie dies auf einem Multitouch-Tisch aussehen kann präsentieren Wolfgang Reinhardt und Kollegen. Die Verwendung von interaktiven mobilen Displays in verteilten Softwareteams demonstrieren schließlich Alexander Boden, Frank Roßwog und Gunnar Stevens in ihrem Beitrag.

Um den Anforderungen von Mehrbenutzerinteraktionen für großflächige Displays gerecht zu werden bedarf es neuer Konzepte, Metaphern und Technologien. Robert Woll und Lars Wolter stellen in diesem Zusammenhang ein Werkzeug zum kollaborativen Design Review an einer Tischinstallation vor. Marc Turnwald hat ein aus Warteräumen bekanntes Ticketsystem für eine kollaborative Verwendung an interaktiven Displays adaptiert, während sich Monika Elepfandt und Marcelina Sündehauf mit der Frage nach präferierten Gesten an großflächigen Displays beschäftigen. Tomas Hofmann, Johannes Luderschmidt und Ralf Dörner haben kollaborative User Interfaces speziell für Tischinstallationen untersucht.

Mit der Vorstellung von Anforderungen an kollaborative Anwendungen auf Tischinstallationen runden Tobias Müller, Karsten Nebe und Florian Klompmaker den Vortragsteil des Workshops ab.

Nach den Workshops auf der Mensch & Computer 2010 (Anforderungen und Lösungen für die Nutzung interaktiver Displays im Kontext kollaborativer Arbeit) und 2011 (Interaktive Displays in der Kooperation – Herausforderung an Gestaltung und Praxis) ist dies nun der dritte Workshop in Folge. Während in den Vorjahren der Fokus auf Kollaboration und technischen Aspekten lag, werden in diesem Jahr also Gestaltung von Nutzerschnittstellen, Bedienung und Anwendungsfelder im Mittelpunkt stehen.

Danksagung

Die Organisatoren bedanken sich beim Programmkomitee bestehend aus:

Holger Fischer (Universität Paderborn)
Alexander Nolte (Ruhr-Universität Bochum)
Michael Ksoll (Ruhr-Universität Bochum)
Eckard Riedenklau (Universität Bielefeld)
Sebastian Doeweling (SAP)

Literaturverzeichnis

Herrmann, T. and Nolte, A. 2010 The Integration of Collaborative Process Modeling and Electronic Brainstorming in Co-Located Meetings. In *16th CRIWG Converence on Collaboration and Technology*. Springer, 2010, S. 145-160.

Jeners, N. and Prinz, W. 2010. IdeaPitch – A tool for spatial notes. In *Supplementary Proceedings of the 2010 ACM conference on Computer supported cooperative work*. Springer, 2010. S. 537-538.

Hornecker, E., Marshall, P. and Dalton, N. 2008. Collaboration and interference: awareness with mice or touch input. In *Proceedings of CSCW 2008*, ACM Press, 2008, S. 167-176.

Nebe, K., Müller, T. and Klompmaker, F. 2011. An Investigation on Requirements for Co-located Group-Work using Multitouch-, Pen-based- and Tangible-Interaction. In *Proceedings of HCII 2011*, Springer, 2011.

Kontaktinformationen

Florian Klompmaker
Universität Paderborn, C-LAB
florian.klompmaker@c-lab.de

Karsten Nebe
Hochschule Rhein-Waal
karsten.nebe@hsrw.org

Nils Jeners
RWTH Aachen
nils.jeners@rwth-aachen.de

H. Reiterer & O. Deussen (Hrsg.): Workshopband Mensch & Computer 2012
München: Oldenbourg Verlag, 2012, S. 413-417

MuCoTa – Multitouch-Anwendung für Teilnehmer eines Meetings

Adrian Hülsmann, Gerd Szwillus

Universität Paderborn, Institut für Informatik

Zusammenfassung

Während eines Meetings präsentieren und besprechen die Teilnehmer oftmals Dokumente des täglichen Geschäfts. Aufgrund der Funktionsvielfalt heutiger Dokumentenmanagementsysteme sind Clientanwendungen oftmals überladen und für dieses Szenario nicht effizient nutzbar. Dieser Beitrag stellt einen Ansatz vor, der ein Dokumentenmanagementsystem mit einem horizontalen Interaktiven Display kombiniert, um das Präsentieren, Besprechen und Austauschen von Dokumenten zwischen den Teilnehmern zu unterstützen.

1 Einleitung

Dokumentenmanagementsysteme (DMS) sind weit verbreitet und gehören zum täglichen Geschäft größerer Unternehmen. Der produzierte und empfangene digitale Datenbestand wird systematisch erfasst, organisiert und den Mitarbeitern datenbankgestützt zugänglich gemacht. Solche DMS bieten grundlegende Funktionen an, wie z.B. die Verschlagwortung und Versionierung von Dokumenten (Schmale et al. 2008). Doch aufgrund komplexer Vorgaben und gesetzlicher Bestimmungen, wie z.B. die Verwaltung von Benutzerrechten oder Wahrung vorgeschriebener Aufbewahrungsfristen, weisen DMS-Clients einen umfassenden Funktionskatalog auf. Als Folge davon sind die Clients oftmals überladen und für ausschließlich grundlegende Aufgabenanforderungen, wie dem Retrieval (Finden und Anzeigen von Dokumenten), im Sinne der Usability nicht effizient nutzbar (vgl. DIN EN ISO 9241-110).

Dieser Umstand und die Entwicklung als klassische Desktopapplikation verhindern auch die Nutzung eines DMS-Clients in kollaborativen Szenarien, in denen mehrere Daten von verschiedenen Personen schnell angezeigt und besprochen werden sollen, wie es zum Beispiel in einem Meeting der Fall wäre. Hierfür wird im Folgenden MuCoTa (Multitouch Conference Table Application) als ein DMS-Client für einen Multitouch-Tisch vorgestellt. Dieser weist einen reduzierten Funktionsumfang auf und bietet die Möglichkeit, mehrere Benutzer gleichzeitig Dokumente anzeigen und untereinander austauschen zu lassen.

2   Das Anwendungsszenario Meeting

Das DMS wird genutzt, um den Datenbestand – welcher einen gewissen individuellen Wissensstand verschiedener Personen symbolisiert – zentral zu verwalten und den Zugriff darauf kontrolliert zu erlauben. Der Multitouch-Tisch dient dabei als physisches Medium, um den Teilnehmern das Präsentieren, Besprechen und den Austausch ihrer Dokumente zu ermöglichen, ohne dabei im Gesprächsverlauf abhängig von vorher angefertigten Ausdrucken zu sein. Auf eine Unterscheidung in verschiedene Rollen, wie z.B. Moderator und Sitzungsteilnehmer, wurde dabei bewusst verzichtet, da MuCoTa nicht als Hauptsystem einer Besprechung anzusehen ist (z.B. soll es nicht die klassische frontale Präsentationsform ersetzen). Vielmehr sollen durch die Kombination eines Multitouch-Tisches mit einer DMS-basierten Anwendung neue und hilfreiche Unterstützungsfunktionen angeboten werden.

Das System stellt den Teilnehmern dabei folgende Kernfunktionen zur Verfügung:

* Anmeldung am persönlichen Bereich des DMS,

* Laden von Inhalten aus diesem persönlichen Bereich auf die Tischfläche,

* Betrachten und Annotieren von Dokumenten,

* Austausch von Dokumenten mit anderen Teilnehmern.

Im Folgenden werden diese Punkte in Bezug auf die Gestaltung der graphischen Oberfläche noch weiter erläutert.

2.1   Anmeldung am persönlichen Bereich des DMS

Kern der Anwendung ist die Tischfläche, die der Arbeitsfläche von Desktopsystemen ähnelt. Hierauf liegen Dokumente, die während des Meetings aus dem DMS geladen wurden. Vor dem Meeting werden die Namen der Teilnehmer dem System über eine externe Schnittstelle bekannt gemacht. Dies kann z.B. über Kalendereinladungen per Mail erfolgen.

Die Anmeldungen am DMS erfolgen parallel und unabhängig voneinander über Login- Panel, die per „Press and Hold"-Geste auf der Tischfläche aktiviert werden. Typische Benutzungsprobleme dieser zeitbasierten Geste (vgl. Hofmeester & Wolfe 2012) werden durch die Einmaligkeit der Gestenbenutzung zu Beginn des Szenarios vermieden. Nach Auswahl des Namens kann sich ein Teilnehmer über ein Tastenfeld am DMS anmelden (siehe Abbildung 1, rechts-oben). Daraufhin wird das Login-Panel zum Benutzer-Panel, d.h. es zeigt nun in einer kreisförmigen Anordnung eine vordefinierte Ordnerstruktur (für Bilder, Videos, Präsentationen, Dokumente und empfangene Dateien) aus dem DMS an.

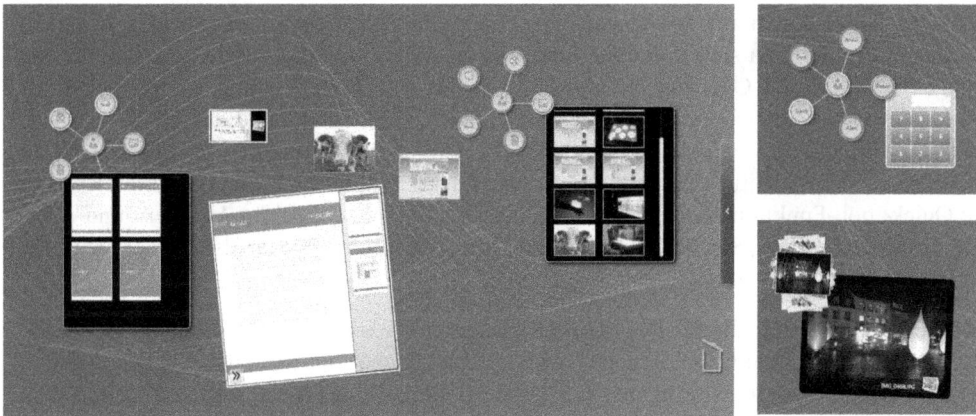

Abbildung 1: Tischfläche (links), Login-Panel (rechts-oben) und Stapel mit geöffneter QuickLook (rechts-unten)

2.2 Laden von Inhalten aus dem DMS auf die Tischfläche

Über eine multitouchfähige „Drag & Drop"-Geste können Inhalte aus einem Ordner auf die Tischfläche gelegt werden, wo sie entsprechend der Farbkennzeichnung des zugehörigen Benutzer-Panels für eine spätere Identifizierung markiert werden.

Zusätzlich lassen sich Dokumente auch innerhalb des persönlichen Bereichs eines Benutzers über eventuell angeheftete Geokoordinaten auffinden. Diese Funktion kann z.B. dann sinnvoll sein, wenn ein Teilnehmer seine kürzlich in Hamburg vorgetragene Präsentation wiederfinden möchte. So lässt sich eine mit den Fingern manipulierbare digitale Landkarte einblenden, auf der alle Dokumente mit ihren Geokoordinaten verzeichnet sind. Hier kann der Teilnehmer zum gewünschten Ort „Hamburg" navigieren und das entsprechende Dokument auswählen. Dabei muss der semantische Bezug der Geokoordinaten (z.B. „letzter Bearbeitungsort") im Vorfeld gesondert definiert werden.

2.3 Betrachten, Annotieren und Austauschen von Dokumenten

Auf der Tischfläche kann ein Dokument über eine „Pinch & Zoom"-Geste auf gewohnte Art und Weise verkleinert bzw. vergrößert werden. Translation und Rotation wurden gemäß dem „Rotate´N Translate"-Prinzip (Kruger et al. 2005) miteinander kombiniert, um Dokumente im Gespräch mit mehreren Teilnehmern schnell verschieben und gleichzeitig drehen zu können. Die MuCoTa-Anwendung unterstützt sowohl einseitige (z.B. Bilder und Videos), als auch mehrseitige Dokumente (z.B. Präsentationen). Entsprechend wird bei der Vergrößerung ab einer bestimmten Größe eine Seitenleiste zum Navigieren innerhalb eines mehrseitigen Dokumentes eingeblendet (siehe Abbildung 1, links). Eine Annotationsfunktion hilft bei der gedanklichen Unterstützung während der Besprechung eines Dokumentes, so dass wichtige Stellen im Dokument farblich markiert und z.B. für eventuelle Nachbearbeitungen festgehalten werden können.

Bei vielen Dokumenten auf der Tischfläche kommt es irgendwann zwangsläufig zu einem Anordnungsproblem, da sich Elemente überlappen bzw. gegenseitig verdecken. Um diesem entgegenzuwirken und Ordnung auf der Tischfläche zu schaffen, können Dokumente per „Lasso"-Geste eingekreist werden, wodurch sich ein Dokumentenstapel auf der Tischfläche bildet. Das Prinzip von Stapeln ist aus der täglichen Arbeit bekannt (vgl. Khalilbeigi et al. 2010), so dass eine intuitiv verständliche Art der Interaktion entsteht. Stapel lassen sich über eine QuickLook-Funktion (siehe Abbildung 1, rechts-unten) schnell durchblättern und eventuell umsortieren. Eine „Schüttel"-Geste führt zum Auflösen eines Stapels und der Möglichkeit Dokumente wieder frei betrachten zu können.

Dokumente lassen sich direkt über die den einzelnen Teilnehmer zugeordneten Benutzer-Panel austauschen, indem Dokumente von der Tischfläche auf diese verschoben werden. Daraufhin werden die Inhalte in den persönlichen Bereich des DMS kopiert, wo sie dem Teilnehmer für spätere Nachbearbeitungen zur Verfügung stehen.

3   Fazit

MuCoTa ist ein Ansatz für eine Konferenz-Anwendung, der die wesentlichen Vorteile eines Multitouch-Tisches nutzt und die Rolle eines seriösen und produktiven Werkzeuges einnehmen soll. Interaktionen können in der kompletten Anwendung vollkommen unabhängig und parallel voneinander erfolgen, wodurch dynamische Gesprächsformen und -verläufe der Teilnehmer unterstützt werden. Bisher wurde MuCoTa erfolgreich auf Messen für DMS präsentiert. Geplant sind zudem Feldstudien, in denen MuCoTa aktiv in Besprechungen eingebunden und getestet wird, um die vorhandenen Funktionen weiter zu evaluieren.

Literaturverzeichnis

DIN EN ISO 9241-110 (2006). *Ergonomics of human-system interaction – Part 110: Dialogue principles*. Beuth, Berlin.

Hofmeester, K. & Wolfe, J. (2012). Self-revealing gestures. *Proceedings of the 2012 ACM annual conference extended abstracts on Human Factors in Computing Systems – CHI EA '12* (p. 815). New York, USA: ACM Press.

Khalilbeigi, M., Steimle, J., & Mühlhäuser, M. (2010). Interaction techniques for hybrid piles of documents on interactive tabletops. *Proceedings of the 28th of the international conference exten- ded abstracts on Human factors in computing systems - CHI EA '10*, 3943. New York, USA: ACM Press.

Kruger, R., Carpendale, S., Scott, S. D. & Tang, A. (2005). Fluid integration of rotation and translation. *Proceedings of the SIGCHI conference on Human factors in computing systems – CHI `05* (pp. 601-610). New York, USA: ACM Press.

Schmale, R., Maier, B. & Götzer, T. K. K. (2008). *Dokumenten-Management*. Dpunkt.Verlag GmbH.

Kontaktinformationen

Adrian Hülsmann
Uni Paderborn, Institut für Informatik
Fürstenallee 11
33102 Paderborn
Klecks@upb.de

H. Reiterer & O. Deussen (Hrsg.): Workshopband Mensch & Computer 2012
München: Oldenbourg Verlag, 2012, S. 419-425

Zeitnahes Feedback nach Videoanalysen

Nina Sendt

Informations- und Technikmanagement, Ruhr-Universität Bochum

Zusammenfassung

Videoanalysen werden u.a. dafür verwendet, um Personen Feedback zu geben, welches durch Video-Snippets unterstützend angereichert wird, um eine qualitativere Selbst-Reflexion zu erreichen. Dafür müssen die Videos manuell nach helfenden Szenen durchsucht werden, die anschließend zu Snippets geschnitten werden. Aufgrund der erhöhten Bearbeitungszeit führen diese Schritte zu einem verzögerten Feedback. Hier wird eine Methode vorgestellt, die dazu führt, dass dieses Feedback zeitnaher stattfinden kann.

1 Einleitung

Videoaufnahmen erlauben es, flüchtige Prozesse, seien sie individuell oder gruppen- dynamisch erlebt, zu dokumentieren und damit dauerhaft zugänglich zu machen. Die kontinuierliche Weiterentwicklung in der Videotechnik führt zu neuen Ideen, Anwendungs- feldern und Arbeitsformen. Mit dem Fortschritt der Digitalisierung von Videomaterial eröffnen sich immer vielfältigere Möglichkeiten, das Material am Computer nachzu- bearbeiten, aufzubereiten und zu verändern. In den letzten Jahrzehnten wird diese verbesserte Technik vermehrt für Videoanalysen verwendet (Fischer 2009). Videoanalysen ermöglichen die genaue Betrachtung einer Situation auf unterschiedlichen Ebenen und, durch die digitale Kopie, die wiederholte Ansicht, auch bezüglich variierender Aspekte oder neuer Frage- stellungen. Dabei wird Videomaterial zur Bearbeitung und Untersuchung von Szenen verwendet, da hier die Möglichkeit geschaffen wird, das Aufgenommene beliebig oft anzuschauen. Die Einsatzbereiche von Videoanalysen sind vielfältig und werden beispielsweise in Studien zur Unterrichtsmessung[1] verwendet, im Sport für 3D-Analysen (Link 2006 und Mück & Wilhelm 2009) oder in Rhetorikseminaren, um den Teilnehmern Feedback über den von ihnen gehaltenen Vortrag zu geben. In solchen Seminaren beispielsweise liegt der Vorteil einer Videoanalyse in der ergänzenden Perspektive des Vortragenden, die es ihm ermöglicht, seiner

---

[1] http://www.bmbf.de/pub/timss.pdf

subjektiven Perspektive als Vortragender zusätzlich die Sicht der Zuhörerperspektive hinzuzufügen. Dadurch wird die eigene, befangene Einschätzung um eine externe Verdeutlichung
der Fremdwahrnehmung erweitert. Dafür werden u.a. Videos kodiert und Snippets geschnitten, was aufgrund des großen Aufwands sehr zeitintensive Tätigkeiten sind (Kuckartz 2010),
die zu einer späten Auswertung der Videos führen.

Mit der hier entwickelten Methode kann der Moderator eines Rhetorikseminars während des
Vortrags eines Teilnehmers und somit auch während der Videoaufzeichnung selbst bereits
Stellen, die er in der Reflexionsrunde zeigen möchte, identifizieren und markieren. Wenn
dies so geschieht, kann das anschließende Feedback nahezu direkt im Anschluss an den Vortrag gezeigt werden. Demnach ergibt sich durch dieses Vorgehen ein Zeitvorteil gegenüber
dem herkömmlichen Auswerten von Videos auf die ursprüngliche Art.

2   Ansatz

Für die Umsetzung der hier beschriebenen Vorgehensweise werden unterschiedliche, bereits
bestehende Software- und Hardware-Produkte miteinander so verknüpft, dass sie die beschriebene Videoanalyse erlauben und dadurch den Zeitvorteil ermöglichen. Zunächst werden Kategorien entwickelt, durch die Ereignisse, Besonderheiten, Stimmungen, etc. abgebildet werden. Die Kategorien können als Markierungen während der Videoaufnahme durch die
Anwesenden an die Videodatei angehängt werden, so dass sie im Anschluss einzeln ausgewählt und abgespielt werden können. Die anschließende Auswertung passiert kollaborativ
und erzielt aufgrund der zeitnahen, gemeinsamen Bearbeitung objektivere Ergebnisse, als
individuelle Analysen dieser Szenen. Damit diese Herangehensweise umgesetzt werden
kann, wird der folgende Ansatz empfohlen.

Zunächst muss die Möglichkeit bestehen, während einer Aufnahme Zeitmarker setzen zu
können. Diese Funktion wird umgesetzt durch eine Verknüpfung des Programms „Video-
SyncPro" der Firma Mangold mit der am Lehrstuhl Informations- und Technikmanagement
(IMTM) der Ruhr-Universität Bochum entwickelten Software „autoRecord". „Video-
SyncPro" erlaubt das zeitsynchrone Starten mehrerer Kameras, wodurch alle Videodateien
den exakt gleichen Start- und Endpunkt haben. „autoRecord" wurde speziell abgestimmt auf
die lehrstuhlinternen Bedürfnisse und in der Skript-Sprache "AutoIt" programmiert. Es dient
zunächst als Bindeglied zwischen der Software „VideoSyncPro", dem „SMART Recorder"[2]
und hat zusätzlich zwei eigene Funktionen implementiert. Die eigenen Funktionen von „autoRecord" sind wichtig für dieses Lösungskonzept. Zum einen bietet die Software zwei Möglichkeiten, Zeitmarker in eine laufende Aufnahme zu speichern. Die erste Möglichkeit ist das
Anklicken des rechten Buttons im Control Panel von „autoRecord" (siehe Abbildung 1).
Über diesen Button wird in der erstellten Textdatei ausschließlich der Zeitpunkt erfasst, an
welchem der Button gedrückt wurde. Diese Variante ist aber nur sinnvoll, wenn alleine gear-

---

[2]   Der „SMART Recorder" zeichnet Bildschirmoberfläche auf. Auf diesen Aspekt kann hier nicht näher einge-
        gangen werden.

beitet wird, z.B. in Rhetorikseminaren, in welchen nur der Trainer Situationen markiert, die er dem Teilnehmer nach dem Vortrag noch einmal zur Verdeutlichung von Stärken und Schwächen vorführen möchte.

Die zweite Möglichkeit erlaubt es, die Zeitmarker direkt beim Auslösen mit vorher festgelegten Stichwörtern zu versehen – dies simuliert das Kodieren eines Videos. Im Konfigurationsmenü von „autoRecord" können individuell Stichwörter eingetragen und dazu eine Taste definiert werden, die bei Auslösung während der Aufnahme dem Zeitmarker das entsprechende Stichwort hinzufügt (z.B. Stichwort: Diskussion, Taste: D). In der Textdatei wird dann der Eintrag des Zeitpunkts um die ausgewählte Kategorie ergänzt. Soll nun ein Zeitmarker gesetzt werden, muss lediglich die zuvor definierte Taste der gewünschten Kategorie gedrückt werden. Der Vorteil dieser Methode im Gegensatz zu konventionellen Videoanalysen ist, dass das Kodieren des Videos ad-hock passiert und nicht erst im Anschluss an die Aufnahme, wodurch das erneute Durchsehen des Videos entfällt.

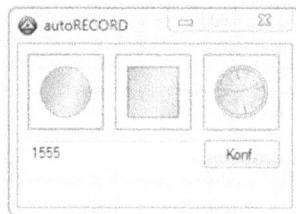

Abbildung 1: Control Panel des Programms "autoRecord"

Um die Methode kollaborativ einzusetzen, so dass alle Teilnehmer parallel markieren können und die Zeitmarker in eine gemeinsame Textdatei geschrieben werden, z.B. für eine Effizienzanalyse einer Sitzung, müssen alle Teilnehmer gleichzeitig Zugriff auf die Funktion haben. Dies kann über die Applikation „Mobile Mouse" der Firma R.P.A. Tech realisiert werden. „Mobile Mouse" ist im iTunes-Store, im Android Market und für den PC erhältlich und ermöglicht es, über alle darüber verbundenen Devices, wie z.B. Laptops, Tablets oder Smartphones, einen anderen PC steuern. Dabei ist die Anzahl der verbundenen Devices – hier wurden iPads der Firma Apple verwendet - zunächst unbegrenzt, so dass alle Personen mit entsprechendem Endgerät und Zugriff auf die Anwendung einen Zeitmarker setzen können. Umgesetzt wird dies, indem die Teilnehmer die Taste der entsprechenden Kategorie auf der Tastatur des eigenen Device drücken. In Abbildung 2 ist ein Eintrag in die Textdatei dargestellt, der bei Auslösen der Taste der Kategorie „Diskussion" zum Aufnahmezeitpunkt 00:02:17:09 (hh:mm:ss:ms) erzeugt wird.

Abbildung 2: Ausschnitt aus der Markierungstextdatei

Häufig sind Moderatoren und Teilnehmer während einer Sitzung kognitiv so beansprucht, dass für die Fragestellung relevante Szenen in Abhängigkeit vom Kontext erst deutlich werden, nachdem sie bereits abgelaufen sind. Um diesem Nachteil des Nachwirkens der Szenen, d.h. den zu spät gesetzten Markern, entgegenzuwirken, werden jedem Zeitmarker weitere – in der Aufnahme also frühere – Startpunkte (z.B. in 10 Sekunden Intervallen) des Pseudo-Snippets[3] zugeordnet, um bei der Auswertung schneller zu den korrekten Stellen navigieren zu können. Die Pseudo-Snippets werden von „autoRecord" automatisch gruppiert – eine Gruppe besteht aus einem Pseudo-Snippet, den zusätzlichen Startpunkten und den Kategorien, die in eine Textdatei eingetragen werden, um eine bessere Übersichtlichkeit der Daten zu erzielen. Wird die Textdatei und das angefertigte Video in „Interact"[4] – ein Videographie-Tool von Mangold – geladen, können die Pseudo-Snippets direkt abgespielt und um weitere Kommentare, Notizen und Stichwörter ergänzt werden. Ein wichtiger Vorteil ist außerdem, dass mehrere Videos gleichzeitig abspielbar sind. Dies erlaubt es, unterschiedliche Perspektiven synchron gegenüber zu stellen. Da „autoRecord" extra für die Ansprüche des Lehrstuhls programmiert wurde, ist die hier entstehende Textdatei im Aufbau identisch mit der „Interact"-Datei, so dass die „autoRecord"-Datei in „Interact" geladen werden kann. So können die Pseudo-Snippets direkt verwendet werden und auch die Kategorien sind integriert und kommentierbar. Nach der Kodierung ist es zudem möglich, unterschiedliche Statistiken wie z.B. eine Häufigkeitsstatistik zu erstellen, die dann quantitativ und qualitativ ausgewertet werden können. (Mangold 2011)

Um im nächsten Schritt die Gedanken während der Auswertungsrunde zu sammeln, ist ein Brainstorming-Tool nützlich. Dafür wird das Brainstorming-Plug-In des Modellierungseditors „SeeMe" verwendet. Ein Modellierungseditor bietet die Möglichkeit, Abläufe und Prozesse jeglicher Art grafisch darzustellen. Solch ein Editor ist „SeeMe". Er wurde ebenfalls am Lehrstuhl IMTM entwickelt. Zusätzlich wurde ein Brainstorming-Plug-In hinzugefügt, über welches elektronische Brainstormings in kürzester Zeit durchgeführt werden können, da die Ideen aller Teilnehmer über digitale Devices eingegeben werden. Die Sammlung wird auf einem Screen unmittelbar angezeigt und kann von dort geclustert oder anderweitig weiterverarbeitet werden. Zudem kann das Brainstorming gleichzeitig unterschiedliche Fragestellungen behandeln. Diese Funktion ist sehr nützlich für eine Diskussion über die zuvor markierten Pseudo-Snippets.

Durch die kollaborative Analyse kommt es zwangsläufig zu Redundanzen bei der Markierung von Zeitmarkern. Redundante Markierungen, also Szenen, die von mehreren Personen gleichzeitig markiert wurden, lassen entweder auf erhöhte Wichtigkeit oder auf Eindeutigkeit des markierten Phänomens schließen, immer in Abhängigkeit des Situationskontexts, in welchen die Analyse eingebettet ist.

---

[3]   Pseudo-Snippets können wie Snippets als Ausschnitt aus einem Video gezeigt werden, sind aber keine eigenen Videodateien, weil ihre Start- und Endpunkte lediglich durch Marker innerhalb der Gesamtdatei abgebildet werden.

[4]   http://www.mangold-international.com/de/software/interact.html

Wird von höherer Relevanz der Szenen ausgegangen, sollte der Fokus in der kollaborativen Analyse vor allem auf die Pseudo-Snippets gelegt werden, die von mehreren Personen markiert wurden. Zu Vergleichen ist dies mit der Interrater-Funktion bei Videoanalysen, bei welcher vor allem die Szenen verarbeitet werden, die von einer Mindestanzahl von Personen markiert wurden.

Wird von höherer Eindeutigkeit ausgegangen, sollte der Fokus eher auf den Pseudo-Snippets liegen, die nur von einer Person markiert wurden. Eine automatische Bündelung der redundanten Markierungen, z.B. durch die Software, hat zwei Konsequenzen. Zum einen werden durch die Bündelung Redundanzen in der Durchsicht der Pseudo-Snippets vermieden, da sie zwar mehrmals getaggt wurden, aber nur einmal in der Liste auftauchen. Weiterhin können durch Redundanzen relevante Markierungen getriggert werden und die indizierte Markierungshäufigkeit von der Software genutzt werden, um eine automatische Priorisierung der Pseudo-Snippets in der Liste vorzunehmen.

Um Redundanzen vollständig zu vermeiden und die Konzentration der Teilnehmer nicht übermäßig vom eigentlichen Situationsgeschehen abzulenken, empfiehlt es sich, für den Markierungsvorgang jeder Person nur eine Kategorie zuzuweisen, auf die allein sie sich konzentriert.

3   Ausblick

Der hier beschriebene Ansatz kann individuell und kollaborativ eingesetzt werden. Individuell kann er z.B. in Rhetorikseminaren angewandt werden, indem der Moderator während des Vortrags Szenen markiert oder Füllwörter zählen lassen kann. Bei jedem verwendeten Füllwort muss nur die entsprechende Taste gedrückt werden und das System erstellt automatisch Statistiken.

Kollaborativ kann er überall dort eingesetzt werden, wo Ergebnisse im Team erarbeitet werden, um z.B. gemeinsames Wissen zu erlangen, Strategien und Ziele zu vereinbaren, Problemlösungen zu finden, usw. Einer Studie des Malik Management Zentrum St. Gallen zufolge, verbringen Führungskräfte 80% ihrer Arbeitszeit in Sitzungen, von denen 60% als „ineffizient" und „unproduktiv" erlebt werden (Friedrich-Ebert Stiftung 2002). Die Frage, die sich daraus ergibt, ist also, wie auch solche Sitzungen zielorientierter gestaltet werden können, d.h. die Gruppenkommunikation gefördert werden kann. An dieser Stelle sind Analysen wichtig, die zeigen, welche Parameter angepasst werden müssen, um die Kommunikation, gemessen an ihren Zielen, verbessern zu können. Ein für diesen Ansatz passender, kollaborativer Anwendungskontext ist demnach die Effizienzanalyse von Sitzungen. Um die Auswirkungen der Effizienzsteigerung des sozio-technischen Konzepts allgemeingültig zu belegen, wäre der nächste Schritt die Durchführung einer längerfristigen Studie. In dieser Studie sollte der Ansatz auf eine sich wiederkehrende Gruppensituation angewendet und in jeder Einheit wiederholt werden. Wenn bei einem Großteil der Treffen die gleichen Personen teilnehmen und der Ausgangspunkt der Analyse immer die gleiche Fragestellung ist, sollten die Ergebnisse zeigen, dass z.B. Kategorien wie „unnötige Diskussionen" von Mal zu Mal seltener werden. Eine effektverstärkende Maßnahme wäre es, die Markierungen wie in einer Mood-map unmittelbar für alle sichtbar zu machen, damit z.B. auf die Kategorie „unnötige Diskussion" ad-hoc reagiert werden kann. Zusätzlich verstärkt wird dies durch die anschließende gemeinsame Auswertung, in der zudem erörtert werden kann, warum manche „unnötige" Diskussion geführt wurde und wie diesem Problem in den folgenden Sitzungen ausgewichen werden kann.

Literaturverzeichnis

Fischer, Wolfram (2009). Rekonstruktive Videoanalyse. Wahrnehmungs- und interaktionstheoretische Grundlagen, Methoden. Aufgerufen am 27.01.2012, von https://kobra.bibliothek.uni-kassel.de/bitstream/urn:nbn:de:hebis:34-2009032326755/3/FischerVideoanalyse.pdf

Friedrich-Ebert Stiftung (Hrsg.). Vom Chaos zum Ergebnis. Wege zu gelungenen Besprechungen und Sitzungen. Ein Trainingsbuch. 3. Auflage, 2002. Aufgerufen am 27.01.12, von http://library.fes.de/pdf-files/akademie/mup/06701.pdf

Hornecker, Eva (2005): Videobasierte Interaktionsanalyse – der Blick durch die (Zeit-)Lupe auf das Interaktionsgeschehen kooperativer Arbeit. In: Boes, A. & Pfeiffer, S. (2004) (Hrsg.): Informationsarbeit neu verstehen. Methoden zur Erfassung informatisierter Arbeit. Reihe: ISF München Forschungsberichte. S. 138-170.

Krammer, K.; Reusser, K. (2005). Unterrichtsvideos als Medium der Aus- und Weiterbildung von Lehrpersonen. In: Beiträge zur Lehrerbildung. Vol. 23, Nummer 1, 2005, S. 35 – 50.

Kuckarzt, Udo (2010). Einführung in die computergestützte Analyse qualitativer Daten. 3. Aktualisierte Auflage. Wiesbaden: Verlag für Sozialwissenschaften.

Link, Daniel (2006): Computervermittelte Kommunikation im Spitzensport. 1. Auflage. Köln: Sportverlag Strauß.

Mangold, Pascal (2011). Interact. Ihr Schweizer Taschenmesser zur Videoauswertung. Aufgerufen am 22.11.2011, von http://www.mangold-international.com/de/software/interact.html

Mück, T.; T. Wilhelm (2009): Physik und Sport – Fächerverbindender Unterricht mit moderner Videoanalyse." Schriftliche Hausarbeit Für Die Erste Staatsprüfung Für Das Lehramt Am Gymnasium, Unveröffentlicht. Abgerufen am: http://www.thomas-wilhelm.net/ veroeffentlichung/DD_27_03_Mueck_Beitrag.pdf.

Petko, D.; Waldis, M.; Pauli, C. & Reusser, K. (2003). Methodologische Überlegungen zur videogestützten Forschung in der Mathematikdidaktik: Ansätze der TIMSS 1999 Video Studie und ihrer schweizerischen Erweiterung. In: ZDM. Vol. 35, Nummer 6, 2003. S. 265 – 279.

Reichertz, J. & Englert, C. (2011). Einführung in die qualitative Videoanalyse. Eine hermeneutisch-wissenssoziologische Fallanalyse. Wiesbaden: VS Verlag für Sozialwissenschaften.

Scholl, A. (2011). Durch Reflexion gemeinsam zur Erfolg?!. wissens.blitz (7). Abgerufen am 07.07.2012, von http://www.wissensdialoge.de/reflexion_in_teams/

Kontaktinformationen

Nina Sendt, M.Sc.
Informations- und Technikmanagement
Institut für Arbeitswissenschaft (IAW)
Gebäude NB, Etage 02, Raum 31
Email: sendt3@iaw.ruhr-uni-bochum.de
Ruhr-Universität Bochum
Universitätsstraße 150
44780 Bochum

H. Reiterer & O. Deussen (Hrsg.): Workshopband Mensch & Computer 2012
München: Oldenbourg Verlag, 2012, S. 427-432

Exploration wissenschaftlicher Netzwerke und Publikationen

Wolfgang Reinhardt, Muneeb I. Ahmad, Pranav Kadam, Ksenia Kharadzhieva, Jan Petertonkoker, Amit Shrestha, Pragati Sureka, Junaid Surve, Kaleem Ullah, Tobias Varlemann, Vitali Voth

Institut für Informatik, Universität Paderborn

Zusammenfassung

In diesem Artikel beschreiben wir Ansätze für eine kollaborative Multitouch-Anwendung, die es Forschern ermöglicht wissenschaftliche Netzwerke zu explorieren, denen sie angehören oder an deren Themen sie interessiert sind. Wir beschreiben vier verschiedene Zugänge zu vorhandenen Informationen und unterschiedliche Nutzungsszenarien für die PUSHPIN$_{MT}$ Anwendung.

1 Einleitung

Die Anwendung von Web 2.0 Techniken, Methoden und Werkzeugen führt nicht nur dazu, dass sich die Art, wie heutzutage Forschung stattfindet geändert hat. Vielmehr führt Forschung 2.0 auch dazu, dass mehr potentiell relevante Publikationen entstehen, über die ein Forscher gewahr sein sollte. Renear und Palmer (2009) stellen dabei fest, dass heutige Forscher etwa 50% mehr Publikationen lesen als ihre Kollegen in den 1970er Jahren, dabei allerdings weniger Zeit mit jeder Publikation verbringen. Die enorme Zahl publizierter wissenschaftlicher Arbeiten führt dabei oft auch zur Überlastung von Begutachtungskommissionen in Konferenzen, Journalen und Verlagen sowie zu Awareness-Problemen der einzelnen Forscher (Priem und Hemminger 2010, Reinhardt 2012). Thematische Zusammenhänge und ähnliche Forschungsschwerpunkte sind auf Grund der Datenmengen kaum noch manuell zu erfassen und oft wissen Forscher nichts über relevante Publikationen oder Kollegen, die an ähnlichen Fragestellungen forschen. Dies führt oft zu fragmentierten Forschungsgemeinschaften, welche durch Awareness-Unterstützung in Form von Empfehlungssystemen, Visualisierungen und explorativ-scientrometrischen Informationssystemen profitieren können. Hier setzt das PUSHPIN (*Supporting Scholarly Awareness in Publications and Social Networks*) Projekt an und hat die direkte Awareness-Unterstützung für Forscher durch aktive Soziale Netzwerke und automatische Publikationsanalysen zum Ziel. Forscher sollen PUSHPIN nutzen, um Zusammenhänge und Ähnlichkeiten zwischen Publikationen zu erkennen und ihre Verbindungen zu anderen Forschern besser verstehen zu können. Neben einem webbasierten und einem mobilen Zugang zu PUSHPIN existiert auch die Möglichkeit zur Exploration der Daten in einer Multitouch-Anwendung, welche wir in diesem Artikel präsentieren.

2   Datenquellen, -analyse und -abfrage

Scientometrie ist die Wissenschaft der Analyse wissenschaftlicher Publikationen, Kooperationen und Wissenschaftskommunikation (Weingart und Winterhager 1984). Für unsere Arbeit sind vor allem die Zitations- und Publikationsanalyse sowie die Analyse von Kooperationsnetzwerken relevant. Dazu müssen wissenschaftliche Publikationen automatisiert analysiert werden, um Metadaten wie Titel, Autoren, Schlüsselworte, Zitationsdaten etc. zu extrahieren. Im Rahmen des PUSHPIN Projekts setzen wir dazu die Bibliotheken ParsCit und GROBID ein, welche recht exakte Daten aus verschiedenformatigen Eingabedaten liefern. Die extrahierten Daten werden persistent in einer Datenbank abgelegt und sind so für die weitere Analyse zugreifbar. Besonders herausfordernd ist in diesem Zusammenhang die eindeutige Identifikation von Autoren, da insbesondere in den Referenzlisten Autorennamen nur abgekürzt genannt werden. Weiterhin ist die Qualität der automatisch extrahierten Daten mittels der o.g. Werkzeuge oft nur gering, so dass die extrahierten Daten miteinander kombiniert werden, um die gesamte Datenqualität zu erhöhen.

2.1   Datenanalyse

Die extrahierten Rohdaten werden in anschließenden Analyseschritten miteinander verrechnet, um spezifischere Aussagen treffen zu können. So werden beispielsweise Koautorenschaften extrahiert und separat gespeichert. Auf Grund der Zitationsdaten werden Werte für bibliografische Kopplung (Kessler 1963) und Kozitation bestimmt und gespeichert. Darüber hinaus werden die Inhalte der jeweiligen Publikationen analysiert, das Dokument beschreibende Schlüsselworte und Eigennamen extrahiert und separat gespeichert. Benutzer von PUSHPIN können jedoch auch manuell Tags zur Klassifizierung der vorhandenen Personen und Publikationen hinzufügen. Schließlich wird im Rahmen der automatischen Datenanalyse auch eine Autornamen-Disambiguierung durchgeführt, um möglichst sicherzustellen, dass identifizierte Autorennamen in der Datenbank eindeutig einer Person zugeordnet werden (vgl. Smalheiser und Torvik 2009).

2.2   Datenzugriff

Der Zugriff auf die analysierten Daten erfolgt über eine gesicherte REST-API, die Autorisierung erfordert. Hier kann man verschiedene Datensätze anfragen, die dann in JSON Repräsentation zurückgeliefert werden.

3   Exploration von Wissenschaftsnetzwerken

Prinzipiell unterscheiden wir vier mögliche Zugänge zur scientometrischen Exploration wissenschaftlicher Netzwerke: 1) den Themenzentrierten, 2) den Personenzentrierten, 3) den Eventzentrierten und 4) den Trendzentrierten Zugang.

Im *Themenbasierten Zugang* zu Wissenschaftsnetzwerken erfolgt die Exploration der analysierten Daten ausgehend von den Inhalten der Publikationen. Der Benutzer kann dazu eine Freitextsuche verwenden oder Klassifikationen durchsuchen. Die Ergebnisse werden in Listen und Netzwerken angezeigt, wobei die Kanten in den Netzwerkdarstellungen Informationen über die Verbindung zwischen zwei Publikationen beinhalten.

Beim *Personenbasierten Zugang* erfolgt die Exploration ausgehend von Autorenprofilen. Auch hier kann eine Suche gestartet werden und ausgehend von Autorenprofilen können die Ko-Autorennetzwerke exploriert werden. In einem solchen Netzwerk repräsentieren Kanten das gemeinsame Schreiben einer Publikation (vgl. Abbildung 1b).

Der *Eventbasierte Zugang* bietet sich vor allem für die Exploration einer Konferenz oder Konferenzserie an. Dazu wird die Multitouch-Anwendung in einem öffentlichen Raum bei einer Konferenz zugänglich gemacht und den Teilnehmern der Konferenz wird es ermöglicht die thematischen Zusammenhänge und Ähnlichkeiten zwischen Publikationen und Autoren der Konferenz(-serie) zu explorieren (siehe Abbildung 1c).

Der *Trendbasierte Zugang* zu Wissenschaftnetzwerken schließlich ermöglicht es dem Benutzer Trends in Publikationsthemen zu explorieren. Dazu kann beispielsweise dargestellt werden, wie sich die publizierten Themen innerhalb eines Forschungsbereichs oder einer Konferenzserie in einem Zeitintervall verändert haben.

4   Die PUSHPIN$_{MT}$ Anwendung

Die Multitouch-Anwendung unterstützt den Anwender durch geeignete Menüführung in der Auswahl des jeweiligen Zugangs (Abbildung 1a). Neben der Suche nach Autoren ist auch das Scannen von QR Codes (zum Beispiel von Konferenz-Badges oder aus der mobilen PUSHPIN Anwendung) möglich, um eine Repräsentation des entsprechenden Forschers oder einer Publikation in PUSHPIN$_{MT}$ zu erhalten.

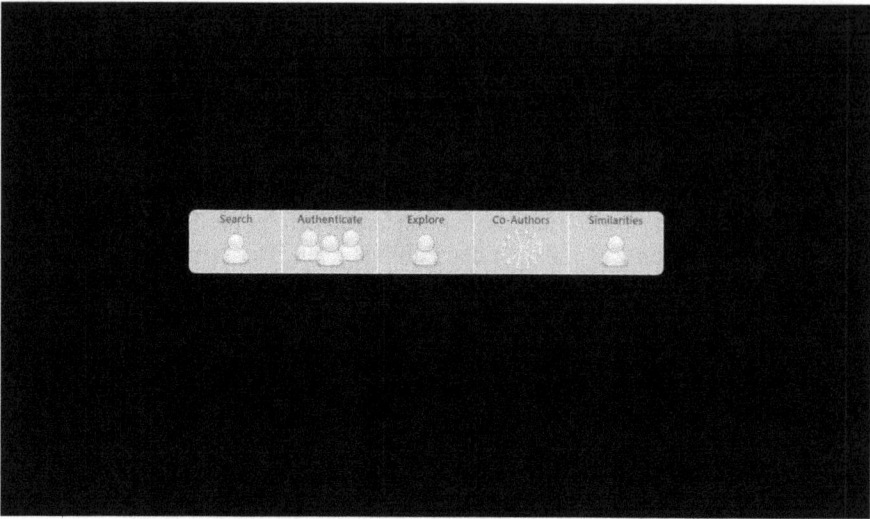

1a): Auswahl der Explorationszugangsart

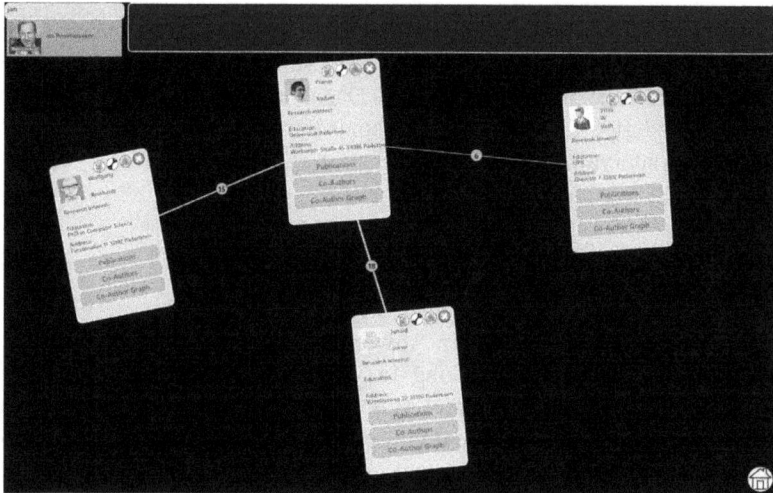

1b): Visualisierung von Relationen zwischen Autoren

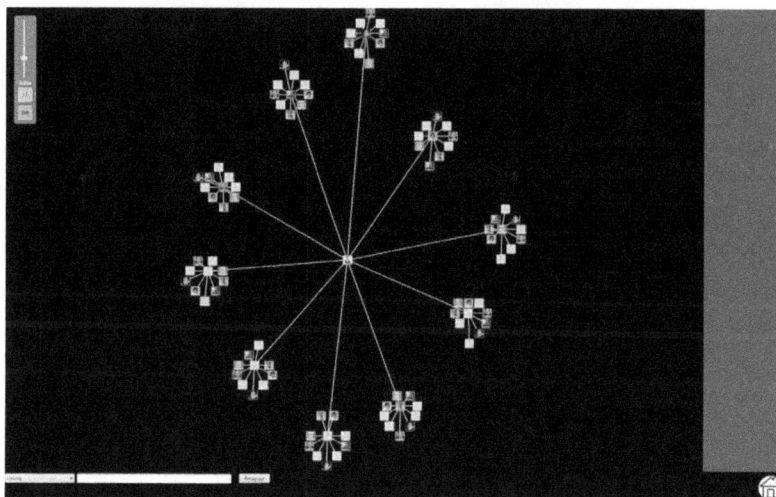

1c): Visualisierung von Ko-Autorennetzwerken

Abbildung 1: Screenshots der PUSHPIN$_{MT}$ Multitouch-Anwendung

Die PUSHPIN$_{MT}$ Anwendung wurde unter Verwendung von WPF 4.0 und dem Microsoft Surface SDK 2.0 realisiert. Für die Darstellung der Forschernetzwerke wurde die Graph# Bibliothek verwendet.

5 Zusammenfassung und Ausblick

In diesem Artikel haben wir vier Zugänge zur Exploration wissenschaftlicher Netzwerke auf Personen- und Publikationsebene vorgestellt. Innerhalb des PUSHPIN-Projekts wird die Datenanalyse und –bereitstellung realisiert und eine Multitouch-Anwendung entwickelt, die Benutzern die verschiedenen Explorationsmöglichkeiten anbietet. Geeignete Evaluationen müssen zeigen, ob eine derartige Darreichungsform in der Tat zur Awareness-Unterstützung von Forschern beiträgt und inwieweit sie einen Beitrag zur stärkeren Kooperation in Wissenschaftsnetzwerken leisten kann.

Derzeit arbeiten wir an Authentifizierungsmethoden, die es ermöglicht sich an der Multitouch-Anwendung via Bluetooth mittels Smartphone zu identifizieren. Der Benutzer erhält dann eine Repräsentation seiner selbst in der Anwendung und kann ausgehend von sich selbst mit der Personen- oder Themenbezogenen Exploration der Daten beginnen.

Literaturverzeichnis

Kessler, M.M. (1963). *Bibliographic coupling between scientific papers*, American Documentation, Bd. 14, S. 10–25.

Priem, J. & Hemminger, B. (2010). Scientometrics 2.0: New metrics of scholarly impact on the social web. *First Monday*, 15(7).

Reinhardt, W. (2012). *Awareness Support for Knowledge Workers in Research Networks*. Dissertation, Open University of the Netherlands. Online zugänglich http://bit.ly/PhD-Reinhardt

Renear, A. H. & Palmer, C. L. (2009). Strategic reading, ontologies, and the future of scientific publishing. *Science*, 325(5942).

Smalheiser, N. R. & Torvik, V. I. (2009). *Annual Review of Information Science and Technology*, 43(1), S. 1-43.

Weingart, P. & Winterhager, M. (1984). Die Vermessung der Forschung: Theorie und Praxis der Wissenschaftsindikatoren. Campus: Frankfurt a.M.

Kontaktinformationen

Universität Paderborn
Institut für Informatik
Dr. Wolfgang Reinhardt
Fürstenallee 11
33102 Paderborn
wolle@upb.de

H. Reiterer & O. Deussen (Hrsg.): Workshopband Mensch & Computer 2012
München: Oldenbourg Verlag, 2012, S. 433-438

Leichtgewichtige Displays für verteilte Softwareteams

Alexander Boden, Frank Roßwog, Gunnar Stevens

Wirtschaftsinformatik und Neue Medien, Universität Siegen

Zusammenfassung

Dieser Beitrag untersucht die Nutzung von iPads als leichtgewichtige Public Displays zur Unterstützung von spezifischen Problemen bei der Zusammenarbeit in verteilten Softwareentwicklungsteams. Das Design basiert auf empirischen Studien in kleinen Softwarefirmen und zielt auf eine integrierte Darstellung von formalen und informellen Aspekten der Teamkoordination in einem gemeinsamen Arbeitskontext. Dazu werden auf einem Display gesammelte Nachrichten über relevante Vorgänge im Team wie auf einem Schwarzen Brett dargestellt. Die Nachrichten werden dabei entweder von Benutzern erstellt oder automatisch per RSS-Feed von Webseiten oder Informationssystemen erzeugt und sollen als „Tickets To Talk" die Mitarbeiter zum Wissensaustausch anregen und die gegenseitige Awareness steigern. In diesem Beitrag stellen wir unser empirisch informiertes Design und erste Ergebnisse einer evaluativen Feldstudie vor.

1   Einleitung

Arbeitsgruppen in wissensintensiven Bereichen, wie z.B. der Softwareentwicklung, haben besondere Anforderungen an effiziente Teamkoordination und Wissensaustausch (Aranda et al. 2006), insbesondere wenn Teammitglieder über verschiedene Unternehmen oder sogar verschiedene Länder verteilt sind. Im Fall der verteilten Softwareentwicklung können diese Anforderungen durch mangelnde Awareness (Heath & Luff 1992) und Lernbarrieren zwischen den Teams zu Problemen führen und erfordern adäquate organisatorische und technologische Lösungen, um informelles Lernen und ad-hoc Koordination zu ermöglichen (Boden et al. 2010a).

Auf der Grundlage von empirischen Studien in diesem Feld haben wir „Articulation Spaces"[1] entwickelt: eine Designstudie bei der iPads als leichtgewichtigen Public Displays

---

[1]   Der Name verweist auf das unserer Feldstudie zu Grunde gelegte Konzept der Artikulationsarbeit (Articulation Work), und das Konzept der Media Spaces, das unser Design geleitet hat.

verwendet werden, die verschiedene Quellen von informeller Kommunikation (z.B. Instant Messenger oder Microblogs) mit Informationen von offiziellen Informationssystemen der Softwareentwicklung (z.B. Bugtracking- oder Versionierungs-Systeme) kombinieren. Die von uns entwickelte iPad App zielt darauf, die Sichtbarkeit von teaminterner und teamübergreifender Koordination zu verbessern. Dabei folgt die Lösung dem Konzept des Ludic Design (Gaver et al. 2004) indem sie Möglichkeiten der spielerischen Exploration von Neuigkeiten im Projektkontext bietet.

2   Empirische Kontextstudie

Von 2006 bis 2011 haben wir zwei ethnographisch informierte Fallstudien über verteilte Softwareentwicklung in Offshore-Projekten zwischen kleinen deutschen und russischen Unternehmen durchgeführt (Boden 2010a). Angeleitet von Strauss' Konzept der Artikulationsarbeit (Boden 2010b) zeigten diese Studien komplexe Beziehungen zwischen formalen Protokollen der Nutzung von formalen Systemen (z.B. Systeme zur Quellcodekontrolle) und informellen Praktiken (z.B. Abstimmungen über den Umgang mit Bugs per Instant Messenger), die die Nutzung dieser Systeme begleiteten. So waren die informellen Formen der Koordination oft wichtig, um die eher abstrakten Daten aus den offiziellen Informationssystemen zu kontextualisieren. Umgekehrt wurden oft Ergebnisse aus informellen Diskussionen formalisiert, indem Ergebnisse in die Informationssysteme eingetragen wurden. Beide Formen der Koordination zeigten sich so als eng miteinander verwoben, wobei sich die notwendigen Aushandlungsprozesse an der Schnittstelle zwischen beiden Domänen als wichtiger Katalysator für das organisationale Lernen erwies (Boden et al. 2010b).

Durch begrenzte Awareness zwischen den Teams sowie durch die verschiedenen Perspektiven, die aus unterschiedlichen Arbeitskontexten der Akteure resultieren, stellte sich die Kommunikation und Koordination sowie der Wissenstransfer zwischen den kooperierenden Teams in der Praxis oft als problematisch dar. Auf der einen Seite waren die auftretenden Probleme der Arbeitsteilung und der Asymmetrie der Macht in den Teams geschuldet (Boden 2010a). Auf der anderen Seite, zeigte unsere Analyse auch, dass Probleme der teamübergreifenden Koordination eng mit der beeinträchtigten Transparenz der informellen Koordinationspraxis zusammenhängen (Boden et al. 2010b), da etablierte Systeme beide Domänen in der Regel als getrennt behandelten (einerseits Unterstützung des formalen Informationsmanagements z.B. durch Bugtracking-Systeme oder Sourcecode- Repositories, und andererseits Unterstützung der informellen Kommunikation z.B. durch Telefon, E-Mail oder Instant Messenger (Aranda et al. 2006, Redmiles et al. 2007)).

3   Designstudie

Um die spezifischen Probleme verteilter Softwareentwicklung zu adressieren haben wir „Articulation Spaces" entwickelt, ein Designkonzept zum Aggregieren von relevanten Informationen über das aktuelle Softwareentwicklungsprojekt. Es sammelt Informationen aus formellen und informellen Quellen, und stellt diese als Nachrichtenzettel auf Public Displays dar. Durch die integrierte Präsentation der Informationen in einem gemeinsamen Arbeitskontext soll dabei eine periphere Awareness über relevante Ereignisse im Unternehmen hergestellt werden. Dies geschieht durch das Darstellen von neuen,

automatisch weitergeleiteten Meldungen aus verschiedenen Quellen auf den Displays. Dabei sollen die Displays die Möglichkeit zur spielerischen Exploration bieten und sollen so Serendipität befördern (Royston 1989) und die Awareness über Vorgänge im Unternehmen unterstützen. Gleichzeitig sollen durch die Lösung die Kommunikation und der Wissensaustausch zwischen den Teammitgliedern im Rahmen eines "Tickets To Talk"- Ansatzes (McCarthy 2004) angeregt werden.

Um bei der Platzierung der Displays flexibel zu sein, greifen wir bei unserem Ansatz auf iPads zurück, die als leichtgewichtige „Public Displays" fungieren. Dabei werden die iPads mithilfe von selbstklebenden Klettverschlüssen an Wänden befestigt, so dass sie sich leicht an verschiedenen Orten im Unternehmen positionieren lassen. Der Prototyp wurde dabei als Client-Server-Architektur umgesetzt. Der Server kombiniert automatisch erzeugte Nachrichten aus RSS-Feeds (z.B. von Bug-Tracking-Systemen) mit persönlichen Nachrichten der Teammitglieder. Die aggregierten Nachrichten werden unter jeweils zugeordneten Accounts auf die Timeline eines Microblogging-Servers (www.status.net) gepostet. Auf den iPads wird eine von uns erstellte, sich selbständig aktualisierende, App ausgeführt, die diese Nachrichten darstellt. Zusätzlich kann auch per Webinterface oder mit bereits vorhanden Desktop- bzw. Mobilclients auf den Server zugegriffen werden (vgl. Abbildung 1).

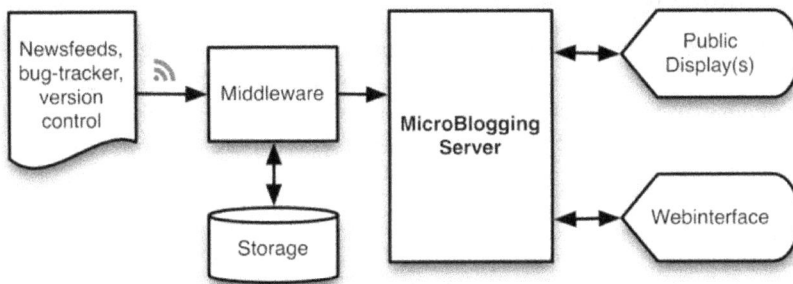

Abbildung 1: Die Architektur des „Articulation Spaces" Prototyps.

Die Software für die Displays wurde mit Hilfe von Adobe Flash CS 5.5 und dem integrierten Packager für iOS sowie der Runtime Enviroment Adobe Air 3 als App umgesetzt. Bei der Gestaltung bedienten wir uns der Metapher eines Schwarzen Bretts (Churchill et al. 2003), um eine möglichst einfache Nutzungsform zu gewährleisten. Diese Art der Präsentation hat zudem eine spielerische Komponente (Gaver et al. 2004), welche die Akteure dazu animieren soll, durch die Nachrichten zu stöbern. So können Nutzer etwa Nachrichten verschieben, solche vergrößern, die sie für wichtig halten, unwichtige Nachrichten mit anderen Zetteln verdecken oder löschen. Um die unterschiedlichen Quellen der Nachrichten zu visualisieren, benutzten wir verschiedene Accountnamen sowie verschiedene Farben (z.B. für verschiedene IS-Systeme oder von Benutzern erstellte Nachrichten). Mit der Zeit werden die Nachrichten zunehmend transparent und verblassen (vgl. Abbildung 2).

Abbildung 2: Das Apple iPad als leichtgewichtiges „Public Display".

Die Aggregation der verschiedenen Informationsquellen wird von einer Middleware übernommen, die wir als eine Komponente des Prototyps umgesetzt haben. Die Aufgabe der Middleware besteht in erster Linie darin, XML-Feeds (z.B. RSS und ATOM) zu parsen und nach neuen Nachrichten zu suchen. RSS-Feeds werden inzwischen von den meisten Informationssystemen (wie z.B. Bug-Tracker und Versionskontrollsysteme) angeboten, aber auch viele Webseiten stellen diese bereit.

Für informelle Nachrichten ist derzeit noch keine automatische Eingabe implementiert, statt dessen können Nachrichten direkt in der App auf dem Display, über das Webinterface oder über die Anbindung an einen Instant Messenger eingegeben werden. Dabei zeigt das Display sämtliche Nachrichten, die über den Microblogging-Server laufen, als Notizzettel an.

4   Diskussion

Es gibt bereits eine Reihe von Konzepten und Umsetzungen zur Unterstützung von Awareness und Serendipität durch (Semi-)Public Displays (z.B. Koch & Ott 2011). Unser Beitrag grenzt sich von den bestehenden Ansätzen insbesondere durch den leichtgewichtigen Formfaktor und die damit verbundene flexible Anbringung der Displays sowie durch die Fokussierung auf die spezifische Domäne der (verteilten) Softwareentwicklung ab.

Unseren Prototyp haben wir für sieben Wochen in einem mittelständischen Unternehmen der Softwarebranche mit circa 110 Mitarbeitern evaluiert. Dazu wurde ein Display in einem Projekt zur Konzeption eines E-Learning- und Hochschulportals mit fünf Mitarbeitern eingesetzt und neben einem Wasserspender angebracht (vgl. Abbildung 3). Die Nutzung des Prototyps wurde mittels der empirisch qualitativen Methoden (nicht-)teilnehmender Beobachtung und Interviews untersucht. Die Schwerpunkte unserer Untersuchung lagen auf der Aneignung des Formfaktors, den Implikationen der Wahl des Standorts und deren Auswirkung auf die Projektkommunikation und -koordination sowie der Gebrauchstauglichkeit des Displays im Arbeitsalltag der Projektmitarbeiter.

Die Praktiker nutzten die Lösung hauptsächlich zur Unterstützung ihres agilen Vorgehensmodells für die Entwicklung, für die teaminterne Kommunikation und (als mobiles Display) in Besprechungen. Lernaspekte und Awareness spielten dagegen nur eine untergeordnete Rolle im Feldversuch. Aus unseren erhobenen Daten lässt sich ableiten, dass dies im hohen Maß mit der geringen Teamgröße und dem rein lokalen Arbeitskontext zusammenhing. Trotzdem konnten konkrete Probleme in Bezug auf die Bedienung des Displays ermittelt und fehlende Funktionalitäten wie Filter- und Gruppierungsmöglichkeiten oder Verbesserungspotenzial zur Farbcodierung der Nachrichten identifiziert werden.

Abbildung 3: Ein iPad als „Public Display" im Kontext eines Großraumbüros.

So zeigt die Evaluation im Feld, dass der Formfaktor eines iPads viele Möglichkeiten zur flexiblen Anwendung in Unternehmen bietet. Dabei ist das Display durch die lange Akkulaufzeit weitgehend unabhängig von einer Verkabelung und kann so in verschiedenen Kontexten (Meetings, Außentermine beim Kunden, etc.) verwendet werden. Der erfolgreiche Einsatz als „Public Display" ist jedoch sehr stark von einer geeigneten Präsentationsform der Inhalte abhängig, die eine gute Lesbarkeit und Awareness für Aktualisierungen auf dem limitierten Platz gewährleisten müssen. Es handelt sich hierbei um ein Einsatzszenario, für das gängige iPad Apps in der Regel nicht gut geeignet sind.

Darüber hinaus konnten wir Hinweise darauf finden, dass die Unternehmenskultur und individuelle Nutzungsstrategien eine wichtige Rolle bei der Aneignung spielen und die spezifischen Unternehmenskontexte sowie die Interessen Einzelner stärker beim Einsatz unserer Lösung berücksichtigt werden müssen. So stellen sich auch Fragen nach den veränderten organisationalen Praktiken, die durch den Einsatz unserer Lösung auftreten können sowie nach möglichen Veränderungen des Charakters der dort dargestellten Informationen und deren Wechselbeziehungen – etwa ob durch die Veröffentlichung von Nachrichten aus dem Microblogging Server auf einem Public Display der eher informelle Charakter solcher Lösungen verloren geht und inwiefern die Akteure durch periphere Wahrnehmung von Nachrichten auf dem Display dazu angeregt werden, dieses für ihre informelle Kommunikation zu nutzen.

Die Ergebnisse aus unserer Evaluation stellen uns vor neue Herausforderungen im (Re-)Design und werfen weitere Forschungsfragen auf. Als nächsten Schritt wollen wir daher unser Designkonzept auf der Grundlage der Analyse überarbeiten, bevor wir in eine zweite Evaluationsrunde mit mehreren Displays an verteilten Standorten gehen.

Literaturverzeichnis

Aranda, G. N., et al. (2006). *Technology Selection to Improve Global Collaboration. Proc. of the IEEE Conference on Global Software Engineering*, 223-232.

Boden, A., et al. (2010a). Knowledge Sharing Practices and the Impact of Cultural Factors: Lessons from Two Case Studies of Offshoring in SME. *Software Maintenance and Evolution: Research.*

Boden, A., et al. (2010b). Operational and Strategic Learning in Global Software Development - Implications from two Offshoring Case Studies in Small Enterprises. *IEEE Software 27 (6)*, 58-65.

Churchill, E. F., et al. (2003). Multimedia Fliers: Information Sharing With Digital Community Bulletin Boards. *Communities and Technologies, Volume: Communities*, 97-117.

Gaver, W. W., et al. (2004). The drift table: designing for ludic engagement. *Proc. of the International Conference on Human Factors in Computing Systems*, 885-900.

Heath, C., & Luff, P. (1992). Collaboration and control: Crisis management and multimedia technology in London Underground line control rooms. *Proc. of the Conference on Computer Supported Cooperative Work*, 69-94.

Koch, M., & Ott, F. (2011). CommunityMirrors als Informationsstrahler in Unternehmen. *Informatik-Spektrum, Volume 34(2)*, 153-164.

McCarthy, J.F., et al. (2004). Augmenting the social space of an academic conference. *Proc. of the Conference on Computer Supported Cooperative Work*, 39-48.

Redmiles, D., et al. (2007). Continuous Coordination. *Wirtschaftsinformatik* 49, 28-38.

Royston M. Roberts (1989). *Serendipity. Accidental Discoveries in Science*. New York: Wiley.

Kontaktinformationen

Dr. Alexander Boden, Dipl.-Inf. (FH) Frank Roßwog, Prof. Dr. Gunnar Stevens
Wirtschaftsinformatik und Neue Medien
Universität Siegen
Hölderlinstraße 3
D-57068 Siegen

E-Mail: {alexander.boden, frank.rosswog, gunnar.stevens}@uni-siegen.de

H. Reiterer & O. Deussen (Hrsg.): Workshopband Mensch & Computer 2012
München: Oldenbourg Verlag, 2012, S. 439-443

Kollaborativer Design Review am Multitouchtisch

Robert Woll[1], Lars Wolter[2]

Geschäftsfeld Virtuelle Produktentstehung, Fraunhofer IPK[1]
Fachgebiet Industrielle Informationstechnik, TU-Berlin[2]

Zusammenfassung

In Produktentwicklungsprojekten treffen sich regelmäßig Entwicklungsverantwortliche miteinander, um Vorschläge für Änderungen an den digitalen Modellen eines sich in der Entwicklung befindlichen Produkts zu diskutieren. Solche Meetings eignen sich hervorragend für die Erprobung neuer Technologien für die Unterstützung kollaborativer Arbeitsabläufe, da die besprochenen Inhalte komplex und die Anforderungen an die zeitliche Effizienz solcher Meetings hoch sind. In diesem Beitrag wird ein Softwarewerkzeug vorgestellt, welches Entwicklungsverantwortliche bei der Durchführung von Design Reviews unterstützt, indem komplexe Produktinformationen mit Hilfe eines neuen Visualisierungsansatzes dargestellt werden, und indem die gleichzeitige Interaktion mehrerer Benutzer mit den Informationen auf einer gemeinsamen Arbeitsfläche, einem Multitouchtisch, ermöglicht wird.

1 Einleitung

Die Entwicklung neuer Produkte erfolgt heutzutage weitgehend digital. Dabei werden 3-dimensionale Modelle der physischen Bestandteile eines Produkts und viele weitere Bestandteile (z.B. Steuercode, funktionales Verhalten, Elektronik, etc.) mit Hilfe dafür vorgesehener Software erstellt. Aufgrund der komplexen Abhängigkeiten zwischen den unterschiedlichen Bestandteilen eines Produktes kommt es dabei aber häufig vor, dass Anpassungen vorgenommen werden müssen. Da Anpassungen aber auch immer zu Verzögerungen im Projektplan führen, werden Vorschläge für Anpassungen und mögliche Lösungsalternativen üblicherweise zunächst diskutiert und dabei teilweise auch abgelehnt.

Die Meetings, in denen solche Entscheidungen gefällt werden, werden häufig als Design Reviews bezeichnet. Dabei treffen sich Entwicklungs- und Projektmanagementverantwortliche, üblicherweise an einem gemeinsamen Ort, miteinander und gehen eine im Vorhinein vorbereitete Liste von Vorschlägen und Alternativen durch, um für jeden Vorschlag eine Entscheidung zu treffen, ob dieser wie vorgeschlagen umgesetzt, angepasst oder abgelehnt werden soll. Um diese Entscheidungen treffen zu können, müssen komplexe Sachverhalte (Details der Änderungen und ihre Auswirkungen) einfach verständlich aufgearbeitet werden. Außerdem wird von solchen Meetings erwartet, dass sie schnell durchgeführt werden, um die Aufwände der hoch bezahlten Fachkräfte, die an solchen Meetings teilnehmen, gering zu halten.

Das Anwendungsszenario, welches in dem hier vorgestellten Demonstrator verwendet wird, bezieht sich auf digitale Modelle von Bauteilen einer Autotür, die sich noch in der Entwicklung befinden und aufgrund geometrischer Überschneidungen mit Nachbarteilen überarbeitet werden müssen. Während eines regulären Design Reviews würden die unterschiedlichen Problemteile nacheinander begutachtet und diskutiert werden, wobei einige der Personen Leerzeiten haben wie bspw. die Zuständigen für das Fensterhebersystem, die an einer Diskussion über den Öffnungsmechanismus der Tür nicht qualifiziert einbringen können.

Am Geschäftsfeld Virtuelle Produktentstehung (VPE) des Fraunhofer Instituts für Produktionsanlagen und Konstruktionstechnik (IPK) wurde eine integrierte Softwareanwendung für die Darstellung komplexer Informationen und die Unterstützung von Design Reviews entwickelt, die im Folgenden vorgestellt wird.

2   Visualisierung von Produktstrukturen

Die Änderungsvorschläge, die im Rahmen eines Design Reviews betrachtet werden, beziehen sich immer auf bestimmte Bauteile eines Produktes. Neben den Eigenschaften der Bauteile selbst, sind auch die Verknüpfungsinformationen sowie die Verortung der Bauteile im Gesamtprodukt relevant. Diese strukturellen Eigenschaften zu betrachten, ermöglicht es den Ingenieuren Auswirkungen von Änderungen besser zu erkennen. Die strukturellen Informationen dazu sind in der Produktstruktur abgelegt, einem hierarchischem Graphen mit einer Wurzel, welche das gesamte Produkt widerspiegelt, und Blättern, die die einzelnen Bauteile repräsentieren. Knoten zwischen Wurzel und Blättern definieren Baugruppen.

Die Produktstruktur wird bei heutigen IT-Werkzeugen der virtuellen Produktentwicklung meist in Form des so genannten Indented View (eingerückte Listendarstellung) dargestellt, welche man auch aus Dateibrowsern kennt. Dieser Visualisierungsform mangelt es an Übersichtlichkeit, um die Zusammenhänge komplexer Informationsstrukturen zu beurteilen sowie effizient und intuitiv in ihnen zu navigieren. Vor dem Hintergrund der zunehmenden Komplexität von Produktstrukturen und sich wandelnder Interaktionstechniken, lässt sich die Form der Darstellung und Art der Interaktion hinterfragen.

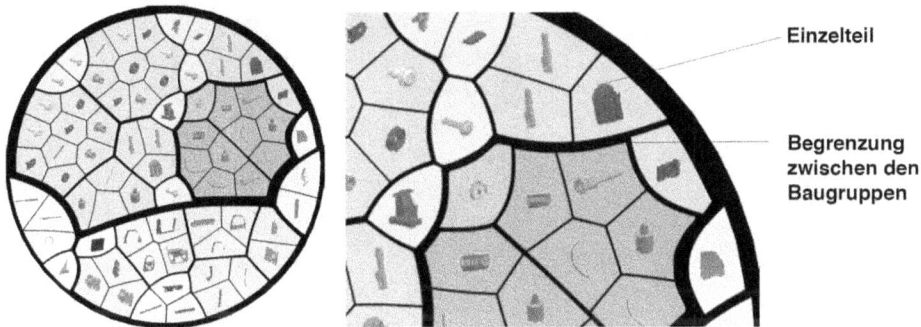

Abbildung 1: Detail der Voronoi-Treemap-Darstellung

Um eine effizientere Analyse und intuitivere Interaktion mit Produktstrukturen zu ermöglichen, wurden Visualisierungsmethoden aus dem Bereich der Visual Analytics angewandt. Die Produktstruktur wird mittels eines Voronoi-Treemap-Layouts (Balzer et al. 2005) visualisiert, welches den zur Verfügung stehenden Visualisierungsbereich effizient, ohne die Bildung von Löchern oder Überlagerungen, unterteilt. Dabei wird die zur Verfügung stehende Fläche in Polygone unterteilt, die jeweils eine Voronoi-Zelle bilden. Jede Zelle verfügt über Gewichtungsparameter, so dass der Größe der Fläche eine semantische Bedeutung wie die Anzahl untergeordneter Elemente, zugeordnet werden kann.

Untersuchungen haben eine sehr positive Resonanz auf die neue Visualisierungsform ergeben, sowie eine gesteigerte Effizienz beim visuellen Suchen von Bauteilen. Manche strukturelle Zusammenhänge waren jedoch schwerer zu erfassen und verlangen danach, die Darstellung weiter zu optimieren (Schulze et al. 2012).

3   Simultane Interaktion am Multitouchtisch

Bei einem Design Review gehen die Teilnehmer üblicherweise eine Liste von Vorschlägen durch, die auf einer gemeinsamen Bildfläche, typischerweise einer Leinwand, dargestellt werden. Dabei interagiert meistens nur eine Person, der Moderator des Meetings, mit den dargestellten Informationen. Da aber nicht jede Änderung auch für jeden Teilnehmer des Meetings relevant ist, warten auf diese Art einige der Teilnehmer unbeteiligt auf den nächsten Listenpunkt, der sie betrifft. Wenn die Teilnehmer sich in Gruppen aufteilen, die parallel mehrere Vorschläge diskutieren, könnten diese Leerzeiten und damit die Gesamtdauer des Meetings verringert werden. Dieses Ziel wurde mit der im Folgenden vorgestellten Lösung verfolgt.

Abbildung 2:Simultane Mehrbenutzerinteraktion am Multitouchtisch

Es wurde eine Multitouchanwendung entwickelt, welche die gleichzeitige Anzeige von Änderungsvorschlägen und die Interaktion mit diesen auf einer großen Arbeitsfläche ermöglicht. Im Rahmen eines Meetings versammeln sich die Teilnehmer um diese Arbeitsfläche wie um einen Meetingtisch. Die grafische Benutzeroberfläche unterscheidet dabei zwischen einer gemeinsamen Ansicht von Informationen und zwischen einzelnen Fenstern, die einzelne Benutzer oder kleinere Gruppen von Benutzern öffnen können, um zeitgleich mit anderen Benutzern oder Gruppen unterschiedliche Vorschläge diskutieren zu können. Die einzelnen Fenster können aber auch in einen Vollbildmodus umgeschaltet werden, so dass Diskussionen, die von einzelnen Teilnehmern separat durchgeführt wurden, dem gesamten Plenum vorgestellt werden können.

Dies ermöglicht im Beispiel mit der Fahrzeugtür den Zuständigen für die Türöffnungsmechanik einige Sachverhalte mit dem Karrosserieverantwortlichen zu besprechen, während die Zuständigen für das Fensterhebersystem dem Management den Einsatz eines teureren Bauteiles verständlich machen.

Die Besonderheit des vorgestellten Ansatzes gegenüber anderen Multitouchanwendungen, ist sein Fokus auf die simultane Benutzung durch mehrere Benutzer. Viele heutzutage verbreitete Einsatzszenarien für Multitouch nutzen die Erkennung von Berührungen, um die Eingaben eines einzelnen Benutzers zu verarbeiten. Die simultane Verarbeitung mehrerer Benutzereingaben wird im vorgestellten Ansatz durch die Aufteilung der Benutzeroberfläche in separate Fenster ermöglicht, die jederzeit in ihrer Größe angepasst werden können.Die vorgestellte Anwendung wurde von mehreren Probanden exemplarisch evaluiert und dabei sehr positiv aufgenommen. Herausforderungen ergaben sich dadurch, dass beim Wechsel von Gesprächspartnern Personen oft ihre Position um den Tisch herum ändern mussten, um gemeinsam ein Bild von der gleichen Seite aus betrachten zu können. Auch kam es dazu, dass Benutzer die Arbeitsfläche anderer Benutzer mit ihren Fenstern überdeckten. Dies kann zwar durch eine Kollisionsanalyse ausgeschlossen werden, macht es allerdings mit der bisherigen Lösung schwierig, Fenster zu verschieben oder zu skalieren, wenn die Arbeitsfläche bereits viele andere Fenster enthält.

4   Ausblick

Während die vorgestellte Softwareanwendung bereits positiv von den Probanden aufgenommen wurde, zeigte sie gleichzeitig auch weiteren Handlungsbedarf auf. Für die einfache simultane Nutzung durch mehrere Benutzer bedarf es neuer Ansätze für die effiziente Aufteilung der Bildfläche auf mehrere Fenster. Sehr sinnvoll erscheint es außerdem, die vorgestellte Softwareanwendung zu einer ganzheitlichen Methode für die Durchführung von Design Reviews auszubauen, und dabei zu berücksichtigen, wie auch externe Meetingteilnehmer virtuell in die Zusammenarbeit mit einbezogen werden können, ähnlich (Stark et al. 2008). In Bezug auf die Darstellung von Produktstrukturen sind außerdem auch Ansätze für die 3-dimensionale Darstellung weiter zu untersuchen, in Anlehnung an (Dittrich 2011). Diese weiterführenden Arbeiten sind Bestandteil geplanter Forschungs- und Entwicklungsprojekte am Geschäftsfeld VPE des Fraunhofer IPK.

Literaturverzeichnis

Balzer M., Deussen, O, Lewerentz C. 2005: Voronoi treemaps for the visualization of software metrics. In: Proceedings of ACM symposium on Software visualization. pp. 165-172.

Dittrich E. 2011: Visualisierung von Produktdaten im dreidimensionalen Raum. In: Proceedings of the 9. Berliner Werkstatt Mensch-Maschine-Systeme 2011. Berlin, Düsseldorf: VDI Verlag.

Schulze E.E., Wolter L., Hayka H., Röhlig M. 2012: Intuitive Interaktion mit Strukturdaten aus einem PLM-System. In: Konferenzband des 10. Gemeinsames Kolloquium Konstruktionstechnik. pp. 71-87

Stark R., Gärtner H., Wolter L. 2008: Verteilte Design Reviews in heterogenen Systemwelten. In: ProduktDaten Journal, 2008, Vol. 15, Issue 1, pp. 45-49.

Kontaktinformationen

Dipl.-Inform. Robert Woll
Abteilung Informations- und Prozesssteuerung, Geschäftsfeld Virtuelle Produktentstehung,
Fraunhofer-Institut für Produktionsanlagen und Konstruktionstechnik (IPK)
Pascalstraße 8-9, 10587 Berlin
Tel.: +49 (0) 30 / 39006 - 274
robert.woll@ipk.fraunhofer.de
http://www.ipk.fraunhofer.de

Dipl.-Inform. Lars Wolter
Fachgebiet Industrielle Informationstechnik, Fakultät für Verkehrs- und Maschinensysteme,
Institut für Werkzeugmaschinen und Fabrikbetrieb (IWF)
Technische Universität Berlin
Pascalstraße 8-9, 10587 Berlin
Tel: +49 (0)30 / 3 90 06 -2 19
lars.wolter@tu-berlin.de
http://www.iit.tu-berlin.de

H. Reiterer & O. Deussen (Hrsg.): Workshopband Mensch & Computer 2012
München: Oldenbourg Verlag, 2012, S. 445-450

Ein Ticketsystem für die Multi-User Kollaboration an interaktiven Wänden

Marc Turnwald

Informations- und Technikmanagement, Ruhr-Universität Bochum

Zusammenfassung

In diesem Beitrag wird ein Interfacekonzept auf der Basis eines Ticketsystems beschrieben, das einer Gruppe von Benutzern die gemeinsame, synchrone Arbeit auf großen interaktiven Displays ermöglicht.

1 Einleitung

Ticketsysteme gibt es in vielen Bereichen der öffentlichen Verwaltung. Dort dienen Sie der Strukturierung und Verteilung eines Stroms von Anfragen oder Arbeitsaufgaben. Weitere Ticketsysteme findet man im öffentlichen Nahverkehr. Diese Systeme haben gemeinsam, dass sie es Personen erlauben, ohne explizite Identifikation oder besondere individuelle Koordinationsmaßnahmen die hinterlegten Dienste oder Strukturen zu benutzen.

Abbildung 1a, 1b: (links) Ein Ticketsystem im Job Center. Die ankommenden Klienten werden durch das System auf die Servicekräfte verteilt.; 1c (rechts) Eine Gruppe von Benutzern an einer interaktiven Wand

Auf Basis der Prinzipien der bekannten Ticketsysteme aus der realen Welt, ist die Idee entstanden nach einem analogen Konzept den Prototyp für ein Multi-User Interface zu erstellen, das es einer Gruppe von Anwendern ermöglicht gemeinsam und synchron an einer interaktiven Wand zusammen zu arbeiten.

2   Konzept und Prototyp

Diskrete Operationen an vertikalen Displays

Die Design Rationale, die dem im folgenden beschrieben Interface zur gemeinsamen synchronen Benutzung eines vertikalen Displays durch mehrere Anwender, zu Grunde liegt beruht auf der Vorteilhaftigkeit der Diskretisierung von Operationen die normalerweise durch Touchinterfaces als kontinuierliche Interaktionen angeboten werden. So werden beispielsweise Verschiebeoperation häufig mittels einer „Drag/Slide"-Geste (Saffer 2009, p.181) realisiert. Ein wesentliches Problem bei der parallelen Benutzung durch mehrere Anwender ist dabei der begrenzte Platz vor einem interaktiven Display. Insbesondere wenn die Interaktionen so gestaltet sind, dass für die Durchführung von Operationen kontinuierlicher Kontakt erforderlich ist, führt dies häufig zu paarweisen Kollisionen zwischen den agierenden Benutzern, die meist nur durch die Unterbrechung einer der beiden Kontakte gelöst werden können. Bei der gemeinsamen Nutzung durch eine Gruppe ist es daher vorteilhafter Interaktionen nach dem pick-and-drop Prinzip (Rekimoto 1997) zu gestalten. Ein Interaktionskonzept das nur einzelne diskrete Berührungen der interaktiven Oberfläche erfordert, bietet dann die Möglichkeit anderen Benutzer durch den freien Raum vor dem Display auszuweichen.

Realisierung

Der realisierte Prototyp ist als Plug-In für den SeeMe-Editor (Herrmann 2006) als reine Softwarelösung implementiert und bildet damit auch einen Unterschied zu Systemen, die Multi-User Benutzbarkeit über zusätzliche Sensorik zur automatischen Unterscheidung von Benutzern, wie beispielsweise die Microsoft Kinect, an interaktiven Tischen (Jung et al. 2011) oder interaktiven Wänden (Turnwald et al. 2012) ermöglichen. Der SeeMe-Editor ist ein graphisches Werkzeug zur Modellierung existierender oder geplanter soziotechnischer Prozesse (Herrmann 2012). Der Editor bietet seit Version 5.0 Funktionen für die erleichterte Bedienung auf interaktiven Oberflächen. Als wertvolle Unterstützung haben sich dabei die sogenannten „Smartbuttons" erwiesen. Diese Smartbuttons sind kontextsensitive Buttonmenüs, die alle für einen markierten Kontext verfügbaren Funktionen in Form von Icon-Buttons anbieten. Sie erscheinen jeweils an einer, vom Benutzer auf der interaktiven Oberfläche, berührten Position (siehe Tabelle 1, Tap 1). Im Gegensatz zu statischen Toolbars mit fester Position damit den Vorteil, dass sie nicht für jede Operation erneut vom Benutzer „erlaufen" werden müssen und gegenüber beweglichen Paletten oder Widgets (Bier et al. 1993) ebenfalls den Vorteil, dass sie nicht einen Teil des Arbeitsbereichs permanent verdecken, sondern auf erst bei Berührung der Oberfläche erscheinen und dann entweder direkt nach der Benutzung oder aber nach einem Timeout automatisch wieder geschlossen werden.

Die Interaktionsfolge bei der Benutzung von Smartbuttons beruht auf dem Noun-Phrase Paradigma (Raskin 2000, p.57 ff) d.h. es wird zunächst ein Item (Noun) ausgewählt und anschließend eine Funktion (Phrase) die auf das Item angewendet wird. Das Interface ist modeless (i.S.v. Raskin) und bietet bei der gleichzeitigen Verwendung durch mehrere Benutzer den Vorteil, dass diese nicht parallel unterschiedliche Modi auswählen können und somit vom System auch nicht unterschieden werden müssen.

Tap 1: Das Item „schreiben" wird markiert. Die verfügbaren Funktionen werden angezeigt.	*Tap 2:Die Funktion „Item Bewegen" wird gewählt. Das System vergibt Ticket Nr.1*
Tap 3: Die neue Position wird markiert. Die verfügbaren Funktionen und Tickets werden angezeigt.	*Tap 4. Ticket Nr.1 wird ausgewählt. Das System zeigt ein Preview der Veränderung.*
Tap 5: neue Position wird bestätigt. Das Element befindet sich an der neuen Position.	*Weitere Taps: Die Benutzer arbeiten zeitgleich auf auf der Oberfläche.*

Tabelle 1: Exemplarischer Ablauf einer mehrschrittigen Operation (Taps 1-5) und parallele Benutzung des Interface.

Prinzipiell können diese Buttonmenus beliebig oft parallel geöffnet und bedient werden (siehe Tabelle 1, „Weitere Taps"). Einschrittige Funktionen wie das Erzeugen oder Löschen eines Items können mit diesen Buttonmenüs bereits ohne Erweiterung durchgeführt werden. Zur Durchführung von mehrschrittigen Operationen wird dann das Ticketsystem benötigt, dessen Funktionsweise im Folgenden am Beispiel einer Bewegungsoperation exemplarisch erläutert wird.

Einbindung des Ticketsystems

Die Interaktion zur Bewegung eines Items erfolgt in mehreren Schritten. Zunächst wird das Item mit einem Tap selektiert (Tabelle 1, Tap 1). Ein zweiter Tap auf die Funktion „Bewegen" startet die Operation. Das System zeigt dem Benutzer nun in seinem aktuellen Arbeitskontext für einige Zeit ein zugehöriges Ticket an (Tabelle 1, Tap 2) und speichert die begonnene Operation zusammen mit dem Ticket in einer Liste. Hat der Benutzer die Stelle erreicht, zu der er das Item bewegen möchte markiert er diese Position. (Tabelle 1, Tap 3) Das erscheinende, und auch jedes weitere geöffnete Buttonmenü, enthält jetzt die begonnene Operation zusammen mit dem erstellten Ticket. Ein weiterer Tap auf die mit dem entsprechenden Ticket versehene Operation bewegt das Item an die markierte Position (Tabelle 1, Tap 4 und Tap 5).

Previews

Ein Problem, das durch die Verwendung von Tickets entstehen kann, ist der Anstieg der kognitiven Belastung der Benutzer. Tickets müssen wahrgenommen, behalten und bei der Auswahl erinnert werden. Dies wiederspricht dem Usability Prinzip „Recognition rather than Recall" (Nielsen 1994). Diesem Mangel kann dadurch begegnet werden, dass bei der Ticketauswahl die Operation nicht unmittelbar ausgeführt, sondern zunächst ein animiertes Preview der Veränderung angezeigt wird (Tabelle 1, Tap 4). Der Benutzer kann sich dann entscheiden, ob er die gewählte Operation wie angezeigt durchführen möchte, indem er sie mit einem weiteren Tap bestätigt (Tabelle 1,Tap 5), oder verwirft, in dem er z.B. eine andere Position markiert, bewusst ablehnt oder einfach abwartet, bis das Preview zeitgesteuert beendet wird. Durch die Möglichkeit der aktiven Bestätigung hat ein Benutzer gleichfalls die Möglichkeit eine Operation vor Ende des Previews durchzuführen. Das Preview wird hierbei vorzeitig beendet und das Ergebnis der Operation direkt angezeigt, wodurch die Arbeitsgeschwindigkeit eines Benutzer nicht ohne Bedarf durch die Dauer der Previews verringert wird.

3   Erste Evaluation und weitere Arbeit

Das beschriebene Interface befindet sich momentan in der Evaluationsphase. Ein erster Test mit einer Gruppe von drei Probanden hat bereits gezeigt, dass das beschriebene Konzept prinzipiell für die kollaborative Arbeit einer Gruppe am interaktiven Display geeignet ist. Dabei wurde den drei Probanden die Aufgabe gestellt eine Menge von 170 Items in sinnvolle Cluster einzuteilen. Diese Items wurden zuvor von einer Gruppe von 12 Teilnehmern, zu der Fragestellung welche Features ein Smartphone des nächsten Jahrzehnts unbedingt mitbringen sollte, gesammelt. Die eigentliche Testsession wurde dann aus drei Perspektiven per Video aufgezeichnet. Gleichzeitig wurden alle Touchevents in ihrem logischen Interaktionszusammenhang in einem strukturierten Logfile gespeichert. Durch eine eindeutige Interaktionsnummer, die ebenfalls auf den Videoaufzeichnungen zu erkennen ist, wurden die im Logfile gespeicherten Einträge dann manuell durch Abgleich mit den Videos um die Benutzer-IDs der Probanden ergänzt. Das auf diese Weise ergänzte Logfile ließ es dann zu die erhobenen Daten nach verschiedenen Gesichtspunkten kumuliert, benutzerbezogen oder komparativ auszuwerten.

So zeigte sich bei der Auswertung beispielsweise, dass die alle Gruppenmitglieder über den gesamten Arbeitsbereich aktiv waren. Dieser Umstand ist als Activitymap in Abbildung 2a

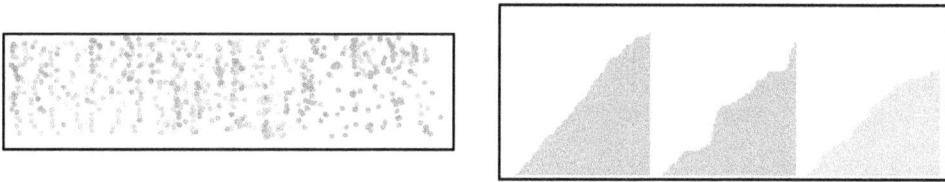

Abbildung 2a und 2b: (linke Seite) Die Activitymap des Testlaufs, (rechte Seite) Die kumulierte Anzahl der Interaktionen im Zeitverlauf des Tests

dargestellt. Sie zeigt die einzelnen Positionen an denen Operationsinteraktionen durch die unterschiedlichen Benutzer, dargestellt durch die drei unterschiedlichen Farben, durchgeführt wurden. Es zeigte sich ebenfalls alle Benutzer in etwa die gleiche Arbeitslast übernommen hatten. Abbildung 2b zeigt die kumulierte Anzahl der Operationen über den Testzeitraum von ca. 80 Minuten. In diesem Zusammenhang ist auch interessant, dass die Benutzer Operationen gemeinsam durchgeführt haben, indem sie Tickets untereinander weitergesagt haben. (Abbildung 3)

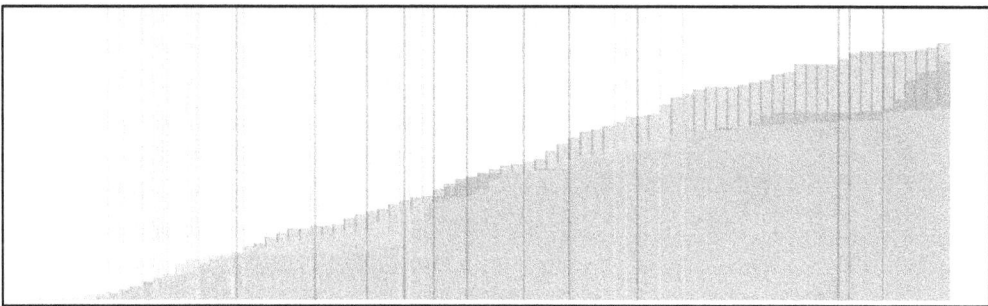

Abbildung 3: Zeitpunkte an denen Operationen gemeinsam durchgeführt wurden. Hier markiert als helle Linien.

Der Prototyp bietet eine Fülle von Möglichkeiten zur weiteren Untersuchung und Entwicklung. Eine interessante Fragestellung ist die nach der Skalierbarkeit des Interface, bei variabler Gruppengröße. Die Skalierbarkeit hängt sicherlich stark von der Anzahl der gleichzeitig aktiven Tickets pro Benutzer ab. Die Gesamtzahl der gleichzeitig aktiven Tickets bestimmt die Größe des Suchraums und somit die Auswahlzeit einer fortzusetzenden Operation. Im durchgeführten Testlauf lag die aktive Ticketzahl im Mittel bei etwa 1.67 Tickets pro Benutzer. Weitere Verbesserungen wie etwa das automatische Löschen vergessener Tickets nach einer Zeitspanne von ca. 30 Sekunden können diese Zahl auf unter 1 Ticket pro Benutzer senken. Weitere Verbesserungen können sich durch die räumliche Aufteilung der Arbeitsbereiche oder die Verwendung unterschiedlicher Tickettypen ergeben. Im Zusammenhang mit der „Magischen Zahl 7 +/-2" (Miller 1956) ist damit erst ab einer Gruppengröße von 7 Benutzern eine Verminderung der Arbeitsgeschwindigkeit zu erwarten.

Weitere interessante Fragestellungen sind z.B. die Kombination mit kontinuierlichen Operationen, die Vor- und Nachteile unterschiedlicher Tickettypen wie Zahlen, Wörter oder Icons, oder auch die Nützlichkeit der Verwendung von Tickets zur Lösung des Undo-Problems bei Single Display Groupware (Seifried et al. 2012).

Danksagung

Ich danke Moritz Wiechers für die Hilfe bei der Implementierung des Prototyps und Nina Sendt für die zeitraubende Ergänzung der Logfiles mit den Daten der Videoaufzeichnung.

Literaturverzeichnis

Bier, E.A., Stone, M.C., Pier, K., Buxton, W. & DeRose, T.D. (1993). Toolglass and magic lenses: the see-through interface. *Proceedings of the 20th annual conference on Computer graphics and interactive techniques.*, 73–80.

Herrmann, T. (2006). SeeMe in a nutshell - the semi-structured, socio-technical Modeling Method.

Herrmann, T. (2012). *Kreatives Prozessdesign.* Springer.

Jung, H., Nebe, K., Klompmaker, F. & Fischer, H. (2011). Authentifizierte Eingaben auf Multitouch-Tischen. *Mensch und Computer 2011: 11. Fachübergreifende Konferenz für Interaktive un Kooperative Medien Über Medien-Übermorgen.*, 305.

Miller, G.A. (1956). The magical number seven, plus or minus two: some limits on our capacity for processing information. *Psychological review.* 63(2), 81.

Nielsen, J. (1994). Enhancing the explanatory power of usability heuristics. *Proceedings of the SIGCHI conference on Human factors in computing systems: celebrating interdependence.*, 152–158.

Raskin, J. (2000). *The humane interface: new directions for designing interactive systems.* New York, NY, USA: ACM Press/Addison-Wesley Publishing Co.

Rekimoto, J. (1997). Pick-and-drop: a direct manipulation technique for multiple computer environments. *Proceedings of the 10th annual ACM symposium on User interface software and technology.*, 31–39.

Saffer, D. (2009). *Designing Gestural Interfaces.* O'Reilly Media, Inc.

Seifried, T., Rendl, C., Haller, M. & Scott, S. (2012). Regional undo/redo techniques for large interactive surfaces. *Proceedings of the 2012 ACM annual conference on Human Factors in Computing Systems.*, 2855–2864.

Turnwald, M., Nolte, A. & Ksoll, M. (2012). Easy collaboration on interactive wall-size displays in a user distinction environment. *Workshop "Designing Collaborative Interactive Spaces for e-Creativity, e-Science and e-Learning."*

Kontaktinformationen

marc.turnwald@iaw.rub.de

H. Reiterer & O. Deussen (Hrsg.): Workshopband Mensch & Computer 2012
München: Oldenbourg Verlag, 2012, S. 451-454

Präferenz von Gesten bei der Interaktion mit großen Displays

Monika Elepfandt[1], Marcelina Sünderhauf[2]

Technische Universität Berlin[1]
Graduiertenkolleg prometei[2]

Zusammenfassung

In diesem Beitrag wird ein Experiment vorgestellt, bei dem drei verschiedene, berührungslose Gesten zur Interaktion mit großen Displays miteinander verglichen wurden. Dabei interessierte vor allem, welche Gesten Nutzer bei einer repetitiven Aufgabe bevorzugen und ob sich dies in Abhängigkeit der Distanz zu einem Display unterscheidet. Es zeigte sich, dass die Teilnehmer sowohl in kurzer (0,5 m) als auch in langer (2 m) Distanz den sogenannten Airtap.

1   Einleitung

Zurzeit geht der Trend immer mehr dahin, den gesamten Raum zur Informationsdarstellung und -interaktion zu nutzen. So nimmt auf der einen Seite die Anzahl und Größe der Displays in vielen Bereichen zu und zum anderen soll in Zukunft jegliche Oberfläche als Projektionsfläche nutzbar sein, um Informationen anzuzeigen und mit ihnen zu interagieren. Die Folge davon ist, dass direkte Berührung oft nicht mehr möglich bzw. schwierig ist und zum Teil auch nicht erwünscht (z.B. sterile Bereiche im OP oder Labor). Daher stellt sich die Frage, wie die Interaktion in diesen Umgebungen gestaltet werden sollte. In dem Projekt MuToAct[1] werden die berührungslosen Eingabemöglichkeiten Blick, Sprache und Gestik aus einer nutzerzentrierten Sicht untersucht und miteinander verglichen.

Ein entscheidender Faktor bei der Gestaltung ist - abgesehen von der Modalitätenwahl - die Distanz zu einem Display bzw. zu einer Projektion: So steht der Nutzer z.B. bei großen Wanddisplays zu unterschiedlichen Zeiten der Interaktion mal direkt vor dem Display als auch mal weiter weg. Neuropsychologische Studien belegen, dass die verschiedenen räumlichen Bereiche um einen Menschen in unterschiedlichen kortikalen Netzwerken repräsentiert

---

[1]   www.mms.tu-berlin.de/menue/forschung/projekte/mutoact/

werden, die unsere Wahrnehmung und Handlung beeinflussen (Previc, 1998). Diese sollten bei der Interaktionsgestaltung berücksichtigt werden (Elepfandt & Sünderhauf, 2010).

Bei dem hier vorgestellten Experiment wurden drei verschiedene Gesten miteinander verglichen, um berührungslos mit einem großen Display zu interagieren. Es interessierte dabei, welche Gesten Nutzer präferieren, wenn sie eine repetitive Aufgabe ausführen müssen und ob sich die Präferenzen je nach Distanz zur Projektionsfläche unterscheiden.

2 Experiment

Bei der vorliegenden Studie handelt es sich um ein within-subject Design. Verglichen wurden drei verschiedene Gesten in zwei verschiedenen Distanzen (0,5 m und 2 m). Insgesamt nahmen N = 40 Personen (16 weiblich, 24 männlich) an der Studie teil. Die Altersspanne betrug 19-23 Jahre ($M = 24,4$; $SD = 4,6$). Einschlusskriterium war eine Rechtshändigkeit.

2.1 Gesten & Aufgabe

Abbildung 1: Die Matchbox

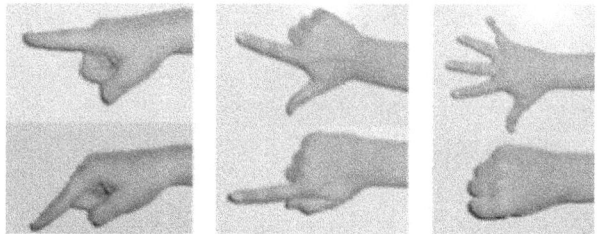

Abbildung 2: Die Fotos zeigen die drei zur Auswahl stehenden Gesten:„Airtap", „Thumbtrigger" und „Fistgrab" (v.l.n.r.)

Bei der Aufgabe *Matchbox* (s. Abb. 1) mussten die Versuchspersonen mit Hilfe der Gesten jeweils 16 Objekte bewegen (drag & drop), rotieren und in der Größe verändern. Angelehnt an die Arbeiten von Fikkert (2010) handelte es sich dabei um die Gesten *Airtap, Thumbtrigger* und *Fistgrab* (s. Abb. 2). Beim *Airtap* wird mit gestrecktem Zeigefinger, zweimal getippt, um ein Objekt auszuwählen und abzulegen. Um die Objekte zu rotieren, vollzieht der Zeigefinger einen Kreis in die gewünschte Richtung. Der *Thumbtrigger* nutzt zur Auswahl und zum Ablegen einen Doppelklick des Daumens bei gestrecktem Zeigefinger. Die Rotationsbewegung ist identisch zu der des *Airtaps*. Der *Fistgrab* beinhaltet eine Greifbewegung (Schließen einer Faust), um Objekte auszuwählen und das Öffnen der Faust, um Objekte abzulegen. Eine Rotationsbewegung der ganzen Hand verändert die Ausrichtung der Bilder.

Zur Umsetzung der Gesten wurde eine *Wizard of Oz* (*WoZ*) Simulation durchgeführt. Die Handposition auf der Leinwand wurde mittels eines magnetischen Trackingverfahrens (Polhemus) gemessen, wohingegen die Gesten durch den Versuchsleiter (*Wizard*) am Computer mittels Tastendruck umgesetzt wurden. Um den Blickwinkel konstant zu halten, wurde entsprechend der Entfernung zwischen Versuchsperson und Leinwand die Projektion in zwei Größen (0,65 x 0,48 m bei 0,5 m Entfernung; 2,59 x 1,93 m bei 2 m Entfernung) angezeigt.

Beim 1. Durchgang lernten die Versuchsperson alle drei Gesten kennen und führten mit jeder von ihnen die Aufgabe *Matchbox* einmal durch. Im Anschluss wählte jeder Teilnehmer seine zwei favorisierten Gesten aus und führte mit diesen die Aufgabe nochmals durch (2. Durchgang). Nun wählte jede Versuchsperson ihren endgültigen Favoriten. Mit dieser Geste wurde die Aufgabe noch einmal bearbeitet (3. Durchgang).

Alle drei Durchgänge wurden in beiden Distanzen (0,5 m und 2 m) durchgeführt. Abschließend füllten die Teilnehmer einen Fragebogen aus, in dem sie ihre Entscheidung für die jeweiligen Gesten bei bestimmter Distanz begründeten (offene Fragen). Sowohl bei der Reihenfolge der beiden Distanzen, als auch bei der Abfolge der drei Gesten handelte es sich um ein balanciert randomisiertes Design. Die Versuchsdauer betrug pro Teilnehmer eine Stunde und wurde mit 10 € entlohnt.

3   Ergebnisse

Bei der Auswahl von zwei Gesten (nach dem 1. Durchgang) wurden in naher und ferner Distanz unterschiedliche Kombinationen bevorzugt. So wurden bei 2 m die Gesten „Airtap + *Fistgrab*" (A+F; s. Abb. 3) am häufigsten ausgewählt (n = 23), gefolgt von „Airtap + *Thumbtrigger*" (A+T; n = 11) und „Thumbtrigger + *Fistgrab*" (T+F; n = 6). Dahingegen wurden bei 0,5 m „Airtap + *Fistgrab*" (n = 17) und „Airtap + *Thumbtrigger*" (n = 18) gleich häufig gewählt, „Thumbtrigger + *Fistgrab*" (n = 5) wieder am seltensten. Die Abweichung zu einer theoretischen Gleichverteilung ist bei beiden Distanzen signifikant (nah: $\chi2$ (2) = 7,85, p = .02; fern: $\chi2$ (2) = 11,45, p = .003).

Bei der Auswahl des favorisierten Kommandos wurde bei beiden Distanzen *Airtap* (nah: n = 23, fern: n = 19) am häufigsten gewählt (s. Abb. 4). Die Häufigkeit von *Thumbtrigger* (nah: n = 9, fern: n = 11) und *Fistgrab* (nah: n = 8, fern: n = 10) unterschied sich kaum. Die Abweichung zu einer theoretischen Gleichverteilung ist bei naher Distanz hoch signifikant ($\chi2$ (2) = 10,55, p = .005), bei ferner Distanz nicht signifikant. Nur 13 von 40 Versuchspersonen wählten unterschiedliche Gesten bei den beiden Distanzen. Hier zeigten sich jedoch keine konkreten Tendenzen.

Bei der Frage, warum sie den *Airtap* bevorzugt hätten, wurden folgende Gründe genannt: „ähnlich zu gewohnten Gesten wie Mausklick" (nah: n = 10, fern: n = 9), „schnell" (nah: n = 8, fern: n = 8), „präzise" (nah: n = 8, fern: n = 8) und „leichter/einfacher" (nah: n = 8, fern: n = 7). Bei der Nachbefragung, ob sie gemerkt hätten, dass es sich um *WoZ-Experiment* handelt, gaben lediglich vier Versuchspersonen an, dass sie es gemerkt hätten.

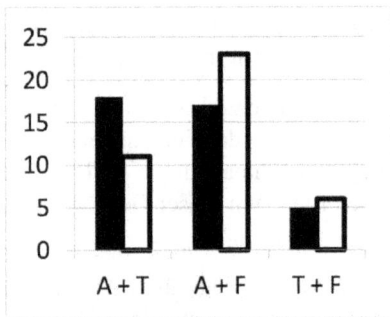

Abbildung 3: Auswahl von 2 Gesten nach dem 1. Durchgang

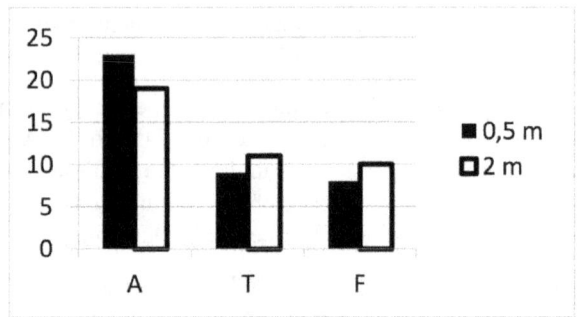

Abbildung 4: Auswahl der favorisierten Geste nach dem 2. Durchgang

4 Fazit

Die Ergebnisse zeigen, dass Nutzer, wenn sie die Wahl zwischen Airtap, Thumbtrigger und Fistgrab haben, sowohl in naher als auch ferner Distanz den Airtap bei repetitiven Aufgaben (wiederholtes drag & drop) bevorzugen. So wurde der Airtap bei beiden Distanzen als Favorit am häufigsten gewählt und auch bei der Wahl von zwei Gesten wurden die Kombinationen, die einen Airtap beinhalteten, bevorzugt. Es zeigt sich, dass Gesten bevorzugt werden, die schon bekannt vorkommen (Airtap ist wie ähnlich zu Mausklicken) und die sowohl schnell als auch einfach sind.

Interessant ist, dass sich nach dem 1. Durchgang bei ferner Distanz wesentlich mehr Versuchspersonen für eine Kombination mit dem Fistgrab entschieden als für eine mit dem Thumbtrigger, dies bei naher Distanz jedoch ausgeglichen war. Das deutet darauf hin, dass die Distanz sehr wohl einen Einfluss auf die Interaktion hat, sich Nutzer aktuell jedoch noch stärker für bekannte Interaktionsmuster entscheiden, wie den Airtap. Da es in Zukunft immer mehr Geräte zur berührungslosen Gesteninteraktion geben wird, die auch für jedermann zugänglich sind (z.B. Microsoft Kinect, leapmotion (www.leapmotion.com)), werden sich zukünftig eventuell auch andere Gesten wie der Fistgrab, die aktuell noch ungewohnt sind, durchsetzen. Dies bedarf jedoch weiterer Forschung.

Literaturverzeichnis

Elepfandt, M., & Sünderhauf, M. (2011). Multimodal, Touchless Interaction in Spatial Augmented Reality Environments. Proceedings *of the HCII Orlando*, 263–271.

Fikkert, F. W. (2010). *Gesture Interaction at a Distance*. University of Twente, Centre for Telematics and Information Technology.

Previc, F.H. (1998). The Neuropsychology of 3-D Space. *Psychological Bulletin* 124, 123-164.

Kontaktinformationen

Monika Elepfandt, Graduiertenkolleg prometei, TU Berlin
Franklinstr. 28/29, Sekr. FR 2-6, 10587 Berlin; Email: monika.elepfandt@zmms.tu-berlin.de

H. Reiterer & O. Deussen (Hrsg.): Workshopband Mensch & Computer 2012
München: Oldenbourg Verlag, 2012, S. 455-460

Kollaborative Gesten für Tabletop-User-Interfaces

Tim Hofmann, Johannes Luderschmidt, Ralf Dörner

Hochschule RheinMain, Fachbereich DCSM, Wiesbaden

Zusammenfassung

In dieser Arbeit wird eine Sammlung von kollaborativen Gesten für Tabletop-User-Interfaces vorgestellt. Dies sind Gesten, die von mehreren Personen gemeinsam ausgeführt werden und deren Zusammenarbeit unterstützen. Besonders für Anwendungen, in denen User miteinander agieren, ist die Erforschung der Gesten für diese Art der Interaktion wichtig. Beispiele für durch solche Gesten ermöglichte Aktionen sind das Zuweisen und Anfordern von Objekten oder das Verbinden und Lösen von virtuellen Objekten. Konzepte für solche Gesten werden in diesem Paper vorgestellt. Anhand eines Settings einer Live-Video-Analyse werden diese umgesetzt und daraufhin ausgewertet.

1 Einleitung

Tabletop-User-Interfaces können von mehreren Personen gleichzeitig verwendet werden und dabei die Kommunikation zwischen den Nutzern fördern. Um auch die Kollaboration zu unterstützen, kann gestenbasierte Interaktion eingesetzt werden. Beispielsweise im Bereich von Schulungen und Briefings ist eine Kollaboration an solchen Tischen Voraussetzung.

In (Scott et al. 2003) wurden Richtlinien für die Beschaffenheit von Tabletop-Display- Systemen entwickelt, um die Zusammenarbeit zu ermöglichen. Allerdings geht dieses Paper nicht darauf ein, wie Interaktion und Darstellung für kollaborative Tabletop-User-Interfaces angepasst werden müssen. Wenn in der Literatur kollaborative Gesten untersucht werden, stehen sie oft in unmittelbarer Verbindung zu entwickelten Anwendungen. So wird bei (Wu & Balakrishnan 2003) ein Raumplaner entwickelt, bei dem verschiedene Gegenstände in einem Gebäude platziert werden. In (Morris et al. 2006) werden weitere Gesten mithilfe einer eigens entwickelten Anwendung zum Erstellen von Diagrammen und Collagen untersucht. Die vorgestellten Gesten in dieser Arbeit ähneln sich allerdings stark (z.B. Zuweisen, Anfordern, Verbinden, Vergrößern und Verkleinern) und die Autoren gehen nur in Ansätzen auf den Kommunikationsaspekte zwischen Nutzern (z.B. Bestätigung einer angefragten Aktion) ein.

Diese Arbeit untersucht dahingegen kollaborative Gesten anhand einer Schulungs- & Trainings-Software für Sicherheitsunternehmen. Mit dieser nehmen Mitarbeiter in einer Schulungssituation Videoanalysen von Gefahrensituationen an einem Tabletop-System vor. Anhand von diesen Videos werden Ausschnitte erstellt, das können Sequenzen als auch Screenshots sein, und diese daraufhin bearbeitet. Die Bearbeitung besteht im generellen im Positionieren von virtuellen Objekten, die in der Situation vorkommen können (z.B. Person, Fahrzeug, Waffe) und im Einzeichnen von wichtigen Erkenntnissen.

Unsere kollaborativen Gesten sollen die Zusammenarbeit zwischen Mitarbeitern, die wenig oder keine Erfahrungen mit solchen Systemen haben, unterstützen. Wir erweitern das Spektrum an kollaborativen Gesten und gehen insbesondere auf Kommunikationsaspekte ein.

2   Konzeption

Basierend auf der Analyse kollaborativer Aktionen wurden Gesten konzipiert und entwickelt, um diese interaktiv zu unterstützen. Solche Gesten bestehen generell aus einem aktiven Teil (jemand der eine Geste anstößt) und einen passiven Teil (jemand der darauf reagiert). Kollaborative Aktionen bedingen häufig eine Bestätigung und Rechteübertragung. Ein Beispiel für eine Rechteübertragung wäre das Zuweisen und Anfordern von virtuellen Objekten. Kann eine Arbeitsfläche nur mit Einverständnis aller User gelöscht werden, muss dieser Wunsch von allen Nutzern bestätigt oder abgelehnt werden.

Voraussetzung der meisten Gesten in dieser Arbeit ist eine einmalige Anmeldung der Nutzer. Diese ist wichtig um die Position des Nutzers am Tisch zu ermitteln, die für die Gesten notwendig ist. Weiterhin wird jedem Nutzer an dieser Position eine Bedienkonsole (im Folgenden „Workspace" genannt) eingeblendet. Zudem geht diese Arbeit davon aus, dass ein Objekt immer im Besitz eines bestimmten Nutzers ist.

Da in dieser Arbeit untersucht wird, welche Gesten für Personen mit geringer Erfahrung geeignet sind, unterschieden wir grob zwei Gestenarten. Erstens „Button-basierte" Gesten, also Gesten die nur durch Betätigen von Buttons bedient werden und zweitens Gesten, die das Betätigen von Buttons vermeiden. In der Evaluation wird sich schließlich herausstellen, welche Gestenart bevorzugt wird.

Im Folgenden stellen wir einige unserer Gesten vor.

2.1   Zuweisen von Objekten

Ein Ansatz für das Zuweisen von virtuellen Objekten ist die klassische „Drag"-Geste, das heißt, dass eine Person der Zielperson ein Objekt zuschiebt. Eine Bestätigung erfolgt, sobald die Zielperson das Objekt annimmt und in ihren Workspace zieht (s. Abbildung 1 links).

Ein alternativer Ansatz ist die Zuweisung mithilfe von Buttons, die rund um ein Objekt dargestellt werden. Diese zeigen an, wo sich andere Nutzer am Tisch befinden. Bei Betätigen eines der Buttons wird dem zugehörigen Nutzer das Objekt zugewiesen. Auch die Bestätigung oder Ablehnung des Empfängers erfolgt über einen Button. Abbildung 1 rechts verdeutlicht den Ablauf der Geste.

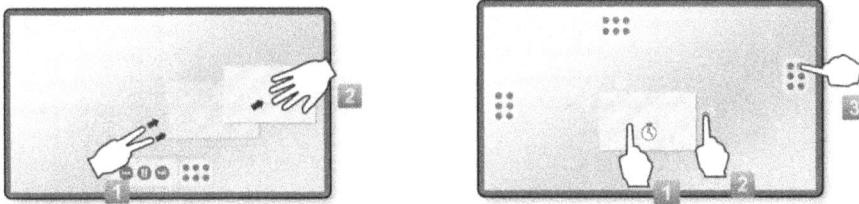

Abbildung 1: Beispiele kollaborativer Gesten. (links) Zuweisen eines Objekts, Alternative 1: 1. Verschieben des Objekts zur Zielperson. 2. Annahme und somit Bestätigung durch Zielperson. (rechts) Zuweisen eines Objekts, Alternative 2: 1. Long-Tap: Anzeigen der User, die das Objekt empfangen können, 2. Betätigen des Buttons und somit Anzeige der Aktion beim Empfänger. 3. Bestätigung/Ablehnung durch Empfänger

2.2 Anfordern von Objekten

Für das Anfordern von virtuellen Objekten wurden zwei Ansätze entwickelt. Ansatz eins ermöglicht das Anfordern mithilfe eines virtuellen Strahls, der mit zwei Fingern gedreht und verlängert werden kann (s. Abbildung 2 rechts). Dabei wird der Vektor zwischen Startberührung und aktueller Berührung der Finger berechnet und proportional verlängert, so dass nur eine geringe Fläche nötig ist, um Objekte auf dem kompletten Tisch anzufordern. Befindet sich die Spitze des Strahls über einem dieser Objekte wird dem Besitzer der Wunsch des Users angezeigt. Dieser kann die Anfrage nun über Buttons bestätigen oder ablehnen.

Der zweite Ansatz bedient sich einer Miniaturansicht der gesamten Arbeitsfläche (s. Abbildung 2 links). Diese wird für einen User dargestellt, nachdem er einen Button in seinem Workspace betätigt hat. Innerhalb dieser Miniaturansicht kann er nun die komplette Fläche des Tisches einsehen. Zur genaueren Anforderung lässt sich diese Miniaturansicht verschieben und vergrößern. Objekte lassen sich mit einer „Tap"-Geste auswählen.

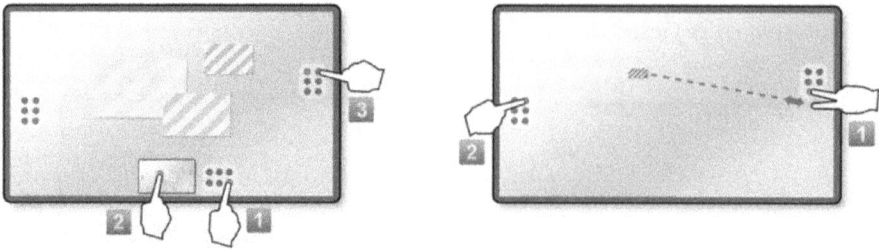

Abbildung 2: Beispiele kollaborativer Gesten. (links) Anfordern eines Objekts, Alternative 1: 1. Long-Tap: Anzeigen der User, die das Objekt empfangen können, 2. Betätigen des Buttons und somit Anzeige der Aktion beim Empfänger. 3. Bestätigung/Ablehnung durch Empfänger. (rechts) Anfordern eines Objekts, Alternative 2: 1. Durch das Fahren mit zwei Fingern auf der Oberfläche schickt der erste User einen Strahl, um ein Objekt anzufordern. 2. Der zweite User bestätigt oder lehnt die Anfrage ab.

2.3 Löschen der Arbeitsfläche

Wird der Wunsch geäußert, die komplette Arbeitsfläche (Ausschnitte, Objekte und Bearbeitungen) zu löschen und mit der Bearbeitung eines neuen Ausschnitts zu beginnen, so muss dieser von einer Person angestoßen werden. Das heißt in dem Fall muss von diesem User eine Geste ausgeführt werden, von den anderen jedoch muss diese bestätigt oder abgelehnt werden.

Ein gestenbasierter Ansatz bedient sich einer Interaktionsmetapher aus dem Alltag, bei der man eine Arbeitsfläche „löscht" indem man mit einer Hand alle Objekte wegschiebt. Analog dazu muss eine ähnliche Wischgeste von der einen zur anderen Seite auf der Arbeitsfläche ausgeführt werden, um die Arbeitsfläche zu löschen. Anderen Nutzern wird der Wunsch angezeigt. Diese können durch das Durchführen der gleichen Geste bestätigen oder durch das Nichtausführen ablehnen. Der Wunsch verfällt nach fünf Sekunden. Dieser Vorgang ist in Abbildung 3 links dargestellt.

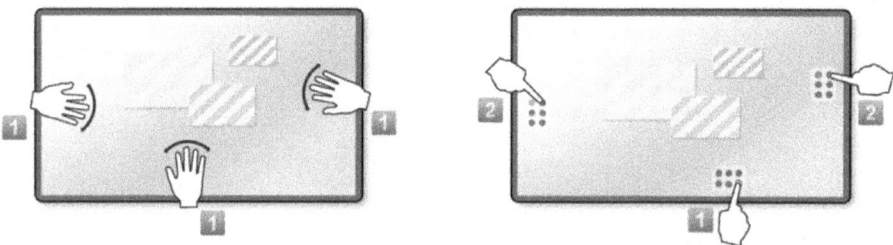

Abbildung 3: Beispiele kollaborativer Gesten. (links) Löschen der Arbeitsfläche, Alternative 1: 1. „Wisch"-Geste: Ausführen der Geste zum Wunsch, die Arbeitsfläche zu löschen. 2. „Wisch"-Geste: Ausführen der anderen User zur Bestätigung. (rechts) Löschen der Arbeitsfläche, Alternative 2: 1. Betätigen eines Buttons zum Wunsch, die Arbeitsfläche zu löschen. 2. Ablehnung oder Bestätigung der anderen User durch Betätigen der Buttons.

Alternativ kann der Wunsch zum Löschen der kompletten Arbeitsfläche über einen Button im Workspace betätigt werden. Die Bestätigung oder Ablehnung erfolgt analog (s. Abbildung 3 rechts).

3 Umsetzung

Der Prototyp wurde mit ActionScript 3 und der Schnittstelle Tuio AS3 (Luderschmidt et al. 2010) am digitalen Tabletop-System TwinTable der Hochschule RheinMain umgesetzt (siehe Abbildung 4).

Abbildung 4: Zwei Benutzer bedienen den Prototypen des Live-Video-Analyse-Tools am Tabletop-System TwinTable der Hochschule RheinMain.

4 Zusammenfassung

In dieser Arbeit wurde eine Sammlung kooperativer Gesten konzipiert und entwickelt mit dem Ziel die Kollaboration mehrerer Benutzer an einem digitalen Tabletop zu verbessern. Dabei gehen wir insbesondere auf Kommunikationsaspekte wie die Bestätigung von Aktionen bei der Durchführung der Gesten ein.

In Zukunft werden die Gesten mithilfe von kollaborativen Settings ausgewertet um sie für Konzepte späterer Projekte bereitzustellen.

Danksagung

Das Bundesministerium für Bildung und Forschung (BMBF) fördert diese Forschungsarbeit im Rahmen von FHProfUnt unter dem Förderkennzeichen 17043X10.

Literaturverzeichnis

Luderschmidt, J., Bauer, I., Haubner, N., Lehmann, S., Dörner, R. & Schwanecke, U. (2010). TUIO AS3: A Multi-Touch and Tangible User Interface Rapid Prototyping Toolkit for Tabletop Interaction. In *Self Integrating Systems for Better Living Environments: First Workshop, Sensyble 2010*, 21–28.

Morris, M. R., Huang, A., Paepcke, A. & Winograd, T. (2006). Cooperative Gestures: Multi- User Gestural Interactions for Co-located Groupware. *In CHI '06: Proceedings of the SIGCHI conference on Human Factors in computing systems*, 1201–1210.

Scott, S. D., Grant, K. D. & Mandryk, R. L. (2003). System Guidelines for Co-located, Collaborative Work on a Tabletop Display. In *ECSCW'03: Proceedings of the eighth conference on European Conference on Computer Supported Cooperative Work*, 159–178.

Wu, M. & Balakrishnan, R. (2003). Multi-Finger and Whole Hand Gestural Interaction Techniques for Multi-User Tabletop Displays. In *UIST '03: Proceedings of the 16th annual ACM symposium on User interface software and technology*, 193–202.

Kontaktinformationen

Hochschule RheinMain – Fachbereich DCSM, Unter den Eichen 5, 65195 Wiesbaden, tihofma@googlemail.com, {johannes.luderschmidt, ralf.doerner} @hs-rm.de

H. Reiterer & O. Deussen (Hrsg.): Workshopband Mensch & Computer 2012
München: Oldenbourg Verlag, 2012, S. 461-466

Base Requirements for Virtual Tabletop Groupware Artifacts

Tobias Müller[1], Karsten Nebe[2], Florian Klompmaker[3]

Heinz Nixdorf Institute, University of Paderborn[1]
Rhine-Waal University of Applied Sciences[2]
C-Lab, University of Paderborn[3]

Abstract

Group work is a crucial part of our everyday life. While individual work is already relatively well supported by computerized tools, co-located group work is still missing an adequate support. To enable a continuous support over all stages of work, it is desirable to close this gap. In this paper we present a survey on requirements which virtual artifacts in tabletop groupware have to fulfill to fully support co-located group work. We conducted interviews with students to determine when and how they use group work and derived requirements for virtual artifacts from these results. Based on existing literature on this field of work further requirements have been identified. These were combined with our analysis results and were transformed into a set of eight independent base requirements virtual artifacts must fulfill.

1 Motivation and Introduction

Ordinary computers are designed for single user usage and do not support collaborative and social aspects – features, which are known as co-located groupware – in an adequate way. When co-located group work becomes necessary, people can either restrain themselves to the restrictions of current soft- and hardware or fall back on traditional tools, e.g. such as paper and pen, white boards, etc. For these tools the utilization is obvious to everybody. The major problem we want to address in this work is that in many group work situations in which digital media are used, the dilemma exists that people can basically just choose between two options. The first one is to continuously work with digital systems, the same tools they use in daily business. This way they can use all the features of current software but have a poor support for co-located group work. The second option is to work with analogue media, which suit the group work needs but do not provide the beneficial features of digital media. In many cases they also require a forced change of the working media, e.g. transforming the digital media in analogue media by printing.

This paper shows first ideas and results on how this dilemma can be solved by using tabletop groupware (TG). We concentrate on the digital media and present a set of eight independent requirements virtual TG artifacts must fulfill. We performed a user and task analysis of a group work scenario in which this dilemma occurs and changes of the working media are needed to fully support the group work needs. Then we combined the results of our study with existing requirements based on literature of co-located groupware into a set of requirements the included virtual artifacts must fulfill.

2   Usage Scenario and Analysis

In order to be able to define requirements for TG artifacts, first the identification of a reasonable usage scenario is needed. Therefore we chose a common real-life scenario, which exists in practice: Today students often work together for a longer period of time in order to prepare a talk or to create a paper. Typically this kind of groups consists of two to five people and the group work stretches over one term, i.e. three to four month. Based on this group work scenario we conducted interviews to gather detailed information on how the group work is performed, what is done together as a group, what is done individually and which kinds of real world artifacts are used during group meetings. Overall six students were interviewed about their experience with group work during their studies. Each interview was separated in two parts. The focus of the first one was on the organizational part of the group work, like how often they meet, which work is done within the group or which work was done alone. This helped to get a detailed view on the requirements implicated by the process of the group work and which types of tasks are performed during this time. The second part was about the artifacts the students use to organize their information.

As a result it became apparent that organizing information, reconciling work results and discussions about results as well as decisions about further actions are generally done as part of group work. Creating texts, graphics or slides or doing (long-winded) research is done more often individually. This leads to the conclusion that a tabletop system for co-located collaborative group work especially needs to support working with previously created information and less with the creation of many new artifacts. Thus TG solutions adopted for this kind of group work must provide the ability to exchange artifacts between users, support specialized types of artifacts and should favor functions for working with existing artifacts over functions for creating new artifacts. Another result from the interviews is that there is a set of artifact types that are typically used during group work in this usage scenario. Such types are plain paper, tables, lists, texts and a blackboard. These types should have a counterpart in a digital solution to fit the users' needs and their way of working. As the number of interviewed students is relatively low, this set can only be seen as an initial suggestion but not as a wholesale list.

3   Identified Base Requirements for TG Artifacts

Beside the requirements for virtual artifacts which could be derived from the interviews, information from existing publications needs to be taken into account. This is due to the fact that a lot of research has already been made concerning specific aspects, e.g. rotation of artifacts (Kruger et al. 2003; Kruger et al. 2004) which are not covered by our interviews. Some publications also directly support the findings from our interviews; however they do not make them redundant. The following list contains the eight base requirements we were able to identify.

Artifacts must be equally accessible, share-, and exchangeable: The artifacts must be shareable and distributable among the group members and it must be equally possible for them to gain control over the shared artifacts. This becomes necessary because of what we know from the interviews about how the results and information from the single work are organized and work results are reconciled. It is also important for the group to be able to change between highly and loosely-coupled work (Scott et al. 2003). The access must be equal because otherwise the members with the lesser control will be pushed aside and by tendency neglected during the group discussion (Inkpen et al. 2001; Marshall et al. 2007).

Functions for working with existing artifacts must be favored over functions for creating new artifacts: As we know from our interviews, most of the media will be created or collected in single work anyway and during the group meetings, these artifacts will be modified, discussed or redistributed but not likely created in a great amount. Thus the functions for working with artifacts are used more often in a group context.

Specialized types of artifacts must be provided: Different types of artifacts which are specialized for different kinds of information must be part of an adequate solution. Based on the results from our interviews we suggest including at least the types plain paper for simple drawing, text for text editing, a sort of blackboard, tables and lists. Other authors (Leonardi et al. 2009) also suggest using an agenda items list and an outcomes notes list.

Artifacts must be independent from each other: The independency is necessary for two reasons. One reason is the way group work changes over time. The group members tend to go from a highly coupled group work to a loosely coupled group work and vice versa many times during a session. Every time, the group falls apart, these subgroups or single group members must be able to keep on working without interfering with each other for technical causes (Scott et al. 2003; Tang et al. 2006). The other reason is that when many users interact with the table at once, they always need to be able to work simultaneously. If the artifacts were coupled, the simultaneous work could interfere with each other and again interrupt the group process (Scott et al. 2003; Tang et al. 2006).

Continuous, incremental and immediate manipulation must be enabled for the artifacts: Whenever possible the control of the artifacts must be build up on continuous manipulation, not just on symbolic gestures. This especially means, that an action of a user should result in a continuous incremental change of the artifact and that the behavior of the artifacts should be part of a consistent model-world (Jetter et al. 2010).

Artifacts must be arbitrarily move- and rotatable on an individual basis: The position and orientation of the artifacts must be arbitrarily move- and rotatable which is important for different reasons (Kruger et al. 2003; Kruger et al. 2004). It helps to support the understanding as the group members can (re-)arrange everything to new views. Another reason is the communication as humans often use rotation and movement as a means of communication. The third one is the coordination. If an item is close to a person and turned towards this person, it is defined as a private item while if it is rotated to the center of the table or even in the center, it is currently subject to the group's discussion. People also take totally different positions and tend to change them over time (Scott et al. 2003). So it must be easily possible to relocate and reorient the artifacts depending on the positions of the group members. All these manipulations must be made continuously for the group members to be easily able to follow the movements (Kruger et al. 2003; Kruger et al. 2004).

Interference while manipulating artifacts must be minimized: If artifacts are moved or resized, their interference with other artifacts should be minimized. This can be done by e.g. turning them semi-transparent during the interaction or when actual interference is detected (Zanella & Greenberg 2001).

Access conflicts must be handled: So far there are still different views on the resolution of conflicts, i.e. when two users try to execute conflicting actions on an artifact. One possible view is to let software resolve conflicts or at least minimize the effects. The respective authors (Ringel Morris 2006; Nacenta et al. 2007; Pinelle at al. 2008) argue, that this way the group members are released from the obstruction caused by conflicts and thus can concentrate more on the actual work. Other authors instead (Hornecker et al. 2007; Tang et al. 2006) argue that conflicts are a symptom of a problem that needs a closer collaboration of the group members. Even though we cannot make a final assessment on this, either way must be supported.

4   Summary and Future Work

Even though large progress has been made in research during the last years, it is still not perfectly clear how to integrate digital media into co-located group work in an appropriate way. This becomes necessary because a lot of individual work is already done by using computers on one's own and there is a need to share results. Especially when it comes to the adequate virtual artifacts for co-located group work there is still a lack of knowledge about the requirements. To be able to design an environment to support co-located group work with digital media appropriately, this gap needs to be closed.

With our study we were able to identify requirements for a scenario of students' group work. We did this by interviewing students about the way they work and were able to determine that they do a lot of work as individual work even if the task is to perform group work. They meet to synchronize results, coordinate and distribute their work again. Based on this situation we derived requirements from interviews and combined them with further requirements based on a literature analysis. As a result we identified eight base requirements, which TG artifacts must fulfill to properly support the given co-located group work scenario.

By now the identified requirements are still tied to a narrow usage scenario. Thus in future we will examine in how far the requirements change if the background of the group work changes, e.g. from creating a paper to learning together for a tests. Our aim is to identify overall stable requirements. We will also extend the base requirements towards the overall process of group work including individual work. We especially will closer examine the integration of the co-located group work and the individual work. One emphasis which we didn't address yet will be how the artifacts from the single work relate to the artifacts in a group situation. Another emphasis will be on how annotations can be used to manage extra information and changes can be tracked in an adequate way. The long term goal is to be able to define a digitally supported environment which continuously includes the whole process of learning and studying in a group.

References

Hornecker, E., Marshall, P., Dalton, N. S. & Rogers, Y. (2008). *Collaboration and interference: Awareness with mice or touch input.* In Proceedings of ACM CSCW Conference 2008. ACM, New York, NY, USA. Pp. 167–176.

Inkpen, K. M., Hancock, M. S., Mandryk, R. L. & Scott, S. D. (2001). *Collaboration around a tabletop display: Supporting interpersonal interactions.* In SFU Tech Report.

Jetter, H.-C., Gerken, J. & Reiterer, H. (2010). *Natural user interfaces: Why we need better model-worlds, not better gestures.* Presented at: CHI 2010 Workshop - Natural User Interfaces: The Prospect and Challenge of Touch and Gestural Computing, Atlanta, USA

Kruger, R., Carpendale, M. S. T., Scott, S. D. & Greenberg, S. (2003). *How people use orientation on tables: comprehension, coordination and communication.* In Schmidt, K., Pendergast, M., Tremaine, M. & Simone, C. (eds.): ACM, New York, NY, USA. Pp. 369–378.

Kruger, R., Carpendale, M. S. T., Scott, S. D. & Greenberg, S. (2004). *Roles of orientation in tabletop collaboration: Comprehension, coordination and communication.* In Computer Supported Cooperative Work 13(5-6). Kluwer Academic Publishers, Norwell, MA, USA. Pp. 501–537

Leonardi, C., Pianesi, F., Tomasini, D. & Zancanaro, M (2009). *The collaborative workspace: A co-located tabletop device to support meetings.* In Waibel, A. H. & Stiefelhagen, R. (eds.) : Computers in the Human Interaction Loop, Human-Computer Interaction Series. Springer, Heidelberg. Pp. 187–205.

Marshall, P. Rogers, Y. & Hornecker, E. (2007). *Are tangible interfaces really any better than other kinds of interfaces?* Presented at: The Workshop on Tangible User Interfaces in Context and Theory at CHI 2007. San Jose, California, USA

Nacenta, M. A., Pinelle, D., Stuckel, D., & Gutwin, C. (2007). *The effects of interaction technique on coordination in tabletop groupware.* In Healey, C. G. & Lank, E. (eds.): Graphics Interface, volume 234 of ACM International Conference Proceeding Series. ACM, New York, NY, USA. Pp. 191–198.

Pinelle, D., Nacenta, M. A., Gutwin, C. & Stach, T. (2008). *The effects of co-present embodiments on awareness and collaboration in tabletop groupware.* In Shaw, C. & Bartram, L. (eds.): Graphics Interface, ACM International Conference Proceeding Series. ACM, New York, NY, USA. Pp. 1–8.

Ringel Morris, M. (2006). *Supporting effective interaction with tabletop groupware.* In Proceedings of the First IEEE International Workshop on Horizontal Interactive Human-Computer Systems. IEEE Computer Society. Stanford, California, USA. Pp. 55–56.

Scott, S. D., Grant, K. D. & Mandryk, R. L. (2003). *System guidelines for co-located, collaborative work on a tabletop display.* In Kuuti, K., Kartsen, E. H., Fitzpatrick, G., Dourish, P. & Schmidt, K. (eds.): Proceedings of the Eight European Conference on Computer-Supported Cooperative Work. Kluwer Academic Publishers, Norwell, MA, USA. Pp. 159–178

Tang, A., Tory, M., Po, B., Neumann, P. & Carpendale, S. (2006). *Collaborative coupling over tabletop displays.* In Nichols, J. A. & Schneider, M. L. (eds.): Proceedings of the SIGCHI conference on Human factors in computing systems (CHI 2006). ACM, New York, NY, USA. Pp. 1181–1190.

Zanella, A. & Greenberg, S. (2001). *Reducing interference in single display groupware through transparency.* In Prinz, W., Jarke, M., Rogers, Y., Schmidt, K. & Wulf, V. (eds.): ECSCW. Kluwer Academic Publishers Norwell, MA, USA. Pp. 339–358.

Contact

Tobias Müller
Heinz Nixdorf Institute|
University of Paderborn

tmueller@upb.de

inter|aktion – Demosession

H. Reiterer & O. Deussen (Hrsg.): Workshopband Mensch & Computer 2012
München: Oldenbourg Verlag, 2012, S. 469-471
Ein Video zum Beitrag findet sich in der Digital Library: http://dl.mensch-und-computer.de/

Spatial Grouping on Interactive Surfaces – Bin & Blub

Anita Höchtl, Florian Geyer, Harald Reiterer

Human-Computer Interaction Group, University of Konstanz, Germany

Abstract

This demo presents two interaction techniques for grouping items spatially on a tabletop interface. It allows participants of the conference to experience and compare the container technique "Bin" and the proximity technique "Blub". While the container concept is similar to the folder concept on desktop systems, the proximity technique is a novel organic concept based on spatial proximity. Within an associated paper submitted to the main conference track, we studied the characteristics of both techniques in regard to grouping and regrouping performance, grouping strategies and use of multi-finger input. Our study showed that more informal spatial techniques based on proximity are able to harness more benefits of direct-touch multi-finger and bimanual interaction. In our demo, participants will be able to compete in grouping items with both techniques.

1 Spatial Grouping Techniques

Grouping and regrouping digital objects is a common task in various application domains. From creating diagrams, sorting photos to managing files, users need to move single or multiple items around for creating spatial aggregations, collections or clusters. Organizing digital artifacts in a manual way thereby serves as an implicit tool for filtering and synthesizing, thereby taking advantage of human spatial memory capabilities.

Multi-touch interaction bears great potential for supporting the manipulation of individual items and groups of objects more efficiently than it is possible with traditional single pointer desktop interfaces. When the mapping between gesture and action becomes more direct, users can make more use of their spatial memory capabilities and it is easier to move objects. Nevertheless, due to the rich affordances of touch interfaces, it is possible to manipulate virtual objects and groups of objects with not only one hand, but with two hands and multiple fingers, thereby making interaction more analogous to physical interactions in the non-digital world.

2   Bin & Blub

In our research we have developed two spatial grouping techniques based on containment and proximity.

We designed a containment technique "Bin" based on "Storage Bins" (Scott et al. 2005), a container concept for digital tabletops. Mobile and adjustable containers allow for storing and retrieving digital items on an interactive surface. Thus, the classical concept of containment (c.f. folders) was adapted by including eight handles which allow adjusting the bin's shape (see Figure 1, left). Users can add items to the bin and may freely arrange them inside the bin. One may also move the bin itself by dragging it to a new location. A bin provides several ways of interaction as described in the following: 1) *Dragging objects into a bin:* The user may either drag or toss an object directly into a bin. When the item is released inside a bin, it is resized as to show that it is now contained by the bin. Users may also select a group of objects with a lasso selection and may then move this collection into the bin. After releasing the collection, objects are added to the bin. 2) *Collecting objects:* The bin itself can also be used to collect items. Therefore, users can drag the bin directly over objects or adjust the shape of the bin by dragging its handles. After releasing the bin or its handles, objects inside the bin's boundaries are resized to visualize containment. 3) *Spreading a bin:* When objects overlap within the bin, users may use a pinching gesture for getting an overview on the bin's contents. When applying this gesture, objects are slightly moved so that no overlapping items remain.

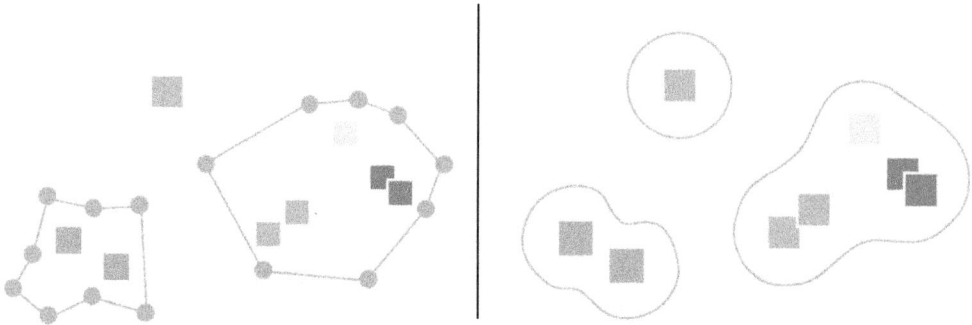

Figure 1: Grouping items based on containment (Bin) and based on proximity (Blub)

For the proximity technique we adapted "Bubble Clusters" (Watanabe et al. 2007), an organic concept of proximity for spatial object and group manipulation on mouse-operated desktops interfaces. Therefore, each object is surrounded by a bubble, which adjusts its boundaries organically according the number and positions of objects in close proximity (see Figure 1, right). This bionically-inspired concept can be compared with merging water drops or colliding soap bubbles, hence making grouping more natural. Our multi-touch adaptation "Bubble" provides following interaction techniques for visually organizing items: 1) *Group by object:* Two items join one bubble if they are positioned close to each other. To do so, the user drags an object to another object and as soon as their boundaries touch each other, bubbles melt, creating a new, larger bubble. 2) *Group by bubble:* Users can also move bubbles by dragging the bubble shape to a new position. After releasing it, overlapping items or other bubbles are merged, when applicable. 3) *Splitting a bubble:* Users may also split a bubble by drawing a stroke with the finger across the bubble shape. The bubble then splits and two new bubbles result. 4) *Spreading a bubble:* Similar as in the Bin technique, a pinching gesture can be used to get an overview on the bubble's items. When applying the gesture, overlapping objects slightly move to new positions and the bubble adapts its surrounding boundary.

Figure 2: Interacting with Bin and Blub on a Microsoft Surface tabletop

3   Demonstration

In our demonstration, participants of the conference will be able to compete against each other with both techniques. Our demo will be presented on a Microsoft Surface table, measuring 24" x 18" with 1024 x 768 px screen resolution. For the demo, we designed a game-like task of grouping 30 spatially distributed rectangles according to five different colors. Each game round covers a grouping and a regrouping phase: 1) The rectangles appear distributed randomly on the surface. 2) Then, participants are asked to group shapes according to colors. 3) After a five second break, the colors of the shapes are shuffled and participants may group the objects again. 3) The fastest time is recorded and listed on a high score table for later comparison. As part of our demo, well performing participants will be awarded with a package of soap bubbles.

References

Scott, S. D., Carpendale, M. S. T. and Habelski, S. (2005) Storage bins: mobile storage for collaborative tabletop displays. *Computer Graphics and Applications, Vol. 25 (4)*, IEEE Computer Society Press, 58-65.

Watanabe, N., Washida, M., and Igarashi, T. (2007) Bubble clusters: an interface for manipulating spatial aggregation of graphical objects. *In Proc. of UIST 2007*, ACM Press, 173-182.

Contact

Florian Geyer, florian.geyer@uni-konstanz.de, University of Konstanz, Germany

H. Reiterer & O. Deussen (Hrsg.): Workshopband Mensch & Computer 2012
München: Oldenbourg Verlag, 2012, S. 473-476
Ein Video zum Beitrag findet sich in der Digital Library: http://dl.mensch-und-computer.de/

Multi-Touch Interaction for 3D Urban Development

Anna Born[1], Max Rose[1], Helmut Eirund[2], Thorsten Teschke[2]

Digital Media Program (M.Sc.), University of Applied Sciences, Bremen, Germany[1]
University of Applied Sciences, Bremen, Germany[2]

Abstract

Betaville is an ongoing project at University of Applied Sciences Bremen, that aims at providing an online collaboration platform in the field of urban development. Its main purpose is to engage the residents of a city in a collaborative, creative environment, where everyone can express their ideas towards enhancing underdeveloped city areas. By providing a development and communication environment, Betaville aims at narrowing the gap between residents of a city, the administration and potential investors as well as taking advantage of the creative potential of the people. Betaville is focused on reaching its audience through three different, yet integrated platforms: web client, mobile phones and multi-touch table (MTT). The demo presented will feature the MTT.

1   Introduction

Every city is „in beta", i.e. every city is incomplete and under on-going development. For the development of a livable city, the citizens' demands, potential interests of authorities and technical restrictions should be taken into consideration. This requires the active participation of different parties such as city's residents, experts and potential investors in the urban development and decision making process. Starting out from this premise, the *Betaville* project at University of Applied Sciences Bremen aims at providing an online collaboration platform in the field of urban development (Eirund & Teschke 2011). Using state-of-the-art technologies, every member of the community has the chance to participate in a city's on-going development projects online, e.g. by proposing new ideas in the shape of 3D Models, by refining and extending already published proposals or by commenting them. Also the voting process in form of two-proposals-comparison makes it possible to include the users' opinions in the selection process of the most popular proposal, which represents the voice of the community.

The *Betaville* platform consists of three clients: mobile client, multi-touch table and web client. These three client technologies are connected to a server that serves the data storage and exchange of project and proposal data. More information about each client can be found on the project's website[1]. This paper features *Betaville's* multi-touch table, whose main purpose is to offer its users an environment for collaborative and creative urban development at public places such as the town hall.

2 Multi-Touch Interaction for Urban Development

MTTs offer a large screen where users come together and interact with the system at the same time in an intuitive way. This technology offers therefore the possibility to enhance the face-to-face collaboration of small user groups (cf. Dietz & Leigh 2001, Clifton et al. 2011). The MTT application in *Betaville* is designed to benefit from the collaborative possibilities of interactive tabletops in the field of 3D urban development. In the following, some aspects of the application are described in more detail (for further impressions cf. demo video[2]).

2.1 Map View

The multi-touch application displays *Betaville's* active projects on a map by using a shape of the project area, the name, and further selected project data. Every project on this map owns a context menu in which each menu item is visually connected to the respective project. There are two types of menu items: Scalable content items and normal event items. Both types are draggable on the screen. Normal event items guide the users to a new view once they tapped on it. Scalable menu items can in addition be scaled and rotated by the users. The content of such a scalable item is only visible when it is opened.

2.2 Multi-User Management

User activities in *Betaville* like voting and new proposal creation are user-dependent processes. A theoretically unlimited number of users are able to login to the multi-touch application at the same time. This supports the collaborative aspect of this application since it enables multiple users to discuss, modify or vote simultaneously on a proposal. To start a user session, a user token has to be dragged out from a blue area at the bottom right corner of the screen. A logged in user token can be used to vote and to create a new proposal version from an existing one.

2.3 Hierarchical Proposal Browsing

A project in *Betaville* can contain an infinite number of urban proposals, which are saved in a hierarchical tree-like structure. Every child proposal is derived from its parent. The proposal

---

[1]   http://betaville.hs-bremen.de/

[2]   http://vimeo.com/41870103

browser of the multi-touch application is designed to visualize the relation between different proposal levels in this tree-like structure. All proposals on the same hierarchical level are displayed in a circle in which each proposal is represented by its 3D models. The currently active level in the hierarchy is displayed in a large circle in the middle of the screen. The child proposals of every circle item are displayed in small sub-circles under their respective parent. The parent proposal is displayed in a medium sized circle above the current main circle.

The visual organization of this interface provides the users at every time with a comprehensible parent-child relation between adjacent hierarchical levels. The users are able to browse through this proposal structure by conducting quite intuitive multi-touch gestures. Animations indicate transitions between the levels of this hierarchy, thus supporting the users' orientation within the proposal hierarchy.

2.4   3D Object Manipulation

In the creation view, the users are able to create a new version of an existing 3D proposal. In addition, photos of the project area that have been uploaded by users using the mobile client of *Betaville* are placed in this 3D environment with respect to the GPS coordinates and orientation of the photographer. This augmented reality feature (Carmigniani, Furht et al. 2011) provides the users with impressions of the proposal's embedding into its real environment without the need to leave the table.

Whenever a user taps on a 3D model its manipulation mode is activated, which decorates the model with a ring and an arrow which enable the user to translate, scale, delete, and rotate the respective 3D model. When a user drags the up-arrow, the model's altitude is changed. When he drags the ring that is placed around the model, the model is rotated (cf. fig. 1).

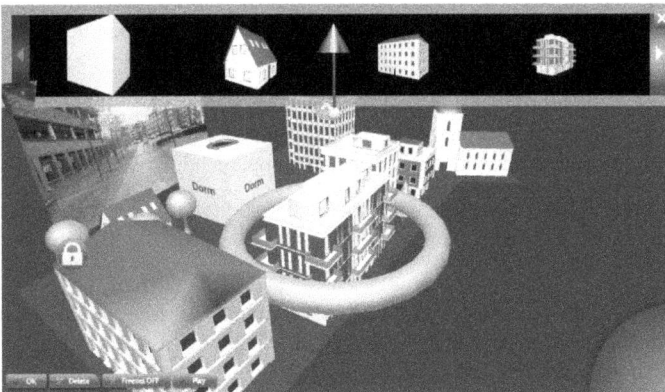

Figure 1: Proposal creation and manipulation

A library of 3D models, which is customizable in *Betaville's* web-client, is displayed on the top of the screen. The users are able to add such 3D models to their new proposal. Once a 3D model is added from the library, it can be manipulated like all other items in this proposal. The library of every project in *Betaville* contains a "request box" which can be labeled with its' intended functionality and scaled unproportionally. A request box acts as a placeholder for not-yet existing 3D models and can be replaced later using any 3D modeling tool.

Once a user saves a new proposal, the GPS coordinates of these buildings are calculated by the application and saved on the server. Therefore it is possible to watch the proposals that are created on the multi-touch application in the augmented reality (Carmigniani, Furht et al. 2011) view of the mobile client.

3   Conclusion

Betaville offers its participants an intuitive system for enhancing underdeveloped city areas by using state-of-the-art technologies like multi-touch tables, mobile and web technologies. An implemented voting mechanism makes it easy to find the most popular proposal for a certain area in a democratic way.

Betaville's multi-touch client offers the users an intuitive and understandable 3D environment for browsing, creating, and manipulating proposals for any project in *Betaville*. We are convinced that users without any knowledge in 3D modeling will be quickly acquainted with the use of the multi-touch application to express their ideas and hence to integrate their creative potential into the planning phase of city development. The system enhances the collaboration of people and suggests improvements to democratic and transparent urban development.

References

Carmigniani, J., Furht, B., Anisetti, M., Ceravolo, P., Damiani, E. & Ivkovic, M. (2011). Augmented reality technologies, systems and applications, Multimedia Tools and Applications, vol. 51, no. 1, pp. 341–377. Springer Netherlands.

Clifton, P., Mazalek, A., Sanford, J., Rébola, C., Lee, S. & Powell, N. (2011). SketchTop: Design Collaboration on a Multi-touch Tabletop. In TEI '11 Proceedings of the fifth international conference on Tangible, embedded, and embodied interaction, pp. 333-336.

Eirund, H & Teschke, T. (2011). The Betaville Participation System. Talk in Panel „Think BETA: Participative Evolution of Smart Cities", 17th International Symposium on Electronic Art (ISEA 2011), Istanbul.

Roth, V., Schmidt, P., Güldenring, B. (2010). The IR ring: authenticating users' touches on a multi-touch display. In UIST '10 Proceedings of the 23nd annual ACM symposium on User interface software and technology, pp.259-262.

Contact

Helmut Eirund, Hochschule Bremen, helmut.eirund@hs-bremen.de

Thorsten Teschke, Hochschule Bremen, thorsten.teschke@hs-bremen.de

H. Reiterer & O. Deussen (Hrsg.): Workshopband Mensch & Computer 2012
München: Oldenbourg Verlag, 2012, S. 477-480
Ein Video zum Beitrag findet sich in der Digital Library: http://dl.mensch-und-computer.de/

Multitouch-Gestensteuerung für das neuartige Suchinterface DelViz

Dietrich Kammer, Mandy Keck, Christian Röpke, Rainer Groh

Technische Universität Dresden, Fakultät Informatik, Institut für Software- und Multimedia-technik, Professur für Mediengestaltung

Zusammenfassung

Dieser Beitrag beschreibt die praktische Anwendung eines Frameworks zur formalen Definition von Multitouch-Gesten im Bereich der Informationsvisualisierung. Das auf Maus-Interaktion basierende Suchinterface DelViz wird um Multitouch-Gesten erweitert und entsprechend angepasst, um effektives und schnelles Bedienen zu ermöglichen.

1   Einleitung

Die im Konsumentenbereich aufkommenden Multitouch-Displays ermöglichen die Anreicherung bestehender auf Maus-Interaktion ausgelegter Benutzerschnittstellen um eine spezifische Multitouch-Steuerung. Herausforderungen bestehen dabei in der Abbildung aller Funktionen auf Multitouch-Gesten, der damit einhergehenden konzeptionellen Anpassung der Benutzerschnittstelle und letztlich der Implementierung dieser Gesten. Neue Funktionen werden erst durch eine Multitouch-Bedienung möglich. An einem konkreten Anwendungsfall aus dem Forschungsbereich, dem Suchinterface DelViz, werden diese Schritte reflektiert.

2   Suchinterface DelViz

Das Suchinterface DelViz (Deep exploration and lookup of Visualizations) (Keck et al. 2011) dient der Suche nach Visualisierungsformen in einem verschlagworteten Datenbestand. Diese Schlagworte befinden sich in einem hierarchischen Klassifikationsschema und sind frei von Synonymen und unterschiedlichen Schreibweisen. Abbildung 1 stellt dieses Schema im linken Bereich der Benutzerschnittstelle in einer Liste dar. Schlagworte werden nach rechts gezogen, um sie der Suchanfrage hinzuzufügen und nach links, um diese auszuschließen. Die Ergebnismenge im rechten Bereich der Anwendung passt sich dementsprechend an. Die Silverlight-Anwendung kann unter http://delviz.com aufgerufen werden.

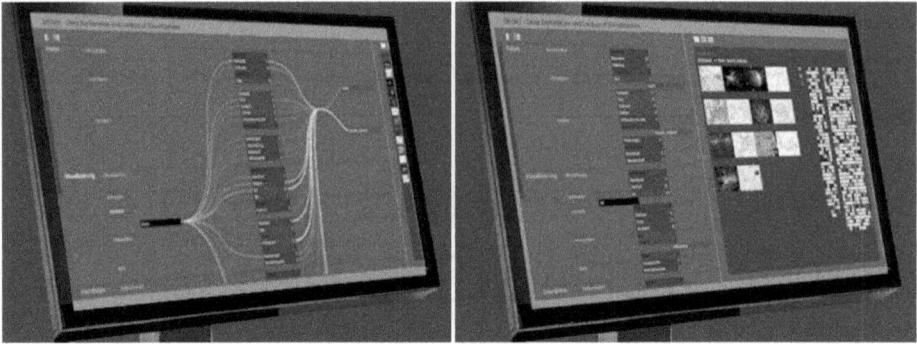

Abbildung 1: Die Web-Anwendung DelViz verfügt über zwei flexible Bereiche zur Formulierung der Suchanfrage (links) und Darstellung der Ergebnismenge (rechts).

3 Multitouch-Gestensteuerung

DelViz verfügt über 27 Interaktionsmöglichkeiten mit der Maus. Die Interaktionsformen sind dabei einfaches Klicken (5 Funktionen), Doppelklicken (1 Fkt.), Ziehen und Fallenlassen (2 Fkt.), Scrollen (2 Fkt.) sowie Mouse-over (7 Fkt.). Insbesondere die große Anzahl von Funktionen durch Mouse-over, beispielsweise die Hervorhebung der Schlagworte, aber auch das Anzeigen der Bezier-Kurven, welche die gemeinsame Nennung von Schlagworten visualisieren (siehe Abbildung 1), stellt eine Herausforderung an die Übertragung auf Multitouch-Gesten dar. Vorteile touch-basierter Benutzerschnittstellen fassen (Albinsson and Zhai 2003) wie folgt zusammen: Natürlichkeit und Direktheit der Eingabe, da der Kontrollbereich berührungssensitiver Touchscreens direkt über dem Display liegt, so dass es keiner zusätzlichen Eingabegeräte bedarf. Weiterhin sind diese in speziellen Situationen robuster als frei bewegliche Geräte. Empirische Studien belegen, dass die Selektion von Objekten berührungsbasiert weitaus schneller und effizienter erfolgen kann als per Mauseingabe (Forlines et al. 2007; Kin et al. 2009). DelViz ermöglicht die beidhändige Selektion mehrerer Schlagworte, um deren Zusammenhang mit Hilfe der Bezier-Kurven zu visualisieren. Bei der Konzeption von Gesten sind De-facto-Standards zu berücksichtigen. Der Smartphone-Markt etabliert durch die Industrie einfache Gesten für Touchscreens, die mehrheitlich auf einem Finger beruhen und direkte Manipulationen (Verschieben und Selektieren) ermöglichen. DelViz nutzt diese Gesten beispielsweise zum Scrollen der Schlagwortliste. Geläufige Interaktionsmuster multitouch-fähiger Anwendungen finden sich bei (Saffer 2008). Komplexere gestenbasierte Interaktion besitzt den Nachteil, dass zur Steuerung einer unbekannten Anwendung erst die verfügbaren Gesten zu erlernen sind. DelViz nutzt deshalb zusätzliche Icons, welche die Manipulationsrichtungen verdeutlichen und Interaktionsobjekte kenntlich machen. Doppelpfeile verweisen dabei auf die Anzahl der Finger. Wie beim Trackpad der Firma Apple wird so unterschieden, ob eine Interaktion Elemente oder die Anwendung global betrifft. Eine Wischgeste mit zwei Fingern wechselt beispielsweise zwischen den verfügbaren Ansichten der Ergebnismenge. Analog zu (Esenther and Ryall 2006) wird eine Haltegeste dazu verwendet, um den Mouse-over-Zustand zu emulieren.

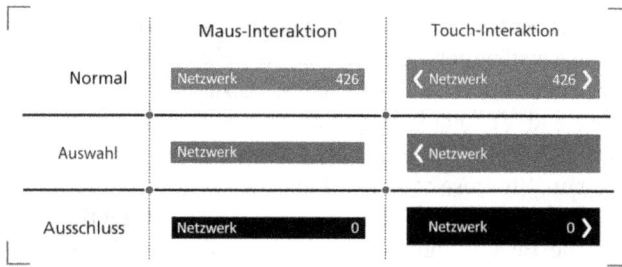

	Maus-Interaktion	Touch-Interaktion
Normal	Netzwerk 426	❮ Netzwerk 426 ❯
Auswahl	Netzwerk	❮ Netzwerk
Ausschluss	Netzwerk 0	Netzwerk 0 ❯

Abbildung 2: Visuelle Anpassungen des Suchinterface durch Gesten-Icon und Größenveränderung.

Schlagworte werden bei Berührung vergrößert, um die Präzision der Auswahl zu erhöhen (siehe Abbildung 2). Ein Großteil der Multitouch-Frameworks bietet eine relativ geringe Menge von Standardgesten, die bei der Entwicklung einer Applikation einfach zu verwenden sind. Die Integration weiterer komplexerer Gesten ist ohne eine formale Beschreibung nur mit einem hohen Entwicklungsaufwand realisierbar. Eine Erweiterung beziehungsweise Anpassung individuell implementierter Gesten kann ebenfalls nur umständlich erfolgen. Als Grundlage für die Gestenentwicklung bei DelViz dient das Framework GeRahMT, das auf der formalen Beschreibungssprache GeForMT (Gesture Formalization for Multitouch) beruht (Kammer et al. 2011; Kammer et al. 2010).

Funktion in DelViz	GeForMT-Syntax	Geste
Wechsel in Detailansicht einer Visualisierung	`1F(POINT(Visualisierung))`	
Bereitstellung von Feedforward-Mechanismen	`1F(HOLD(Element))`	
Adaption der Breite beider Anzeigebereiche	`1F(MOVE(Trennbalken))`	
Wechsel zwischen Komponenten eines Anzeigebereichs	`2F(LINE_W~(Bereich))` oder `2F(LINE_E~(Bereich))`	
Parallele (beidhändige) Fokussierung von Schlagworten	`1F(HOLD(Schlagwort)) +` `1F(HOLD(Schlagwort))`	
Steuerung von Zoomstufen innerhalb des Ergebnis-Bereichs	`SPLIT[1F(LINE(Bereich)) *` `1F(LINE(Bereich))]` oder `JOIN[1F(LINE(Bereich) *` `1F(LINE(Bereich))]`	

Tabelle 1: Auszug aus dem Funktions- und Gestenrepertoire von DelViz.

GeForMT erlaubt sowohl eine schnelle automatisierte Auswertung der Gestendefinitionen als auch die syntaktisch verständliche Darstellung aus Nutzersicht. Berührungen können in GeForMT für Finger, Hand oder Blob und deren Anzahl definiert werden. Die Sprache gestattet die Festlegung und Verknüpfung geometrischer Primitive wie Punkte, Linien oder (Halb-)Kreise. Weiterhin ist eine optionale Richtungsangabe der Primitive auf Basis des Koordinatensystems einer Windrose möglich. Für jede Geste kann ein Fokusobjekt spezifiziert werden, das heißt ein Element über welchem diese ausgeführt wird. Relationale beziehungsweise zeitliche Bezüge innerhalb komplexer Gesten sind definierbar. Tabelle 1 stellt einen Auszug aus dem Funktionskatalog von DelViz mit einfachen und komplexeren Gesten inklusive deren Formalisierung dar.

4   Zusammenfassung und Ausblick

Die Adaption bestehender auf Maus-Interaktion basierender Systeme stellt einige Herausforderungen an die Entwickler. Hybride Interfaces, die mehrere Interaktionsmodalitäten unterstützen müssen unterschiedliche interaktive Hilfesysteme anbieten. Spezielle Designanpassungen oder Feedforward-Mechanismen sind dafür notwendig. Durch die formale Definition von Gesten lässt sich die Entwicklung und Implementierung beschleunigen.

Literaturverzeichnis

Albinsson, P-A., Zhai, S. (2003). High precision touch screen interaction. Proceedings of the SIGCHI conference on Human factors in computing systems. ACM, New York, NY, USA, pp 105–112

Esenther, A., Ryall, K. (2006). Fluid DTMouse: better mouse support for touch-based interactions. Proceedings of the working conference on Advanced visual interfaces. ACM, New York, NY, USA, pp 112–115

Forlines, C., Wigdor, D., Shen, C., Balakrishnan, R. (2007). Direct-touch vs. mouse input for tabletop displays. Proceedings of the SIGCHI conference on Human factors in computing systems. ACM, New York, NY, USA, pp 647–656

Kammer, D., Henzen, C., Keck, M., Taranko, S. (2011). GeForMT - Gestenformalisierung für MultiTouch. Wieder mehr Sehen! - Aktuelle Einblicke in die Technische Visualistik. TUDpress Verlag der Wissenschaft

Kammer, D., Wojdziak, J., Keck, M., et al. (2010). Towards a formalization of multi-touch gestures. ACM International Conference on Interactive Tabletops and Surfaces. ACM, New York, NY, USA, pp 49–58

Keck, M., Kammer, D., Iwan, R., et al. (2011). DelViz: Exploration of Tagged Information Visualizations. Informatik 2011 - Interaktion und Visualisierung im Daten-Web

Kin, K., Agrawala, M., DeRose, T. (2009). Determining the benefits of direct-touch, bimanual, and multifinger input on a multitouch workstation. Proceedings of Graphics Interface 2009. Canadian Information Processing Society, Toronto, Ont., Canada, Canada, pp 119–124

Saffer, D. (2008). Designing gestural interfaces, 1st ed. O'Reilly Media, Sebastopol Calif.

H. Reiterer & O. Deussen (Hrsg.): Workshopband Mensch & Computer 2012
München: Oldenbourg Verlag, 2012, S. 481-484
Ein Video zum Beitrag findet sich in der Digital Library: http://dl.mensch-und-computer.de/

Konzept und Prototyp eines handlungsspezifischen Warnsystems

Ulrike Schmuntzsch, Christine Sturm, Ralf Reichmuth, Matthias Rötting

Fachgebiet Mensch-Maschine-Systeme, Technische Universität Berlin

Zusammenfassung

Konventionelle Warnsysteme im industriellen Kontext bieten Nutzern lediglich eine zeitliche, aber keine handlungsspezifische Übereinstimmung zwischen Fehler und Warnung. Gepaart mit zunehmender Systemkomplexität, birgt dies ein erhöhtes Gefahrenpotential. Jenes zu reduzieren und somit Fehlhandlungen vorzubeugen, steht im Projektfokus. Realisiert werden soll dies durch die multimodale Darstellung handlungsspezifischer Warnungen an die Operateure. Hierfür wurde ein Prototyp in Form eines Handschuhs (inkl. Software) entwickelt und in einer ersten Nutzerstudie erfolgreich getestet. Damit werden Nutzern visuelle, akustische und haptische Signale übermittelt. Zur Demonstration von Warn-Handschuh und Software außerhalb der eigenen Laborräume (z.B. auf Konferenzen) wurde eine interaktive Variante des Testszenarios „Spindelwechsel" in Form einer PC-Anwendung entwickelt.

1 Einleitung

Konventionelle Warnsysteme in industriellen Anlagen sind zumeist direkt in die jeweiligen Maschinen integriert. Dies ermöglicht lediglich eine zeitliche Übereinstimmung zwischen Fehlhandlung des Operateurs und Alarm. Um handlungsspezifische Fehlermeldungen zu realisieren, ist zusätzlich zur zeitlichen die direkte Kopplung der Warnung an die Handlungen des Nutzers erforderlich. Zur Umsetzung dessen wurde im Rahmen des Projekts ein erster Prototyp zur multimodalen Darbietung von handlungsspezifischen Warnungen in Form eines Handschuhs entwickelt. Dieser ermöglicht die Übermittlung von visuellen, akustischen und haptischen Signalen direkt an der Hand des Nutzers. In einer ersten Studie zum „Spindelwechsel" erfolgte bereits die aussichtsreiche Testung gegen ein konventionelles Warnsystem, das direkt an der Maschine platziert war. Für den Warn-Handschuh zeigten sich signifikant schnellere Reaktionen und eine höhere Zufriedenheit (Schmuntzsch et al. 2012b).

Der vorliegende Beitrag soll einen Eindruck von Aufbau und Funktionsweise des entwickelten Handschuh-Prototyps sowie der dazugehörigen Software zur Steuerung des Versuchsszenarios „Spindelwechsels" vermitteln.

2   Multimodale und handlungsspezifische Warnungen

2.1   Das Konzept

Um Reize korrekt wahrzunehmen sowie angemessen und rechtzeitig darauf zu reagieren, sind verschiedene Informationsverarbeitungsschritte nötig. Erste entscheidende Voraussetzungen für die schnelle und korrekte Reaktionsausführung sind die Detektion und Identifikation relevanter Umweltreize. Beides kann durch den Einsatz von *Multimodalität* verbessert werden. Multimodale Interfaces sind durch den Einsatz von zwei oder mehreren Ein- und Ausgabemodalitäten charakterisiert, meist visuell, akustisch und haptisch (Oviatt 2003). Vorteile von multimodalen im Vergleich zu unimodalen Nutzerinterfaces sind z.B. die Überlegenheit in Fehlervermeidung und -behebung (Oviatt et al. 1998). Andere Studien hingegen (z.B. Foehrenbach et al. 2009) können einen grundsätzlich positiven Einfluss von taktilem Feedback zusätzlich zu visuellem auf die Leistung nicht bestätigen. Weitere Faktoren, wie z.B. die *Handlungsspezifität* des Reizes, dürften ebenfalls einen Einfluss auf Schnelligkeit und Angemessenheit der Reaktion haben. Je näher ein Signal am Ort des Geschehens ist, umso schneller kann es mit diesem in Verbindung gebracht und darauf reagiert werden.

Die Kombination von *Multimodalität* und *Handlungsspezifität* kann somit die sensorische Wahrnehmbarkeit von Rückmeldungen sowie deren Zuordenbarkeit beschleunigen. Dafür müssen die Warnungen an mehrere Sinneskanäle (multimodal) gesendet und stärker mit den eigentlichen Handlungen des Nutzers verknüpft (handlungsspezifisch) werden.

2.2   Die prototypische Umsetzung

Zur Umsetzung des Konzepts wurde ein erster Prototyp in Form eines Handschuhs mit sechs LEDs, einem kleinen Lautsprecher und zwei Vibrationselementen entwickelt (Abbildung 1).

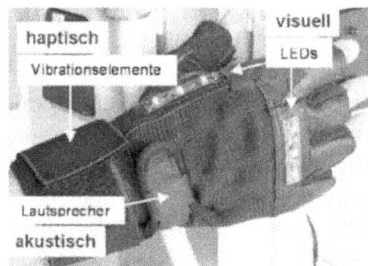

Abbildung 1: Handschuh-Prototyp zur multimodalen Darbietung handlungsspezifischer Warnungen

Der Handschuh-Prototyp (Abbildung 2, links) wurde im Wartungsszenario „Spindelwechsel" gegen ein konventionelles Warnsystem getestet, bei dem die identischen Warnmodalitäten direkt an dem Nachbau einer Mikrofrässtation (Abbildung 2, mittig) angebracht waren. Während des Spindelwechsels wurden Fehler simuliert und u.a. die Reaktionszeiten der Probanden für beide Warnsysteme erhoben. Das Auslösen der Warnungen per Computer durch den

Versuchsleiter erfolgte drahtlos über das mit dem Handschuh verbundene Arduino-Board (Abbildung 2, links) mit XBee-Shield (Abbildung 2, rechts).

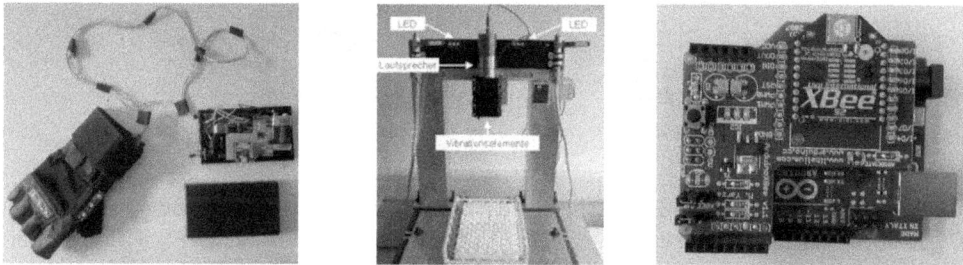

Abbildung 2:Warn-Handschuh mit Arduino (links), Mikrofrässtation (mittig) und Arduino mit XBee-Shield (rechts)

3   Softwarearchitektur und Showcase

Zur Steuerung des Versuchsszenarios wurde eine Software entwickelt, die auf dem PC des Versuchsleiters und dem Laptop der Versuchsperson läuft. Der Softwarekern verknüpft die einzelnen Softwarekomponenten zu einem Gesamtsystem. Die beiden Komponenten sind das Programm auf dem Arduino-Mikrokontroller des Warn-Handschuhs sowie die Datenbank. Dadurch kann vom PC des Versuchsleiters der Fehler an den Handschuh-Prototyp und an den Laptop der Versuchsperson übertragen werden (Schmuntzsch et al. 2012a).

Eine Rückmeldung wird je nach Dringlichkeit und Kritikalität als *Information*, *Hinweis* oder *Warnung* eingestuft. Diese Klassifizierung führt zu unterschiedlichen Darstellungen am Laptop und zu unterschiedlichen Rückmelde-Intensitäten am Warn-Handschuh. Die Nachricht vom Versuchsleiter-PC an Warn-Handschuh und Laptop setzt sich wie folgt zusammen. Die erste Komponente ist die ID des Fehlers in der Datenbank, welche als Zeichenfolge übertragen wird (z.B. die Zeichenfolge „12" für Fehler-ID 12). Die zweite Komponente beschreibt die Rückmeldemodalität am Handschuh-Prototyp und wird mit einer Zahl von 1 (visuell) bis 7 (visuell-akustisch-haptisch) kodiert. Die dritte Zahl ist die Intensitätsstufe mit 0 für „niedrig", 1 für „mittel" und 2 für „hoch". Beendet wird die Nachricht mit einem „!".

Abbildung 3: Sende-Menü des Versuchsleiters

Der in Abbildung 3 dargestellte Fehlercode „271!" zeigt an, dass es sich um die ID 2 „Falsches Werkzeugs gegriffen" handelt. Dieser Hinweis wird multimodal, sprich visuell-akustisch-haptisch (7), und mit mittlerer Intensität (1) am Warn-Handschuh dargeboten. Gleichzeitig werden eine Problembeschreibung mit Verhaltensempfehlung sowie ein Kamera-Icon, über das eine Videosequenz aufrufbar ist, am Laptop angezeigt (Abbildung 4).

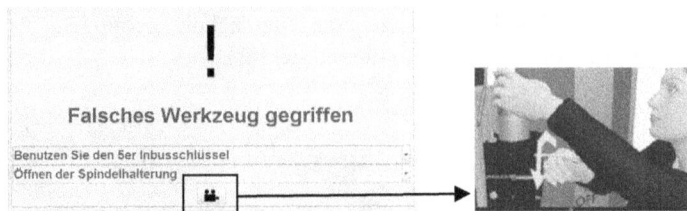

Abbildung 4: Empfangs-Menü der Versuchsperson mit Kamera-Icon für die abrufbare Videosequenz

Zur Demonstration von Warn-Handschuh und Software außerhalb der eigenen Laborräume (z.B. auf Konferenzen) wurde eine interaktive Variante des „Spindelwechsels" in Form einer einfachen PC-Anwendung entwickelt. Ein Proband kann den Versuch über auswählbare Bilder (Screenshots aus dem animierten Instruktionsvideo) schrittweise durchführen. Wie im realen Versuch sind an vordefinierten Stellen „Fehler" eingebaut. Begeht der Proband einen Fehler, führt dies zum Auslösen der Warnung am Handschuh sowie zum Anzeigen der Fehlerbeschreibung. Zusätzlich besteht die Möglichkeit, sich die entsprechende Sequenz aus dem animierten Instruktionsvideo anzeigen zu lassen.

Das entwickelte handlungsspezifische Warnsystem in Form eines Handschuhs und die dazugehörige Software sowie das Instruktionsvideo wurden in ersten Nutzerstudien erfolgreich getestet. Weitere Entwicklungen zur Nutzerunterstützung von Operateuren im industriellen Kontext sind in Planung.

Literaturverzeichnis

Foehrenbach, S., König, W.A., Gerken, J. & Reiterer, H. (2009). Tactile Feedback enhanced hand gesture interaction at large, high-resolution displays. *Journal of Visual Language and Computing, 20(5)*, 341-351.

Oviatt, S. (2003). Multimodal Interfaces. In Jacko, J.A. & Sears, A. (Hrsg): *The Human-Computer Interaction Handbook: Fundamentals, Evolving Technologies and Emerging Applications.* Mahwah, NJ, USA: Lawrence Erlbaum Associates, S. 286-304.

Oviatt, S., Bernard, J. & Levow, G.-A. (1998). Linguistic adaptation during error resolution with spoken and multimodal system. *Language and Speech, 41*(3-4), 419-442.

Schmuntzsch, U., Reichmuth, R. & Rötting, M. (2012a). Nutzerunterstützung durch die Integration von handlungsspezifischen Warnungen und Anleitungen. *VDI Automation 2012, VDI Berichte 2171*, 411-414.

Schmuntzsch, U., Sturm, C. & Rötting, M. (2012b). How can multimodality be used to design usable interfaces in IPS² for older employees? *Work: A Journal of Prevention, Assessment and Rehabilitation, 41*, 3533-3540.

Kontaktinformationen

E-Mail: ulrike.schmuntzsch@mms.tu-berlin.de
Telefon: +49 (0)30 314-73820

H. Reiterer & O. Deussen (Hrsg.): Workshopband Mensch & Computer 2012
München: Oldenbourg Verlag, 2012, S. 485-488
Ein Video zum Beitrag findet sich in der Digital Library: http://dl.mensch-und-computer.de/

3DOD: A Haptic 3D Obstacle Detector for the Blind

Limin Zeng, Gerhard Weber

Dept. of Computer Science, Human-Computer Interaction, TU Dresden

Abstract

In this article, we propose a haptic 3D obstacle detector for the blind, which combines an off-the-shelf 3D Time-of-Flight (ToF) camera and a novel 2D tactile display. The system detects objects in up to 7 meters, and renders the spatial layout of obstacles in a non-visual interface, allowing users to choose a route independently to avoid varied obstacles, including hanging obstacles.

1 Introduction

For the blind, the white cane is a very common and useful tool to explore the physical world safely and independently. But it is hard to perceive obstacles over waist and unexpected holes, specifically the dangerous obstacles at head level (Manduchi& Kurniawan, 2011). In this paper, we introduce a novel obstacle avoidance system for the blind to detect multiple obstacles at the same time and to present a precise spatial layout on a 2D multi-line Braille display, rather than presenting obstacles one by one. In addition to the 2D tactile display and a vibrating handheld controller as its haptic user interface, the proposed system employs an off-the-shelf 3D time-of-flight (ToF) camera to detect a larger area than by white canes, and an effective clustering algorithm to segment different obstacles. Furthermore, a set of abstract tactile symbols is used to represent the various obstacles according to types (e.g. floor-based obstacles, hanging obstacles) and sizes.

2 Related Work

Since about 1960s the ultrasonic sensor and infrared/laser sensors have been utilized to detect obstacles for the blind, and they are integrated into commercial assistive products, such as

UltraCane[1]. A couple of optical aids (e.g. digital cameras) have been demonstrated (Meijer, 1992) and have been improved considerably. However, through the 2D digital cameras it is time-consuming to calculate precise distance and orientation of obstacles, and it's hard to work in dark environments. Recently, the infrared-based depth sensors are employed to overcome the disadvantages of the 2D digital cameras, such as the structured light based Kinect (Zöllner et al, 2011). Compared to structured light based depth sensors, the 3D ToF cameras is considered as another kind of promising depth sensors (Sergi et al, 2011) to obtain precise distance pixel by pixel and perform well outdoor.

To present the obstacles in non-visual channels, the acoustic feedback and haptic feedback are the main methods. Even if the acoustic representation is a low-cost method and used widely (Meijer, 1992), it is difficult to inform the blind about the accurate distance and direction via frequency and amplitude of sounds. Besides, the audio output might interfere with hearing the surrounding environments. Haptic representations notify users through tiny vibrators against their skin or fingers. For instances, the NAVI project (Zöllner et al, 2011) used a waist belt with 3 vibrators. Due to their low resolution, those vibrotactile displays fail to present the spatial layout with multiple obstacles at the same time.

3   3D Obstacle Detector

3.1   System Overview

We developed a 3D obstacle detector (3DOD) to help the blind locate and avoid surrounding obstacles. The system combined an off-the-shelf 3D ToF camera and a novel tactile display at the first time, see Figure 1. The 3D ToF camera can detect up to 7meters with a large field of view (70° horizontally and 50° vertically), and obtain direct distance to objects pixel by pixel (160x120). The tactile display has an array of 30x32 pins and can be refreshed typically at 5Hz. In addition to its multiple on-board buttons for inputting, a Wii remote controller integrated into a common white cane can be used to notify users promptly if there are some closed obstacles by its built-in vibrator. Besides, the portable computer in a knapsack runs the 3DOD system.

3.2   System Procedure

In brief, there are two basic steps in the system. The first one is to detect the surrounding environment by the 3D ToF camera, and the next one is to represent the spatial cues in haptic user interfaces for the blind. For example (see Figure 2), after capturing the 3D scene a clustering algorithm will be used to segment obstacles one by one and calculate properties, e.g. distance, orientation, type, and size. If there are one or more obstacles closer than 2 meters distance, the vibrator on the WiiCane will work in a short amount of time to warn users. Then

---

[1]   http://www.ultracane.com/

the users can explore the tactile display to locate the obstacles and find out a clear path independently. Note that users don't need all the time to touch the display to find if there is one obstacle nearby, which will reduce users' cognitive loads by two hands while walking.

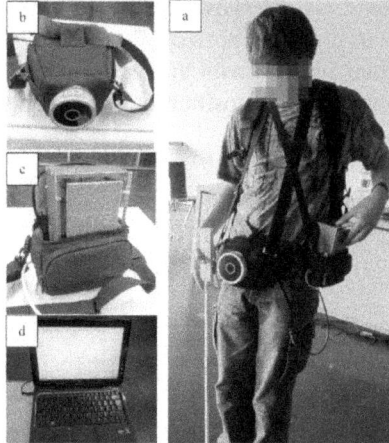

Figure 1: The 3DOD system overview. (a) A subject wears the 3DOD system; (b) A 3D TOF camera (weight 1kg); (c) A portable multiple line Braille display (weight 0.6kg); (d) A portable computer;

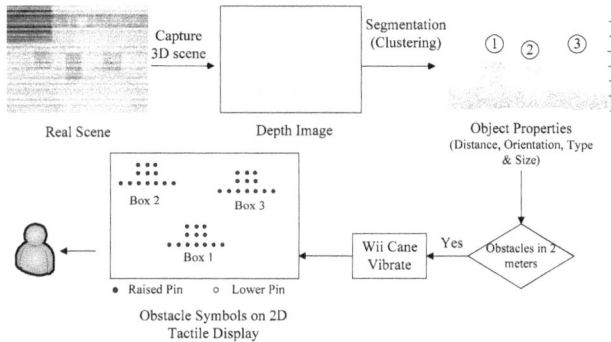

Figure 2: The system procedure to detect and represent obstacles

3.3   3D Segmentation

We improved the density-based spatial segmentation algorithm (Klasing et al, 2008) and handled with 3D point clouds data captured by the 3D camera nearly in real-time. By finding and merging nearest neighboring points, the algorithm can segment different objects through two pre-defined parameters, the clustering radius and the minimum number of points in one cluster. The algorithm was programmed in VC++, and typically would segment a 3D scene within 20-50 ms, depending on the complexity of the scene.

3.4 Haptic User Interface

In addition to the vibration-enabled WiiCane, we utilized a novel tactile display consisting of an array of 30 by 32 pins, to represent a precise spatial layout of obstacles and obstacles' properties via abstract tactile symbols. As shown in Figure 3, the display can render obstacles closed to 4 meters in front of users. Its horizontal reference grid indicates the bound up to 2 meters, while the vertical one matches with the users' heading orientation. The obstacle symbols were presented at corresponding positions on the display, according to their distances and orientations in the real world.

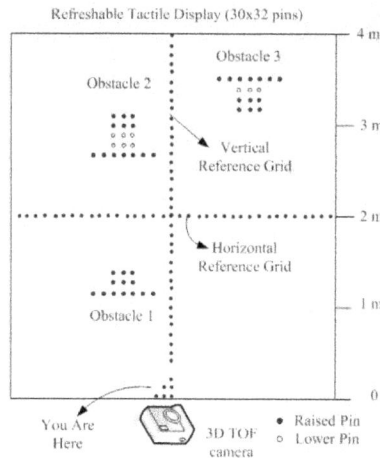

Figure 3: The spatial layout of obstacles on 2D tactile display

References:

Klasing, K., Wollherr, D., Buss, M, (2008). A clustering method for efficient segmentation of 3D laser data. In Proc. *IEEE ICRA 2008*, 4043-4048.

Manduchi, R., Kurniawan, S., (2011). Mobility-related accidents experienced by people with visual impairment. *Research and Practice in Visual Impairment and Blindness*, 4(2), 2011, 44-54.

Meijer, P.B.L., (1992). An experimental system for auditory image representations. *IEEE Transactions on Biomedical Engineering* 39, 112-121.

Sergi, F., Alenya, G., Torras, C., (2011). Lock-in Time-of-Flight (ToF) cameras: a survey. *IEEE Sensors Journal*, Vol. 11, No. 3, 2011, 1917-1926.

Zöllner, M., Huber, S., Jetter, HC, Reiterer, H., (2011). NAVI - A Proof-of-Concept of a Mobile Navigational Aid for Visually Impaired Based on the Microsoft Kinect. *INTERACT 2011*, 584-587.

Contact

Limin Zeng, Email: Limin.Zeng@tu-dresden.de

H. Reiterer & O. Deussen (Hrsg.): Workshopband Mensch & Computer 2012
München: Oldenbourg Verlag, 2012, S. 489-492
Ein Video zum Beitrag findet sich in der Digital Library: http://dl.mensch-und-computer.de/

Gaze-supported Interaction

Sophie Stellmach, Raimund Dachselt

Interactive Media Lab, Technische Universität Dresden

Abstract

Considering the increasing diversity of display arrangements including wall-sized screens and multi-display setups, our eye gaze provides a particular high potential for implicit and seamless, as well as fast interactions. However, gaze-based interaction is often regarded as error-prone and unnatural, especially when restricting the input to gaze as a single modality. For this reason, we have developed several interaction techniques benefitting from gaze as an additional, implicit and fast pointing modality for roughly indicating a user's visual attention in combination with common smartphones to make more explicit and precise specifications. In our demos, we showcase two examples for more natural and yet effective ways of incorporating a user's gaze as a supporting input modality. The two application scenarios comprise (1) gaze-supported pan-and-zoom techniques using the example of GoogleEarth and (2) gaze-supported navigation and target selection in a virtual 3D scene.

1   Introduction

We are surrounded by an increasing variety of display configurations in our daily lives and with that more convenient and yet efficient means to interact with such setups are required. While traditional mouse input works excellent for pointing tasks in desktop environments, it does not apply well for situations in which a user is standing in front of a wall-sized display or needs to interact with several spatially distributed screens. Even with remote input devices or gestural interaction it is difficult to tell what the user's interaction refers to. In addition, pointing tasks are often awkward to achieve with decoupled non-mouse input modalities. In this context, a user's eye gaze can act as a fast and natural indication about what a user's attention is currently focused on. In combination with other modalities, gaze input can support more efficient selection and navigation tasks in diverse user contexts.

To support this claim, we present several demos in which users can deploy a combination of gaze input and a mobile touchscreen to interact with a distant display. In our first application, we present gaze-supported pan-and-zoom techniques in Google Earth (Stellmach & Dachselt, 2012a). A user can seamlessly zoom towards a location that is currently looked at by performing a simple touch gesture on a handheld touchscreen. This provides a convenient and quick pan-and-zoom interaction that is applicable for diverse display setups. Our second

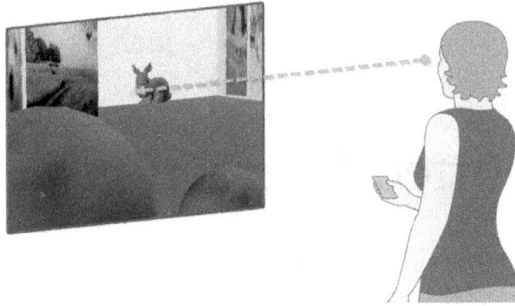

Figure 1: Basic idea for gaze-supported steering and selection using a combination of the user's eye gaze with a handheld touchscreen.

application comprehends a set of gaze-supported interaction techniques to steer (Stellmach & Dachselt, 2012b) and to select targets in a virtual 3D scene (Stellmach & Dachselt, 2012c).

2 Gaze-supported Pan-and-Zoom

As we describe in (Stellmach & Dachselt, 2012a), we investigated ways in how to augment pan-and-zoom interaction in a geographical information system (e.g., GoogleEarth) with gaze input. For this purpose, we compared four combinations of gaze-directed panning with different zooming modalities: (1) a mouse scroll wheel, (2) tilting a handheld device, (3) touch gestures on a smartphone, and (4) a combination of tilt and touch input. These techniques and a control condition (using the mouse) were tested in a user study with ten participants. While the mouse-only condition yielded in the fastest task times, the combination of gaze-directed panning with a scroll wheel and with touch-based zooming was assessed very positively by the participants. Especially the possibility to zoom in towards the current point-of-regard was positively emphasized. In our demo application at the conference, we give users the possibility to test the different gaze-supported pan-and-zoom techniques in combination with a Tobii table-mounted eye tracker (see *General Setup*).

3 Gaze-supported 3D Interaction in a Virtual Scene

Gaze input can also help in supporting basic interaction tasks in 3D virtual environments (VE), such as steering through or selecting targets in such scenes. We previously reported work on gaze-based steering UIs (Stellmach and Dachselt, 2012b) and gaze-supported target acquisition (Stellmach and Dachselt, 2012c). These techniques have been further advanced for a seamless *gaze-supported distant interaction* in combination with a smartphone as illustrated in Figure 1.

Figure 2: General demo setup – a Tobii T60 eye tracker to collect gaze data and a mobile touchscreen.

3.1 Gaze-supported Steering

In previous work, we investigated the design of eye gaze user interfaces (UIs) as overlays over a virtual 3D scene to steer in it (Stellmach & Dachselt, 2012b). For this, we described the development of 2D eye gaze steering UIs that mainly differ in input condition (discrete vs. continuous) and velocity selection (constant vs. gradient-based). In this context, the continuous gradient-based input allowed for a smooth continuous gaze-based steering by combining different motion directions and velocities within one UI, which reduced the need for time-consuming dwell activations.

Based on these findings, we advanced the *gaze-only* steering UIs to be used in combination with a mobile touchscreen. The handheld touchscreen is used to move forward, backward, left, and right in the 3D VE, whereas the gaze input is used to rotate the camera up, down, left, and right. This allows for implicitly moving objects of interest towards the screen center, while in parallel translation tasks can be performed using the handheld.

3.2 Gaze-supported Selection

Gaze can provide a quick indication about a target of interest, but is a rather inaccurate pointing modality. Therefore, we have elaborated several techniques to support reliable and precise gaze-supported selections even of small and overlapping targets (Stellmach & Dachselt, 2012c). According to the principle *"gaze suggest, touch confirms"* gaze is mainly used for roughly indicating the position, whereas the mobile touchscreen provides means of fine-tuning the selection. We distinguish variants ranging from a local gaze-directed cursor to gaze-dependent local zoom lenses, and a combination of eye gaze for rough cursor positioning with means of manually accomplishing the final target selection using touch.

4   General Setup

Whereas our goal is to explicitly support gaze-supported interaction on larger distant displays, we will use a basic setup to showcase the described demo applications. For tracking a user's eye gaze in a reliable and convenient way, we use a Tobii T60 table-mounted eye tracker: a binocular eye tracker that is integrated in a 17-inch TFT flat panel monitor with a resolution of 1280x1024, a 0.5° accuracy, and sampling rate of 60 Hz. To reduce cursor jitters due to imprecise gaze data, the gaze position is stabilized using the speed reduction technique described by (Zhang et al., 2008). Based on our prior experience, we use a ratio of 8% of the current with 92% of the previous gaze position. We can also adapt this on-the-fly based on user preferences. An iPod Touch (or iPhone respectively) is used for the interaction on a mobile touchscreen. For the communication of the devices, we use a similar system setup as described by (Stellmach et al., 2011) for which data between the devices are handled via a customized VRPN framework using a TCP/IP communication.

5   Conclusion

Eye gaze has a high potential as a supporting, i.e. implicit and yet efficient rough pointing modality. With the addition of another input modality, e.g., a touch-enabled smartphone, it can benefit the seamless interaction with diverse display setups and user contexts. To illustrate this claim, we provide two demonstrators for gaze-supported interaction in combination with a mobile touchscreen. This includes (a) gaze-supported pan-and-zoom techniques using the example of GoogleEarth and (b) gaze-supported selection and navigation in a 3D VE. With our contribution we want to support the general idea of using eye gaze as a promising additional input modality within the wide spectrum of natural user interfaces.

References

Stellmach, S., Stober, S., Nürnberger, A. & Dachselt, R. (2011). *Designing gaze-supported multimodal interactions for the exploration of large image collections.* In Proc. NGCA'11, ACM, New York, NY, USA, S. 1-8.

Stellmach, S. & Dachselt, R. (2012a). *Investigating Gaze-supported Multimodal Pan and Zoom.* In Proceedings of ETRA'12, ACM, New York, NY, USA, S. 357-360.

Stellmach, S. & Dachselt, R. (2012b). *Designing Gaze-based User Interfaces for Steering in Virtual Environments.* In Proceedings of ETRA'12, ACM, New York, NY, USA, S. 131-138.

Stellmach, S. & Dachselt, D. (2012c). *Look & touch: gaze-supported target acquisition.* In Proceedings of CHI'12. ACM, New York, NY, USA, S. 2981-2990.

Zhang, X., Ren, X. & Zha, H. (2008). *Improving eye cursor's stability for eye pointing tasks.* In Proceedings of CHI'08, ACM, New York, NY, USA, S. 525-534.

Contact Information

Prof. Raimund Dachselt, Telefon: (+49) 351 / 46338507, E-Mail: dachselt@acm.org

H. Reiterer & O. Deussen (Hrsg.): Workshopband Mensch & Computer 2012
München: Oldenbourg Verlag, 2012, S. 493-496
Ein Video zum Beitrag findet sich in der Digital Library: http://dl.mensch-und-computer.de/

DepthTouch: Elastische Membran zwischen virtuellem und realem Raum

Joshua Peschke, Fabian Göbel, Rainer Groh

Technische Universität Dresden, Institut für Software- und Multimediatechnik,
Lehrstuhl Mediengestaltung

Zusammenfassung

DepthTouch ist ein prototypisch umgesetzter interaktiver Tisch. Hauptmerkmal ist eine elastische Projektionsoberfläche, mit der durch Eindrücken und Anheben interagiert werden kann. Es wird versucht eine Schnittstelle bereitzustellen, die Multi-Touch ähnliche Interaktion mit einem zusätzlichen Tiefenparameter ermöglicht.

1 Einleitung

Interaktion im freien Raum, wie sie z.B. die Microsoft Kinect ermöglicht, fehlt es oft an geeignetem Feedback. Statt den Benutzer im tatsächlichen Informationsraum zu positionieren, wird ein weiterer Raum vor der Leinwand (bzw. vor dem Bildschirm) aufgespannt. Dadurch muss eine Übersetzung zwischen real ausgeführten Bewegungen und deren Entsprechungen im virtuellen Raum erfolgen, die den Benutzer verwirren kann. Feedback über die Position im Raum erhält der Benutzer dabei meist nur visuell auf der Leinwand oder z.B. durch Vibration eines Eingabegerätes. Der Depth-Touch Prototyp versucht einen Kompromiss zwischen räumlicher und flächiger Interaktion zu finden. Die Eingabe erfolgt dabei über einer Fläche, die als Membran zwischen realem und virtuellem Raum angesehen werden kann. Bei der Manipulation der Fläche entsteht ein klarer Eindruck von Tiefe und der virtuelle Raum wird unmittelbar beeinflusst.

2 Verwandte Arbeiten

Wilson untersuchte, wie gut sich eine Tiefen-Kamera als Touch Sensor eignet (Wilson 2010). Dippon und Klinker vergleichen einen kapazitiven Touch-Monitor mit ihrem Kinect-Touch System (Dippon & Klinker 2011). Sie kommen zu dem Ergebnis, dass ein integriertes System genauere Erkennung gewährleistet als ihr Kinect Aufbau, der jedoch auch für sehr große Displays verwendbar bleibt. dSensingNi ist ein anderes Framework, das Interaktion auf beliebigen Oberflächen erkennt und mit der Kinect arbeitet (Klompmaker et al. 2012). PhotoelaticTouch zeigt, wie Objekte aus Gummi als elastische Werkzeuge für Tabletops dienen können (Sato et al. 2009). Inflatet Roly-Poly ist ein weiteres System, das die Verformung von Gegenständen als Eingabe-Methode nutzt (Kwon et al. 2012). Der DepthTouch Prototyp bezieht sich auf diese Erkenntnisse.

3   Konzept

Zunächst wurde die natürliche Interaktion mit realen Stoffen und Materialien untersucht, ähnlich dem Ansatz von Brade et al. (Brade et al. 2011). Der Schwerpunkt lag auf der Betrachtung von Schnur, Stoff und Schaumstoff. Der Umgang mit diesen Materialien ist aus dem täglichen Leben bekannt: u.a. Abwickeln, Aufwickeln, Falten, Schneiden, Knittern und Verknoten. Zusätzlich wurden diese Materialien mit anderen Objekten wie Gewichten oder Kugeln kombiniert (siehe Abbildung 1). Gewebe, das horizontal aufgespannt wurde, kann eingedrückt und angehoben werden. Darauf befindliche Kugeln rollen in Täler, folgen dem Finger, der die Oberfläche verformt, oder entfernen sich von Spitzen, die durch Ziehen am Stoff entstehen. Die umgesetzte Beispielanwendung simuliert dieses Verhalten virtueller Kugeln auf der Oberfläche. Die elastische Interaktionsfläche erlaubt es, dem Benutzer den virtuellen Raum unmittelbar zu beeinflussen und zu verformen. Zusätzlich zum visuellen Feedback durch die Projektion wird die Tiefe durch die Spannung des Stoffes erfahrbar.

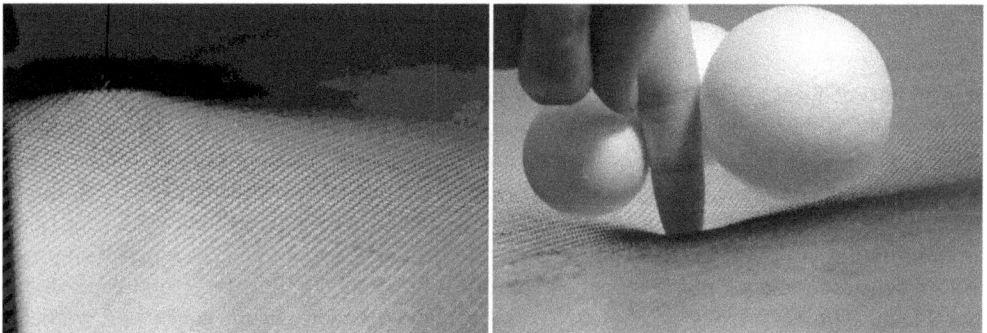

Abbildung 1: Gespanntes Netz und Interaktion mit Styropor-Kugeln

4   Umsetzung

DepthTouch ist ein optisches Tabletop System. Die Interaktionsfläche besteht aus elastischem Stoff, der gleichmäßig in X- und Y-Richtung dehnbar ist (siehe Abbildung 2). Das Bild wird von unten über einen Spiegel auf die Fläche projiziert (siehe Abbildung 3). Im aktuellen Zustand des Prototyps wird ein handelsüblicher Spiegel verwendet. Um ein schärferes und helleres Bild zu erhalten, bietet sich für die Zukunft ein Oberflächenspiegel an. Ebenfalls unterhalb befindet sich eine Kinect Kamera, die Verformungen der Oberfläche erfasst. Diese Daten werden von der Software ausgewertet und ermöglichen so die Interaktion. Der momentan verwendete Aufbau besteht aus zwei Komponenten, um einfachen Transport sowie die Verwendung verschiedener Projektoren zu ermöglichen. Er besteht aus einem mit Stoff bespannten Rahmen sowie einem Schlitten auf dem Projektor, Spiegel und Kinect angebracht sind. Der Schlitten ist so konstruiert, dass sowohl der Projektor als auch der Spiegel in verschieden Höhen und Winkeln angebracht werden können. Damit ist es möglich, verschieden große Projektionsflächen und verschiedene Projektoren zu verwenden. Nach dem Aufbau des Tisches muss zunächst eine manuelle Kalibrierung vorgenommen werden um das Tiefenbild auf die Projektion zu mappen. Bei einem statischen Aufbau würde dieser Schritt entfallen.

Die Software wurde in der Entwicklungsumgebung Eclipse in Java geschrieben. Als Basis dient Processing. Zusätzlich wurde Toxiclibs für effiziente Matrix- und Vektor-Operationen verwendet. Die Physik-Simulation wurde mit Fisica (JBox2D) realisiert und OpenNI stellt die Verbindung zur Tiefenkamera her.

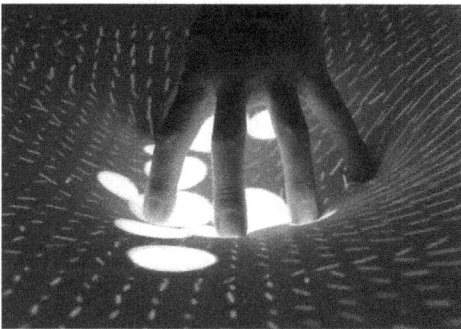

Abbildung 2: Elastische Oberfläche des DepthTouch mit virtuellen Kugeln

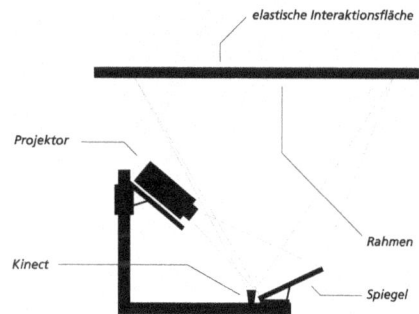

Abbildung 3: Schematischer Aufbau des DepthTouch

5   Zusammenfassung und Ausblick

Der vorgestellte Prototyp gibt einen ersten Eindruck davon, was mit einer elastischen Interaktionsfläche eines Tabletops möglich ist. Die umgesetzte Software ist dabei, als Beispielanwendung zu verstehen. Zunächst sollte ein Framework entwickelt werden, das die Tiefendaten auswertet und über eine einheitliche Schnittstelle, z.B. TUIO bereitstellt (Kaltenbrunner 2009). Neben den Steigungsdaten, die in der Beispielanwendung verwendet werden, könnten Berührungspunkte der Finger mit entsprechenden Tiefenwerten errechnet werden. Dadurch würden sich Multi-Touch-Gesten durch eine zusätzliche Tiefendimension erweitern lassen. Es ließe sich in den virtuellen Raum weiter vordringen und beispielsweiße Objekte in verschiedenen Tiefen-Ebenen gezielt ansteuern und manipulieren. Ein Szenario wäre eine Karte mit verschiedenen Ebenen. Im Ausgangszustand ist nur die oberste Ebene sichtbar. Durch Eindrücken der Oberfläche kann der Nutzer die darunter liegenden Ebenen gezielt sichtbar machen.

Danksagung

Wir danken Mandy Keck und Thomas Gründer, die unsere Arbeit betreut und unterstützt haben.

Literaturverzeichnis

Brade, M., Kammer, D., Keck, M., and Groh, R. (2011). Immersive data grasping using the explore table. *Proceedings of the fifth international conference on Tangible, embedded, and embodied interaction,* ACM, S. 419–420.

Dippon A. and Klinker, G. (2011). KinectTouch: accuracy test for a very low- cost 2.5D multitouch tracking system. *Proceedings of the ACM International Conference on Interactive Tabletops and Surfaces,* ACM, S. 49–52.

Jansen Y., Karrer, T., and Borchers, J. (2011). MudPad: tactile feedback for touch surfaces. *Proceedings of the 2011 annual conference extended abstracts on Human factors in computing systems,* ACM, S. 323–328.

Kaltenbrunner, M. (2009). reacTIVision and TUIO: a tangible tabletop toolkit. *Proceedings of the ACM International Conference on Interactive Tabletops and Surfaces, ACM,* S. 9–16.

Klompmaker, F., Nebe, K., and Fast, A. (2012). dSensingNI: a framework for advanced tangible interaction using a depth camera. *Proceedings of the Sixth International Conference on Tangible, Embedded and Embodied Interaction,* ACM, S. 217–224.

Kwon, H., Bae, S.-H., Kim, H., and Lee W. (2012). Inflated roly-poly. *Proceedings of the Sixth International Conference on Tangible, Embedded and Embodied Interaction,* ACM, S. 189–192.

NUIGroup Authors. 2009. *Multitouch Technologies.*

Sato, T., Mamiya, H., Koike, H., and Fukuchi, K. (2009). PhotoelasticTouch: transparent rubbery tangible interface using an LCD and photoelasticity. *Proceedings of the 22nd annual ACM symposium on User interface software and technology,* ACM, S. 43–50.

Wilson, A.D. (2010). Using a depth camera as a touch sensor. *ACM International Conference on Interactive Tabletops and Surfaces, ACM,* S. 69–72.

Kontaktinformationen

Joshua Peschke, Rothenburger Straße 42, 01099 Dresden
joshua.peschke@mailbox.tu-dresden.de

Fabian Göbel, Florian-Geyer-Straße 44, 01307 Dresden
fabian.goebel@mailbox.tu-dresden.de

Technische Universität Dresden, Fakultät Informatik, Professur für Mediengestaltung, 01062 Dresden

H. Reiterer & O. Deussen (Hrsg.): Workshopband Mensch & Computer 2012
München: Oldenbourg Verlag, 2012, S. 497-500
Ein Video zum Beitrag findet sich in der Digital Library: http://dl.mensch-und-computer.de/

eCOpenhagen: Smart Tangible City Map

Isabel Micheel

Department of Architecture, Design and Media Technology, Aalborg University Copenhagen

Summary

The present interactive demo was conceptualized as part of a project which set out to investigate whether novel technology can provide persuasive incentives to promote and implement strategies towards a more sustainable urban tourism. As a result, a physical mobile interaction prototype of a tangible, reusable city map embedded with NFC tags that allows communication with a mobile guidebook application was developed as a kind of climate persuasive service.

1   Introduction

Mitigating climate change and handling resources responsibly are two of today's world's most important responsibilities and key to reaching sustainability. To pursue this path towards a more sustainable future, it will not only be crucial to design products that last longer and in a way they can be reusable, recyclable or more energy efficient. It will also be necessary to aim at changing people's behavior throughout all sectors of their lives, e.g. when they are visiting a new city.

Following these considerations, the prototype presented here seeks to utilize technology as an enjoyable, novel way to explore strategies that aim at promoting and implementing a more sustainable urban tourism. It is designed as a compromise between digital, 'dematerialized' maps and guidebooks, which could possibly be the most eco-friendly approach, and today's practice of using paper maps and actual guidebooks, since especially physical maps still seem to be favored by many urban tourists.

2   Previous Work

While dematerialization (physical products are replaced by their digital, non-material equivalent) is often the key to the lightness and thus sustainability of products (Ryan 2004), it is not ideal regarding city maps and guidebooks. Brown and Chalmers (2003) found that they are important collaborative artifacts for tourists and the small screen size of current mobile devices is neither sufficient to give a good overview, nor to display both the map and matching information from a digital guide in a way that suits the many urban tourists. Following the work of Reilly et al. (2005; Broll & Hausen 2010; Morrison et al. 2011), the present project tries to solve this dilemma of dematerialization on the one hand and physical artifacts on the other with the means of physical mobile interaction.

Physical Mobile Interaction refers to a relatively new paradigm for "mobile interaction that uses mobile devices for physical interaction with (tagged) everyday objects" (Broll & Hausen 2010). RFID based NFC (Near Field Communication), an emerging technology for the short-range, contactless exchange of data has great application potential for this type of interaction (Broll & Hausen 2010; Hang et al. 2010).

3   The Prototype

The developed prototype consists of a physical map UI depicting the city center of Copenhagen, Denmark, and a mobilc guidebook application for Android (see Figure 1). Communication between the map and application is established using NFC technology. Adhesive NFC tags were placed on the back of the map allowing an NFC-enabled mobile device to read the encoded information stored on the tag and link it to additional information about particular locations. This augmentation of a physical map with digital content guarantees modularity, or upgradability, despite the map's material nature. Following the example of Crumpled City[TM1], it was decided to produce the map using the textile-like material Tyvek®, which is 100% recyclable, liquid resistant and more durable than paper. This guarantees a longer life than that of common paper maps, opening up the possibility of map co-ownership, i.e. the map could be loaned at tourist offices.

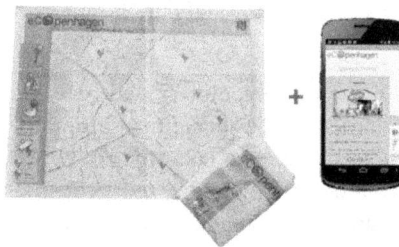

Figure 1: Physical Map UI of the prototype (left) and mobile application GUI (right).

---

[1]   Maps by Italian designer E. Pizzolorusso (http://www.palomarweb.com/web/tienda/products/view/5, viewed 5/2012).

The map UI design was based on the work of Hang et al. (2010) using three types of symbols that guide the user through the interaction (see Figure 2). An adhesive symbol aims at the user's awareness of the NFC capabilities. The explanatory symbol communicates the method of interaction, i.e. holding the NFC-enabled device close to a symbol to trigger the corresponding action in the mobile guidebook application. Action symbols represent the available functionalities. While the official NFC Forum N-Mark[2] was chosen as the adhesive symbol, the others are based on the Nokia 3220 NFC icon.

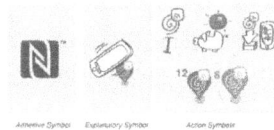

Figure 2: Three types of physical UI symbols

The main focus of the interface are the marked points of interests, which are either main tourist sights or different 'green activities'[3]. In addition, a menu provides links to general information about the concept, the download-url and the tourist's credit score, a playful, motivating feature that allows users to collect credits when participating in green activities and use them e.g. for discounts all over the city.

4   Conclusion

The present prototype was tested by a small sample of tourists in the city center of Copenhagen. The mostly qualitative study identified several indicators that tourists found the prototype easy to use, with the exception of problems caused by the "floppiness", and thus instability, of the map material, which calls for a better solution in further iterations. The overall willingness to adopt this new kind of city map if it was available was also high, whereas both the green activities as well as the additional digital content were named as motivating factors. The positive responses of the interviewed tourists towards the concept are encouraging, calling for a more elaborate user study and other projects of the like, i.e. investigating the advantages of physical objects and UIs combined or augmented with digital content, as well as ways for ICT to help promote and achieve various sustainable goals across all kinds of application areas.

---

[2]   Since the NFC Forum is probably the largest forum of influential companies joining forces to promote and advance NFC technology, it is believed that their trademark will eventually be the strongest symbol associated with NFC (http://www.nfc-forum.org/home/, viewed 05/2012).

[3]   Green activities are taken from the official 'Visit Copenhagen' website, which offers the "Climate Tourist" a range of "ways to go green while in Copenhagen" (http://www.visitcopenhagen.com/ecopenhagen, viewed 05/2012).

References

Broll, G. & Hausen, D. (2010). Mobile and physical user interfaces for NFC-based mobile interaction with multiple tags. In: *MobileHCI'10*. Lisbon: ACM.

Brown, B. & Chalmers, M. (2003). Tourism and mobile technology. In Kuutti, K. & Karsten, E. H. (Hrsg.): *Proceedings of the Eighth European Conference on Computer Supported Cooperative Work*. Helsinki: Kluver Academic Press.

Hang, A., Broll, G. & Wiethoff, A. (2010). *Visual design of physical user interfaces for NFC-based mobile interaction*. In: DIS 2010. Aarhus: ACM.

Morrison, A., Mulloni, A., Lemmelä, S., Oulasvirta, A., Jacucc, G., Peltonen, P., Schmalstieg, D., & Regenbrecht, H. (2011). Collaborative use of mobile augmented reality with paper maps. *Computers & Graphics*, 35, 789–799.

Reilly, D., Welsman-Dinelle, M., Bate, C. & Inkpen, K. (2005). Just point and click?: using handhelds to interact with paper maps. In: *MobileHCI '05*. Volume 111, ACM. S. 239–242.

Ryan, C. (2004). *Digital Eco-Sense: Sustainability and ICT – A New Terrain for Innovation*. Lab Report 03. Carlton: lab.3000 – innovation in digital design.

Contact

Isabel Micheel, Department of Architecture, Design and Media Technology, Aalborg University Copenhagen, Denmark.

Lautrupvang 15, DK-2750 Ballerup. E-Mail: isabelmicheel@gmail.com

H. Reiterer & O. Deussen (Hrsg.): Workshopband Mensch & Computer 2012
München: Oldenbourg Verlag, 2012, S. 501-504
Ein Video zum Beitrag findet sich in der Digital Library: http://dl.mensch-und-computer.de/

Visualisierung persönlicher Wissensstrukturen mit PKM-Vision

Amelie Roenspieß[1], Christian Wolters[1], Phillip Pfingstl[1], Jörg Cassens[1],
Martin Christof Kindsmüller[2]

Institut für Multimediale und Interaktive Systeme, Universität zu Lübeck[1]
MCI – Fachbereich Informatik, Universität Hamburg[2]

Zusammenfassung

PKM-Vision ist eine browserbasierte und plattformunabhängige Anwendung zur ganzheitlichen Verwaltung des persönlichen Informationsraums und zum visuellen Erarbeiten persönlicher Wissensstrukturen. Dies erfolgt durch Sichtung digitaler Informationsobjekte aus dem eigenen Informationsraum sowie deren Verknüpfung mit und Ergänzung um weitere Informationsobjekte bzw. Annotationen. Durch digitale Bereitstellung bekannter physischer Werkzeuge wie Whiteboards und Post-its werden Medienbrüche vermieden und dem damit einhergehendem Informationsverlust vorgebeugt. Zusätzlich zur Integration beliebiger Dateien können Verknüpfungen, Notizen und Zeichnungen direkt im System erstellt werden.

1 Einleitung

Wissenschaftliche Fachartikel werden heutzutage häufig nicht mehr auf Papier gelesen und annotiert, sondern – ebenso wie viele weitere Quellen – digital. Es stellt sich die Frage, ob eine neue Form der Unterstützung von Wissensarbeitern erforderlich ist, z.B. bei der Erstellung von Arbeiten. Ausgehend von der konsequenten Unterscheidung von Daten, Information und Wissen und daraus abgeleiteten Unterstützungsmöglichkeiten bei der persönlichen Wissensverarbeitung (Kindsmüller, 2010) wurde mit PKM-Vision ein System konzipiert und realisiert, in dem annotierte Informationsobjekte mit Tags versehen, grafisch verknüpft und mit Metadaten angereichert werden können. So können Wissensstrukturen visualisiert werden, die z.B. als Grundlage für Publikationen dienen können.

Zur Verwaltung des persönlichen Informationsraums gibt es verschiedene Ansätze und Systeme mit unterschiedlichen Schwerpunkten. Während bei Evernote (evernote.com) das Sammeln, Klassifizieren und Taggen von Informationen im Mittelpunkt steht, ergänzt Springpad (springpad.com) diese Herangehensweise um die Möglichkeit der grafischen Visualisierung und Anordnung. PKM-Vision (Roenspieß et al., 2011) geht noch einen Schritt weiter und unterstützt zusätzlich die explizite Erstellung von Relationen zwischen Informationsobjekten (IO) sowie die Weiterverwendung von Referenzen in (hierarchischen) Projektstrukturen. Hierdurch ist das System insbesondere für Wissenschaftler interessant, die viele verschiedene IO in unterschiedlichen Kontexten verwenden. Dabei werden individuelle Arbeitsweisen unterstützt: Nach dem Import und der automatischen Klassifikation (Text, Bild, PDF, Audio, Video oder Sonstiges) beliebiger Dateien können diese als IO je nach persönlicher Präferenz mit Tags versehen, mithilfe von Strukturobjekten (SO) in hierarchischen Strukturen weiterverwendet, kontextunabhängig zueinander in Relation gesetzt oder grafisch angeordnet werden.

2 Anwendungsszenario

Ein typisches Szenario, welches von PKM-Vision unterstützt wird, ist das Verfassen einer wissenschaftlichen Arbeit mit Bearbeitung dabei anfallender Teilaufgaben wie Sammlung, Strukturierung und Weiterverwendung von IO.

Ein Benutzer möchte mit PKM-Vision ein Paper für die „Mensch & Computer" strukturieren und dort Referenzen sammeln. Hierfür legt er ein neues Projekt namens „M&C 2012" an. Für die Kapitelstruktur erstellt er zunächst einige Arbeitsflächen: „Einleitung", „Konzeption & Realisierung" und „Ausblick". Er sucht nun Referenzen, die sich wie das geplante Paper mit dem Thema Wissensmanagement beschäftigen. Hierfür bemüht er zunächst die Suche, die bereits nach Eingabe von drei Buchstaben mehrere Vervollständigungsvorschläge anbietet, weil er bereits früher IO oder SO mit entsprechenden Namen oder Tags im System angelegt hat. Die Suche nach „Wissensmanagement" liefert verschiedene Ergebnisse (IO und SO). Zur Weiterverwendung zieht er einige davon per Drag & Drop auf die geöffnete Arbeitsfläche, wo sie mit den dazu verfügbaren Informationen (Titel, Autor, Erstellungs- und Änderungsdatum, Vorschau, Relationen, Annotationen o.ä.) visualisiert werden. Ein PDF-Dokument enthält eine Relation zu einem weiteren IO, welches der Benutzer für dieses Paper nutzen möchte. Er zieht dieses aus der Liste der Relationen des PDFs auf die Arbeitsfläche, wo es nun ebenfalls dargestellt und per Pfeil mit dem dazu in Relation stehenden PDF verbunden ist.

Ein Artikel, den er während der Zugfahrt zur Arbeit auf seinem Notebook gelesen und annotiert hat, erscheint ihm auch relevant. Dieses PDF importiert er ebenfalls in PKM-Vision und legt es auf der Arbeitsfläche ab. Die von ihm erstellten Annotationen werden automatisch extrahiert und stehen ihm in PKM-Vision zur Verfügung: Er kann sie per Drag & Drop als Post-its auf der Arbeitsfläche ablegen. Um weitere Referenzen zu erhalten, verwendet er den „Magic"-Button an dem PDF, wodurch ihm weitere IO vorgeschlagen werden, die er per Drag & Drop nutzen kann. Diese stammen z.B. vom gleichen Autor, haben einen ähnlichen Titel oder gemeinsame Tags. Auf der Arbeitsfläche legt er danach ein neues Whiteboard an, auf dem er eine Idee für einen Prozess zum Wissensaufbau skizziert. Eine Ergänzung hierzu hält er in einem Post-it fest, welches er ebenfalls auf dem Whiteboard ablegt.

3 Konzeption und Implementierung

Alle Inhalte von PKM-Vision sind entweder Informationsobjekte, also Dateien (Text, Bild, PDF, Audio, Video oder Sonstiges), oder Strukturobjekte (Projekt, Arbeitsfläche, Whiteboard, Post-it). SO können in der angegebenen Reihenfolge geschachtelt werden, wobei Post-its auf jeder Ebene angelegt werden können. Schriftstücke können in Projekten strukturiert werden, in denen IO zunächst gesammelt und danach durch Arbeitsflächen gegliedert und kontextabhängig visuell zueinander in Bezug gesetzt werden können. Whiteboards dienen der Ergänzung von Skizzen, mit Post-its können Notizen festgehalten werden. Neben der visuellen Anordnung von IO auf Arbeitsflächen und Whiteboards können auch die entsprechenden Baumstrukturen genutzt werden.

Abbildung 1 zeigt die Aufteilung der Anwendung: Im linken Bereich sind die Strukturen aktuell geöffneter Projekte sowie das Repository aller Objekte untergebracht. In Tabs geöffnete Arbeitsflächen befinden sich in der Mitte, darauf befindliche IO können beliebig angeordnet und zueinander in Relation gesetzt werden. Eine Relation ist die kontextunabhängige, gerichtete Verknüpfung zweier IO, die auch mit einem Titel versehen werden kann. Wenn sich zwei verknüpfte IO auf der gleichen Arbeitsfläche oder dem gleichen Whiteboard befinden, wird die Relation als beschrifteter Pfeil visualisiert. Zusätzlich ist jede Relation als Listeneintrag in der Visualisierung von IO enthalten. In der Detailansicht sind weitere Metadaten zu den IO enthalten, ebenso eventuell vorhandene Annotationen. Der rechte Bereich enthält die Suche mit Suchergebnissen und Detailvorschau. Beide Randbereiche können in ihrer Größe verändert oder ganz ausgeblendet werden, um mehr Platz für die aktuelle Arbeitsfläche zur Verfügung zu stellen.

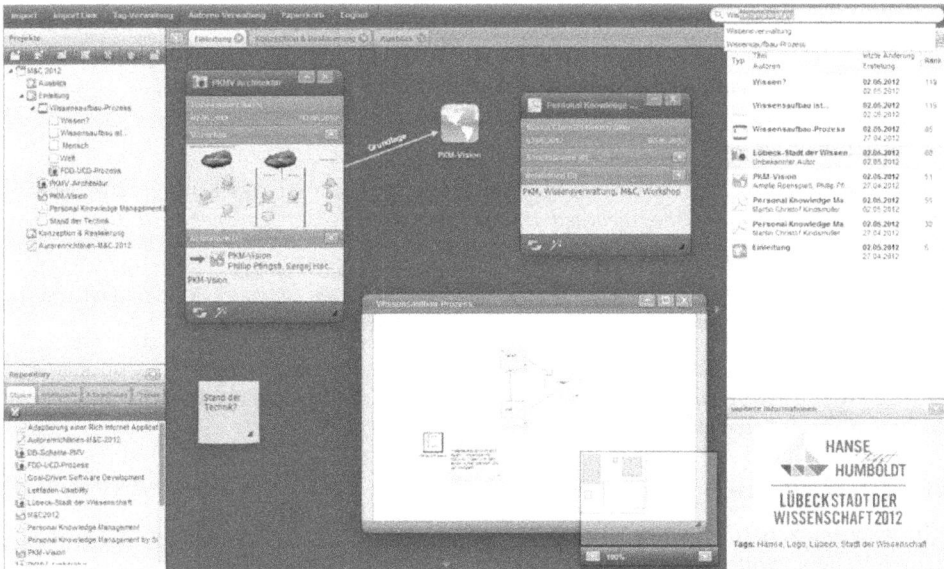

Abbildung 1: PKM-Vision

Mit dem Fokus auf Unterstützung von Wissensarbeitern beim Verfassen von Schriftstücken wurde neben der Integration neuer Informationsobjekte bei der Entwicklung von PKM-Vision das Wiederfinden und Weiterverwenden bereits vorhandener IO und SO als zentraler Anwendungsfall identifiziert. Methoden hierfür sind:

- Suche (mit Autovervollständigung)

- Relationen (kontextunabhängig zwischen je zwei IO)

- „Magic"-Button (Assoziation ähnlicher IO nach mehreren Kriterien: Autoren, Titel, Tags, Relationen, Erstellungs- und Änderungsdatum)

- Repository (Auflistung aller IO und SO)

Alle Methoden unterstützen die direkte Weiterverwendung der Ergebnisse mittels Drag & Drop in die gewünschte Struktur. Wurden PDF-Dokumente beim Sichten bereits mit Annotationen versehen, werden diese im jeweiligen IO in Listenform angezeigt und können per Drag & Drop als Post-its weiterverwendet werden.

4 Erweiterungen und Ausblick

Um den ganzheitlichen Aufbau persönlichen Wissens zu unterstützen, bindet PKM-Vision auch mobile Geräte ein – mit anderen Funktionsschwerpunkten. Pfingstl (2011) hat eine Android-App für Smartphones konzipiert und entwickelt, deren Fokus auf der schnellen und einfachen Integration neuer IO liegt. Eine iOS-App für das iPad ist zurzeit in Planung. Vorstellbar wäre dort eine stärkere Fokussierung auf die Zeichenfunktionalität der Whiteboards, da sich Skizzen tendenziell effizienter auf einem Tablet als per Maus erstellen lassen. Auch für die grafische Anordnung der IO und die generelle Benutzung von Arbeitsflächen und Whiteboards könnten sich neue Möglichkeiten ergeben.

Literaturverzeichnis
Kindsmüller M.C. (2010). Personal Knowledge Management by SocialWare - Challenges and Benefits. In Schroeder, U (Ed.) *Workshop-Proceedings der Tagung Mensch & Computer 2010: Interaktive Kulturen*. Berlin: Logos Verlag. 84-88.

Pfingstl, P. (2011). *Adaptierung einer Rich Internet Application für Smartphones*. Masterarbeit am Institut für Multimediale und Interaktive Systeme der Universität zu Lübeck.

Roenspieß, A., Pfingstl, P., Schröder, N., Müller, D., Kaluza, M., Wolters, C., Heckel, S., Böcken, A. & Jent, S. (2011). *Abschlussbericht der Fallstudie „Innovative Produktentwicklung"*. Institut für Multimediale und Interaktive Systeme der Universität zu Lübeck

Kontaktinformationen
Amelie Roenspieß, roen@imis.uni-luebeck.de
Christian Wolters, wolters@imis.uni-luebeck.de
Martin Christof Kindsmüller, mck@informatik.uni-hamburg.de

H. Reiterer & O. Deussen (Hrsg.): Workshopband Mensch & Computer 2012
München: Oldenbourg Verlag, 2012, S. 505-508
Ein Video zum Beitrag findet sich in der Digital Library: http://dl.mensch-und-computer.de/

Design persönlicherer Territorien in musealen Tabletop-Anwendungen

Daniel Klinkhammer, Jan-Oke Tennie, Steffen Maurer, Harald Reiterer

Arbeitsgruppe Mensch-Computer Interaktion, Universität Konstanz

Zusammenfassung

Dieser Beitrag beschreibt das Konzept der persönlichen Territorien als eine Strategie zur Motivation und Koordination von Mehrbenutzerinteraktionen an großflächigen Tabletop-Anwendungen. Aufbauend auf einer robusten technischen Realisierung zur Personenerkennung werden drei Designvarianten dynamischer persönlicher Territorien vorgestellt, die jeweils über einen Zeitraum von fünf Monaten innerhalb einer musealen Dauerausstellung einer breiten Öffentlichkeit präsentiert wurden.

1 Einleitung

Die in diesem Beitrag beschriebene Tabletop Realisierung war Teil der Dauerausstellung *„Fernbeziehung – Eine Ausstellung über den Nutzen und den Nachteils des Telefons"*, welche in den Räumlichkeiten der Sparkasse Konstanz öffentlich zugänglich war. Ein solcher Einsatz von Tabletops in Museen kann auf unterschiedliche Art und Weise dazu beitragen, Besuchererfahrenen und Erlebnisse zu bereichern. Zum einen kann dem Besucher eine selbstgesteuerte Informationsexploration ermöglicht werden, bei der er nicht mehr passiv die ihm präsentierten Inhalte rezipiert, sondern aktiv den Vermittlungsprozess steuern kann. Dies kann beispielsweise durch die Auswahl der Inhalte und Bestimmung des Detailierungsgrads der Betrachtung geschehen. Zum anderen stellt ein Tabletop ein soziales Medium dar, bei dem mehrere Besucher gleichzeitig Inhalte explorieren können. Diese Charakteristik macht einen Tabletop zu einem idealen Medium für den musealen Vermittlungsprozess, da gerade Museen und Ausstellungen vermehrt in Gruppen (z.B. Familien, Freunde, etc.) besucht werden (Falk & Dierking 1992). Die im Folgenden präsentierten drei Designvarianten (s. Abb. 1) versuchen, diese Möglichkeiten zur Steigerung der Visitor Experience durch das Konzept der persönlichen Territorien zu adressieren. Diese können einerseits als Einstiegspunkte (Rogers 2009) dienen um Anreize zur selbstgesteuerten Informationsexploration zu schaffen; anderseits unterstützen sie die Koordination von parallelen Mehrbenutzerinteraktionen (Klinkhammer 2011) mit dem Ziel, dass jedem Benutzer genügend Raum zur Exploration zur Verfügung steht.

Abbildung 1: Varianten des Interaktionsdesigns

2   Hardwaredesign

Zur Realisierung des Tabletop-Systems fiel die Wahl auf ein 65'' Plasma Display mit einem Touch-Overlay Rahmen (s. Abb.2). Weiterhin wurde der Tisch mit acht Lautsprechern ausgestattet, welche separat angesteuert werden können.

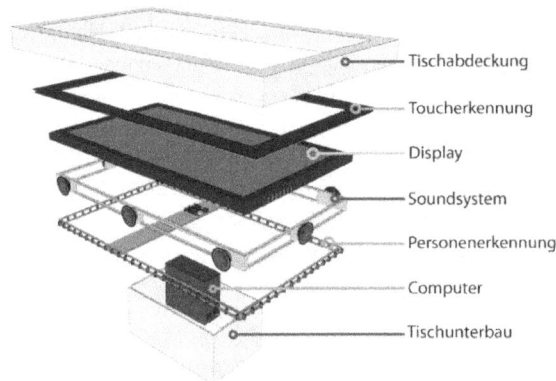

Abbildung 2: Hardwarekomponenten des Tabletops

Zur Realisierung der persönlichen Territorien wurde eine Personenerkennung mittels eines Rahmens bestehend aus 80 Infrarot-Distanzsensoren entworfen. Durch diese Erkennung und Verfolgung (Tracking) kann ein äußerst flexibles Interaktionsdesign realisiert werden, da keine statische Anzahl persönlicher Territorien dauerhaft präsentiert werden muss, sondern je nach Anzahl der Benutzer beim Betreten und Verlassen des Tisches ein und ausgeblendet werden können. Weiterhin wird durch die Verfolgung der persönlichen Territorien auch eine Bewegung um den Tisch ermöglicht, um z.B. nicht erreichbare Informationselemente zu selektieren. Neben der dynamischen visuellen Platzierung des persönlichen Territoriums können auch Audioinhalte gezielt an der Position des Benutzers ausgegeben werden, da jeder der acht Lautsprecher separat bespielt werden kann. Somit ist es auch innerhalb einer Mehrbenutzerinteraktion möglich, mehrere Audioinhalte gleichzeitig an verschiedenen Stellen des Tisches auszugeben.

3   Interaktionsdesign

Tabletops können in musealen Umgebungen zur Unterstützung unterschiedlicher didakti-
scher Vermittlungsstrategien eingesetzt werden. Bei unseren Tabletop-Anwendungen ist das
Ziel, alle weiterführenden Informationen zu den ausgestellten realen Exponaten an einem
zentralen Punkt multimedial zu präsentieren. Um dies zu ermöglichen, wurden drei verschiedene Interaktionsdesigns realisiert (s. Abb.3), die jeweils innerhalb eines thematischen Aus-
stellungsabschnitt zugänglich waren. Bei den realisierten Designvarianten der Tabletop-
Anwendung befinden sich die Informationselemente (Items) im Gruppenterritorium (Scott et
al. 2010) und werden jeweils durch ein Icon repräsentiert.

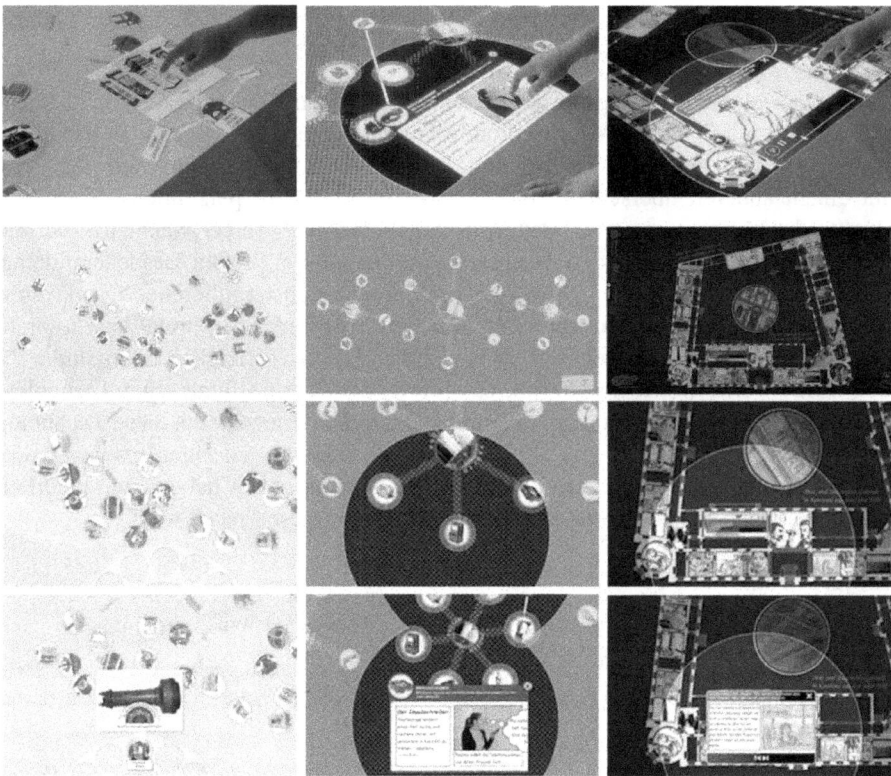

Abbildung 3: Screenshots der drei Anwendungsdesigns

In Designvariante A (s. Abb.3 *Spalte 1*) besitzen diese Items keine Ordnung, sondern sie
finden sich in einem ständigen Fluss, welcher durch ein großes radiales Kraftfeld erzeugt
wird. Bei Designvariante B (s. Abb.3 *Spalte 2*) werden die Informationselemente zu drei
kleinen Kraftfeldern zugeordnet, die jeweils bestimmte Lokationen innerhalb der Ausstellung repräsentieren. Bei Designvariante C (s. Abb.3 *Spalte 3*) werden die Items mittels eines
Ausstellungsplans angeordnet und ermöglichen dem Besucher auf diese Weise einen ortsbe-

zogenen Zugang zu den ausgestellten Exponaten. Möchte der Besucher ein Element betrachten, muss er dies selektieren um es innerhalb seines persönlichen Territoriums explorieren zu können. Diese Selektion eines Items aus dem Gruppenterritorium wurde bei den Designvarianten unterschiedlich umgesetzt. Bei Designvariante A wurde das persönliche Territorium durch ein radiales Widget in Form einer Wählscheibe realisiert. (s. Abb.3 *Spalte 1*) Um weiterführende Information zum Informationselement aufzurufen, muss der Benutzer dieses per Drag und Drop auf der Wählscheibe platzieren. So hat er die Möglichkeit, sich mehrere Items nach und nach einzusammeln und sie über ein Drehen des Widgets wieder aufzurufen. Weiterhin kann er bereits betrachtete Items an eine andere Person mittels Drag und Drop weitergeben. Bei Designvariante B und C wurde das persönliche Territorium als eine personenbezogene Sicht auf das Gruppenterritorium umgesetzt (s. Abb.3 *Spalte 2&3*). Befindet sich ein Informationselement in diesem Bereich, wird es hervorgehoben dargestellt. Der Aufruf von weiterführenden Informationen wird in dieser Variante durch einen einfachen Tab erreicht.

Durch die dynamische Anordnung der persönlichen Territorien können Besucher zur Interaktion motiviert und multiple Mehrbenutzerkonstellationen unterstützt werden. Betritt ein Benutzer den Tisch, wird nur dann ein persönliches Territorium angezeigt, wenn dieses sich nicht mit einem anderen überschneidet. Um in diesem Fall ein persönliches Territorium zugeordnet zu bekommen, muss der Benutzer warten, bis einer seiner Nachbarn ihm mehr Raum zur Verfügung stellt oder den Tisch verlässt. Gerade bei großen Besucherandrängen konnte beobachtet werden, dass durch dieses Konzept eine selbstregulierende Displayaufteilung zu Stande kommt und ausreichend Platz für jeden Benutzer zur Informationsexploration zur Verfügung stellt (Klinkhammer et al. 2011). Anhand einer artifiziellen Laborstudie (Nitsche et al. 2012) wurde weiterhin gezeigt, dass durch die Bereitstellung einer Technologie, die Bewegungen um einen Multitouch-Tisch unterstützt, die Benutzer sich diese Technologie in einer selbstverständlichen Art und Weise und ohne Anleitung zu eigen machen. Somit kann davon ausgehen werden, dass Benutzer, die diese Möglichkeit haben, sich natürlicher verhalten, da ihnen ihre Positionierung nicht vom System vorgeschrieben wird.

Literaturverzeichnis

Falk, H. J., Dierking, L. D. (1992). *The Museum Experience.* Washington: Whalesback Books.

Klinkhammer, D., Nitsche, M., Specht, M., Reiterer, H.. (2011) *Adaptive personal territories for co-located tabletop interaction in a museum setting.* In: Proc. of Interactive Tabletops and Surfaces (ITS '11). New York: ACM Press, S. 107-110

Nitsche, M. Klinkhammer, D., Reiterer, H. (2012): *Be-Gehbare Interaktion: Dynamische Personal Spaces für Interaktive Tische.* Zu erscheinen in: Zeitschrift für interaktive und kooperative Medien (icom), 2012(2)

Rogers, Y., Lim, Y-K., Hazlewood, W., Marshall, P (2009) *Equal opportunities: do shareable interfaces pro-mote more group participation than single user displays?* In: Human-Computer Interaction, 24(1), S. 79 - 116

Scott, S. D. & Carpendale, S. (2010). *Theory of Tabletop Territoriality.* In Müller-Tomfelde, C. (Hrsg.): *Tabletops - Horizontal Interactive Displays*, London: Springer, S. 375-406.

H. Reiterer & O. Deussen (Hrsg.): Workshopband Mensch & Computer 2012
München: Oldenbourg Verlag, 2012, S. 509-512
Ein Video zum Beitrag findet sich in der Digital Library: http://dl.mensch-und-computer.de/

TwisterSearch: Supporting Social Search with Tabletop and Mobile Displays

Roman Rädle, Hans-Christian Jetter, Harald Reiterer

Human-Computer Interaction Group, University of Konstanz

Abstract

This demo presents TwisterSearch, a system for co-located and collaborative Web search that was designed in accordance with the canonical model of social search by Evans and Chi (2009). In a first phase before search, participants frame the context of the intended search and thereafter gather initial information requirements on a tabletop. These requirements are then refined through discussion and yield the foundation for the search task itself, which is performed in parallel on multiple mobile displays. These private devices are used to search the Web for evidence files and to populate the visual workspace of the tabletop with them. Moreover, the personal device allows both a highly parallel search as well as a tightly-coupled collaborative search, to enable seamless switching between collective and solitary search activities. In our TwisterSearch demo, participants can have a firsthand experience of these different individual phases of social search.

1 TwisterSearch

In recent years, research in HCI has increasingly focused on cooperative search. For instance, collaborative search for travel planning or Web search (Jetter et al. 2011, Morris et al., 2010). In a survey, Morris identified a great need for better tool support for collaborative search (Morris 2008).

We designed TwisterSearch, an interactive prototype that supports co-located collaborative Web search during the three phases of the canonical model of social search (*before search*, *during search*, *after search*) by Evans and Chi (2009). Its design is based on four design goals that are introduced in Rädle et al. (2012). TwisterSearch incorporates a multi-touch tabletop (Microsoft Surface 2.0) as public display for collaboration and multiple private interactive displays (Apple iPad) for parallel Web search (see Figure 1). Each user is equipped with the following set of objects: an Apple iPad, a digital pen, a stapled pile of paper strips (4 x 2 cm), and an acrylic glass token. Each set has a unique color (e.g. red, blue, green). The iPad has a colored rubber case, the pen a colored ball-point, and the glass token a colored frame. This enables to clearly distinguish input and output of each user to enhance awareness among collaborators. In the following, we explain the support for the three phases of the canonical model of social search.

Figure 1: Two coworkers use TwisterSearch to search the Web for "evidence files".

Before Search

In the pre-search activity, users gather requirements and collect search terms to formulate search schemas. For that reason, each user writes keywords on paper strips using a digital pen and collects them on the tabletop surface. This materialization of keywords helps coworkers to develop a common understanding of the ongoing search and can either be done individually or jointly by suggesting keywords to coworkers. Next, semantically coherent keywords are grouped into clusters by encircling them using multi-touch gestures. The output of the *before search* phase is dynamic and changes over time, since a user can refine requirements and adapt search strategies while learning from or comparing keywords and results with other coworkers. Users, therefore, can add or remove keywords or change clusters any time during the search process.

During Search

The first reviewing of search results is in most cases a solitary activity – although *before search* is a highly collaborative activity. A system supporting social search should therefore provide a seamless change from tightly-coupled collaboration to loosely-coupled parallel work. Parallel work, however, can result in "Google races" (Morris 2008). To avoid such races and force a "divide-and-conquer" approach we allow users to assign individual clusters to each coworker. This is achieved by putting an acrylic glass token in a cluster, which indicates a user's search responsibility. All keywords contained in that cluster are instantly sent to the identical colored private display (Apple iPad). The keywords are listed on the left third of the private display (see Figure 2 (left)). A user can select or deselect keywords by tapping on it. Each tap triggers a Google search and shows a list of results on the right two-thirds of the display. The user, then, can browse the results and follow links until information is found that is regarded as relevant using conventional multi-touch interaction (e.g. known from Safari on Apple iPad). A hold gesture on the relevant information displays a share button above the finger, which sends the result to the shared display if pressed. Results of a cluster are collected in a separate result view, which displays thumbnails of each result in a scroll viewer component that also adheres to the cluster. Gradually, users collect "evidence files" for all clusters and again they can adjust keywords and clusters while search progresses (e.g. caused by foraging and sensemaking).

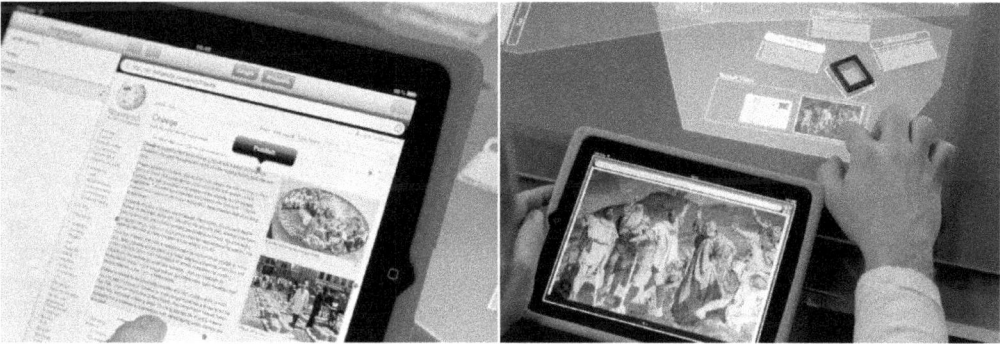

Figure 2: The private display enables loosely-coupled parallel Web search (left) and the public display supports tightly-coupled collaboration and discussion (right).

Additionally, TwisterSearch provides users with many opportunities to discuss results among coworkers. It allows arguing for or against the relevance of a result during sensemaking. To do so, keywords and results are transferred to multiple private displays if the corresponding tokens are placed in the same cluster. A tap on a result in the result view then displays the result at large on each private display (see Figure 2 (right)).

After Search
The *after search* phase follows the individual search. It composes organizing and distribution of results. The distribution of "evidence files" is important since it can act as input for con-tinuing work such as writing a research paper or business report. All search results are up-loaded automatically to a Dropbox[1] folder if the user links an account with the private device (e.g. webpage content as html file). In addition, search trails to a result, keywords that were used to find a result, and the id of the user who found a result are stored for later traceability (e.g. comprehend and reproduce search).

---

[1]   http://www.dropbox.com – (last accessed 7/28/2012)

2   Demonstration

In our demonstration, participants of the conference will be able to search collaboratively for trending topics in HCI and takeaway a printed document with their findings. The technical setup of our demo consists of a Microsoft Surface 2.0 multi-touch tabletop, three Apple iPad, three Anoto[2] digital pens, and stapled piles of paper strips.

Acknowledgements

This work was partially supported by DFG Research Training Group GK-1042 "Explorative Analysis and Visualization of Large Information Spaces", University of Konstanz and by the Ministry for Science, Research and Art Baden-Wurttemberg under the project Blended Library[3].

References

Evans, B. M., & Chi, E. H. (2009). An elaborated model of social search. *Information Processing & Management*, 46(6), 656-678. Elsevier Ltd.

Jetter, H.-C., Gerken, J., Zöllner, M., Reiterer, H., & Milic-Frayling, N. (2011). Materializing the Query with Facet-Streams – A Hybrid Surface for Collaborative Search on Tabletops. In *Proceedings of the 2011 annual conference on Human factors in computing systems (CHI '11)* (pp. 3013-3022). New York, NY, USA: ACM.

Morris, M. R. (2008). A survey of collaborative web search practices. In *Proceeding of the twenty-sixth annual CHI conference on Human factors in computing systems - CHI '08*, 1657. New York, New York, USA: ACM Press.

Morris, M. R., Lombardo, J., & Wigdor, D. (2010). WeSearch: Supporting Collaborative Search and Sensemaking on a Tabletop Display. *Proceedings of the 2010 ACM conference on Computer supported cooperative work - CSCW '10* (pp. 401-410). New York, New York, USA: ACM Press.

Rädle, R., Jetter, H.-C., & Reiterer, H. (2012). TwisterSearch: A distributed user interface for collaborative Web search. In R. Tesoriero, J. A. Gallud, M. D. Lozano, V. M. R. Penichet, & J. Vanderdonckt (Eds.), In *Proc. of the 2nd Workshop on Distributed User Interfaces: Collaboration and Usability* (Conj. CHI 2012 Conference) (pp. 1-4). University of Castilla-La Mancha, Spain.

Contact

Roman Rädle, Human-Computer Interaction Group, University of Konstanz, Germany

---

[2]   Anoto Digital Pen Technology – http://www.anoto.com/ – (last accessed 7/28/2012)

[3]   http://hci.uni-konstanz.de/blendedlibrary/ – (last accessed 7/28/2012)

H. Reiterer & O. Deussen (Hrsg.): Workshopband Mensch & Computer 2012
München: Oldenbourg Verlag, 2012, S. 513-516
Ein Video zum Beitrag findet sich in der Digital Library: http://dl.mensch-und-computer.de/

Mobile 3D-Interaktion zur virtuellen Exploration realer Umgebungen

Dirk Wenig, Rainer Malaka

AG Digitale Medien, TZI, Universität Bremen

Zusammenfassung

Kombinationen von topografischen Karten und fotografischen Bildern sind eine Möglichkeit, real existierende Umgebungen für eine virtuelle Exploration abzubilden. Werden hierzu georeferenzierte Fotografien senkrecht auf der Karte platziert, ergibt sich das Problem der Navigation im 3D-Raum. Diese Arbeit stellt hierzu unter Berücksichtigung der Beschränkungen und Möglichkeiten moderner Smartphones zwei Interaktionskonzepte für mobile Geräte vor.

1 Einleitung

Eine Vielzahl von Anwendungen zeigt die hohe Relevanz virtueller Exploration im mobilen Bereich. Real existierende Umgebungen können dabei auf verschiedene Arten abgebildet und virtuell zur Verfügung gestellt werden. Eine Möglichkeit sind Kombinationen von topografischen Karten und fotografischen Bildern, bei denen georeferenzierte Fotografien im 3D-Raum senkrecht auf der Karte platziert werden. Fotografien sind realistische und detaillierte Abbildungen der Realität, Karten hingegen stellen die unmittelbare Umgebung grob dar.

Ein Problem bei der Exploration virtueller Umgebungen ist die Navigation im 3D-Raum. Während Karten die Erdoberfläche aus einer Vogelperspektive abbilden, zeigen Fotografien die Welt meist aus einer menschlichen Perspektive. Unter der Nutzung von in modernen Smartphones verbauten Beschleunigungsmessern bietet es sich dementsprechend an, die Karte anzuzeigen, wenn das mobile Gerät in der Hand des Nutzers liegt, während die Bilder angezeigt werden, sobald das Gerät senkrecht gehalten wird. Durch die beiden diskreten Ansichten besteht der über eine solche *Pitch-Geste* hinausgehende minimal notwendige Interaktionsumfang aus Translation in der Kartenebene und Rotation um die Hochachse.

Während unterschiedliche Bedeutungen von Berührungen des Touchscreens Abhängigkeit von Orientierung des Geräts nur Translation in der Kartenansicht und Rotation in der Bildansicht erlauben (Wenig & Malaka 2011), ermöglichen die im Folgenden vorgestellten Interaktionskonzepte unabhängig von der Ansicht alle notwendigen Bewegungen.

2   Stand der Forschung

Nahezu jeder Online-Kartendienst, beispielsweise *Google Maps*[1], bietet dem Nutzer heutzutage nicht nur umfangreiches Kartenmaterial, sondern auch die gesamte Erdoberfläche abdeckende Satellitenbilder und Luftbildfotografien. Das erste für Personal Computer (PC) geeignete rein bildbasierte System zur Exploration virtueller Umgebungen aus einer menschlichen Perspektive ist *Apples QuickTime*[2] *VR* (Chen 1995). *QuickTime VR* erlaubt es dem Nutzer sich innerhalb von zylindrischen 360°-Panoramafotografien umzusehen. Mittels Sprüngen zwischen den einzelnen Bildern kann er sich darüber hinaus durch die virtuelle Umgebung bewegen. Damit handelt es sich bei *QuickTime VR* um einen direkten Vorgänger von *Googles Street View*[3]. Bei *Street View* steht die Bereitstellung von große Bereiche abdeckenden 360°-Panoramafotografien im Vordergrund, in erster Linie Bilder größerer Städte, aufgenommen von Kraftfahrzeugen aus (Anguelov et al. 2010). Einen Schritt weiter geht der virtuelle Globus *Google Earth*[4] (Anguelov et al. 2010) mit 3D-Modellen, unter anderem von Gebäuden. Anwendungen für *Google Street View* und *Google Earth* stehen sowohl für Desktop-PC als auch auf mobilen Geräten zur Verfügung.

Schon bevor eine Vielzahl von Smartphones mit Sensoren zur Feststellung von sowohl Position als auch Orientierung auf dem Markt war, schlugen Mountain & Liarokapis (2005) vor, Kombinationen von mobilen Geräten und derartiger Hardware zur Interaktion mit virtuellen Umgebungen zu nutzen. Ein Aspekt dabei war, mit physikalischem Neigen des Systems zwischen einer Ansicht von oben und einer Ansicht von unten zu wechseln. Nurminen & Oulasvirta (2008) beschäftigten sich mit der Navigation innerhalb 3D-Karten auf mobilen Geräten mit Fokus auf den Freiheitsgraden. Dabei stand die Frage im Mittelpunkt, wie die Navigation mittels beschränkter und geführter Bewegungen im virtuellen Raum schneller und intuitiver gestaltet werden kann.

Bei *pitchMap* (Wenig & Malaka 2011) handelt es sich um einen Interaktionsprototypen zur virtuellen Exploration realer Umgebungen, bestehend aus Karten und Bildern für Smartphones. *pitchMap* erweitert dabei das Konzept des Umschaltens zwischen beiden Ansichten mit Hilfe einer *Pitch-Geste* (diskret und kontinuierlich) um unterschiedliche Bedeutungen von Berührungsgesten auf dem Touchscreen in Abhängigkeit von der Orientierung des Gerätes. Dies ermöglicht die Kombination bekannter de facto Standards. Hält der Nutzer das Gerät horizontal und die Karte wird angezeigt, resultieren Berührungen mit einem Finger in einer Translation. Hält der Nutzer das Gerät vertikal und die Bildinhalte werden angezeigt, resultieren die Berührungen in einer Rotation. Erste Ergebnisse einer Evaluation lassen den Schluss zu, dass der Wechsel zwischen beiden Interaktionsmodi durch Neigen des Gerätes verständlich und eingängig ist.

---

[1] http://maps.google.com/

[2] http://www.apple.com/quicktime/

[3] http://maps.google.com/streetview/

[4] http://earth.google.com/

3 Prototyp

Nachdem bei pitchMap die Kombination bekannter Interaktionsstandards und die Frage nach der Gebrauchstauglichkeit eines Wechsels zwischen diesen mit einer *Pitch-Geste* im Vordergrund standen, stellt sich nun die Frage nach Erweiterungen zur freien Navigation im 3D-Raum. Ziel ist es, dem Nutzer zu jedem Zeitpunkt unabhängig von der Ansicht die Möglichkeit zur sowohl Translation in der Kartenebene als auch Rotation um die Hochachse zu bieten. Es handelt sich um eine direkte Weiterentwicklung des pitchMap-Prototyps.

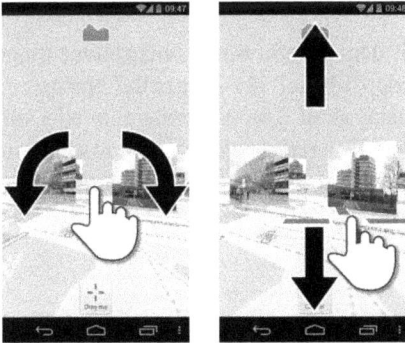

Abb. 1: Single-Touch Rotation (links) und Translation (rechts) in der Bildansicht

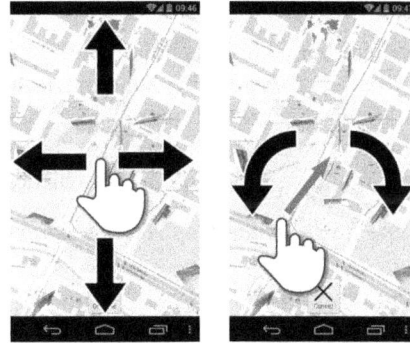

Abb. 2: Single-Touch Translation (links) und Rotation (rechts) in der Kartenansicht

Ein Weg die Interaktionsmöglichkeiten zu erweitern, ist die Einführung neuer Steuerelemente, so dass die Bedienung durchgängig mit einem einzelnen Finger erfolgen kann (*Single-Touch*). Translation in Bildansicht ist dabei wie folgt realisiert: Berührt der Nutzer eine Schaltfläche, erscheint ein Fadenkreuz, das auf die Zielposition gezogen werden kann (siehe Abb. 1). Lässt der Nutzer los, bewegt sich die virtuelle Kamera zu diesem Punkt. Analog dazu ist es möglich, in der Kartenansicht eine Kompassnadel zu aktivieren, über die eine Rotation vorgenommen werden kann (siehe Abb. 2).

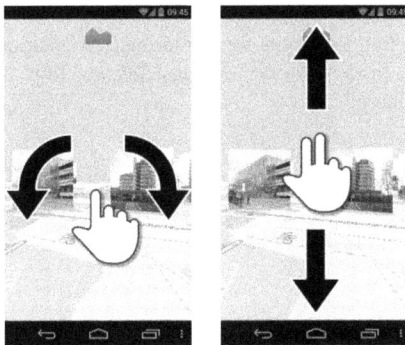

Abb. 3: Multi-Touch Rotation (links) und Translation (rechts) in der Bildansicht

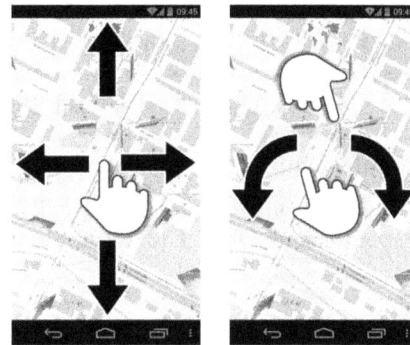

Abb. 4: Multi-Touch Translation (links) und Rotation (rechts) in der Kartenansicht

Eine andere Möglichkeit ist die Einführung von Gesten mit mehreren Fingern (*Multi-Touch*). Hierzu unterstützt der Prototyp zum einen die bekannte Rotations-Geste mit zwei Fingern in der Kartenansicht (siehe Abb. 4). Zum anderen kann der Nutzer in der Bildansicht durch das Ziehen von zwei Fingern die virtuelle Kamera verschieben (siehe Abb. 3).

Umgesetzt wurde der Prototyp als Anwendung für Smartphones mit Android Betriebssystem.

4   Zukünftige Arbeit

Eine weitere Interaktionstechnik ist das von Sony mit dem Xperia Sola[5] Smartphone einge-führte *Floating-Touch*. Dabei kann unterschieden werden, ob sich der Finger des Nutzers auf dem Bildschirm oder leicht darüber befindet. In Abhängigkeit davon könnte entweder eine Translation oder Rotation stattfinden. Derartige andere Konzepte sollen versuchsweise im-plementiert und im Anschluss in verschiedenen Nutzungskontexten evaluiert werden.

Diese Arbeit wird unterstützt von der Klaus Tschira Stiftung.

Literaturverzeichnis

Anguelov, D., Dulong, C., Filip, D., Frueh, C., Lafon, S., Lyon, R., Ogale, A., Vincent, L. & Weaver, J. (2010). Google Street View: Capturing the World at Street Level. *Computer*, 43(6): S. 32–38.

Chen, S. E. (1995). QuickTime VR: An Image-Based Approach to Virtual Environment Navigation. In *Proceedings of the 22nd Annual Conference on Computer Graphics and Interactive Techniques*, SIGGRAPH '95, S. 29–38, New York, NY, USA. ACM.

Mountain, D. & Liarokapis, F. (2005). Interacting with Virtual Reality Scenes on Mobile Devices. In *Proceedings of the 7th International Conference on Human Computer Interaction with Mobile Devices & Services*, MobileHCI '05, S. 331–332, New York, NY, USA. ACM.

Nurminen, A. & Oulasvirta, A. (2008). Designing Interactions for Navigation in 3D Mobile Maps. In *Lecture Notes in Geoinformation and Cartography*, Kap. 10, S. 198–227. Springer Berlin / Heidel-berg, Berlin, Heidelberg.

Wenig, D. & Malaka, R (2011). pitchMap: A Mobile Interaction Prototype for Exploring Combinations of Maps and Images. In *Smart Graphics, Vol. 6815 of Lecture Notes in Computer Science*, Kap. 23, S. 188–189. Springer Berlin / Heidelberg, Berlin, Heidelberg.

Kontaktinformationen

Dirk Wenig (dwenig@tzi.de), AG Digitale Medien, Technologie-Zentrum Informatik und Informationstechnik (TZI), Universität Bremen, Bibliothekstr. 1, 28359 Bremen

---

[5]   http://www.sonymobile.com/global-en/products/phones/xperia-sola/

H. Reiterer & O. Deussen (Hrsg.): Workshopband Mensch & Computer 2012
München: Oldenbourg Verlag, 2012, S. 517-520
Ein Video zum Beitrag findet sich in der Digital Library: http://dl.mensch-und-computer.de/

The World is Your Canvas: XL-Virtual Workspaces for Projector Phones

Bonifaz Kaufmann, Martin Hitz

Interactive Systems, Department of Informatics Systems, Alpen-Adria-Universität Klagenfurt, Austria

Abstract

Peephole interaction is a promising interaction technique for mobile projector phones. It allows the creation of extra-large virtual workspaces which contain more information than can be appropriately displayed on a small smartphone screen. In this paper we describe a projector phone prototype that implements peephole interaction without instrumenting the environment or using any additional hardware besides a smartphone and a handheld projector. This device allows for the first time to perform peephole interaction in the wild. Moreover, we demonstrate some applications we have built to exploit and investigate the full potential of peephole interaction with projector phones.

1 Introduction

In 2005, Beardsley et al. (Beardsley et al. 2005) were among the first who investigated interaction techniques for handheld projectors. They probably envisioned that one day projectors are small enough to be carried in a pocket. Samsung recently revealed its redesigned Galaxy Beam projector phone at the World Mobile Congress in 2012 showing that it is even possible to embed a projector into a smartphone while maintaining a compact and light weight form factor. However, even though handheld projectors, and soon projector phones, are becoming mass market products, their full potential has not been exploited so far.

We present a projector phone prototype that demonstrates the potential of interactive handheld projectors by enabling their operators to display and to interact intuitively with a large virtual workspace through peephole interaction. Normally, a mobile device operator uses panning, scrolling and zooming to access portions of a workspace that lie outside display boundaries, whereas in peephole interaction a spatially aware display serves as a viewport (the peephole) that is moved across a stationary workspace. When the peephole window is moved in space, by pointing with the projector along the projection wall, different areas of the virtual workspace can be accessed (see Figure 1). Calculating the orientation of the projector allows for creating the illusion that the workspace is fixed to the projection wall. A good way to understand peephole interaction is to think of a dark room and a large picture hanging on the wall. By moving a flashlight across the wall, parts of the picture can be examined.

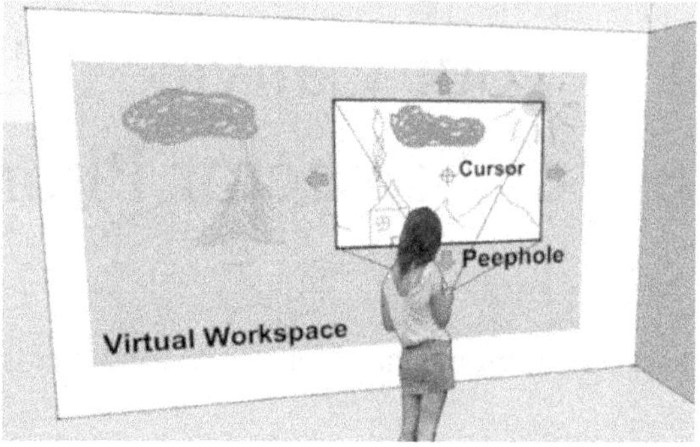

Figure 1: Peephole interaction allows for interacting with a large virtual workspace. The peephole is moved by pointing with the device. The cursor stays fixed at the peephole center.

Although peephole interaction has been explored in various research projects (Cao & Balakrishnan 2006; Fitzmaurice 1993; Rapp 2010; Yee 2003) as a promising basis for emerging mobile interaction scenarios and applications, it has never been applied to mobile projector phones. Previously shown peephole pointing devices required highly accurate location tracking (Cao & Balakrishnan 2006) and/or relied on additional hardware, e.g. a laptop computer, for rendering and application hosting (Rapp 2010), or external 9DOF, distance and infrared sensors (Willis et al. 2011). The presented projector phone prototype enables peephole interaction without instrumenting the environment or cable-connecting any additional hardware to the otherwise mobile device. Our prototype consists solely of a smartphone and a picoprojector, both off-the-shelf components, and uses inertial sensors for orientation determination allowing for the first time to perform peephole interaction in the wild.

2   Projector Phone Prototype

Our interactive projector phone prototype consists of an LG Optimus 3D smartphone running stock Android 2.2 and a MicroVision SHOWWX+ HDMI laser pico projector. The smartphone is mounted on top of the projector with the touchscreen facing up. An HDMI cable connects the projector directly to the phone. The native resolution of the projector is 848×480 pixels and the mass of the prototype (phone and projector) is 290 gram.

Since most phones do not support rendering two different frames at the same time, the content delivered to the projector is the same as shown on the touch display (i.e. HDMI output simply mirrors the content). With our prototype we focus on peephole interaction through the projected screen. Thus, although the rendered content is simultaneously displayed on the touchscreen, it is not meant to be looked at. In fact, the screen is displayed in landscape mode to fully exploit the native resolution of the projector, even though the phone is held in portrait mode. Since in peephole interaction UI elements are selected with a cursor fixed at the center of the screen (see Figure 1), all touch events are remapped to center screen coordinates. This way the entire touchscreen works as a big easy to hit touch button.

The smartphone uses the built-in gyroscope sensor to calculate its orientation. Getting accurate device orientation information is crucial and allows creating the illusion of a workspace that is attached to the projection surface. The algorithm used to calculate the orientation of the device is based on gyroscopic data only and works as follows:

1. Gyroscopic samples are collected at a rate of 50 Hz and integrated over time to convert the data from angular speed to orientation angles. Integrating gyroscopic data turns into drift when the data is noisy. For our prototype we use an LG Optimus 3D smartphone that fortunately has a built-in calibration routine for eliminating drift. The phone starts its calibration routine when the device is laid onto a flat surface. After about 2 to 3 seconds drift is eliminated. As a result, drift is not an issue in our implementation.

2. The resulting orientation angels are then smoothed by applying a moving average filter over three samples.

3. Next the smoothed orientation angles are linearly mapped to screen coordinates.

Although a filter is applied to reduce jitter, latency is kept below the level where it would be noticeable. Informal tests showed that with our inertial-sensor-only prototype it is possible to select small targets (<2 cm) from about one and a half meters distance with ease and high performance.

3   Peephole Applications

We developed a few applications to explore the potential of peephole interaction with projector phones. Two selected applications are briefly described.

3.1   Peephole Drawing

A comprehensive example to demonstrate peephole interaction is our peephole drawing app (Figure 1). It allows users to draw onto a virtual canvas that seems to be attached to the wall. The experience is similar to painting with a laser pointer except that this time strokes remain at the wall. Touching the touchscreen with two fingers brings up a pie menu next to the peephole cursor allowing the painter to choose color, brush, and size among other options.

3.2   Brainstorming through Peepholes

The peephole brainstorming multi-user application supports brainstorming sessions. Participants of the brainstorming meeting can send their ideas as text messages to the projector phone. Once the projector phone receives the text, it is added to a huge brainstorming canvas (virtual workspace) where the projector phone operator can grab received messages to align or cluster them. The color of a message bubble as well as its content can be changed by the operator through the peephole interface. Being able to use an entire wall or even a room for positioning ideas is one of the big advantages of the peephole brainstorming application.

4   Conclusion and Future Work

We presented an interactive projector phone prototype that allows further exploration of collaborative scenarios on mobile devices and in particular peephole interaction. The proto-type works outside constrained environments and therefore is perfectly suited for user studies in the wild (provided a flat projection surface is available and the light is not too bright).

Next, we are planning on equipping the projector phone prototype with additional features like a full 360 degree workspace, semantic zooming, and image distortion correction. Additionally, we want to investigate dual screen scenarios where the touch display serves as a second but private screen next to the peephole interface that is more likely to be used as a collaborative public display.

References

Beardsley, P., van Baar, J., Raskar, R., & Forlines, C. (2005). Interaction using a handheld projector. *IEEE Computer Graphics and Applications 25*(1), 39-43.

Cao, X. & Balakrishnan, R. (2006). Interacting with dynamically defined information spaces using a handheld projector and a pen. In *Proc. UIST'06*, ACM, 225-234.

Fitzmaurice, W.G. (1993). Situated information spaces and spatially aware palmtop computers. *Communications of the ACM 36*(7), 39-49.

Rapp, S. (2010). Spotlight Navigation: a pioneering user interface for mobile projection. In *Proc. Ubi-projection 2010, Workshop on personal projection at Pervasive 2010*.

Willis, K.D.D., Poupyrev, I., and Shiratori, T. (2011). Motionbeam: a metaphor for character interaction with handheld projectors. *Proc. CHI'11*, ACM, 1031–1040.

Yee, K. (2003). Peephole Displays: Pen interaction on spatially aware handheld computers. In *Proc. CHI 2003*, ACM Press, 1-8.

Contact information

bonifaz.kaufmann@aau.at, martin.hitz@aau.at

H. Reiterer & O. Deussen (Hrsg.): Workshopband Mensch & Computer 2012
München: Oldenbourg Verlag, 2012, S. 521-524
Ein Video zum Beitrag findet sich in der Digital Library: http://dl.mensch-und-computer.de/

smARTbox – A Portable Setup for Intelligent Interactive Applications

Martin Fischbach[1], Dennis Wiebusch[1], Marc Erich Latoschik[1],
Gerd Bruder[2], Frank Steinicke[2]

Human-Computer Interaction Group, University of Würzburg[1]
Immersive Media Group, University of Würzburg[2]

Abstract

This paper presents a semi-immersive, multimodal fish tank simulation realized using the smARTbox, an out-of-the-box platform for intelligent interactive applications. The smARTbox provides portability, stereoscopic visualization, marker-less user tracking and direct interscopic touch input. Off-the-shelf hardware is combined with a state-of-the-art simulation platform to assemble a powerful system environment, which facilitates direct (touch) and indirect (movement) interaction.

1 Introduction

Interactive graphics displays provide an innovative medium in promotional, artistic, or educational areas. Interaction and participation are central aspects. Diverse sensing and tracking technologies turn passive observers into active participants. Their actions change the behavior of the installation's content, from almost unobtrusive adaptions of art-like scenarios to obvious and clear interaction possibilities.

The smARTbox is build from off-the-shelf components. It realizes an out-of-the-box platform for semi-immersive interactive applications providing portability, stereoscopic visualization, marker-less user tracking and direct interscopic touch input. The smARTbox is powered by Simulator X, a software for intelligent interactive applications that provides state-of-the-art simulation software aspects as well as multimodal—speech and gesture— interaction paradigms (Latoschik & Tramberend 2011). The demonstration simulates an improved version of the virtual fish tank presented at the virtual reality international conference (VRIC) with a head-tracked stereoscopic view (Fischbach et al. 2012). Users can interact with a simulated liquid surface and a school of fish by touching and perturbing the pseudo watery surface.

2   Hardware Setup

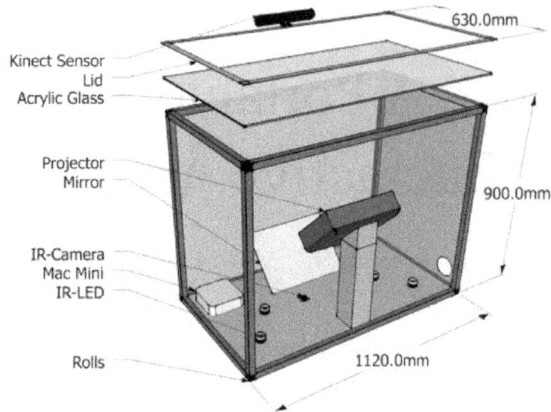

Figure 1: Hardware setup of the smARTbox.

A schematic of the smARTbox is shown in Figure 1. Enclosed in a 63cm × 112cm × 90cm portable wooden box, the virtual environment shown in the demonstration is rendered on an nVidia Quadro 4000 graphics card, driven by an Intel Core i7 @3.40GHz processor with 8GB of main memory. An Optoma GT720 DLP-projector supports active stereoscopy and a resolution of 1280 × 720 pixels at a refresh rate of 120 Hz. A wide-angle converter lens is used to back-project images at the screen via a mirror mounted at the bottom at a 45° angle. The hardware setup was constructed at a total cost of less than €2,500 during a students project.

2.1   Marker-less User Tracking

The smARTbox uses a Microsoft Kinect with the flexible action and articulated skeleton toolkit (FAAST) for real-time movement tracking (Suma et al. 2011, Tang 2011), e.g., to generate a head-coupled perspective projection. Multiple users can be tracked simultaneously, providing potential for interactive collaborative setups. The Kinect is a multi-sensor system that uses structured IR light patterns to reconstruct the distance of points in space (Freedman et al. 2008). The data provided by the Kinect sensor includes an RGB image with a resolution of 1280 × 1024 pixels at a refresh rate of 15Hz with 63° horizontal and 50° vertical field of view (FOV), an IR image of 1280×1024 pixels at 15Hz with a 57° horizontal and 45° vertical FOV, as well as a computed depth image of 640 × 480 pixels at 30 Hz. The Kinect also supports a 640 × 480 pixels reduced versions of RGB and IR images running at 30 Hz.

2.2   Direct Interscopic Touch Input

Multi-touch interaction has recently received considerable attention (Steinicke et al. 2011) due to the potential of comparably accurate input, and near-natural interaction with mono- and stereoscopic objects relative to display surfaces (Valkov et al. 2010 and 2011). The top of the smARTbox is modified to serve as a touch-sensitive input surface via the Rear-DI principle (Schöning et al. 2010). Six clusters of high-power IR LEDs illuminate the screen from the inside. Objects in contact with the surface reflect the IR light. This is sensed by a Point Grey Dragonfly®2 digital video camera with a wide-angle lens and infrared band-pass filter. Touch positions and gestures are analyzed by a modified version of the NUI Group's CCV software (Çetin et al. 2009).

3   Responsive Virtual Fish Tank

The simulation of a fish tank is a common theme in virtual environments (Mulder & Van Liere 2000, Ware et al. 1993). The responsive virtual fish tank demonstrated is reacting to user presence in multiple ways. The Kinect sensor tracks the user's head-position in order to render the stereoscopic three-dimensional scene. Touches are registered via the IR camera: When a contact with the display is established, a rippling effect is simulated and nearby fishes try to avoid the intruder (see Figure 2). Due to the sensors' oblique modes of operation, the user can freely interact with the application.

Figure 2: Responsive Fish Tank application: Overview (left) and user's perspective (right)

A general and distributed model of behavior inspired by Reynolds (1987) was implemented to simulate the fish-behavior. Simulator X fosters a semantic decoupling of components as well as of the simulated entities (here the fishes, the water, and the user). Entities form a global state, which is accessible by every component using a semantic abstraction layer. For example, the swarm simulation component is completely independent. Rendering, sensor, or interaction components can easily be exchanged without interfering with the simulation. Hence, the Simulator X based applications can drive a multitude of environments, ranging from standard desktop displays, to devices like the smARTbox with its touch-sensitive surface and multiscreen setups like CAVEs. Additionally, alternate species with different behaviors can easily be added to the fish tank without interfering with the rest of the simulation, e.g., by adding a new component.

4   Conclusion

The smARTbox has great potential for presentations and exhibitions since it is less expensive, easier to set up and transport than typical VR installations. The lack of obtrusive instrumentation improves the engagement with potential users, e.g. in exhibition scenarios. The utilized software platform Simulator X provides a state-of-the-art simulation engine with an integrated AI-core and several multimodal interaction components. Its scalable architecture provides an ideal platform, e.g., to experiment with alternate sensors, possibly enhancing accuracy or precision.

Literature

Çetin, G., Bedi, R. & Sandler, S. (Eds.) (2009). *Multi-touch technologies.* Natural User Interface (NUI).

Fischbach, M., Latoschik, M. E., Bruder, G., Steinicke, F. (2012). smARTbox: Out-of-the-Box Technologies for Interactive Art and Exhibition. Virtual Reality International Conference. ACM.

Freedman, B., Shpunt, A., Machline, M. & Arieli, Y. (2008). Depth mapping using projected patterns. WO Patent WO/2008/120217.

Latoschik, M. E. & Tramberend, H. (2011). Simulator X: A Scalable and Concurrent Software Platform for Intelligent Realtime Interactive Systems. *Proceedings of the IEEE VR 2011.* IEEE.

Mulder, J. D. & Van Liere, R. (2000). Enhancing fish tank VR. *Proceedings of the IEEE VR 2000,* pages 91–98. IEEE.

Reynolds, C. W. (1987) Flocks, Herds, and Schools: A Distributed Behavioral Model. *Computer Graphics SIGGRAPH '87 Conference Proceedings,* 21(4), pages 25-34.

Schöning, J., Hook, J., Bartindale, T., Schmidt, D., Oliver, P., Echtler, F., Motamedi, N., Brandl, P. & Zadow, U. (2010). Building interactive multi-touch surfaces. *Tabletops-Horizontal Interactive Displays,* pages 27–49.

Steinicke, F., Benko, H., Daiber, F., Keefe, D. & de la Rivière, J. B. (2011). Touching the 3rd dimension (T3D). *Proceedings of the Conference extended Abstracts on Human Factors in Computing Systems,* pages 161–164. ACM.

Suma, E. A., Lange, B., Rizzo, A., Krum, D. M. & Bolas, M. (2011). Faast: The flexible action and articulated skeleton toolkit. *Proceedings of the IEEE VR 2011,* pages 247–248, IEEE.

Tang, M. (2011). Recognizing hand gestures with Microsoft's Kinect. *Technical report, Department of Electrical Engineering, Stanford University.*

Valkov, D., Steinicke, F., Bruder, G., Hinrichs, K., Schöning, J., Daiber, F. & Krüger, A. (2010). Touching floating objects in projection-based virtual reality environments. *Proceedings of Joint Virtual Reality Conference,* pages 17–24.

Ware, C., Arthur, K. & Booth, K. S. (1993). Fishtank virtual reality. *Proceedings of the Conference on Human Factors in Computing Systems,* pages 37–42. ACM.

H. Reiterer & O. Deussen (Hrsg.): Workshopband Mensch & Computer 2012
München: Oldenbourg Verlag, 2012, S. 525-528
Ein Video zum Beitrag findet sich in der Digital Library: http://dl.mensch-und-computer.de/

CodingDojo: Interactive Slides with Real-time Feedback

Felix Raab[1], Markus Fuchs[2], Christian Wolff[1]

Lehrstuhl für Medieninformatik, Universität Regensburg[1]
Lehrstuhl für Informationswissenschaft, Universität Regensburg[2]

Abstract

We present *"CodingDojo"*, a presentation platform with interactive tools and real-time feedback elements that are controlled by a smartphone to be used in typical academic teaching contexts. The system provides tools for source code presentation, discussion and different types of coding challenges. *CodingDojo[1]* was evaluated in a University course about good coding practices where traditional presentation platforms would be limited in functionality. We received positive user experience rankings and feedback from participants, suggesting that the system should be further developed and tested in other courses.

1   Introduction

In a University course about good coding practices, we introduced our new presentation platform *"CodingDojo"*. As traditional presentation software like *Powerpoint* is missing important features for presenting and discussing source code, we have created a system that provides interactive tools for that purpose. We considered it important that course participants could freely express their opinion about the readability of code examples. Therefore we have included elements of student feedback systems which have proved to enhance the quantity and quality of discussions in courses (Kay & LeSage 2009).
Relevant literature about clean code and refactoring, such as *Code Complete* (McConnell 2004), *Refactoring* (Fowler 1999) or *Clean Code* (Martin 2008), served as guidelines for course contents and code examples. Using the *code smell metaphor* (Fowler 1999) as a common theme throughout the course, we have designed custom icons and playing cards for each smell (see fig. 2). Students could use their personal card for authentication and gave short presentations about their code smell during the course. The tag on the back of each card can be recognized by appropriate devices for future tangible interaction applications.

---

[1]   „Dojo" (jap. 道場) is a Japanese term for (martial arts) training halls, cf. Wikipedia (2012).

2   The CodingDojo Presentation Platform

CodingDojo is an integrated presentation platform with real-time feedback visualisations, interactive coding challenges as *gamification* elements and a smartphone controller. Slide synchronisation between teacher and students is one of the key features. Students can either control the deck on their own or synchronize slide changes and free-hand annotations with the lecturer. Users can also take notes on a slide or anonymously ask questions that are communicated via a smartphone. The mobile application enables the lecturer to: (1) switch slides with simple slide gestures, (2) start *challenges* (i. e. tasks the students have to master), (3) switch through different challenge states and (4) look at all student questions. In addition, the system logs various events (e. g. slide changes, browser tab switches) that can be further explored with visual analysis tools.

Figure 1: Left: Code smell cards and smartphone controller. Right: Interactive result visualisation of a challenge

The system provides three different types of challenges, aiming at engaging students with interactive exercises and collecting data about their performance. In our course, most challenges involved identification of good code, bad code, specific code smells, or refactorings. Students can answer either by selecting a number of given choices (*single- and multiple-choice challenge*) or by using drag and drop-operations to mark different parts of a code example with code smells or refactorings (*magnets challenge*). Moreover, students could improve existing code by writing into an embedded editor (*refactoring challenge*).

3   Evaluation

The system was used in the context of a "Code Usability" course given during the winter term 2011/2012. Participating students came from applied computer science curricula and had basic knowledge of object-oriented programming (Java) as well as some experience in application development. During the course, both quantitative as well as qualitative methods were applied in order to evaluate different aspects of *CodingDojo*. On the one hand, we were interested in how participants experienced the interaction with the system (see ch. 3.1 below). On the other hand, we collected data related to actual course contents and student performance concerning *code usability* (ch. 3.2).

3.1 User Experience

We used the *User Experience Questionnaire* (UEQ, Laugwitz et al. 2008), to measure the overall user experience. The UEQ takes six different factors of interactive software products into account. Figure 2 shows accumulated results for 15 participants. The reason for the low dependability value may be largely due to bugs that sometimes forced students to restart the application or repeat their previous action. The high rankings for attractiveness, stimulation and novelty confirm informal feedback during the course to the effect that students perceived the system as interesting and stimulating.

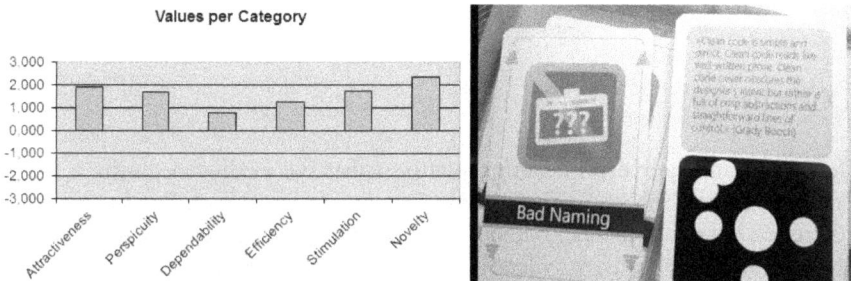

Figure 2: Left: Results of the User Experience Questionnaire (UEQ). Right: Examples from the CodingDojo Card Deck with Code Smell Icons (front) and explanations and 2D codes (back)

3.2 Recognition of Clean Code

Analysis of the initial challenges gives some indication to what extent students are able to recognise good and bad coding practices *without prior training*. We examined the results of 21 challenges that students were given on the first day of the course: (1) Most participants did not recognise the smell "Duplicate Code"; (2) Participants could not clearly identify good and bad names; (3) Only few participants could clearly recognise the "Comments" smell; (4) Most participants correctly recognised bad code formatting and aesthetics.

3.3 Student Questions

In total, this feature was used 20 times over the course of four days. The questions asked by the students can be classified under the following topics: System features, course structure, course contents, and housekeeping. Students also reported corrections and once, it was used for an ad-hoc poll. Sometimes we overlooked notifications on the smartphone and therefore could not address all questions in time.

3.4 Questionnaire

At the end of the course, all 15 participants were asked to fill out a short questionnaire:
In our questionnaire, participants either had to choose from a list of options or assess how strongly they agreed or disagreed with a set of statements. All students agreed with the

statement that the challenges helped them to better comprehend the course contents. More than 60% agreed that the system provided valuable feedback about their comprehension rate and that the system helped them to stay more attentive throughout the lecture. More than 90% would like to use the system in other courses. 60% of the students liked the magnets challenge best and 80% perceived the refactoring challenge as the most difficult. 60% of the participants regarded the challenge frequency as appropriate.

As far as suggestions for improvements are concerned, participants requested most frequently that they could look at their challenge answers again. Furthermore, they requested high score lists where they could see their performance in relation to others. Other participants wished that they could access challenges outside of the lecture context or see questions asked from other course participants.

4   Conclusion

CodingDojo is an interactive presentation platform that we evaluated during a University seminar called "Code Usability". The system provides tasks as gamification elements and can be controlled by a smartphone. Although we received positive user experience rankings and feedback from participants, we identified some limitations and areas for improvements: For example, notifications for new questions should be augmented with haptic feedback on the smartphone. Furthermore, students should be provided with features to access all challenge results and respond to questions from other participants. As for future versions, we would like to test new smartphone applications in lecture rooms and to evaluate tools for teaching good coding practices on interactive devices such as interactive tabletops or tablets.

Acknowledgements

We would like to thank Andreas Preis for designing the code smell icons.

References

Fowler, M. (1999). *Refactoring: improving the design of existing code.* Reading, MA: Addison-Wesley.

Kay, R. H., & LeSage, A. (2009). Examining the benefits and challenges of using audience response systems: A review of the literature. *Computers & Education*, 53(3), 819-827. Elsevier Ltd.

Laugwitz, B., Held, T., Schrepp, M. (2008). Construction and Evaluation of a User Experience Questionnaire. In Holzinger, A. (Hrsg.): *Proceedings of the 4th Symposium of the Workgroup Human-Computer Interaction and Usability Engineering of the Austrian Computer Society on HCI and Usability for Education and Work (USAB '08).* Berlin: Springer-Verlag, S. 63-76.

Martin, R. C. (2008). *Clean Code: A Handbook of Agile Software Craftsmanship.* Upper Saddle River: Prentice Hall.

McConnell, S. (2006). *Code Complete: A Practical Handbook of Software Construction.* Redmond, Wash.: Microsoft Press.

Zichermann, G.; Cunningham, Ch. (2011). *Gamification by Design. Implementing Game Mechanics in Web and Mobile Apps.* Sebastopol, CA: O'Reilly.

H. Reiterer & O. Deussen (Hrsg.): Workshopband Mensch & Computer 2012
München: Oldenbourg Verlag, 2012, S. 529-532
Ein Video zum Beitrag findet sich in der Digital Library: http://dl.mensch-und-computer.de/

Ein Experimentalraum zur Untersuchung von Bildräumlichkeit

Esther Lapczyna, Franziska Hannß, Konstantin Klamka, Marcus Kirsch,
Benny Thomä, Rainer Groh

Professur Mediengestaltung, Fakultät Informatik, Technische Universität Dresden

Zusammenfassung

Dieser Beitrag versucht die Gestaltung digitaler Nutzerschnittstellen durch die Metapher der *situativen Interaktion* zu erweitern. Mit dem vorgestellten Experimentalraum wird die Grenze zwischen Physikalität und Virtualität im Kontext des Interfacedesigns überschritten.

1   Einleitung

Die Benutzerschnittstelle als visuelle Schwelle zwischen Realität und Virtualität gibt den Blick in einen imaginären Raum frei, der sich hinter dem Bildschirm entfaltet. (Lapczyna et al. 2009) stellen fest, dass der leibliche Zugang zu diesem Raum dem Nutzer oft verwehrt bleibt. Deshalb müssen bei der Gestaltung von *Tangible User Interfaces* die physikalischen sowie körperlichen Grenzen (Ishii 2008) und damit der Körperraum berücksichtigt werden. Herkömmliche grafische Benutzerschnittstellen beschränken die Wahrnehmung des Nutzers auf ein einäugiges Zuschauen: weder Ort, Blickverhalten oder Eigenbewegungen fließen in den Visualisierungsprozess ein. Wichtige Eigenschaften wie „Greifbarkeit, Materialität, [...] körperliche Interaktion und Körperbewegung" (Hornecker 2008, 54) werden von (Hornecker 2008) für die Tangible Interaktion als essentiell aufgezeigt. In diesem Zusammenhang streben die Forschungsansätze im Rahmen der Technischen Visualistik[1] eine Überwindung des Fensterparadigmas an, indem die Gestaltung digitaler Nutzerschnittstellen um die Metapher der *situativen Interaktion* erweitert wird (Groh & Zavesky 2011). Damit der intuitiv handelnde Nutzer in diesem Kontext betrachtet werden kann, müssen „alle denkbaren Relationen der [...] Elemente: Objekt, Raum, Auge, Hand und Leib [...] vor und hinter dem Display" (Groh & Zavesky 2011, 5) zu einem Modell zusammengefasst werden.

---

[1]   Die Arbeitsgruppe Technische Visualistik an der TU Dresden untersucht Fragestellungen im „Schnittgebiet von Hard- und Softwareentwicklung mit Fokus auf die Visualisierung von Daten" (Groh & Zavesky 2011).

Als konkreter Anwendungsfall aus diesem Forschungsgebiet stellt der vorliegende Beitrag eine experimentelle interaktive Rauminstallation vor. Diese ermöglicht, die eben genannten Modellrelationen in der praktischen Auseinandersetzung zu untersuchen.

2 Experimentalraum

Die hier vorgestellte Rauminstallation, eine Art begehbare Guckkastenbühne, definiert einen Interaktionsraum, dessen Rückwand als Projektionsfläche dient. Es besteht die Möglichkeit diese Rückwand durch Montage verschiedener nicht-planarer Platten zu ergänzt. Neben variablen Projektionsflächen, lässt sich der Raum um verschiedene interaktive Objekte erweitern. Abbildung 2 zeigt die variabel modifizierbare Rasterstruktur, welche als Referenz zwischen Projektionsfläche und Interaktionsraum dient. Sie schafft eine Normierung und erlaubt eine Bewertung von Projektionsfläche, Interaktionsobjekt, Person und projiziertem Bildinhalt hinsichtlich der räumlichen Zuordnung innerhalb des Experimentalraumes.

Projektion auf nicht planare Flächen

Die Technik der Anamorphose[2] macht sich das Wechselspiel zwischen Betrachter und Bildinhalt zu nutze. Dabei handelt es sich um verzerrt dargestellte Abbildungen, die durch eine Perspektivmanipulation entstehen. Bei dem Phänomen der Anamorphose nimmt der Betrachter erst durch die Anpassung des Standortes entsprechend der Verzerrung das korrekte Perspektivbild wahr (Lordick 2005). Durch die extreme Verlagerung des Augpunktes werden Bild und Betrachter in eine genau zu bestimmende Beziehung zueinander gebracht und stehen so in wechselseitiger Abhängigkeit. Das umgekehrte Phänomen zeigt sich in den „Allsichtigen Bilder". Diese sind von jedem Standpunkt zentralperspektivisch wahrnehmbar (Büttner 2003).

Abbildung 1 zeigt die Untersuchung zur Projektion eines flächigen, perspektivischen Renaissancegemäldes auf eine Projektionsfläche, die in der Tiefendimension durch eine Pyramide zu einer nicht-planaren Projektionsfläche erweitert wurde. Diese kann zum einen konkav (Abbildung 1, oben) und zum anderen konvex (Abbildung 1, unten) eingesetzt werden.

Diese Kombination erzeugt einerseits den eben beschriebenen Effekt der „Allsichtigen Bilder" bei der konkave Projektionsfläche. Dies hat eine Verstärkung der Wahrnehmung des perspektivischen Tiefenraumes zur Folge. Bei der konvexen Projektionsfläche hingegen ist der vorgestellte anamorphotische Effekt zu beobachten. Die Aufmerksamkeit des Betrachters wird hierbei vorrangig von dem geometrischen Grundkörper der Projektionsfläche gelenkt. Dadurch tritt der perspektivische Illusionsraum des Gemäldes in den Hintergrund (Abbildung 1, unten).

---

[2]   Sujet im Bereich Kunstgeschichte

Abbildung 1: Grafik zur Betrachterposition, blickrichtungsbedingte Abbildungen der konkaven (oben) und konvexen (unten) Pyramidenform

Raumschnitte – subjektive Bildebenen

Bisher befassen sich Forschungsfragen hauptsächlich mit dem Interface als Fläche sowie der Interaktion auf planaren Oberflächen. Vereinzelt werden Ansätze zur Nutzung des Raumes über dem Tabletop zur Interaktion betrachtet. Beispielhaft kann hier auf die *Magic Lense* Theorie von Spindler & Dachselt (Spindler & Dachselt 2010) verwiesen werden. Die *Magic Lense* Theorie baut auf dem natürlichen Nutzerverhalten beim Betrachten und Lesen von Informationen sowie Texten beispielsweise auf einem Blatt Papier auf. *Magic Lenses* werden beispielsweise genutzt, um Detailinformationen auf einer separaten Bildebene darzustellen. Unterschieden wird zwischen einer passiven (Plexiglasscheibe) und einer aktiven (Tablet PC) Linse.

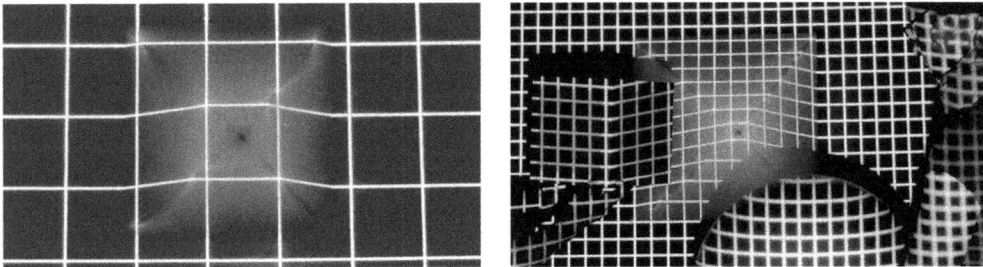

Abbildung 2: Referenzraster auf der konvexen Pyramidenprojektionsfläche (links) und Schnitte durch die Projektion sowohl mit Hilfsmitteln (Würfel, Kugel) als auch durch Personen (rechts)

Auch der hier vorgestellte Experimentierraum erlaubt es mobile Objekte zu nutzen, um neue, subjektbezogenen Bildebenen zu definieren und mit Dritten zu teilen. Hierbei handelt es sich eher um passive Linsen. Sie erlauben eine direkte Manipulation der Projektion im Raum in Bezug auf den Abstand, die Lage sowie die Bildgeometrie. Durch diese Schnitte entstehen neue Bildebenen, die vom Betrachter bewertet werden können.

3   Zusammenfassung

Zusammenfassend wird festgestellt, dass sich der hier vorgestellte Rasterraum als experimentelle interaktive Umgebung versteht. Genutzt wird er als ein Werkzeug für die spielerische, prototypische Auseinandersetzung von Phänomenen der Bildräumlichkeit im Kontext der *situativen Interaktion*. Vor diesem Hintergrund wird weiterhin die Frage aufgeworfen, unter welchen Bedingungen der Nutzer zur Bewegung animiert wird und damit nicht nur passiver sondern auch aktiver Nutzer ist. Der Experimentierraum wird für diese Untersuchungen eingesetzt und durch weitere Aspekte ergänzt.

Danksagung

Seitens Franziska Hannß wurden Teile dieser Arbeit durch die Europäische Union, den Europäischen Sozialfond (ESF) sowie den Freistaat Sachsen unterstützt.

Literaturverzeichnis

Büttner, F. (2003). Die Macht des Bildes über den Betrachter. Thesen zur Bildwahrnehmung, Optik und Perspektive im Übergang vom Mittelalter zur Frühen Neuzeit. In Oesterreicher, W., Regn, G. & Schulze, W. (Hrsg.): *Autorität der Form – Autorisierungen – institutionelle Autoritäten*. Münster/Hamburg/Berlin/London: LIT Verlag, S. 17-36.

Groh, R. & Zavesky, M. (Hrsg.) (2011). *Wieder mehr Sehen! - Aktuelle Einblicke in die Technische Visualistik*. Dresden: TUDpress Verlag der Wissenschaft.

Hornecker, E. (2008). Die Rückkehr des Sensorischen. Tangible User Interfaces und Tangible Interaction. In Hellige, H. D. (Hrsg.): *Engpass Mensch-Computer-Interface. Historische, aktuelle und zukünftige Lösungsansätze für die Computerbedienung*. Bielefeld: Transcript, S. 235-256.

Ishii, H. (2008). *Tangible Bits: Beyond Pixels*. In Proceedings of the Second International Conference on Tangible and Embedded Interaction (TEI'08). Bonn.

Lapczyna, E., Franke I. S. & Groh, R. (2009). Eingang in die Höhle - Die Herausforderung des visuellen Wahrnehmungsrealismus auf dem Gebiet des Interfacedesigns. In Stein, E. (Hrsg.): *Oberflächen Untersichten - Zeitschrift für Designwissenschaft*. Halle an der Saale: Neuwerk, S. 135-141.

Lordick, D. (2005). Schiefe Bilder – Mit Rapid Prototyping zu räumlichen Anamorphosen. In *Tagungsband der DGfGG*. Hannover, S. 141-150.

Spindler, M. & Dachslet, R. (2010). Exploring Information Spaces by using Tangible Magic Lenses in a Tabletop Environment. In *Proceedings of the 28th of the international conference extended abstracts on Human factors in computing systems*. New York, NY, USA: ACM, S. 4771-4776.

Kontaktinformationen

Esther Lapczyna, Professur Mediengestaltung, Institut für Software- und Multimediatechnik, Technische Universität Dresden. esther.lapczyna@tu-dresden.de

H. Reiterer & O. Deussen (Hrsg.): Workshopband Mensch & Computer 2012
München: Oldenbourg Verlag, 2012, S. 533-536
Ein Video zum Beitrag findet sich in der Digital Library: http://dl.mensch-und-computer.de/

„Werde zum virtuellen Pfeil" – Simulation des traditionellen Bogenschießens

Simon Thiele, Christian Geiger

AG Mixed Reality und Visualisierung, FB Medien, FH Düsseldorf

Zusammenfassung

In dieser Demonstration zeigen wir den „Virtuellen Pfeil", ein Projekt aus dem Studiengang Medieninformatik der FH Düsseldorf. Ziel ist es, einen Simulator für traditionelles Bogenschießen zu entwickeln, der interessierten Besuchern auf Messen eine glaubwürdige Benutzererfahrung dieser Sportart vermittelt. Gleichzeitig soll jedoch auch eine unterhaltsame Komponente integriert werden. Das System wurde im August 2012 auf einer großen Veranstaltung, dem Ideenpark 2012 demonstriert.

1 Einleitung

Im traditionellen Bogenschießen zielt der Schütze ohne technische Hilfsmittel wie Visier oder Stabilisatoren und agiert typischerweise im Freien, z.B. in waldähnlichen Umgebungen. Dabei sind Umgebung und insbesondere Entfernung zum Ziel dem Schützen normalerweise nicht bekannt und erfordern eine hohe Konzentration und langjährige Erfahrung und Übung in der Hand-Auge Koordination bzw. dem „Programmieren" des Schussablaufs im Unterbewusstsein. Dadurch ist jedoch auch das Treffen auf bewegte Ziele möglich bzw. das Schießen in unbekannten Umgebungen. Dies macht einen hohen Reiz in diesem Sport aus und vermittelt eine positive Nutzererfahrung, die in diesem Projekt auch Anfängern bzw. interessierten Laien auf Messen und Ausstellungen nahe gebracht werden soll. Im Unterschied zu bekannten Sport- oder Fantasy-Spielen auf Spielkonsolen und Rechnern, die ebenfalls das Bogenschießen simulieren, soll das hier vorgestellte System eine realitätsnahe Interaktion durch Einsatz eines echten Bogens ermöglichen. Gleichzeitig muss das System messetauglich sein und darf die mit dem Bogenschießen einhergehenden möglichen Gefahren beim Einsatz in Innenräumen nicht außer Acht lassen. Die Entwicklung des aktuellen Systems erfolgt in enger Abstimmung mit einer Bogenschule aus Paderborn, die das System auf Messen und zum Training einsetzen will. Für den unterhaltsamen Einsatz auf Veranstaltungen wurde eine Reihe zusätzlicher Interaktionstechniken entwickelt, die begreifbare Objekte

(„tangible objects") nutzen um in einer spielartigen Applikationslogik unterschiedliche Aufgaben zu erfüllen.

Abbildung 1: Prototyp des Bogensimulators im Labor, Bildschirmabzug einer realistischen Szene

2 Überblick des Systems

Das System besteht aus mehreren unterschiedlichen Komponenten, die kurz skizziert werden.

2.1 Hardware

Als Eingabegerät dient ein handelsüblicher Recurvebogen mit niedrigem Zuggewicht. Als Schussdämpfer wurde ein System eines amerikanischen Bogenhändlers verwendet. Dieser erlaubt das Lösen eines Pfeils und fängt den Pfeil in einem Kolben ab, vergleichbar mit dem pneumatischen Prinzip in einer Luftpumpe. Die Erkennung des Bogens erfolgt durch verschiedene Sensoren. Dabei werden Position und Ausrichtung des Bogens durch reflektierende Marker auf der Vorderseite ermittelt, die von einem speziellen Trackingsystem (Natural Point V120:Trio) erkannt werden. Die Bewegung des Schützen und Bogens wird verwendet um die Kamera in der virtuellen Welt entsprechend anzupassen und so einen immersiven Effekt zu erzielen. Das anvisierte Schussziel wird durch einen integrierten Infrarot-Laser (IR) am Schussdämpfer markiert und durch eine IR-sensitive Kamera erkannt. Der Auszug des Bogens und das Lösen des Schusses werden durch zwei Sensoren am Bogen bestimmt. Ein spezieller IR-Distanzsensor (Sharp GP2Y0A02YK) erkennt den Auszug des Bogens und das Loslassen der Sehne wird über eine spezielle drucksensitive Folie erkannt, die an der Sehne angebracht wurde. Das System soll verschiedene Objekte erkennen, die an den Bogen geheftet werden (vgl. Abschnitt 2.3). Dies erfolgt über einen integrierten RFID-Leser. Alle Sensoren werden über einen Arduino Nano ausgelesen und kabelgebunden bzw. per Bluetooth an den Simulationsrechner gesendet.

2.2   Software

Die verschiedenen Szenen wurden mit der weit verbreiteten Gameengine Unity3D entwickelt. Dabei wurden zahlreiche Inhalte, wie Geländemodelle, animierte Charaktere, etc. aus dem Unity Store ausgewählt, an die Anwendung angepasst und integriert. Für ein individuelles Spielerlebnis wurde eine Gesichtserkennung aus der Spieleentwicklung integriert (Face-Gen). Diese erlaubt das Aufnehmen einer Person und die Anpassung an einen 3D-Bogenschützen. Über ein spezielles Interface sind dabei sogar persönliche Attribute wie Alter, Geschlecht oder anthropologische Herkunft modifizierbar. Die so erstellte 3D-Figur steht dann in der Applikation zur weiteren Verfügung.

Der Bogensimulator bietet zwei unterschiedliche Varianten. In den **realistischen** Szenen werden typische Waldszenen mit verschiedenen Zielen dargestellt. Im Unterschied zu den realen 3D-Bogenparks mit statischen Tierzielen aus Hartgummi ermöglicht der „Virtuelle Pfeil"-Simulator auch das Treffen bewegter Ziele. Daher wurden verschiedene animierte 3D-Tiere entwickelt, die bei einem Treffer entsprechend reagieren (vgl. Abb. 1). Ziel dieser Szenen ist die möglichst glaubwürde Darstellung des traditionellen Bogenschießens. Dabei wird ein erfolgreicher Schuss mit Wiederholung und verschiedenen Kamerasichten (u.a. „Close-Up"-Sicht des Treffers) dargestellt. Auch der Schütze (als 3D-Figur in der Szene) wird in der Wiederholung gezeigt.

In den **fantastischen** Szenen werden verschiedene spieleartige Elemente realisiert, die analog zu einem einfachen Abenteuerspiel dem Benutzer verschiedene Aufgaben zur Lösung stellen. So muss der Spieler in einem verwunschenen Wald einem Kobold helfen, seine Schätze vor bösen Goblins zu schützen oder diesen aus einer verzauberten Burg zu befreien. Zum Teil ist bei diesen komplexeren Aufgaben auch ein zweiter Spieler notwendig (vgl. 2.3).

2.3   Interaktion

Zur unterhaltsamen Simulation bei den oben skizzierten fantastischen Szenen wurden verschiedene Interaktionskonzepte entwickelt, die den Spielspaß beim Einsatz auf Messen erhöhen sollen:

Interfacenutzung durch den Bogen: Die Auswahl der Szenen oder weitere Interaktion des Nutzer vor der 3D-Simulation erfolgt ausschließlich durch den Bogen, der so als Eingabegerät fungiert. Die Bewegung des Mauszeigers erfolgt durch Orientierung und Bewegung des Bogens. Selektion wird durch leichtes Ziehen / Lösen des Bogens realisiert.

Wechsel der Geschosse: Es können verschiedene Pfeile in der Simulation eingesetzt werden, die unterschiedliche Reaktionen in der Szene ergeben. Der Benutzer kann neben dem klassischen Pfeil noch einen Feuerwerkskörper und ein Cartoon-Pfeil auswählen. Bei einem Treffer werden dann unterschiedliche Effekte ausgewählt. Die Auswahl erfolgt durch Befestigung kleiner Objekte (u.a. Rakete, Mini-Boxhandschuh, Minipfeil) an den Bogen. Diese Objekte sind durch RFID-Tags identifizierbar.

Kooperativer Modus: In einem komplexen Level ist ein zweiter Benutzer als Zauberer notwendig. Dieser kann Zaubersprüche wirken und Verletzungen des Spielers heilen bzw. diesen vor Angriffen schützen. Dazu werden Gesten des Zauberers durch eine Kinect-Sensor erkannt bzw. Zaubersprüche durch einen magischen Stab (mit einer integrierten Wiimote-Spielsteuerung) bei Bedarf erzeugt.

„Hilf Pappa"-Modus: Um kleinere Schützen anzusprechen, die noch nicht einen größeren Bogen halten können, wurde ein spezieller Ansatz gewählt um eine Spielteilnahme zu ermöglichen. Über einen Laserscanner und speziell entwickelte Software kann das System Berührungen der Projektionsfläche erkennen und darauf reagieren. Wirft der kleine Schütze mit Schaumstoffbällen auf die Wand wird ein entsprechendes virtuelles Objekt („Feuerball") an der Kontaktstelle generiert und in die Szene geschossen.

„Merida"-Modus: Da das System kurz nach Kinostart des Disneyfilm „Merida - Legende der Highlands" auf einer Familienmesse gezeigt wurde, wurde zusätzlich ein spezieller Modus entwickelt. Trägt der Schütze eine spezielle Perücke (die der Titelfigur Merida nachempfunden wurde), so vereinfacht sich das Treffen erheblich und Fehlschüsse sind kaum noch möglich. Die Erkennung erfolgt ebenfalls über RFID-Technologie.

3   Präsentation und Feedback

Das System wurde für zwei Wochen im August 2012 auf der Messe Ideenpark (www.ideenpark.de) in Essen gezeigt. Zum Zeitpunkt der Texterstellung Anfang August lagen noch keine Erfahrungen vor, diese werden aber zur Konferenz vorliegen. Das System wird in (Thiele 2012) detaillierter beschrieben.

Literaturverzeichnis

Thiele, S. (2012). Realitätsnahe Interaktion beim virtuellen Bogenschießen. *Bachelorarbeit,* FB Medien, FH Düsseldorf, 2012.

Kontaktinformationen

Simon Thiele, Chris Geiger
AG Mixed Reality und Visualisierung, FB Medien, FH Düsseldorf
{simon.thiele,geiger}@fh-duesseldorf.de

H. Reiterer & O. Deussen (Hrsg.): Workshopband Mensch & Computer 2012
München: Oldenbourg Verlag, 2012, S. 537-540
Ein Video zum Beitrag findet sich in der Digital Library: http://dl.mensch-und-computer.de/

Berührungslose 3D-Interaktion für das Modellieren und Skizzieren

Erik Sniegula[1], Johann Habakuk Israel[2]

Freie Universität Berlin[1]

Geschäftsfeld Virtuelle Produktentstehung, Fraunhofer IPK Berlin[2]

Zusammenfassung

Dieser Beitrag stellt ein System vor, das mithilfe eines Microsoft Kinect-Systems berührungslose 3D-Interaktionstechniken im Rahmen eines immersiven – sowie eines Desktop-VR-basierten – Modelliersystems realisiert. Anwender können durch die Bewegung der Hände Linien und Flächen zeichnen und Objekte bewegen. Durch die Kombination mit einem externen optischen Trackingverfahren ist es für den immersiven Fall möglich, die Position der Kinect-Kamera zur Laufzeit zu ändern. Das System befindet sich in einem experimentellen Status und soll dazu dienen, die Vor- und Nachteile begreifbarer und berührungsloser Interaktion für den Anwendungsfall des immersiven Skizzierens und Modellierens gegeneinander abzuwägen. Der Beitrag beschreibt die technische Integration des Kinect-Systems in ein bestehendes Modelliersystem und nennt erste Vor- und Nachteile der berührungslosen Interaktion sowie zukünftige Ausbaumöglichkeiten.

1 Einleitung

Die Entwicklung und Untersuchung multimedialer Werkzeuge zur Unterstützung kreativer Produktentwicklungsprozesse ist ein wichtiger Gegenstand des Design Research. Hierzu zählen auch Virtual-Reality-Technologien und insbesondere immersive Modelliersysteme, mit denen Designer in die Lage versetzt werden, direkt im dreidimensionalen Raum zu modellieren und skizzieren. Sie bereichern den iterativen Entwurfsprozess insbesondere in seinen frühen Phasen um interaktive Möglichkeiten und eine dreidimensionale Eins-zu-eins-Wahrnehmung des Produkts (Israel et al., 2009).

Das hier vorgestellte System erweitert ein am Fraunhofer IPK Berlin entwickeltes immersives – sowie Desktop-VR-basiertes – Modelliersystem um berührungslose Interaktionstechniken. Es befindet sich in einem frühen experimentellen Stadium und soll Rückschlüsse darauf erlauben, welche Funktionen des Skizzierens und Modellierens zukünftig berührungslos (z. B. das Greifen und Bewegen von Objekten) und welche Funktionen nach wie vor durch greifbare Interaktionswerkzeuge gesteuert werden sollten (z. B. das Skizzieren und Extrudieren).

2   Freihändiges Modellieren und Skizzieren mit berührungslosen Interaktionstechniken

2.1   Benutzer-Tracking mit dem Microsoft Kinect-System

Die Microsoft Kinect liefert sowohl ein Tiefen- als auch ein RGB-Bild eines Interaktionsraums, sowie eine Reihe weiterer Daten. So können unter anderem die vor der Kinect-Kamera befindlichen Personen erfasst und Skelettmodelle von ihnen erstellt werden. Deren Hand- und Ellbogen-Gelenkpositionen werden für unsere Zwecke benötigt.

Für diese Anwendung wurden die von der Kinect ermittelten Positionen der Unterarme genutzt und auf die Positionen der oben genannten virtuellen Werkzeuge abgebildet (Abbildung 1 und 2).

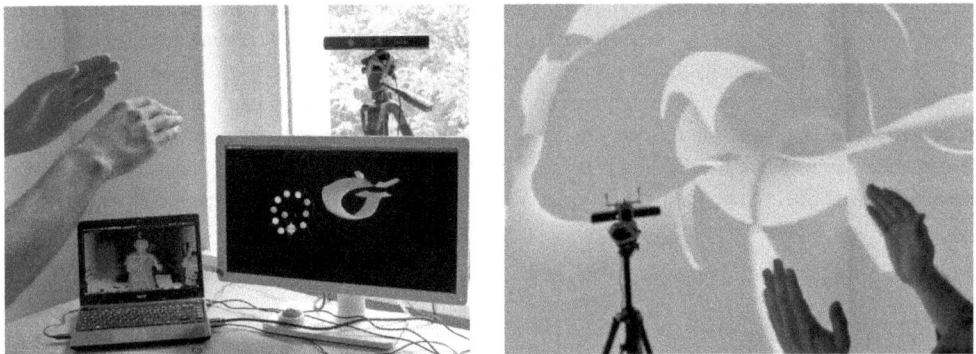

Abbildung 1:Desktop-VR-basiertes freihändiges Modelliersystem, hier berührungslose Steuerung des Beziér-Flächenwerkzeugs. Abbildung 2: Berührungslose Steuerung des Beziér-Flächenwerkzeugs in einer VR-Cave.

Um den Systemaufbau mit der Kinect so variabel wie möglich zu halten, wurde die Kinect mit einem Tracking-Target ausgestattet, das von dem in der Cave verwendeten optischen Trackingsystem des Herstellers ART erfasst werden kann. Dadurch ist man in der Lage, die Position der Kinect zur Laufzeit zu ermitteln und das Koordinatensystem der Kinect in das der Cave zu transformieren. Dies ermöglicht es, die Kinect zur Laufzeit an eine beliebige Position zu setzen oder zu bewegen, ohne eine Rekalibrierung oder sonstige Konfigurationsänderung vornehmen zu müssen. Für das Desktop-VR-basierte System, d.h. ohne Trackingsystem, wird die Position der Kinect vorab fest definiert. Während der Interaktionsphase kann ihre Position nicht geändert werden.

2.2 Technische Integration durch das TUI-Framework

Für die Integration in das Skizzier- und Modelliersystem wird das Event-basierte TUI-Framework verwendet (TUI: Tangible User Interface, Ishii & Ullmer, 1997; Robben & Schelhowe, 2012); diese Integration stellt den wesentlichen Beitrag des Projektes dar. Das Framework dient der Abstraktion zwischen Interaktionsgeräten und Applikationen (Israel et al., 2011). Es bietet eine geräteunabhängige Interaktionsobjekt-Schicht, die Abstraktion der Interaktionsgeräte, eine leichtgewichtige API und eine komplette Duplex-Kommunikation zwischen einer TUI-Applikation und den vorhandenen Interaktionsgeräten und -werkzeugen ermöglicht. Mithilfe des Frameworks kann das Kinect-System später leicht durch ein neueres, ggf. verbessertes System ersetzt bzw. einfach zwischen den bestehenden begreifbaren Interaktionsgeräten und der berührungslosen Interaktion umgeschaltet werden.

Die von der Kinect erzeugten Gelenkdaten und Gesten werden über das Netzwerk per UDP an einen TUI-Server geschickt. Für den TUI-Server des Frameworks wurde ein MSP (Multi Stream Processor) implementiert, welcher dazu dient, Interaktionsdaten vor der Weitergabe an die Applikation zu transformieren (vgl. Israel et al., 2011). Der MSP enthält zwei Eingänge, einen für die Sensordaten der Kinect (Gelenkdaten und Gesten), einen anderen für die Position und Orientierung der Kinect, die vom optischen Trackingsystem ermittelt werden. Mit diesen Daten können die von der Kinect ermittelten Positionsdaten in das Projektions-Koordinatensystem transformiert und auf die entsprechenden Werkzeuge, wie den Stift, die Zange und das Bézier-Werkzeug, abgebildet werden. Dabei sind drei Koordinatensysteme zu beachten, das Kinect-Koordinatensystem K, das Koordinatensystem des optischen ART-Trackingsystems A, sowie das Projektions-Koordinatensystem C. Für die Transformation werden zunächst die Sensordaten x der Kinect in das ART-Koordinatensystem des Kinect-ART-Targets transformiert: $x \cdot M_{KA}$. Im zweiten Schritt werden diese Daten in das Projektions-Koordinatensystem weiter transformiert: $x \cdot M_{KA} \cdot M_{Ac}$. Im Ergebnis liegen die von der Kinect ermittelten Gelenkkoordinaten im Projektions-Koordinatensystem vor. Beim Desktop-VR-basierten System wird die Transformation M_{KA} vorher definiert, da ein Trackingsystem in dieser Umgebung meistens nicht vorhanden ist.

2.3 Probleme der berührungslosen Interaktionstechnik

Mit dem geschilderten Aufbau konnten erste Interaktionstechniken wie das Zeichnen von Linien und Beziér-Kurven und das Greifen von Objekten berührungslos umgesetzt werden. Es zeigte sich dabei, dass ein direkter funktionaler Vergleich zwischen dem berührungslosen und begreifbaren Ansatz nur schwer möglich ist, da sich beide im Reifegrad sehr unterscheiden. So liegt die Qualität der von der Kinect ermittelten Trackingdaten hinsichtlich Genauigkeit, Rauschen und Stabilität unter denen des optischen Trackingsystems.

Ein besonderes Problem stellen Auswahloperationen bzw. Statusänderungen dar, hier insbesondere das Beginnen und Beenden des Linien- oder Flächenzeichnens, das Greifen und Loslassen eines virtuellen Objektes oder die Auswahl einer Subfunktion in einem 3D-Menü. Bisher wird dies durch Gesten gelöst, die im Vergleich zur begreifbaren Interaktionstechniken für den Benutzer eher aufwändig sind. Begreifbare Interaktionstechniken haben hier klare Vorteile, da sich Selektionen und Statusänderungen durch den Benutzer einfach und insbesondere eindeutig ausführen lassen.

3   Ausblick

Die Verwendung der Microsoft Kinect oder anderer berührungs- und Marker-loser Verfahren zur Erfassung des Benutzers und seines Körpers ist ein vielversprechender Weg im Gebiet der 3D-Benutzungsschnittstellen. Mit dem vorgestellten Kinect-basierten Ansatz soll zukünftig untersucht werden, welche Methoden des immersiven Skizzierens und Modellierens – ggf. abhängig vom Benutzungskontext – berührungslos und welche begreifbar ausgelegt werden könnten. Eine Kombination beider Verfahren wird dabei angestrebt.

Da die Kinect derzeit noch nicht in der Lage ist, die Finger einer Hand aufzulösen, ist das Greifen von Objekten mit einer Hand bisher noch nicht möglich. Diese Interaktionstechnik kann jedoch als eine der wichtigen 3D-Interaktionstechniken betrachtet werden und ist daher unerlässlich. Hier könnten entweder Verbesserungen auf dem Gebiet der Tiefenkameras oder dezidierte Trackingverfahren für die Benutzerhände Verbesserungen bewirken.

Literaturverzeichnis

Ishii, H. and Ullmer, B. (1997). Tangible bits: towards seamless interfaces between people, bits, and atoms. In: Proc. CHI'97, Atlanta, Georgia. 234-241.

Israel, J. H., Wiese, E., Mateescu, M., and Stark, R. (2009). Investigating three-dimensional sketching for early conceptual design—Results from expert discussions and user studies. Computers & Graphics 33(4), 462-473.

Israel, J. H., Belaifa, O., Gispen, A., and Stark, R. (2011). An Object-centric Interaction Framework for Tangible Interfaces in Virtual Environments. In: Proc. Fifth international conference on Tangible, embedded, and embodied interaction ACM TEI'11, Fuchal, Portugal, ACM Press. 325-332.

Robben, B. and Schelhowe, H., Hrsg. (2012). Be-greifbare Interaktion. Bielefeld: transcript-Verlag.

Kontaktinformationen

Johann Habakuk Israel
Fraunhofer IPK, Pascalstr. 8-9, 10587 Berlin, johann.habakuk.israel@ipk.fraunhofer.de

Erik Sniegula
Baumschulenstraße 65c, 12437 Berlin, sniegula@gmx.de

H. Reiterer & O. Deussen (Hrsg.): Workshopband Mensch & Computer 2012
München: Oldenbourg Verlag, 2012, S. 541-544
Ein Video zum Beitrag findet sich in der Digital Library: http://dl.mensch-und-computer.de/

Augmented Shelf: Digital Enrichment of Library Shelves

Eike Kleiner[1], Benjamin Schäfer[2]

Universität Konstanz[1]
IT University of Copenhagen [2]

Abstract

Libraries are well known as work places and thus have a common way of everyday use. Unfortunately, there is a gap between the physical and digital contents of a library and its media. By expanding the physical, tangible media with digital information, many new possibilities for interaction would open up for users. With the help of a prototype, we want to show how it is possible to shrink this gap with the use of *blends* and *augmented reality*. The *Augmented Shelf* allows for an overlay of digital information and additional functionality over a certain inventory in real time depending on the position of the user in a three dimensional space. The users are able to highlight physical artifacts, leave virtual commentaries and search for related media.

1 Augmented Shelf

The idea of using augmented reality in the surroundings of a library was at latest brought up by Rekimoto and Katashi (1995) in the mid-nineties. They outline an application for a handheld device that allows users to find specific books by using their natural voice. Additionally, the device is able to answer questions related to those books. Even 15 years later new concepts and prototypes keep appearing, trying to close the gap between the physical media and their digital information and supplementary functions. One of those concepts applied a combination of cameras and projectors to achieve a meaningful enhancement of the physical media (Löchtefeld et al. 2010).

In the considerations about the idea of the *Blended Library* (Heilig et. al 2011) arose the question of how to combine the domains of the *real world* and the *digital environment* in an intuitive usable and fast learnable way to create User Interfaces for libraries, which are not only settled in the virtual world. With the adoption of concepts such as *Blends* (Imaz & Benyon 2007) and Augmented Reality (Azuma 1997) a prototype[1] was designed which supports users browsing the physical shelves enriched with digital functions and which offers continuative information for the physical artifacts at hand.

The basic principle for the design of the prototype is for the users to be able to control the level of detail of the provided information and functions with their physical distance to the bookshelves. To achieve this, three views with a gradient level of detail are defined (see figure 1):

1. The first view is called *Shelf View*, which is active when the whole shelf is in focus. This view shows all the topics a shelf features and helps the user to navigate to the right shelf.

2. The *Overview* that adds simple metadata to the media of a shelf and allows the user to select objects.

3. The *Detail View* shows more detailed metadata of a selected medium. Furthermore, this view offers some additional functionalities: The user can retrieve a digital full text of the medium, look it up at an online (book) store, highlight the medium in the *Overview* with a distinctive color, look for more details of the media next to the selected one, create and browse comments about the medium, and browse and select related media.

The distinction of multiple layers correlates with the native activity of browsing (Bates 2007) and supports the demand of the VIS-mantra (Shneiderman 1996) which states that the user should be able to go from an overview, that helps to orient himself, to the degree of detail he desires. The *Augemented Shelf* permits the user to switch between three layers by physical approach or distance from the frame. The selection of certain media and the use of the offered functions of the *Detail View* are carried out by touch input.

The following four *Blends* were created to achieve intuitive usability and allow a fast uptake:

Augmented Reality

Crossfading the real and digital world creates a blend directly in front of the user's eyes. This requires very little of the users cognitive power because it is obvious which part of reality is being amplified by virtual functionalities. In order to achieve this effect the *Augmented Shelf* crossfades a camera picture of a frame or respectively the media of a shelf with additional information and functions that allow for a direct interaction.

Eye

The eye blend is based on the focusing character of the human eye. This was transferred to the progression of the three layers defined above. With the use of a camera picture in combination with the physical approach to the shelf, less and less is visible on the pictures the camera takes. At the time the digital overlay starts, the real picture tends to disappear more and more and the focus narrows down to a specific medium.

---

[1]   A video of the *Augmented Shelf* is available at http://vimeo.com/30309400 (Access: 07/30/2012).

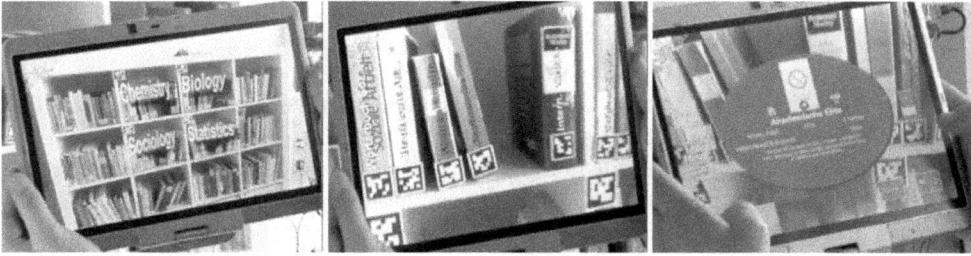

Figure 1: Iterative process of focusing a medium (f.l.t.r. Shelf-, Over- and Detail View)

Freeze

The freeze blend stands for the preservation of a state for a longer period. Groceries are being frozen to prevent them from decaying. Analogous to this notion, there is a possibility in the digital world as well: saving documents for the later use. The user can freeze his momentary view of the shelf or medium in order to be able to change the position of the device without changing the camera picture. This function holds the possibility to look at a certain shelf at a later point in time while changing the position in the real world environment. The implementation of the freeze blend within the *Augmented Shelf* uses an ice metaphor. Thereby the symbol, which activates the freeze, is made of ice crystals. While the freeze is activated, the momentary display window is stopped and being displayed permanently as a still frame. At the same time, a frost border is displayed on top of the still frame and the whole display window is colored blue to signal that the picture is frozen.

Pinboard

A pinboard blend was used for the commenting feature. Pinboards are conveyors of information and support indirect communication between several persons. With the *Augmented Shelf* users are able to write on virtual sticky notes with a digital pen and stick them to a separate medium. These notes can be browsed and looked at afterwards by all users. To avoid spelling errors and other possible mistakes, users are able to redo their input or completely discard their comment (see figure 2, right).

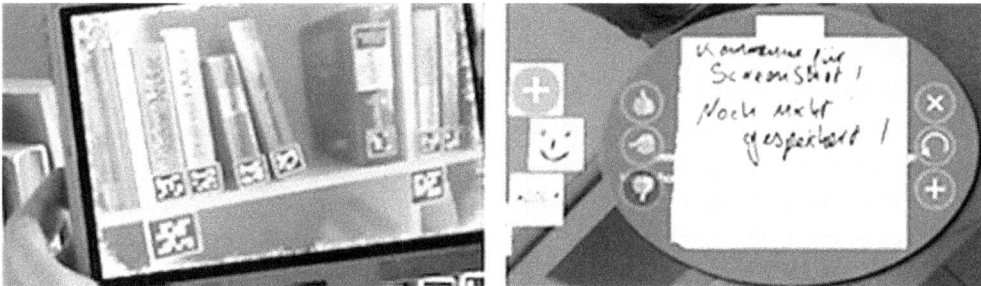

Figure 2: Left side: Activated Freeze-Mode. Right side: Input and presentation of comments

2   Demonstration

The setting consists of a notebook with a touch-sensitive and pivotable display that has the capability for touch and pen input. Additionally, the Prototype will run a tablet device. Participants of the demonstration are able to test the *Augmented Shelf* device on a prepared shelf with optical markers to experience the advantages and disadvantages of the augmented reality approach in the context of a library.

References

Azuma, R. T. (1997). A Survey of Augmented Reality. In *Presence: Teleoperators and Virtual Environments*, 6, 6, pp. 355-385.

Bates, M.J. (2007). What is Browsing - Really? A Model Drawing from Behavioural Science Research. In *Information Research* 12, 4.

Heilig, Mathias; Rädle, Roman; Reiterer, Harald (2012). Die Blended Library: Benutzerorientierte Verschmelzung von virtuellen und realen Bibliotheksdiensten. In *Benutzerorientierte Bibliotheken im Web*. Bekavac, B., Schneider, R., Schweibenz, W. (Hrsg.), De Gruyter.

Imaz, M., Benyon, D. (2007). Designing with Blends: Conceptual Foundations of Human-Computer Interaction and Software Engineering. MIT Press, Cambridge.

Löchtefeld, M., Gehring, S., Schöning, A. & Krüger, A. (2010). ShelfTorchlight: Augmenting a Shelf using a Camera Projector Unit. *Adjunct Proceedings of the Eighth International Conference on Pervasive Computing. Workshop on personal projection.*

Rekimoto, J., Katashi, N. (1995). The World through the Computer: Computer Augmented Interaction with Real World Environments. In *Proceedings of the 8th annual ACM Symposium on User Interface and Software Technology,* pp. 29-36.

Shneiderman, B. (1996). The Eyes have it: A Task by Data Type Taxonomy for Information Visualizations. In *Proceedings 1996 IEEE Symposium on Visual Languages*, IEEE Comput. Soc. Press, pp. 336-343.

Contact Information

Eike.Kleiner@uni-konstanz.de, University of Konstanz

Benjamin.Schafer@web.de, IT University of Copenhagen

H. Reiterer & O. Deussen (Hrsg.): Workshopband Mensch & Computer 2012
München: Oldenbourg Verlag, 2012, S. 545-548
Ein Video zum Beitrag findet sich in der Digital Library: http://dl.mensch-und-computer.de/

YouAreClang

Martin Ecker, Julian Henschel, Ralph Tille

Informationsdesign, Hochschule der Medien, Stuttgart

Zusammenfassung

Diese Installation ermöglicht es mehreren Personen sich als „Klangobjekte" im Raum zu bewegen. Die Charakteristik eines Klangobjekts (z.B. die Klangfarbe, Tonhöhe, Tempo) wird von der Position, Körperstellung und Gesten der Person beeinflusst.

1   Einleitung

YouAreClang ist eine interaktive Klanginstallation basierend auf der Sensorik der Microsoft Kinect und nutzt die Programmiersprache Processing als Visualisierungsumgebung. Die Installation ermöglicht es mehreren Personen sich gleichzeitig als Klangobjekte im Raum zu bewegen. Die Charakteristik eines Klangs wird von der Position des Nutzers und dessen Körperstellung beeinflusst. Zusätzlich zu der Generierung des Klangs projiziert die Installation eine Grafik auf den Boden, um eine unterstützende visuelle Ebene zu bilden.

2   Überblick freie gestische Musikvisualisierungen

Die Historie freier, gestischer Environments ist lang. Paradiso (1997) zeigt, dass neue Musik-Interfaces nicht zwangsläufig herkömmlichen Musikinstrumenten ähnlich sein müssen und dadurch auch eine Eingabe über Gesten möglich ist. Sparacino, Davenport und Pentland (2000, S.485) beschreiben die Fähigkeit eines System, die es erlaubt, „(...) to enter the interactive stage just by stepping into the sensing area (...)". Dadurch ist eine freie Bewegung ohne zusätzliche Hardware am Körper möglich.

Inspirierend wirkte auch die Arbeit, die das Künstlernetzwerk phase7 performing.arts (2008) mit der Lichtinstallation Ønskebrønn präsentierte. Die Installation verfügt über eine begehbare LED-Fläche und Boxen zur Audiowiedergabe. Eine Kamera über der LED-Fläche filmt die Bewegungen der Nutzer. Die Installation reagiert in Echtzeit mittels wechselnder Bilder in Form von Kristallstrukturen, Wellenformen und Buchstaben, die auf der LED-Fläche visualisiert werden, auf die Bewegungen der Nutzer. Die Bewegungen der Nutzer lösen Loops mit rhythmischen Patterns aus. Die Intensität der Musik wird von der Intensität der

Bewegung der Nutzer beeinflusst und hat Auswirkung auf die Gesamtkomposition (vgl. phase7 performing.arts, 2011). Beim Projekt "Remote Musical Collaboration and Gestural Interactions" werden mittels Microsoft Kinect Gesten eines Tänzers aufgenommen. Die Gesten werden verwendet um die Töne eines realen Kontrabasses in Echtzeit mittels Filtern, Modulation und Hall-Effekten unter Nutzung eines Computers zu verändern. Der Tänzer nutzt den eigenen Körper als Musikinstrument und wird sozusagen zum Musiker (vgl. Hill & Batty, 2011). Nach Analyse dieser Arbeiten zeigt sich, dass die Herausforderung eine Installation für ein breites Publikum zu erstellen darin besteht, dass praktisch keine Lernphase wie bei einem Musikinstrument vorhanden ist und die Visualisierung möglichst deutlich zeigt, wie man mit der Installation umgehen kann.

3   Funktionsweise

Die Installation besteht aus drei Komponenten: aus Klang, der interaktiv durch die Nutzer gesteuert und manipuliert wird, einer zusätzlichen visuellen, grafischen Ausgabe, den Gesten der Nutzer über den gesamten Körper sowie deren Gliedmaßen. Neben Klang und Visualisierung stellen auch die Bewegungen der Teilnehmer eine wesentliche Komponente dar, denn nach Saffer (2009, S.143) gibt es bei den meisten Gesteninterfaces drei Zonen, die ineinandergreifen: Die Zone der Attraktion, die Zone des Beobachtens und die Interaktionszone. Für unsere Installation bedeutet dies, dass auch durch die Gesten eine Erklärung der Bedienbarkeit erfolgen kann, da davon ausgegangen werden muss, dass ohne weitere visuellen Hinweise, die Funktionsweise für Außenstehende nicht sofort ersichtlich ist. Auch Hasan, Yu und Paradiso (2002) weisen darauf hin, dass eine rein akustische Ausgabe bei freien, gestischen Interfaces nicht ausreicht, bzw. nur für sehr geübte Nutzer eine gezielte Interaktion erlaubt.

3.1   Klang

Die Klänge der Installation besitzen unterschiedliche Tonhöhen und Klangfarben. Sie sind auf der Projektionsfläche in Form einer Matrix angeordnet. Die Position des Nutzers bestimmt, welcher Klang wiedergegeben wird. Jeder Nutzer kann das Tempo der Klangwiedergabe mittels einer Geste der Hand beeinflussen. Bewegt er seine Hand in der Vertikalen vor seinem Rumpf, verändert er das Tempo. Bei hohem Tempo überlagern sich seine Klänge. Die Installation ermöglicht es mehreren Nutzern zeitgleich auf Basis von Gesten den Klang zu beeinflussen. Die Möglichkeit kollaborativ mittels Gesten zu interagieren stellt bezogen auf bisherige Arbeiten und Installation eine Weiterentwicklung (siehe: Kapitel 2) dar. Durch die Möglichkeiten den Klang gezielt zu beeinflussen ergibt sich ein Klangbild, bei dem Lautstärke, Tempo und Dynamik in Abhängigkeit der Anzahl der Nutzer und deren Bewegung variieren.

3.2 Grafische Ausgabe

Für die grafische Ausgabe der Bodenprojektion wird als Basis das Partikelsystem „Gravity Well" (Gonzales, 2009) verwendet. Es wurde so erweitert, dass es auf das Abspielen der unterschiedlichen Klänge reagiert. Die Position des Nutzers wird in Form von einem Kreis dargestellt. Das Partikelsystem dient dazu, Nutzer zusätzlich zum Element Sound über eine optische Ebene miteinander zu verbinden. Durch die Bewegung von Partikeln zwischen den Nutzern soll eine Verbindung bzw. eine Anregung geschaffen werden miteinander zu interagieren und gemeinsam neue Klänge zu erzeugen. Die zusätzlich visuelle Ebene der Partikel bietet die Möglichkeit grundlegende Ansätze von generativem Design mit in die Installation zu integrieren. Dies geschieht beispielsweise mittels der vogelschwarmähnlichen Bewegungen der Partikel sowie der Darstellungen von Nutzern anhand mehrerer sich ineinander drehender Winkel. Charakteristisch für generatives Design ist hierbei, dass das System nach vordefinierten Regeln autonom und ohne Einfluss des Designers reagiert (Galanter, 2003, S.4). In den bisherigen Vorführungen der Installation hat sich die grafische Ausgabe als sehr wichtig erwiesen, um dem Nutzer ein visuelles Feedback für die Erzeugung „seines" Klangs zu geben. Ab einer Nutzerzahl von drei bis vier Personen ist es beispielsweise, wenn die Nutzer eng zusammen stehen nicht mehr ohne Weiteres möglich, die Klänge der einzelnen Nutzer herauszuhören, da das Klangbild recht unscharf bzw. laut wird. Die Visualisierung stellt für den Nutzer ein zusätzliches und hilfreiches Feedback dar.

4 Technik

Die Programmierung basiert auf der Programmiersprache Processing und nutzt zur Kommunikation mit Kinect die Bibliothek SimpleOpenNI (Rheiner, 2011). Zur Positionsbestimmung des Nutzers wird der „Center of Mass", der Körperschwerpunkt des Nutzers über SimpleOpenNI verwendet. Um Gesten zu ermitteln wird das Skelettmodell des Nutzers ausgewertet. Dies ist ohne Kalibrierungspose des Nutzers möglich. Die eigens gestalteten Klänge werden mit der für Processing verfügbaren Bibliothek Minim abgespielt. Die Hardware der Installation besteht aus der Kinect Kamera, einem Beamer, je nach Umgebung aus einem Decken- und Umlenkspiegel, der das Beamerbild von der Decke rückprojiziert, um einen größeren Bereich zu bespielen und Boxen zur Audioausgabe.

5 Evolutionsschritte

In der ersten Version der Installation konnten Nutzer nur relativ einfache Töne erzeugen. Bei der Präsentation konnten basierend auf dem Feedback der Nutzer Ideen zur Optimierung entwickelt werden. Die durch Überlagerung der Töne entstandenen Klangbilder wurden in dieser Version noch nicht erzeugt. Diese Funktion wurde erst in der zweiten Version integriert. Der nächste Schritt besteht darin, basierend auf den Daten des Skelettmodells weitere Interaktionen zu implementieren. Dadurch kann die Charakteristik der Klänge noch detaillierter durch den Nutzer gesteuert werden.

6   Erkenntnisse

Die Microsoft Kinect ist seit längerer Zeit verfügbar und viele Nutzer kennen die Funktionsweise des Geräts. Personen, die mit der Installation interagieren sind meist nicht in der Lage sind, die Funktionsweise der Installation einzuordnen. Nutzer stehen neben der Installation und versuchen nur kurz mit dem Fuß auf die Projektionsfläche zu tippen um einen Klang auszulösen. Einige Nutzer nehmen an, dass die Installation mit gewichtssensiblen Bodenplatten arbeitet um die Position des Nutzers zu erkennen. Nutzer die Erfahrung im Umgang mit der Kinect haben, probieren durch Gesten, z.B. mit den Händen statt Bewegung die Klänge zu steuern. Weitere Unterschiede im Umgang mit der Interaktion sind im Alter der Nutzer zu beobachten. Während Kinder spielerisch interagieren und dabei eher den visuellen Kanal beachten, versuchen erwachsene Nutzer oftmals die Töne zu manipulieren und die Funktionsweise der Installation zu verstehen.

Literaturverzeichnis

Galanter, P. (2003). What is Generative Art? Complexity Theory as a Context for Art Theory. In: Generative Art Proceedings 2003. Mailand: Generative Art Conference.

Gonzales, C. (2009). *Open Processing.* Abgerufen am 25.07.2012 von http://www.openprocessing.org/sketch/2357

Hasan, L., Yu, N., Paradiso, J.A. (2002). *The Termenova: A Hybrid Free-Gesture Interface.* Proceedings of the 2002 Conference on New Instruments for Musical Expression (NIME-02), Dublin, Ireland, 2002

Hill, B., Batty, J. (2011). *Remote Musical Collaboration and Gestural Interactions.* Abgerufen am 25.07.2012 von www.youtube.com/watch?v=z4WGJ_kbw9U

Paradiso, J.A. (1997). *Electronic music: new ways to play.* IEEE Spectr. 34, 12 (Dec. 1997), 18-30.

phase7 performing.arts. (2011). *Ønskebrønn.* Abgerufen am 25.07.2012 von http://vimeo.com/27719279

Rheiner, M. (2011). *simple-openni - A simple OpenNI wrapper for processing.* Abgerufen am 20.07.2012 von https://code.google.com/p/simple-openni/

Saffer, D. (2009). *Designing Gestural Interfaces.* O`Reilly Media, Sebastopol, USA.

Sparacino, F., Davenport, G., Pentland, A. (2000). *Media in performance: Interactive spaces for dance, theater, circus, and museum exhibits.* IBM Systems Journal, Vol. 39, NOS 3&4

Kontaktinformationen

Julian Henschel Rotenwaldstraße 19 70197 Stuttgart julian_henschel@web.de

Martin Ecker Markomannenstr. 27 70435 Stuttgart m_ecker@gmx.de

H. Reiterer & O. Deussen (Hrsg.): Workshopband Mensch & Computer 2012
München: Oldenbourg Verlag, 2012, S. 549-552
Ein Video zum Beitrag findet sich in der Digital Library: http://dl.mensch-und-computer.de/

Invited Demo: Pyzoflex – Printed Piezoelectric Pressure Sensing Foil

Christian Rendl[1], Patrick Greindl[1], Michael Haller[1], Martin Zirkl[2],
Barbara Stadlober[2], Paul Hartmann[2]

Media Interaction Lab, University of Applied Sciences Upper Austria, Hagenberg, Austria [1]
Institute of Surface Technologies and Photonics,
Joanneum Research Forschungsgesellschaft m.b.H, Weiz, Austria[2]

Abstract

Ferroelectric material supports both pyro- and piezoelectric effects that can be used for sensing pressures on large, bended surfaces. We present PyzoFlex, a pressure-sensing input device that is based on a ferroelectric material. It is constructed with a sandwich structure of four layers that can be printed easily on any material. We use this material in combination with a high-resolution Anoto-sensing foil to support both hand and pen input tracking. The foil is bendable, energy-efficient, and it can be produced in a printing process. Even a hovering mode is feasible due to its pyroelectric effect.

1 Introduction

Over the last decade, touch sensing devices have become more and more important. Most researchers tried to improve the multi-touch technology by introducing capacitive, resistive, or optical sensing devices. Although most of them provide already a multi-touch sensing, it is still often not possible to track *input pressure* efficiently. Tracking pen and touch separately in combination with pressure tracking provides new possibilities for user interfaces and interaction design (Brandl et al. 2008, Hinkley et. al 2010).

In this demo, we present *PyzoFlex*, a novel sensing device that is based on a pyro- and piezo-electric sensor matrix, screen-printed on a flexible film (cf., Figure 1 (a)). Moreover, the sensor area can detect changes in pressure and temperature respectively.

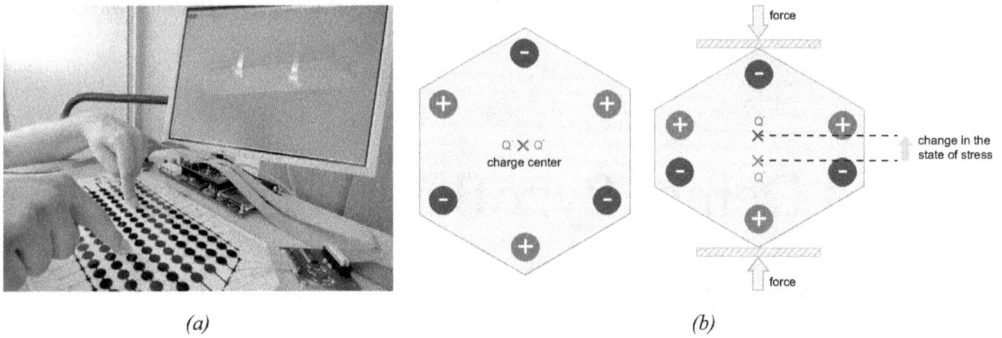

(a)   *(b)*

Figure 1: (a) PyzoFlex in action - the current prototype is based on a DIN A4-sized foil that provides real-time pressure sensing feedback with a frame rate of 100 fps.(b) The Piezoelectric Pressure Sensing Effect - shifting of the charge centers in the state of stress/force generates a measureable charge.

The piezoelectric effect (Fukada 1989) can be found in any ferroelectric material. Any mechanic stress or force (e.g., touch) applied will result in a change of the electric field. This electric field variation is proportional to the mechanic deformation (cf., Figure 1 (b)). Therefore, the piezoelectric effect can be used to measure pressure changes efficiently. All ferroelectric materials also have a pyroelectric effect: a variation in temperature influences the distribution of the electrical charge, which is again measureable. As a result, ferroelectric materials can also be used to measure temperature changes.

2   PyzoFlex sensing foil

The current sensing foil is based on a 16 × 8 array of screen printed, flexible, capacitive and circular sensor spots having a diameter of 10 mm (cf., Figure 2).

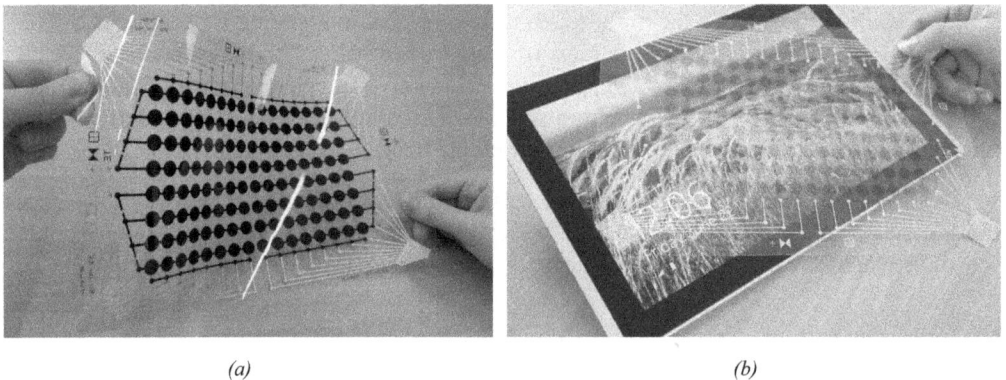

(a)   *(b)*

Figure 2: The current version is a 16 x 8 array of printed piezoelectric sensor spots with a size of 10 mm. The top electrodes can consist either of carbon (a) or conductive polymer (b), which results in a quasi-transparent foil.

The basis of our touch foil is the transparent plastic substrate (*PET*), which serves as carrier for the printed materials. In the next step 128 circular spots (electrodes, *Conductive Polymer*) are printed to the carrier material, which are connected horizontally. Subsequently, the whole plastic substrate gets continuously coated with the ferroelectric material (*PVDF*). After that, the second layer with vertically connected electrodes is printed. The top electrodes on the second layer consist either of non-transparent *carbon* (cf., Figure 2 (a)) or again of *conductive polymer* (cf., Figure 2 (b)).

The two layers of electrodes are forming a capacitor. Charge changes in the ferroelectric sensor layer cause measureable voltages between the electrodes. Figure 3 shows the sandwich design of our foil prototype.

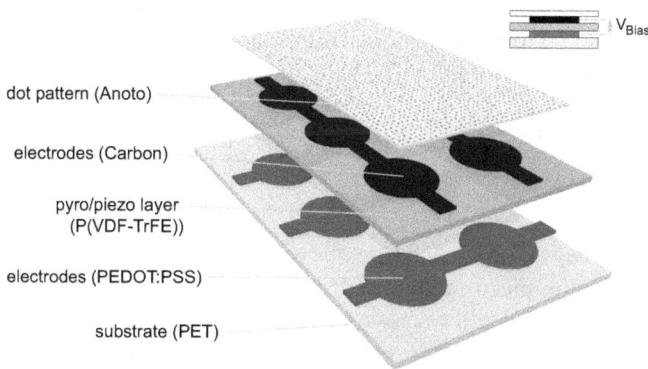

dot pattern (Anoto)

electrodes (Carbon)

pyro/piezo layer
(P(VDF-TrFE))

electrodes (PEDOT:PSS)

substrate (PET)

V_{Bias}

Figure 3: PyzoFlex sensor sandwich technology.

For applications with a strict pen and touch separation, a stable separation of both inputs is highly necessary. To achieve a stable pen and touch tracking we decided to combine the PyzoFlex foil with Anoto pen tracking, which facilitates ultra-high input resolutions (e.g., 677 dpi with Anoto[1]), which are hard to achieve with multi-touch sensing technology.

The current sensing electronics is able to measure and send the output voltage of each of the 128 sensor spots with 100 Hz. A software-based input driver calculates the applied pressure from the sensor output voltage. In order to achieve a high-resolution touch foil, we plan to decrease the diameter and distance of the sensor points, since there is enough capacity on the microcontroller left (up to 1024 sensor spots). This allows us to perform a linear interpolation routine to increase the resolution to modern standards.

---

[1]   http://www.anoto.com/why-anoto.aspx

3   Characteristics of PyzoFlex

The generated voltage output from the PyzoFlex foil is perfectly linear. This is important for two reasons: On the one hand it facilitates the tracking of the touch location and on the other hand it enables to utilize the absolute magnitude of the touch force for a selection of different user modi.

PyzoFlex is a bendable and flexible sensor technology, meaning that the sensor can be mounted on different curved surfaces.

Furthermore, PyzoFlex provides an energy-efficient implementation, since every touch generates a small amount of voltage. Under certain conditions the multi-touch sensing setup could serve as energy harvesting resource. Finally, another major economic advantage is the ITO-free (*indium tin oxide*) implementation, because common used indium is a very limited resource in our world.

4   Future Work

For future work, we plan to eliminate currently existing problems, including crosstalk and the cross-sensitivity of the piezo- and pyroelectric response. Furthermore, we want to increase the resolution by changing the sensor arrangement and interpolating between the sensor points. Another goal will be to improve the scalability of the sensor foil – since it can be printed on really large surfaces. In our final version, we would like to fabricate the sensor foil over several square meters in an in-line roll-to-roll process at low cost. Finally, we plan to develop a more transparent sensor foil by experimenting with new materials (e.g., for the use in mobile devices).

References

Brandl, P., Forlines, C., Wigdor, D., Haller, M. and Shen, C. (2008) *Combining and measuring the benefits of bimanual pen and direct-touch interaction on horizontal interfaces.* In Proc. AVI 2008, 154-161.

Fukada, E. (1989) *Introduction: Early Studies in Piezoelectricity, Pyroelectricity, and Ferroelectricity in Polymers.* Phase Transitions: A Multinational Journal, Volume 18, Issue 3-4, 135–141.

Hinckley, K., Yatani, K., Pahud, M., Coddington, N., Rodenhouse, J., Wilson, A., Benko, H. and Buxton, B. (2010) *Pen + touch = new tools.* In Proc. UIST 2010, 27-36.

Autoren

Autoren